서비스
메시
마스터

Istio, Linkerd, Consul을 활용한
마이크로서비스의 효과적인 관리

서비스 메시 마스터

안잘리 카트리 · 비크람 카트리 지음
양준기 · 지은정 옮김

에이콘

에이콘출판의 기틀을 마련하신 故 정완재 선생님 (1935-2004)

| 추천의 글 |

트래픽 관리, 텔레메트리, 보안 솔루션을 구축하지 않고도 애플리케이션을 구축할 수 있는 모던 서비스 메시 프로바이더에 대한 이해를 돕는다. 클라우드 네이티브 폴리글랏 애플리케이션 개발자는 비즈니스 로직에만 집중하면 된다. 서비스 메시는 애플리케이션 변경 없이 자동화로 DevOps 작업을 처리한다. 이러한 새로운 기술을 쉽게 이해할 수 있는 실습 예제를 제공한 저자들에게 감사한다.

디네시 니르말 Dinesh Nirmal

IBM 차세대 분석 플랫폼 및 빅데이터 솔루션 개발 부사장
미국 캘리포니아주 산호세, 실리콘 밸리 랩

비즈니스 세계에서 마이크로서비스를 적용하는 것은 새로운 서비스를 훨씬 더 빠르게 배포하고 지속적인 가용성으로 기존 서비스를 빠르게 조정할 수 있다는 점에서 매우 중요하다. 마이크로서비스 플랫폼은 급격하게 변화하고 있으며 엔지니어는 기술이 노후되지 않도록 대응해야 한다.

관찰성과 카나리아와 같은 기능은 대규모 마이크로서비스 메시를 사용하면서 애플리케이션을 빠르게 변화시킬 때 핵심적으로 사용된다. 마이크로서비스 메시는 기업과 파트너에 광범위하게 사용되고 고객에게 전반적인 서비스를 제공한다. 그리고 많은 경우에 멀티 클라우드를 포괄한다. 보안과 단일 ID 관리와 같은 일반적인 비즈니스 서비스는 글로벌 요구 사항이 됐으며 이는 플랫폼의 설계와 운영을 근본적으로 변화시켰다. 메시는 지속적인 가용성을 제공하기 위해 문제가 있는 마이크로서비스 노드를 대체 가능한 것으로 빠르게 바꿔야 하므로 훨씬 더 많은 제어를 염두에 둬야 한다.

이러한 급격한 기술 변화로 인해 실습 수준으로 필히 따라잡아야 한다. 이 책은 높은 수준의 개념을 설명하고 엔지니어가 시스템을 설계부터 배포, 운영하기 위해 수행해야 하는 실제 작업을 보여주고 있기 때문에 도움될 것이다.

하미드 프라에시 Hamid Pirahesh

IBM 펠로우, ACM 펠로우

클라우드 네이티브 개발에 대한 개념은 계속 발전하고 있으며 다양한 산업에서 실제 적용하는 사례의 수가 늘어나고 있다. 그리고 클라우드 네이티브 접근 방식은 미션 크리티컬 시스템이나 일부에서는 기록 시스템이라는 시스템에 상당한 영향을 미치기 시작했다. 이는 클라우드 네이티브 애플리케이션으로서는 큰 진전이다.

미션 크리티컬 애플리케이션은 높은 수준의 가용성, 탄력성, 보안 및 가시성이 필요하므로 기반 지원 플랫폼은 이에 대한 강력한 지원이 필요하다. 클라우드 네이티브 접근 방식은 많은 이점이 있지만 사실은 관리해야 할 것이 상당히 많으며 새로운 상황을 자주 마주칠 것이다.

서비스 메시는 클라우드 네이티브 미션 크리티컬 시스템에서 생기는 많은 것을 처리하기 위해 단순화된 방법이다. 다른 접근 방식이 있더라도 쿠버네티스와 오픈 소스를 기반으로 하는 일관된 접근 방식으로 인해 가장 쉽게 채택하기 좋다.

이 책은 서비스 메시의 개념을 심층적으로 이해하고, 현재 활용할 수 있는 다양한 서비스 메시 제품에 대해 통찰력을 얻을 수 있다. 구체적인 예제와 함께 제공되는 샘플은 이러한 주제에 초점을 맞추고 실제 개념을 보여준다. 클라우드 네이티브 애플리케이션을 지원하는 클라우드 네이티브 프로덕션 환경을 만들고 발전시키고 운영하는 데 참여하는 모두의 라이브러리에 추가할 만한 필독서다.

에릭 하네스 Eric Herness

IBM 펠로우

클라우드 인게이지먼트 허브 CTO

지은이 소개

안잘리 카트리 Anjali Khatri

DivvyCloud의 엔터프라이즈 클라우드 아키텍트다. AWS, 구글, Azure 및 기타 클라우드 프로바이더에서 실행되는 리소스의 보안과 규정 준수를 유지하도록 지원해 회사의 클라우드 네이티브 성장을 돕고 있다. DivvyCloud 역량을 확장하는 기술 리더로, 제품 및 엔지니어링 담당자와 협력해 기능 요구 아키텍처, 사례 연구, 계정 계획, 지속적인 솔루션 딜리버리 분야에서 고객 성공을 위해 노력하고 있다.

DivvyCloud 이전에는 IBM과 Merlin에서 근무했다. 소프트웨어 개발을 위한 프로그램 관리, 오픈 소스 분석 판매 및 애플리케이션 성능 컨설팅 분야에서 9년 이상의 전문 경력이 있다.

비크람 카트리 Vikram Khatri

IBM 데이터 시스템을 지원하는 Cloud Pak의 수석 아키텍트다. 20년 동안 영향력이 높고 동급 최강의 기술 솔루션을 제공하기 위한 고성능, 크로스펑셔널 팀을 이끌고 멘토링한 경험이 있다. 데이터와 AI를 포함해 모놀리식에서부터 클라우드 네이티브 애플리케이션에 이르는 대규모 혁신 솔루션을 설계하는 데 선구적인 사고적 리더다. 깊은 기술 전문 지식을 활용해 솔루션을 개발한 실적이 있는 업계 최고의 기술 전문가로 14년 동안 10억 달러 이상의 매출을 올렸으며 산업 콘퍼런스와 트레이드 쇼에서 자주 연설하는 클라우드 네이티브 기술의 기술 주제 전문가이기도 하다.

이 책은 딸과 아버지 팀이 썼다.

| 기술 감수자 소개 |

데바시시 바네르지 Debasish Banerjee

다양한 IBM 제품과 전략으로 미국, 유럽, 아시아의 Fortune 500대 기업 고객에 조언 및 협력한 검증된 경력을 가진 노련한 사고 리더이자 실무 아키텍트, 최고 아키텍트 및 최첨단 기술의 실무자다. 현재는 모놀리스를 마이크로서비스로 변환하기 위한 AI 기반 유틸리티인 Mono2Micro를 위해 IBM Research와 공동 개발에 노력하고 있다. 관심 분야는 애플리케이션 현대화, 마이크로서비스 생성과 배포다. 콤비네이터combinator 기반 함수형 프로그래밍 언어에서 박사 학위를 취득했다.

IBM 펠로우인 에릭 하네스, VP인 대니 메이스Danny Mace, IBM 펠로우인 루치르 푸리Ruchir Puri 박사, 디렉터인 가스 셰터Garth Tschetter, 디렉터인 로레인 존슨Lorraine Johnson, 디렉터인 마크 보로프스키Mark Borowski, 디렉터들 및 기타 많은 사람들과 기술적 및 다른 면에서 다양한 주제로 토론을 했다. 아버지인 故 마닐랄 바네르지Manilal Banerjee는 이러한 내 공헌을 알게 돼 매우 자랑스러웠을 것이다. 딸 치나르 바네르지Cheenar Banerjee와 니하르 바네르지Neehar Banerjee는 나의 자부심이자 기쁨일 뿐만 아니라 영감의 원천이다.

콜 칼리스타Cole Calistra

빠르게 성장하는 주요 SaaS 스타트업의 리더다. 「Fortune」 500대 기업 내 선임 아키텍처 역할, 스타트업과 기존 기업이 혼재됐을 때의 기술 조언자 역할을 포함해 20년 이상의 다양한 산업 경험을 가진 뛰어난 실무 기술 리더다. 현재 LEON Health Science에서 CTO를 맡고 있다. 이에 앞서 SaaS 기반 안면 인식과 감정 분석 API 프로바이더인 카이로스Kairos의 창립 팀원이자 CTO를 역임했다.

AWS와 GCP 모두에서 여러 전문가 수준 자격증이 있으며 현재 Georgia Institute of Technology에서 컴퓨터 과학 석사 과정 중이다. 두 딸 아비게일Abigail과 질Jill의 자랑스러운 아버지다.

지미 송Jimmy Song

Linkerd 섹션을 검토했다. 클라우드 네이티브 개발자를 지지하며 ServiceMesher 커뮤니티의 공동 창립자다. 현재 Ant Financial에서 일하고 있다.

후아빙 자오Huabing Zhao

Consul 섹션을 검토했다. 20년 가까이 정보 기술 산업에 종사해왔으며, 대부분을 ZTE에서 통신 관리 시스템과 네트워크 기능 가상화 분야에서 일했다. 현재 ZTE의 소프트웨어 전문가이자 Istio의 회원 및 ONAP의 PTL이다.

| 옮긴이 소개 |

양준기(javamania@gmail.com)

15년 이상 소프트웨어 아키텍트로서 많은 대규모 IT시스템을 구축 및 리딩했다. 현재 SK주식회사 C&C에서 SK 주요 멤버사의 클라우드 시스템을 구축 또는 전환하는 사업에서 기술 리딩을 맡고 있다. 특히 클라우드 네이티브 애플리케이션 개발과 이를 위한 플랫폼에 관심이 많으며, 최근에는 AI/Data 영역을 공부하고 있다.

지은정(eunjeong.ji2@gmail.com)

정보통계학 학사 및 정보산업공학 석사 학위를 취득했으며, LG전자 생산기술원에 입사해 데이터 분석가로 7년간 근무하면서 다양한 제조 데이터 처리 및 분석 업무를 경험했다.

2020년부터는 SK주식회사 C&C에서 사업개발 업무를 수행하면서 퍼블릭 클라우드 구축 사업과 반도체 개발 정보를 통합 관리하기 위한 하이브리드 클라우드 기반 서비스 플랫폼 구축 사업에 참여하고 있다. 특히 클라우드 기반의 데이터 엔지니어링 및 AI 기술에 관심이 많다.

옮긴이의 말

클라우드는 이제 새로운 기술이 아니다. 시스템을 설계하거나 서비스를 개발할 때 당연히 클라우드를 먼저 고려한다. 아니, 클라우드에서 설계하거나 개발하지 못하는 이유를 설명하는 시대가 됐다.

최근 몇 년간 단순히 클라우드에서 서비스를 하는 것을 넘어서, 클라우드의 특성을 잘 살려서 사용할 수 있는 클라우드 네이티브에 관심이 많아지고 있다.

클라우드 네이티브는 기술 기반에 따라 인프라스트럭처, 플랫폼, 애플리케이션으로 구분된다. 개발자 중 상당수가 클라우드 네이티브 애플리케이션에 관심이 있으며, 이는 결국 마이크로서비스 아키텍처에 대한 관심으로 귀결된다. 아마존과 넷플릭스에서 적용해 기업의 혁신을 이끌어냈다고 회자되면서 많은 사람들의 주목을 받았고 지금도 현재진행형이다.

마이크로서비스 아키텍처는 비즈니스 민첩성과 빠른 배포를 위해 많은 기업에서 앞다투어 적용하려고 한다. 서비스를 작게 만들어 개발하고 운영하는 것 그 이상을 생각해야 한다. 이를 위해 많은 플랫폼과 오픈소스가 필요하며, 때로는 마이크로서비스 패턴을 자신의 코드 안에 넣어야 할지도 모른다. 이런 어려움을 다 해결해주진 못하지만 상당 부분 도움을 주는 기술이 서비스 메시다. 서비스 메시는 마이크로서비스 아키텍처의 적용을 넘어 장점을 더 잘 드러나게 하는 기술이다.

마이크로서비스와 더불어 비즈니스 민첩성과 빠른 배포를 위한 IT 조직의 문화와 프로세스, 시스템의 혁신을 강조하는 데브옵스에서도 서비스 메시가 재능을 발휘할 수 있다. 개발자는 서비스 개발에 초점을 맞추고, 운영자는 운영에 초점을 맞춰야 하는 것은 당연함에도, 운영에 필요한 코드가 서비스 개발에 들어가 있는 경우는 흔히 볼 수 있다. 서비스 메시는 운영에 필요한 코드를 분리해냄으로써 이를 완벽하게 지원한다.

쿠버네티스는 마이크로서비스 아키텍처와 잘 어울리는 플랫폼으로서 국내에서 많은 사례와 개발자 운영자를 보유하고 있다. 대표적인 서비스 메시 기술인 Istio는 개발 초기부터 쿠버네티스와의 결합을 염두에 두고 시작했기 때문에, 쉽게 적용할 수 있다.

쿠버네티스가 훌륭한 플랫폼임에도 능숙하게 활용하기에는 시간이 걸리듯 서비스 메시 기술도 능숙하게 적용하기에는 쉽지 않다. 이 책은 그런 고민에 훌륭한 해답을 제시한다. 다만 대표적인 세 가지 서비스 메시 기술을 모두 담기에는 부족한 지면과 서비스 메시가 빠르게 변화하고 진화한다는 점은 이 책의 한계다. 저자가 이 책을 쓴 당시와 지금은 많이 다른 측면이 있다. 버전도 많이 올라가 있으며, 대표적인 세 가지 서비스 메시 기술도 초기와는 다르게 서로 비슷하게 발전해 나가고 있다. 그럼에도 저자는 업데이트된 버전을 온라인으로 지속해서 제시하고 있으므로 이 책을 읽는 독자에게는 다행이라 할 수 있다.

아직까지도 서비스 메시와 관련된 책이 많지 않은 상황에서, 이 책을 통해 서비스 메시 아키텍처를 조금 더 잘 이해하고, 더 나은 시스템을 만들기를 기대한다.

이 책은 서비스 메시로 마이크로서비스 플랫폼을 조금 더 나은 플랫폼으로 진화시키고자 노력하는 사람을 대상으로 하며, 쿠버네티스와 같은 플랫폼에 대해 기본적으로 이해가 있는 독자를 대상으로 하는 만큼 어려울 수 있다. 모르는 내용이 있을 경우 관련 책을 읽거나 교육을 받기를 권한다. 이 책을 읽고 AWS와 Azure, GCP와 같은 Public Cloud에서 서비스 메시를 실습하고 테스트하는 것은 아주 좋은 방법이다. 특히 각 공급자마다 특성이 있기 때문에 이를 잘 비교해 선택한다면 서비스 메시는 여러분의 일을 많이 도와줄 것이다.

양준기

현재 많은 기업이 기존 모놀리식 아키텍처의 한계를 극복하고 클라우드 환경에서의 시스템 운영 이점을 극대화하고자 마이크로서비스 아키텍처를 채택하고 있다. 그러나 마이크로서비스 아키텍처는 서비스 간 복잡한 연결 구조 때문에 장애 추적이 어렵고, 장애가 발생한 서비스로 인한 장애 전파 현상이 나타나게 된다. 이러한 서비스 간 통신을 추상화해서 안전하고 빠르고 신뢰할 수 있게 하기 위한 마이크로서비스 간 커뮤니케이션 인프라가 바로 서비스 메시 아키텍처다.

기존의 서비스 아키텍처에서의 호출이 직접 호출 방식이었다면, 서비스 메시에서의 호출은 자체 인프라 계층의 프록시로 이루어지게 된다. 이는 서비스의 트래픽을 네트워크 단에서 통제할 수 있게 한다. 서비스 메시 없이 동작하는 마이크로서비스는 서비스 간 커뮤니케이션을 통제하는 로직으로 코딩해야 하기 때문에 개발자들이 비즈니스 로직에 집중하지 못하게 된다. 그러나 서비스 메시를 활용하면 개발자들이 비즈니스 가치를 추구하는 일에 좀 더 집중할 수 있고, 가시적인 인프라 계층을 제공하므로 문제를 손쉽게 인식하고 진단할 수 있다.

클라우드에 관심이 많은 사람으로서 이 책은 서비스 메시의 개념을 이해하고, 대표적인 서비스 메시 기술을 접할 수 있는 좋은 책이라고 생각한다. 이미 마이크로서비스에 대한 지식을 기본적으로 갖춘 사람이라면 실습을 통해 이 책을 충분히 이해하고 따라갈 수 있을 것이다. 독자들이 서비스 메시를 더 잘 이해하고 즐겁게 사용할 수 있기를 바란다.

이 책을 번역할 수 있는 좋은 기회가 주어져, 굉장히 즐겁고 가치 있는 시간이었다. 수차례 검토와 수정을 했음에도 출간 도서의 번역 작업은 처음이라 작가의 의도를 명확하게 전달하지 못해 독자들에게 불편함을 줄 수 있을 것이다. 이 점 널리 양해 바란다.

마지막으로 이 책을 소개해주고 번역할 수 있는 기회를 준 공역자 양준기 님과 이 책을 교정하고 편집하느라 고생하신 에이콘출판사 관계자분들에게 감사드린다. 그리고 항상 나를 응원하고 든든한 버팀목이 돼주시는 부모님, 이 책의 번역 작업을 할 수 있도록 끝없는 지지와 변함없는 믿음을 준 남편과 나의 예쁘고 사랑스러운 두 딸 지아, 지온이에게도 다시 한 번 감사를 전한다.

지은정

| 한국어판 감수자 소개 |

최지희(wlgml220@gmail.com)

SK 주식회사 C&C에서 SK 주요 멤버사의 클라우드 시스템을 클라우드 네이티브 기반으로 설계, 구축하는 클라우드 아키텍트 역할을 하고 있다. 특히 클라우드 전략을 포함해 마이그레이션, MSA 구축까지 전 영역에서 기술 지원과 프로젝트 수행을 하고 있다. Azure, AWS, GCP, Naver Cloud 등 주요 CSP의 아키텍트 자격증을 보유하고 있으며, 최근에는 GCP AI/Data 프로젝트를 진행하면서 데이터, AI/ML 서비스 기술에도 관심을 갖고 있다.

차례

2부 — 아키텍처

3부 — 쿠버네티스 환경 만들기

4부 — 예제를 통한 Istio 학습

11장 Istio 보안 기능 살펴보기 327

5부 — 예제를 통해 Linkerd를 알아보기

15장 Linkerd 설치 491

16장 Linkerd의 신뢰성 기능 살펴보기 521

17장 Linkerd의 보안 기능 살펴보기 551

18장 Linkerd의 관찰성 기능 살펴보기 569

6부 — 예제를 통한 Consul 학습

22장 Consul의 트래픽 관리 기능 살펴보기 671

정답 701

| 들어가며 |

이 책은 서비스 메시 마스터링에 관해 다룬다. 도커와 쿠버네티스에 대한 사전 지식이 있다고 가정한다. 개발자로서 SOAService-Oriented Architecture와 ESB Enterprise Service Bus 패턴을 알면 좋으나 필수는 아니다.

서비스 메시는 2017년에 시작된 새로운 유행어이자 비교적 새로운 개념이므로 아직 역사가 길지 않다. 서비스 메시는 기존의 기술을 진화시키고 추가로 개선한 것이다.

첫 번째 서비스 메시 구현은 2017년 5월에 Istio 0.1로 이루어졌다. Istio는 IBM, 구글, Lyft와 다른 기술을 조합한 것으로 Istio와 서비스 메시는 같은 의미로 혼용돼 사용됐다.

엔보이(Lyft에서 시작해 현재는 오픈 소스임)는 CNCFCloud Native Computing Foundation를 졸업한 프로젝트이며 Istio의 핵심이다. 엔보이는 마이크로서비스 옆에 있는 역방향 프록시로서 서비스 메시의 핵심을 이룬다.

CNCF의 인큐베이팅 프로젝트인 Linkerd의 창시자인 윌리엄 모건William Morgan은 서비스 메시라는 용어를 만들었다. 서비스 메시라는 용어는 IBM 펠로우인 제이슨 맥기Jason McGee가 코펜하겐에서 열린 KubeCon과 CloudNativeCon 2018 콘퍼런스에서 강조해 사용하면서 더욱 강력해졌다.

서비스 메시는 클라우드 네이티브 마이크로서비스 애플리케이션 상위의 프레임워크다. Istio, Linkerd, Consul은 모두 서비스 메시 구현이다.

Linkerd는 오픈 소스 네트워크 프록시이며 서비스 메시다.

Consul은 Hasicorp에서 지원하는 또 다른 오픈 소스 프로젝트이며 서비스 메시기는 하지만 다른 아키텍처를 사용한다.

대상 독자

DevOps의 운영 부분을 다루고 있으므로 마이크로서비스 기반 애플리케이션 관리를 담당하는 운영 전문가에게 가장 적합하다.

운영 전문가로 경력을 쌓는 데 관심이 있는 사람은 이 책을 읽으면 도움이 될 것이다. 운영 관점에서 프로덕션 환경의 마이크로서비스 애플리케이션을 관리하는 방법을 설명한다.

마이크로서비스 애플리케이션 개발 경험이 없더라도 운영 전문가의 역할을 맡거나 SRE(사이트 신뢰성 엔지니어)가 될 수 있다. 쿠버네티스와 도커에 대한 지식은 사전에 알아야 하지만 SOA와 ESB를 심도 있게 알 필요는 없다.

이 책에서 다루는 내용

책에서는 구현 관점에서 Istio, Linkerd, Consul에 초점을 맞추고 있다.

Istio와 같은 서비스 메시 구현은 개발자가 책임져야 할 코드를 작성하지 않고도 사용할 수 있도록 전용 레이어dedicated layer에 배치한다. 즉 개발자는 비즈니스 논리에 집중할 수 있으며 운영 전문가의 손에 더 많은 책임을 부여할 수 있도록 개발자의 부담을 덜어준다.

이 책은 마이크로서비스 개발에 관한 것이 아니며 개발자의 페르소나를 다루지 않는다.

1장, 모놀리식 vs 마이크로서비스 모놀리식 대 마이크로서비스 기반 애플리케이션에 대한 상위 수준의 개요를 제공한다. 쿠버네티스를 통한 분산 컴퓨팅으로 서비스지향 아키텍처에서 마이크로서비스 기반 아키텍처로의 진화가 가능해졌다.

2장, 클라우드 네이티브 애플리케이션 독립적으로 확장할 수 있는 서비스로 빌드되는 애플리케이션을 개발하기 위해 컨테이너 기반 환경의 클라우드 네이티브 애플리케이션을 빌드하는 방법에 대한 개요를 제공한다. 이 장에서는 컨테이너화를 통해 폴리글랏 앱을 사용한 Development(Dev)의 용이성과 서비스 분리로 인한 Operations(Ops)의 추가적인 책임 부여에 대해 설명한다.

3장, 서비스 메시 아키텍처 서비스 메시라는 용어의 발전과 기원을 다룬다. Dev(프로바이더)와 Ops(소비자) 간의 분리 에이전트로서 서비스 메시에 대한 개요를 제공하고 스마트 엔드포인트를 통한 기본/고급 서비스 통신과 마이크로서비스 간의 트러스트를 설명한다.

4장, 서비스 메시 프로바이더 Istio, Linkerd, Consul의 세 가지 오픈 소스 서비스 메시 프로바이더의 개요를 제공한다.

5장, 서비스 메시 인터페이스와 SPIFFE 진화하는 서비스 메시 인터페이스 스펙을 소개한다. SPIFFE 스펙은 쿠버네티스 환경에서 실행되는 서비스에 대한 보안 네이밍을 제공한다.

6장, 나만의 쿠버네티스 환경 만들기 책 전체에서 다루는 세 가지 프로바이더와 서비스 메시를 배우기 위해 필수적인 개발 환경을 갖추는 방법을 설명한다. 퍼블릭 클라우드에서 쿠버네티스 클러스터를 사용할 수 있으나 이를 위해서는 초기 비용이 필요하다. 이 장에서는 예제를 실습할 수 있도록 단일 노드 쿠버네티스 환경을 구축하는 간단한 방법을 제공한다.

7장, Istio 서비스 메시 이해 Istio 컨트롤 플레인 아키텍처의 특징과 기능을 보여준다.

8장, 데모 애플리케이션 설치 Istio용 데모 애플리케이션을 설치하는 방법을 보여준다.

9장, Istio 설치 서비스 메시의 최종 목표에 맞게 각각 다른 프로필을 사용해 Istio를 설치하는 다양한 방법을 보여준다.

10장, Istio 트래픽 관리 살펴보기 카나리아 테스트, A/B 테스트, 트래픽 분할, 셰이핑shaping, 조건부 라우팅의 관점에서 Istio의 트래픽 라우팅 기능을 보여준다.

11장, Istio 보안 기능 살펴보기 mTLS, 보안 게이트웨이 및 Istio 시타델Citadel을 인증기관으로 사용해 서비스 간 통신을 보호하는 방법을 살펴본다.

12장, Istio 정책 제어 활성화 애플리케이션을 변경하지 않고도 네트워크 제어, 속도 제한, 쿼터 적용을 활성화하는 방법을 살펴본다.

13장, Istio 텔레메트리 기능 살펴보기 Prometheus, Grafana, Kiali의 관찰 기능을 사용해 수집한 지표와 서비스 간 통신을 표시하는 방법을 살펴본다.

14장, Linkerd 서비스 메시 이해 컨트롤 플레인 관점에서 Linkerd의 아키텍처를 보여주며, 특징과 기능을 살펴본다.

15장, Linkerd 설치 쿠버네티스에 Linkerd를 설치하는 방법, Linkerd 데모 이모지 애플리케이션을 설정하는 방법 및 사이드카 프록시를 주입하는 방법을 살펴본다.

16장, Linkerd의 신뢰성 기능 살펴보기 Linkerd 트래픽 신뢰성 기능을 알아보고 로드밸런싱, 재시도, 트래픽 분할, 타임아웃 서킷 브레이크, 동적 요청 라우팅을 다룬다.

17장, Linkerd의 보안 기능 살펴보기 기본적인 구성 없이 mTLS를 설정하고 인증서 생성 프로세스와 관련해 점진적으로 설치하는 프로세스를 설명한다.

18장, Linkerd의 관찰성 기능 살펴보기 Linkerd 대시보드와 CLI에 대해 자세히 설명한다. 이 대시보드는 라이브 트래픽, 성공률, 경로 및 지연 시간에 대한 서비스 메시와 관련된 여러 인사이트를 제공한다.

19장, Consul 서비스 메시 이해 컨트롤 플레인 관점에서 Consul의 아키텍처를 보여주며, 그 특징과 기능을 살펴본다.

20장, Consul 설치 쿠버네티스와 VM/베어 메탈 머신에 Consul을 설치하는 방법을 알아본다.

21장, Consul의 서비스 디스커버리 기능 살펴보기 Consul 서비스 디스커버리, 키-값 저장소, ACL, 인텐션, 모니터링/메트릭 수집을 설명하는 데모 애플리케이션을 보여준다. 쿠버네티스가 아닌 환경에서 실행되는 외부 서비스의 통합 프로세스를 설명한다.

22장, Consul의 트래픽 관리 기능 살펴보기 오픈 소스 프로젝트 Ambassador를 사용해 Consul을 통합하는 방법을 보여준다. 속도 제한, 셀프 서비스 라우팅, 테스트, 엔보이 사이드카 프록시 사용을 통한 엔드투엔드 TLS 활성화와 같은 트래픽 관리 기능을 보여준다.

알아두면 유용한 용어

이 책은 이전에 접하지 않았던 여러 특정 용어를 포함한다. 다음은 이 책을 읽을 때 도움이 되는 간단한 용어집이다.

- **인그레스 게이트웨이**Ingress gateway: 쿠버네티스에서 인그레스는 내부 마이크로서비스에 대한 외부 접근을 허용하는 객체다. 인그레스는 외부 트래픽을 쿠버네티스 클러스터 내부의 서비스로 라우팅하는 규칙 모음이다. Istio에서 인그레스 게이트웨이는 클러스터의 엣지에 있으며 클러스터에 대한 접근을 구성하기 위해 여러 인그레스 게이트웨이를 생성할 수 있다.
- **이그레스 게이트웨이**Egress gateway: 이그레스 게이트웨이는 쿠버네티스 클러스터 내에서 실행되는 마이크로서비스의 외부 접근을 허용하는 Istio의 기능이다. 이 게이트웨이 또한 서비스 메시의 엣지에 있다.
- **폴리글랏 프로그래밍**Polyglot programming: 서비스를 위해 여러 언어로 코드를 작성하는 것이다. 예를 들어 Go, Java, Ruby 및 Python과 같은 다른 언어로 다른 마이크로서비스를 작성할 수 있으며 서비스 간에 서로 통신할 수 있다.
- **A/B 테스트**A/B testing: 두 가지 버전(A와 B)의 마이크로서비스가 모두 프로덕션에 있을 때 테스트한다.
- **카나리아 릴리즈**Canary release: 클라우드 네이티브 애플리케이션을 더 빨리 움직이게 한다. 카나리아 릴리즈는 프로덕션 환경에서 이전 버전과 함께 소규모 사용자 서브셋이 사용할 수 있는 새로운 버전의 마이크로서비스에 관한 것이다. 새 버전을 안심하고 사용할 수 있게 되면 이전 버전을 서비스에서 중단 없이 제거할 수 있다.
- **서킷 브레이커**Circuit breaker: 지연이나 결함으로 인해 마이크로서비스 간의 통신 실패가 발생할 수 있다. 서킷 브레이커는 지연/결함 감지 후 마이크로서비스 간의 연결을 끊는다. 그런 다음 들어오는 트래픽은 부분적 또는 연쇄적인 장애를 방지하기 위해 다른 마이크로서비스로 다시 라우팅된다. 서킷 브레이커는 로드 밸런싱을 유지하고 특정 시스템의 지속적인 과부하를 방지하는 데 도움이 된다.

이 책을 최대한 활용하는 방법

환경을 직접 구축하고 제공된 예제를 사용해 실습하면 이 책을 최대한 활용할 수 있다.

이전에 쿠버네티스를 사용한 적이 없다면 Windows 노트북 또는 MacBook에서 쿠버네티스 환경을 구축하는 예제를 따라해보는 것이 가장 좋다. 이 책은 쿠버네티스에 관한 내용은 아니지만 쿠버네티스 환경을 필수적으로 갖춰야 한다. 6장, '나만의 쿠버네티스 환경 만들기'에서 쿠버네티스 환경을 구축하는 방법을 설명한다.

다른 쿠버네티스 프로바이더에 익숙하다면 원하는 쿠버네티스 환경에서 예제를 받아 테스트할 수 있다.

기술이 빠르게 진화하고 있으므로 최신 변경 사항을 참조할 수 있는 GitHub 리포지터리가 있다.

이 책에서 제공하는 예제를 Windows나 macOS 플랫폼에서 실습할 수 있다. 하드웨어/소프트웨어 요구 사항은 다음과 같다. 자세한 내용은 6장, '나만의 쿠버네티스 환경 만들기'를 참조한다.

책에서 다루는 소프트웨어 / 하드웨어	OS 요구 사항
최소 16GB RAM/Intel Core i7 이상, 최소 512GB SSD가 장착된 워크스테이션/랩탑 또는 MacBook	Windows 10 또는 macOS Pro (2015 이상)
VMware Player V15.x 또는 VMware Fusion 11.x	Windows 또는 macOS
Windows용 7z 소프트웨어 또는 macOS용 무료 7z Unarchiver	Windows 또는 macOS

이 책의 디지털 버전을 사용한다면 코드를 직접 입력하거나 GitHub 리포지터리(다음 섹션에서 링크 사용 가능)로 코드에 접근하면 코드 복사/붙여넣기와 관련된 잠재적 오류를 방지할 수 있다.

예제 코드 파일 다운로드

www.packt.com에서 계정을 이용해 이 책의 예제 코드 파일을 다운로드할 수 있다. 이 책을 다른 곳에서 구입한 경우 www.packt.com/support를 방문해 등록하면 파일을 직접 이메일로 받을 수 있다.

다음 단계를 수행해 코드 파일을 다운로드할 수 있다.

1. www.packt.com에 로그인하거나 등록한다.
2. **Support** 탭을 선택한다.
3. **Code Downloads**를 클릭한다.
4. **Search** 상자에 책 이름을 입력하고 화면의 지시를 따른다.

파일을 다운로드한 후 다음 최신 버전을 사용해 폴더의 압축을 풀거나 추출한다.

- Windows용 7-Zip
- Mac용 무료 7z Unarchiver

책의 코드 파일은 GitHub의 https://github.com/PacktPublishing/Mastering-Service-Mesh에 있다. 에이콘출판사의 도서정보 페이지인 http://www.acornpub.co.kr/book/mastering-service-mesh에서도 동일한 예제 코드를 다운로드할 수 있다.

참고: 이 책에서 다루는 장의 경우 독자가 Istio, Linkerd, Consul과 관련해 https://github.com/servicemeshbook/에서 필요한 모든 소스 코드 파일을 가져오는 것을 추천한다. 모든 GitHub 리포지터리 내보내기에 대한 명확한 지침이 있으며 장[Chapter]별로 리포지터리 링크가 있다. Mastering-Service-Mesh와 servicemeshbook GitHub 페이지는 계속 활성화된 최신 상태로 유지된다.

또한 https://github.com/PacktPublishing/에서 제공되는 풍부한 책과 비디오 카탈로그의 다른 코드 번들도 있다. 한번 확인해보자!

컬러 이미지 다운로드

이 책에 사용된 스크린샷/다이어그램의 컬러 이미지가 있는 PDF 파일을 제공한다. http://www.packtpub.com/sites/default/files/downloads/9781789615791_ColorImages.pdf에서 다운로드할 수 있다. 또한 에이콘출판사의 도서정보 페이지인 http://www.acornpub.co.kr/book/mastering-service-mesh에서도 확인할 수 있다.

편집 규약

이 책에는 몇 가지 텍스트 규칙이 있다.

`CodeInText`: 텍스트, 데이터베이스 테이블 이름, 폴더 이름, 파일 이름, 파일 확장자, 경로 이름, 더미 URL, 사용자 입력을 나타낸다.

"선택적으로, `/var/lib/docker`를 마운트하고 도커를 다시 시작하도록 별도의 디스크를 구성할 수 있다."

코드 블록은 다음과 같다.

```
apiVersion: authentication.istio.io/v1alpha1
kind: Policy
metadata:
  name: SVC-A-mTLS-disable
  namespace: ns1
spec:
  targets:
  - name: Service-A
  peers:
  - mtls:
      mode: DISABLE
```

코드 블록의 특정 부분을 강조할 경우 관련 줄을 굵게 표시한다.

```
peers:
-mtls:
   mode : DISABLE
```

모든 커맨드 라인 입력이나 출력은 다음과 같이 표시한다.

```
$ kubectl get pods
$ istioctl proxy
```

볼드체Bold: 새로운 용어, 중요한 단어 또는 화면에 표시되는 단어를 나타낸다. 예를 들어, 메뉴 또는 대화 상자의 단어는 이와 같은 텍스트로 나타난다.

예시: "**Workload** 아래의 왼쪽 메뉴에서 **Pods**를 클릭한다."

NOTE

경고나 중요한 메모는 이와 같이 나타낸다.

TIP

팁과 요령은 이렇게 나타낸다.

정오표

기술 환경은 빠르게 진화하고 있다. 책 집필 시점에서 Istio 릴리즈는 1.0.3이었고, 이 책의 현재 Istio 릴리즈는 1.13.4이다. Linkerd와 Consul도 마찬가지다. 출시 시간time to market이 핵심이며 이 세 가지 오픈 소스 프로젝트는 애자일 DevOps 도구를 사용하는 진정한 CI/CD(지속적 통합과 지속적 딜리버리의 약어) 접근 방식을 보여준다.

책에 있는 명령과 스크립트를 실행하려면 해당 버전을 사용한다.

그러나 https://github.com/servicemeshbook에서 이 책의 GitHub 리포지터리를 향후 출시될 최신 버전으로 업데이트할 예정이다. 업데이트된 스크립트와 명령을 위해 각 리포지터리의 최신 분기로 전환할 수 있다.

필자들은 세 가지 서비스 메시 모두 심혈을 기울여 실습 테스트를 구현했으며 일부 문제가 남아 있을 수도 있다. 내용에 문제가 있다면 알려주길 바란다. 다음 링크를 사용해 정오표와 버그에 대한 문제를 제기할 수 있다.

- **Istio**: https://github.com/servicemeshbook/istio/issues
- **Linkerd**: https://github.com/servicemeshbook/linkerd/issues
- **Consul**: https://github.com/servicemeshbook/consul/issues

독자의 피드백은 필자들에게 중요하며 위에서 언급한 서비스 메시와 관련해 제안과 추가 제안된 개선 사항에 대한 문제를 제기할 수 있다.

그리고 콘텐츠의 정확성을 보장하기 위해 주의를 기울였지만 실수가 있을 수 있다. 이 책에서 오류를 발견한 경우 이를 신고해 주길 바란다. https://www.packtpub.com/support/errata를 방문해 책을 선택하고 Errata Submission Form 링크를 클릭한 다음, 세부 정보를 입력한다.

한국어판의 정오표는 에이콘출판사의 도서정보 페이지인 http://www.acornpub.co.kr/book/mastering-service-mesh에서 찾아볼 수 있다.

고객 지원

독자의 피드백은 언제나 환영한다.

문의: 책에 대한 질문이 있는 경우 메시지 제목에 책 제목을 언급하고 customercare@packtpub.com으로 이메일을 보내주길 바란다. 한국어판에 관한 질문이 있다면 에이콘출판사 편집 팀(editor@acornpub.co.kr)이나 옮긴이의 이메일로 문의하길 바란다.

불법 복제: 인터넷에서 어떤 형태로든 불법 복제를 발견한 경우 위치 주소나 웹 사이트 이름과 함께 신고해 주길 바란다. 자료에 대한 링크와 함께 copyright@packt.com으로 문의한다.

1부

클라우드 네이티브 애플리케이션 관리

이 섹션에서는 서비스 메시 아키텍처를 이해하기 위해 클라우드 네이티브 애플리케이션 상위 레벨의 아티팩트를 살펴본다.

이 섹션은 다음과 같은 장으로 구성된다.

- 1장, 모놀리식 vs 마이크로서비스
- 2장, 클라우드 네이티브 애플리케이션

01

모놀리식 vs 마이크로서비스

이 책의 목적은 서비스 메시 아키텍처를 안내하는 것이다. 세 가지 주요 오픈 소스 서비스 메시 프로바이더인 Istio, Linkerd, Consul을 다룬다. 우선 기술이 진화하며 서비스 메시Service Mesh가 어떻게 발전했는지 이야기한다. 이 장에서는 모놀리식에서 마이크로서비스까지의 애플리케이션 개발 과정을 다룬다.

모놀리식 프레임워크가 성장한 기술 환경은 20년 전에 사용 가능했던 기술 스택을 기반으로 한다. 하드웨어와 소프트웨어 가상화가 크게 발전함에 따라 넷플릭스, 아마존과 같은 회사가 2011년에 마이크로서비스를 채택하면서 새로운 혁신의 물결이 시작됐다. 이런 트렌드는 모놀리식 애플리케이션을 소규모 독립적인 마이크로서비스로 재설계함으로써 시작됐다.

'모놀리식 vs 마이크로서비스'를 시작하기 전에 한 걸음 물러나서 마이크로서비스가 시작되기 전의 상황을 살펴보겠다. 이 장에서는 초기 컴퓨터 머신, 하드웨어 가상화, 소프트웨어 가상화 및 모놀리식에서 마이크로서비스 기반 애플리케이션으로 전환된 과정을 간략하게 살펴본다. 초기부터 현재까지의 여정을 요약해본다.

이 장에서는 다음 주제를 다룬다.

- 초기 컴퓨터 머신
- 모놀리식 애플리케이션
- 마이크로서비스 애플리케이션

초기 컴퓨터 머신

IBM은 1953년에 최초의 상용 컴퓨터(https://ibm.biz/Bd294n)인 IBM 701을 출시했다. 이는 당시 가장 강력한 고속 전자 계산기였다. 이 기술의 발전으로 메인 프레임이 만들어졌으며 1950년대 중반(https://ibm.biz/Bd294p)에 혁명이 시작됐다.

고든 무어Gordon Moore는 1968년 로버트 노이스Robert Noyce와 Intel을 공동 설립하기 전인 1965년에 칩에 내장된 트랜지스터의 수가 24개월마다 두 배가 될 것이라는 무어의 법칙(https://intel.ly/2IY5qLU)을 지지했다. 이 트렌드는 오랫동안 계속되지 않을 수도 있지만 기하급수적인 성장은 오늘날까지 계속되고 있다.

IBM은 1972년에 VM/370이라는 최초의 공식 VM 제품(http://www.vm.ibm.com/history)을 만들었으며, 이후 2005년과 2006년에는 Intel/AMD 플랫폼에서 하드웨어 가상화를 했다. 초기 컴퓨팅 머신에서는 모놀리식 애플리케이션이 유일한 선택이었다.

초기 머신은 하나의 운영 체제만 실행했다. 시간이 지나고 머신의 크기가 커짐에 따라 머신을 더 작은 가상 머신으로 분할해 여러 운영 체제를 실행해야 하는 필요성이 생겼고, 이는 하드웨어 가상화로 이어졌다.

하드웨어 가상화

하드웨어 가상화로 데이터 센터에서 가상 머신이 확산됐다. Geico의 EVP이자 CIO인 그렉 칼린스키는 IBM Think 2019 콘퍼런스의 기조 연설에서 70,000개의 가상 머신 사용을 언급했다. 가상 머신 관리에는 다른 도구 세트가 필요했다. 이 분야에서 VMware는 Intel 시장에서 매우 성공적이었지만 POWER에서는 IBM의 하드웨어 관리 콘솔HMC, Hardware Management Console을 논리 파티션LPARs, Logical Partitions이나 Power VM을 작성하는 데 많이 사용했다. 하드웨어 가상화는 자체 오버 헤드가 있었으나 동일한 물리적 시스템에서 여러 운영 체제 시스템을 실행하는 데 매우 인기 있었다.

대부분의 모놀리식 애플리케이션은 각각 OS 요구 사항과 언어가 다르지만 하나의 하드웨어에서 여러 가상 머신을 사용해 런타임을 실행할 수 있다.

이 하드웨어 가상화 기간 동안 서비스지향 아키텍처SOA, Service-Oriented Architecture와 엔터프라이즈 서비스 버스ESB, Enterprise Service Bus를 사용하는 엔터프라이즈 애플리케이션이 발전하기 시작했으며 대규모 모놀리스 애플리케이션으로 이어졌다.

소프트웨어 가상화

다음 세대의 혁신 물결은 컨테이너화 기술을 사용한 소프트웨어 가상화로 시작됐다. 소프트웨어 가상화는 새로운 개념은 아니지만 도구를 통해 채택하기 쉬워지자 큰 관심을 끌기 시작했다. 도커는 일반 IT 전문가가 소프트웨어 가상화를 사용할 수 있도록 한 이 분야의 초기 개척자였다.

솔로몬 하이크스Solomon Hykes는 2010년에 dotCloud를 시작하고 2013년에 도커로 이름을 변경했다. 소프트웨어 가상화는 베어 메탈 환경이나 가상 머신에서 실행되는 동일한 커널을 사용하면서 네임스페이스, 파일 시스템 및 프로세스 격리isolation를 제공하는 기술 발전이 가능해졌다.

컨테이너를 이용한 소프트웨어 가상화는 여러 가상 머신을 실행하는 것보다 리소스 활용도가 높으며 자원 활용이 30~40% 효율적이다. 일반적으로 가상 머신은 초기화하는 데 몇 초에서 몇 분이 걸리지만 컨테이너화는 동일한 커널 공간을 공유하므로 시작 시간이 가상 머신보다 훨씬 빠르다.

실제로 구글은 매우 큰 규모로 소프트웨어 가상화를 사용했으며 약 10년 동안 컨테이너화를 사용했다. 이는 구글의 프로젝트인 Borg라는 존재를 통해 알려졌다. 구글은 2015년 EuroSys 콘퍼런스(https://goo.gl/Ez99hu)에서 컨테이너화 기술을 사용해 데이터 센터를 관리하는 방법에 대한 연구 논문을 발표했다. 발표 내용은 많은 기술 전문가들 사이에서 관심을 끌었으며 2014년과 2015년에 도커의 인기가 폭발함에 따라 소프트웨어 가상화를 쉽게 사용할 수 있게 됐다.

컨테이너화라고도 하는 소프트웨어 가상화의 주요 이점 중 하나는 특정 소프트웨어 부분에 대한 종속성 문제를 제거하는 것이다. 예를 들어 Linux glibc는 메인 빌딩 블록building block 라이브러리인데, glibc의 특정 버전에 종속되는 수백 개의 라이브러리가 있다. glibc의 특정 버전을 가진 도커 컨테이너를 만들 수 있으며 이를 glibc의 후기 버전을 가진 기계에서 실행할 수 있다. 일반적으로 이러한 종류의 엄격한 종속성은 서로 다른 버전의 glibc를 사용해 구축한 두 개의 서로 다른 소프트웨어 스택을 유지하는 매우 복잡한 방법을 갖지만 컨테이너는 이를 매우 간단하게 만들었다. 도커는 소프트웨어 패키징을 쉽게 할 수 있고 개발자가 접근 가능한 간단한 사용자 인터페이스를 만들어 유명해졌다.

소프트웨어 가상화를 통해 동일한 하드웨어(베어 메탈)나 동일한 가상 머신 내에서 다양한 모놀리스 애플리케이션을 실행할 수 있었다. 또한 이로 인해 독립적인 소프트웨어 단위로 패키징된 더 작은 서비스(완벽한 비즈니스 기능)가 출현했다. 이때부터 마이크로서비스 시대가 시작됐다.

컨테이너 오케스트레이션

몇 개의 컨테이너를 관리하고 배포하는 것은 쉽다. 컨테이너 수가 증가하면 컨테이너 오케스트레이션 플랫폼은 선언적 처방declarative prescriptions으로 배포와 관리를 용이하게 한다. 2015년 컨테이너화가 확산되면서 컨테이너를 위한 오케스트레이션 플랫폼도 진화했다. 도커는 도커 스웜이라는 자체 오픈 소스 컨테이너 오케스트레이션 플랫폼을 제공했으며, 이는 도커 컨테이너를 위한 클러스터링 및 스케줄링 도구다.

아마치 메소스는 도커 스웜과 정확히 유사하지는 않지만 리눅스 커널과 동일한 원리를 사용해 만들어졌다. 애플리케이션과 리눅스 커널 사이의 추상화 계층이었다. 분산 컴퓨팅을 위한 것이며, 자원 관리와 스케줄링을 위한 API를 가진 클러스터 관리자 역할을 한다.

쿠버네티스는 구글 Borg 프로젝트의 진화된 오픈 소스며, 첫 번째 버전은 Cloud Native Computing Foundation(https://cncf.io)의 첫 인큐베이터 프로젝트를 통해 2015년에 릴리즈됐다.

구글, 레드햇, 화웨이, ZTE, VMware, Cisco, 도커, AWS, IBM, 마이크로소프트 등 주요 de facto 기업들이 쿠버네티스 오픈소스 플랫폼에 기여하고 있으며, 이는 모던 클러스터 매니저와 컨테이너 오케스트레이션 플랫폼이 됐다. 쿠버네티스가 사실상 표준de facto standard 플랫폼이 돼 현재는 모든 주요 클라우드 프로바이더가 사용하고 있는데 125개 기업이 이를 추진하고 있으며 관련 기여자는 2,800명 이상이다(https://www.stackalytics.com/cncf?module=kubernetes).

컨테이너 오케스트레이션으로 클러스터 관리가 단순화되면서 분산 환경에서 마이크로서비스를 실행하기 쉬워졌다. 이로 인해 마이크로서비스 기반 애플리케이션으로 수평적 스케일 아웃이 가능해지고 느슨하게 결합된 시스템을 만들 수 있게 됐다.

1998년부터 IBM은 DB2 데이터베이스(모놀리식 애플리케이션)에 비공유 아키텍처shared nothing architecture를 사용했기에, 수평적 스케일 아웃 분산 컴퓨팅이 새로운 개념은 아니었다. 새로운 것은 모던 클러스터 관리자를 사용해 쉽게 실행하고 확장할 수 있는 느슨하게 결합된 마이크로서비스다.

모델Model, 뷰View, 컨트롤러Controller(MVC) 또는 SOA와 같은 3-티어 아키텍처를 사용하는 모놀리스 애플리케이션은 베어 메탈 또는 가상화된 머신에서의 아키텍처 패턴 중 하나였다. 이러한 패턴은 IP 주소를 통해 기기를 식별할 수 있는 정적 데이터 센터 환경에서 잘 적용됐으며, DNS를 통해 변경 사항을 관리했다. 이는 장애 발생 시 어떤 머신에서도(IP주소가 변경될 수 있음) 실행돼야 하는 분산 애플리케이션을 사용하면서부터 변하기 시작했다. 정적 데이터 센터 접근에서 동적 데이터 센터 접근 방식으로 천천히 변하기 시작했으며, 워크로드가 실행되는 머신이나 컨테이너 포드의 IP 주소가 아닌 마이크로서비스의 이름을 통해 식별된다.

정적인 인프라스트럭처가 동적 기반으로 바뀌게 되면서 모놀리식에서 마이크로서비스 아키텍처로의 발전을 위한 기초가 됐다. 모놀리식 애플리케이션은 밀접하게 결합돼 있으며 전체 애플리케이션 스택에 대해 하나의 인스턴스로 릴리즈되는 단일 코드 기반을 가진다. 다른 컴포넌트에 영향을 주지 않고 컴포넌트를 변경하는 것은 매우 어려운 과정이지만 단순하다. 반면 마이크로서비스 애플리케이션은 느슨하게 결합돼 있으며 여러 코드 기반으로 서로 독립적으로 릴리즈할 수 있다. 단일 컴포넌트를 변경하는 것은 쉽지만 모놀리식 애플리케이션과 달리 단순하지 않다.

컨텍스트를 발전시키기 위해서 다음 섹션에서는 모놀리식과 마이크로서비스 애플리케이션에 대한 간략한 역사를 알아본다. 책에서 다루는 세부적인 목표로 전환하는 데 도움이 될 것이다.

모놀리식 애플리케이션

모놀리식에서 마이크로서비스로의 애플리케이션 진화 과정은 다음 다이어그램에서 볼 수 있다.

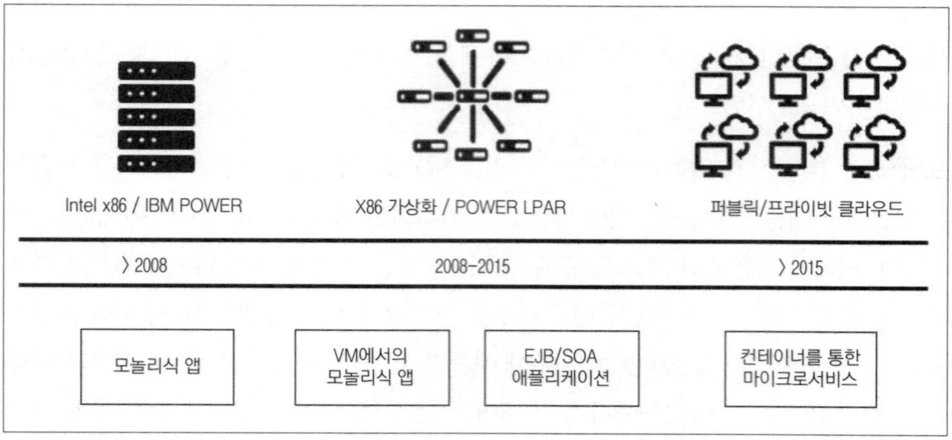

모놀리식 애플리케이션은 작은 애플리케이션에서 생성된다. 그리고 프론트엔드와 백엔드를 분리하고 백엔드와 데이터 소스를 분리하는 계층tiered 아키텍처를 만들도록 구축된다. 이 아키텍처에서 프론트엔드는 사용자 상호작용interaction을 처리하고 미들 티어는 비즈니스 로직을 처리하며 백엔드는 데이터 접근을 처리한다. 이는 다음 다이어그램으로 나타냈다.

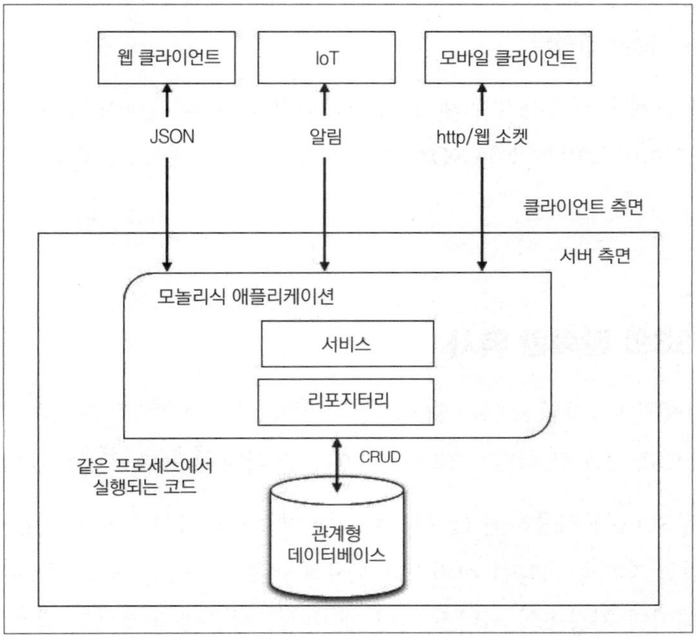

앞의 다이어그램에서 비즈니스 로직이라고도 하는 미들 티어는 프론트엔드와 백엔드에 밀접하게 바인딩돼 있다. 이는 모든 티어가 하나의 직선에 있는 1차원 모놀리식 경험이다.

프론트엔드 티어, 애플리케이션 티어, 데이터베이스 티어로 구성된 클라이언트-서버의 3-티어 모듈식 아키텍처는 현재 거의 20년 이상이 됐다. 복잡성, 소프트웨어 업그레이드 및 다운 타임 제로와 관련해 알려진 제약 사항이 있었지만 복잡한 엔터프라이즈 애플리케이션을 구축할 수 있도록 하는 데 도움이 됐다.

큰 규모의 개발 팀은 GitHub와 같은 소스코드 리포지터리에 코드를 커밋한다. 코드 커밋에서 프로덕션까지의 배포 프로세스는 CI/CD 파이프라인이 존재하기 전까지는 수동으로 사용했다. 자동화된 테스트 케이스가 일부 있더라도 릴리즈는 수동으로 테스트해야 했다. 조직에서는 코드를 프로덕션으로 옮기는 동안에는 코드 프리징을 선언하곤 했다. 애플리케이션이 지나치게 크고 복잡해졌으며 장기적으로 유지하기가 매우 어려워졌다. 기존의[original] 코드 개발자를 활용할 수 없게 되면 개선 사항을 추가하는 데 매우 어렵고 시간이 많이 걸렸다.

앞서 언급한 한계를 극복하기 위해 2002년쯤부터 SOA의 개념이 발전하기 시작했고, 엔터프라이즈 서비스 버스[ESB]는 SOA의 서로 다른 애플리케이션들과 통신하기 위해 발전했다.

SOA와 ESB의 간략한 역사

3-티어 아키텍처의 1차원 모델은 SOAP[Simple Object Access Protocol]과 다른 웹 서비스 표준을 사용해 ESB를 통한 서비스 간 통신이 가능한 다차원 SOA로 분할됐다.

ESB와 함께 SOA를 사용하면 대규모 3-티어 애플리케이션을 서비스로 세분화할 수 있으며, 이러한 재사용 가능한 서비스를 사용해 애플리케이션을 구축할 수 있다. 서비스는 메타 데이터 저장소의 서비스 메타 데이터를 사용해 동적으로 디스커버리할 수 있다. SOA를 사용하면 각각의 기능[functionality]은 애플리케이션 서버 내부에 배포되는 코어스-그레인드[coarse-grained] 서비스로 만들어진다.

ESB 레이어를 통해 노출되는 복합 서비스를 만들려면 여러 서비스를 통합해야 하며, 이 서비스는 통신을 위한 중앙 집중식 버스가 된다. 이를 다음 다이어그램으로 나타냈다.

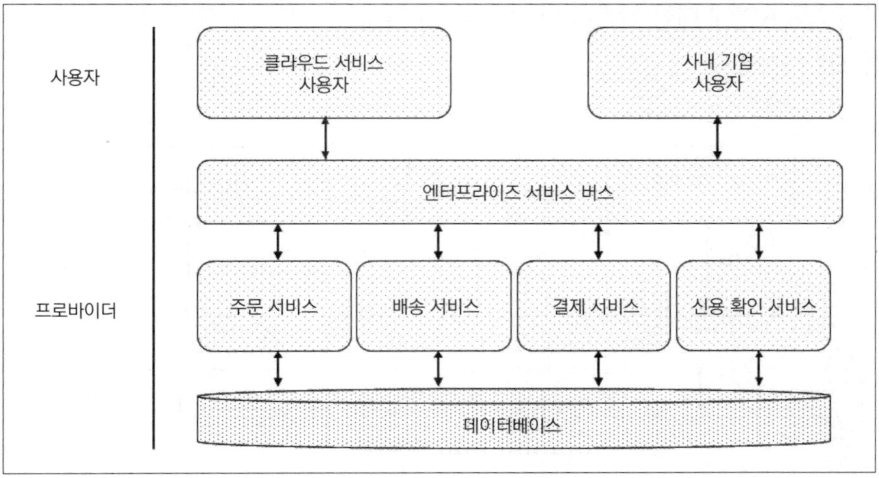

앞의 다이어그램은 ESB를 통해 연결된 사용자와 프로바이더 모델을 보여준다. 또한 ESB에는 중요한 비즈니스 로직이 포함돼 있어 서비스 통합을 개발하거나 배포하기 위해서는 개발자가 공유하는 동일한 런타임에 모놀리식으로 만든다.

다음 섹션에서는 API 게이트웨이를 설명한다. API 게이트웨이의 개념은 백엔드 서비스에 쉽고 안전하게 연결해야 하는 리치rich 클라이언트 애플리케이션을 제공하는 스마트폰의 출현으로 2008년 즈음에 발전했다.

API 게이트웨이

SOA/웹 서비스는 비즈니스 기능을 API로 노출하는 데 이상적이지는 않았다. 이는 SOAP가 서비스 간 통신을 위한 메시지 형식으로 사용되는 웹 서비스 관련 기술의 복잡한 특성 때문이다. SOAP는 보안 웹 서비스와 서비스 간 통신, 그리고 서비스 디스커버리 메타 데이터 정의에도 사용됐다. SOAP는 셀프 서비스 모델이 부족해 에코시스템의 발전을 방해했다.

REST(HTTP/JSON)나 웹 서비스(SOAP/HTTP)를 통해 서비스를 공개하기 위한 용어로서 애플리케이션 프로그래밍 인터페이스API, Application Programming Interface를 사용한다. API를 사용해 비즈니스 기능을 매니지드 서비스로 안전하게 노출할 수 있으며, API 게이트웨이는 일반적으로 API에 대한 기존의 SOA/ESB 구현체의 위에 구축한다. 이를 다음 다이어그램으로 나타냈다.

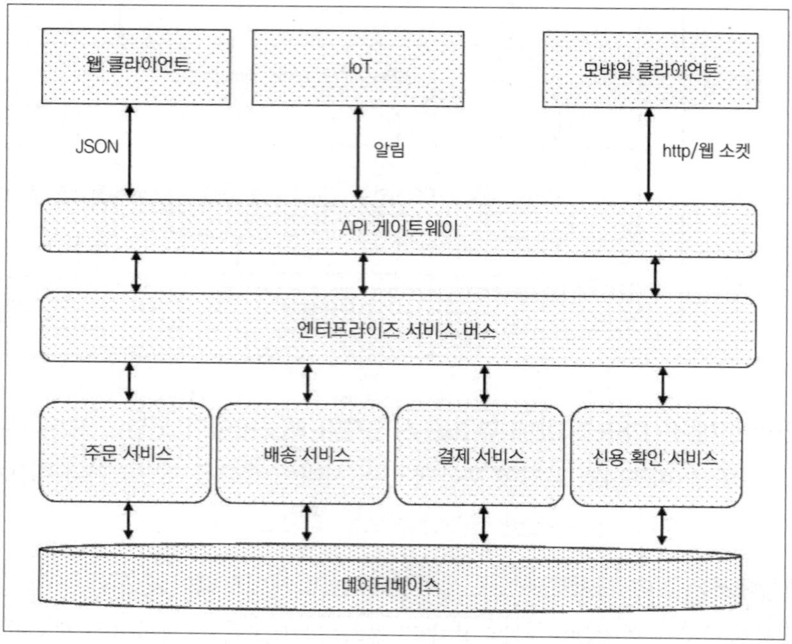

앞의 다이어그램에서 API 게이트웨이는 3-티어와 SOA/ESB 기반 서비스를 노출시키는 데 사용하며 ESB에 포함된 비즈니스 로직은 여전히 독립적인 서비스 개발을 방해한다.

컨테이너화가 가능해짐에 따라 2012년 SOA/ESB 아키텍처에서 새로운 마이크로서비스 패러다임이 진화하기 시작했으며, 2015년에 크게 발전했다.

모놀리식 애플리케이션의 단점

모놀리식 애플리케이션은 크기가 작으면 개발, 배포 및 확장이 간단하다.

모놀리스의 크기와 복잡성이 커지게 되면 다음과 같은 많은 단점이 발생한다.

- 개발이 느리다.
- 대규모 모놀리식 코드는 새로운 개발자에게 위협이 된다.
- 애플리케이션을 이해하고 수정하기가 어렵다.
- 소프트웨어 릴리즈는 번거로운 작업이 되며, 드물게 수행된다.
- 과부하된 IDE, 웹 컨테이너
- 지속적 배포가 어렵다 – 배포하기 위한 코드 프리즈 기간
- 데이터 볼륨이 증가해 애플리케이션을 확장하기가 어려울 수 있다.
- 확장 개발이 어려울 수 있다.
- 기술 스택에 대한 장기적인 노력이 필요하다.
- 애플리케이션을 철저히 테스트하기가 어렵기 때문에 안정성이 부족할 수 있다.

엔터프라이즈 애플리케이션 개발은 서로 독립적으로 일하는 많은 소규모 팀 사이에서 조정된다. 애플리케이션의 크기가 커지게 되면 위에서 언급한 복잡성으로 인해 더 나은 접근 방식을 찾게 되고, 그 결과로 마이크로서비스를 채택한다.

마이크로서비스 애플리케이션

일부 개발자는 매우 일찍 새로운 사고의 필요성을 인식하고 2014년 초에 마이크로서비스라는 새로운 아키텍처를 진화시키기 시작했다.

초기 개척자(pioneers)

몇몇 개인들은 각자의 회사에서 모놀리식에서 관리 가능한 소규모 서비스 채택으로 전환하는 데 앞장섰다. 이 중 가장 주목할 만한 인물로는 2002년 아마존(https://bit.ly/2Hb3NI5)에 대한 지시mandate를 시행한 아마존 CEO인 제프 베조스Jeff Bezos다. '모든 직원은 네

트워크를 통해 발생하는 모든 호출에 서비스 인터페이스 방법론을 채택해야 한다'고 언급했다. 이 대담한 계획은 모놀리스를 느슨하게 결합된 서비스 집합으로 대체하게 했다. 그의 지혜로운 점 중 하나는 피자 두 판의 법칙two-pizza teams에 있다. 각각의 팀은 피자 두 판으로 먹일 수 있는 인원보다 크지 않아야 한다고 주장했는데 이는 개발 주기 단축, 배포 횟수 증가 및 더 빠른 시장 출시의 핵심이 된다.

넷플릭스는 초기에 마이크로서비스를 채택했다. https://netflix.github.io를 통한 넷플릭스의 OSSOpen Source Software Center 기여는 언급할 만큼 중요하다. 넷플릭스는 또한 대규모 클라우드 인프라스트럭처를 스트레스 테스트하기 위해 자동화된 오픈 소스 도구인 Simian Army(https://github.com/Netflix/SimianArmy)를 만들었다. 넷플릭스가 새로운 기술을 채택하고 구현한 비율은 매우 놀라울 정도다.

Lyft는 마이크로서비스를 채택했으며 서비스와 애플리케이션을 위한 엔보이(https://www.envoyproxy.io/)라는 오픈 소스 분산 프록시를 만들었고, 이는 후에 Istio와 Consul과 같은 가장 인기 있는 서비스 메시 구현체 중 하나가 됐다.

이 책은 마이크로서비스 애플리케이션 개발에 관한 내용을 다루지는 않지만, 서비스 메시의 관점에서 관련된 마이크로서비스 아키텍처를 간략하게 알아보고자 한다.

머신들이 베어 메탈에서 사용된 2000년 초부터 3-티어 모놀리식 애플리케이션은 둘 이상의 머신에서 실행됐고, 이는 분산 컴퓨팅 개념과 매우 밀접하게 결합됐다. 베어 메탈이 VM으로 발전하자 모놀리식 애플리케이션은 API 게이트웨이를 통해 SOA/ESB로 발전했다. 이러한 추세는 셀프 컨테이너화와 독립적인 매니지드 서비스에 대한 SOA/ESB 방식이 컨테이너의 출현으로 붕괴되기 시작한 2015년까지 계속됐다. 이로 인해 마이크로서비스라는 용어가 만들어졌다.

마이크로서비스라는 용어는 2011년 소프트웨어 아키텍트 워크숍(https://bit.ly/1KljYiZ)에서 마이크로서비스라는 용어를 사용해 공통 아키텍처 스타일을 파인-그레인드fine-grained SOA로 설명할 때 처음 언급됐다.

크리스 리처드슨Chris Richardson은 아키텍처 및 디자인 패턴을 문서화하기 위해 2014년 1월 https://microservices.io를 만들었다.

제임스 루이스James Lewis와 마틴 파울러Martin Fowler는 2014년 3월에 마이크로서비스에 대한 블로그 게시물(https://martinfowler.com/articles/microservices.html)을 공개했다. 해당 블로그 게시물은 마이크로서비스라는 용어를 대중화시켰다.

마이크로서비스 붐은 컨테이너화를 쉽게 할 수 있는 도커와 분산 컴퓨팅을 위해 만들어진 컨테이너 오케스트레이션 플랫폼의 사실상 표준de facto standard인 쿠버네티스를 통해 시작됐다.

마이크로서비스란 무엇인가?

SOA/ESB의 자연스러운 전이는 서비스를 모놀리식 ESB에서 분리해 마이크로서비스로 이동하는는 것이다. 마이크로서비스의 핵심 요점을 살펴보자.

- 각 서비스는 자율적이며 독립적으로 개발 및 배포된다.
- 각 마이크로서비스는 더 많은 트래픽을 수신하는 경우 다른 마이크로서비스를 확장하지 않고도 다른 마이크로서비스와 독립적으로 확장할 수 있다.
- 각 마이크로서비스는 각 서비스가 한 가지 일만 수행한다는 간단한 시간 원리time principle로 특정 비즈니스 목표를 서비스하기 위해 현재의 비즈니스 기능을 기반으로 설계한다.
- 서비스는 동일한 실행 런타임을 공유하지 않으므로 각 마이크로서비스는 서로 다른 언어 또는 폴리글랏 방식으로 개발할 수 있고, 개발자가 최적의 프로그래밍 언어를 선택해 서비스를 개발할 수 있는 민첩성을 제공한다.
- 마이크로서비스 아키텍처는 중앙 집중식 ESB가 필요하지 않다. 서비스 간 통신을 포함한 비즈니스 로직은 스마트 엔드포인트와 덤dumb 파이프를 통해 수행된다. 이는 ESB의 중앙 집중식 비즈니스 로직이 스마트 엔드포인트를 통해 마이크로서비스에 분산돼 있으며, 기본 메시징 시스템이나 덤 파이프가 REST 또는 gRPC와 같은 경량 프로토콜을 사용해 서비스 간 통신에 사용됨을 의미한다.

SOA/ESB가 마이크로서비스 패턴으로 진화한 것은 서로 독립적인 소규모 팀에 적용할 수 있고, 소규모 팀이 만든 서비스의 사용consumption을 위한 셀프 서비스 모델을 제공할 수 있다는 생각에서 주된 영향을 받았다. 집필 시점에서 마이크로서비스는 많은 기업이 기존의 모놀리식 애플리케이션 스택을 모던화하기 위해 채택 중인 성공적인 패턴이다.

마이크로서비스의 진화

다음 다이어그램은 애플리케이션 아키텍처가 3-티어 아키텍처에서 SOA/ESB로, 그리고 확장성 및 디커플링에 대한 유연성 측면에서 마이크로서비스로 진화했음을 보여 준다.

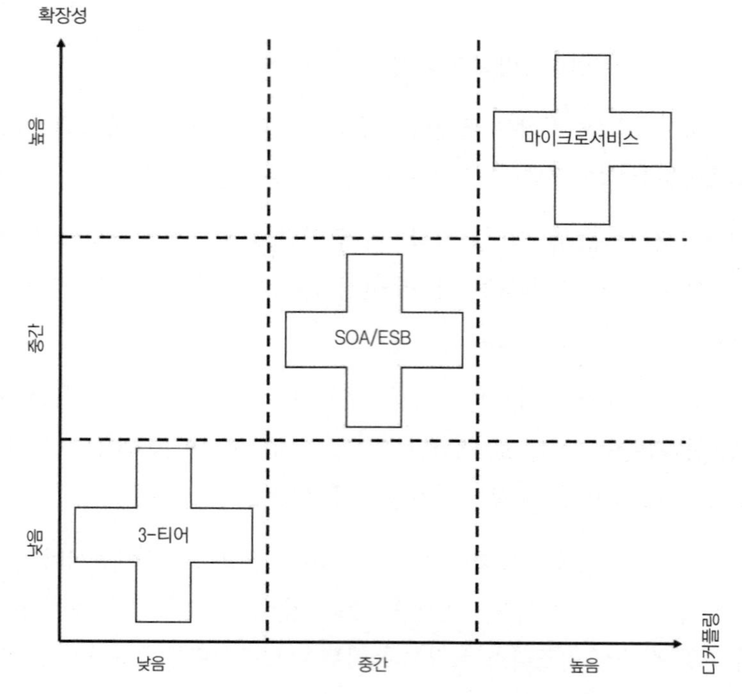

티어 vs SOA vs 마이크로서비스 크레디트 : Paolo Maresca

다음과 같은 이유로 마이크로서비스는 티어tiered 아키텍처와 SOA 아키텍처에서 발전해 모던 애플리케이션을 구축하는 데 적용하는 패턴이 되고 있다.

- 뛰어난 확장성
- 뛰어난 디커플링
- 뛰어난 민첩성

이는 개발자가 자신의 서비스 개발을 위한 최적의 프로그래밍 언어를 선택할 수 있는 분산 확장 가능 애플리케이션의 설계와 관련된 핵심 사항이다.

모놀리식 서비스와 마이크로서비스의 주요 차이점은 마이크로서비스의 경우 서비스가 느슨하게 결합돼 있으며 덤 파이프나 낮은 수준의 REST 또는 gRPC 프로토콜을 사용해 통신한다는 것이다. 느슨한 결합을 달성하는 방법 중 하나는 각 서비스마다 별도의 데이터 저장소를 사용하는 것이다. 이는 데이터 락을 가진 다른 서비스로 인해 특정 서비스가 블럭되지 않기 때문에 서비스가 서로 격리되는 데 도움이 된다. 별도의 데이터 저장소를 통해 마이크로서비스는 다른 모든 서비스와 독립적으로 데이터 저장소와 함께 확장 및 축소할 수 있다.

마이크로서비스의 초기 개척자에 대한 내용은 다음 섹션에서 논의한다.

마이크로서비스 아키텍처

마이크로서비스 아키텍처는 앱 컴포넌트를 서로 완전히 분리해 유지 관리, 확장 등과 같은 많은 것을 수행할 수 있도록 한다. 이는 앱 아키텍처, SOA 및 공개되는 API의 발전이다.

- **SOA**: 재사용, 기술적인 통합 이슈, 기술적 API에 중점을 둔다.
- **마이크로서비스** : 기능의 분해decomposition, 비즈니스 기능, 비즈니스 API에 중점을 둔다.

마틴 파울러는 논문에서 마이크로서비스 아키텍처가 앱을 더 작은 조각(마이크로 컴포넌트)으로 나누기 때문에 마이크로 컴포넌트 아키텍처라 하는 것이 더 좋을 것이라 말했다. 자세한 내용은 그의 마이크로서비스(https://martinfowler.com/articles/microservices.html)를 참조한다. 또한 마이크로서비스에 대한 킴 클라크Kim Clark의 IBM 블로그 게시물(https://developer.ibm.com/integration/blog/2017/02/09/microservices-vs-soa)을 확인해보면 마이크로서비스를 마이크로 컴포넌트라고 주장한다.

다음 다이어그램은 서로 다른 클라이언트가 같은 서비스를 사용하는 마이크로서비스 아키텍처를 보여준다. 각 서비스는 같은/다른 언어를 사용할 수 있으며 서로 독립적으로 배포/확장될 수 있다.

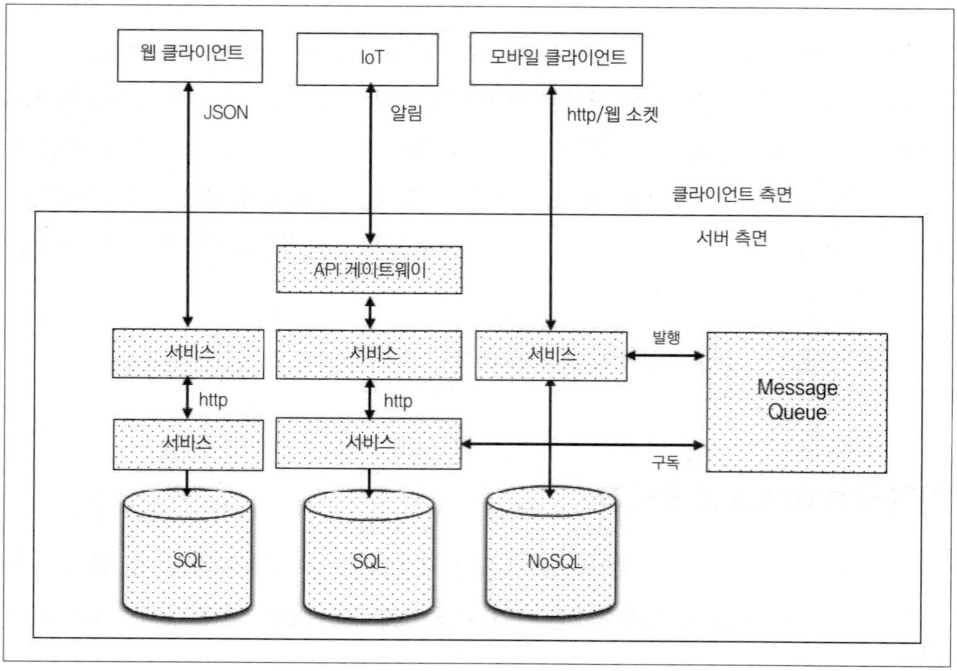

각 마이크로서비스는 자체 프로세스에서 실행된다. 서비스는 하나의 기능에 최적화 되어 있으며 변경해야 하는 이유는 하나, 단 하나여야 한다. 서비스 간 통신은 REST API와 메시지 브로커를 통해 수행된다. CI/CD는 서비스마다 정의된다. 서비스는 다른 속도로 발전한다. 각각의 서비스에 대한 확장 정책은 다를 수 있다.

마이크로서비스의 장점과 단점

마이크로서비스가 폭발적으로 증가하게 된 주된 이유는 빠른 개발과 확장성 때문이다.

- **빠른 개발**: 하나의 서비스를 독립적으로 개발하고 배포한다. 전체 시스템의 기능이 아닌 서비스의 인터페이스와 기능에만 중점을 둔다.
- **확장성**: 다른 서비스에 영향을 주지 않고 서비스를 독립적으로 확장한다. 쿠버네티스 환경에서는 간단하게 수행할 수 있다.

마이크로서비스의 또 다른 장점은 다음과 같다.

- 각 서비스는 다른 언어를 사용할 수 있다(더 나은 폴리글랏 적용 가능).
- 서비스는 자체 시간표에 따라 개발되며 다른 서비스와는 독립적으로 새로운 버전이 딜리버리된다.
- 마이크로서비스 개발은 크로스펑셔널 팀에 적합하다.
- 결함 격리를 개선시킨다.
- 기술 스택에 대한 장기적인 노력을 없앨 수 있다.

그러나 마이크로서비스는 만병 통치약이 아니며 단점도 존재한다.

- 분산 시스템의 복잡성
- 리소스 사용 증가
- 서비스 간 통신
- 도구 없이 마이크로서비스 기반 애플리케이션의 종속성을 테스트하면 매우 번거로울 수 있다.
- 서비스가 실패하면 실패 원인을 식별하기가 매우 어렵다.

- 마이크로서비스는 간단한 쿼리를 통해 다른 서비스에서 데이터를 가져올 수 없으며 API를 사용해 쿼리를 구현해야 한다.
- 마이크로서비스는 더 많은 Ops(운영) 오버 헤드로 이어진다.

완벽한 은총알은 없으며 기술은 계속 나타나고 진화한다. 다음 절에서 마이크로서비스의 미래를 논의하고자 한다.

마이크로서비스의 미래

마이크로서비스는 쿠버네티스, 도커 스웜과 같은 컨테이너 오케스트레이션 플랫폼이나 피보탈 클라우드 파운드리 또는 레드햇 오픈시프트와 같은 온프레미스on-premise PaaS Platform as a Service를 사용해 분산 환경에 배포할 수 있다.

서비스 메시는 앞에서 언급했던 관리manageability, 서비스serviceability, 미터링 및 테스트와 같은 Ops 오버 헤드와 작업을 줄이거나 극복하는 데 도움이 된다. Istio, Linkerd 또는 Consul과 같은 서비스 메시 프로바이더를 사용해 간단히 만들 수 있다.

모든 기술이 그렇듯이 완벽한 솔루션은 없으며, 각 기술에는 특정 기술에 대한 각각의 인식과 성향으로 자체적인 장점과 단점이 있다. 때로는 단점이 특정 기술에서 장점보다 더 많다.

지난 20년 동안 모놀리식 애플리케이션이 3-티어 애플리케이션으로 발전하고, SOA/ESB 아키텍처 적용으로 발전한 다음 마이크로서비스로 전환하는 과정을 살펴봤다. 이미 서비스 메시를 사용한 마이크로서비스를 둘러싼 프레임워크의 발전을 목격하고 있으며 이는 책 내용의 기반이 된다.

요약

이 장에서는 컴퓨터의 발전과 하드웨어 가상화를 통해, 가능한 하나의 컴퓨터에서 여러 가상 머신을 실행하는 것을 살펴보았다. 베어 메탈 머신에서 20년 전에 시작된 티어 애플리케이션 여정에 대해 배웠다. 필자들은 3-티어 애플리케이션이 SOA/ESB 아키텍처로 전환되는 것을 목격했다. 소프트웨어 가상화의 발전으로 컨테이너화가 폭발적으로 증가하면서 SOA/ESB 아키텍처가 마이크로서비스로 진화했다. 또한 마이크로서비스의 장점과 단점도 배웠다. 시장 출시 목표를 달성하기 위해 신속한 개발과 확장성에 대한 비즈니스 요구를 추진할 수 있는 마이크로서비스를 적용할 수 있다.

다음 장에서는 클라우드 네이티브 애플리케이션으로 넘어가면서 많은 기업이 모놀리식 애플리케이션에서 클라우드 네이티브 애플리케이션으로 전환하려는 동기가 무엇인지 이해한다. 이 책의 목적은 서비스 메시 아키텍처의 세부 사항으로 들어가기 위한 것이지만, 클라우드 네이티브 아키텍처를 먼저 학습해야 한다.

문제

1. 마이크로서비스 애플리케이션은 테스트하기가 어렵다.

   A) 참

   B) 거짓

2. 모놀리식/마이크로서비스 애플리케이션은 동적 인프라와 관련이 있다.

   A) 참

   B) 거짓

3. 크기가 작은 경우 모놀리식 애플리케이션이 가장 좋다.

   A) 참

   B) 거짓

4. 마이크로서비스를 실패하면 디버깅이 매우 어려워진다.

   A) 참

   B) 거짓

5. 대규모 모놀리식 애플리케이션은 장기적으로 유지 관리 및 패치하기가 매우 어렵다.

A) 참

B) 거짓

참고 자료

- *Microservices Patterns, Richardson, Chris (2018)*. Shelter Island, NY: Manning
- *Microservices Resource Guide*, Fowler, M. (2019), martinfowler.com. Available at https://martinfowler. com/ microservices, accessed March 3, 2019
- *Microservices for the Enterprise, Indrasiri., K., and Siriwardena, P. (2018)*. [S.l.]: Apress.
- *From Monolithic Three-tiers Architectures to SOA versus Microservices*, Maresca, P. (2015), TheTechSolo, available at https://bit. ly/2GYhYk,accessed March 3, 2019
- *Retire the Three-Tier Application Architecture to Move Toward Digital Business*, Thomas, A., and Gupta, A. (2016), Gartner.com, available at https://gtnr.it/2Fl787w, accessed March 3, 2019
- *Microservices Lead the New Class of Performance Management Solutions*, LightStep. (2019), available at https://lightstep. com/ blog/ microservices- trends-report-2018, accessed March 3, 2019
- *What year did Bezos issue the API Mandate at Amazon?*, Schroeder, G. (2016), available at https://bit. ly/2Hb3NI5, accessed March 3, 2019
- *Kubernetes Components*, Kubernetes.io. (2019), available at https:// bit. ly/2JyhIGt, accessed March 3, 2019
- *Microservices implementation - Netflix stack - Tharanga Thennakoon Medium*, Thennakoon, T. (2017), available at https://bit. ly/ 2NCDzPZ, accessed March 3, 2019

02

클라우드 네이티브 애플리케이션

클라우드 네이티브 애플리케이션CNA, Cloud-Native Applications은 클라우드에서 생겨난 시스템이다. 임시 온디맨드 인프라와 오토스케일링과 같은 클라우드 컴퓨팅 프로바이더에서만 제공하는 기능을 최대한 활용할 수 있다.

이 장에서는 독립적으로 확장할 수 있는 서비스를 개발하기 위해 컨테이너 기반 환경을 사용해 CNA를 구축하는 개요를 설명한다. 이 책은 CNA에 관한 것은 아니지만, CNA가 서비스 메시 기능을 달성하기 위한 빌딩 블록이므로 CNA를 소개하지 않는다면 서비스 메시는 불완전할 것이다.

이 장에서는 다음 주제를 다룬다.

- CNA 소개
- 컨테이너 런타임
- 컨테이너 오케스트레이션 플랫폼
- 클라우드 네이티브 인프라

CNA 소개

2015년 컨테이너화가 대중화되면서 "클라우드 네이티브"라는 용어는 서로 독립적으로 확장되며, 클라우드 프로바이더가 제공하는 인프라에서 실행할 수 있는 서비스로 구축된 애플리케이션을 개발하는 데 사용되는 컨테이너 기반 환경을 설명하는 데 사용됐다. DevOps 프로세스가 자동화됨에 따라 CNA는 CI/CD(지속적 통합과 지속적 딜리버리) 워크 플로우의 일부가 됐다. CNA는 컴퓨팅, 메모리, 네트워크 및 스토리지와 같은 인프라 리소스와 관련돼 있으며, 수동으로 배포하는 리소스와는 반대로 추상화 및 셀프 프로비저닝된다.

가장 인기 있는 클라우드 네이티브 애플리케이션 개발 플랫폼 중 하나는 레드햇 오픈시프트로 알려져 있는데, 이 플랫폼은 애플리케이션의 비즈니스 로직 작성에 집중할 수 있는 플랫폼이다. 컨테이너화는 코드를 작성하지 않고 자동으로 수행되며, 배포(프로덕션 또는 카나리아)는 CI/CD 파이프라인을 통해 자동으로 수행된다.

클라우드 네이티브라는 용어는 소프트웨어 개발 프로세스가 빠른 애플리케이션을 나타내기 위해 유기적으로organically 발전했다. 애플리케이션의 배포와 확장성은 완전히 자동으로 이루어진다. 빠른 시장 출시는 CNA를 만드는 핵심이다. 오픈시프트와 같은 플랫폼은 애플리케이션이 클라우드 네이티브가 될 수 있도록 하는 일련의 서비스를 남북으로north to south 제공한다. 지원 서비스가 없는 경우 애플리케이션 자체는 클라우드 네이티브가 아니다. 더 간결한 설명은 다음 CNA 아키텍처 다이어그램을 참조한다.

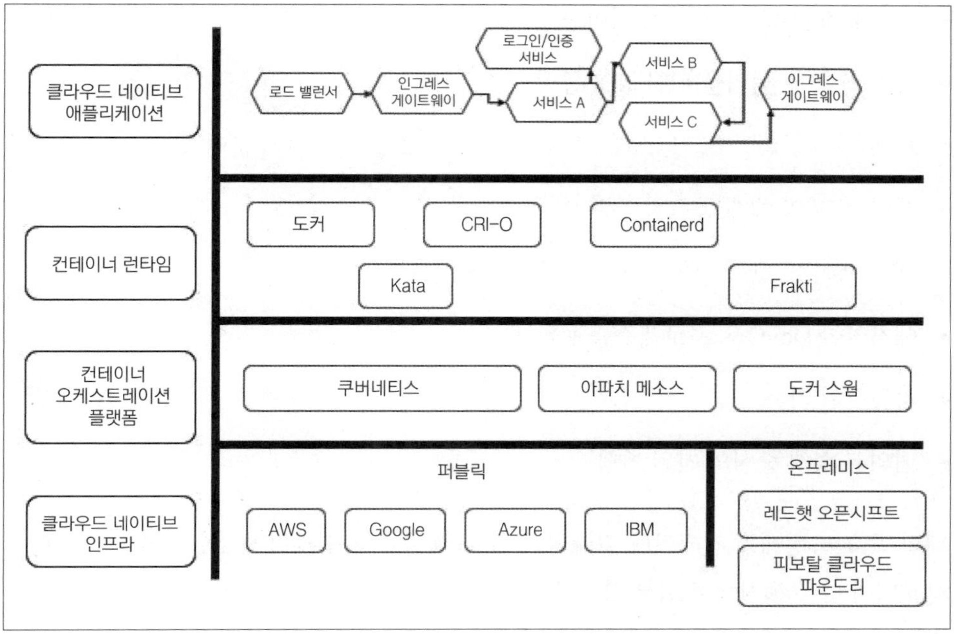

통합 서비스를 제공하는 플랫폼이 있어야 마이크로서비스 개발이 쉬워지고 컨테이너 이미지 개발의 어려운 점들이 사라진다. 플랫폼은 폴리글랏 마이크로서비스 환경을 제공하기 위해 다양한 언어에 대한 자연스러운 자동 컨테이너 이미지 개발을 제공한다. 예를 들어 조직은 Python, Java, Ruby, Go 등을 사용할 수 있으며, 소규모의 독립적인 마이크로서비스를 CNA로 신속하게 구축하기 위해 활용할 수 있다. 이런 오픈 소스 플랫폼 중 하나인 OKD(https://okd.io)는 Source-to-Image(S2I) 기능을 제공하고, 배포와 업데이트 프로세스를 위해 플랫폼에 내장된 CI/CD 파이프라인과 소스 코드에서 직접 컨테이너 이미지를 빌드할 수 있다.

앞서 언급한 서비스의 가장 상위에 있는 CNA는 느슨하게 결합된 마이크로서비스 모음이다. Jankiram(https://thenewstack.io/10-key-attributes-of-cloud-native-applications)은 다음과 같이 CNA의 10가지 주요 속성을 정의했다.

- 경량 컨테이너로 패키징
- 최상best-of-breed의 언어와 프레임워크로 개발

- 느슨하게 결합된 마이크로서비스로 설계
- 상호 작용 및 협업을 위한 API 중심
- 스테이트리스stateless 및 스테이트풀stateful 서비스를 깔끔하게 분리 설계
- 서버 및 운영 체제 종속성으로부터 분리
- 셀프 서비스, 탄력적인 클라우드 인프라에 배포
- 애자일한 DevOps 프로세스를 통해 관리
- 자동화된 기능
- 정의된 정책 중심의 자원 할당

위의 주요 속성에는 컨테이너 런타임이 필요하다. 런타임 분리와 소프트웨어 가상화에 사용되며 다음 섹션에서 이를 살펴본다.

컨테이너 런타임

1장, '모놀리스 vs 마이크로서비스'에서 하드웨어(VM)와 소프트웨어(컨테이너) 가상화를 살펴봤다. 도커는 컨테이너를 대중화했으며 2015년 이후 컨테이너화 붐을 일으켰다. 도커가 소프트웨어와 그 종속성을 하나의 패키지로 캡슐화하는 방식은 오늘날의 클라우드 컴퓨팅 기반을 구축했다.

현재 런타임과 엔진으로서의 도커는 여러 컨테이너 오케스트레이션 플랫폼의 사실상 표준de facto standard이다. 그러나 컨테이너 런타임 인터페이스CRI, Container Runtime Interface (https://crio-o.io)를 통해 개별 프로바이더로 오픈 컨테이너 이니셔티브OCI, Open Container Initiative와 호환되는 컨테이너 런타임을 개발할 수 있게 돼 서서히 변화하고 있다(https://www.opencontainers.org). CRI-O는 도커를 쿠버네티스의 컨테이너 런타임으로 설치할 필요가 없는 경량화된 대안이다.

Frakti(https://github.com/kubernetes/frakti)와 Kata(https://katacontainers.io)와 같은 최신 컨테이너 런타임은 하드웨어 가상화를 사용해 보안과 격리를 향상시킨다. Kata 컨테이너는 Hyper의 runV와 Intel의 Clear Container 사이에 있다. 또 다른 컨테이너 기술은 Garden이며 Cloud Foundry 시스템에서 사용된다. 마지막으로 Alibaba 내에서 널리 사용되는 또 다른 컨테이너 런타임은 Pouch(https://github.com/alibaba/pouch)다.

최종 사용자로서 어떤 컨테이너 런타임이 사용되는지는 중요하지 않다. 선택은 플랫폼 관리 팀에 맡기는 것이 가장 좋다. 향후에는 컨테이너 런타임이 통합consolidation 및 융합convergence될 것이다.

머신에서 실행 중인 컨테이너가 적은 경우 컨테이너를 쉽게 관리할 수 있다. 조직에 컨테이너 기반 애플리케이션이 확산되면 많은 컨테이너를 관리하기가 복잡해진다. 예를 들어 도커 컨테이너는 `docker run` 명령을 사용해 네트워크 포트, 스토리지 볼륨 및 (선택적으로) 컨테이너에 IP 주소를 제공하기 위한 도커 네트워크를 지정하지 않고도 시작할 수 있다. 애플리케이션은 이 IP 주소나 호스트 포트를 사용해 컨테이너에 연결해야 한다. 컨테이너가 많지 않다면 문제가 없다. 하지만 확산이 시작되고 머신 수가 증가하면 IP 주소를 수동으로 업데이트하고 머신 간에 스토리지 볼륨을 이동시키는 것과 같은 인프라 관리에 시간이 많이 걸리게 되며, 확장할 수도 없다.

이 문제는 컨테이너 오케스트레이션 플랫폼으로 해결 가능하다. 이를 다음 섹션에서 설명한다.

컨테이너 오케스트레이션 플랫폼

소프트웨어 가상화를 위한 컨테이너 혁명으로 분산 환경에 컨테이너를 신속하게 배포할 수 있는 도커 스웜, 아파치 메소스, 쿠버네티스, 클라우드 파운드리 등과 같은 컨테이너 오케스트레이션 플랫폼이 개발됐다.

그중 몇 가지를 알아보자.

- 도커는 이미 유명하기에 오케스트레이션 플랫폼으로 자체 도커 스웜(https://docs.docker.com/engine/swarm)을 시작했다. 스웜은 메인 도커 API와 밀접하게 통합돼 있다. 스웜은 각 호스트에서 에이전트를 실행하고 스웜 매니저는 하나의 호스트에서 실행된다. 이 매니저는 `docker run` 명령을 실행할 때 적절한 호스트에서 컨테이너를 스케줄링한다.
- 아파치 메소스(http://mesos.apache.org)는 분산 클러스터 관리자이고 Google Project Borg나 Facebook의 Tupperware와 유사한 기능을 가진다. Twitter, 애플(Siri), Yelp, Uber, 넷플릭스 등에서 초기에 적용됐다. 메소스에는 컨테이너 오케스트레이션 외에도 많은 다른 기능이 있기에 아파치 메소스와 쿠버네티스를 비교하는 것은 현명하지 않다.
- VMware는 원래 2009년에 컨테이너 런타임 가든Garden으로 클라우드 파운드리(https://github.com/cloudfoundry)를 개발했고 이후 피보탈(https://pivotal.io)을 통해 EMC, VMware 및 GE 간의 공동 프로젝트를 시작했다.
- 쿠버네티스(https://kubernetes.io)는 2015년 구글에서 처음 설계됐으며 2016년 Cloud Native Computing Foundation(https://cncf.io)에 기증됐다. 집필 시점에서 사실상 표준de facto standard 컨테이너 오케스트레이션 플랫폼이다.

CoreOS(http://coreos.com)는 2018년 레드햇/IBM이 인수했고 고가용성 컨테이너를 실행하기 위한 경량 오픈 소스 Linux 커널이다. 운영 체제에 대한 자동 보안 업데이트를 제공한다. CoreOS 서버 그룹은 Linux 와 컨테이너를 다운 타임 없이 실행하기 위해 자동 리더 선출leader election 프로세스를 통해 자체 업데이트된다. 레드햇은 버전 4.1부터 오픈시프트와 CoreOS를 통합해 다운 타임 없는 기업을 위한 컨테이너 오케스트레이션 플랫폼을 제공한다(쿠버네티스++가 포함된 자체 업데이트 운영 체제다).

NOTE

> 오픈시프트는 엔터프라이즈 고객이 필요로 하는 보안을 제공하는 퍼블릭 또는 프라이빗 클라우드 환경에서 실행되는 쿠버네티스 컨테이너 오케스트레이션 플랫폼이다. 오픈시프트는 푸시 버튼 방식을 통해 쿠버네티스 클러스터에 배포할 수 있는 애플리케이션 카탈로그를 제공하며 애플리케이션 소스 코드에서 컨테이너 이미지가 자동으로 생성되는 훌륭한 개발 플랫폼을 제공한다.

이상적인 컨테이너 오케스트레이션 플랫폼은 가능한 사람의 개입을 줄이기 위해 감춤

shaded 기능을 제공한다. 이는 CNA를 위한 동적 인프라에서 복원력을 제공하기 위해 수행된다. 다음 기능을 살펴보자.

- **속도**Speed: 사용 가능한 리소스가 있는 시스템에 컨테이너 이미지를 자동으로 배포
- **헬스**Health: 셀프 힐링 시스템을 제공하기 위해 자동으로 헬스 체크
- **오토스케일링**Autoscaling: 증가한 워크로드, 업그레이드 및 롤백을 위한 애플리케이션의 오토스케일링 제공
- **선언형**Declarative: 설치, 업데이트 및 롤백을 위한 선언형 명령을 통해 시스템의 원하는 상태를 달성
- **효율성**Efficiency: 유사한 정적 인프라보다 더 적은 수의 시스템으로 최적의 리소스 활용
- **디커플**Decouple: 서비스 디스커버리, 로드 밸런싱 및 애플리케이션 코드와 구성을 분리하기 위해 고정 서비스 IP 주소에 연결되는 포드에 IP 주소를 자동으로 할당

디커플링은 컨테이너 오케스트레이션 플랫폼의 핵심 테마다. 예를 들어 컨테이너 런타임은 쿠버네티스에서 디커플링돼 도커, CRI-O, containerd 등의 컨테이너 런타임을 플러그인 할 수 있다. 마찬가지로 네트워크는 컨테이너 런타임에서 디커플링돼 Calico, Flannel, Canal 또는 Weave와 같은 타사 네트워크 프로바이더를 허용하기 위해 컨테이너 네트워크 인터페이스CNI, Container Network Interface를 사용한다. 스토리지는 컨테이너 런타임에서 디커플링돼 Portworx, Robin, Kasten, IBM, 레드햇, Dell EMC, NetApp 등과 같은 타사 스토리지 프로바이더를 사용할 수 있도록 컨테이너 스토리지 인터페이스CSI, Container Storage Interface를 사용한다.

NOTE

> 여러 오케스트레이션 플랫폼이 있지만 이 책에서는 서비스 메시 관점에서 쿠버네티스 플랫폼에 초점을 맞춘다.

CNA의 가장 아래 계층은 애플리케이션의 플랫폼 런타임을 제공하는 클라우드 네이티

브 인프라스트럭처다. 다음 절에서는 클라우드 네이티브 인프라스트럭처의 대안을 살펴본다.

클라우드 네이티브 인프라스트럭처

CNA를 실행할 때 퍼블릭 클라우드에서 실행할 필요는 없다. 퍼블릭 클라우드는 자동화와 편의성을 대표하며 최종 사용자가 소비할 수 있는 모든 기능을 갖춘 기성ready-made 플랫폼이다. 퍼블릭 클라우드는 비행기를 구매하지 않고도 A지점에서 B지점으로 이동하는 서비스를 구입할 수 있는 공항이라 할 수 있다.

클라우드 네이티브라는 용어는 퍼블릭 클라우드와 관련이 없다. 퍼블릭 클라우드는 CNA를 배포, 관리 및 실행하는 데 사용되는 것 중 하나다.

NOTE

> 이 책은 서비스 메시 아키텍처에 관한 것으로 이를 위한 클라우드 네이티브 플랫폼이 필요하다. 실습을 하기 위해 유료 퍼블릭 클라우드 프로바이더를 사용할 필요는 없다. 6장에서는 마이크로소프트 Windows, 애플 macOS 또는 Linux 컴퓨터에서 쿠버네티스 플랫폼을 구축하는 방법을 설명한다.

사용 가능한 여러 클라우드 네이티브 인프라스트럭처가 있다. 그중 몇 가지를 살펴보자.

- **도커**: 도커는 컨테이너 빌드 및 실행을 위한 자체 매니지드 서비스를 제공한다.
- **아마존**: 아마존은 자체 서비스를 사용해 컨테이너 서비스CaaS, Container as a Service 플랫폼을 제공한다. 이 서비스에는 도커 컨테이너를 위한 엘라스틱 컨테이너 레지스트리ECR, Elastic Container Registry, 컨테이너 실행을 위한 엘라스틱 컨테이너 서비스ECS, Elastic Container Service 런타임, 컨테이너를 스케줄, 실행 및 모니터링하는 CloudWatch를 포함한다. 쿠버네티스의 성공 이후 아마존은 자체 쿠버네티스를 위한 엘라스틱 컨테이너 서비스EKS, Elastic Container Service for Kubernetes도 제공했다.

- **IBM**: IBM은 IBM 클라우드 쿠버네티스 서비스IKS, IBM Cloud Kubernetes Service라는 자체 클라우드 컨테이너 서비스와 공공, 기업 및 개인을 위한 자체 클라우드 파운드리 구현체를 가진다. 또한 IBM은 클라우드 플랫폼에서 실행되는 많은 호스팅 서비스를 제공한다.
- **마이크로소프트 Azure**: 마이크로소프트 Azure는 아파치 메소스를 채택했지만 Azure 쿠버네티스 서비스AKS, Azure Kubernetes Service도 제공한다.
- **구글**: 구글은 자체 구글 쿠버네티스 엔진GKE, Google Kubernetes Engine을 비롯해 컴퓨팅, 스토리지 및 애플리케이션 개발을 위한 호스팅 서비스를 제공한다.
- **알리바바**: 알리바바는 쿠버네티스를 위한 자체 컨테이너 서비스를 제공한다.

오케스트레이션 플랫폼은 클라우드 경제성과 직접적인 관련이 있다. 이는 오케스트레이션 플랫폼이 지원하는 자동화에 따른 직접적 결과다. 2019년 현재 AWS는 서비스로서의 인프라스트럭처IaaS, Infrastructure as a Service에서 시장 점유율(48%)이 가장 높다는 점에 주목한다.

퍼블릭 클라우드 외에도 셀프 서비스 모델과 유사한 클라우드 애자일 툴을 보유한 고객의 방화벽 뒤 프라이빗 클라우드와 퍼블릭 클라우드를 원활하게 통합하기 위한 하이브리드 클라우드에 더욱 집중되고 있다. 레드햇 오픈시프트, 클라우드 파운드리, 아파치 메소스 등이 이런 하이브리드 클라우드 모델을 제공한다.

요약

이 장에서는 CNA의 남북north-south 인프라를 살펴봤다. 여기에는 툴체인이 필요하다. 또한 주요 필수 속성과 클라우드 컴퓨팅의 기초를 이루는 다양한 컨테이너 런타임을 살펴보았다.

그다음 컨테이너 오케스트레이션 플랫폼을 살펴봤다. 쿠버네티스가 사실상 표준de facto standard이며, 책에서 표준을 사용하겠다고 강조했다. 마지막으로 CNA를 배포할 수 있는 주요 클라우드 네이티브 인프라를 살펴봤다.

다음 장에서는 서비스 메시 아키텍처, 서비스 메시 프로바이더, 서비스 메시 인터페이스와 SPIFFE[Secure Production Identity Framework for Everyone]을 다룬다. 또한 컨트롤 플레인을 통해 구동되는 컴포넌트로 서비스 메시를 구축하는 데이터 플레인을 살펴보고자 한다.

문제

1. 쿠버네티스는 컨테이너 런타임으로 도커나 CRI-O를 사용한다.

   A) 참

   B) 거짓

2. 클라우드 네이티브 마이크로서비스는 전통적인 모놀리식 애플리케이션보다 더 복잡하다.

   A) 참

   B) 거짓

3. CNA는 적절한 툴체인 도움 없이 진단하기 어렵다.

   A) 참

   B) 거짓

4. 아파치 메소스는 쿠버네티스보다 더 광범위한 플랫폼이다.

   A) 참

   B) 거짓

5. 쿠버네티스는 컨테이너 오케스트레이션 플랫폼에서 사실상 표준[de facto standard]이다.

   A) 참

   B) 거짓

참고 자료

- *The Container Landscape: Docker Alternatives, Orchestration, And Implications For Microservices*, Kai Wähner, Infoq, 2016: https://www.infoq.com/articles/container-landscape-2016, accessed March 11, 2019
- *10 Key Attributes Of Cloud-Native Applications*, Janakiram MSV, The New Stack, 2018: https://thenewstack.io/10-key-attributes-of-cloud-native-applications/, accessed March 11, 2019
- *Docker vs. Kubernetes vs. Apache Mesos: Why What You Think You Know Is Probably Wrong*, Amr Abdelrazik, Mesosphere, 2017: https://mesosphere.com/blog/docker-vs-kubernetes-vs-apache-mesos/, accessed March 11, 2019

2부

아키텍처

이 섹션에서는 대부분의 서비스 메시 프로바이더가 따르는 높은 수준의 이상적인 서비스 메시 아키텍처를 설명한다.

다음과 같은 장으로 구성된다.

- 3장, 서비스 메시 아키텍처
- 4장, 서비스 메시 프로바이더
- 5장, 서비스 메시 및 SPIFFE

03

서비스 메시 아키텍처

서비스 메시 아키텍처는 클라우드 네이티브 애플리케이션 위에 있는 애플리케이션 인프라 레이어다. 서비스 메시는 2017년부터 인기를 얻었으나 아직까지는 비교적 초기 컨셉이다. 서비스 메시는 애플리케이션 위에 추상화 계층을 제공한다. 예를 들어 애플리케이션에서 보안을 디커플링하는 데 사용할 수 있다. 서비스 메시는 TLS로 마이크로서비스 간의 통신을 보호할 수 있다. 각 개발자가 더 이상 자신이 쓰는 언어에 특정된 TLS 암호화 및 복호화를 구현할 필요가 없다는 이점이 있다.

이 장에서는 서비스의 기원에 대한 간단한 개요를 살펴보고 서비스 프로바이더(dev)와 소비자(ops) 사이의 디커플링 에이전트로 볼 수 있는 방법을 이해한다. 또한 스마트 엔드포인트와 마이크로서비스 간 트러스트를 통해 기본 서비스 통신과 고급 서비스 통신을 이해한 다음 아키텍처를 간단히 살펴본다.

즉 다음 주제를 다룬다.

- 서비스 메시 개요
- 개발Dev 책임을 운영Ops으로 전환

- 서비스 메시 규칙
- 서비스 메시 아키텍처

서비스 메시 개요

먼저 서비스 메시의 정의부터 알아보자. 2017년 윌리엄 모건William Morgan은 서비스 메시를 다음과 같이 정의했다(https://buoyant.io/2017/04/25/whats-a-service-mesh-and-why-do-i-need-one).

> "서비스 메시는 서비스 간 통신을 처리하기 위한 전용 인프라 레이어다. 모던 클라우드 네이티브 애플리케이션을 구성하는 복잡한 서비스 토폴로지 사이로 안정적인 요청 전달을 담당한다. 실제로 서비스 메시의 구현은 애플리케이션을 인식하지 않고 마이크로서비스와 함께 배포되는 경량 네트워크 프록시 배열이다."

서비스 메시를 Dev(프로바이더)와 Ops(소비자) 간의 디커플링 에이전트로 볼 수 있다. Dev는 Ops에 필요한 기능을 제공하기 위해 마이크로서비스에 코드를 작성할 필요가 없다. Ops는 시스템을 다시 컴파일할 필요가 없으므로 서로 독립적으로 작동할 수 있다. 서비스 메시 개념은 운영이 소프트웨어 릴리즈 관리로만 제한된 이전 버전의 DevOps와 상당히 다르다.

쿠버네티스 오케스트레이션은 스마트 엔드포인트 및 덤dumb 파이프를 통해 서비스 통신을 할 수 있도록 필수적인 서비스를 제공한다. 마틴 파울러Martin Fowler는 2014년 블로그(Lewis and Fowler)에서 스마트 엔드포인트 및 덤 파이프의 개념을 보다 발전적으로 살펴봤다.

> "**스마트 엔드포인트**: 서비스 간 통신은 마이크로서비스에 지정된 DNS 레코드인 인텔리전트 엔드포인트를 통해 수행된다. DNS 레코드를 사용하면 서비스가 다른 서비스와 쉽게 통신할 수 있고, 이를 통해 마이크로서비스 간의 로드 밸런서를 제거한다.

덤 파이프: 서비스 간 통신은 HTTP, REST, gRPC 등과 같은 기본 네트워크 트래픽 프로토콜을 사용한다. 이러한 유형의 연결은 모놀리식 애플리케이션의 ESB/MQ를 사용하는 중앙 집중식 스마트 파이프와 반대된다."

크리스티안 포스타Christian Posta는 서비스 메시를 서비스 간 분산된 애플리케이션 네트워킹 인프라스트럭처로 정의한다. 이 디커플링은 탄력성resilience, 보안, 관찰성observability 및 라우팅 제어를 제공한다.

잭 조리Zach Jory의 블로그 게시물(https://dzone.com/articles/comparing-service-mesh-architectures)에서는 서비스 메시 아키텍처의 라이브러리, 노드 에이전트 및 사이드카 모델을 설명한다.

서비스 메시는 누가 소유하는가?

그렇다면 일반적인 IT 조직에서 서비스 메시는 누가 책임질 것인가? 답은 다양하다. 레거시 세계에서 모놀리식 애플리케이션과 SOA/ESB 애플리케이션 시대의 서비스 메시 모델은 개발자에게 속해 있었다. 클라우드 네이티브 환경에서는 서비스 메시가 Dev에서 Ops로 이전됐으며, 개발자가 이를 어떻게 운영하는지를 생각하거나 이해할 필요 없이 전문 분야에 집중하며 애플리케이션을 개발하고 중요한 서비스를 제공할 수 있게 하므로 중요한 변화다.

구글은 사이트 신뢰성 엔지니어링SRE, Site Reliability Engineering이라는 새로운 프랙티스를 시작했고, 서비스 메시는 이에 속한다 할 수 있다.

이제 서비스 메시의 기본 및 고급 기능을 알아보자.

서비스 메시 기능

서비스 메시는 서비스 간 통신을 처리하기 위한 전용 툴링 또는 인프라스트럭처 레이어다. 쿠버네티스의 컨텍스트에서 이를 먼저 이해하자.

- **기본 서비스 메시**: 쿠버네티스는 서비스 리소스라는 기본 서비스 메시를 바로 제공한다. 서비스 리소스는 포드의 요청에 라운드 로빈 밸런싱을 제공한다. 쿠버네티스 서비스는 각 호스트의 커버 아래에서 `iptables`를 관리하는 동적 기능이며 이 프로세스는 투명하다transparent. 쿠버네티스의 포드가 준비되거나 실시간 검사를 통과하면 서비스 엔드포인트는 외부에서 포드의 IP 주소로의 연결을 제공할 수 있다.
- **고급 서비스 메시**: 쿠버네티스에서 지원하는 서비스 간 통신은 기본 서비스 메시라는 점에 유의한다. Istio, Linkerd, Consul 등은 재시도 로직, 타임아웃, 폴백, 서킷 브레이커 및 분산 추적과 같은 일부 고급 기능을 활용할 수 있다.

다음으로 서비스 메시의 새로운 트렌드 몇 가지를 살펴보자.

새로운 트렌드

서로 다른 서비스 메시 간의 통합이 나타나고 있다. 한번 살펴보자.

- 각 클러스터가 고유한 IP 주소 범위를 갖는다면 동일한 서비스 메시 컨트롤 플레인을 여러 쿠버네티스 클러스터로 확장할 수 있다.
- 트래픽 관리와 텔레메트리를 위해 VM, 베어 메탈이나 기타 단일 애플리케이션을 서비스 메시로 가져올 수 있다.
- 여러 쿠버네티스 클러스터를 가질 수 있으며 클러스터마다 각 그룹의 상태를 복제하는 컨트롤 플레인이 있다.
- 클러스터마다 자체 컨트롤 플레인과 데이터 플레인을 실행하는 페더레이션 서비스 메시를 가질 수 있다.

서비스 메시는 애플리케이션별 라이브러리가 없어도 애플리케이션 코드 외부에서 보안, 트래픽, 모니터링 등을 추상화할 수 있는 방법을 제공한다. 다음 절에서 이러한 변화하는 환경을 논의하고자 한다.

개발 책임을 운영으로 전환

개발자가 코드를 소스 코드 리포지터리에 커밋하면 CI/CD 파이프라인은 런타임을 빌드하고 애플리케이션을 프로덕션으로 푸시한다. 컨테이너 런타임(예: 도커 또는 CRI-O)이 있는 쿠버네티스는 사람의 개입 없이 이 프로세스를 자동화하는 데 도움이 된다. 개발자는 마이크로서비스의 비즈니스 로직 구현에 계속 집중하면서 커밋 프로세스할 수 있다.

그러나 런타임이 시작되면 이 시점에서 어떤 일이 일어나는가? Ops의 역할이 시작된다. 런타임의 역할은 쿠버네티스 환경에서 확장 기능을 가진 분산 폴리글랏 마이크로서비스를 성공적으로 실행하고 유지 관리하는 것이다.

예를 들어보자. 여러 마이크로서비스에서 서비스를 모니터링하는 데 사용하는 라이브러리가 있고, 이 라이브러리의 새 버전을 사용할 수 있다. 마이크로서비스의 실제 소스코드가 아무것도 변경되지 않더라도 이 새로운 라이브러리를 사용해 마이크로서비스를 재컴파일, 테스트 및 배포해야 한다. 반면에 서비스 메시 구현은 마이크로서비스를 다시 컴파일하지 않고도 이 기능을 제공한다.

모놀리식과 SOA/ESB 애플리케이션은 여러 라이브러리를 사용해 소스 코드에서 트래픽 라우팅, 카나리아 릴리즈, A/B 테스트, 분산 추적, 모니터링, 트러스트 등을 구현했다. 개발자는 런타임 또는 프로덕션에서 사용된 후에도 추가적으로 구현/지원을 해야 했다.

쿠버네티스는 느슨하게 결합된 서비스를 통해 Dev와 Ops의 역할을 나누는 데 도움을 준다. 별도의 Ops 툴링을 통해 개발자는 마이크로서비스에서 비즈니스 로직을 제공하는 데만 집중할 수 있다. 컨테이너 런타임은 리소스 격리 및 종속성 관리를 제공하고 쿠버네티스는 기반 하드웨어를 동일 풀homogeneous pool로 추상화하는 오케스트레이션 레이어를 제공한다(William Morgan - https://blog.buoyant.io/2017/04/25/whats-a-service-mesh-and-why-do-i-need-one).

적절한 서비스 메시 구현은 개발자를 자유롭게 하지만 운영에 더 많은 책임을 부여한다는 점을 알아야 한다.

서비스 메시 개념은 새롭게 계속 발전하고 있으며, 서비스 메시 규칙은 개발과 운영 업무를 명확하게 분리하는 데 도움을 준다. 다음 절에서 서비스 메시 규칙을 살펴본다.

서비스 메시 규칙

완벽한 서비스 메시는 마이크로서비스 레벨에서 아무것도 코딩하지 않고도 ORASTAR 규칙을 설정해야 한다.

- **관찰성**Observability: 컨트롤 플레인은 데이터 플레인에서 실행되는 서비스의 관찰성을 제공한다.
- **라우팅**Routing: 트래픽 관리를 위한 라우팅 규칙은 그래픽으로 또는 구성 파일을 사용해 정의한 다음 컨트롤 플레인에서 모든 데이터 플레인으로 푸시 다운할 수 있다.
- **오토스케일링**Automation scaling: 컨트롤 플레인 서비스는 증가된 워크로드를 처리하도록 자동으로 확장된다.
- **업무 분리**Separation of duties: 컨트롤 플레인 UI를 통해 운영 팀은 개발 팀과 독립적으로 서비스 메시를 관리할 수 있다.
- **트러스트**Trust: 보안 통신 프로토콜을 데이터 플레인으로 푸시하고 인증서의 자동 갱신과 관리를 제공한다.
- **자동 서비스 등록과 디스커버리**Automatic service registration and discovery: 컨트롤 플레인은 쿠버네티스 API 서버와 통합되며 애플리케이션 배포 절차를 통해 서비스를 등록하면 자동으로 서비스를 검색한다.
- **탄력성**Resilient: 탄력성 규칙을 모든 데이터 플레인에 적용한다. 이는 트래픽 관리를 위한 사이드카 프록시 역할을 한다.

이 규칙을 더 자세히 이해해보자.

관찰성

서비스 메시를 구현할 때 전체 혹은 선택된 서비스를 자동으로 관찰할 수 있어야 하며 다음 기능을 제공해야 한다.

- 요청 속도, 지연 시간latency 및 대역폭 사용량과 같은 사항을 추적하고 사용량을 기반으로 비용을 청구할 수 있는 메트릭
- 진단과 결함 확인을 위한 분산 로깅과 추적
- 마이크로서비스의 상태와 성능을 관찰하기 위한 모니터링
- 모든 서비스 요청 흐름의 그래픽 시각화

라우팅

서비스 메시 트래픽의 라우팅 기능은 다음과 같은 기술을 제공해야 한다.

- 시프트 트래픽Shift traffic. (예를 들어, 특정 서비스 버전에서 같은 서비스의 다른 버전으로)
- 분할 트래픽Split traffic. (예를 들어, 가중치 기반 스마트 로드 밸런싱)
- 들어오고 나가는 트래픽 제어
- 마이크로서비스 과부하 방지를 위한 서비스 수준 협약SLA, Service-level Agreement
- 테스트를 위한 결함과 지연 시간 주입
- 미러링 트래픽Mirroring traffic

오토스케일링

다음과 같은 메트릭을 기반으로 요청을 로드 밸런싱하고 서비스를 확장 및 축소하는 기능이다.

- 요청 지연Request latency
- 오류율Error rates

업무 분리

서비스 메시는 개발과 운영 간 업무를 명확하게 분리해야 한다. 개발자는 비즈니스 로직 구현에만 초점을 둬야 하고, 운영자는 서비스를 계속 실행하며 보안, 라우팅, 정책 및 관찰성과 같은 다른 추상화 기능에도 주의를 기울여야 한다.

트러스트

서비스 메시는 자동으로 마이크로서비스 간의 보안 통신 및 인증을 통해 트러스트를 확보해야 한다. 방화벽 뒤에 있더라도 네트워크는 본질적으로 안전하지 않은 것으로 고려해야 한다.

자동 서비스 등록과 디스커버리

서비스 메시는 기본 클러스터 관리자(예: 쿠버네티스)나 외부 서비스 등록 도구로 자동 등록 및 서비스 디스커버리를 제공해야 한다.

탄력성

서비스 메시는 반드시 갑작스러운 네트워크 장애가 발생한다고 가정해야 한다. 자동으로 트래픽 로드 밸런싱을 조정해야 하며 다른 애플리케이션이 접근하려 할 때 특정 마이크로서비스가 과부하되지 않도록 보호해야 한다.

서비스 메시 아키텍처

이전 섹션에서 알아봤듯 컨트롤 플레인과 데이터 플레인을 통해 ORASTAR 규칙을 시행할 수 있다. 이러한 개념을 좀 더 자세히 살펴보자.

- **컨트롤 플레인**Control plane: 라우팅, 트래픽, 모니터링, 서비스 등록과 디스커버리를 제어하기 위해 환경설정, 정책 및 관리 서비스를 데이터 플레인으로 푸시할 수 있다. 컨트롤 플레인은 인증, 권한 부여 및 네트워크 트래픽 보안을 통해 마이크로서비스 간의 통신을 책임진다.
- **데이터 플레인**Data plane: 마이크로서비스의 모든 사이드카는 데이터 플레인으로 구성된다. 컨트롤 플레인과 데이터 플레인을 함께 사용할 때 서비스 메시를 구성하게 된다.

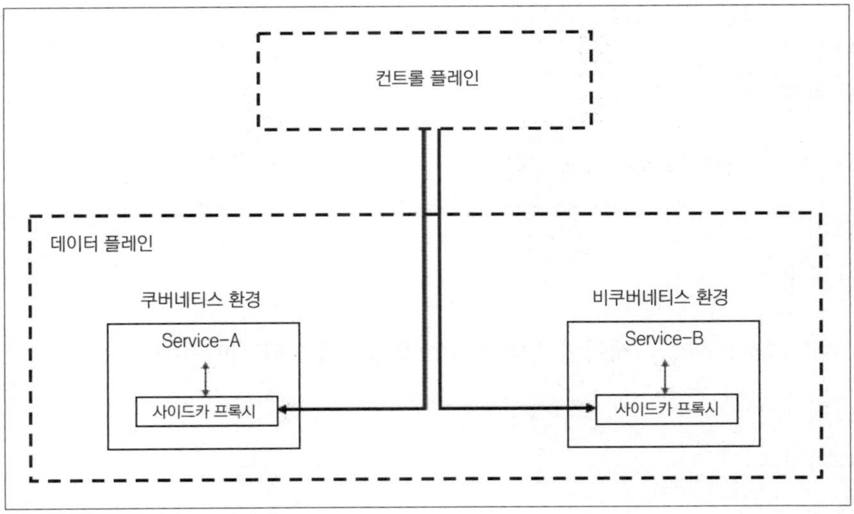

이 다이어그램에서 컨트롤 플레인은 서비스 메시의 결과를 관리하기 위해 데이터 플레인과 상호 작용한다. 모든 서비스 인스턴스에서 서비스 트래픽을 변환, 시행, 전달하고 동시에 네트워크 트래픽을 분석하는 것이 핵심적인 역할이다.

요약

이 장에서는 컨트롤 플레인과 데이터 플레인으로 구성된 이상적인 서비스 메시 아키텍처의 추상화 모델을 살펴봤다. 각 마이크로서비스에 프록시 사이드카가 있을 때 서비스 메시가 구성된다. 또한 모던 클라우드 네이티브 애플리케이션에서는 개발과 운영을 명확하게 분리해야 한다는 사실도 알게 됐다.

다음 장에서는 세 가지 인기 서비스 메시 프로바이더(Istio, Linkerd, Consul)를 살펴본다. 학습 편의를 위해 각 프로바이더별 실습을 별도의 섹션으로 커버하도록 한다.

문제

1. 서비스 메시는 애플리케이션 최상위에 있는 추상화 레이어다.

   A) 참

   B) 거짓

2. 사이드카는 컨트롤 플레인에 있다.

   A) 참

   B) 거짓

3. 서비스 메시는 애플리케이션 스택 최상위에 있는 추상화 레이어다.

   A) 참

   B) 거짓

참고 자료

- *What's a Service Mesh? And Why Do I Need One?* Morgan, William, Blog. Buoyant, 2017: https://blog.buoyant.io/2017/04/25/whats-a-service-mesh-and-why-do-i-need-one/.

- *Service-Mesh Options with Linkerd, Consul, Istio and AWS Appmesh*. Posta, Christian, Slideshare.Net, 2019: https://www.slideshare.net/ceposta/servicemesh-options-with-linkerd-consul-istio-and-aws-appmesh.
- *Microservice Principles: Smart Endpoints and Dumb Pipes*. Peck, Nathan, Medium, 2019, https://goo.gl/Lw8ffL. Accessed March 5, 2019.
- *What Is a Service Mesh, and Do I Need One When Developing Microservices?* Bryant, Daniel., Infoq, 2018: https://www.infoq.com/presentations/service-mesh-microservices.
- *Microservices*. Lewis, James, and Martin Fowler, Martinfowler.Com, 2019: https://martinfowler.com/articles/microservices.html.
- *Enterprise Service Bus*. Wikipedia.Org, 2019: https://en.wikipedia.org/wiki/Enterprise_service_bus
- *Google–Site Reliability Engineering*. Landing.Google.Com, 2019: https://landing.google.com/sre/
- *Comparing Service Mesh Architectures*. Jory, Zach, DZone - March 2018: https://dzone.com/articles/comparing-service-mesh-architectures.

04

서비스 메시 프로바이더

Istio, Linkerd, Consul은 책에서 다룰 3개의 서비스 메시 프로바이더다. Istio는 기능이 풍부한 서비스 메시를 제공하며, 적극적인 컨트리뷰터 커뮤니티와 함께 마이크로서비스 커뮤니케이션의 초기 혁명을 시작했다. 2.x 버전의 Linkerd는 단순성, 사용 편의성 및 성능에 중점을 두고 있다. 마지막으로 Consul 서비스 메시는 VM, 쿠버네티스 클러스터, 데이터 센터 및 리전으로 확장span된다. 이러한 각 서비스 메시 프로바이더는 특정 요구 사항에 맞춰 서비스 메시 요구를 충족시킬 수 있다.

이 장에서는 앞서 언급한 오픈 소스 프로젝트에 대한 간단한 개요를 살펴보고 간단히 비교해본다. 다음 주제를 다룬다.

- 서비스 메시 프로바이더 소개
- 간단한 비교
- 지원 서비스

서비스 메시 프로바이더 소개

서비스 메시 혁명은 역사상 2년밖에 되지 않아 매우 새롭다 할 수 있다. 지속적으로 발전하고 있으며, 집필 시점 기준 Istio, Linkerd, Consul이라는 세 가지 주요 서비스 메시 프로바이더가 있다. 다음 섹션에서는 이 세 가지 서비스 메시 프로바이더를 소개하고 아키텍처와 구현을 살펴본다. 별도 섹션에서 실습을 다룰 것이다.

NOTE

> 7장, 'Istio 서비스 메시 이해'에서부터 13장, 'Istio 텔레메트리 기능 살펴보기'를 통해, Linkerd는 14장, 'Linkerd 서비스 메시 이해'에서부터 18장, 'Linkerd의 관찰성 기능 살펴보기'를 통해, Consul 서비스 메시는 19장, 'Consul 서비스 메시 이해'부터 22장, 'Consul의 트래픽 관리 기능 살펴보기'에서 자세히 다룬다.

Istio

구글, IBM, Lyft는 2017년 5월 Istio(Jason McGee)를 만들었으며 쿠버네티스 플랫폼을 위해 만들어진 가장 빠르게 성장하는 서비스 메시 프로젝트 중 하나다. 이 오픈 소스 프로젝트는 https://github.com/istio에서 제공된다.

Istio에는 데이터 플레인과 데이터 수집을 관리 및 조정하는 중앙 집중식 컨트롤 플레인이 있다. Istio Pilot은 Istio 컨트롤 플레인의 핵심 부분이며 쿠버네티스 환경 외부에서 독립형 서비스로 실행할 수 있다. Consul이나 Eureka와 같은 서드 파티3rd Party 서비스 카탈로그를 통해 VM과 서비스 디스커버리와의 통합을 지원한다.

Linkerd

Bouyant 창업자인 윌리엄 모건과 올리버 굴드Oliver Gould가 Linkerd를 만들었다. 윌리엄 모건은 현재 모든 주요 프로바이더에서 사용하는 서비스 메시Service mesh라는 용어를 만들었다.

Finagle이라는 RPC 시스템에서 나온 Linkerd는 트위터에서 대량의 볼륨을 처리하기 위해 개발했다. Linkerd 1.x는 Finagle을 첫 번째 서비스 메시로 전환했다. Conduit(https://conduit.io) 프로젝트는 Linkerd 1.x가 해결하고자 했던 것과 같은 문제를 해결하면서도 훨씬 간단한 시스템을 구축하기 위해 생겨났다. 결국 Conduit의 브랜드를 클라우드 네이티브 애플리케이션을 위한 오픈 소스 서비스 메시인 Linkerd 2.0으로 변경하기로 결정했다. Linkerd 2.x는 CNCF(https://cncf.io)에서 지원을 중단한 프로젝트로 쿠버네티스 환경에서만 실행된다.

책에서는 쿠버네티스에서만 실행되는 서비스 메시인 Linkerd 2.x만 다루며, 이는 서비스 실행을 위한 런타임 디버깅, 관찰성, 신뢰성 및 보안을 제공한다. Linkerd 2.x에는 Istio와 유사한 중앙 집중식 컨트롤 플레인이 있으며, 오픈 소스 프로젝트는 https://linkerd.io에서 제공한다. Linkerd 1.x는 Linkerd 2.x와는 다른 서비스 메시로 쿠버네티스, AWS ECS, DC/OS, 도커 및 로컬에서 실행된다. Linkerd는 자체 사이드카를 사용하지만 다른 모든 서비스 메시 프로바이더는 엔보이 사이드카 프록시를 사용한다.

Consul

Consul은 HashiCorp의 분산 서비스 메시다. 2014년 4월에 처음 릴리즈했다. Consul은 서비스, 구성, 인증서 관리 등을 포함해 관리해야 하는 서버와 클라이언트의 서비스 메시 기능을 위한 단일 Go 바이너리를 제공한다. 쿠버네티스 플랫폼뿐만 아니라 각 머신에 직접 Consul을 설치할 수 있다. 오픈 소스 프로젝트는 https://github.com/hashicorp/consul에서 제공된다.

Consul에는 Istio나 Linkerd 2.x와 달리 분산 컨트롤 플레인이 있다. Consul은 쿠버네티스 클러스터를 위한 연결 기능을 제공한다. Consul은 베어 메탈 환경, VM 및 쿠버네티스 환경에서도 작동하도록 설계됐다. 서비스 디스커버리 API를 제공하는 오픈 소스 서비스 디스커버리 도구다. Istio의 Pilot 어댑터는 Consul 서비스 디스커버리 데이터를 사용하도록, 트래픽을 라우팅하고 애플리케이션을 모니터링하기 위한 프록시를 사용하도록 구성할 수 있다. Consul 1.6은 쿠버네티스 환경을 위해 엔보이 사이드카 프록시를 사용하기 시작했으며 레거시 환경에서 실행되는 모놀리식 애플리케이션과 통합해 클라우드 네이티브 애플리케이션을 위한 서비스 메시 기능을 제공하고 있다.

다른 프로바이더

AWS와 마이크로소프트에서 제공하는 두 가지 새로운 서비스 메시도 알아본다. 해당 서비스는 이 책에서 다루지는 않지만 중요하다.

- **App Mesh**: 2018년 11월 AWS는 App Mesh라는 자체 서비스 메시가 GA됐음을 발표했다. AWS는 App Mesh 컨트롤 플레인을 관리하며 오픈 소스가 아니다. App Mesh는 데이터 플레인에 오픈 소스 엔보이 사이드카 프록시를 사용하며 AWS에서 무료로 사용할 수 있다.
- **Azure Service Fabric Mesh**: 마이크로소프트는 2018년 9월에 서비스 메시를 발표했다. 플랫폼 레이어를 추상화해 개발자를 위한 마이크로서비스 애플리케이션을 배포하는 데 사용되는 완전 매니지드 서비스다. 서비스 디스커버리와 라우팅을 위해 오픈 소스 엔보이 사이드카 프록시를 사용한다.

  Azure의 Service Fabric Mesh 컨트롤 플레인은 오픈 소스가 아니다. 마이크로소프트는 Service Fabric Mesh라는 이름을 사용하지만 Istio, Linkerd, Consul 또는 App Mesh와 다르다. 레드햇 오픈시프트와 유사하며 서비스 메시의 데이터 플레인을 사용할 개발자를 대상으로 한다. 이 서비스는 매니지드 서비스이므로 개발자는 컨트롤 플레인에 접근할 수 없다.

다음 섹션에서 실습을 통해 Istio, Linkerd, Consul의 아키텍처와 다양한 서비스 메시 기능을 자세히 알아본다.

빠른 비교

각 서비스 메시 프로바이더를 같은 조건에서 제대로 비교하기는 어렵다. 기술 환경이 너무 빨라 책을 읽을 때쯤이면 특정 구현에서는 일부 특징이 제공될 수도 있다.

다음 비교는 어떤 의미로는 완전한 비교가 아니다. 여기서는 Linkerd 1.x 기능이 아닌 Linkerd 2.x와 비교하고 있다. ✖ 표시는 꼭 누락된 특징만을 의미하는 것은 아니며 때로는 좋은 것일 수도 있다. 예를 들어 Consul에는 중앙 컨트롤 플레인이 없지만 이는 좋은 성능일 수 있다.

한번 살펴보자.

특징	Istio	Linkerd	Consul
서비스 메시라는 용어는 누가 만들었습니까?	✖	✓	✖
새로운 아이디어의 개척	✓	✖	✖
CNCF의 공식 서비스 메시 프로젝트	✖	✓	✖
모든 기능을 갖춘 오픈 소스	✓	✓	✖
풍부한 기능	✓	✖	✖(1)
쿠버네티스보다 이전(Predate)	✖	✖	✓
다중 데이터 센터 / 클러스터 지원	✓	✖	✓
사용 편의성	✖	✓	✖
서비스 메시 GUI	✖	✓	✓
내장(built-in) 대시보드	✓	✓	✖
컨트롤 및 데이터 플레인을 위한 단일 바이너리	✖	✖	✓
쿠버네티스, VM 및 데이터 센터 전체를 확장하는 서비스 메시	✖	✖	✓
중앙 집중식 컨트롤 플레인	✓	✓	✖
쿠버네티스에서 실행	✓	✓	✓
쿠버네티스가 없는 VM에서 실행	✓	✓	✓
분산 추적	✓	✖	✖(2)
서비스 디스커버리	✓	✓(3)	✓
메트릭 수집	✓	✓	✖
상호 TLS	✓	✓	✓

특징	Istio	Linkerd	Consul
정책 기반 ACL	✓	✖	✖
의도 기반 ACL	✖	✖	✓
인증서 관리	✓	✖(4)	✓
프로토콜 - HTTP/1.2, HTTP/2.0, gRPC	✓	✓	✖
프로토콜 - TCP	✓	✓	✓
쿠버네티스에서 CRD 사용	✓	✖	✖
자동 사이드카 주입	✓	✓	✓
정확한 장애 위치를 가리킴	✖	✓	✖
트래픽 리디렉션(블루/그린 배포)	✓	✖	✖
트래픽 분할(카나리아 배포)	✓	✓	✖
속성 기반 라우팅	✓	✖	✖
속도 제한(Rate limiting)	✓	✖	✖
Layer 7 지원	✓	✓	✖
Layer 4 ID(SPIFFE)	✓	✖	✓
네이티브(레거시) 앱 통합	✓(5)	✖	✓
관리자가 아닌 사용자가 설치할 수 있는가?	✖	✓	✖
재시도(Retries)	✓	✓	✖
타임아웃	✓	✓	✖
서킷 브레이커(Circuit breakers)	✓	✖	✖
인그레스(ingress) 컨트롤러	✓	✖	✖
이그레스(egress) 컨트롤러	✓	✖	✖

NOTE

(1) – Consul에서 Ambassador가 사용하는 일부 기능은 프리미엄 기능임
(2) – 플러그가 가능한 추적 기능이 있음
(3) – Linkerd 프록시는 쿠버네티스와 직접 통합되지는 않지만 서비스 디스커버리를 위한 Linkerd의 컨트롤 플레인에 의존함. 컨트롤 플레인은 서비스 카탈로그를 만들기 위해 쿠버네티스와 통합함. 서비스 디스커버리는 쿠버네티스와 통합되지 않지만 컨트롤 플레인을 사용함
(4) – 인증서 관리를 위해 스몰스텝(Smallstep)을 사용할 수 있음
(5) – Istio도 VM에서 실행할 수는 있음. 그러나 집필 시점에서 VM에서는 Consul을 널리 사용

Linkerd 2.x는 주로 성능에 중점을 두고 있으며 Istio만큼 기능이 풍부하지는 않다. 그러나 주기적으로 새로운 기능을 추가하고 있기 때문에 기능 부족이라는 단점은 오래가지 않을 것이다. Istio와 Linkerd의 성능 비교는 사실상 종합적인 것은 아니다. 기술은 지속적으로 발전하고 진화하므로 하나를 버리고 하나를 우선시하는 것은 공평하지 않다. Consul는 쿠버네티스 이전부터 사용했으며 Hashicorp는 매우 잘 작동하는 다양한 도구 세트가 있다. Consul에서 엔보이를 사이드카 프록시로 채택하는 것은 쿠버네티스 환경에서 잘 작동하기 위한 중요한 시도다. 이러한 형태의 경쟁은 장기적으로 서비스 메시가 더 나은 서비스를 제공하는 이유가 될 것이다.

Linkerd가 단순함과 성능에 중점을 두었다면 Istio는 더 풍부한 기능을 구현했다. Istio는 CNCF를 졸업한 프로젝트인 엔보이 사이드카 프록시를 사용하는 반면 Linkerd는 처음부터 프록시를 구축했고, 성능은 뛰어나면서도 설치 공간은 더 작다.

사이드카를 애플리케이션에 주입하는 것은 세 가지 서비스 메시 모두에서 자동화된 프로세스다.

서비스 메시 프로바이더의 순위를 매기는 것은 어려우며 최종 사용자마다 순위가 다를 수 있다. 예를 들어 사용 편의성과 성능 면에서 서비스 메시의 승자는 Linkerd다. 기능과 혁신 관점에서 Istio는 확실한 승자이지만 학습 곡선learning curve이 존재한다. 쿠버네티스와 기존 VM 환경을 포함한 데이터 센터 전체에 서비스 메시를 구축하기 위해서는 Consul이 분산된 컨트롤 플레인과 설치가 간편하다는 장점 덕에 확실한 승자다. 하이브리드 클라우드 요건이 있는 대기업의 종합 서비스 메시 솔루션에서는 Istio가 유력한 승자다.

지원 서비스

각 서비스 메시 프로바이더에 대한 지원과 컨설팅 서비스가 있다. 다음은 일부 선도적인 서비스 메시 프로바이더의 지원 서비스 목록이다.

- **Linkerd 서비스** : https://buoyant.io
- **Solo** : https://supergloo.solo.io – Istio, Linkerd, Consul 및 AWS app mesh를 위한 전문 서비스 메시 서비스 프로바이더
- **Teterate** : https://tetrate.io – Istio와 엔보이 서비스
- **Aspen Mesh** : https://aspenmesh.io – Istio 서비스
- **Ambassador** : https://datawire.io – Consul 서비스의 Ambassador
- **Hashicorp** : https://www.hashicorp.com/products/consul/ – Consul 서비스

Istio는 IBM과 구글에서 매니지드 서비스로 제공된다.

- **IBM** : https://www.ibm.com/cloud/istio
- **구글** : https://cloud.google.com/istio/

AWS와 마이크로소프트 Azure는 자신만의 매니지드 서비스 메시 컨트롤 플레인을 제공한다. 그러나 둘 다 데이터 플레인에서는 오픈 소스인 엔보이 사이드카 프록시를 사용한다.

요약

이 장에서는 Istio, Linkerd, Consul 서비스 메시의 상위 레벨 속성과 해당 기능 매트릭스를 설명했다. 또한 이 서비스에 포함되지 않은 서비스 메시뿐만 아니라 각 서비스 메시에 사용할 수 있는 매니지드 서비스 메시 프로바이더와 지원 서비스도 다뤘다.

앞으로 Istio, Linkerd, Consul의 세부 정보와 관련해 세 개의 별도 섹션이 있다. 각 서비스 메시 구현을 이해하는 데 도움이 되는 실습도 제공하며, 실습에 이 장이 도움이 될 것이다. 다음 섹션에서 Istio, Linkerd, Consul에 대한 각 컨트롤 플레인의 기능을 살펴본다.

다음 장에서는 서비스 메시 인터페이스SMI, Service Mesh Interface 스펙과 SPIFFE를 다룰 것이며, 이는 다른 서비스 메시와 강력한 ID 개념 간의 상호 운용성을 제공한다.

문제

1. Istio와 Linkerd는 쿠버네티스에서만 사용할 수 있다.

   A) 참

   B) 거짓

2. Istio와 Linkerd는 동일한 엔보이 사이드카 프록시를 사용한다.

   A) 참

   B) 거짓

3. Linkerd와 Istio에서 사이드카 프록시를 적절히 수행하기 위해서는 반드시 컨트롤 플레인이 실행 중이어야 한다.

   A) 참

   B) 거짓

추가자료

- *IBM, Google, and Lyft Give New Istio Microservices* Mesh a Ride. McGee, Jason, The Developerworks Blog, 2017: https://developer.ibm.com/dwblog/2017/istio/, accessed March 6, 2019.
- *Service Mesh*, Acreman, Steven, Kubedex.Com, 2018: https://kubedex.com/istio-vs-linkerd-vs-linkerd2-vs-consul/, accessed March 6, 2019
- *Amalgam8: An Integration Fabric For Microservices In The Cloud. IBM Cloud* Blog, Rothert, Doug, and Doug Rothert, IBM Cloud Blog, 2016: https://www.

ibm.com/blogs/bluemix/2016/06/amalgam8-integration-fabric-microservices-cloud/, accessed March 6, 2019.

- *Istio Service Mesh: The Step By Step Guide*, Irandoust, Kiarash, Medium, 2019: https://itnext.io/istio-service-mesh-the-step-by-step-guide-adf6da18bb9a
- *Control and Data Plane*, Network Direction. (2018), avaliable at https://network direction.net/articles/network-theory/controlanddataplane/ accessed March 24, 2019.
- *A sidecar for your service mesh, Tiwari, A. (2017)*, available at https://www.abhishek-tiwari.com/a-sidecar-for-your-service-mesh/, accessed March 24, 2019.
- *What is Envoy? Envoy 1.12.0-Dev-712000 Documentation, Envoyproxy.Io, 2019*: https://www.envoyproxy.io/docs/envoy/latest/intro/what_is_envoy
- *Service Mesh (Envoy, Istio, Linkerd)*. Mar, W. (2018), available at https://wilsonmar.github.io/service-mesh/, accessed March 24, 2019.
- *Prana: A Sidecar for your Netflix PaaS-based Applications and Services*, Choud hury, D., Tonse, S., Spyker, A., and Uppalapati, R. (2014), available at https://medium.com/netflix-techblog/prana-a-sidecar-for-your-netflix-paas-based-applications-and-services-258a5790a015, accessed March 24, 2019.
- *SmartStack: Service Discovery in the Cloud*, Serebryany, I. and Rhoads, M. (2013), available at https://medium.com/airbnb-engineering/smartstack-service-discovery-in-the-cloud-4b8a080de619, accessed March 24, 2019.

05

서비스 메시 인터페이스와 SPIFFE

서비스 메시 개념이 계속 발전하면서 서로 다른 서비스 메시 간 상호 운용성을 제공하는 서비스 메시 인터페이스SMI, Service Mesh Interface 스펙이 등장하고 있다. 쿠버네티스는 이미 컨테이너 네트워크 인터페이스CNI, Container Network Interface와 컨테이너 스토리지 인터페이스CSI, Container Storage Interface 스펙을 통해 네트워크와 스토리지를 확장할 수 있도록 했다. 같은 방식으로 새로운 방식인 SMI 스펙은 서로 다른 서비스 메시 프로바이더로부터 주목을 받기 시작했다.

이 장에서는 발전하고 있는 SMI 스펙과 SPIFFE를 소개한다. 쿠버네티스 환경에서 실행되는 서비스에 대한 안전한 명명 규칙을 제공한다.

이 장에서는 다음 주제를 다룬다.

- SMI
- SPIFFE

SMI

SMI는 서비스 메시 프로바이더 간의 상호 운용성을 위한 이전 가능한 API의 표준 스펙이다. 브렌던 번스Brendan Burns는 2019년 5월 쿠버네티스의 네트워크, 스토리지 및 컨테이너에 대한 추상화 인터페이스 표준인 CNI, CSI, OCI 라인에 대한 공통 표준으로 SMI를 제안했다.

모던 클라우드 네이티브 애플리케이션에 인프라 레이어를 제공하기 위한 서비스 메시가 계속해서 탄력을 받으면서 SMI 스펙에 대한 필요성이 대두되고 있다. 가베 몬로이Gabe Monroy는 Istio, Linkerd, Consul과 공동으로 오픈 소스 프로젝트(https://smi-spec.io/)를 시작해 2019년 5월 SMI 출시를 발표했다.

SMI는 Weavework의 Flagger(https://github.com/weaveworks/flagger)와 Rancher Labs의 Rio(https://rio.io 와 https://github.com/rancher/rio)와 같은 프레임워크에 대한 추상화 레이어를 통해 툴링을 지원하려 한다. 마이크로소프트, IBM, 레드햇, VMware, 피보탈, 도커, Solo.io, Aspen Mesh, Canonical 및 기타 서비스 메시 컨설팅 서비스 프로바이더와 커미터는 SMI 스펙을 지원한다. SMI의 목표는 OCIOpen Container Initiative, CNI, CSI와 같은 다른 스펙과 마찬가지로 프로바이더와 상관없이 서비스 메시를 사용할 수 있는 API를 제공하는 것이다.

어떤 기술이든 보안을 염두에 두고 시작하는 경우는 거의 없다. 일반 HTTP와 Telnet을 예로 들 수 있는데, 보안은 이러한 기술에서 두 번째로 우선순위가 밀렸지만 더 이상은 아니다. 한 엔드포인트에서 다른 엔드포인트로 안전하게 연결하기 위해서는 IT 인프라 주위의 방화벽과 VPN이 필요하다. 모던 애플리케이션과 인프라 레이어는 보안을 염두에 두고 설계되며 제로 트러스트 네트워크 환경에서 운영된다. SPIFFESecure Production Identity Framework for Everyone는 애플리케이션 수준 인증의 필요성을 없애기 위해 모든 마이크로서비스에 특별히 구성된 X.509 인증서를 통해 안전한 ID를 제공하는 스펙이다.

SMI 스펙

서비스 메시는 새로운 기술이다 보니(2016년 이후) 많은 역사가 없다. SMI 스펙specifications은 하나의 구현체에 구속되지 않고 쉽게 서비스 프로바이더를 바꿀 수 있도록 API를 정의한 후 이를 다른 서비스 메시 프로바이더에서 준수하도록 가이드했다. SMI 스펙은 다음과 같은 주요 기능이 있다.

- 쿠버네티스의 메시에 대한 표준 인터페이스를 제공
- 일반적인 메시 사용 사례에 대한 기본 기능 세트 제공
- 새로운 메시 기능을 지원할 수 있는 유연성 제공
- 여러 서비스에서 ID와 전송 암호화와 같은 정책을 적용
- 서비스 간 오류율 및 지연 시간latency과 같은 주요 지표 캡처
- 서로 다른 서비스 간 트래픽 이동과 측정

SMI는 쿠버네티스 커스텀 리소스 정의CRD, Custom Resource Definitions와 확장 API 서버 모음과 같은 API 세트를 정의하며, 이를 통해 메시 프로바이더는 구현체를 제공하게 된다.

SMI를 Istio, Linkerd, Consul과 같은 서로 다른 서비스 메시 프로바이더의 추상화 계층으로 생각해보자. SMI API를 사용해 기본 서비스 메시 프로바이더 간에 원활하게 교환하려면 다음 두 가지 방법 중 하나로 가능하다.

- 서비스 메시 프로바이더는 SMI API를 사용하고 구현체를 제공한다.
- 네이티브 API를 SMI로 전환하기 위해 쿠버네티스 오퍼레이터를 빌드한다.

SMI 스펙은 계속 발전하고 있으며 https://github.com/deislabs/smi-spec에서 운영된다. 집필 시점에서는 2개월밖에 되지 않았으나 여러 서비스 프로바이더의 참여로 탄력을 받을 것이고 추상화 계층이나 직접 API 호출이 가능한 API 세트가 될 것이다.

다음과 같은 스펙이 있으며 앞으로 더 많아질 것이다.

- **트래픽 접근 제어**Traffic access control: 클라이언트의 ID를 기반으로 경로에 대한 접근을 구성
- **트래픽 스펙**Traffic specs: 프로토콜 수준에서 트래픽을 관리
- **트래픽 분할**Traffic split: A/B 테스트나 카나리아 롤아웃을 위해 두 서비스 간 트래픽을 분할하거나 미러링
- **트래픽 메트릭**Traffic metrics: 도구에서 사용할 일반적인 트래픽 메트릭을 노출

SMI는 NetworkPolicy, Ingress, CustomMetrics와 같은 핵심 쿠버네티스 API와 유사한 플러그형 인터페이스를 목표로 한다.

SPIFFE

SPIFFESecure Production Identity Framework for Everyone (https://spiffe.io)는 애플리케이션 레벨 인증과 네트워크 레벨 접근 제어 구성을 제거할 필요가 있었던 뛰어난 엔지니어 몇 명에게 영감을 받았다. 쿠버네티스 개발자 중 한 사람인 조 베다Joe Beda는 SPIFFE 스펙의 최초 작성자author다.

SPIFFE는 동적이고 이기종인 환경에서 소프트웨어 시스템을 안전하게 식별하기 위해 2016년에 오픈 소스로 시작했다. 주로 워크로드를 동적으로 확장하고 클러스터 내의 모든 노드에서 실행되도록 스케줄링되는 복잡한 분산 환경에서 트러스트를 구축한다. SPIFFE를 사용하는 워크로드는 X.509 인증서의 주제 대체 이름SAN, Subject Alternative Name 필드에 정의된 spiffe://trust-domain/path와 같은 URI를 보고 서로를 식별한다.

SPIFFE의 런타임 환경은 SPIFFE Runtime EnvironmentSPIRE으로, SPIFFE Verifiable Identity DocumentsSVIDs를 워크로드에 안전하게 발행하고 다른 워크로드의 SVID를 검증할 수 있는 SPIFFEE API의 구현체다. SPIRE는 인증된 자격 증명을

자동으로 발급하고 순환시키는 툴체인이다. SPIRE 서버와 에이전트는 쿠버네티스 클러스터뿐만 아니라 일반 Linux 시스템에서도 사용할 수 있다. Linux의 사용자 ID는 SVID를 생성하는 데 사용되며, 이와 유사하게 쿠버네티스의 워크로드 컨테이너도 SPIRE에 접근하도록 구성할 수 있다.

Istio는 컨트롤 플레인을 통해 데이터 플레인에서 실행되는 서비스에 대한 부트스트래핑과 ID 발급을 위해 자체 SPIRE 구현체을 구현했다. Istio의 시타델Citadel은 X.509 인증서의 SAN 필드에 SPIFFE 형식으로 ID를 생성하므로 모든 워크로드에 ID를 안전하게 프로비저닝한다. Istio의 파일럿Pilot은 보안 명명 정보secure naming information(SVID)를 생성한 다음 보안 명명 정보를 엔보이 사이드카 프록시로 전달한다.

마찬가지로 Consul도 다른 플랫폼과 상호 운용성을 위해 SPIFFE 형식을 사용한다.

요약

이 장에서는 서비스 메시가 어떻게 발전해왔는지 살펴봤다. 초기 단계에 있는 SMI는 표준과 추상화 측면에서 서로 다른 서비스 프로바이더가 공통 표준을 사용할 수 있게 하는 중요한 역할을 한다. 또한 SPIFFE의 스펙을 다뤘고, SPIFFE는 워크로드가 제로 트러스트 네트워크에서 실행할 수 있게 하는 보안 명명 규칙을 제공한다. Istio는 컨트롤 플레인을 통해 SPIFFE를 구현했으며 인증서의 수명이 15분 이내이고 PKI를 셀프 서비스 모델에 유지할 수 있는 보안 인프라를 제공한다.

다음 장에서는 서로 다른 서비스 메시의 구현체를 살펴본다. 우선 데모 환경을 만들어 자체 Windows 랩탑이나 애플 MacBook으로 각 서비스 메시를 사용하는 방법을 실습해본다.

문제

1. SPIFFE는 툴셋이 아닌 스펙이다.

   A) 참

   B) 거짓

2. SMI는 서비스 메시 프로바이더의 대안이다.

   A) 참

   B) 거짓

3. 현재 시점에서 Istio와 Consul만이 SPIFFE를 사용한다.

   A) 참

   B) 거짓

4. Istio는 SPIRE를 사용하지 않고 자체 구현체를 갖고 있다.

   A) 참

   B) 거짓

참고 자료

- *Hello Service Mesh Interface (SMI): A Specification For Service Mesh Interoperability*, Monroy, Gabe, Open Source Blog, 2019: https://cloudblogs.microsoft.com/opensource/2019/05/21/service-mesh-interface-smirelease/
- *Microsoft introduces Service Mesh Interface (SMI) for interoperability across different service mesh technologies*, Packt Hub, 2019: https://hub.packtpub.com/microsoft-introduces-service-mesh-interface-smi-for-interoperability-across-different-service-mesh-technologies/

- *Introduction To Service Mesh Interface (SMI)*, Brendan Burns At Qcon New York, Penchikala, Srini, Infoq, 2019: https://www.infoq.com/news/2019/07/burns-service-mesh-interface/
- *Weaveworks/Flagger*, GitHub, 2019: https://github.com/weaveworks/flagger/blob/master/docs/gitbook/tutorials/flagger-smi-istio.md
- *Introducing Rio - Containers At Their Best*, Shepherd, Darren, Rancher Labs, 2019: https://rancher.com/blog/2019/introducing- rio/
- *SPIRE 이해*, 2019: https://spiffe.io/spire/
- *Securing The Service Mesh* With SPIRE 0.3, Jessup, Andrew, 2019: https://blog.envoyproxy.io/securing-the-service-mesh-with-spire-0-3-abb45cd79810
- *Istio security versus SPIFFE*, Istio, 2019: https://archive.istio.io/v1.3/docs/concepts/security/#istio-security-vs-spiffe

3부

쿠버네티스 환경 만들기

쿠버네티스에 관한 책은 아니지만 서비스 메시 아키텍처를 시연하기 위해서는 쿠버네티스가 기본이 된다. IBM Public Cloud, 구글 Kubernetes Engine, 아마존의 Elastic Kubernetes Service, 마이크로소프트의 Azure Kubernetes Service, 알리바바 Container Service for Kubernetes와 같은 퍼블릭 클라우드에서 쿠버네티스 환경을 이용할 수 있다. 이런 서비스를 이용하려면 비용을 지불해야 할 수도 있다.

이 섹션에서는 쿠버네티스 환경을 구축하는 방법을 보여준다.

이 섹션은 다음과 같은 장으로 구성된다.

- 6장, 나만의 쿠버네티스 환경 만들기

06

나만의 쿠버네티스 환경 만들기

서비스 메시 아키텍처를 구현하려면 예제를 실습하고 배우기 위한 쿠버네티스 환경이 필요하다. 따라서 이 장에서는 쿠버네티스 환경을 구축해본다.

원하는 클라우드 서비스 프로바이더가 제공하는 매니지드 쿠버네티스 서비스를 사용하는 것이 좋다. 매니지드 서비스는 인프라와 운영 시스템의 유지보수, 소프트웨어 업그레이드를 할 필요가 없다는 점에서 운영 관점에서의 장점이 있으나 서비스를 사용하려면 비용을 지불해야 한다.

클라우드 프로바이더에 돈을 지불하지 않고 책의 예제를 배우고 실습하려면 미리 구축된 가상 머신VM, Virtual machine을 확보하고 이 장에서 다음 내용을 완료한다.

- 기본 VM 다운로드
- 사전 작업 수행
- 하나의 VM에 쿠버네티스 구축
- Helm과 Tiller 설치

- 쿠버네티스 대시보드 설치
- 메트릭 서버, Prometheus, Grafana 설치
- (필요하다면) 쿠버네티스와 도커 삭제
- VM 끄기

기술적 요구 사항

이 장의 예제를 완료하기 위해서는 다음 장비가 필요하다.

- 다음 구성을 가진 macOS나 Windows 컴퓨터
    - **Windows**: 최소 16GB의 RAM과 최소 4 CPU 코어를 가진 인텔 Core i7 또는 그 이상의 프로세서
    - **macOS**: 16GB의 RAM, 인텔 Core i7 프로세서, 4코어, 512GB SSD(최소)의 macOS Pro(2015)
- VM을 만들기 위한 가상화 소프트웨어

TIP

> 책의 예제 명령어나 스크립트를 진행할 때 root 또는 user로 실행해야 하는 명령어에 주의한다.
>
> VM의 사용자 이름은 user다. root와 user의 패스워드는 기억하기 쉽게 password로 세팅돼 있다. 만약 명령어로 접두사 #을 사용한다면 root로 실행해야 한다. 접두사가 $인 명령어는 root가 아닌 일반 사용자로 실행해야 한다. 권한이 필요하다면 sudo를 사용할 것이다.

- **브라우저 사용**: VM에는 데모 웹 애플리케이션을 실행하기 위해 크롬 브라우저가 설치돼 있다. `ssh` 터널을 사용하거나 로컬 컴퓨터의 브라우저를 통해 연결하고자 `kubectl proxy` 명령을 실행할 수 있지만 일관된 환경에서 실습하기 위해 VM 내의 브라우저를 사용한다.
- **커맨드 라인 셸 사용**: VM에 대한 커맨드 라인 접근 권한이 있어야 한다. GNOME 터

미널을 열어 VM에서 직접 작업하거나 macOS의 iTerm2(https://www.iterm2.com/downloads.html) 또는 Windows의 Git Bash(https://git-scm.com/downloads)와 같은 커맨드 라인 셸을 사용해 VM에 ssh할 수도 있다.

TIP

> 코드 스니펫은 코드/출력에서 몇 개의 줄이 제거되고 생략됨을 보여주기 위해 점(...)으로 대체했다. 이클립스를 사용하는 이유는 관련 코드/출력을 보여주기 위함이다. 전체 코드는 GitHub(https://github.com/servicemeshbook)에서 볼 수 있다.

- **명령 입력**: VM을 빌드하고 순서대로 특정 섹션의 장chapter을 진행한 후 셸에 명령을 입력해야 한다. 단일 행 명령어라면 내용을 파악하는 데 도움이 되므로 명령을 입력하는 것이 더 편할 수 있으며 기억하기에도 좋을 것이다. 그러나 쿠버네티스에 대해 잘 알고 있다면, 특히 명령이 여러 줄로 확장되는 경우 명령을 입력하는 것이 귀찮을 수 있다. 전자책을 읽는다면 직접 입력하지 않고 실행 중인 셸에 명령을 복사해 붙여 넣는 쪽이 간단하다.

  단행본을 읽고 있다면 GitHub에서 명령어 참조를 가져와 쉽게 복사하고 붙여 넣을 수 있다.

Istio, Linkerd, Consul의 각 구현 섹션은 다음 링크를 통해 실습에서 사용할 명령을 참조할 수 있다.

- **Istio**: https://github.com/servicemeshbook/istio
- **Linkerd**: https://github.com/servicemeshbook/linkerd
- **Consul**: https://github.com/servicemeshbook/consul

NOTE

> 쿠버네티스를 업데이트하라! https://kubernetes.io/docs/setup/release/을 방문하면 최신 버전을 확인할 수 있다. 지침은 https://github.com/servicemeshbook/byok에서도 확인할 수 있다.

기본 VM 다운로드

Windows 랩탑에서 최고의 가상화 소프트웨어는 VMware Workstation이다. Windows 랩탑에서 하나의 VM을 개인적으로 사용하고자 VMware Workstation Player를 무료로 사용할 수 있다. 반면에 macOS를 사용하는 경우 최고의 가상화 소프트웨어는 VMware Fusion이다. 실습을 완료하기 위해 30일 동안 유효한 VMware Fusion 평가판을 다운로드할 수 있다.

사용하려는 VM(Windows 또는 macOS)에 대한 설정 프로세스는 다음 섹션에서 살펴볼 수 있다.

Windows에서 환경 만들기

이 섹션에서는 먼저 Windows용 가상화 소프트웨어를 다운로드한다. 다운로드를 완료하면 네트워크 주소를 설정해 인터넷에 접속할 수 있도록 하고, 이후 전원을 켜 모두 제대로 돼 있는지 확인한다. Windows를 사용한다면 다음과 같이 수행한다.

가상화 소프트웨어 다운로드

먼저 가상화 소프트웨어를 다운로드한다. 다음 중 하나를 다운로드할 수 있다.

- VMware Player
- Workstation Pro

하나의 VM을 사용하므로 VMware Player(무료이고 사용기간 제한 없음)를 개인용으로 다운로드한다. https://my.vmware.com/en/web/vmware/free#desktop_end_user_computing/vmware_workstation_player/15_0에서 다운로드한다. https://www.vmware.com/products/workstation-pro.html에서 VMware Workstation Pro for Windows의 평가판을 다운로드하거나 구입할 수도 있다. 이 평가판 구매는 라이선스를 구입하기 전 30

일 동안만 유효하다는 점에 유의한다.

NOTE

> VMware Workstation을 사용하면 같은 시스템에서 여러 VM을 실행할 수 있지만 VMware Player는 VM을 하나만 실행할 수 있다.
>
> Oracle VirtualBox를 선호한다면 VMware Player나 VMware Workstation 대신 사용할 수 있겠지만 이 책에서는 VirtualBox의 VM에서는 테스트하지 않았다.

다운로드를 완료하면 다음 단계를 수행한다.

1. Windows 10 컴퓨터에 VMware Player나 VMware Workstation을 설치한다.
2. VMware 소프트웨어를 설치한 후 VM이 인터넷에 접근할 수 있도록 NAT `vmnet` 서브넷을 설정한다.

이제 네트워크 주소를 설정해보자.

네트워크 주소 설정

VMware Workstation을 다운로드했다면 다음 단계를 수행한다.

1. **Edit > Virtual Network Editor**로 이동한다.
2. VMnet8을 선택하고, 필요한 경우 변경을 위해 **Change Settings**을 클릭한다. VMnet8의 서브넷 IP가 192.168.142.0으로 설정돼 있는지 확인한다.

NOTE

> VMnet8 네트워크가 192.168.142.0으로 설정되지 않은 경우 VM 내부에서 인터넷에 접근할 수 없으므로 실습이 동작하지 않는다.

VMware Player를 다운로드했다면 GUI에서 VMnet8 네트워크 주소를 수정할 수 있는 옵션을 제공하지 않는다.

1. 설치 후 Windows CMD와 같은 커맨드 라인 도구를 열고 ipconfig /all을 입력하면 VMnet8에 대한 정보를 볼 수 있다.

```
Ethernet adapter VMware Network Adapter VMnet8:

Connection-specific DNS Suffix . :
Description . . . . . . . . . . . : VMware Virtual Ethernet Adapter
for VMnet8 Physical Address. . . . . . . . . : 00-50-56-C0-00-08
DHCP Enabled. . . . . . . . . . . : No
Autoconfiguration Enabled . . . . : Yes
Link-local IPv6 Address . . . . . :
fe80::1d5f:2196:60f9:6219%23(Preferred)
IPv4 Address. . . . . . . . . . . : 192.168.191.1(Preferred)
Subnet Mask . . . . . . . . . . . : 255.255.255.0
Default Gateway . . . . . . . . . :
DHCPv6 IAID . . . . . . . . . . . : 905990230
DHCPv6 Client DUID. . . . . . . . : 00-01-00-01-24-7C-F2-70-98-
FA-9B-0E-0E-F3
DNS Servers . . . . . . . . . . . :   fec0:0:0:ffff::1%1
                                      fec0:0:0:ffff::2%1
                                      fec0:0:0:ffff::3%1
NetBIOS over Tcpip. . . . . . . . : Enabled
```

위의 VMnet8은 192.168.191.1로 설정돼 있다. IP 주소는 독자마다 다를 수 있다.

2. **Win-R**을 눌러 Windows CMD를 관리자 모드(중요)로 연다. cmd를 입력하고 **Ctrl + Shift + Enter**를 누른다.

3. VMnet8 서브넷 주소를 192.168.142.0으로 설정하려면 다음 명령을 수행한다.

```
C:\> cd "\Program Files (x86)\VMware\VMware Player"
C:\> vnetlib.exe -- stop dhcp
C:\> vnetlib.exe -- stop nat

C:\> cd \ProgramData\VMware
C:\> copy vmnetdhcp.conf vmnetdhcp.conf.pre
C:\> copy vmnetnat.conf vmnetnat.conf.pre

C:\> cd "\Program Files (x86)\VMware\VMware Player"
C:\> vnetlib.exe -- set vnet vmnet8 mask 255.255.255.0
```

```
C:\> vnetlib.exe -- set vnet vmnet8 addr 192.168.142.0
C:\> vnetlib.exe -- add dhcp vmnet8
C:\> vnetlib.exe -- add nat vmnet8
C:\> vnetlib.exe -- update dhcp vmnet8
C:\> vnetlib.exe -- update nat vmnet8
C:\> vnetlib.exe -- update adapter vmnet8

C:\> vnetlib.exe -- set vnet vmnet1 mask 255.255.255.0
C:\> vnetlib.exe -- set vnet vmnet1 addr 192.168.136.0
C:\> vnetlib.exe -- add dhcp vmnet1
C:\> vnetlib.exe -- add nat vmnet1
C:\> vnetlib.exe -- update dhcp vmnet1
C:\> vnetlib.exe -- update nat vmnet1
C:\> vnetlib.exe -- update adapter vmnet1

C:\> vnetlib.exe -- start dhcp
C:\> vnetlib.exe -- start nat
```

4. `ipconfig /all`을 이용해 VMnet8 IP 주소가 192.168.142.1로 설정돼 있는지 확인한다.

다음으로 최종 점검을 해보자.

최종 점검

모두 정상적이며 VM이 잘 준비됐는지 확인하려면 다음 단계를 수행한다.

1. 컴퓨터에 7z가 설치돼 있지 않으면 https://www.7-zip.org/download.html에서 7z를 다운로드하고 7z 소프트웨어를 설치한다.
2. 선택한 폴더로 https://7362.me/vm.tar.7z에서 기본 VM 이미지를 다운로드한다.
3. 폴더에서 vm.tar.7z 파일을 선택하고 **Extract**를 클릭한다.
4. 이제 VM을 추출한 폴더로 이동한다. kube01.vmx를 마우스 오른쪽 버튼으로 누른 다음 **Open with VMWare Player** 또는 **VMWare Workstation**을 클릭한다.

5. VM에서 VMware 소프트웨어를 업데이트하라는 메시지를 표시하면 취소한다. 또는 VM에서 VM 도구를 업데이트하라는 메시지가 나타나면 취소한다.
6. 이제 상태 점검을 해보자. **Terminal**을 더블 클릭한다.

TIP

사용자 이름은 user, 암호는 password다. 루트 암호는 password다.

7. VM에서 인터넷 연결을 테스트한다.

```
$dig +search +noall +answer google.com
```

VMnet8 서브넷이 `192.168.142.0`으로 설정돼 있고 Windows 컴퓨터에서 인터넷 접근이 된다면 google.com의 IP 주소를 확인할 수 있다.

이제 쿠버네티스를 설치할 준비를 마쳤다. 필수 사전 작업 수행 섹션으로 바로 이동하자. 만약 macOS를 사용하고 있다면 다음 섹션을 수행한다.

macOS에서 환경 만들기

Windows VM과 마찬가지로 macOS용 가상화 소프트웨어를 다운로드하고 네트워크 주소를 설정한 후 전원을 켜 정상 작동하는지 확인한 후 다음을 수행한다.

가상화 소프트웨어 다운로드

macOS용 VMware Player는 없다. 유일한 방법은 VMware Fusion 11.x를 사용하는 것이다. 30일 동안 유효한 VMware Fusion의 평가판을 설치해 실습 과정을 진행한다. 이제 시작해보자.

1. https://www.vmware.com/products/fusion/fusion-evaluation.html에서 VMware Fusion 11.x를 다운로드한다.

NOTE

> Oracle VirtualBox를 선호하는 경우 VMware Fusion 대신 사용할 수 있지만 이 책에서는 VirtualBox의 VM에서는 테스트하지 않았다.

2. macOS에 VMware Fusion을 설치한다.

3. VMware Fusion 설치 후 VM이 인터넷에 접근할 수 있도록 네트워크 주소 변환NAT, Network Address Translation vmnet 서브넷을 설정한다.

이제 네트워크 주소를 설정한다. 이 작업을 수행하려면 다음 섹션을 수행한다.

네트워크 주소 설정

네트워크 주소 설정을 위해 다음 단계를 수행한다.

1. macOS에서 커맨드 라인 셸을 열고 다음 명령을 실행한다.

```
$ sudo -i
<비밀번호 입력>

# vi /Library/Preferences/VMware\ Fusion/networking
```

2. 다음과 같이 VMNET_8_ HOSTONY_SUBNET 라인을 수정한다.

```
answer VMNET_8_HOSTONY_SUBNET 192.168.142.0
```

3. 파일을 저장한다.

4. Library/Preference/VMware₩ Fusion/vmnet8/nat.conf 파일을 수정해 VMnet8의 게이트웨이를 수정한다.

```
# vi /Library/Preferences/VMware\ Fusion/vmnet8/nat.conf
```

5. 다음 커멘드 뒤의 ip와 netmask를 변경한다.

```
# NAT gateway address
ip = 192.168.142.2
netmask = 255.255.255.0
```

6. 마지막으로 네트워크를 재시작한다.

```
# cd /Applications/VMware\ Fusion.app/Contents/Library/

# ./vmnet-cli --configure
# ./vmnet-cli --stop
# ./vmnet-cli --start
```

다음으로 최종 점검을 수행해보자.

최종 점검 수행

모두 정상적이고 VM이 준비됐는지 확인하려면 다음 단계를 따른다.

1. 애플의 App Store에서 무료 7z Unarchiver를 설치해 7z 소프트웨어를 다운로드 한다.
2. 이제 https://7362.me/vm.tar.7z에서 기본 VM 이미지를 선택한 폴더로 다운로드 한다.
3. 다운로드한 폴더에서 vm.tar.7z 파일을 선택하고 더블 클릭해 파일을 추출한다(7z 소프트웨어가 실행된다).
4. VM이 추출된 폴더로 이동해 VM을 시작한다. kube01.vmx를 마우스 오른쪽 버튼으로 누른 다음 **Open with VMWare Fusion**을 클릭한다.

5. VM이 시작될 때까지 기다렸다가 정상 상태인지 검사를 수행한다. **Terminal**을 더블 클릭한다.

TIP

> 사용자 이름은 user, 암호는 password다. 루트 암호는 password다.

6. VM에서 인터넷 연결을 테스트한다.

```
$dig +search +noall +answer google.com
```

VMnet8 서브넷이 `192.168.142.0`으로 설정돼 있고 macOS에서 인터넷 접근이 된다면 google.com의 IP 주소를 확인할 수 있다.

이제 쿠버네티스를 설치할 준비가 됐다. 그전에 몇 가지 필수 사전 작업을 수행해보자.

필수 사전 작업 수행

쿠버네티스 설치와 설정을 시작하기 전에 몇 가지 필수 사전 작업이 있다.

1. socat을 설치한다. Helm에서 socat은 Helm 클라이언트와 Tiler 양쪽에 포트 포워딩을 설정하기 위해 사용한다.

```
# yum -y install socat
```

2. /etc/selinux/config에서 `SELINUX=disabled`를 설정하고, 설정을 반영하기 위해 재부팅한다. 재부팅 후 `getenforce`의 출력을 확인한다.

```
# getenforce
Disabled
```

3. 도커 리포지터리를 추가한다.

```
# yum -y install yum-utils
# yum-config-manager --add-repo
https://download.docker.com/linux/centos/docker-ce.repo
```

4. 도커를 설치한다. 쿠버네티스 1.15.6으로 작업할 것이고, 이 릴리즈의 테스트된 도커 버전은 3:18.09.8-3.el7이다.

   도커 cgroup 드라이버를 cggroupfs에서 systemd로 전환한다.

```
# mkdir -p /etc/docker
# cat > /etc/docker/daemon.json <<EOF
{
  "exec-opts": ["native.cgroupdriver=systemd"],
  "log-driver": "json-file",
  "log-opts": {
    "max-size": "100m"
  }, "storage-driver": "overlay2" }
EOF
```

5. yum --showduplicates list docker-ce를 사용해 사용 가능한 버전을 찾을 수 있다.

```
# yum -y install docker-ce-cli-18.09.8-3.el7.x86_64
# yum -y install docker-ce-18.09.8-3.el7.x86_64
# systemctl enable docker
# systemctl start docker
```

6. 선택적으로 별도의 디스크를 구성해 /var/lib/docker를 마운트하고 도커를 재시작할 수 있다.

7. 이제 docker version을 확인한다.

```
# docker version
Client:
 Version: 18.09.8
 API version: 1.39
```

```
  Go version: go1.10.8
  Git commit: 0dd43dd87f
  Built: Wed Jul 17 17:40:31 2019
  OS/Arch: linux/amd64
  Experimental: false

Server: Docker Engine - Community
  Engine:
   Version: 18.09.8
   API version: 1.39 (minimum version 1.12)
   Go version: go1.10.8
   Git commit: 0dd43dd
   Built: Wed Jul 17 17:10:42 2019
   OS/Arch: linux/amd64
   Experimental: false
```

상위 버전이 아닌 도커 18.09.8인지 확인한다.

8. 스토리지 드라이버가 overlay2인지, cgroup 드라이버가 systemd인지 확인한다.

```
# docker info | grep -E "Cgroup|Storage Driver"
Storage Driver: overlay2
Cgroup Driver: systemd
```

이제 다 됐다! VM을 사용해 쿠버네티스를 구축할 준비를 마쳤다. 바로 시작해보자.

VM을 사용해 쿠버네티스 구축

이 실습은 단일 VM을 사용해 마스터 노드, etcd 데이터베이스, Calico와 Helm을 사용하는 포드 네트워크가 있는 쿠버네티스 환경을 구축한다. 다중 노드 클러스터를 구축하려면 참고 자료 섹션을 참조한다.

NOTE

> minikube(https://kubernetes.io/docs/setup/learning-environment/minikube/)를 사용할 수도 있다. 이 실습을 통해 독자만의 쿠버네티스 환경을 만드는 방법을 배워본다.

다음 간단한 단계부터 시작한다.

1. 먼저 쿠버네티스의 iptables를 설정한다.

```
# cat <<EOF > /etc/sysctl.d/k8s.conf
net.ipv4.ip_forward = 1
net.bridge.bridge-nf-call-ip6tables = 1
net.bridge.bridge-nf-call-iptables = 1
EOF

# sysctl --system
```

2. 이제 쿠버네티스 리포지터리에 추가한다.

```
# cat << EOF >/etc/yum.repos.d/kubernetes.repo
[kubernetes]
name=Kubernetes
baseurl=https://packages.cloud.google.com/yum/repos/kubernetes-el7-x86_64
enabled=1
gpgcheck=1
repo_gpgcheck=1
gpgkey=https://packages.cloud.google.com/yum/doc/yum-key.gpg
https://packages.cloud.google.com/yum/doc/rpm-package-key.gpg
EOF
```

완벽하다! 이제 쿠버네티스를 설치하자.

쿠버네티스 설치

집필 시점에서는 쿠버네티스 1.16.0이 최신 버전이다. 특히 디플로이먼트와 StatefulSets의 경우, 일부 Helm 차트 설치 시 문제가 있는 몇 가지 사용되지 않는 API가 있다.

1. 다음 패키지의 사용 가능한 버전을 확인한다.

```
# yum --showduplicates list kubeadm
```

예를 들어 1.15.6-0을 선택한다.

```
# version=1.15.6-0
# yum install -y kubelet-$version kubeadm-$version kubectl-$version
```

2. kubelet을 사용하도록 설정한다.

```
# systemctl enable kubelet
```

3. firewalld을 사용하지 않도록 설정한다.

```
# systemctl disable firewalld
# systemctl stop firewalld
```

firewalld를 사용하려면 방화벽에서 포트를 열어야 한다. 쿠버네티스에 대해 다음을 열어본다.

```
# systemctl enable firewalld
# systemctl start firewalld
# firewall-cmd --zone=public --add-port=6443/tcp --permanent
# firewall-cmd --zone=public --add-port=10250/tcp --permanent
# firewall-cmd --zone=public --add-service=http --permanent
# firewall-cmd --zone=public --add-service=https --permanent
# firewall-cmd --reload
```

4. swap을 사용하지 않도록 설정한다. 쿠버네티스는 스왑 활성화를 권장하지 않는다는 점에 유의한다.

```
# swapoff -a
```

5. 예를 들어 다음과 같이 /etc/fstab에서 스왑 항목을 주석 처리한다.

```
#/dev/mapper/centos-swap swap swap defaults 0 0
```

이제 kubeadm을 실행해본다.

kubeadm 실행

다음 단계를 실행하기 전에 visudo를 실행해 VM 사용자에게 암호 없이 root 명령을 입력할 수 있도록 sudo 권한이 있는지 확인한다. ALL=(ALL) NOPASSWD: ALL 항목이 있어야 한다.

1. 루트에서 로그아웃하기 위해 exit를 입력한다.

```
# exit
```

2. 쿠버네티스 이미지를 가져온다—인터넷 연결이 느릴 경우 시간이 걸릴 수 있다.

```
$ sudo kubeadm config images pull
```

3. 앞의 명령에서 가져온 이미지를 체크한다.

```
$ sudo docker images k8s.gcr.io/*
REPOSITORY                TAG       IMAGE ID       CREATED         SIZE
kube-proxy                v1.15.6   d756327a2327   4 days ago      82.4MB
kube-apiserver            v1.15.6   9f612b9e9bbf   4 days ago      207MB
kube-controller-manager   v1.15.6   83ab61bd43ad   4 days ago      159MB
kube-scheduler            v1.15.6   502e54938456   4 days ago      81.1MB
coredns                   1.3.1     eb516548c180   10 months ago   40.3MB
etcd                      3.3.10    2c4adeb21b4f   11 months ago   258MB
pause                     3.1       da86e6ba6ca1   23 months ago   742kB
```

4. 쿠버네티스 마스터 노드를 구축한다.

```
$ sudo kubeadm init --pod-network-cidr=10.142.0.0/16
```

출력은 다음과 같다.

```
<< removed >>
Your Kubernetes control-plane has initialized successfully!

To start using your cluster, you need to run the following as a
regular user:

  mkdir -p $HOME/.kube
  sudo cp -i /etc/kubernetes/admin.conf $HOME/.kube/config
  sudo chown $(id -u):$(id -g) $HOME/.kube/config

You should now deploy a pod network to the cluster.
Run "kubectl apply -f [podnetwork].yaml" with one of the options
listed at:
https://kubernetes.io/docs/concepts/cluster-administration/addons/

Then you can join any number of worker nodes by running the
following on each as root:
kubeadm join 192.168.142.101:6443 --token 2u0en7.g1igrb2w54g9bts7 \
--discovery-token-ca-cert-hash
sha256:cae7cae0274175d680a683e464e2b5e6e82817dab32c4b476ba9a3224342
27bb
```

kubeadem 토큰 리스트 명령을 사용하면 앞의 토큰을 얻을 수 있다.

5. kubadem join 명령을 사용해 새 토큰을 생성할 수도 있다.

```
# sudo su -
# kubeadm token create --print-join-command

# kubeadm join 192.168.142.101:6443 --token 1denfs.nw73pkobgksk0ej9
--discovery-token-ca-cert-hash
sha256:cae7cae0274175d680a683e464e2b5e6e82817dab32c4b476ba9a3224342
27bb
```

단일 VM을 사용할 예정이므로 앞의 쿠버네티스 토큰은 참조용이다. 다중 노드 쿠버네티스 클러스터가 필요한 경우에는 앞의 토큰 명령이 필요할 것이다.

kubectl 설정

kubectl을 설정하기 위해 다음 단계를 따른다.

1. 쿠버네티스 환경과 통신하기 위한 kubectl CLI 도구를 설정하도록 사용자와 루트로 다음 명령을 실행한다.

```
# exit

$ mkdir -p $HOME/.kube
$ sudo cp -i /etc/kubernetes/admin.conf $HOME/.kube/config
$ sudo chown $(id -u):$(id -g) $HOME/.kube/config
```

2. 쿠버네티스의 버전을 체크한다.

```
$ kubectl version --short
Client Version: v1.15.6
Server Version: v1.15.6
```

3. 노드 테인트를 제거한다 —개체를 설치할 VM이 하나뿐이므로 이 작업이 필요하다.

```
$ kubectl taint nodes --all node-role.kubernetes.io/master-
```

4. 아직 포드 네트워크를 설치하지 않았으므로 노드 상태를 확인하고 준비되지 않았음을 확인한다.

```
$ kubectl get nodes
NAME    STATUS     ROLES    AGE   VERSION
osc01   NotReady   master   95s   v1.15.6
```

kube-system에서 포드 상태를 확인하면 coredns 포드가 보류pending 상태에 있음을 알 수 있다. 아직 포드 네트워크를 설치하지 않았기 때문이다.

5. etcd, kube-appiserver, kube-controller-manager, kube-proxy, kube-scheduler 포드의 READY 상태가 1/1이고 Running 상태인지 확인한다.

```
$ kubectl get pods -A
NAME                             READY   STATUS    RESTARTS   AGE
coredns-bb49df795-lcjvx          0/1     Pending   0          119s
coredns-bb49df795-wqmzb          0/1     Pending   0          119s
etcd-osc01                       1/1     Running   0          80s
kube-apiserver-osc01             1/1     Running   0          60s
kube-controller-manager-osc01    1/1     Running   0          58s
kube-proxy-vprqc                 1/1     Running   0          119s
kube-scheduler-osc01             1/1     Running   0          81s
```

다음으로 포드의 Calico 네트워크를 설치한다.

포드의 Calico 네트워크 설치

먼저 적절한 Calico 버전을 선택하는 것이 중요하다. 자세한 내용은 https://docs.projectcalico.org/v3.10/getting-started/kubernetes/requirements을 참조한다.

1. 여기서는 다음과 같이 쿠버네티스 버전 1.14, 1.15, 1.16으로 Calico 3.10을 테스트했다.

```
$ export POD_CIDR=10.142.0.0/16
$ curl https://docs.projectcalico.org/v3.10/manifests/calico.yaml -O
$ sed -i -e "s?192.168.0.0/16?$POD_CIDR?g" calico.yaml
$ kubectl apply -f calico.yaml
```

네트워크가 느린 경우 Calico 이미지를 가져오는 데 시간이 걸릴 수 있다.

2. 다음을 실행하고 Calico에 대한 도커 이미지를 가져오는지 확인한다.

```
$ sudo docker images calico/*
REPOSITORY                  TAG       IMAGE ID       CREATED        SIZE
calico/node                 v3.10.1   4a88ba569c29   11 days ago    192MB
```

```
calico/cni                  v3.10.1   4f761b4ba7f5   11 days ago   163MB
calico/kube-controllers     v3.10.1   8f87d09ab811   11 days ago   50.6MB
calico/pod2daemon-flexvol   v3.10.1   5b249c03bee8   11 days ago   9.78MB
```

3. 클러스터 상태를 확인하고 모든 포드가 `Running` 중이고 `READY 1/1` 상태가 될 때까지 기다린다.

```
$ kubectl get pods -A
NAME                                      READY STATUS    RESTARTS   AGE
calico-kube-controllers-866db6d5f7-w9mfq  1/1   Running   0          33s
calico-node-mwgzx                         1/1   Running   0          33s
coredns-bb49df795-lcjvx                   1/1   Running   0          4m
coredns-bb49df795-wqmzb                   1/1   Running   0          4m
etcd-osc01                                1/1   Running   0          3m21s
kube-apiserver-osc01                      1/1   Running   0          3m1s
kube-controller-manager-osc01             1/1   Running   0          2m59s
kube-proxy-vprqc                          1/1   Running   0          4m
kube-scheduler-osc01                      1/1   Running   0          3m22s
```

여기서 기본적인 단일 노드 쿠버네티스 클러스터는 현재 실행 중이다.

```
$ kubectl get nodes -o wide
NAME   STATUS  ROLES   AGE   VERSION INTERNAL-IP     EXTERNAL-IP ---
osc01  Ready   master  5m28s v1.15.6 192.168.142.101 <none>      ---


--- OS-IMAGE              KERNEL-VERSION              CONTAINER-RUNTIME
--- CentOS Linux 7 (Core) 3.10.0-957.21.3.el7.x86_64  docker://18.9.8
```

이제 admin 계정을 생성해본다.

admin 계정 생성

admin 계정을 생성하기 위해 다음 단계를 따른다.

1. 먼저, `admin` 서비스 계정을 생성하기 위해 다음의 명령을 실행한다.

```
$ kubectl --namespace kube-system create serviceaccount admin
```

2. 이제 `admin` 서비스 계정에 클러스터 롤 바인딩을 부여하도록 슈퍼유저 권한을 허용한다.

```
$ kubectl create clusterrolebinding admin --serviceaccount=kube-
system:admin --clusterrole=cluster-admin
```

다음 단계에선 클라이언트 머신에 `kubetl`을 설치한다.

클라이언트 머신에 kubectl 설치

이 작업을 위해 기존 VM을 사용할 것이다. 기존 VM에는 이미 `kubectl`과 브라우저를 실행할 수 있는 GUI가 있다.

그러나 쿠버네티스 환경을 관리하기 위해 클라이언트 컴퓨터의 `kubectl`을 사용할 수도 있다. https://kubernetes.io/docs/tasks/tools/install-kubectl/의 프로세스에 따라 클라이언트 컴퓨터(Windows, macOS 또는 Linux)에 kubectel을 설치한다.

최종 점검 수행

모두 잘 됐는지 확인하기 위해 몇 가지 점검을 수행한다.

1. busybox를 설치해 쿠버네티스 배포를 확인하고 검증한다.

```
$ kubectl create -f https://k8s.io/examples/admin/dns/busybox.yaml
```

2. 이제 hostname 배포를 설치한다. 먼저 배포를 생성한다.

```
$ kubectl run hostnames --image=k8s.gcr.io/serve_hostname \
                        --labels=app=hostnames \
                        --port=9376 \
                        --replicas=3
```

3. 다음으로 서비스를 생성한다.

```
$ kubectl expose deployment hostnames --port=80 --target-port=9376
```

4. 마지막으로 클러스터에 대한 상태[sanity] 체크를 수행한다. 다음을 사용해 포드를 체크한다.

```
$ kubectl get pods
NAME     READY  STATUS   RESTARTS  AGE
busybox  1/1    Running  0         13s
```

NOTE

클러스터 테스트에 대한 자세한 내용은 https://kubernetes.io/docs/tasks/debug-application-cluster/debug-service/을 참조한다.

Helm과 Tiller 설치

Helm v3가 릴리즈되면서 Tiller는 필요 없게 됐다. 이 책에서는 Helm 2.x 관련 차트를 사용할 예정이므로 차트가 Helm 3.x로 마이그레이션되기 전까지는 Helm 3.x를 설치하지 않을 것이다.

Tiller와 함께 Helm v2.16.1을 설치해본다. 시작해보자.

1. Tiller는 helm init을 사용해 설치하는 것을 원칙으로 한다.

```
$ curl -s
https://storage.googleapis.com/kubernetes-helm/helm-v2.16.1-linux-amd64.
tar.gz | tar xz
$ cd linux-amd64
$ sudo mv helm /bin
```

2. tiller 서비스 계정을 생성한 후 tiller 서비스 계정에 cluster-admin 역할을 부여한다.

```
$ kubectl -n kube-system create serviceaccount tiller
$ kubectl create clusterrolebinding tiller --clusterrole cluster-admin
--serviceaccount=kube-system:tiller
```

Helm은 보안 없이 설치할 수 있다. 다음 방법 중 하나를 선택할 수 있다.

보안 없이 설치

보안 없이 Helm을 설치하려면(샌드박스 환경에서 실행하기에 이상적이다) 다음 단계를 수행한다.

1. helm을 초기화하고 쿠버네티스에 tiller 서버를 설치한다.

```
$ helm init --service-account tiller
```

2. tiller가 배포될 때까지 기다린다(kubectl get pods -A로 확인할 수 있다).
3. 이제 helm version을 확인한다.

```
$ helm version --short
Client: v2.16.1+gbbdfe5e
Server: v2.16.1+gbbdfe5e
```

보안 없이 Helm을 설치했다면 다음 섹션을 건너뛰고 쿠버네티스 대시보드 설치 섹션으로 바로 이동한다.

TLS로 설치

TLS[Transport Layer Security]로 Helm을 설치(프로덕션에서 실행하기에 이상적이다)하려면 다음 명령을 실행한다.

```
$ curl -LOs
https://github.com/smallstep/cli/releases/download/v0.10.1/step_0.10.1_
linux_amd64.tar.gz

$ tar xvfz step_0.10.1_linux_amd64.tar.gz

$ sudo mv step_0.10.1/bin/step /bin

$ mkdir -p ~/helm
$ cd ~/helm
$ step certificate create --profile root-ca "My iHelm Root CA" root-ca.crt
root-ca.key
$ step certificate create intermediate.io inter.crt inter.key --profile
intermediate-ca --ca ./root-ca.crt --ca-key ./root-ca.key
$ step certificate create helm.io helm.crt helm.key --profile leaf --ca
inter.crt --ca-key inter.key --no-password --insecure --not-after 17520h
$ step certificate bundle root-ca.crt inter.crt ca-chain.crt

$ helm init \
--override 'spec.template.spec.containers[0].command'='{/tiller,--
storage=secret}' \
--tiller-tls --tiller-tls-verify \
--tiller-tls-cert=./helm.crt \
--tiller-tls-key=./helm.key \
--tls-ca-cert=./ca-chain.crt \
--service-account=tiller

$ cd ~/.helm
$ cp ~/helm/helm.crt cert.pem
$ cp ~/helm/helm.key key.pem
$ rm -fr ~/helm ## Copy dir somewhere and protect it.
```

이전 옵션 중 하나를 사용해 Helm 리포지터리를 설치한 후 다음 단계를 수행한다.

1. Helm repo를 업데이트한다.

```
$ helm repo update
```

쿠버네티스 설치에 보안secure helm을 사용하려는 경우, Helm 명령 끝에 -tls를 사용해 Helm과 서버간에 TLS를 사용한다.

2. Helm repo를 나열한다.

```
$ helm repo list
NAME    URL
stable  https://kubernetes-charts.storage.googleapis.com
local   http://127.0.0.1:8879/charts
```

축하한다! Helm를 설치했으며 사용할 준비를 마쳤다. 마지막 단계는 쿠버네티스 대시보드를 설치하는 것이다. 바로 해보자.

쿠버네티스 대시보드 설치

쿠버네티스 대시보드를 설치하려면 다음 단계를 따른다.

1. kubernetes-dashboard Helm 차트를 설치한다.

```
$ helm install stable/kubernetes-dashboard --name k8web --namespace kube-
system --set fullnameOverride="dashboard"
```

NOTE

> 쿠버네티스 설치에 보안(secure) helm을 사용하려는 경우 앞의 명령에 --tls를 추가한다.

2. 쿠버네티스 포드를 확인한다.

```
$ kubectl get pods -n kube-system
NAME      READY STATUS RESTARTS AGE
calico-kube-controllers-866db6d5f7-w9mfq     1/1  Running  0  170m
```

```
calico-node-mwgzx                                1/1  Running  0  170m
coredns-bb49df795-lcjvx                          1/1  Running  0  173m
coredns-bb49df795-wqmzb                          1/1  Running  0  173m
etcd-osc01                                       1/1  Running  0  173m
k8web-kubernetes-dashboard-574d4b5798-hszh5      1/1  Running  0  44s
kube-apiserver-osc01                             1/1  Running  0  172m
kube-controller-manager-osc01                    1/1  Running  0  172m
kube-proxy-vprqc                                 1/1  Running  0  173m
kube-scheduler-osc01                             1/1  Running  0  173m
tiller-deploy-66478cb847-79hmq                   1/1  Running  0  2m24s
```

3. 배포한 Helm 차트를 확인한다.

```
$ helm list
NAME   REVISION  UPDATED                   ---
k8web  1         Mon Sep 30 22:21:01 2019  ---

--- STATUS    CHART                           APP VERSION  NAMESPACE
--- DEPLOYED  kubernetes-dashboard-1.10.0     1.10.1       kube-system
```

4. 대시보드 서비스 이름을 확인한다.

```
$ kubectl get svc -n kube-system
NAME           TYPE       CLUSTER-IP     EXTERNAL-IP  PORT(S)        AGE
dashboard      ClusterIP  10.104.40.19   <none>       443/TCP        2m56s
kube-dns       ClusterIP  10.96.0.10     <none>       53/UDP,53/TCP  176m
tiller-deploy  ClusterIP  10.98.111.98   <none>       44134/TCP      31m
```

5. 노드 IP 주소를 사용해 대시보드를 실행하고자 대시보드 서비스를 `CluserIP`에서 NodePort로 패치할 것이다.

```
$ kubectl -n kube-system patch svc dashboard --type='json' -p
'[{"op":"replace","path":"/spec/type","value":"NodePort"}]'
```

이제 쿠버네티스 대시보드를 실행해 작동하는지 확인해보자.

쿠버네티스 대시보드 실행

이 섹션에서는 설치된 쿠버네티스 대시보드에 접근하는 방법을 살펴본다.

1. 먼저 내부 DNS 서버에 접근할 수 있는지 확인하고 호스트명 IP 주소를 확인한다.

```
$ kubectl exec -it busybox -- cat /etc/resolv.conf

nameserver 10.96.0.10
search default.svc.cluster.local svc.cluster.local cluster.local
servicemesh.local
options ndots:5
```

2. 내부 서비스 이름을 확인한다.

```
$ kubectl exec -it busybox -- nslookup kube-dns.kube-
system.svc.cluster.local
Server:    10.96.0.10
Address 1: 10.96.0.10 kube-dns.kube-system.svc.cluster.local

Name:      kube-dns.kube-system.svc.cluster.local
Address 1: 10.96.0.10 kube-dns.kube-system.svc.cluster.local

$ kubectl exec -it busybox -- nslookup
hostnames.default.svc.cluster.local
Server:    10.96.0.10
Address 1: 10.96.0.10 kube-dns.kube-system.svc.cluster.local

Name:      hostnames.default.svc.cluster.local
Address 1: 10.98.229.90 hostnames.default.svc.cluster.local
```

3. VM의 /etc/resolv.conf 파일을 편집해 쿠버네티스 DNS 서버를 추가한다.

```
$ sudo vi /etc/resolv.conf
```

4. 쿠버네티스 서비스의 이름 확인을 위해 다음 두 줄을 추가하고 파일을 저장한다.

```
search cluster.local
nameserver 10.96.0.10
```

다음으로 어떻게 쿠버네티스 환경에 접근할 수 있는지 살펴보자.

인증 토큰 얻기

쿠버네티스 환경에 원격으로 접근해야 하는 경우 다음 단계를 따른다.

1. 클라이언트 컴퓨터에 ~/.kube 디렉토리를 생성한 다음, 쿠버네티스 마스터의 ~/.kube/config 파일을 ~/.kube 디렉토리로 SCP(Secure Copy의 줄임말)한다.
2. 쿠버네티스 마스터 노드에서 다음을 실행한다.

```
$ kubectl -n kube-system describe secret $(kubectl -n kube-system
get secret | grep admin | awk '{print $1}')
```

출력은 다음과 같다.

```
Name:         admin-token-2f4z8
Namespace:    kube-system
Labels:       <none>
Annotations: kubernetes.io/service-account.name: admin
              kubernetes.io/service-account.uid: 81b744c4-
ab0b-11e9-9823-00505632f6a0
Type:         kubernetes.io/service-account-token
Data
====
ca.crt:       1025 bytes
namespace:    11 bytes
token:
eyJhbGciOiJSUzI1NiIsImtpZCI6IiJ9.eyJpc3MiOiJrdWJlcm5ldGVzL3NlcnZpY2
VhY2NvdW50Iiwia3ViZXJuZXRlcy5pby9zZXJ2aWNlYWNjb3VudC9uYW1lc3BhY2UiOiJrdWJl
LXN5c3RlbSIsImt1YmVybmV0ZXMuaW8vc2VydmljZWFjY291bnQvc2VjcmV0Lm5hbWUiOiJhZ
G1pbi10b2tlbi0yZjR6OCIsImt1YmVybmV0ZXMuaW8vc2VydmljZWFjY291bnQvc2VydmljZS1
hY2NvdW50Lm5hbWUiOiJhZG1pbiIsImt1YmVybmV0ZXMuaW8vc2VydmljZWFjY291bnQvc2Vyd
```

```
mljZS1hY2NvdW50LnVpZCI6IjgxYjc0NGM0LWFiMGItMTFlOS05ODIzLTAwNTA1NjMyZjZhMCIs
InN1YiI6InN5c3RlbTpzZXJ2aWNlYWNjb3VudDprdWJlLXN5c3RlbTphZG1pbiJ9.iaWllI4XHQ
9UQQHwXQRaafW7pSD6EpNJ_rEaFqkd5qwedxgJodD9MJ90ujlZx4UtvUt2rTURHsJR-
qdbFoUEVbE3CcrfwGkngYFrnU6xjwO3KydndyhLb6v6DKdUH3uQdMnu4V1RVYBCq2Q1bOsejsgN
UIxJw1R8N7eUpIte64qUfGYtrFT_NBTnA9nEZPfPAiSlBBXbC0ZSBKXzqOD4veCXsqlc0yy5oXH
OoMjROm-<<REDACTED>>
```

3. 화면에서 인증 토큰을 강조 표시highlight하고 마우스 오른쪽 버튼을 클릭해 클립보드에 복사한다.

4. 대시보드 서비스의 노드 포트를 찾는다.

```
$ kubectl get svc -n kube-system
NAME           TYPE       CLUSTER-IP     EXTERNAL-IP  PORT(S)        AGE
dashboard      NodePort   10.102.12.203  <none>       443:31869/TCP  2m7s
kube-dns       ClusterIP  10.96.0.10     <none>       53/UDP,53/TCP  7m34s
tiller-deploy  ClusterIP  10.109.36.64   <none>       44134/TCP      3m13s
```

5. VM의 데스크톱에서 구글 Chrome을 더블 클릭하고 https://localhost:31869를 실행한 후 출력값과 일치하도록 포트 번호를 변경한다.

6. 클립보드에서 토큰을 붙여 넣는다.

   현재 사용할 수 있는 쿠버네티스 1.15.6 단일 노드 환경이 있다.

7. kube-proxy가 정상적인지 확인한다. 호스트명에는 다음 두 항목이 있어야 한다.

```
$ sudo iptables-save | grep hostnames
-A KUBE-SERVICES ! -s 10.142.0.0/16 -d 10.98.229.90/32 -p tcp -m comment --
comment "default/hostnames: cluster IP" -m tcp --dport 80 -j KUBE-MARK-MASQ
-A KUBE-SERVICES -d 10.98.229.90/32 -p tcp -m comment --comment
"default/hostnames: cluster IP" -m tcp --dport 80 -j KUBE-SVC-
NWV5X2332I4OT4T3
```

축하한다! 모든 준비를 마쳤다. 이제 커맨드 라인을 통해 kubectl 명령을 입력하기보다는 쿠버네티스 대시보드를 통해 탐색explore하고 객체를 탐색navigate할 때가 됐다.

쿠버네티스 대시보드 탐색

VM에 구축된 쿠버네티스 환경은 단일 마스터 노드에 Helm과 쿠버네티스 대시보드만 있는 매우 기초적인 환경이다. 실습을 위해 쿠버네티스 환경을 사용해 먼저 대시보드를 시작한 후 다양한 기능을 살펴본다. 다음 단계를 수행한다.

1. VM에서 커맨드 라인 창을 열고 쿠버네티스 대시보드 서비스의 노드 포트를 찾는다.

```
$ DASHPORT=$(kubectl -n kube-system get svc dashboard -o
jsonpath={.spec.ports[*].nodePort}) ; echo $DASHPORT
32296
```

   이 경우 노드 포트는 32296이다. 노드 포트는 다를 수 있다.

2. VM에서 Chrome 브라우저를 열고 https://localhost:32296을 방문해 노드 포트를 사용자 환경값으로 바꾼다.

3. Chrome 브라우저가 인증서에 대해 경고할 것이다.

   Advanced를 클릭하고 Proceed to localhost (unsafe)을 클릭한다.

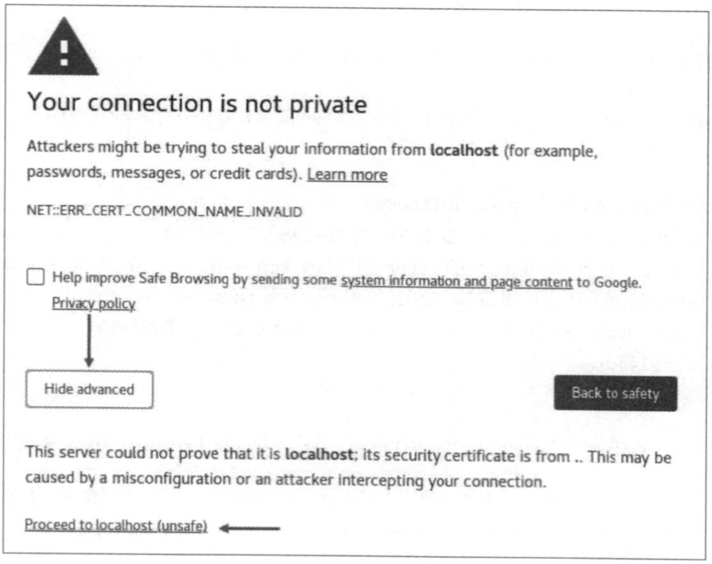

4. kubeconfig 파일이나 인증 토큰을 선택할 수 있다. Token을 선택한다.

TIP

> admin 서비스 계정 보안을 보면 인증 토큰을 얻을 수 있다. 쿠버네티스 환경을 구축할 때 admin 서비스 계정을 생성하고 여기에 cluster-admin 권한을 부여했다.

5. 다음 명령을 실행해 VM의 admin 서비스 계정과 연결된 인증 토큰을 가져온다.

```
$ kubectl -n kube-system describe secret $(kubectl -n kube-system \
get secret | grep admin | awk '{print $1}')
```

앞의 명령어 출력은 토큰의 값이 표시되며 이 값은 매우 긴 문자열일 것이다.

6. 문자열을 선택하고 VM의 클립보드에 복사한다.

7. 웹 UI로 다시 전환해 입력 필드에 토큰을 붙여 넣는다. SIGN IN을 클릭한다.

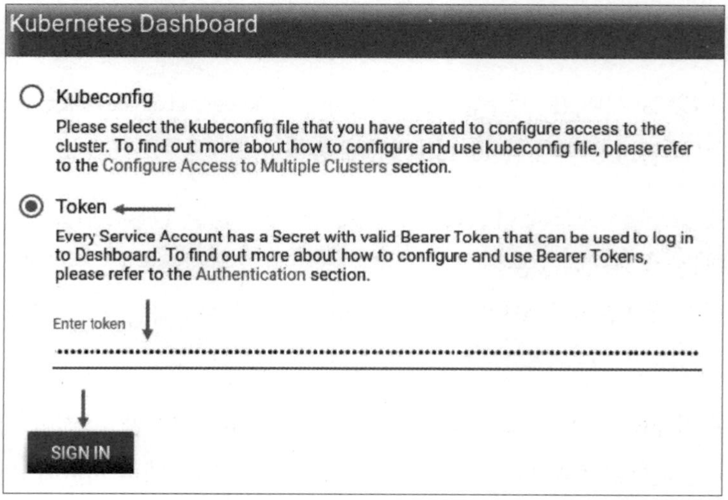

이제 쿠버네티스 대시보드 기능을 살펴보고 네임스페이스, 워크로드, 디스커버리, 로드 밸런싱, 구성, 스토리지와 같은 다양한 개체로 이동한다. 이제 해보자!

1. **Namespace** 섹션에서 기본 네임스페이스를 선택한다.
2. Workloads 아래 왼쪽 메뉴에서 **Pods**를 클릭하면 VM 빌드 지침을 수행할 때 생성한 busybox 포드가 나타난다.
3. busybox 포드를 클릭한다. 상단 메뉴 모음에는 Exec, Logs, Edit, Delete 옵션이 표시된다.
4. **EXEC**를 클릭한다. 커맨드 라인 내장 셸이 다른 브라우저 탭에서 열린다. 포드 안에서 명령을 실행할 수 있다.
5. 다음 명령을 실행해 쿠버네티스 DNS 서버의 DNS 이름과 IP 주소를 확인한다.

```
# nslookup kubernetes.default.svc.cluster.local

Server: 10.96.0.10
Address 1: 10.96.0.10 kube-dns.kube-system.svc.cluster.local
Name: kubernetes.default.svc.cluster.local
Address 1: 10.96.0.1 kubernetes.default.svc.cluster.local
```

쿠버네티스 DNS 서버 IP 주소는 `10.96.0.10`이며, `kubernetes.default.svc.cluster.local` 서비스 이름의 IP 주소는 `10.96.0.1`임에 유의한다.

이는 쿠버네티스 대시보드의 다양한 사용 사례 중 하나에 불과하다. 단일 VM 쿠버네티스 클러스터는 이 책으로 충분하다. 실제로는 레드햇 오픈시프트 등 프로바이더가 구축한 쿠버네티스 배포판이나 AWS, GCP, Azure 등 클라우드 서비스 프로바이더를 활용해야 한다.

기본적인 쿠버네티스 클러스터를 자체적으로 구축하기는 쉽지만, 완전한 기능을 갖춘 엔터프라이즈 프로덕션에 가능한 환경을 개발하고 유지하는 데는 시간이 많이 걸린다. 이러한 경우에는 퍼블릭 클라우드를 사용하거나 레드햇 오픈시프트 구독을 비즈니스 요구에 맞춰 사용하는 것이 가장 좋다. 레드햇은 개발자 친화적이며, 레드햇 오픈시프트의 동력이 되는 https://okd.io에서 쿠버네티스의 무료 오픈 커뮤니티 배포판을 이용할 수 있다.

TIP

> 쿠버네티스를 업데이트하자! https://kubernetes.io/docs/setup/release/을 방문하면 최신 버전을 확인할 수 있다.

추가 단계

다음 단계는 선택 사항이고 권장하지는 않으나 원한다면 시도해볼 수 있다. 이 섹션에서는 Metrics 서버, VMware 옥탄트, Prometeus, Grafana를 설치하는 방법을 알아본다. 그다음 VM의 전원을 끄고 다시 시작해 다음 장에서 실제 실습을 수행할 준비를 한다.

Metrics 서버 설치

kubectl 명령을 실행해 메트릭을 보려면 Metrics 서버가 필요하다.

```
$ helm install stable/metrics-server --name metrics --namespace kube-system
--set fullnameOverride="metrics" --set args="{--logtostderr,--kubelet-
insecure-tls,--kubelet-preferred-address-types=InternalIP\,ExternalIP\,
Hostname}"
```

Metrics 서버를 설치하기 위해 다음 단계를 따른다.

1. v1beta1.metrics.k8s.io 서비스를 사용할 수 있는지 확인한다.

```
$ kubectl get apiservice v1beta1.metrics.k8s.io
NAME                    SERVICE              AVAILABLE AGE
v1beta1.metrics.k8s.io  kube-system/metrics  True      13m
```

서비스에 FailedDiscoveryCheck 또는 MissingEndpoints가 표시되는 경우 방화벽 문제일 수 있다. 방화벽에 HTTPS를 사용하도록 설정돼 있는지 확인한다.

AVAILABLE 열에 `False(MissingEndpoints)`가 표시되면 엔드포인트를 사용할 수 있을 때까지 기다린다. 앞의 명령을 다시 시도하고 `v1beta1.metrics.k8s.io` API 서비스에 대해 AVAILABLE 열에 `True`가 표시되는지 확인한다.

2. 다음을 실행한다.

```
$ kubectl get --raw "/apis/metrics.k8s.io/v1beta1/nodes"
```

잠시 기다린 후 `kubectl top nodes`나 `kubectl top pods-A` 명령을 실행해 출력값을 확인한다.

VMWare 옥탄트 설치

VMware는 쿠버네티스 대시보드의 대안으로 옥탄트[Octant]를 제공한다.

Windows, macOS, Linux에 옥탄트를 설치할 수 있으며 쿠버네티스 대시보드의 간편한 대안이 될 수 있다. 옥탄트 설치에 대한 자세한 내용은 https://github.com/vmware/octant을 참조한다.

Prometheus와 Grafana 설치

VM에 추가로 차트를 배포할 리소스가 충분하지 않은 경우 이는 선택 사항이다.

1. 다음 명령을 사용해 Prometheus를 설치한다.

```
$ helm install stable/prometheus-operator --namespace monitoring --name mon
Note: add --tls above if using secure helm
```

2. 모니터링 포드를 확인한다.

```
$ kubectl -n monitoring get pods
NAME                                              READY STATUS    RESTARTS   AGE
```

```
alertmanager-mon-alertmanager-0              2/2   Running  0         28s
mon-grafana-75954bf666-jgnkd                 2/2   Running  0         33s
mon-kube-state-metrics-ff5d6c45b-s68np       1/1   Running  0         33s
mon-operator-6b95cf776f-tqdp8                1/1   Running  0         33s
mon-prometheus-node-exporter-9mdhr           1/1   Running  0         33s
prometheus-mon-prometheus-0                  3/3   Running  1         18s
```

3. 서비스를 확인한다.

```
$ kubectl -n monitoring get svc
NAME                                  TYPE       CLUSTER-IP     ---
alertmanager-operated                 ClusterIP  None           ---
mon-grafana                           ClusterIP  10.98.241.51   ---
mon-kube-state-metrics                ClusterIP  10.111.186.181 ---
mon-prometheus-node-exporter          ClusterIP  10.108.189.227 ---
mon-prometheus-operator-alertmanager  ClusterIP  10.106.154.135 ---
mon-prometheus-operator-operator      ClusterIP  10.110.132.10  ---
mon-prometheus-operator-prometheus    ClusterIP  10.106.118.107 ---
prometheus-operated                   ClusterIP  None           ---

--- EXTERNAL-IP  PORT(S)            AGE
--- <none>       9093/TCP,6783/TCP  19s
--- <none>       80/TCP             23s
--- <none>       8080/TCP           23s
--- <none>       9100/TCP           23s
--- <none>       9093/TCP           23s
--- <none>       8080/TCP           23s
--- <none>       9090/TCP           23s
--- <none>       9090/TCP           9s
```

Grafana UI는 `mon-grafana` 서비스의 http://10.98.241.51을 사용해 열 수 있다. IP 주소는 다를 수 있다.

4. `mon-grafana`에 대해 클러스터 IP 주소를 사용하는 대신 VM의 로컬 IP 주소를 사용하도록 노드 포트를 구성할 수도 있다.

```
$ kubectl get svc -n monitoring mon-grafana
NAME         TYPE       CLUSTER-IP     EXTERNAL-IP  PORT(S)  AGE
mon-grafana  ClusterIP  10.105.49.113  <none>       80/TCP   95s
```

5. kubectl edit svc -n mon-grafana 실행해 서비스를 수정하고 ClusterIP를 NodePort로 변경한다.

6. mon-grafana 서비스에 대한 NodePort를 확인한다.

```
$ kubectl get svc -n monitoring mon-grafana
NAME         TYPE      CLUSTER-IP     EXTERNAL-IP  PORT(S)       AGE
mon-grafana  NodePort  10.105.49.113  <none>       80:32620/TCP  3m15s
```

Grafana UI는 http://localhost:32620로 열 수 있으며 노드 포트는 독자마다 다를 수 있다.

기본 사용자 ID는 admin이고 암호는 prom-operator다. 이는 kubectl -n monitoring get secret mon-grafana -o yaml을 통해 확인할 수 있으며, admin-user와 admin-password 시크릿secret의 인코딩된 값에 대해 base64 -d를 실행한다.

앞에서 설명한 노드 포트 방법 또는 kubectl port-forward를 사용해 Prometheus UI를 열 수도 있다. 이렇게 하려면 다른 커맨드 라인 창을 열어 Prometheus 포드의 포트를 원래 로컬 호스트 터미널로 프록시 처리한다.

```
$ kubectl port-forward -n monitoring prometheus-mon-prometheus-operator-
prometheus-0 9090
```

NOTE

http://localhost:9090을 열어 Prometheus UI를 연다. 알람을 위해 http:///localhost:9090/alert을 연다.

VM에서 리소스를 확보해야 한다면 다음 클린업clean-up 절차를 사용해 Prometheus를 삭제한다.

```
$ helm delete mon --purge
$ helm delete ns monitoring
$ kubectl -n kube-system delete crd \
          alertmanagers.monitoring.coreos.com \
```

```
        podmonitors.monitoring.coreos.com \
        prometheuses.monitoring.coreos.com \
        prometheusrules.monitoring.coreos.com \
        servicemonitors.monitoring.coreos.com
```

NOTE

보안(secure) Helm을 사용하는 경우 앞의 명령에 --tls를 추가한다.

쿠버네티스와 도커 제거

앞에서 쿠버네티스를 설치하고 설정하는 방법을 배웠다. 하지만 만약 쿠버네티스를 제거해야 한다면 다음 단계를 수행하면 된다.

1. kubectl get node를 사용해 노드 이름을 찾아낸다.

```
$ kubectl drain <node name> --delete-local-data --force --ignore-daemonsets
$ kubectl delete node <node name>
```

2. kubeadm을 제거한다.

```
$ sudo systemctl stop kubelet
$ sudo kubeadm reset
$ sudo iptables -F && iptables -t nat -F && iptables -t mangle -F &&
iptables -X
$ sudo yum -y remove kubeadm kubectl kubelet kubernetes-cni kube*

$ rm -fr ~/.kube
```

3. 도커와 이미지를 제거한다.

```
$ sudo su -
# docker rm -f $(docker ps -qa)
# docker volume rm $(docker volume ls -q)
```

```
# docker rmi $(docker images -q)
# systemctl stop docker
# rm -fr /var/lib/docker/*
# yum -y remove docker-ce docker-ce-cli
cleanupdirs="/var/lib/etcd /etc/kubernetes /etc/cni /opt/cni /var/lib/cni
/var/run/calico /var/lib/kubelet"
for dir in $cleanupdirs; do
  echo "Removing $dir"
  rm -rf $dir
done
```

마지막으로 VM의 전원을 켜고 끄는 방법을 알아본다.

VM의 전원 켜기/끄기

VM의 전원을 끄려면 다음 단계를 수행한다.

1. **Player > Power > Shutdown Guest**를 클릭한다.

NOTE

> 쿠버네티스 환경을 설치한 후에 디렉토리를 백업해두면 좋다. 필요한 경우 백업에서 VM을 복원해 다시 시작한다.

디렉토리의 파일은 다음과 같이 표시될 수 있다(Windows에서 실행되는 Git Bash를 사용).

```
$ ls -lh
total 7.3G
-rw-r--r-- 1 user 197609 2.1G Jul 21 09:44 dockerbackend.vmdk
-rw-r--r-- 1 user 197609 8.5K Jul 21 09:44 kube01.nvram
-rw-r--r-- 1 user 197609    0 Jul 20 16:34 kube01.vmsd
-rw-r--r-- 1 user 197609 3.5K Jul 21 09:44 kube01.vmx
-rw-r--r-- 1 user 197609  261 Jul 21 08:58 kube01.vmxf
-rw-r--r-- 1 user 197609 5.2G Jul 21 09:44 osdisk.vmdk
-rw-r--r-- 1 user 197609 277K Jul 21 09:44 vmware.log
```

2. 나중에 사용할 백업 드라이브에 앞의 디렉토리를 복사한다.

VM의 전원을 켜려면 다음 단계를 수행한다.

1. kube01.vmx를 찾아 VMwarePlayer 또는 VMware WorkStation을 사용해 마우스 오른쪽 버튼으로 클릭해 연다.
2. 터미널을 열고 `kubectl get pods -A`를 실행한 후 모든 포드가 준비되고 실행될 때까지 기다린다.

이는 단일 VM을 사용하는 아주 기본적인 쿠버네티스 클러스터로 학습 목적에 적합하다. 실제로는 레드햇 오픈시프트나 IBM Cloud Private와 같은 프로바이더가 구축한 쿠버네티스 배포판이나 AWS, 구글 또는 Azure와 같은 퍼블릭 클라우드 프로바이더를 사용해야 한다는 점을 기억한다.

TIP

> 쿠버네티스를 업데이트하자! https://kubernetes.io/docs/setup/release/을 방문하면 최신 버전을 확인할 수 있다.

요약

이 장에서는 Helm과 쿠버네티스 대시보드를 사용해 처음부터 쿠버네티스 환경을 구축하는 방법을 배웠다. 쿠버네티스를 가르치는 책은 아니지만 Windows 또는 macOS에서 단일 VM 쿠버네티스 환경을 구축하는 경우 유용할 수 있다. 이렇게 하면 서비스 메시를 학습하기 위해 퍼블릭 클라우드에서 컴퓨팅 인스턴스를 가동하는 데 비용을 들일 필요가 없다. 이러한 환경은 다음 섹션에서 다양한 서비스 메시 아키텍처를 실습하는 데 도움이 될 것이다.

이제 다음과 같은 3가지 주요 서비스 메시 아키텍처(Istio, Consul, Linkerd)를 탐색하는 여정을 시작한다. 다음 장에서는 Istio의 아키텍처를 배워본다.

문제

1. 다음 중 쿠버네티스 플랫폼이 아닌 것은?

    A) 아파치 메소스

    B) 레드햇 오픈시프트

    C) Origin Community Distribution(OKD)

2. 쿠버네티스는 애플리케이션을 배포하기 위해 클라우드에서만 가능하다.

    A) 참

    B) 거짓

3. 쿠버네티스 클러스터에 기존 컨테이너화된 애플리케이션을 배포할 수 있다.

    A) 참

    B) 거짓

4. 쿠버네티스 서비스를 통해 쿠버네티스 클러스터 외부에서 실행되는 모놀리식 애플리케이션에 접근할 수 있다.

    A) 참

    B) 거짓

5. Windows 또는 macOS 컴퓨터에 쿠버네티스 클러스터를 구축하는 것은 아주 복잡하다.

    A) 참

    B) 거짓

참고 자료

- *Build Your Own Multi-Node Kubernetes Cluster With Monitoring*, Qadri, Syed Salman, 2019: https://medium.com/@salqadri/build-your-own-multi-node-kubernetes-cluster-with-monitoring-346a7e2ef6e2
- DMTN-071: *Kubernetes Installation*, Pietrowicz, Stephen, Dmtn-071.Lsst.Io, 2018, https://dmtn-071.lsst.io/
- *Kubernetes/Kubernetes*, GitHub, 2019: https://github.com/kubernetes/kubernetes

4부

예제를 통한 Istio 학습

서비스 메시 기능을 살펴보기 위해 매우 인기 있으며 커뮤니티가 주도하는 오픈소스 프로젝트인 Istio부터 시작한다. 이 섹션에서는 실습 예제를 통해 Istio 서비스 메시를 배우며 이를 통해 마이크로서비스를 안전하게 연결하고 모니터링할 수 있다.

이 섹션은 다음과 같은 장으로 구성된다.

- 7장, Istio 서비스 메시 이해
- 8장, 데모 애플리케이션 설치
- 9장, Istio 설치
- 10장, Istio 트래픽 관리 살펴보기
- 11장, Istio 보안 기능 살펴보기
- 12장, Istio 정책 제어 활성화
- 13장, Istio 텔레메트리 기능 살펴보기

07

Istio 서비스 메시 이해

Istio는 마이크로서비스와 함께 사이드카 프록시로 엔보이를 주입inject해 동작하는 최초의 서비스 메시 구현체다. 사이드카는 서비스의 모든 트래픽을 가로채며 단순한 L3/L4 네트워크보다 더 지능적으로 처리한다. 사이드카의 메시는 각 마이크로서비스가 자체 사이드카를 프록시로 갖는 데이터 플레인을 구성한다. 컨트롤 플레인은 일련의 중앙 컴포넌트를 통해 사이드카 작업을 관리하고 조정한다. 전체적으로 서비스 메시는 서비스 간 통신을 처리하기 위한 애플리케이션의 상위 추상 레이어다.

이 장에서는 Istio의 특징과 기능을 살펴보기 위해 컨트롤 플레인의 관점에서 Istio의 아키텍처를 이해한다. 정책과 구성을 통해 데이터 플레인에서 컨트롤 플레인이 실행되는 프록시를 관리하는 방법을 살펴본다. 이 장을 마치면 Istio를 잘 이해하게 될 것이며 다음 장에서 실습을 수행하는 데 많은 도움이 될 것이다.

이 장에서는 다음 주제를 다룬다.

- 컨트롤 플레인

- 데이터 플레인
- 관찰성Observability 기능

기술적 요구 사항

이 장의 실습을 완료하려면 쿠버네티스 환경을 설정하고 실행해야 한다. 이 작업에 대한 지침은 6장을 참조한다.

이 장의 코드 파일은 https://github.com/servicemeshbook/istio/에서 찾을 수 있다.

Istio 서비스 메시 소개

Istio의 여정은 2017년 5월 첫 알파 릴리즈 0.1로 시작됐다. Istio의 프로덕션 수준 1.0의 릴리즈는 2018년 7월이다. 시작 이후 80개 이상의 Istio 릴리즈가 게시됐으며 트렌디한 오픈소스 프로젝트의 역동성을 보여주고 있다. 집필 시점에 가장 인기 있는 서비스 메시 프레임워크로 1만8000개 이상의 스타, 3000개 이상의 포크, 전 세계 100개 이상의 기업이 기여하고 있으며 11개의 활발한 개발자 커뮤니티가 있다.

서비스 메시 개념이 나오기 전, 넷플릭스의 Hystrix(https://github.com/Netflix/Hystrix)나 트위터의 Finagle(https://github.com/twitter/finagle) 같은 라이브러리가 자바 기반의 프로그램으로 인기가 많았다. 그 후 사이드카 프록시로 다이나믹dynamics을 변경시키고 언어에 구애받지 않는 분리된 구현을 제공한 Lyft의 엔보이(https://github.com/envoyproxy/envoy)가 등장했다.

Istio 프로젝트는 http://istio.io에 커뮤니티가 있다. Istio는 포괄적인 서비스 메시 기능을 제공하는 기능이 매우 다양한 프레임워크다.

Istio는 처음에 IBM, 구글, Lyft에서 각기 다른 기술로 시작했다(자세한 내용은 https://github.com/istio/community#istio-authors를 참조한다).

- IBM의 연구 프로젝트인 algam8(Rothert)은 트래픽 라우팅을 통합한 프로그래밍 가능한 컨트롤 플레인을 제공한다. 컨트롤 플레인은 블루/그린 테스트, 카나리아 릴리즈 및 장애에 대한 서비스의 복원력 테스트를 지원한다.
- 구글은 속도 제한, 인증, ACL에 대한 정책을 가진 프로그래밍 가능한 컨트롤 플레인을 제공한다. 컨트롤 플레인은 다양한 서비스와 프록시에서 텔레메트리 데이터를 수집한다.
- Lyft는 마이크로서비스를 위한 사이드카인 엔보이(https://envoyproxy.io)를 제공했다. 엔보이는 CNCF에서 지원을 중단한 프로젝트다.

이제 Istio의 아키텍처를 살펴보자.

Istio의 아키텍처

서비스 메시를 논의하다 보면 L4/L5나 L7 레이어를 보게 된다. 이러한 용어는 OSIOpen System Interconnect 모델(https://tinyurl.com/y4g7zuce)에서 나온 것으로, 다음과 같이 통신을 위한 7가지 유형의 레이어가 있음을 설명한다.

- 레이어 1: 물리 레이어Physical Layer
- 레이어 2: 데이터 링크 레이어Data Link Layer
- 레이어 3: 네트워크 레이어Network Layer
- 레이어 4: 전송 레이어Transport Layer
- 레이어 5: 세션 레이어Session Layer
- 레이어 6: 표현 레이어Presentation Layer
- 레이어 7: 애플리케이션 레이어Application Layer

서비스 메시는 OSI 모델의 레이어7에서 마이크로서비스 간의 트래픽을 관리한다.

전반적으로 서비스 메시는 서비스 간 통신을 처리하기 위한 인프라다. 이 장에서는 컨트롤 플레인과 데이터 플레인에 대한 높은 수준의 개요를 설명한다.

컨트롤 플레인과 데이터 플레인을 이해해보자. 컨트롤 플레인과 데이터 플레인이라는 용어는 처음에는 소프트웨어 정의 네트워크에서 사용됐다. 라우터와 스위치는 플레인이라는 개념 모델을 사용한다. 컨트롤 플레인을 네트워크의 두뇌(데이터 변경 및 필터링)로, 데이터 플레인을 네트워크 트래픽이 통과하는 장치(트래픽 전달)로 생각할 수 있다. 예를 들어 몇 년 전에 자체 소프트웨어와 함께 제공된 라우터를 구입했다고 가정해보자. 나중에 하드웨어를 변경하지 않고도 소프트웨어를 업그레이드할 수 있음을 알게 됐다. 소프트웨어는 컨트롤 플레인이고, 물리적 장치는 데이터 플레인 또는 포워딩 플레인이다.

프록시가 서비스 간 통신을 처리하는 서비스 메시 아키텍처에도 동일한 개념이 적용된다. 컨트롤 플레인은 정책과 구성을 통해 데이터 플레인에서 실행되는 프록시를 관리한다. 이를 다음 다이어그램으로 나타냈다.

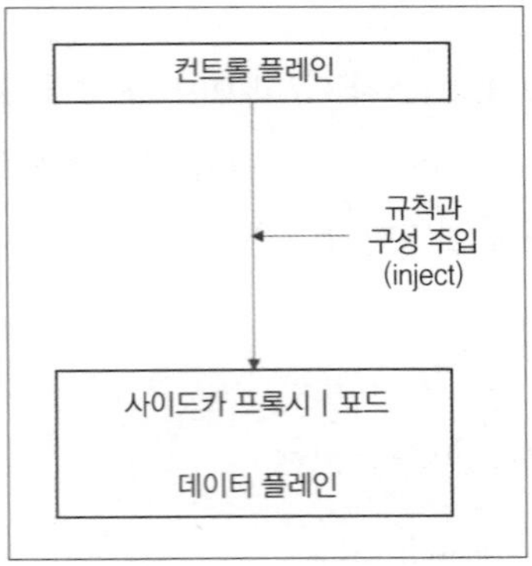

이 두 가지 추상 컴포넌트는 다음 다이어그램과 같이 기본적으로 Istio의 아키텍처를 정의한다.

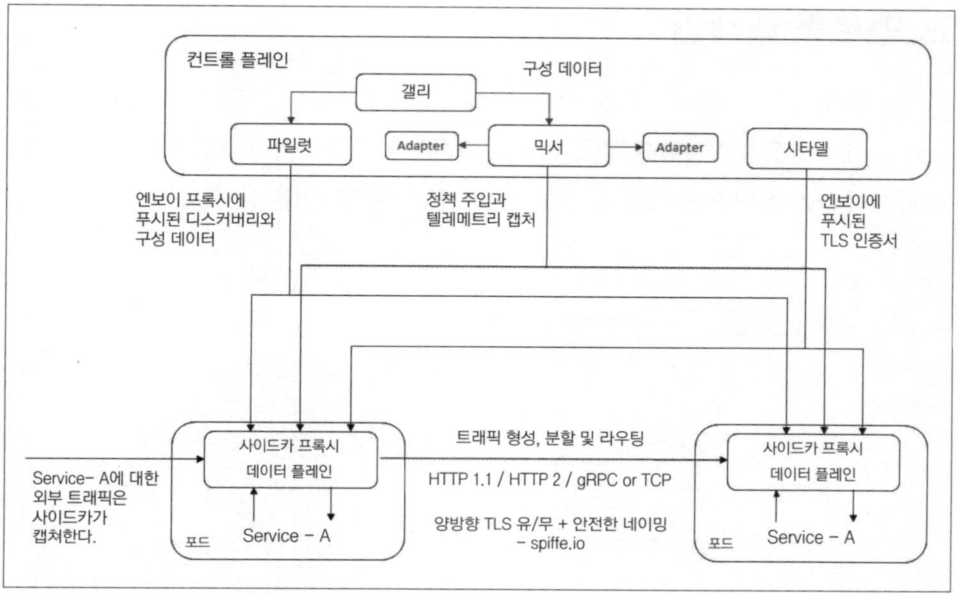

Istio는 엔보이 프록시의 확장 버전을 사용한다. 엔보이는 배틀 테스트battle test를 거쳤고, 고성능이며 지연 시간이 짧은 독립된 컴포넌트다. 트래픽의 상태shape, 이동shift, 분할split, 라우트route를 수집하고 모든 서비스 호출에 대한 텔레메트리를 수집한다. HTTP/1.1, HTTP/2, gRPC, TCP와 같은 여러 프로토콜에 대한 L3 레이어와 L4 레이어의 바이트 인byte-in과 바이트 아웃byte-out 데이터를 필터링할 수 있다.

프록시는 서비스와 클라이언트 간의 호출을 가로채는 사이드카 프록시로서 모든 서비스 포드와 함께 배포된다. 엔보이는 라이브러리가 아니라 프록싱하는 마이크로서비스와 독립적으로 업데이트할 수 있는 별도의 컨테이너다.

이제 Istio의 서비스 메시 개념을 이해하기 위해 컨트롤 플레인과 데이터 플레인을 살펴보자.

컨트롤 플레인

컨트롤 플레인Control plain의 목적은 서비스 메시로서 실행되는 모든 데이터 플레인에 정책과 구성을 설정하는 것이다. 3장, '서비스 메시 아키텍처'에서 언급했듯 이상적인 서비스 메시는 ORASTAR 원칙을 따라야 한다. 다음 다이어그램을 살펴보자.

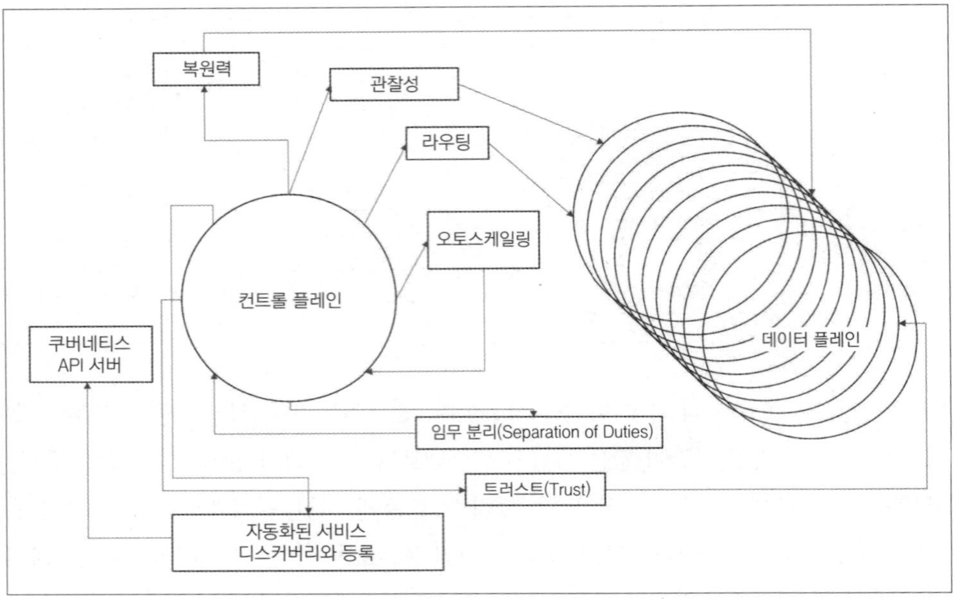

앞의 다이어그램에서 ORASTAR 원칙을 만족하는 컨트롤 플레인이 쿠버네티스 마스터 노드에 있음을 알 수 있다. 테인트taint와 톨러레이션toleration을 사용해 컨트롤 플레인 노드를 전용 노드 집합으로 제한해 컨트롤 플레인을 실행할 수 있다. 워커worker 노드에서 실행되는 사이드카 프록시 애플리케이션이 있는 마이크로서비스는 데이터 플레인을 구성한다. 컨트롤 플레인은 사이드카 프록시가 있는 데이터 플레인의 포드 집합과 통신하는 포드 집합이다.

때로는 서비스 메시가 엔보이나 Linkerd와 같은 사이드카 프록시 메시로 여겨지기도 하며, 마이크로서비스와 나란히 실행된다. 메시가 데이터 플레인에 구성되기에 개념적으로 이는 사실이다. 컨트롤 플레인은 사이드카 프록시 외에도 더 많은 관리 기능을 제공한다.

Istio의 컨트롤 플레인에는 4개의 주요 컴포넌트가 있다.

- 파일럿Pilot
- 믹서Mixer
- 갤리Galley
- 시타델Citadel

Istio의 컨트롤 플레인은 애플리케이션 컴포넌트나 서비스의 사이드카 프록시로 생성된 데이터 플레인을 관리하는 허브와 스포크 아키텍처와 동일하다.

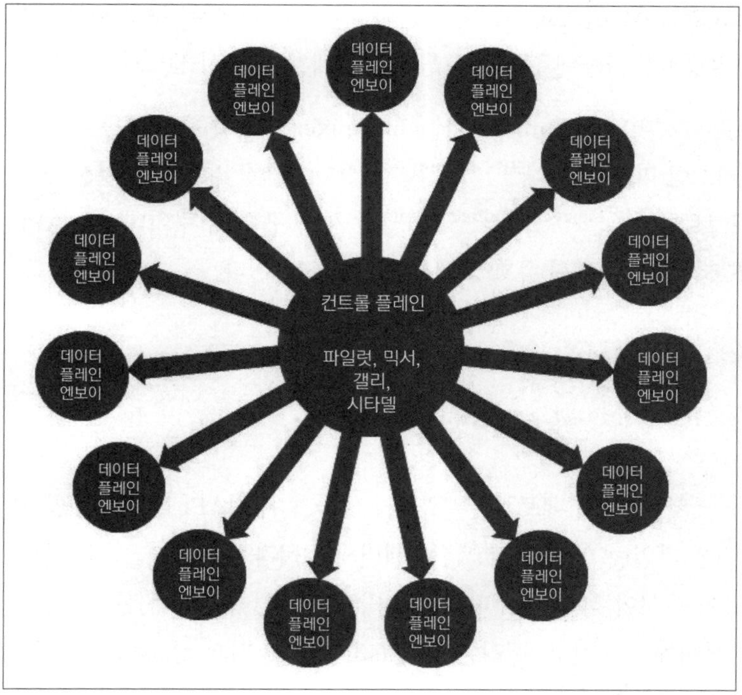

Istio는 구성 관리와 접근 제어를 위해 쿠버네티스 API 서버를 확장한다. 상태와 구성을 저장하기 위해 etcd라는 쿠버네티스의 내장 데이터 저장소를 사용한다.

이제 이러한 컴포넌트를 하나씩 자세히 살펴보자.

갤리

갤리Galley는 시스템의 다른 부분에 대한 사용자 구성을 수집하고 검증하기 위한 숨겨진 컴포넌트다. Istio 컨트롤 플레인의 구성 요소이며 메시 구성 프로토콜MCP, Mesh Configuration Protocol (https://archive.istio.io/v1.3/docs/reference/config/istio.mesh.v1alpha1/)을 사용해 구성 검증, 수집, 처리 및 분산을 제공한다. 스프링 클라우드Spring Cloud의 유레카 서버Eureka Server 또는 아파치 Dubbo의 Zookeeper와 같은 외부 서비스 레지스트리는 갤리를 통해 Istio 컨트롤 플레인과 통합할 수 있다.

갤리는 다른 Istio 컴포넌트에 구성 관리 서비스를 제공하며 백그라운드에서 작동한다. 갤리는 쿠버네티스가 아닌 플랫폼의 사용자 구성을 얻는 구체적인 세부 사항으로부터 나머지 Istio 컴포넌트를 보호하도록 돕는다. 갤리는 처음에는 구성 세부 사항을 검증하기 위해 개발됐지만 나중에 전체 컨트롤 플레인에 대한 구성 센터로 확장됐다.

여기에는 갤리 서버의 /admitpilot과 /admitmixer를 사용해 구성을 수집하기 위한 쿠버네티스 커스텀 리소스 정의CRD, Custom Resource Definition 리스너와, 분산 구성을 위한 메시 구성 프로토콜MCP, Mesh Configuration Protocol 서버 구현체, 쿠버네티스 API 서버의 사전 처리 유효성 검사를 위한 유효성 검사 웹훅이 포함된다.

```
$ kubectl get validatingwebhookconfiguration istio-galley
NAME            CREATED AT
istio-galley    2019-07-30T03:00:43Z
```

MCP는 구독subscription과 배포distribution를 구성하기 위한 API 집합을 제공한다. 다음 섹션에서 살펴볼 파일럿Pilot과 믹서Mixer는 갤리의 소비자consumer다. 리소스는 소비자에게 보내짐으로써 구성이 적용된다. 파일럿과 믹서는 구성 구독을 위한 서비스의 클라이언트로 갤리 서버에 연결한다. 갤리는 원격 Istio 클러스터의 싱크(파일럿/믹서)에 능동적으로 연결되도록 구성할 수 있다.

예를 들어 다중 쿠버네티스 클러스터의 메시에서, 기본 클러스터의 갤리는 다양한 파일럿/믹서 클러스터의 구성 관리를 할 수 있다. 갤리는 gRPC의 클라이언트로 연결할 수 있고, 파일럿/믹서는 gRPC 서버로서 ResourceSink 서비스를 구현한다.

Grafana에는 Prometheus를 통해 갤리로 스크랩된 메트릭을 보는 데 사용할 수 있는 갤리 대시보드가 있다(Prometheus와 Grafana에 대해서는 13장에서 자세히 설명한다).

갤리는 뒤에서behind the scenes 구성 관리를 수행한다. 이러한 모든 구성 정책을 엔보이 사이드카 프록시로 파일럿이 푸시할 것이다. 파일럿에 대해 좀 더 배워보자.

파일럿

파일럿Pilot은 엔보이 사이드카를 위한 Istio 컨트롤 플레인의 핵심 트래픽 관리 컴포넌트다. 런타임 시 통신 기반 정책을 사이드카 프록시로 푸시해 카나리아 배포, 블루/그린 테스트, 그리고 타임아웃, 재시도, 서킷 브레이커와 같은 복원 기능과 같은 지능형 라우팅을 위한 트래픽 관리 구성을 적용한다. 관련 내용 모두 이 장 뒷부분에서 자세히 살펴볼 주제다.

다음 다이어그램은 파일럿의 아키텍처를 보여준다.

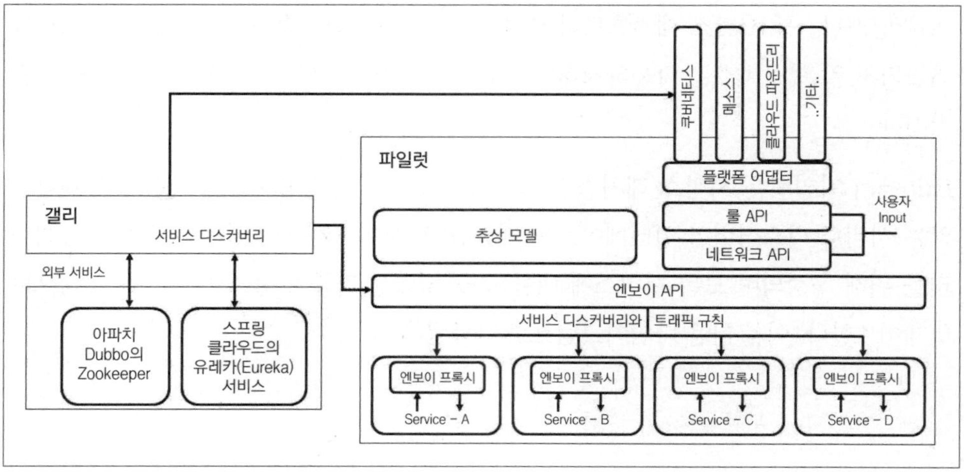

보다시피 파일럿은 갤리를 통해 쿠버네티스나 외부 서비스를 통해 발견된 메시의 모든 서비스에 대한 추상 모델을 유지한다. 쿠버네티스, 메소스, 클라우드 파운드리 등과 같은 플랫폼별 어댑터는 서비스 레지스트리와 리소스 정보로 추상 모델을 채우는 데 사용

된다. 쿠버네티스는 쿠버네티스 서비스를 생성할 때 etcd 데이터베이스에 서비스 디스커버리 메타데이터를 유지한다.

etcd 데이터베이스는 포드가 정상적으로 작동해 엔드포인트를 업데이트할 때 업데이트된다. Istio를 사용해 정의된 트래픽 관리 정책은 쿠버네티스 커스텀 리소스 정의CRD, Custom Resource Definitions을 제공하며 구현을 위해 엔보이 사이드카로 푸시된다.

서비스 디스커버리

기본적으로 쿠버네티스에는 포드/컨테이너에 서비스 디스커버리Service discovery를 제공하고 서비스 버전 관리를 위한 라운드 로빈 네트워크 요청을 지원하는 고급 기능 서비스 메시가 있다. 하지만 서비스 메시가 일반적으로 마이크로서비스에 제공하고 처리하는 재시도, 타임아웃, 또는 다른 기능은 없다.

서비스 레지스트리의 기능은 지정된 애플리케이션의 모든 서비스 포드와 가상 머신을 추적하는 것이다. 쿠버네티스는 Istio의 지원을 통해 새로운 버전처럼 서비스의 모든 새로운 인스턴스를 서비스 레지스트리 내에 자동으로 등록할 수 있다. 예를 들어 포드에 연결되지 않은 서비스는 작동하지 않는 서비스로 이러한 서비스는 디스커버리에서 숨겨진다.

Istio에서 파일럿은 서비스 레지스트리의 서비스 구성을 사용하고 플랫폼에 구애받지 않는 서비스 디스커버리 인터페이스를 제공한다. 사이드카 프록시는 서비스 디스커버리를 위해 구성되며 모든 서비스에 대한 로드 밸런싱 가중치 풀weight pools을 동적으로 업데이트한다. 이를 다음 다이어그램으로 나타냈다.

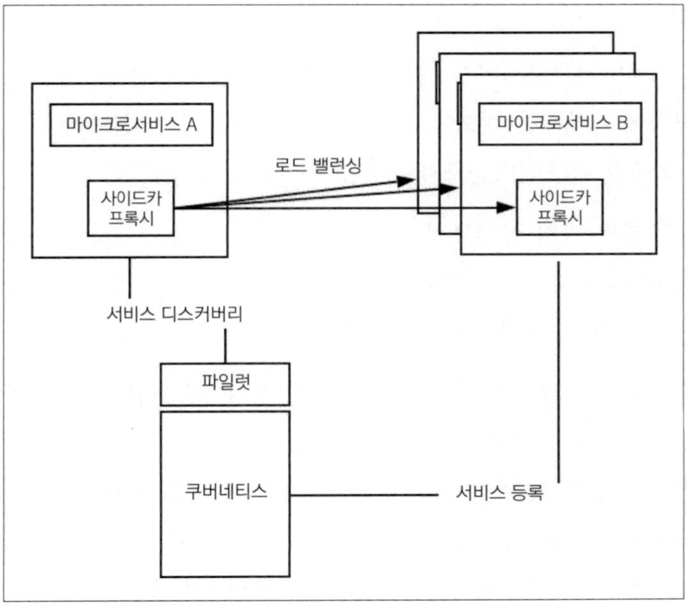

이 다이어그램에서 마이크로서비스에 바인딩된 모든 네트워크 트래픽은 사이드카 프록시를 통해 다시 라우팅된다. 클러스터 내의 로드 밸런서를 활성화함으로써 사이드카 프록시는 모든 서비스 인스턴스에 트래픽 요청을 분산할 수 있다. 사이드카 프록시, 즉 엔보이는 로드 밸런싱 알고리즘의 완전한 라인업long list을 지원한다. Istio와 최신 버전에서 엔보이는 가중치 요청, 라운드 로빈, 임의 백분율 할당과 같은 세 가지 특정 모듈에 인증됐다.

파일럿에는 외부 플랫폼 서비스가 외부 서비스를 등록하기 위한 추상 모델이 있다. 갤리는 외부 서비스에 대한 구성 관리 기능을 수행할 수 있다. 파일럿은 쿠버네티스 API 서버에 배포된 마이크로서비스에서 메타데이터를 가져와 업데이트된 포드 구성을 사이드카 프록시로 푸시한다. 또한 사이드카가 표준 포맷으로 사용할 수 있도록 서비스 디스커버리도 추상화한다. 파일럿은 사용자 정의 정책을 수신한 다음 정책 기반 규칙을 시행하기 위해 사이드카 프록시로 푸시된다.

Istio가 지원하는 서비스 디스커버리를 이해했으니, 이제 Istio 정의 기본 요소를 사용해 트래픽 관리 정책을 구현하는 방법을 배워본다.

트래픽 관리

엔보이 프록시는 마이크로서비스 애플리케이션과 직접 통신한다. 컨트롤 플레인은 정책 기반의 규칙에 대해서만 엔보이 프록시와 상호 작용한다. 엔보이 프록시는 메시의 모든 서비스에 대한 모든 인바운드와 아웃바운드 트래픽을 가로챈다.

10장, 'Istio 트래픽 관리 살펴보기'에서는 배포 시점의 istio-init 컨테이너를 볼 수 있다. init 컨테이너는 마이크로서비스에서 엔보이 사이드카 프록시로 인바운드와 아웃바운드 트래픽을 전환하기 위해 iptables 규칙을 설정한다.

파일럿은 게이트웨이, 가상 서비스, 서비스 엔트리 및 대상 규칙destination rules과 같은 Istio 구성의 기본 요소를 통해 쉽게 이해할 수 있다. 다음의 워크플로우는 여러 가상 서비스가 연결할 수 있는 특정 애플리케이션의 게이트웨이를 설명한다. 가상 서비스는 URI, 헤더, 쿠키 또는 대상 규칙을 통해 정의된 서브셋을 기반으로 다른 서비스를 가리킬 수 있다. 서비스 엔트리를 통한 외부 서비스에 대한 로드 밸런싱과 트래픽 관리Traffic management는 L7 트래픽 관리에서 발생한다.

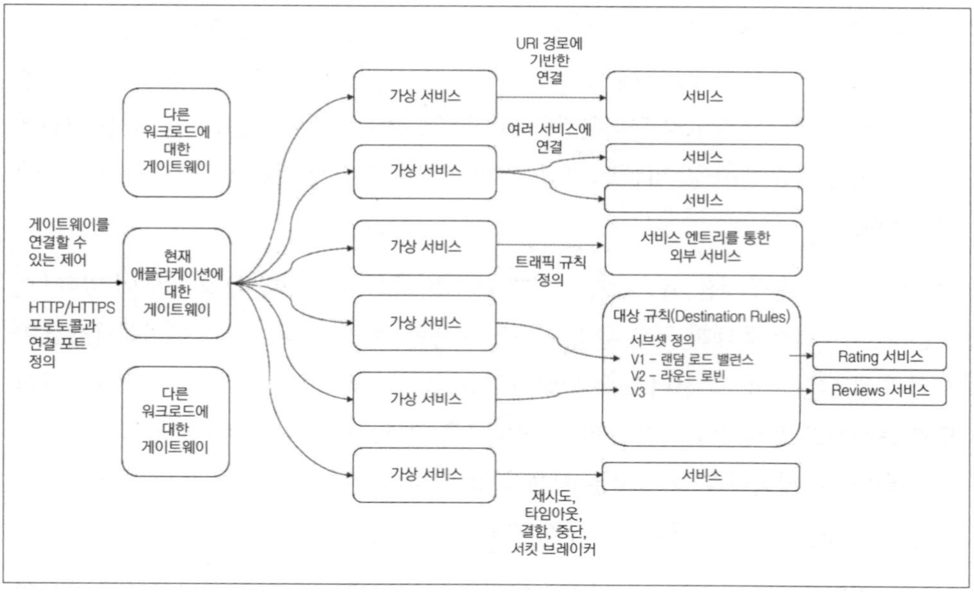

이 다이어그램은 게이트웨이, 가상 서비스, 대상 규칙, 서비스 엔트리 간의 관계를 단순화한 그림이다.

Istio 기본 게이트웨이는 외부의 수신 트래픽과 송신 트래픽에 대한 가상 서비스를 연결할 수 있는 게이트웨이다. Istio 정의Istio-defined 게이트웨이를 살펴보자.

게이트웨이

Istio에는 엔보이를 통해 구현된 리버스 프록시인 인그레스 게이트웨이Gateway가 있다. 인그레스의 목적은 클러스터 외부에서 서비스에 대한 접근을 허용하는 것이다. 다음 다이어그램에 나타낸 것처럼 외부 인바운드 및 아웃바운드 통신은 구성된 인그레스 및 이그레스 게이트웨이를 통과한다.

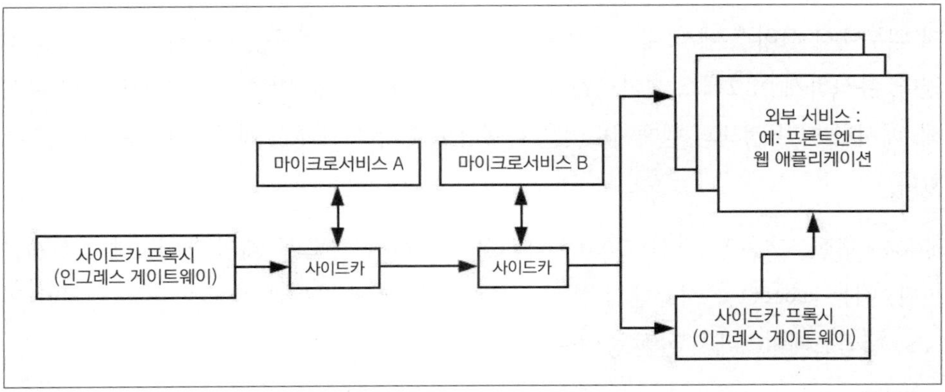

보다시피 마이크로서비스 A(예: microservice-a.mynamespace.cluster.local:9085)는 Istio 인그레스 게이트웨이를 통해 www.example.com:443과 같은 인터넷 도메인 이름으로 노출된다. 클라이언트 TLSTransport Layer Security의 종료termination는 인그레스 게이트웨이에서 수행된다.

수신 및 발신 요청 시 Ops는 다양한 장애 복구 기능을 지원하고 인그레스 및 이그레스 게이트웨이의 사이드카를 사용해 상세한 텔레메트리 데이터를 수집한다. 인그레스 및 이그레스 게이트웨이는 서비스 메시의 엣지에 위치한다.

게이트웨이는 kubectl 또는 istioctl 명령으로 관리할 수 있도록 사용자 지정 리소스 정의custom resource definition를 통해 정의된 Istio 기본 요소다.

```
$ kubectl get crd gateways.networking.istio.io
NAME                          CREATED AT
gateways.networking.istio.io  2019-07-21T23:09:09Z
```

NOTE

> 대부분의 경우 kubectl과 istioctl을 서로 바꿔서 사용할 수 있지만 istioctl을 사용해야만 하는 몇 가지 경우가 있다(또한 이는 샘플 출력일 뿐이라는 점을 기억하자. 9장, 'Istio 설치'에서 자세히 설명하겠다).

Istio의 기본 데모 프로필 설치는 메시에 대한 인바운드와 아웃바운드 트래픽을 관리하기 위해 사용되는 게이트웨이를 제공한다. 인그레스 게이트웨이는 쿠버네티스 클러스터 외부에서 서비스 메시 내부의 마이크로서비스에 대한 접근을 제공하도록 구성할 수 있다. 유사하게 이그레스 게이트웨이를 트래픽에 대한 전용dedicated 종료 지점으로 구성해, 메시를 떠나 정책과 텔레메트리을 사용하도록 각 이그레스 게이트웨이를 구성할 수 있다.

Istio는 수신(인그레스) 및 발신(이그레스) 트래픽을 관리하기 위해 두 개의 게이트웨이를 제공한다. 이는 kubectl을 사용해서 볼 수 있다. 이를 통해 다음과 같이 Istio를 설치한 후 Istio 네임스페이스에서 실행 중인 포드를 볼 수 있다.

```
$ kubectl get pods -n istio-system | grep gateway
NAME                                   READY  STATUS   RESTARTS  AGE
istio-egressgateway-9b7866bf5-996fc    1/1    Running  1         6d17h
istio-ingressgateway-75ddf64567-4vjqk  1/1    Running  1         6d17h
```

이러한 게이트웨이는 쿠버네티스 플랫폼 프로바이더를 통해 기존 Nginx 컨트롤러(또는 다른 컨트롤러)와 잘 작동한다. 책에서는 Nginx 게이트웨이가 없는 최소한의 쿠버네티스 환경을 사용하고 있다. Istio는 인바운드 및 아웃바운드 트래픽을 원활하게 관리하기 위해 이러한 게이트웨이를 기본 제공한다.

여러 게이트웨이를 정의할 수 있으며 각 애플리케이션에 대한 전용 게이트웨이를 지정할 수도 있다. 예를 들어 애플리케이션의 엔트리 서비스 이름이 productpage인 경우, 이 서비스의 사이드카 프록시는 사용자 정의 게이트웨이를 참조하는 사용자 정의 가상 서비스를 통해 트래픽을 수신하는 메시의 엣지에 있다. 이는 productpage 마이크로서비스에 대한 엔보이 프록시를 구성해 메시로 들어오는 트래픽을 제어함을 의미한다.

외부 네트워크에 접근할 수 있는 내부 마이크로서비스를 제한하도록 이그레스 게이트웨이를 사용할 수 있다. 예를 들어 신뢰할 수 있는 화이트리스트 서비스를 제외한 모든 외부 서비스에 대해 내부 마이크로서비스 접근을 거부할 수 있다.

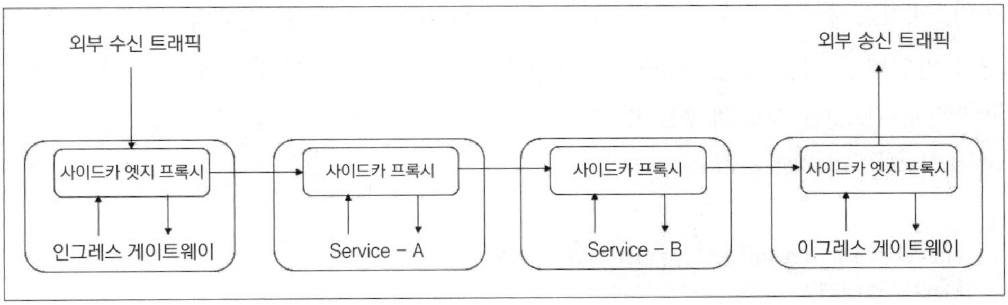

게이트웨이의 예제는 다음과 같다.

```
apiVersion: networking.istio.io/v1alpha3
kind: Gateway
metadata:
  name: mygateway
spec:
  selector:
    istio: ingressgateway
  servers:
  - port:
      number: 80
      name: http
      protocol: HTTP
    hosts:
    - "*"
```

NOTE

Istio 배포는 YAML을 통해 배포된다. 이 책의 구현 장, 즉 10장, 'Istio 트래픽 관리 살펴보기'와 13장, 'Istio 텔레메트리 기능 살펴보기'에서 Istio YAML 구조를 설명한다.

앞의 코드에서는 이 게이트웨이를 통해 일반plain HTTP 트래픽이 허용되도록 정의하고 있다. 통신 포트는 443 포트와 HTTPS 프로토콜을 사용하도록 변경할 수 있다. *로 정의된 호스트는 모든 외부 호스트의 트래픽을 허용한다는 것을 의미한다. 이 애플리케이션이 단순한 B2B 애플리케이션인 경우 트래픽은 알려진 외부 호스트로 제한될 수 있다. 가상 서비스를 사용해 정의할 수 있는 라우팅이 정의되지 않았다는 점에 유의한다. 게이트웨이의 목적은 서버 인증서에 대해 완전히 정의된 경로와 특정 호스트 이름에 바인딩된 개인 키를 사용하거나 또는 인증서와 키 보호를 위해 SDSSecret Discovery Service 프로토콜을 사용해 포트 및 프로토콜과 해당 이름의 증명을 정의하는 것이다. 이에 대한 예는 다음과 같다.

```
apiVersion: networking.istio.io/v1alpha3
kind: Gateway
metadata:
  name: httpbin-gateway
spec:
  selector:
    istio: ingressgateway # use istio default ingress gateway
  servers:
  - port:
      number: 443
      name: https
      protocol: HTTPS
    tls:
      mode: SIMPLE
      serverCertificate: /etc/istio/ingressgateway-certs/tls.crt
      privateKey: /etc/istio/ingressgateway-certs/tls.key
    hosts:
    - "httpbin.example.com"
```

앞의 게이트웨이 정의에서 외부 도메인 이름(httpbin.example.com)은 클라이언트에 도메인 이름의 증명을 제공하는 개인 키와 서버 인증서를 제공하기 위해 파일 마운트를 사용한다.

SIMPLE 모드는 서버만 자신의 ID를 클라이언트에게 제공하고 클라이언트는 ID를 서버에 제공하지 않음을 의미한다.

위의 방법은 인증서가 파일 시스템에 저장돼 보안 문제가 발생할 수 있으므로 권장하지 않는다. Istio에서는 인증서와 키를 보호하기 위해 SDS를 사용하는 편이 더 좋다.

여기서 Istio 인그레스 게이트웨이는 기본 네트워크에서 제공된 레이어 3 네트워크 위에 있는 레이어 4 수준에서 작동한다는 점에 유의한다. 두 개의 서로 다른 서비스 메시(지리적 위치에 관계없이)의 서로 다른 두 인그레스 게이트웨이 간의 연결은 상호 TLS (mTLS)를 통해 활성화할 수 있으므로 두 위치 간의 VPN이 필요하지 않을 수 있다.

이제 Istio 게이트웨이를 정의했으니 게이트웨이를 사용하는 가상 서비스를 정의해 보자.

가상 서비스

가상 서비스Virtual service는 쿠버네티스에서 사용자 지정 리소스 정의를 통해 생성된 Istio 구성 기본 요소다. 인터넷 도메인 이름으로 이동하는 트래픽이 쿠버네티스 클러스터 내부의 서비스 집합으로 흘러가는 방식을 동적으로 정의하며, 모두 동적으로 이루어진다. 이는 트래픽이 특정 규칙에 따라 메시 내의 모든 서비스로 스트리밍될 수 있음을 의미한다.

다음의 가상 서비스는 인그레스 게이트웨이에서 들어오는 모든 트래픽을 istio-lab 네임스페이스의 productpage 서비스로 전달한다. 가상 서비스는 특정 게이트웨이에 바인딩된다. 가상 서비스는 동적으로 변경될 수 있다. 이는 게이트웨이와 마이크로서비스 간의 느슨한 결합이다.

```
apiVersion: networking.istio.io/v1alpha3
kind: VirtualService
metadata:
  name: bookinfo
spec:
  hosts:
```

```
- "*"
gateways:
- mygateway
http:
- match:
  - uri:
      prefix: /api/v1/products
  route:
  - destination:
      host: productpage.istio-lab.svc.cluster.local
      port:
        number: 9080
```

앞의 정의에 따라 bookinfo 가상 서비스는 80 포트(HTTP 프로토콜에 암묵적)의 외부 HTTP 트래픽을 9080 포트의 내부 productpage 마이크로서비스로 라우팅한다.

가상 서비스는 라우팅 경로를 사용해 다른 서비스에 대한 트래픽을 정의하는 계층hierarchy (하향식top-down 가상 서비스)을 만드는 방법이다. 이를 통해 각 팀은 자신의 가상 서비스 정의를 관리할 수 있다. 예를 들어 최상위 가상 서비스는 논리적 서비스 집합에 대한 경로를 기반으로 트래픽을 분할한 다음, 각 논리적 집합을 중첩된nested 가상 서비스로 정의할 수 있고, 이 가상 서비스는 가상 서비스 정의의 분리된 아키텍처를 제공하는 별도의 팀에서 관리할 수 있다.

라우팅 규칙, 결함 주입 및 중단 규칙과 같은 트래픽 관리 기능은 모두 가상 서비스를 통해 정의된다. 다음 섹션에서 관련 내용을 살펴본다.

라우팅 규칙

Istio는 HTTP 헤더와 특정 네트워크 파라미터를 기반으로 서비스 요청을 라우팅한다. 라우팅 규칙Routing rules에 따라 파일럿은 사이드카 프록시가 서비스 버전을 선택하며, 소스 및 목적지destination를 기반으로 태그를 정의 후 헤더를 적용하고, 각 서비스에 가중치를 할당해 서비스의 증분 번호incremental number를 결정할 수 있도록 동적으로 받아들인다. 마이크로서비스 사용자는 별도의 작업을 할 필요가 없기 때문에 서로 다른 버전에 대해 전혀 알지 못한다. 사이드카 프록시가 사용자와 마이크로서비스 간의 모든 서비스 요청 및 응답을 전달하므로 해당 서비스의 호스트 이름과 IP 주소에 계속 접근할 수 있다.

Istio는 가상 서비스를 사용해 다음을 기반으로 트래픽 라우팅을 수행한다.

- 특정 서비스로 트래픽 라우팅(1:1)
- 트래픽을 여러 서비스로 라우팅(1:N)
- 여러 버전의 서비스로 트래픽 라우팅(1:N)
- 트래픽을 다른 서비스로 라우팅하기 위해 여러 매칭 조건 추가
- URL 재작성을 위한 라우팅 규칙
- 재시도 정책을 설정하기 위한 라우팅 규칙
- HTTP 헤더/요청 쿠키 기반 라우팅 규칙
- 요청 URI 기반 라우팅 규칙

라우팅은 10장, 'Istio 트래픽 관리 살펴보기'에서 실습 예제로 설명한다.

결함 주입

사이드카 프록시는 Istio에서 관리하는 모든 서비스에 장애 복구 네트워크 메커니즘 목록을 제공한다. 운영자는 전체 애플리케이션에 대한 엔드투엔드end-to-end 서비스 장애 테스트를 해야 한다. 전체 장애 복구 테스트를 할 때 개별 컴포넌트의 제한적인 타임아웃이 발생할 수 있다. 예를 들어 트랜잭션의 전체 수명주기 동안 엔드투엔드 테스트를 위해 10초간 결함 주입Fault injection을 한다고 해보자. 그래서 6초에 자체 타임아웃으로 인해 특정 시점의 중간 서비스 장애를 발견했다. 결함 주입 기능이 없으면 중간 서비스 장애를 알 수 없다.

이러한 문제를 방지하고자 Istio는 서비스 메시에 투명한transparent 결함 주입을 제공한다. TCP 계층에서 패킷 손실을 시뮬레이션하거나 네트워크 지연 문제를 해결하기 위

해 서비스 포드/컨테이너를 삭제하는 것보다는 네트워크 장애에 관계없이 모든 애플리케이션 레이어를 내결함성fault tolerance 처리하는 것이 가장 좋다. 계속해서 의미 있는 장애를 식별 및 격리 후 애플리케이션 레이어에 주입해 애플리케이션 복원력resiliency을 활성화한다. 특정 조건과 일치하는 네트워크 요청이 발생하면 결함이 주입되고 결함이 발생할 수 있는 요청 제한이 활성화된다.

배포할 수 있는 결함 주입은 두 가지 유형이 있다.

- 지연Delays
- 중단Aborts

지연Delay은 갑자기 증가한 네트워크 지연 시간이나 다운스트림 호출 서비스 과부하로 인해 발생할 수 있는 타임아웃 장애다. 중단Abort은 다운스트림 서비스에서 발생하는 서비스 충돌이다. 대부분의 경우 이는 연결 문제거나 HTTP 400이나 500 오류 중 하나다.

마이크로서비스에서 결함을 테스트하는 것은 매우 어려울 수 있지만, 가상 서비스 기본 요소를 사용하면 실행 중인 애플리케이션에 결함을 주입해 복원력을 테스트할 수 있다. 이는 사이트 신뢰성 엔지니어링SRE, Site Reliability Engineering 팀에게 매우 중요한 방법이다.

서비스의 정의를 실시간으로 변경해 결함을 주입할 수 있다. 예를 들어 다음 가상 서비스 정의는 `ratings` 서비스에 대한 요청의 5%에 2초의 지연을 도입한다.

```
hosts:
 - ratings
http:
 - fault:
     delay:
       percentage:
         value: 0.05
       fixedDelay: 2s
```

다음으로 중단 규칙Abort rules을 소개한다.

중단 규칙

다음처럼 가상 서비스를 수정하면 요청의 5%에 HTTP 400 코드를 주입하며 장애를 시뮬레이션하기 위해 종료하지 않고 중단한다.

```
spec:
  hosts:
  - ratings
  http:
  - fault:
      abort:
        percentage:
          value: 0.05
        httpStatus: 400
    route:
    - destination:
        host: ratings
        subset: v1
```

다음으로 서비스 엔트리 기능을 설명한다.

서비스 엔트리

서비스 엔트리Service entry는 쿠버네티스에서 커스텀 리소스 정의를 통해 생성된 Istio의 기본 요소다. 서비스 엔트리의 목적은 아키텍처 다이어그램에 나타낸 대로 Istio의 추상 모델에 외부 서비스 엔트리를 추가해 마치 메시의 서비스인 양 보이게 하는 것이다. 서비스 엔트리를 통해 정의된 외부 서비스 엔트리는 내부 서비스에 적용되는 재시도, 타임아웃, 결함 주입과 같은 동일한 정책을 적용받을 수 있다.

NOTE

> Istio는 기본적으로 요청을 외부의 알 수 없는(unknown) 서비스로 전달하도록 엔보이 프록시를 구성한다는 점에 유의한다. 이러한 경우 Istio의 기능을 사용해 메시에 등록되지 않은 대상에 대한 트래픽을 제어할 수 없다.

가상 머신VM, Virtual Machine에서 실행되는 외부 서비스를 추가해 쿠버네티스 클러스터를 넘어 메시를 확장할 수 있다. 이는 또한 다른 클러스터의 서비스를 메시에 추가해 쿠버네티스에서 다중 클러스터 Istio 메시를 구성하는 데 도움이 된다.

이그레스 게이트웨이와 서비스 엔트리 기본 요소를 사용해 외부 엔드포인트에 대한 트래픽을 보호할 수 있는 TLS 발신을 하도록 엔보이를 구성할 수 있다.

보안 정책은 항상 거부(블랙리스트)와 허용(화이트리스트) 규칙으로 시작해야 한다. 예를 들어 모든 사람의 접근을 거부한 다음 이를 필요로 하는 사람들에게 접근을 허용해야 한다. 화이트리스트는 정당한 접근이 필요한 주체의 목록이고, 블랙리스트는 모든 또는 주체 목록에 대한 서비스를 허용하지 않는 거부 규칙이다.

다음은 마이크로서비스 애플리케이션에 화이트리스트 서비스로 외부 엔드포인트에 대한 접근을 허용하는 예다.

```
apiVersion: networking.istio.io/v1alpha3
kind: ServiceEntry
metadata:
  name: ibm
spec:
  hosts:
  - www.ibm.com
  ports:
  - number: 443
    name: https
    protocol: HTTPS
  resolution: DNS
  location: MESH_EXTERNAL
```

다음으로 대상 규칙을 설명한다.

대상 규칙

대상 규칙Destination rule은 쿠버네티스에서 커스텀 리소스 정의를 통해 생성되는 Istio 기본 요소다. 가상 서비스는 트래픽 규칙을 정의하는 데 사용된다. 대상 규칙은 라우팅이 발생한 후 서비스를 위해 만들어진 트래픽에 적용되는 정책을 설정한다.

대상 규칙은 다음과 같은 이유로 사용한다.

- 로드 밸런싱Load balancing
- 커넥션 풀Connection pool 크기
- 비정상 호스트 제거

대상 규칙에 서브셋을 정의해 서비스 인스턴스를 세분화하고 레이블을 지정할 수 있다. 즉, 레이블을 기반으로 서비스를 서브셋으로 분할할 수 있다.

로드 밸런싱 기능은 외부 로드 밸런서와는 반대로 내장돼 있다. 로드 밸런서 기능은 커넥션 풀 크기를 정의하며, TTLTime to Live이나 유지 시간keep it live은 Istio 기본 대상 규칙을 통해 구현된다.

로드 밸런싱

로드 밸런싱Load balancing은 네트워크 프로토콜 레이어(TCP/UDP)인 OSI 모델의 레이어 4에서 트랜잭션에 대한 트래픽 관리를 제공한다. L4의 로드 밸런싱은 제한된 네트워크 정보로 트래픽을 전달한다. 낮은 연결 수와 빠른 서버 응답 시간을 기반으로 최적의 서버를 계산하는 알고리즘(즉, 라운드 로빈)을 사용해 이를 수행한다.

L4 레이어가 여러 요청으로 긴long-lived 세션을 사용하는 gRPC 또는 HTTP/2 프로토콜에 대한 로드 밸런싱을 제공할 수 없다면 L4/L5와 L5/L7 간의 논쟁은 불필요하다.

TIP

> L4–L7 OSI 네트워킹 모델에 대한 자세한 설명은 https://bit.ly/2vCFLie에서 볼 수 있다.

HTTP/1.1 프로토콜 로드 밸런싱은 연결 수준(L4)에서 잘 작동하는데, 이는 하나의 연결에 하나의 액티브 요청만 있을 수 있기 때문이다.

L7 로드 밸런싱은 OSI 모델의 최상위 수준에서 작동한다. L7은 HTTP/HTTPS 헤더의 다양한 특성, 메시지 내용, URL 유형 및 쿠키 정보를 기반으로 라우팅을 결정한다.

gRPC/HTTP/2에서는 하나의 연결에 여러 액티브 요청(멀티플렉싱 요청)이 있을 수 있다. L4 연결 수준 로드 밸런싱은 "x"개의 레플리카가 실행 중인 경우에도 이 긴long-lived 연결에서 단 하나의 마이크로서비스로 트래픽을 라우팅한다. 이를 다음 다이어그램으로 나타냈다.

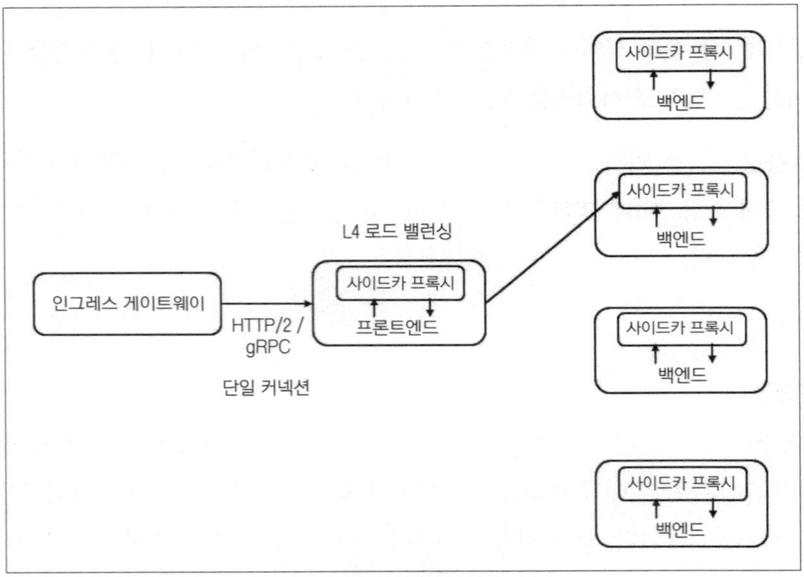

앞의 다이어그램은 L4 로드 밸런서를 보여준다. gRPC의 경우 다른 레플리카를 사용할 수 있더라도 모든 요청은 하나의 백엔드 서비스에서 끝난다. Linkerd는 L7 로드 밸런싱을 사용해 HTTP/2와 gRPC에 대한 요청-수준 라우팅을 사용해 프록시 수준에서 이 문제를 해결한다.

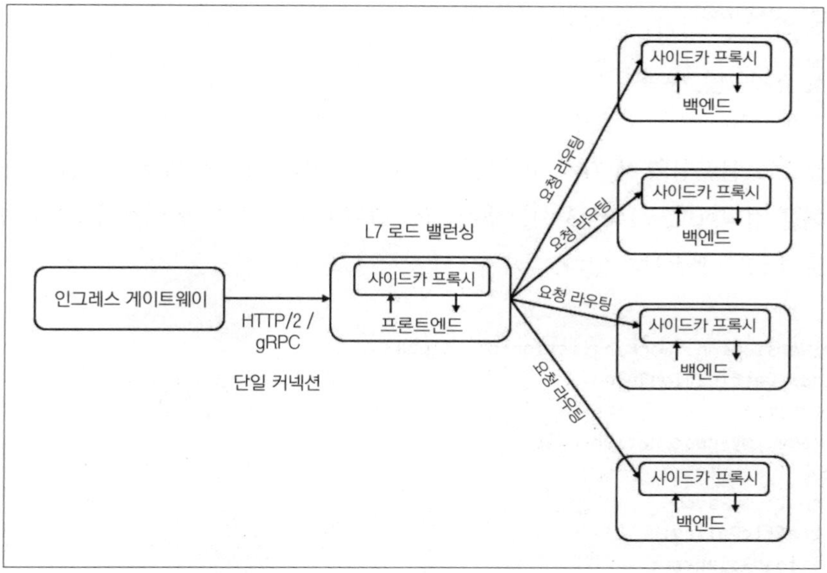

이 다이어그램에서 사이드카 프록시가 gRPC/ HTTP/2에 대한 L7 로드 밸런싱 요청을 통해 백엔드 서비스의 모든 레플리카에 연결을 여는 것을 볼 수 있다.

로드 밸런싱에 대한 추가 기능으로서, 사이드카는 플랫폼 내에 배포된 각 서비스 인스턴스의 상태를 정기적으로 점검한다. 사이드카 프록시는 상태 점검health check에 따라 서비스 인스턴스를 비정상 또는 정상으로 분류한다. 서비스 상태 점검 시 장애가 여러 번 발생해 정의된 임계값을 초과하는 경우 로드 밸런서에서 제거된다. 동시에 상태 점검이 해당 서비스 인스턴스에서 다시 실행돼 지정된 임계값을 통과하면 로드 밸런서에 다시 추가된다. 예를 들어 쇼핑 애플리케이션 서비스 인스턴스의 페이지가 예기치 않게 HTTP 5xx 오류로 응답하는 경우, 로드 밸런서는 운영자나 DB와 같은 다른 소스에 따라 오류를 수정할 때까지 로드 밸런서에서 이 서비스를 즉시 제거한다.

다음은 대상 규칙에 적용할 수 있는 로드 밸런싱 기능이다.

- 라운드 로빈Round-robin
- 랜덤Random

- 가중치Weighted
- 최소 요청Least requests

다음은 로드 밸런싱의 세 가지 서브셋의 예다. 보다시피 하나의 대상 규칙을 사용해 여러 정책을 정의한다. v1과 v3 서브셋에 대한 간단한 랜덤 로드 밸런서와 v2에 대한 라운드 로빈 로드 밸런서가 있다.

```
apiVersion: networking.istio.io/v1alpha3
kind: DestinationRule
metadata:
  name: my-destination-rule
spec:
  host: my-svc
  trafficPolicy:
    loadBalancer:
      simple: RANDOM
    subsets:
    - name: v1
      labels:
         version: v1
    - name: v2
      labels:
        version: v2
      trafficPolicy:
        loadBalancer:
          simple: ROUND_ROBIN
    - name: v3
      labels:
        version: v3
```

reviews 가상 서비스에는 두 가지 규칙이 있다.

- bar 값이 있는 Foo 헤더를 사용해 들어오는 모든 요청은 reviews 서비스의 v2 서브셋으로 이동한다.
- 다른 모든 요청은 v1 서브셋으로 이동한다.

이는 다음 코드에서 볼 수 있다.

```
apiVersion: networking.istio.io/v1alpha3
kind: VirtualService
metadata:
  name: reviews
spec:
  hosts:
  - reviews
  http:
  - match:
    - headers:
        Foo:
          exact: bar
    route:
    - destination:
        host: reviews
        subset: v2
  - route:
    - destination:
        host: reviews
        subset: v1
```

로드 밸런싱에서 주목해야 할 매우 중요한 점은 외부 프록시 로드 밸런서를 사용하지 않고도 메시 수준에서 발생한다는 것이다.

서킷 브레이커

서킷 브레이커Circuit breaker는 서비스의 워크 플로우를 방해할 수 있는 장애, 갑자기 늘어나는 지연 시간 및 기타 네트워크 이상을 제한해 마이크로서비스를 탄력적으로 만들기 위한 필수 패턴이다. 이 기능은 애플리케이션 레이어에서 구성한다. 서킷 브레이커 규칙을 활성화하고 난 후에는 의도적으로 규칙을 위반해 애플리케이션의 복원력을 테스트해야 한다. 서킷 브레이킹을 활성화하는 가장 일반적인 작업은 연결, 요청, 이상치 감지다.

서킷 브레이킹 정책은 지정된 서비스에 대한 YAML 구성 파일에서 DestinationRule로 정의할 수 있다. 서킷 브레이커 규칙은 대상 규칙을 사용해 정의하는데, 대상 규칙은 VirtualService 라우팅을 정의 및 배포한 후 요청되는 정책의 집합이다. DestinationRule 정책 실행은 제한적으로 작업해야 한다. 그리고 서비스 소유자만이 로드 밸런서, 서킷 브레이커 및 TLS 설정을 규정해야 한다.

서킷 브레이커는 애플리케이션이 빠르게 실패하도록 하고 업스트림 서비스 응답을 기다리는 경우 애플리케이션의 중단을 방지한다.

다음 규칙을 통해 reviews 서비스의 v1 서브셋에 대한 연결 제한을 100개로 설정할 수 있다.

```
apiVersion: networking.istio.io/v1alpha3
kind: DestinationRule
metadata:
  name: reviews
spec:
  host: reviews
  subsets:
  - name: v1
    labels:
      version: v1
    trafficPolicy:
      connectionPool:
        tcp:
          maxConnections: 100
```

v1 서브셋이 가상 서비스에서 사용되는 경우 연결 수가 100개를 초과하면 서킷 브레이커가 작동한다. 이는 reviews:v1 서비스가 느리고 많은 수의 동시 요청을 처리할 수 없을 때 발생할 수 있다. 서킷 브레이커가 작동한 후 reviews:v1은 혼잡이 해소될 때까지 요청을 받지 않는다.

블루/그린 배포

블루/그린 배포Blue/green deployment는 기존 배포와 새로운 배포를 사용할 수 있는 배포다.

어떤 이슈/문제가 발생하는 경우 한 세트에서 다른 세트로 트래픽을 전환할 수 있다. 두 개의 서브셋이 있는 대상 규칙을 사용해 블루/그린 배포를 수행한 다음 가상 서비스를 사용해 트래픽을 특정 서브셋으로 보낼 수 있다. 그런 다음 가상 서비스를 수정해 이들을 전환할 수 있다.

카나리아 배포

서브셋의 개념을 이해하는 가장 좋은 방법은 카나리아 배포Canary deployment를 살펴보는 것이다. 카나리아 배포는 카나리아 배포 프로덕션을 만들기 위해 v1, v2와 같은 레이블을 기반으로 트래픽을 두 개의 서브셋으로 분할한 다음 점차적으로 트래픽을 이동하는 것이다. 마지막으로 서비스에서 기존의 프로덕션 배포를 제거한다.

카나리아라는 용어는 광부가 죽지 않는다는 사실을 확실히 알리고자 일산화탄소 중독으로 죽을 수 있는 새장에 갇힌 카나리아(새)를 광산으로 가져가는 관행에서 유래됐다. 일산화탄소는 무취이기 때문이다. 소프트웨어에서 이 용어는 트래픽의 일부를 새로운 서비스로 보내고 적당한지를 판단하기 위해 소수의 친구, 가족, 신뢰할 수 있는 사용자 등에 노출하는 데 사용된다. 다른 예를 생각해보자. 피드백을 수집하기 위해 iPhone 또는 Android에서만 작동하는 새로운 UI를 선별된 사람들에게 노출시키고 싶다고 가정해보자. 요청 라우팅(헤더 등)과 일치하는 사용자에게 트래픽 흐름을 제한해 새로운 서비스를 노출할 수 있다.

네임스페이스 분리

Istio에는 쿠버네티스의 커스텀 리소스 정의를 통해 생성된 사이드카 기본 요소가 있다. Istio는 모든 사이드카 프록시가 모든 포트에서 트래픽을 받고 구성된 서비스로 트래픽을 전달하도록 구성한다.

기본 동작은 다음과 같은 작업을 통해 사이드카 수준에서 미세 조정할 수 있다.

- 엔보이 사이드카 프록시가 받아들일 수 있는 포트와 프로토콜 정의

- 엔보이 프록시가 연결할 수 있는 서비스셋의 제한

사이드카 기본 요소는 사이드카가 사용하는 메모리 양을 줄이기에 효율성을 위해서는 대형 서비스 메시에서 사용해야 한다.

다음은 사이드카 리소스를 통해 수행되는 네임스페이스 분리Namespace isolation의 예다. `istio-lab` 네임스페이스에 있는 모든 서비스는 `host` 필드의 `./*` 값을 사용해 같은 네임스페이스에서 실행되는 서비스에만 연결할 수 있다.

```
apiVersion: networking.istio.io/v1alpha3
kind: Sidecar
metadata:
  name: default
  namespace: istio-lab
spec:
  egress:
  - hosts:
    - "./*"
```

이제 Istio 컨트롤 플레인의 다음 컴포넌트인 믹서Mixer를 살펴보자.

믹서

믹서Mixer는 다목적general-purpose 정책이며 텔레메트리 허브다. 서비스 메시 전체에서 접근 제어나 사용 정책을 시행한다. 믹서에는 엔보이 프록시와 Istio-매니지드 서비스를 추상화할 수 있는 유연한 플러그인 모델을 포함한다. 이 모델을 통해 Istio는 다양한 인프라 백엔드와 인터페이스할 수 있다.

믹서는 쿠버네티스나 다른 환경에서 실행되는 Istio의 플랫폼-독립적 컴포넌트다.

믹서의 기본 모델을 사용하면 권한, 텔레메트리 캡처, 할당량 적용, 백엔드 로깅 등을 위해 다양한 접근 제어 시스템에 연결할 수 있다. 이를 다음 다이어그램으로 나타냈다.

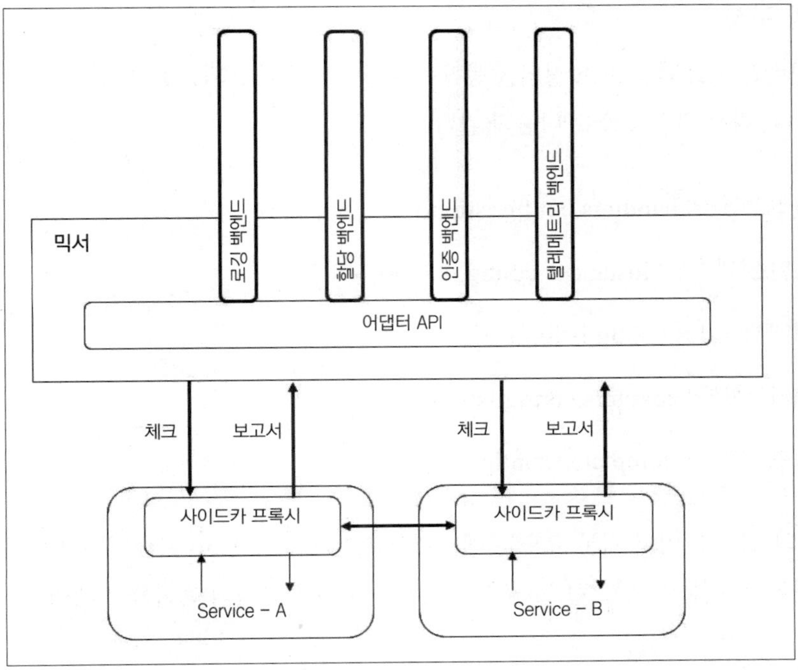

믹서는 운영을 제어하고 컨트롤 플레인에서 정책 로직을 제거하기 위해 인프라 레이어와 매끄럽게 통합된 프레임워크다.

사이드카 프록시 기능은 조건을 체크하기 위해 각 요청 전에 믹서를 호출하는 데 사용된다. 이는 또한 텔레메트리 데이터에 대한 리포트를 요청할 때마다 수행된다. 이로서 믹서는 병목bottleneck의 단일 지점이 되고, 프록시는 믹서로의 각 홉hop을 피하기 위한 텔레메트리 데이터 버퍼링과 사전조건 체크의 캐시 유지를 방지한다.

정책 실행과 텔레메트리 수집은 구성 기반이며, 이는 믹서를 통해 운영을 제어할 수 있다는 것을 의미한다. 믹서는 개별 백엔드의 구현 세부 사항과 Istio 컨트롤 플레인을 분리한다.

믹서의 구성

믹서 구성은 커스텀 리소스 정의를 통해 쿠버네티스에 배포되는 Istio 기본 요소를 통해 구동된다. 믹서 기본 요소는 다음과 같다.

- **핸들러**Handlers: handlers.config.istio.io
- **인스턴스**Instances: instances.config.istio.io
- **규칙**Rules: rules.config.istio.io
- **어댑터**Adapters: adapters.config.istio.io
- **템플릿**Templates: templates.config.istio.io

어댑터와 템플릿 믹서 기본 요소는 벤더에서 자사 제품을 Istio 프레임워크와 통합하는 데 사용된다. 핸들러, 인스턴스, 규칙을 이해하기 전에 속성의 목적을 이해해야 한다.

속성

Istio에는 Istio가 사용하는 사전 정의된 속성Attributes 사전이 있다. `source.ip`의 값이 10.0.0.10인 것과 같은 키-값 쌍과 유사한 속성이 있다. 이러한 속성은 특정 핸들러의 구성을 채우는 데 사용된다. 예를 들어 속성은 특정 포드나 서비스에 할당하는 레이블일 수 있다. 이 레이블은 이 레이블을 템플릿의 인스턴스에 매핑할 때 일부 규칙을 트리거하는 데 사용할 수 있다. 속성의 또 다른 예로는 요청의 IP 주소, 요청 크기, 운영의 응답 코드 등이 있다.

사이드카 프록시는 모든 요청에 믹서를 호출하고 요청과 환경을 설명하는 속성 집합을 믹서에 제공한다. 그다음 믹서는 정의된 핸들러가 백엔드를 호출할 수 있도록 인스턴스를 빌드하기 위해 이러한 속성을 처리한다. 이는 다음 다이어그램에서 볼 수 있다.

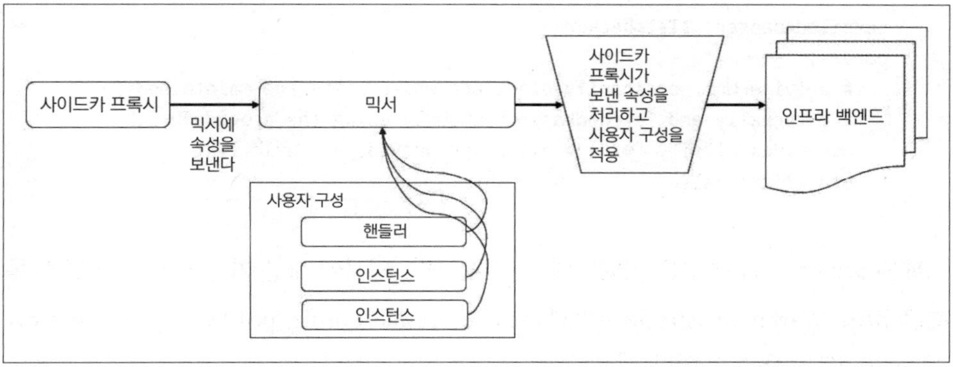

Istio는 Istio가 이해하는 정해진 어휘가 있다. 속성의 어휘 목록은 https://archive.istio.io/v1.3/docs/reference/config/policy-and-telemetry/attribute-vocabulary/ 링크를 참조한다.

속성 표현식은 다음과 같이 인스턴스를 구성하는 데 사용된다.

```
version: destination.labels["version"] | "unknown"
```

앞의 표현식은 `destination.labels["version"]`이 정의되지 않은 경우 `unknown`을 `version`(왼쪽)에 할당한다.

핸들러

핸들러Handler는 외부 어댑터를 인스턴스화하는 데 필요한 구성 집합이다. 예를 들어 `listchecker` 어댑터에는 `dogstatsd` 서버의 주소가 필요한데, 이는 `Datadog` 인스턴스에 전달되는 핸들러를 통해 제공될 수 있다. 다음 예제는 화이트리스트와 블랙리스트를 정의할 수 있도록 `listchecker` 어댑터에 대한 핸들러를 생성한다.

```
apiVersion: config.istio.io/v1alpha2
kind: handler
metadata:
  name: whitelist
spec:
```

```
  compiledAdapter: listchecker
  params:
    # providerUrl: ordinarily black and white lists are maintained
    # externally and fetched asynchronously using the providerUrl.
    overrides: ["v1", "v2"] # overrides provide a static list
    blacklist: false
```

스펙의 `params` 목록 속성은 어댑터에 따라 다르다. 믹서에 사용 가능한 모든 어댑터 목록은 https://archive.istio.io/v1.3/docs/reference/config/policy-and-telemetry/adapters/에서 찾을 수 있다.

속성에서 어댑터 입력값으로의 요청 매핑은 인스턴스 구성을 통해 정의한다. 예를 들어 `appversion` 인스턴스는 소스 포드나 서비스 레이블 버전을 `params` 인스턴스의 값에 매핑한다.

```
apiVersion: config.istio.io/v1alpha2
kind: instance
metadata:
  name: appversion
spec:
  compiledTemplate: listentry
  params:
    value: source.labels["version"]
```

템플릿은 속성과 `params` 간의 매핑을 정의하는 데 사용된다는 점에 유의한다. 앞의 예에서 `listentry` 템플릿은 값이 레이블 정의 버전에 있는지 여부를 확인하는 데 사용된다.

규칙

규칙Rules을 생성하면 인스턴스가 있는 특정 핸들러를 호출해야 하는 시점을 지정한다. 다음 예제는 버전을 확인하기 위해 `appversion` 인스턴스와 함께 `whitelist` 핸들러를 호출하도록 정의하는 규칙이다.

```
apiVersion: config.istio.io/v1alpha2
kind: rule
```

```
metadata:
  name: checkversion
spec:
  match: destination.labels["app"] == "ratings"
  actions:
  - handler: whitelist
    instances: [ appversion ]
```

핸들러, 인스턴스, 규칙과 같은 믹서의 기능은 사전 조건 체크, 할당량 관리, 텔레메트리 보고를 수행하는 데 도움이 된다. 믹서는 플러그인 접근 방식을 통해 백엔드 서비스와의 통합을 지원한다.

Istio 버전 1.0.x 이상부터는 믹서가 백엔드 프로토콜로 어댑터 집합을 통해 인프라 백엔드와 통합되기 때문에 믹서 인 프로세스in-process 모델이 더 이상 사용되지 않는다. 이 프로세스를 통해 사용자는 데이터 소비data consumption와 같은 사용자 지정 어댑터 템플릿을 만들 수 있다.

현재 베타 버전인 믹서의 새로운 아웃 오브 프로세스out-of-process 어댑터는 유사한 개념이지만 gRPC 어댑터 사용에 초점을 맞추고 있다. 믹서는 요청을 통해 데이터를 처리하고 수신하는 템플릿 기반 gRPC 서비스를 통해 백엔드 시스템으로 들어오는 속성을 구조화한다. 추가 정보는 다음 URL을 참조한다. https://github.com/istio/istio/wiki/Mixer-Out-Of-Process-Adapter-Dev-Guide.

다음으로 시타델을 통해 구현하는 Istio의 보안 기능을 살펴본다.

시타델

시타델Citadel은 인증과 권한 부여 기능을 제공한다. ID와 자격 증명 관리가 내장된 인증 기능을 통해 서비스 간 및 최종 사용자와의 통신이 가능하다. 권한 부여 기능은 서비스에 접근할 수 있는 사용자를 제어하는 데 사용된다. 시타델은 공개 키 기반 구조PKI, Public Key Infrastructure이며 서비스에 대한 인증서를 제공하고 순환시킨다.

Istio는 서비스 ID, RBAC, 엔드투엔드end-to-end mTLS에서 빛을 발한다. 보안 구현을 위해 애플리케이션의 코드를 변경할 필요가 없다. Istio 보안 모델은 다음을 통해 구현된다.

- 시타델Citadel은 키와 인증서를 발급하고 순환시키는 Istio의 중앙 인증 기관이다.
- 파일럿Pilot은 인증 정책을 배포하고 SPIFFE를 사용해 보안 네이밍 서비스를 제공한다.
- 믹서Mixer는 권한 부여와 감사 정책을 제공하는 중앙 장소다.
- 엔보이Envoy는 Istio의 기본 프록시다. Istio는 Istio 게이트웨이를 통해 엣지 프록시에 엔보이를 사용해 클라이언트와 서버 간 보안 통신을 제공한다.

분산 동적 시스템에서, 모든 클라이언트가 미리 알려지지 않은 경우 인증서와 순환 관리는 시간이 많이 걸리고 복잡하며 오류가 발생하기 쉽다. 시타델은 셀프 서비스 모델을 통해 이러한 복잡성을 제거해 마이크로서비스에 인증서를 주입해 마이크로서비스 간 엔드 투 엔드end-to-end 암호화(mTLS)를 설정한다.

시타델은 자체 서명된 루트 인증서와 개인 키를 제공하는데 이는 워크로드 인증서에 서명하는 데 사용한다. 시타델은 고객이 제공한 루트 인증서와 키를 사용할 수도 있다.

다음으로 내장된 PKI가 인증서를 생성하고 손상된 키에 대한 노출을 최소화하기 위해 키를 자동으로 순환하는 방법을 살펴본다.

인증서와 키 순환

Istio는 인증서와 키 순환Certificate and key rotation을 위해 쿠버네티스의 노드 에이전트를 사용하는 옵션을 제공한다.

데모 설치 프로필을 사용하는 경우 노드 에이전트는 기본적으로 설치되지 않는다. 노드 에이전트를 설치하려면 helm 설치를 위해 `values-istio-sds-auth.yaml`을 선택해야 한다. 설치하면 모든 노드에서 실행되는 노드 에이전트를 볼 수 있다. 예를 들어 단일

VM에는 노드 에이전트가 하나만 표시된다.

```
$ kubectl -n istio-system get pods -l app=nodeagent
NAME                   READY   STATUS    RESTARTS   AGE
istio-nodeagent-smfz7  1/1     Running   0          3m35s
```

배포할 때 노드 에이전트는 인증서와 키를 프로비저닝한다.

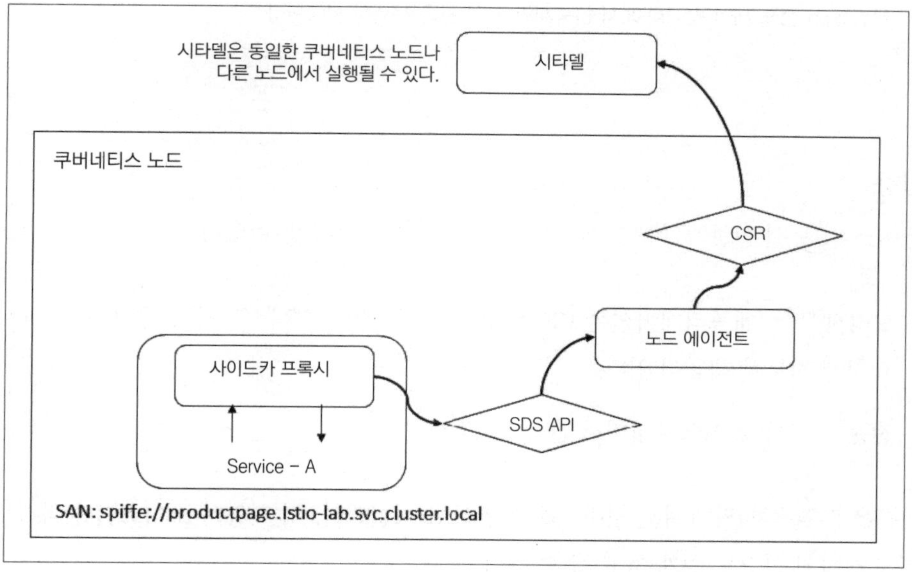

인증서와 키 순환을 위한 워크플로우는 다음과 같다.

1. 엔보이 프록시는 SDS[Secret Discovery Service] API를 통해 키와 인증서 요청을 보낸다.
2. 그다음 노드의 에이전트는 SDS 요청을 수신할 때 개인 키와 인증서 서명 요청[CSR, Certificate Signing Request]을 생성한다.
3. 시타델은 gRPC를 통해 CSR을 수신하고 유효성을 검사한 후 CSR에 서명하고 인증서를 생성하며 이를 노드 에이전트로 보낸다.
4. 노드 에이전트는 SDS API를 통해 키와 인증서 키를 프록시로 보낸다.

5. 이 프로세스는 인증서와 키 순환을 위한 모든 서비스에 대해 일정한 간격으로 반복된다.

Istio는 `istio-system` 네임스페이스에서 시타델을 실행하고 관리자만 접근해 보호하도록 권장한다.

NOTE

12장, 'Istio 정책 제어 활성화'에서 인증서와 키 순환을 자세히 설명한다.

인증

서비스 간 통신 인증Authentication은 두 가지 방법으로 수행할 수 있다.

- **오리진**Origin: 애플리케이션은 JSON 웹 토큰JWT, Json Web Token 자격 증명을 획득하고 요청에 첨부할 책임이 있다.
- **전송**Transport: 마이크로서비스 간 상호 TLS 구성

전송은 연결을 시작하려는 서비스를 확인하고 식별한다. 이 기능은 mTLS를 통해 코드를 변경하지 않고도 쉽게 켜고 끌 수 있다.

오리진 인증이라고도 하는 최종 사용자 인증은 클라이언트의 유효성을 검사해 서비스 요청을 사용자 또는 장치로 만든다. Istio를 사용하면 JWT를 통한 요청-수준 인증을 통해 Auth0, Firebase, 구글 또는 기타 커스텀 인증 메커니즘을 사용해 개발자를 검증하고 간소화할 수 있다.

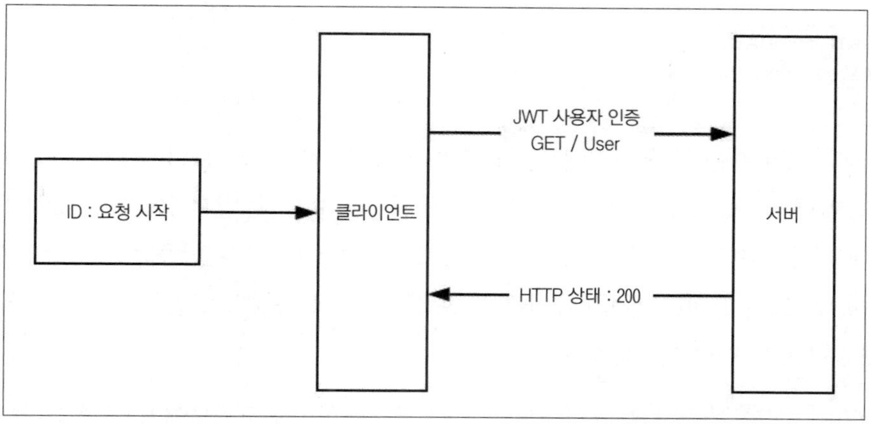

이 다이어그램은 서비스 요청에 대한 보안 인증 단계를 보여준다. 자세히 살펴보자.

1. 먼저, 인증된 ID는 서버가 사용자를 성공적으로 검증할 수 있는 클레임을 시작한다.
2. 다음으로 서버는 JWT 토큰을 승인한다.
3. 토큰은 클라이언트로 다시 전송되며, 애플리케이션이 인증된 ID를 확인한 후 저장된다.
4. ID가 서비스에 대한 요청을 활발하게 한다고 가정하면, 통과된 JWT 토큰은 모든 요청 시마다 계속 처리 및 승인된다.

이 두 개의 인증 프로토콜에는 쿠버네티스 API 호출을 통해 Istio의 구성 저장소 내에 저장되는 정책이 있다. 파일럿은 이러한 정책을 서비스 사이드카 프록시를 통해 최신 정책으로 유지 관리한다. Istio는 Permissive 모드에서 인증을 허용함으로써 완전히 활성화되기 전에 사용자가 환경의 전반적인 보안 상태를 관리할 수 있도록 한다.

강력한 ID(Strong identity)

기존의 모놀리식 환경에서 ID는 주로 호스트 이름이나 IP 주소로 정의됐다. 다음은 유명한 Apache HTTPD 서버 규칙이다.

```
Deny from All
Allow from 1.2.3.4
```

쿠버네티스와 같은 분산 환경에서는 디커플링 특성으로 인해 워크로드를 어떤 컴퓨터에도 배포할 수 있으므로 IP 주소를 언제든지 변경할 수 있다. 앞서 언급했듯 ID는 오리진origin이나 전송transport이다. 오리진에서 ID는 다양한 방식으로 인증되는 주체human로 정의한다. 그러나 전송 레이어에서는 워크로드의 동적 특성으로 인해 이전 방식의 IP 주소 사용이 더 이상 불가능하다.

SPIFFESecure Production Identity Framework for Everyone 스펙은 워크로드에 ID를 할당하는 데 사용되며, 분산 환경에서 실행되는 위치에 관계없이 동일하게 유지된다. Istio는 다음과 같이 워크로드에 ID를 제공하기 위해 특정한 명명 규칙을 선택했다.

```
spiffe://cluster.local/ns/istio-lab/sa/productpage
         <cluster-name><ns><name-space><sa><service-account-name>
```

보다시피 `spiffe` 접두사는 SPIFFE 스펙(HTTP처럼)에 따라 정해진다. `cluster.local`은 클러스터 이름이다. Istio를 사용한 단일 컨트롤 플레인을 사용해 여러 클러스터를 확장하려는 경우에는 쿠버네티스 클러스터마다 달라야 한다. ns는 고정이며 워크로드가 실행되는 `name-space`가 뒤에 나온다. `sa`는 고정이며 `service-account-name`은 실제 서비스 계정이다.

시타델은 SPIFFE 스펙의 구현체이며 신뢰할 수 없는 네트워크에서 보안 솔루션을 구축하는 데 사용되기에 제로 트러스트 네트워크에서의 보안이라고도 한다. 시타델은 워크로드 옆에서 실행되는 Istio 사이드카 프록시를 대신해 모든 노드에서 실행되는 노드 에이전트가 전송하는 CSR에 X.509 인증서를 서명해 워크로드에 SVID를 발급한다. 프록시 사이드카가 인증서를 받으면 다른 워크로드에 이를 제공한다.

주기가 짧은 특성의 인증서임은 중요하다. 이는 제로 트러스트 네트워크에서의 장점이다. 만약 누군가가 인증서를 훔친다고 해도 단시간 노출될 뿐이다.

시타델의 내부 기능 설명은 이 책의 범위를 벗어난다. 매우 높은 수준에서 인증서를 발급하고 이들의 ID를 검증하기 위해 Let's Encrypt(https://letsencrypt.org)의 자동 인증서 관리 환경Automatic Certificate Management Environment 프로토콜을 따른다고 이해하면 충분하다.

인증 프로세스에서 사용할 신뢰할 수 있는 ID 메커니즘을 정의하면 그다음 ID를 역할 기반 접근 제어RBAC, Role-Based Access Control와 연결해 권한 부여를 구현한다.

강력한 ID를 위한 RBAC

RBAC는 서비스 계정이나 사용자 목록의 일부인 역할role에 할당되는 권한 집합을 정의하는 것으로 작동된다. 주요 역할은 서비스를 인증하고 통신 요청을 시작하고 사용자 역할 지원을 위한 커스텀 속성을 정의하며 사이드카 프록시를 통해 성능을 최적화하는 것이다.

권한 부여

지난 몇 년 동안 애플리케이션이 전환되며 크게 변경됐다. 이와 동시에 애플리케이션 보안은 사용자 경험을 기반으로 클라이언트에서 서버로 또는 그 반대로 전환됐다. 인증은 특정 서비스에 대한 정책을 기준으로 ID을 확인하고 자격 증명을 확인한다. 권한 부여는 ID가 하려는 작업에 대해 허용되는 작업에 대한 것이다. 서비스 메시 내에서의 권한 부여Authorization는 마이크로서비스에 대한 네임스페이스, 서비스, 그리고 메서드-수준 접근을 제공하는 RBAC를 포함한다.

서비스 통신을 보호하기 위한 mTLS 활성화

서비스 간 통신을 보호하기 위해 클라이언트 측에서 서버 측으로 사이드카 프록시를 통해 터널링된다. 프록시 간 통신은 mTLS를 사용해 보호된다. mTLS의 이점은 서비스 ID가 토큰 전달자로 표현되지 않는다는 것이다. 인증되지 않은 소스에서는 도난, 복제 또는 재생replay할 수 없다. Istio의 시타델은 보안 네이밍과 공격에 대한 보호 개념을 사용한다. 클라이언트 측은 인증된 서비스 계정을 검증하고 명명된 서비스만 네트워크 요청을 실행하고 통과하도록 허용한다.

Istio의 인증 기능은 자동화된 인증서 관리와 함께 클러스터-수준 인증 기관을 제공한다. 주요 기능 중 일부는 다음과 같다.

- 모든 서비스 계정에 인증서와 키 쌍을 생성한다.
- 쿠버네티스 시크릿을 사용해 인증서와 키를 적절한 서비스 포드에 배포한다.
- 주기적인 인증서와 키 순환을 설정한다.
- 인증서와 키를 설정하고 사용하지 않거나 만료, 도난 등의 경우 정책을 비활성화한다.

누군가 보안 사이트에 연결할 때마다 TLS를 사용하게 되는데 이는 클라이언트에 대한 서버 ID의 유효성을 검사하고 서버와 클라이언트 간에 암호화 채널을 제공하기 때문이다. 서비스 간 통신의 경우 동일한 개념이 서버에서 클라이언트 측으로 적용된다. 클라이언트 측 ID를 확인하려면 웹훅webhook 애플리케이션이 확인을 요청해야 한다.

이를 위해 mTLS 기능을 사용해 인증서 요청 메시지를 보내 클라이언트-수준 인증을 검증할 수 있다. 이 메시지에는 다음을 포함한다.

- 서버에서 테스트한 고유 루트 인증서 목록을 포함한다.
- 클라이언트는 고유 이름을 나타내는 인증서 메시지를 통해 서버에 응답한다.
- 서버는 클라이언트 인증서를 확인한다.
- 검증이 성공하면 서버가 클라이언트를 성공적으로 인증한 것이다.

mTLS 인증은 서로 다른 웹 서비스에 연결하는 동종 클라이언트의 수가 제한된 비즈니스 애플리케이션에 광범위하게 관리된다. 전반적으로 보안 요구 사항은 다른 소비자보다는 mTLS를 구현할 때 우선 순위가 더 높다.

mTLS에는 Strict 모드와 Permissive 모드의 두 가지 모드가 있다. Permissive 모드는 HTTP 및 HTTPS 프로토콜의 트래픽을 허용하는 반면 Strict 모드는 HTTPS 프로토콜을 사용하는 트래픽만 허용한다.

보안 N : N 서비스 매핑

보안 네이밍 서비스는 서버 ID 목록과 상세 설명이 있는 인증서 목록의 N : N 매핑이다. 모든 서비스 이름은 서비스 디스커버리나 DNS 파일에 따라 정의한다. 이 매핑은 모든 서비스에 클라이언트 요청을 제출할 수 있도록 ID를 인증해 서비스 통신 목록을 만든다. 예를 들어 Hello ID에는 World 서비스를 인증하고 실행할 수 있는 권한이 있다. 이는 쿠버네티스 API 서버가 모니터링하고, 쿠버네티스 API 서버는 모든 보안 네이밍 규칙을 추적한 후 이 목록을 서비스 사이드카 프록시에 배포한다.

보안 네이밍은 여러 이유로 중요하며, 다음 시나리오는 그중 하나의 중요성을 강조한다.

- 많은 서버가 Accounts라는 서비스를 실행하고 있으며, Payable ID만 이런 트랜잭션을 인증할 수 있다.
- 가짜 사용자가 Finance라는 다른 ID의 인증서와 키에 접근할 수 있는 경우, 가짜 사용자의 목표는 클라이언트의 모든 넘나드는 데이터를 검사하고 서비스를 이해하는 것이다.
- 가짜 사용자는 Finance에 대해 상세하게 기술된 정확한 키와 인증서를 사용해 가짜 서버를 설정하고 배포한다.
- 가짜 사용자가 DNS 파일이나 서비스 디스커버리를 해킹하고 Accounts를 가짜 서버에 매핑한 경우

새로운 클라이언트가 위조된 서버를 사용해 Accounts 서비스를 호출하면 Finance ID 인증서가 추출된다. 보안 네이밍 정보를 통해 Finance는 Accounts 서비스 실행이 허용

됐는지 확인할 것이다. 클라이언트는 Payable 만 인증됐으므로이 요청이 허용되지 않음을 감지한다. 이 체크를 통해 인증이 실패하며 가짜 사용자는 트랜잭션을 처리할 수 없다.

보안 네이밍 내에서는 이름이 지정된 서비스별 ID만 요청을 시작하고 수신할 수 있기 때문에 이는 서비스 내 보안 통신에 매우 중요한 단계다. 이 과정이 없으면 중간자 공격man-in-the-middle attack과 같은 가짜 ID가 서비스를 해킹할 수 있으며 기업의 평판에 해를 끼칠 수 있다.

정책

Istio의 정책Policies은 CRD로 구현되는 Istio 기본 정책을 통해 정의된다. 다음과 같이 Istio 클러스터에서 CRD 정책을 확인할 수 있다.

```
$ kubectl get crd -l app=istio-citadel
NAME                                     CREATED AT
meshpolicies.authentication.istio.io     2019-07-30T02:59:14Z
policies.authentication.istio.io         2019-07-30T02:59:14Z
```

Istio 서비스 메시에서는 다음과 같은 다양한 규칙을 런타임에 적용하도록 정책을 구성할 수 있다.

- 인증Authentication
- 권한 부여Authorization
- 서비스에 대한 트래픽을 동적으로 제한하는 속도 제한Rate limiting
- 서비스에 대한 접근을 제한하기 위한 거부Denial, 화이트리스트 및 블랙리스트
- 헤더 재작성Rewrites 및 리디렉션Redirects

인증 구현(Implementing authentication)

인증의 정책 범위는 개별 서비스, 네임스페이스 내의 모든 서비스나 서비스 메시 내의 모든 서비스에 대한 것일 수 있다. 무슨 일이 일어나는지 살펴보자.

1. 정책은 시타델 수준에서 정의된다.
2. 파일럿은 필요한 인증 메커니즘을 수행하기 위해 정책을 엔보이 프록시로 변환한다.
3. 파일럿은 인증서와 키 같은 구성 세부 사항을 엔보이 프록시에 비동기적으로 보낸다.
4. 마이크로서비스에 연결된 프록시가 구성을 수신하면 바로 새로운 인증 아티팩트가 적용된다.

오리진 인증은 클라이언트 애플리케이션의 책임이고 JWT를 획득하고 이를 요청에 첨부하는 데 사용된다. 모든 요청 또는 `/healtz` 또는 `/status`와 같은 퍼블릭 경로를 제외한 모든 요청에 JWT를 정의해 인증 없이 노출할 수 있다. 또한 `/admin` 경로에 대해서만 JWT를 정의하고 나머지는 모두 공개할 수도 있다. 이는 애플리케이션 언어에 따라 다르므로 자세한 내용은 다루지 않는다.

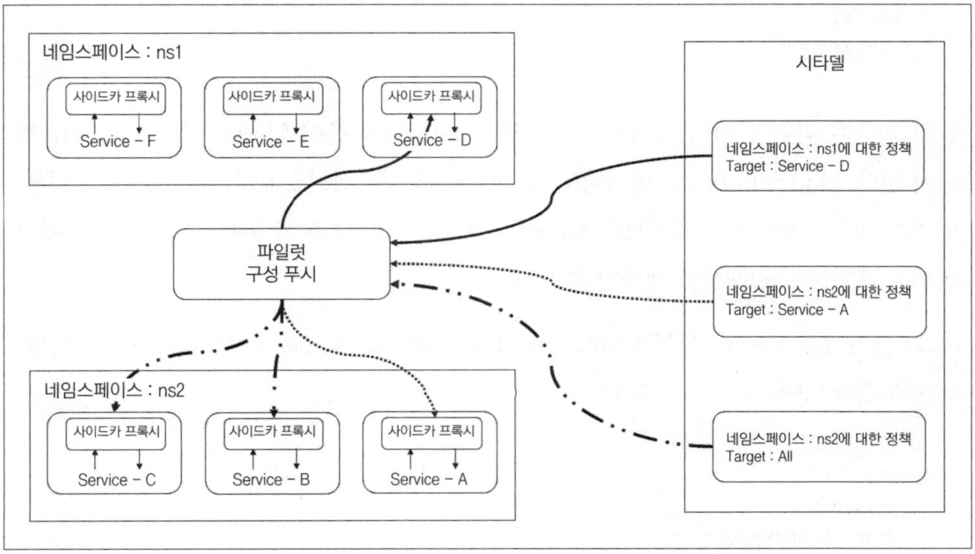

전송 인증은 mTLS를 통해 구현되며, 파일럿에서 정의한 대상 규칙은 엔보이 프록시를 통해 어떤 서비스가 TLS 연결을 시작해야 할지를 결정한다.

예를 들어 시타델에서 Service - D의 `ns1` 네임스페이스의 정책을 정의하고, 파일럿이 mTLS 정책을 Service - D 와 `ns1` 네임스페이스로 푸시하고 다른 서비스는 그대로 둔다고 가정한다. 마찬가지로 `ns2` 네임스페이스에 두 개의 정책을 정의한다. 하나는 Service - A용이고 다른 하나는 Service - A를 제외한 전부다. Target: All 정책은 Service-A에 명시적으로 정의된 정책으로 재정의override된다.

앞의 예를 네임스페이스 수준의 정책 시행이라 한다. 메시 수준에서 정책을 시행할 수도 있으며 이는 메시의 모든 서비스에 적용된다. 이러한 경우 충돌 우선 순위를 피하기 위해 하나의 정책만 정의할 수 있다.

다음은 `MeshPolicy`의 예다.

```
apiVersion: "authentication.istio.io/v1alpha1"
kind: MeshPolicy
metadata:
  name: "default"
spec:
  peers:
  - mtls:
```

앞의 정책은 범위가 서비스 메시 전체이므로 `default` 이름이 있어야 한다. `targets:` 섹션이 없다. kind를 Policy로 변경하고 `metadata:` 섹션에 네임스페이스를 추가하는 경우, 범위가 네임스페이스 전체이므로 `targets:` 섹션을 정의하면 안 된다. 서비스 수준에서 범위를 제한하도록 대상을 정의할 수 있다.

`mtls: {}`가 있는 `peers:` 섹션은 `STRICT` mTLS에 대한 `mtls: {mode: STRICT}`와 동일하다. `mtls`에 대한 `PERMISSIVE` 모드를 다음과 같이 정의할 수 있다.

```
peers:
- mtls:
  mode: PERMISSIVE
```

STRICT 모드는 HTTPS만 허용하는 반면 PERMISSIVE 모드는 HTTP와 HTTPS를 모두 허용한다.

다음 예는 두 가지 정책을 정의한다. default라는 첫 번째 정책은 ns1 네임스페이스의 모든 서비스에 mTLS를 적용한다.

```
apiVersion: authentication.istio.io/v1alpha1
kind: Policy
metadata:
 name: default
 namespace: ns1
spec:
 peers:
 - mtls:{}
```

그러나 다음 정책은 mTLS 모드를 지정하고 targets을 사용해 Service-A에서 mTLS를 제거한다.

```
apiVersion: authentication.istio.io/v1alpha1
kind: Policy
metadata:
  name: SVC-A-mTLS-disable
  namespace: ns1
spec:
  targets:
  - name: Service-A
  peers:
  - mtls:
      mode: DISABLE
```

앞서 설명했듯 전송 인증은 세부적으로 제어할 수 있다. 전송 인증은 다음과 같이 대상 규칙을 사용해 파일럿 수준에서 구현할 수 있다.

```
apiVersion: networking.istio.io/v1alpha3
kind: DestinationRule
metadata:
  name: productpage
```

```
spec:
  host: productpage
  trafficPolicy:
    tls:
      mode: ISTIO_MUTUAL
  subsets:
  - name: v1
    labels:
      version: v1
```

productpage 서비스에 대상 규칙이 정의되며, 이는 mTLS인 ISTIO_MUTUAL의 트래픽 정책으로 v1 서브셋을 정의한다. 이때 정의한 v1 서브셋은 가상 서비스에서 사용된다.

보다시피 mTLS에는 두 가지 구현이 있다. 구현을 위해서는 하나를 사용하고 이를 유지한다.

권한 부여 구현(Implementing authorization)

권한 부여는 쿠버네티스 RBAC를 통해 구현되며 서비스 내에서 네임스페이스 수준, 서비스 수준 또는 메서드 수준에서 정의할 수 있다. 권한 부여는 기본적으로 엔보이 프록시 수준에서 구현되고 HTTP, HTTPS, HTTP/2, TCP를 지원한다.

Istio는 Role, RoleBinding, ClusterRoles, ClusterRoleBinding과 같은 쿠버네티스 기본 요소를 사용한다. 다음과 같이 AuthorizationPolicies, ClusterRbacConfigs, RbacConfigs, ServiceRoleBindings 또는 ServiceRoles와 같은 자체 CRD를 생성한다.

```
$ kubectl get crd | grep -i rbac
authorizationpolicies.rbac.istio.io   2019-07-30T02:59:14Z
clusterrbacconfigs.rbac.istio.io      2019-07-30T02:59:14Z
rbacconfigs.rbac.istio.io             2019-07-30T02:59:15Z
servicerolebindings.rbac.istio.io     2019-07-30T02:59:15Z
serviceroles.rbac.istio.io            2019-07-30T02:59:15Z
```

인증은 ClusterRbacConfigs를 사용해 활성화된다.

```
apiVersion: "rbac.istio.io/v1alpha1"
kind: ClusterRbacConfig
metadata:
  name: default
spec:
  mode: 'ON_WITH_INCLUSION'
  inclusion:
    namespaces: ["default"]
```

앞의 코드는 default 네임스페이스에 ON WITH INCLUSION을 부여하는 기본 ClusterRbacConfig를 생성한다. mode는 다음 중 하나다.

- **OFF**: 이 모드는 권한 부여를 비활성화한다.
- **ON**: 이 모드는 메시의 모든 서비스에 대한 권한 부여를 활성화한다.
- **ON_WITH_INCLUSION**: 이 모드에서는 inclusion 필드에 지정된 서비스와 네임스페이스에 대한 인증을 활성화한다.
- **ON_WITH_EXCLUSION**: exclusion 필드에 정의된 서비스와 네임스페이스를 제외하고, 이 모드를 통해 메시의 모든 서비스에 대한 인증을 활성화할 수 있다.

인증을 활성화한다고 해서 권한이 부여된 것은 아니다. ServiceRoles과 ServiceRoleBinding과 같은 Istio 기본 요소는 권한 부여 정책을 정의하는 데 사용한다.

- ServiceRole은 서비스 접근 권한을 설정할 수 있는 그룹이다.
- ServiceRoleBinding은 ServiceRole과 사용자, 그룹 또는 서비스 간의 링크다.

다음은 test 이름으로 시작하는 서비스의 모든 메소드에 대한 권한이 정의된 ServiceRole의 예다. 그러나 기본 네임스페이스에 있는 마이크로서비스 bookstore에서 reviews로 끝나는 경로에 READ 접근(GET 및 HEAD)만 정의된다.

```
apiVersion: "rbac.istio.io/v1alpha1"
kind: ServiceRole
```

```
metadata:
  name: tester
  namespace: default
spec:
  rules:
  - services: ["test-*"]
    methods: ["*"]
  - services: ["bookstore.default.svc.cluster.local"]
    paths: ["*/reviews"]
    methods: ["GET", "HEAD"]
```

권한 부여는 사용자, 그룹 또는 서비스 계정에 부여되지 않는 한 소용이 없다. ServiceRole 부여는 ServiceRoleBindings를 통해 수행된다.

예를 들어 다음은 앞의 서비스 역할(tester)을 두 대상subject에 부여한다.

- service-account-a
- istio-ingress-service-account, JWT 이메일 클레임은 a@foo.com이다.

이는 다음 코드에서 볼 수 있다.

```
apiVersion: "rbac.istio.io/v1alpha1"
kind: ServiceRoleBinding
metadata:
  name: test-binding
  namespace: default
spec:
  subjects:
  - user: "service-account-a"
  - user: "istio-ingress-service-account"
    properties:
      request.auth.claims[email]: "a@foo.com"
  roleRef:
    kind: ServiceRole
    name: "tester"
```

tester 역할(권한 집합)을 퍼블릭으로 적용하려는 경우 이전 정의에서 *를 사용할 수 있다.

이제 인증됐거나 인증되지 않은 모든 사용자가 bookstore 서비스에 접근할 수 있다.

앞의 예는 HTTP/HTTPS 프로토콜에 대한 권한 부여를 보여준다. 다음은 데이터베이스 서비스처럼 TCP 프로토콜을 사용해 서비스에 접근하는 데 사용되는 권한 부여의 예다.

```
apiVersion: "rbac.istio.io/v1alpha1"
kind: ServiceRole
metadata:
  name: mongodb-viewer
  namespace: default
spec:
  rules:
  - services: ["mongodb.istio-lab.svc.cluster.local"]
    constraints:
    - key: "destination.port"
      values: ["27017"]
---
apiVersion: "rbac.istio.io/v1alpha1"
kind: ServiceRoleBinding
metadata:
  name: bind-mongodb-viewer
  namespace: default
spec:
  subjects:
  - user: "cluster.local/ns/istio-lab/sa/bookinfo-ratings-v2"
  roleRef:
    kind: ServiceRole
    name: "mongodb-viewer"
```

보다시피 `ServiceRole`은 `27017` 접근 포트에 제약이 있는 `istio-lab` 네임스페이스의 MongoDB 서비스에 접근할 수 있는 권한을 생성한다. 이 권한은 `ServiceRole`로 정의되며 `istio-lab` 네임스페이스의 `bookinfo-ratings-v2` 서비스에 부여된다. 이처럼 세분화된 제어를 통해 MongoDB 서비스는 권한이 있는 요구가 있는 서비스에서만 접근할 수 있으며 데이터베이스에 직접 접근하려는 모든 사람의 접근을 차단한다.

인증과 권한 부여는 Istio에서 기본적으로 구현되지만 믹서를 사용하면 사용자 자체 구현이나 서드 파티third-party의 인증과 권한 부여 모듈을 플러그인할 수 있다.

정책 예제는 12장에서 찾을 수 있으며 이 장에서 할당량 적용, 속도 제한, 화이트리스트 및 블랙리스트 등을 실습을 통해 확인할 수 있다.

지금까지 백엔드 구성(갤리), 푸시 다운 정책(파일럿), 할당량 적용, 메트릭 수집(믹서) 및 보안 구현(시타델)을 정의하는 데 사용하는 Istio의 컨트롤 플레인과 그 기능을 살펴봤다. 실제 구현은 마이크로서비스 기반 애플리케이션이 실행되는 데이터 플레인 수준에서 수행된다. 다음으로 Istio의 데이터 플레인 기능을 자세히 살펴보고자 한다.

데이터 플레인

데이터 플레인은 포드에서 마이크로서비스 컨테이너를 실행하는 하나 이상의 노드로 구성된다. 각 포드에는 서비스 간 통신을 처리하는 사이드카가 있다.

사이드카 프록시는 네트워크 레이어에서 작동하므로 마이크로서비스의 언어와 무관하다. 데이터 플레인의 프록시는 마이크로서비스에 대한 인바운드 및 아웃바운드 트래픽을 가로챈다. 이를 통해 다음 작업을 수행할 수 있다.

- 트래픽 관리Traffic management
- 서비스 간 사용자 접근 제어user access control
- 인증Authentication
- 통신 암호화Communication encryption(TLS 또는 mTLS)
- 모니터링Monitoring
- 로깅Logging
- 타임아웃Timeouts
- 속도 제한Rate limits
- 재시도Retries

- 서킷 브레이크Circuit breaking
- 로드 밸런싱Load balancing
- 상태 점검Health checks

쿠버네티스는 한 포드 내 여러 컨테이너가 동일한 IP 주소나 서비스 이름을 공유하는 하나의 단위로 포드를 사용한다. 모든 사이드카 프록시는 개념적으로 데이터 플레인을 형성한다. 컨트롤 플레인과 데이터 플레인은 함께 서비스 메시를 형성한다.

서비스 메시 프록시를 쿠버네티스나 비쿠버네티스 환경에서 구성, 배포 및 구현할 수 있다.

쿠버네티스 환경에서 사이드카 프록시는 애플리케이션 포드에서 실행되며, 노드에는 이러한 포드가 많이 있을 수 있다. 반면 사이드카 프록시는 비쿠버네티스 환경의 VM 또는 베어 메탈과 같은 호스트 수준에서 실행될 수 있다. 다음 섹션은 사이드카 프록시를 더 자세히 이해하는 데 도움이 될 것이다.

사이드카 프록시

사이드카 프록시Sidecar proxy 패턴은 데이터 플레인의 핵심이고 다음 다이어그램과 같이, 서비스 간 통신을 제공한다.

마이크로서비스는 다른 마이크로서비스와 직접 통신하지 않는다. 통신은 사이드카 프록시를 통해 이루어진다. 프록시는 포드의 컨테이너와 긴밀하게 결합돼 있으며, 이 프록시 아키텍처 패턴은 쿠버네티스 환경에 잘 맞는다.

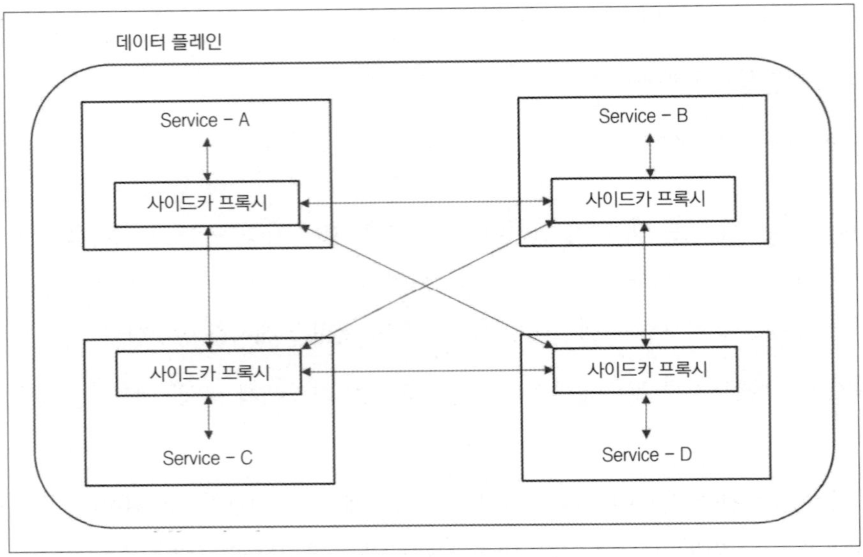

Istio의 엔보이 사이드카 프록시

지난 몇 년 동안 사이드카가 발전해왔다. 그중 인기 있는 것은 Lyft의 엔보이와 Buoyant의 Linkerd다.

Lyft의 엔보이를 만든 사람은 맷 클라인Matt Klein이다. 엔보이는 Istio, AWS App Mesh, 그리고 Ambassador에서 사용된다. 넷플릭스는 Prana라는 자체 프록시를 구축했으나 오픈 소스가 아니며 이 책의 범위를 벗어난다.

Nginx는 로드 밸런싱, 속도 제한, TLS 오프 로딩, 트래픽 분할, 트래픽 분산, A/B 테스트를 제공하는 매우 인기 있는 사이드카 프록시였다. 엔보이와 Linkerd와 같은 모던 사이드카 프록시는 최적화돼 있고 설치 공간이 적어 개별 마이크로서비스와 사이드카로 잘 작동한다. 그런 반면 Nginx는 수천 개의 동시 요청을 허용하므로 전체 마이크로서비스 애플리케이션 앞단에 적합하며, 이로 인해 이상적인 리버스 프록시와 정적 콘텐츠 프로바이더가 될 수 있다. Nginx는 또한 엔보이와 동일한 방식으로 사이드카 프록시로 실행할 수도 있다. 엔보이는 TLS 종료를 위해 Nginx 대신 엣지 프록시를 실행할 수도 있으며, 로드 밸런서로 HAProxy를 대체할 수도 있다. Nginx는 다운스트림 연결을 위해 HTTP/2를 지원하는 반면 엔보이는 업스트림/다운스트림 통신 모두에 HTTP/2를 지원한다.

엔보이를 채택하는 이유 중 하나는 완전한 기능의 트래픽 관리를 쉽게 구현하기 때문인데, Nginx에서 이를 구현하려면 많은 작업과 노력이 필요하다.

Lyft의 엔보이는 클라우드 네이티브 컴퓨팅 재단Cloud Native Computing Foundation(https://cncf.io)에서 졸업한 오픈 소스 프로젝트며 IBM, 구글, AWS, 마이크로소프트, Salesforce, Uber, Lyft, Airbnb 등에서 사용하고 있다.

엔보이는 무엇인가?

엔보이는 문서(https://www.envoyproxy.io/docs/envoy/latest/intro/what_is_envoy)에 따르면 대규모 모던 서비스지향 아키텍처를 위해 설계된 L7 프록시 및 통신 버스다.

엔보이의 주요 목적은 네트워크를 애플리케이션에 투명하게transparent 만드는 것이고 다음과 같은 프로세스를 통해 이를 시도한다.

- **Out of process 아키텍처** : 사이드카 프록시라고도 하며, 애플리케이션과 함께 실행되며 언어와 무관하다.
- **모던Modern C++** : 엔보이는 지연 시간을 최소화하기 위해 C++로 작성됐다.
- **L3/L4 필터** : 엔보이는 플러그 가능한 필터 체인 메커니즘을 제공하는 L3/L4 네트워크 프록시다.
- **HTTP L7 필터**: 버퍼링, 속도 제한, 라우팅/포워딩을 지원하는 HTTP L7 필터 레이어가 있다.
- **HTTP/2 지원** : HTTP 1.1과 2를 모두 지원하는 엔보이는 양방향으로 투명한 HTTP/1.1에서 HTTP/2 프록시로 작동할 수 있다. HTTP/2를 사용하면 멀티플렉스 요청/응답에 지속적인 커넥션 메시를 만들 수 있다.

- **HTTP L7 라우팅**: 경로, 권한, 콘텐츠 유형, 런타임 값을 기반으로 요청을 라우팅한다.
- **gRPC 지원** : gRPC 요청과 응답의 라우팅 및 로드 밸런싱을 지원한다.
- **서비스 디스커버리**Service discovery**와 동적 구성**dynamic configuration: 중앙 집중식 관리를 위한 동적 구성 API가 있다.
- **상태 점검**Health checking: 업스트림 서비스에 대한 활성 상태 점검이 있으며 정상 로드 밸런싱 대상을 결정한다.
- **프론트/엣지 프록시 지원**: 엔보이의 주요 용도는 프론트(사이드카) 프록시로서 서비스 간 통신에 사용되지만 Nginx와 유사하게 엣지 프록시 역할을 할 수도 있다.
- **최고 수준의 관찰성**observability: 통계 수집은 어드민 포트를 통해 볼 수 있으며 통계 싱크로 `statsd`를 사용한다.

다음으로 엔보이 아키텍처Envoy architecture를 배운다.

엔보이 아키텍처

엔보이는 재시작할 필요 없이 동적 실시간 대역 외 구성과 같은 다양한 서비스 메시 기능을 제공한다. 또한 리스너, 필터, L3/L4 필터, HTTP L7 라우팅, TCP 프록시, HTTP 1.1과 HTTP/2 프로토콜 지원, 커넥션 풀링, 로드 밸런싱, 우선 순위 요청 라우팅, 관찰성, RBAC, 속도 제한 및 트래픽 시프팅 분할 등을 지원하며 이 모든 작업은 엔보이 커넥션 핸들링을 위한 필터 체인을 통해 관리된다.

다음 다이어그램은 엔보이의 기능/아키텍처 매트릭스다.

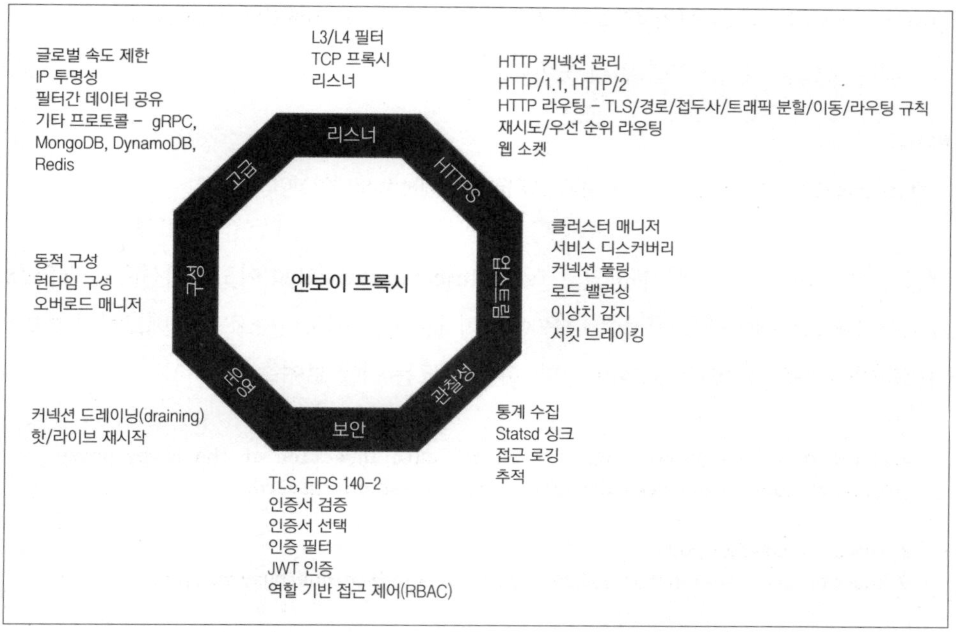

이 다이어그램에서, Istio에서 적절한 구성으로 활용되는 엔보이의 프록시 기능을 볼 수 있다. 예를 들어 엔보이는 강력한 경량lightweight 프록시 엔진이며, Istio에는 구성을 위한 8,000라인 이상의 코드가 있다. Istio는 최종 사용자로부터 이러한 복잡성을 숨겨 각 마이크로서비스에서 사이드카 프록시를 사용할 수 있도록 솔루션을 제공한다.

배포

엔보이는 도커 컨테이너로 패키지 제공된다. 컨테이너 없이 실행할 경우 소스에서 빌드해야 한다. 엔보이는 엔진과 같으며, 자동화를 위해 컨트롤 플레인을 사용하지 않고 사용하도록 구성하려면 엔진에 익숙해져야 한다. 오픈 소스인 Istio 또는 오픈 소스가 아닌 AWS App Mesh와 같은 서비스 메시 프로바이더는 즉시 사용할 수 있도록 컨트롤 플레인을 통해 적절한 연결로 올바른 구성을 관리해 처리한다.

Istio가 배포Deployment된 후에는 `istio-injection = enabled`로 네임스페이스에 레이블을 지정하기만 하면 나머지는 자동으로 처리되므로 사용하기 쉽다. 이 네임스페이스의 특정 포드가 사이드카를 얻지 못하는 경우, 포드는 어노테이션되며(예: sidecar.istio.io/inject : False) 해당 포드는 사이드카를 얻지 못한다.

NOTE

> 쿠버네티스에서 네임스페이스는 레이블이 있지만 포드에는 어노테이션이 있다.

예를 들어 Istio가 이미 설치돼 있고 istio-injection = enabled 어노테이션으로 네임스페이스 default 레이블을 지정한 다음 애플리케이션을 배포한다고 가정해보자. 엔보이 사이드카 프록시가 자동으로 주입된다. 다음 코드는 이를 보여준다.

```
# Label the default name space to enable auto injection of the Envoy proxy
$ kubectl label namespace default istio-injection=enabled

# Install busybox pod
$ kubectl create -f https://k8s.io/examples/admin/dns/busybox.yaml

# Check the pod and you should see sidecar injected automatically
# With 2/2 under the READY column
$ kubectl get pods
NAME      READY  STATUS    RESTARTS  AGE
busybox   2/2    Running   0         3m55s
```

busybox 포드를 describe하면 엔보이 사이드카 프록시에 대한 세부 정보를 볼 수 있다.

busybox 포드에는 프록시를 초기화하는 istio-init라는 하나의 초기화 컨테이너가 있다. busybox 컨테이너 생성 후 istio-proxy 사이드카 프록시도 적절한 커맨드 라인 파라미터를 사용해 생성된다.

```
$ kubectl describe pod busybox
Name: busybox
Namespace: default
...
Init Containers:
  istio-init:
   Image: docker.io/istio/proxy_init:1.2.2
   Args:
     -p
```

```
      15001
      -u
      1337
      -m
      REDIRECT
      -i
      *
      -x
      -b
      -d
      15020
  Containers:
    busybox:
      Image:  busybox:1.28
  ...
```

다음 코드 블록은 istio-proxy의 사이드카 구현을 보여준다.

```
  istio-proxy:
    Image:     docker.io/istio/proxyv2:1.2.2
    Port:      15090/TCP
    Host Port: 0/TCP
    Args:
      proxy
      sidecar
      --domain
      $(POD_NAMESPACE).svc.cluster.local
      --configPath
      /etc/istio/proxy
      --binaryPath
  ...
```

쿠버네티스가 웹훅 어드미션 컨트롤러를 변경하면 엔보이 사이드카 프록시를 배포에 주입한다. 변형mutating 컨트롤러는 쿠버네티스에 전송되기 전에 해당 객체를 수정한다. 이 경우 busybox 배포 YAML 파일에는 사이드카 프록시 배포와 관련된 정보가 포함돼 있지 않다. 그러나 istio-injection=enabled로 레이블을 지정한 기본 네임스페이스에서 배포를 시작하면 웹훅 어드미션 컨트롤러가 호출되고, 이는 사이드카 프록시를 포함하도록 busybox 배포를 수정한다.

사이드카 프록시 배포는 프로세스를 자동화하는 Istio 컨트롤 플레인의 기능이라는 점에 유의한다. 예를 들어 configmap의 `istio-sidecar-injector`에는 `istioctl`로 수동으로 사용하거나 웹훅 어드미션 컨트롤러를 통해 애플리케이션의 배포를 수정할 수 있는 템플릿이 포함돼 있다.

다행히도 사이드카 프록시 배포가 어떻게 이뤄지는지 걱정할 필요는 없다. 컨트롤 플레인의 일부이므로 네임스페이스에 레이블을 지정하기만 하면 되기에 프로세스를 쉽게 수행할 수 있다. 다른 모든 것은 자동으로 처리된다.

이제 데이터 플레인과 구현 방법을 살펴봤으니 계속 진행해보자. Istio의 가장 필수적인 기능은 관찰성 기능에 사용하는 도구인데, 이것이 없다면 분산 애플리케이션에서 무슨 일이 일어나는지 파악하는 것이 거의 불가능하다. 모놀리식 애플리케이션과 달리 분산 마이크로서비스 애플리케이션은 복잡한 테스트 기능, 로그 수집 및 서비스 메시에서 일어나는 일에 대한 정보를 제공한다. Istio는 이러한 기능을 제공하는 데 필요한 도구를 번들로 제공한다. 다음 섹션에서 더 자세히 설명한다.

관찰성(Observablity)

Istio의 믹서는 통과하는 트래픽에 서비스 프록시가 생성한 상세한 텔레메트리 데이터를 수집한다. 세 가지 유형의 텔레메트리(메트릭, 로그, 추적)를 수집한다.

Istio는 즉시 사용 가능한 모니터링과 대시보드 시각화 기능을 제공하며 이를 통해 서비스 메시 트래픽을 모니터링할 수 있다. Istio의 텔레메트리는 현재 두 가지 컴포넌트로 구성된다.

- Prometheus는 풀pull 모델을 통해 수집하는 메트릭 데이터 저장소다. 관리 목적으로 자체 GUI가 있다.
- Grafana는 데이터를 표시하는 강력한 그래프 도구다. Istio를 위한 애드온add-on 인스턴스로 사전 구성되며 Prometheus로 시작하도록 구성돼 있다. Prometheus는 각 Istio 컴포넌트에서 데이터를 수집한다.

Grafana 대시보드는 요약, 개별 서비스, 개별 워크로드의 세 가지 주요 뷰views로 구성된다. 전반적으로, 메시 요약은 전체 서비스 메시에 대한 전체적인 글로벌 뷰를 제공하고 HTTP, HTTPS 및 gRPC에 대한 프로토콜 메트릭을 보여준다. 마이크로서비스는 모든 TCP 워크로드에 대한 개별 요청 및 응답에 대한 메트릭을 제공한다.

Istio는 Kiali(Kiali, https://kiali.io)라는 시각화 프로젝트도 채택했다. 데모 프로필을 사용해 기본적으로 설치된다. Kiali는 어떤 마이크로서비스가 서비스 메시의 일부인지, 어떻게 서로 연결돼 있는지, 그리고 네트워크 트래픽에 어떻게 기여하는지를 파악하는 데 도움이 되는 뛰어난 관찰성 도구다.

Kiali는 Istio의 ServiceEntry 구현을 통해 외부 서비스를 관찰하는 데 사용할 수 있다. 예를 들어 Kiali를 통해 관찰해 외부 서비스로 전송되는 트래픽의 양을 확인할 수 있다.

요약하면 Kiali는 대시보드로 시각화되는 컨텍스트 데이터 이후의 애플리케이션과 워크로드 상호 작용을 표시하기 위해 지정된 네임스페이스의 실시간 그래픽 뷰를 제공한다. 전체 애플리케이션 상태에 대한 애플리케이션 레이어의 자세한 정보를 제공하고 지정된 워크로드의 세부 목록을 제공한다. Istio의 경우 서비스와 관련된 모든 사용 가능한 구성 개체와 메트릭을 나열하는 지정된 구성 메뉴 옵션이 있다. YAML 유효성 검사가 올바르게 구성되지 않은 경우 오류를 강조 표시하고 경고 및 오류 심각도 플래그를 활성화해 YAML 구성의 유효성 검사를 할 수 있다.

Jaeger를 통한 분산 추적은 서비스 메시에서 어떤 네트워크 경로가 더 느린지 여부와, 병목 현상을 식별하는 방법을 찾는 데 도움이 된다.

이후 13장에서는 관찰성 관점에서 즉시 사용할 수 있는 텔레메트리 기능을 설명한다.

요약

이 장에서 Istio가 어댑터를 사용해 외부 텔레메트리, 인증, 권한 부여 시스템과 통합하는 기능이 풍부한 오픈 소스 서비스 메시 프로젝트임을 배웠다. 지금까지 살펴봤듯 Istio의 네 가지 주요 범주는 트래픽 관리Traffic Management, 보안Security, 정책Policy 및 텔레메트리Telemetry이며, 모두 각 장에서 자세히 다룬다.

Istio의 파일럿, 믹서, 갤러 및 시타델의 아키텍처는 컨트롤 플레인을 구성하고, 서비스 포드에 연결된 프록시는 데이터 플레인을 구성하며, 이는 개발과 운영을 분리해 완전한 서비스 메시를 제공한다. Istio 서비스 메시는 SRE 팀의 매우 강력한 도구로, 트래픽을 제어하거나 보안을 관리하고 정책을 구현하고 서비스 메시를 관찰하는 데 사용된다.

파일럿은 이름에서 알 수 있듯 엔보이 엔진의 기본 네비게이터이며 애플리케이션을 올바른 방향으로 안내한다. 믹서 플러그인 모델을 사용하면 외부 텔레메트리, 인증, 권한 부여 및 기타 모듈을 Istio와 통합해 확장성을 제공할 수 있다. 갤리는 다양한 Istio 컴포넌트에 대한 이면behind the scenes 구성 관리자다. 마지막으로 시타델은 Istio의 인증 기관이다. 복잡한 내부 세부 사항을 모두 추상화해 전체 애플리케이션에 대한 mTLS를 구현할 수 있도록 셀프 서비스 모델을 제공하고 인증서와 키를 자주 순환해 애플리케이션에 대한 동급 최고의 보안 모델을 제공한다.

Istio 서비스 메시 아키텍처는 빠르게 진화하고 있으며 새로운 기능이 지속적으로 추가되고 있다. 집필 당시 Istio의 버전은 1.0.3이었지만 지금은 이미 1.5.0 버전이다. Istio는 진화했으며 프로덕션에 사용할 준비가 됐다. Istio의 향후 개선 사항은 해당 컴포넌트의 성능 최적화에 초점을 맞출 것이다.

다음 장에서는 Istio를 자세히 배울 수 있도록 데모 애플리케이션을 구축하고 Istio 없이 어떻게 작동하는지 살펴본다. 그다음 뒷장에서 트래픽 관리, 보안, 정책 및 텔레메트리를 구현해 기존 애플리케이션을 수정하거나 코딩하지 않고도 Istio의 서비스 메시 기능을 채택하는 방법을 알아본다.

문제

1. 서비스 메시는 네트워크의 어느 레이어에서 작동하는가?

   A) 레이어 7

   B) 레이어 3/4

2. Hystrix와 Finnagle과 같은 라이브러리는 트래픽 라우팅 기능을 추상화하는 데 탁월했지만, 엔보이가 클라우드 네이티브 애플리케이션에서 성공한 이유는 무엇인가?

   A) 라이브러리는 Java 애플리케이션용이었으며, 다른 애플리케이션으로 이식해야 하는 반면 엔보이 프록시 사이드카는 언어와 무관하고 폴리글랏 애플리케이션에서 작동할 수 있었다.

   B) 라이브러리의 업데이트는 애플리케이션을 강제로 업데이트하는 반면, 엔보이 프록시는 애플리케이션 마이크로서비스와 독립적으로 업그레이드할 수 있다.

   C) 라이브러리는 트래픽을 관리할 수 있지만 로드 밸런싱은 외부 기능인 반면, 엔보이 프록시는 Istio 구성 요소를 통한 동적 규칙 및 구성 전파를 통해 로드 밸런싱과 통합된다.

   D) A, B, C

   E) 해당 사항 없음

3. Istio 컨트롤 플레인은 마이크로서비스 애플리케이션의 단일 장애 지점single point of failure이다.

   A) 참

   B) 거짓

4. 진정한 서비스 메시는 엔보이 사이드카 프록시를 통해 형성된다.

   A) 참

   B) 거짓

5. Istio는 하나의 클러스터 수준에서 작동하며 여러 클러스터에 걸쳐 있을 수 없다.

A) 참

B) 거짓

6. Istio의 서비스 디스커버리는 쿠버네티스와 긴밀하게 통합되지만 외부 서비스 프로바이더와도 작동할 수 있다.

A) 참

B) 거짓

7. 파일럿은 트래픽 관리를 담당하는 반면 엔보이는 구성을 파일럿에 푸시한다.

A) 참

B) 거짓

8. 대상 규칙, 게이트웨이, 가상 서비스 등과 같은 Istio 기본 요소는 `istioctl`을 통해서만 만들 수 있고 `kubectl`을 사용해서는 만들 수 없다.

A) 참

B) 거짓

9. mTLS를 위한 Istio 전송 보안 구현은 셀프 서비스 모델이다.

A) 참

B) 거짓

10. Kiali를 통해 연결 및 트래픽 패턴에 대한 서비스 메시를 관찰할 수 있다.

A) 참

B) 거짓

참고 자료

- *The OSI Model Explained: How To Understand (And Remember) The 7 Layer Network Model*, Shaw Keith, Network World, 2019: https://www.networkworld.com/article/3239677/the-osi-model-explained-how-to-understand-and-remember-the-7-layer-network-model.html
- *Amalgam8: An Integration Fabric For Microservices In The Cloud - Archive Of The IBM Cloud Blog* Rothert Doug, Archive Of The IBM Cloud Blog, 2019: https://www.ibm.com/blogs/cloud-archive/2016/06/amalgam8-integration-fabric-microservices-cloud/
- *Istio/Community*, GitHub, 2019: https://github.com/istio/community#istio-authors
- *Observability*, Istio, 2019: https://archive.istio.io/v1.3/docs/concepts/observability/
- *Policies and Security*, Istio, 2019: https://archive.istio.io/v1.3/docs/concepts/security/
- *Traffic Management*, Istio, 2019: https://archive.istio.io/v1.3/docs/concepts/traffic-management/
- *Envoy Proxy*, Envoyproxy.Io, 2019: https://www.envoyproxy.io/
- *Kiali*, Kiali.Io, 2019: https://www.kiali.io/

08

데모 애플리케이션 설치

Istio 서비스 메시를 설치하고 기능을 살펴보기 전에, Istio(https://istio.io)에서 만든 BookInfo라는 데모 애플리케이션을 설치한다. 이 데모 애플리케이션은 트래픽 관리, 보안, 정책 및 관찰성과 같은 Istio의 기능을 알아보는 데 도움이 되며, 자세한 내용은 다음 장에서 살펴본다. 이 장에서는 데모 애플리케이션의 기본 기능과 Istio 기능을 사용하지 않고 어떻게 동작하는지를 보여준다.

이 장에서는 다음 주제를 다룬다.

- Istio의 BookInfo 애플리케이션 개요
- 쿠버네티스에서 BookInfo 애플리케이션 배포
- VM에서 쿠버네티스 서비스에 대한 DNS 검색 활성화
- BookInfo 애플리케이션 이해

기술적 요구 사항

이 장에서 실습을 완료하려면 다음이 필요하다.

- 최소 구성 요구 사항에 따른 Windows 10 PC 또는 노트북이나 애플 MacBook
- 쿠버네티스 환경
- 쿠버네티스를 실행하는 VM에서 애플리케이션을 다운로드할 수 있도록 호스트 컴퓨터에 대한 인터넷 접근

이 장의 GitHub 페이지는 https://github.com/servicemeshbook/istio/으로 Chapter 08 - Installing a Demo Application이라는 레이블이 붙어 있으며 쿠버네티스의 릴리즈 일정에 따라 업데이트될 것이다.

NOTE

> 이 장에서 제공하는 코드 실습을 시작하기 전에 쿠버네티스를 이해해야 한다. 자세한 내용은 참고 자료 섹션에 언급된 책을 참조한다. 쿠버네티스 설치에 대한 자세한 내용은 6장을 참조한다.

Istio의 BookInfo 애플리케이션 탐색

BookInfo는 Istio 커뮤니티에서 다양한 Istio 기능을 테스트하고 시연하는 데 사용하는 오픈 소스 애플리케이션이다. 개발자 커뮤니티는 https://github.com/istio/istio에서 유지 관리한다. 샘플 애플리케이션은 프로그래밍 언어가 섞여 있어 뒷장에서 서비스 메시의 이점을 실현할 수 있다.

중요한 것은 라우팅, 텔레메트리 및 정책 시행을 위해 애플리케이션 코드를 변경할 필요가 없다는 점이다. 운영을 구현하는 데 코딩이 필요하지 않은 DevOps 환경으로 생각해보면 일반적으로는 애플리케이션 자체 내에서 장치가 필요하다. 오늘날 이는 애플리케이션 개발의 전환이며 운영팀은 애플리케이션을 변경하지 않고도 작업을 수행할 수 있다.

NOTE

> Istio BookInfo 애플리케이션은 https://github.com/istio/istio/tree/master/samples/bookinfo에서 사용할 수 있다.

BookInfo 애플리케이션 아키텍처

BookInfo 마이크로서비스는 6개의 서비스를 포함하는 폴리글랏 애플리케이션이다.

- **Product Page**: Python을 사용해 프로그래밍됨
- **Reviews(v1, v2, v3) Pages**: Java를 사용해 프로그래밍됨
- **Detail Page**: Ruby를 사용해 프로그래밍됨
- **Rating Page**: Node.js를 사용해 프로그래밍됨

다음 다이어그램은 폴리글랏 마이크로서비스 애플리케이션의 흐름을 보여준다.

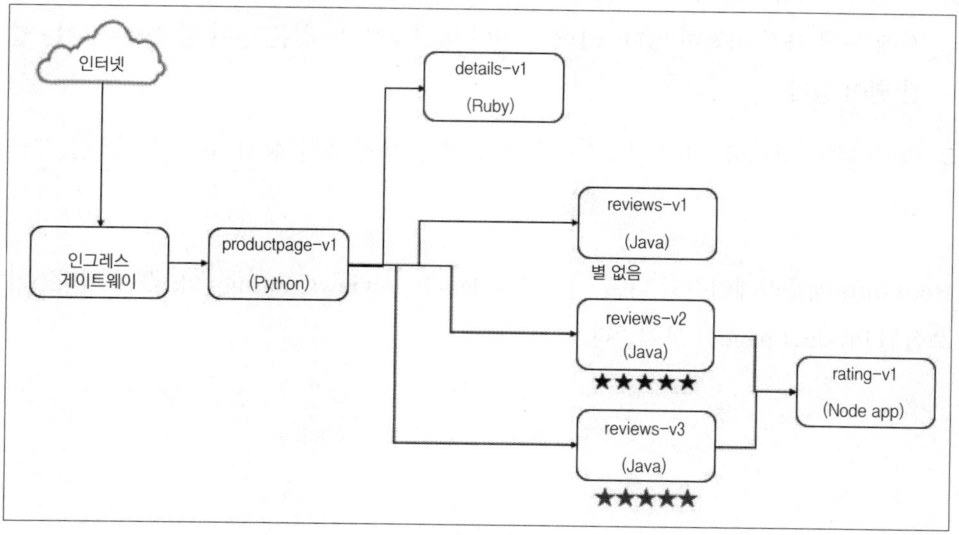

Bookinfo 애플리케이션을 실행하면 productpage 서비스는 Istio 인그레스 게이트웨이를 통해 외부에서 트래픽을 받는다. productpage 마이크로서비스는 다음을 호출한다.

- 책의 세부 사항을 얻기 위한 details 마이크로서비스
- 서평을 받기 위한 reviews 마이크로서비스

앞의 다이어그램에서 볼 수 있듯 reviews 마이크로서비스에는 세 가지 버전이 있다. 기본적으로 productpage의 요청은 세 가지 버전의 reviews 모두에 라운드 로빈round-robined 된다. reviews-v1은 reviews-v2와 reviews-v3와는 달리 ratings 서비스를 호출하지 않는다. reviews-v1은 즉시 리턴하고 productpage 디스플레이에 별을 표시하지 않으며, reviews-v2는 검은 별을 표시하는 반면 reviews-v3은 productpage 디스플레이에 빨간 별을 표시한다. 별의 부재와 색상으로 어떤 특정한 버전의 reviews가 productpage의 요청을 처리했는지 확인할 수 있다. 이 구조를 살펴보도록 하자.

1. 먼저 사용자는 메인 화면인 메인 페이지에 로그인한다. 이를 Product page라 한다.
2. 다음으로 사용자는 reviews 마이크로 서비스를 통해 서평을 제출할 수 있다. 이 서비스에는 세 가지 버전이 있다. v1에는 별이 없고 v2에는 검은 별이 있으며 v3에는 빨간 별이 있다.
3. 마지막으로 details 마이크로서비스는 선택한 책에 대한 상위 수준의 개요를 제공한다.

BookInfo 애플리케이션의 다음 이미지는 details, reviews, ratings 마이크로서비스가 포함된 Product page를 보여준다.

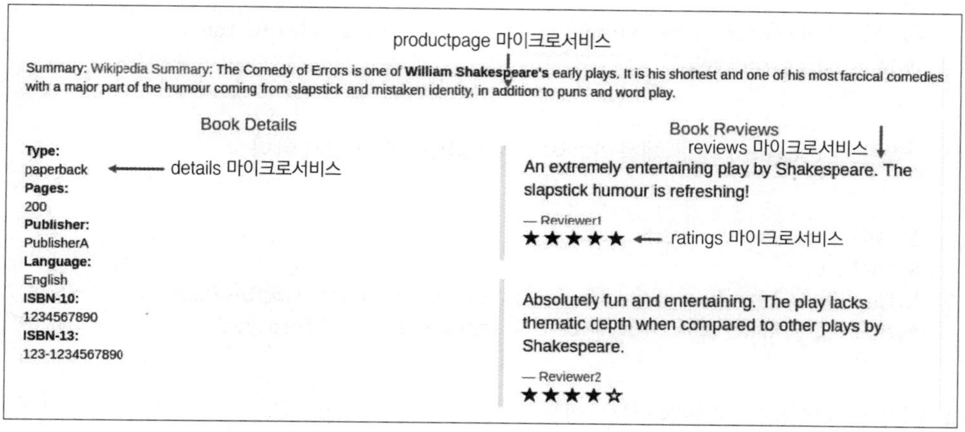

다음 섹션에서는 BookInfo를 배포하고 외부 네트워크에 대한 전체 접근과 가용성을 확인해 배포를 검증하는 방법을 실습한다.

쿠버네티스에서 BookInfo 애플리케이션 배포

BookInfo는 Istio의 퍼블릭 GitHub 페이지에서 제공하는 배포 YAML 파일을 사용해 쿠버네티스 환경에 배포된다. https://archive.istio.io/v1.3/docs/examples/bookinfo/. BookInfo 애플리케이션을 설치하려면 다음 단계를 따른다.

1. 애플리케이션을 배포하는 데 사용할 별도의 네임스페이스를 생성한다.

```
$ kubectl create namespace istio-lab
namespace/istio-lab created
```

2. 간단한 실습을 위해 `istio-lab` 네임스페이스의 기본 서비스 계정에 Cluster Admin 역할을 부여한다. 네임스페이스에 `cluster-admin`을 부여하는 이 접근 방식은 편의를 위한 것으로 표준이 돼서는 안 된다.

```
$ kubectl create clusterrolebinding istio-lab-cluster-role-binding
--clusterrole=cluster-admin --serviceaccount=istio-lab:default
```

```
clusterrolebinding.rbac.authorization.k8s.io/istio-lab-cluster-
role-binding created
```

3. 다음으로 bookinfo 데모 애플리케이션 YAML을 다운로드한다.

```
$ mkdir -p ~/servicemesh
$ curl -L
https://raw.githubusercontent.com/istio/istio/master/samples/bookin
fo/platform/kube/bookinfo.yaml -o ~/servicemesh/bookinfo.yaml
```

4. 이제 bookinfo 애플리케이션을 배포한다.

```
$ kubectl -n istio-lab apply -f ~/servicemesh/bookinfo.yaml
...
deployment.apps/details-v1 created
service/ratings created
serviceaccount/bookinfo-ratings created
deployment.apps/ratings-v1 created
service/reviews created
serviceaccount/bookinfo-reviews created
deployment.apps/reviews-v1 created
deployment.apps/reviews-v2 created
deployment.apps/reviews-v3 created
...
deployment.apps/productpage-v1 created
```

5. bookinfo 앱 도커 이미지는 docker.io/istio/*에서 다운로드된다.

6. 마지막으로 kubectl -n istio-lab get all을 체크해 BookInfo 마이크로서비스 애플리케이션 배포 진행 상황을 확인한다. 포드가 준비된 후 쿠버네티스 서비스가 엔드포인트를 통해 활성화되려면 몇 초에서 몇 분 정도 걸린다.

이제 BookInfo 애플리케이션을 배포하는 시나리오를 살펴봤으니 VM 내에 배포된 쿠버네티스 서비스의 전체 주소 도메인 이름을 검증해보자. 이 과정은 쿠버네티스 서비스에 접근하기 위해 IP 주소를 사용하는 종속성을 제거할 수 있다.

VM에서 쿠버네티스 서비스에 대한 DNS 검색 활성화

쿠버네티스 서비스를 통해 마이크로서비스에 접근하며 기본 네임스페이스의 쿠버네티스 서비스 이름에 `kubernetes.default.svc.cluster.local`과 같은 영구적인 이름을 가진다. 클러스터의 기본 도메인 이름은 `cluster.local`이다. 쿠버네티스는 `kube-system` 네임스페이스에서 `kube-dns` 서비스를 사용해 DNS 서버를 실행한다.

사용 중인 VM에서는 내부 쿠버네티스 서비스에 정의된 경로가 없으므로 VM에서 내부 서비스 이름에 접근할 수 없다.

다음 단계에서는 쿠버네티스 서비스의 도메인 이름을 검증한다.

1. 다음 명령을 실행한다.

```
$ dig +search +noall +answer kubernetes.default.svc.cluster.local
```

앞의 명령이 타임아웃되면 이는 쿠버네티스 서비스 이름을 확인할 DNS 서버를 찾을 수 없음을 의미한다.

NOTE

이 단계는 책에 나온 실습에만 필요하다. DNS 서버가 있을 것으로 예상되는 프로덕션에서의 쿠버네티스 환경에서는 이러한 단계를 수행할 필요가 없다.

2. root로 로그인해 쿠버네티스 DNS 서버의 `/etc/resolv.conf`에 다음 항목을 확인하거나 추가한다. 쿠버네티스 서비스에 대한 적절한 이름 확인을 위해 이를 수행한다.

```
search cluster.local
nameserver 10.96.0.10
```

3. `dig` 명령을 반복한다. 포드의 IP 주소로 도메인 이름을 확인할 수 있다는 점에 유의한다.

```
$ dig +search +noall +answer kubernetes.default.svc.cluster.local
kubernetes.default.svc.cluster.local. 30 IN A 10.96.0.1
```

이제 VM 환경에서 쿠버네티스 서비스의 도메인 이름을 확인했으니, 방금 설치한 BookInfo 애플리케이션을 자세히 알아보자.

BookInfo 애플리케이션 이해

전통적인 환경에서는 일부 라우팅이 애플리케이션 레이어에서 빌드되지 않는 한 동일한 서비스의 여러 버전을 동시에 실행할 수 없다.

그러나 앞의 예제에서는 세 가지 버전의 reviews 마이크로서비스를 동시에 실행하고 있다. 이 애플리케이션은 네트워크 서비스 정의가 있는 쿠버네티스 환경 내에서 실행되므로 동일한 마이크로서비스의 여러 버전을 실행할 수 있다. 그러나 각 마이크로서비스에 대한 트래픽은 랜덤하며, 어떤 마이크로서비스가 트래픽을 수신할지 알 수 없다.

이런 식으로 생각할 수 있다. 프론트엔드 웹 애플리케이션이 이미 안정적으로 실행 중이지만 모던 웹 UI 기능을 사용하지는 않고 있다. 다른 사람들에게 영향을 주지 않으면서 소수의 고객에게만 다른 웹 UI 프론트엔드를 활성화하려 한다. 이러한 유형의 선택적 롤아웃은 지속적인 개선 및 개발 전략에 매우 적합하다. 요구 사항은 코드를 작성하지 않고도 이를 수행할 수 있어야 한다는 것이다.

전통적인 애플리케이션 개발에서는 엔지니어가 어떠한 형태로든 소스 코드를 작성해야 한다. 사실상의 개발 방법론이기 때문이다. 클라우드 네이티브 프레임워크를 고려한다면 코드 변경 없이 규칙과 정책을 관리할 수 있는 운영 담당 직원으로 역할이 전환되고 있다.

BookInfo를 더 자세히 살펴보기 위해 배포된 포드, 서비스와 애플리케이션 내의 다양한 서비스의 전체 가용성을 살펴보자.

쿠버네티스 환경에서 BookInfo 애플리케이션 탐색

쿠버네티스 관점에서 이 애플리케이션의 다양한 의미를 간단히 확인해보자.

요약하자면 istio-lab 네임스페이스에 BookInfo 애플리케이션을 설치했다. 시작해보자.

1. 다음 명령을 실행해 이 애플리케이션의 상태를 확인한다.

```
$ kubectl -n istio-lab get pods
NAME                              READY  STATUS   RESTARTS  AGE
details-v1-bc557b7fc-sfgcc        1/1    Running  0         90s
productpage-v1-6597cb5df9-j9wk5   1/1    Running  0         87s
ratings-v1-5c46fc6f85-vqwck       1/1    Running  0         90s
reviews-v1-69dcdb544-966tw        1/1    Running  0         90s
reviews-v2-65fbdc9f88-hvfbg       1/1    Running  0         89s
reviews-v3-bd8855bdd-d2c7p        1/1    Running  0         88s
```

   각 포드 (1/1)에서 하나의 컨테이너만 실행 중이며 6개의 마이크로서비스는 모두 별도의 포드에 있다.

2. 다음으로 애플리케이션의 내부 클러스터 IP와 애플리케이션 포트를 표시하는 BookInfo에 대한 쿠버네티스 서비스 디스크립션description을 살펴보자. 다음 명령어를 실행해 변경 불가능한immutable 서비스 IP 주소를 변경 가능한mutable 포드의 IP 주소에 연결하는 bookinfo 쿠버네티스 서비스를 확인한다.

```
$ kubectl -n istio-lab get svc
NAME         TYPE       CLUSTER-IP  EXTERNAL-IP  PORT(S)   AGE
details      ClusterIP  10.0.0.88   <none>       9080/TCP  2m3s
productpage  ClusterIP  10.0.0.33   <none>       9080/TCP  2m1s
ratings      ClusterIP  10.0.0.11   <none>       9080/TCP  2m3s
reviews      ClusterIP  10.0.0.45   <none>       9080/TCP  2m3s
```

   productpage는 bookinfo 데모 애플리케이션의 엔트리 포인트다.

3. VM 내부에서 브라우저에 http://productpage.istio-lab.svc.cluster.local:9080을 입력해 Product page를 연다.

4. 다음 curl 명령을 사용해 애플리케이션 응답이 200(OK)인지 확인할 수도 있다.

```
$ curl -o /dev/null -s -w "%{http_code}\n"
http://productpage.istio-lab.svc.cluster.local:9080
200
```

예제에서는 Product page가 제공하는 적절한 200 OK 응답인지 확인하기 위해 내부 서비스 이름과 IP 주소를 사용했다.

5. Product page의 서비스 디스크립션을 확인한다.

```
$ kubectl -n istio-lab describe svc productpage
Name: productpage
Namespace: istio-lab
Labels: app=productpage
        service=productpage
Annotations: kubectl.kubernetes.io/last-applied-configuration:
{"apiVersion":"v1","kind":"Service","metadata":{"annotations":{},"l
abels":{"app":"productpage","service":"productpage"},"name":"produc
tpage"
...
Selector: app=productpage
Type: ClusterIP
IP: 10.104.45.240
Port: http 9080/TCP
TargetPort: 9080/TCP
Endpoints: 192.168.230.213:9080
Session Affinity: None
Events: <none>
```

Product page의 서비스 IP 주소는 10.104.45.240이며, 엔드포인트는 192.168.230.213이라는 점에 유의한다. 이 IP는 노드에서 실행 중인 포드의 주소다. 이러한 IP는 경우마다 다를 수 있다.

6. 다음으로 IP 주소와 노드 이름을 자세히 살펴보기 위해 실행 중인 모든 포드를 확장한다.

```
$ kubectl -n istio-lab get pods -o wide
NAME                              READY   STATUS    RESTARTS   AGE ---
details-v1-74f858558f-nv59j       1/1     Running   0          11m ---
productpage-v1-8554d58bff-2dv6n   1/1     Running   0          11m ---
ratings-v1-7855f5bcb9-mpzhr       1/1     Running   0          11m ---
reviews-v1-59fd8b965b-4g22v       1/1     Running   0          11m ---
reviews-v2-d6cfdb7d6-wfzb7        1/1     Running   0          11m ---
reviews-v3-75699b5cfb-544c8       1/1     Running   0          11m ---
--- IP                NODE                      NOMINATED NODE
--- 192.168.230.211   osc01.servicemesh.local   <none>
--- 192.168.230.213   osc01.servicemesh.local   <none>
--- 192.168.230.212   osc01.servicemesh.local   <none>
--- 192.168.230.216   osc01.servicemesh.local   <none>
--- 192.168.230.214   osc01.servicemesh.local   <none>
--- 192.168.230.215   osc01.servicemesh.local   <none>
```

각 포드에는 각기 다른 IP 주소가 있으며 모두 동일한 노드에서 실행되고 있다는 점에 유의한다. 앞서 언급했듯 `curl` 명령을 사용해 애플리케이션 응답이 `200(OK)`인지 확인할 수도 있다. 포드의 IP 주소를 사용해 Product page에 접근할 수도 있다.

TIP

000이 출력됐다면 IP가 틀린 것이다. Product page의 IP가 출력에 표시된 것과 일치하는지 확인한다. 이 시나리오에서 192.168.230.213은 테스트한 IP다.

7. (선택 사항) 포드의 IP 주소를 가져오기 위해 다음 코드를 실행하고, 다음 `curl` 명령을 실행해 애플리케이션이 요청을 처리하는지 확인한다.

```
$ PRODUCTPAGE_IP=$(kubectl -n istio-lab get pods -l app=productpage
-o jsonpath={.items..status.podIP}) ; echo $PRODUCTPAGE_IP
192.168.230.213

$ curl -o /dev/null -s -w "%{http_code}\n"
http://$PRODUCTPAGE_IP:9080
200
```

HTTP 응답 코드는 요청이 정상임을 나타내는 200이어야 한다. 이는 애플리케이션이 제대로 작동하는지 확인하기 위한 상태 검사sanity check다.

포드의 IP 주소는 변경될 수 있으며 포드가 다시 예약되면 쿠버네티스는 새로운 포드의 IP 주소로 서비스 엔드포인트를 자동으로 업데이트한다는 점에 유의한다.

이러한 개념은 쿠버네티스가 어떻게 작동하는지 이해하는 데 필수적이며, 뒷장에서 트래픽 라우팅을 다룰 때 이를 더 잘 이해하는 데 도움이 된다.

요약

이 장에서는 BookInfo의 전체 아키텍처와 쿠버네티스에 YAML 파일을 간단히 배포해 애플리케이션을 설치하는 방법을 이해했다. 또한 BookInfo의 포드, 서비스, 배포에 대한 가용성을 확인하는 방법을 배웠고, 6개 서비스 모두에 대한 서비스 기반 IP 주소를 검증했다. 이제 데모 애플리케이션을 설치했으니 Istio의 다양한 서비스 메시 기능을 이해할 수 있을 것이다.

다음 장에서는 Istio 서비스 메시를 설치하고 각 설치 프로세스의 작동 방식에 대한 모범 사례를 공유한다. 그 후 방금 설치한 BookInfo 애플리케이션을 사용해 트래픽 관리, 보안, 텔레메트리 및 전반적인 관찰성과 같은 Istio의 서비스 메시 기능을 설명한다.

문제

1. 쿠버네티스는 자체 DNS 서버를 제공한다.

   A) 참

   B) 거짓

2. 폴리글랏 애플리케이션이란 무엇인가?

   A) 폴리글랏 언어를 사용해 작성된 애플리케이션

   B) 여러 프로그래밍 언어로 작성된 애플리케이션

   C) 모든 플랫폼에서 실행할 수 있는 애플리케이션

   D) 동일한 마이크로서비스의 여러 버전이 있는 애플리케이션

3. 서비스 메시 아키텍처는 마이크로서비스 애플리케이션만을 위한 것이다.

   A) 참

   B) 거짓

4. 포드의 IP 주소는 변경 불가능하다[immutable].

   A) 참

   B) 거짓

5. 서비스 IP 주소는 변경 불가능하다[immutable].

   A) 참

   B) 거짓

6. 서비스 IP 주소는 쿠버네티스 엔드포인트를 통해 포드의 IP 주소에 연결된다.

   A) 참

   B) 거짓

참고 자료

- *Getting Started with Kubernetes – Third Edition*, Baier, Jonathan; and White, Jesse, Packt Publishing, October 2018, Print and Web
- *Kubernetes Cookbook*, Second Edition, Saito, Hideto, Lee, Hui-Chuan Chloe; and Hsu, Ke-Jou, Packt Publishing, May 2018, Print and Web
- *Mastering Kubernetes*, Sayfan, Gigi, Packt Publishing, April 2018, Print and Web

09

Istio 설치

앞에서 컨트롤 플레인과 데이터 플레인의 개념을 배웠다. 그리고 쿠버네티스 환경에 Istio 데모 애플리케이션을 배포했다. 이 장에서는 Istio의 세 가지 설치 방법을 살펴보고 데모 애플리케이션에서 자동 사이드카 주입을 통해 Istio를 사용할 수 있도록 한다. 그다음 Bookinfo 데모 애플리케이션의 각 마이크로서비스에 사이드카를 자동 및 수동으로 주입하는 방법을 모두 살펴본다.

쿠버네티스의 패키지 설치 절차는 Helm(클라이언트)와 Tiller(서버)를 시작으로 Operator 기반 설치로 바뀌고 있다. 집필 당시에는 Istio Operator 기반 설치로 진화하고 있다. 먼저 Helm 설치에 초점을 맞추고 사전 패키지된 Istio 프로필 기반 설치를 배운다.

이 장에서는 다음 주제를 다룬다.

- 사전 설치 작업 수행
- 세 가지 방법을 사용해 Istio 설치
- 로드 밸런서 설치

- Istio 활성화
- 수평형horizontal 포드 스케일링 설정

기술적 요구 사항

이 장에서 실습을 완료하려면 다음이 필요하다.

- 자신의 작업 쿠버네티스 환경
- 쿠버네티스에 배포된 Bookinfo 데모 애플리케이션
- 인터넷 접속

NOTE

자세한 설치 지침은 6장, '나만의 쿠버네티스 환경 만들기'와 8장, '데모 애플리케이션 설치'를 참조한다.

이 장에 대한 GitHub 페이지는 https://github.com/servicemeshbook/istio에서 Chapter 09 – Installing Istio라는 레이블이 붙은 페이지에서 찾을 수 있다.

다음 명령은 VM이 DNS를 사용해 이름을 확인할 수 있는지 여부를 보여준다.

```
$ dig +search +noall +answer ibm.com
ibm.com.       20850    IN    A     129.42.38.10
```

집필 시점에서는 Istio 1.3.5를 사용하고 있다. 브랜치를 1.3.5로 전환해 책에서 사용한 Istio 1.3.5 예제를 얻을 수 있다.

NOTE

기술이 빠르게 진화하고 변화하기에 주어진 예제는 Istio의 이후 릴리즈에서는 작동하지 않을 수도 있다. 이 장에서 사용한 Istio 버전을 다운로드하는 것이 좋다. 그러나 Istio의 최신 버전에 대한 https://github.com/servicemeshbook/istio를 업데이트할 것이고 최신 릴리즈에 필요한 모든 정오표(errata)를 게시할 것이다.

준비하기

프로덕션 환경의 경우, 권장되는 접근 방식은 AWS, 구글, IBM, Azure와 같은 퍼블릭 클라우드 프로바이더나 레드햇 오픈시프트와 같은 프라이빗 클라우드 프로바이더가 선별하고 검증 및 테스트한 Istio 릴리즈를 사용하는 것이다.

IBM은 인기 있는 오픈 소스 소프트웨어와 자체 미들웨어에 대한 Helm 차트를 유지한다. https://github.com/IBM/charts에서 helm 리포지터리를 추가해 IBM이 관리하는 쿠버네티스 패키지를 추가할 수 있다.

그러나 이 장에서는 https://github.com/istio/istio에서 직접 특정 릴리즈를 설치하는 데만 초점을 맞춘다.

NOTE

> 또한 퍼블릭 클라우드 프로바이더에서 제공하는 매니지드 쿠버네티스 서비스를 사용해 클라우드 네이티브 마이크로서비스 기반 애플리케이션을 배포할 수도 있다. 이러한 경우 쿠버네티스 플랫폼에 따라 설치 전에 특정한 설정이 필요하다. 쿠버네티스 관리 플랫폼은 https://archive.istio.io/v1.3/docs/setup/platform-setup/에 따라 테스트된다.

사전 설치 작업 수행

Istio 설치 전에 수행해야 할 몇 가지 사전 설치 작업이 있다. 여기에는 소스 코드 다운로드와 환경 검증이 포함된다. 이 섹션에서는 이러한 작업을 수행하는 방법을 배운다.

소스 코드 다운로드

`istio-system` 네임스페이스에 Istio를 설치하고 여기에 cluster-admin 역할을 부여한다. 이는 단지 편의를 위한 것이며 필수 사항은 아니다. 실제 프로덕션 환경에서는 쿠버네티스 관리자에 따른 세분화된 권한을 Istio를 설치하는 데 필요한 네임스페이스에 적용할 수 있다.

https://github.com/istio/istio/releases에서 특정 브랜치로 전환해 Istio의 특정 버전을 다운로드할 수 있다. 집필 당시에는 1.3.5 브랜치를 사용했으며, 예제와 동일한 Istio 브랜치를 사용하는 것이 좋다.

`git clone` 명령을 하거나 직접 다운로드해 특정 버전을 다운로드할 수 있다. 일관성을 위해 전체 실습을 수행할 수 있도록 직접 다운로드 방법을 사용한다. 다음 단계를 수행한다.

1. Istio의 모든 이전 릴리즈를 찾기 위한 명령어를 실행한다.

```
$ curl -L -s https://api.github.com/repos/istio/istio/releases |
grep tag_name
```

TIP

> 이전 명령에서 아무것도 출력되지 않은 경우 grep을 제거하면 외부 IP 주소에 적용된 속도 제한(rate limit)을 볼 것이다. 사용자 ID를 제공하려면 curl에서 –u 옵션을 사용한다. Settings | Developer Settings | Personal Access Token을 사용해 GitHub API 비밀번호를 생성해야 하며, 비밀번호로 사용할 수 있는 토큰을 생성해야 한다.

2. 최신 버전을 찾기 위해 다음 명령을 실행할 수 있다. 집필 당시 1.3.5 버전을 사용해 Istio를 배포하고 구현했다.

```
$ export ISTIO_VERSION=$(curl -L -s
https://api.github.com/repos/istio/istio/releases/latest | grep
tag_name | sed "s/ *\"tag_name\": *\"\\(.*\\)\",*/\\1/")

$ echo $ISTIO_VERSION
```

3. 실습 일관성을 유지하기 위해 1.3.5 버전을 다운로드한다.

```
$ cd ## Switch to your home directory
$ export ISTIO_VERSION=1.3.5
$ curl -L https://git.io/getLatestIstio | sh -

$ cd istio-$ISTIO_VERSION
```

4. 시스템 경로에 `istioctl`을 추가하기 위해 다음 행을 포함하도록 `~/.bashrc` 프로필을 편집한다.

```
$ vi ~/.bashrc

export ISTIO_VERSION=1.3.5
if [ -d ~/istio-${ISTIO_VERSION}/bin ] ; then
   export PATH="~/istio-${ISTIO_VERSION}/bin:$PATH"
fi
```

5. source `.bashrc`를 사용해 시스템 경로에 반영한다.

```
$ source ~/.bashrc
```

소스 코드를 다운로드했다. 이제 쿠버네티스에 Istio를 설치할 준비가 됐는지 확인하자.

설치 전 환경 검증

현재의 쿠버네티스 환경에서 선택한 Istio 버전을 설치할 수 있는지 확인하는 것이 좋다. Istio의 몇 가지 기능이 쿠버네티스 버전에 따라 다르므로 이를 미리 확인하는 것이 중요하다.

1. `istioctl verify-install`을 실행한다.

```
$ istioctl verify-install
Checking the cluster to make sure it is ready for Istio
installation...

Kubernetes-api
-----------------------
Can initialize the Kubernetes client.
Can query the Kubernetes API Server.

Kubernetes-version
-----------------------
```

```
Istio is compatible with Kubernetes: v1.15.6.Istio-existence
-----------------------
Istio will be installed in the istio-system namespace.

Kubernetes-setup
-----------------------
Can create necessary Kubernetes configurations:
Namespace,ClusterRole,ClusterRoleBinding,CustomResourceDefinition,R
ole,ServiceAccount,Service,Deployments,ConfigMap.

SideCar-Injector
-----------------------
This Kubernetes cluster supports automatic sidecar injection. To
enable automatic sidecar injection see
https://istio.io/docs/setup/kubernetes/additional-setup/sidecar-inj
ection/#deploying-an-app

-----------------------
Install Pre-Check passed! The cluster is ready for Istio
installation.
```

2. 앞의 테스트를 통과하면 Istio 설치를 계속한다.
3. `tiller` 서비스 계정을 추가해 `helm`을 다시 초기화할 것이므로 Tiller 포드를 제거한다.

```
$ helm reset --force
Tiller (the Helm server-side component) has been uninstalled from
your Kubernetes Cluster.
```

Istio의 사전 설치 작업에서 선택한 쿠버네티스 버전에 설치할 준비가 됐는지 확인한 후, 설치 프로필을 살펴보고 데모 환경에 맞는 프로필을 선택한다.

설치 프로필 선택

Istio는 `helm`이 사전 선택한 컴포넌트 집합을 사용해 Istio를 설치할 수 있도록 사전 구성된 프로필을 만들었다. 프로필은 values.yaml 파일이다. 이 파일은 설치 옵션을 제공하기 위한 `helm` 명령에 대한 입력이다. 다음 프로필이 사용된다.

- **Default**: 프로덕션 설치에 권장되는 구성 요소를 활성화한다.
- **Demo**: CPU와 메모리에 대한 최소 리소스 요구 사항으로 데모 목적의 Istio 구성 요소를 활성화한다. 데모 프로필은 인증 여부에 관계없이 제공된다.
- **Minimal**: 트래픽 관리를 가능하게 하는 최소한의 설치다.
- **sds-auth**: 기본 프로필과 유사하지만 SDS(Secret Discovery Service)를 활성화한다.

TIP

> 사용 가능한 프로필 목록을 보려면 istioctl experimental profile list 명령을 사용한다.

프로필에 대한 YAML은 /install/kubernetes/helm/istio 디렉토리에서 찾을 수 있다. 각 프로필에 사용할 수 있는 기능은 https://archive.istio.io/v1.3/docs/setup/additional-setup/config-profiles/를 참조한다. 이 책에서는 demo 프로필을 사용해 설치한다.

이제 소스 코드를 다운로드하고 쿠버네티스 환경의 유효성을 검사한 후 설치 프로필을 선택했으므로 모든 필수 사전 설치 작업을 완료했으며 Istio를 설치할 준비를 마쳤다. 바로 들어가보도록 하자.

Istio 설치

세 가지 다른 방법을 사용해 Istio 설치 프로세스를 진행한다.

- YAML 파일을 생성하기 위해 `helm` 템플릿을 사용해 설치
- `helm`과 `tiller`를 사용해 설치
- `kubectl apply` 명령을 사용해 demo 프로필을 통해 설치

helm 템플릿을 사용해 Istio 설치

Helm은 URI, TGZ 파일이나 디렉토리를 사용해 소프트웨어 패키지를 설치하는 옵션을 제공하는 패키지 관리자다. GitHub에서 Istio를 다운로드했으므로 `helm` 명령에 대한 입력으로 디렉토리를 사용한다.

`helm template` 명령을 사용하는 경우 먼저 커스텀 리소스 정의CRD를 생성해야 한다.

1. Istio에서 사용할 `istio-system` 네임스페이스를 생성한다.

```
$ kubectl create namespace istio-system
namespace/istio-system created
```

2. Istio 설치에 사용할 `istio-system` 네임스페이스의 기본 서비스 계정에 `cluster-admin` 역할을 부여한다.

```
$ kubectl create clusterrolebinding istio-system-cluster-role-
binding --clusterrole=cluster-admin --serviceaccount=istio-
system:default
clusterrolebinding.rbac.authorization.k8s.io/istio-system-cluster-
role-binding created
```

3. Istio CRD를 설치하고 `istio-system` 네임스페이스를 포함하도록 `tiller`를 다시 초기화한다. Helm 버전 3의 향후 릴리즈에서 CRD에 대한 종속성dependency은 `helm` 또는 YAML을 통해 직접 Istio 설치의 일부로 통합된다.

```
$ cd ~/istio-$ISTIO_VERSION/install/kubernetes/helm/istio-
init/files

$ for i in ./crd*yaml; do kubectl apply -f $i; done
customresourcedefinition.apiextensions.k8s.io/virtualservices.netwo
rking.istio.io created
customresourcedefinition.apiextensions.k8s.io/destinationrules.netw
orking.istio.io created
customresourcedefinition.apiextensions.k8s.io/serviceentries.networ
king.istio.io created
```

```
...
customresourcedefinition.apiextensions.k8s.io/challenges.certmanage
r.k8s.io created
```

4. Istio helm 차트로 디렉토리를 변경한 후 `tiller` 서비스 계정을 만들고 서비스를 다시 초기화한다.

```
$ cd ~/istio-$ISTIO_VERSION/install/kubernetes/helm

$ kubectl apply -f helm-service-account.yaml
serviceaccount/tiller created
clusterrolebinding.rbac.authorization.k8s.io/tiller created

$ helm init --service-account tiller
$HELM_HOME has been configured at /home/user/.helm.
Tiller (the Helm server-side component) has been installed into
your Kubernetes Cluster.
...
```

NOTE

Tiller is already installed in the cluster 라는 경고가 나타나면 경고를 무시하고 계속한다.

5. Tiller 포드가 `kube-system` 네임스페이스에서 실행 중인지 확인하고 `1/1`이 될 때까지 기다린다.

```
$ kubectl get pods -n kube-system | grep tiller
NAME                             READY  STATUS    RESTARTS  AGE
tiller-deploy-767d9b9584-bx4tf  1/1    Running   0         58s
```

6. 다음 `helm template` 명령을 실행해 `values-istio-demo.yaml`에 정의된 기본 Istio 데모 구성 파라미터를 사용해 yaml 파일을 생성한다. 그다음 생성된 출력을 `kubectl apply` 명령어로 라우팅한다. Helm 패키지 관리자의 서버 측 컴포넌트인 Helm tiller는 이 경우에 사용되지 않는다.

```
$ cd ~/istio-$ISTIO_VERSION

$ helm template install/kubernetes/helm/istio --name istio \
 --namespace istio-system \
 --values install/kubernetes/helm/istio/values-istio-demo.yaml | \
 kubectl apply -f -
poddisruptionbudget.policy/istio-galley created
poddisruptionbudget.policy/istio-egressgateway created
...
destinationrule.networking.istio.io/istio-policy created
destinationrule.networking.istio.io/istio-telemetry created
```

7. 퍼블릭 리포지터리에서 도커 이미지를 다운로드하므로 몇 분 정도 기다린다.

8. `istio-system` 네임스페이스에서 포드의 상태를 확인한다.

9. 모든 포드가 준비되면 **Ctrl + C**를 눌러 watch를 중지한다.

```
$ kubectl -n istio-system get pods --watch
NAME                                      READY   STATUS      RESTARTS   AGE
grafana-6575997f54-tplrg                  1/1     Running     0          3m17s
istio-citadel-894d98c85-rjfqb             1/1     Running     0          3m17s
istio-cleanup-secrets-1.3.5-nzxd7         0/1     Completed   0          3m18s
istio-egressgateway-9b7866bf5-wmk55       1/1     Running     0          3m17s
istio-galley-5b984f89b-rn42f              1/1     Running     0          3m17s
istio-grafana-post-install-1.3.5-mcc92    0/1     Completed   0          3m18s
istio-ingressgateway-75ddf64567-p7h6m     1/1     Running     0          3m17s
...
```

`Completed` 상태의 포드는 일회성one-time 작업이다. `READY` 열 아래에 `1/1` 또는 `2/2`이고 `STATUS`가 `Running`인 다른 포드는 Istio의 컨트롤 플레인 포드다.

이제 Helm 및 Tiller를 사용하는 다음 방법을 사용해 Istio를 설치해보자.

Helm과 Tiller를 사용해 Istio 설치

이전 단계에서 Helm 템플릿을 사용해 이미 Istio를 설치했으므로 기존 설치를 적절하게 정리해야 한다.

1. 리소스 생성 스크립트를 생성해 Istio 제거를 시작한 후 스크립트를 `kubectl delete` 명령으로 라우팅한다.

```
$ cd ~/istio-$ISTIO_VERSION

$ helm template install/kubernetes/helm/istio --name istio \
 --namespace istio-system \
 --values install/kubernetes/helm/istio/values-istio-demo.yaml |\
 kubectl delete -f -
```

Helm 설치는 두 가지 작업으로 구성된다.

- Istio에 대한 CRD와 cert-manager 생성
- Helm을 사용해 Istio 설치

2. 먼저 Istio에 필요한 커스텀 리소스 정의를 생성한다.

```
$ cd ~/istio-$ISTIO_VERSION/install/kubernetes/helm

$ helm install ./istio-init --name istio-init --namespace istio-system
```

3. 다음으로 `helm install` 명령을 실행해 `istio-demo` (permissive mutual TLS)를 설치한다.

```
$ helm install ./istio -f istio/values-istio-demo.yaml \
--name istio --namespace istio-system
```

Helm 설치의 출력은 길다. Cluster Rule, Cluster Role Binding, Config map, Deployment, Pod, Role, Role Binding, Secret, Service, Service Account, Attribute

Manifest, Handler, Instance, Rule, Destination Rule, mutating webhook configuration, Pod Disruption Budget, Horizontal Pod Autoscaler와 같은 배포된 리소스의 수를 확인한다.

Istio 설치는 `helm template` 명령을 사용해 스크립트를 생성한 다음 `kubectl apply` 명령으로 라우팅해 수행할 수도 있다. 자세한 내용은 https://archive.istio.io/v1.3/docs/setup/install/helm/에서 Istio 설명서를 참조한다.

성공적으로 설치했다면 `kubectl -n istio-system get pods`와 `kubectl -n istio-system get svc`를 실행해 설치를 확인할 수 있다.

4. `istio-system`에서 배포 리소스를 확인한다.

```
$ kubectl -n istio-system get deployment
NAME                    READY   UP-TO-DATE   AVAILABLE   AGE
grafana                 1/1     1            1           6m18s
istio-citadel           1/1     1            1           6m18s
istio-egressgateway     1/1     1            1           6m18s
istio-galley            1/1     1            1           6m18s
istio-ingressgateway    1/1     1            1           6m18s
istio-pilot             1/1     1            1           6m18s
istio-policy            1/1     1            1           6m18s
istio-sidecar-injector  1/1     1            1           6m18s
istio-telemetry         1/1     1            1           6m18s
istio-tracing           1/1     1            1           6m18s
kiali                   1/1     1            1           6m18s
prometheus              1/1     1            1           6m18s
```

`UP-TO-DATE` 열 아래에 있는 모든 배포의 포드 수가 `AVAILABLE` 아래에 있는 것과 일치하는지 확인한다.

다음으로 사전 패키지된 `demo` 프로필을 사용해 Istio를 설치한다.

demo 프로필을 사용해 Istio 설치

직접 YAML을 사용하는 Istio 설치는 demo 프로필을 사용해 수행할 수 있다. 이는 helm 커맨드 라인에서 --set을 사용해 파라미터를 재정의할 수 있는 Helm에 비해 유연성이 떨어진다. 이 방법은 개발 환경에서 유용하다.

이전 섹션에서 Helm을 사용해 Istio를 설치한 경우, 다음 명령을 사용해 helm과 tiller를 사용한 Istio를 제거한다.

```
$ helm del --purge istio
release "istio" deleted

$ helm del --purge istio-init
release "istio-init" deleted
```

demo 프로필을 사용해 Istio를 설치한다.

```
$ cd ~/istio-$ISTIO_VERSION/
$ kubectl apply -f install/kubernetes/istio-demo.yaml
```

NOTE

Istio demo 프로필에는 strict 상호 TLS가 포함돼 있지 않으며 11장, 'Istio 보안 기능 살펴보기'에서 이 기능을 활성화하고 더 자세히 설명한다.

이 섹션에서는 세 가지 Istio 설치 방법을 살펴봤다. 다음으로 설치 성공 여부를 확인하고자 한다.

설치 검증

설치 검증은 모든 것이 제대로 됐는지 확인하는 데 중요하다. Istio 설치를 확인하려면 다음 단계를 따른다.

1. 먼저 istioctl의 버전과 다른 Istio 모듈을 확인한다.

```
$ istioctl version --short
client version: 1.3.5
citadel version: 1.3.5
egressgateway version: 1.3.5
galley version: 1.3.5
ingressgateway version: 1.3.5
pilot version: 1.3.5
policy version: 1.3.5
sidecar-injector version: 1.3.5
telemetry version: 1.3.5
```

2. Istio 리소스는 istio-system 네임스페이스에 생성된다. Istio 포드의 상태를 확인한다.

```
$ kubectl -n istio-system get pods
NAME                                      READY   STATUS      RESTARTS   AGE
grafana-c49f9df64-8q7gm                   1/1     Running     0          2m1s
istio-citadel-7f699dc8c8-flwc7            1/1     Running     0          113s
istio-cleanup-secrets-1.3.5-zvppz         0/1     Completed   0          2m4s
istio-egressgateway-54f556bc5c-j4rh8      1/1     Running     0          2m2s
istio-galley-687664875b-8n85n             1/1     Running     0          2m3s
istio-grafana-post-install-1.3.5-gfsfx    0/1     Completed   0          2m4s
istio-ingressgateway-688d5886d-vsd8k      1/1     Running     0          2m2s
...
```

Completed 상태가 표시된 포드는 작업을 성공적으로 실행한 포드다. 다른 모든 포드는 Running 상태를 표시해야 한다.

앞의 출력에서 Istio 컨트롤 플레인은 세 가지 구성 요소로 구성돼 있다는 것을 확인한다. 이는 다음과 같다.

- **시타델**Citadel: istio-citadel은 기본 제공 ID와 자격 증명 관리를 통해 서비스 간 인증과 최종 사용자 인증을 제공한다.
- **믹서**Mixer: 믹서는 istio-policy, istio-telemetry 및 istio-galley로 구성된다.

- **파일럿**[Poiot]: 파일럿은 istio-pilot이다.

Istio-ingressgateway와 istio-egressgateway는 플랫폼 독립적인 인바운드와 아웃바운드 트래픽 게이트웨이다. Prometheus, Kiali, Grafana는 미터링과 모니터링을 위한 백엔드 서비스다.

NOTE

> Operator를 사용해 Istio를 설치하는 방법이 인기 있지만 아직 초기 단계이므로 다루지 않는다. 이 방법에 대해 자세히 알아보려면 https://archive.istio.io/v1.3/docs/setup/install/operator/ 링크를 방문한다.

로드 밸런서 설치

구글이나 IBM Cloud와 같은 매니지드 쿠버네티스 서비스는 외부 로드 밸런서를 제공한다. 이 쿠버네티스 환경은 독립형이므로 외부 로드 밸런서가 없다. 로드 밸런싱 장치로 keepalived를 설치하고 사용한다.

keepalived 로드 밸런서는 로드할 ip_vs 커널 모듈에 따라 다르다. 다음 단계를 따른다.

1. ip_vs 커널 모듈이 로드됐는지 확인한다.

```
$ sudo lsmod | grep ^ip_vs
ip_vs_wlc 12519 0
ip_vs 145497 2 ip_vs_wlc
```

2. 앞의 결과가 출력되지 않으면 모듈을 로드한다.

```
$ sudo ipvsadm -ln
IP Virtual Server version 1.2.1 (size=4096)
Prot LocalAddress:Port Scheduler Flags
  -> RemoteAddress:Port    Forward Weight ActiveConn
InActConn
```

3. 모듈이 로드됐는지 확인하고자 sudo lsmod | grep ^ ip_vs를 실행한다.

4. 재부팅 시 자동으로 로드되도록 ip_vs를 모듈 목록에 추가한다.

```
$ echo "ip_vs" | sudo tee /etc/modules-load.d/ipvs.conf
```

5. keepalived helm 차트에서는 이 마스터 노드에 데몬 집합을 배포할 수 있도록 노드에 proxy = true로 레이블을 지정해야 한다.

```
$ kubectl label node osc01.servicemesh.local proxy=true
node/osc01.servicemesh.local labeled
```

6. https://github.com/servicemeshbook/keepalived에서 helm 차트를 통해 keepalived를 설치한다.

```
$ helm repo add kaal https://servicemeshbook.github.io/keepalived
"kaal" has been added to your repositories

$ helm repo update
Hang tight while we grab the latest from your chart repositories...
...Skip local chart repository
...Successfully got an update from the "kaal" chart repository
...Successfully got an update from the "stable" chart repository
Update Complete.

# Grant cluster admin to the default service account in keepalived
namespace

$ kubectl create clusterrolebinding \
keepalived-cluster-role-binding \
--clusterrole=cluster-admin --serviceaccount=keepalived:default
clusterrolebinding.rbac.authorization.k8s.io/keepalived-cluster-
role-binding created

$ helm install kaal/keepalived --name keepalived \
--namespace keepalived \
--set keepalivedCloudProvider.serviceIPRange="192.168.142.248/29" \
--set nameOverride="lb"
```

7. 앞의 helm 차트를 생성한 후 `keepalived` 네임스페이스에서 포드의 준비와 상태를 테스트한다.

```
$ kubectl -n keepalived get pods
NAME                                       READY   STATUS ---
keepalived-lb-cloud-provider-c68f7b6b5-hqz2n 1/1   Running ---
keepalived-lb-vip-manager-dlpfv            1/1     Running ---
--- RESTARTS   AGE
--- 0          49s
--- 0          49s
```

기본 VM(https://github.com/servicemeshbook/byok)을 사용하지 않는 경우, VM의 IP 주소가 다르거나 별도의 노드 이름이 있을 수 있다. 특히 내부 로드 밸런서를 사용하려는 경우, 실습을 위해 사용자 지정을 수행해야 할 수도 있다.

NOTE

> 해결책으로는 기본 NIC 어댑터에 별칭을 만들어 사용 중인 동일한 IP 주소 범위를 사용할 수 있다. 예를 들어 IP address add 192.168.142.1/24 dev eth0 명령을 실행해 기존 NIC 어댑터에 다른 IP 주소를 만들 수 있다. 이렇게 하면 크게 변경하지 않고도 실습을 실행할 수 있다.

8. `keepalived` 로드 밸런서가 작동하면 Istio 서비스의 상태를 확인한다. 그러면 Istio 인그레스 게이트웨이에 외부 IP 주소가 할당된 것을 볼 수 있다.

```
$ kubectl -n istio-system get services
NAME                    TYPE           CLUSTER-IP       EXTERNAL-IP
grafana                 ClusterIP      10.110.45.249    <none>
istio-citadel           ClusterIP      10.102.12.32     <none>
istio-egressgateway     ClusterIP      10.98.94.222     <none>
istio-galley            ClusterIP      10.106.47.250    <none>
istio-ingressgateway    LoadBalancer   10.108.75.6      192.168.142.249
istio-pilot             ClusterIP      10.103.70.243    <none>
istio-policy            ClusterIP      10.108.62.61     <none>
istio-sidecar-injector  ClusterIP      10.104.147.41    <none>
istio-telemetry         ClusterIP      10.107.179.4     <none>
jaeger-agent            ClusterIP      None             <none>
jaeger-collector        ClusterIP      10.105.216.0     <none>
jaeger-query            ClusterIP      10.108.215.169   <none>
```

```
kiali                    ClusterIP    10.98.39.201     <none>
prometheus               ClusterIP    10.104.175.238   <none>
tracing                  ClusterIP    10.109.27.237    <none>
zipkin                   ClusterIP    10.96.252.28     <none>
```

jaeger-agent와 istio-ingressgateway를 제외한 모든 서비스에는 cluster-ip가 있어야 한다. 처음에는 <pending>으로 표시될 수 있으며, keepalivd는 helm install 명령에서 제공한 서브넷 범위 내의 IP 주소를 제공한다. 로드 밸런서가 istio-ingressgateway에 할당한 외부 IP 주소는 192.168.142.249이지만 이는 사용자의 경우에 따라 다를 수 있다.

외부 로드 밸런서를 사용하지 않는 경우, 서비스의 노드 포트 또는 포트 포워딩port forwarding은 클러스터 외부에서 애플리케이션을 실행할 때 사용된다.

다음으로 사이드카 프록시를 주입해 기존 애플리케이션에 Istio를 사용하도록 설정한다. 이렇게 하면 포드를 다시 시작해야 하므로 애플리케이션이 아주 잠시 중단될 수 있다. 또한 새로운 애플리케이션에 자동으로 사이드카 프록시를 주입하는 방법도 배워본다.

Istio 활성화

이전 장에서는 istio-lab 네임스페이스에 Bookinfo 샘플 마이크로서비스를 배포했다. kubectl -n istio-lab get pods를 실행하면 각 포드가 모든 마이크로서비스마다 하나의 컨테이너만 실행한다는 것을 알 수 있다.

기존 애플리케이션에 Istio 활성화

기존 애플리케이션에 Istio를 활성화하려면 istioctl을 사용해 bookinfo.yaml에 추가 아티팩트를 생성한다. 그러면 사이드카 프록시가 모든 포드에 추가된다.

1. 먼저, Bookinfo 애플리케이션에 대한 사이드카 프록시로 수정된 YAML을 생성한다.

```
$ cd ~/servicemesh
$ istioctl kube-inject -f bookinfo.yaml > bookinfo_proxy.yaml

$ cat bookinfo_proxy.yaml
...
  template:
    metadata:
      annotations:
        sidecar.istio.io/interceptionMode: REDIRECT
...
        traffic.sidecar.istio.io/excludeInboundPorts: "15020"
        traffic.sidecar.istio.io/includeInboundPorts: "9080"
        traffic.sidecar.istio.io/includeOutboundIPRanges: '*'
...
```

NOTE

이전 예제의 istioctl은 kubectl 명령으로 대체할 수 없다. 원본 YAML 파일에 주입된 사이드카 프록시 코드를 확인한다.

2. istioctl 명령으로 YAML 파일에 추가된 내용을 확인하기 위해 원본 파일과 수정된 파일을 비교한다.

```
$ diff -y bookinfo.yaml bookinfo_proxy.yaml
...
  volumeMounts: volumeMounts:
  - name: tmp                          | - mountPath: /etc/istio/proxy
    mountPath: /tmp                    | name: istio-envoy
  - name: wlp-output                   | - mountPath: /etc/certs/
    mountPath: /opt/ibm/wlp/output     | name: istio-certs
                                         > readOnly: true
...
```

3. 사이드카 프록시의 새로운 정의definition가 YAML 파일에 추가된다.

4. 사이드카 프록시를 기존 bookinfo 마이크로서비스에 주입하기 위해 수정된 bookinfo_proxy.yaml 파일을 배포한다.

```
$ kubectl -n istio-lab apply -f bookinfo_proxy.yaml
```

5. 기존 포드가 종료되고 새 포드가 준비될 때까지 몇 분 정도 기다린다. 출력은 다음과 유사해야 한다.

```
$ kubectl -n istio-lab get pods
NAME                              READY  STATUS   RESTARTS  AGE
details-v1-68955b8bdc-crg2s       2/2    Running  0         96s
productpage-v1-74dfdd8b47-4d2gw   2/2    Running  0         96s
ratings-v1-79b6d99979-f8mgl       2/2    Running  0         96s
reviews-v1-69b9dddccf-x8r6d       2/2    Running  0         96s
reviews-v2-84c46bf56d-q7pmr       2/2    Running  0         96s
reviews-v3-64ff5788c7-nx4jx       2/2    Running  0         96s
```

사이드카 프록시가 수정된 YAML을 통해 추가됐으므로 각 포드에는 두 개의 실행 중인 컨테이너가 있다.

istioctl 명령을 통해 생성된 YAML을 편집해 사이드카가 없는 마이크로서비스를 선택할 수 있다.

NOTE

Istio 1.3.5에는 istioctl add-to-mesh 서비스 명령이 추가됐다. 이는 사이드카를 추가하기 위해 포드를 다시 시작할 때 사용할 수 있다. 예를 들어 istioctl experimental add-to-mesh service productpage -n istio-lab은 productpage 서비스에 사이드카를 추가한다. experimental 키워드는 이후 릴리즈에서 제거된다.

새로운 애플리케이션에 Istio 활성화

사이드카 주입을 어떻게 자동으로 활성화하는지 보여주기 위해 기존 istio-lab 네임스페이스를 삭제하고 bookinfo를 다시 배포해 Istio가 새 애플리케이션의 프록시로 자동

활성화되도록 한다. 다음 단계를 따른다.

1. 먼저 istio-lab 네임스페이스를 삭제한다.

```
$ kubectl delete namespace istio-lab
```

TIP

> 영구 종료 상태에서 네임스페이스를 삭제한다면 스크립트를 사용해 네임스페이스를 제거한다. https://github.com/jefferyb/useful-scripts/blob/master/openshift/force-delete-openshift-project.

2. `istio-lab` 네임스페이스를 다시 생성하고 `istio-injection=enabled`를 사용해 레이블을 지정한다.

```
$ kubectl create namespace istio-lab
namespace/istio-lab created

$ kubectl label namespace istio-lab istio-injection=enabled
namespace/istio-lab labeled
```

`istio-injection = enabled` 네임스페이스에 레이블을 지정하면 `kubectl apply`나 `helm` 명령을 사용해 애플리케이션이 배포될 때 Istio 사이드카가 자동으로 주입된다.

3. 애플리케이션을 다시 배포한다.

```
$ kubectl -n istio-lab apply -f ~/servicemesh/bookinfo.yaml
```

4. `kubectl -n istio-lab get pods`를 실행하고 준비될 때까지 기다린다. 각 포드에는 두 개의 컨테이너가 있으며 그중 하나는 사이드카다.

5. 메시 내의 파일럿에서 각 프록시로의 동기화 상태를 제공하는 `istioctl proxy-status`를 실행한다.

이제 Istio가 활성화됐으므로 해당 기능에 대한 https://istio.io의 예제를 배울 준비를 마쳤다. 다음 섹션에서는 Istio 서비스에 대한 수평형 포드 스케일링horizontal pod scaling을 설정한다.

NOTE

> https://istio.io/는 공식적인 오픈 소스 사이트다. Istio를 설명하는 심화 예제가 있다. 책의 내용은 공식 사이트의 많은 예제를 활용해 초보자에게 핵심 기능을 설명하므로 Istio의 기본 사항을 이해하는 데 도움이 된다.

수평형 포드 스케일링 설정

Istio의 각 컴포넌트에는 `demo` 프로필의 오토스케일링 값이 `false`로 설정돼 있다(install/kubernetes/istio-demo.yaml 사용). install/kubernetes/helm/istio/values-istio-demo.yaml의 여러 컴포넌트에 `autoscaleEnabled`를 `true`로 설정해 오토스케일링을 활성화할 수 있는데 이 구성은 프로덕션 환경에서 잘 작동할 것이다. 포드의 오토스케일링을 적용해 배포한 애플리케이션은 증가되는 워크로드를 처리할 수 있기 때문이다.

오토스케일링의 이점을 얻으려면, 지연 시간이 긴 환경에서는 애플리케이션을 오토스케일링하면 증가된 워크로드를 처리할 때 상황이 더 악화될 수 있으므로 애플리케이션을 선택하는 데 주의해야 한다.

포드 스케일링은 `--set` 인수를 사용해 다음과 같은 파라미터를 `helm install` 명령에 전달하면 Helm 설치 시 활성화할 수 있다.

```
mixer.policy.autoscaleEnabled=true
mixer.telemetry.autoscaleEnabled=true
mixer.ingress-gateway.autoscaleEnabled=true
mixer.egress-gateway.autoscaleEnabled=true
pilot.autoscaleEnabled=true
```

TIP

> 최소 3개의 마스터 노드가 있는 다중 노드 쿠버네티스 클러스터에 Istio를 배포하는 경우, 증가된 워크로드를 처리할 수 있도록 수평형 포드 스케일링 기능을 유지하는 것이 좋다.

주어진 단계를 따른다.

1. 모든 Istio 컴포넌트에 대한 현재 오토스케일링을 확인하자.

```
$ kubectl -n istio-system get hpa
No resources found.
```

2. 포드 스케일링이 활성화된 경우 다음 명령을 사용해 삭제할 수 있다. 이 실습에서는 필요하지 않다.

```
$ kubectl -n istio-system delete hpa --all
horizontalpodautoscaler.autoscaling "istio-egressgateway" deleted
horizontalpodautoscaler.autoscaling "istio-ingressgateway" deleted
horizontalpodautoscaler.autoscaling "istio-pilot" deleted
horizontalpodautoscaler.autoscaling "istio-policy" deleted
horizontalpodautoscaler.autoscaling "istio-telemetry" deleted
```

3. 오토 포드 스케일링을 삭제한 후에는 `replicas`를 `1`로 설정해야 한다. 이 실습에서는 필요하지 않다.

```
$ kubectl -n istio-system scale deploy istio-egressgateway --replicas=1
$ kubectl -n istio-system scale deploy istio-ingressgateway --replicas=1
$ kubectl -n istio-system scale deploy istio-pilot --replicas=1
$ kubectl -n istio-system scale deploy istio-policy --replicas=1
$ kubectl -n istio-system scale deploy istio-telemetry --replicas=1
```

Istio와 같은 솔루션을 사용하는 서비스 메시 아키텍처는 기존 애플리케이션을 수정하지 않더라도 변경 사항을 적용하는 것을 보장한다. 이는 운영 엔지니어가 코드를 변경하지 않고도 모던 마이크로서비스 애플리케이션을 실행할 수 있는 중요한 변화다.

요약

이 장에서는 다양한 방법을 사용해 Istio를 설치하는 방법을 배웠다. 프로덕션 또는 테스트 환경과 같은, 필요에 적합한 환경을 설치하는 데 사용할 수 있는 다양한 프로필을 논의했다. GitHub 리포지터리에서 설치하면 특정 버전과 사용자 정의 설치를 사용할 수 있는 옵션이 제공된다. Helm의 설치는 간단한 `helm` 설치 명령을 사용하고 `--set` 변수를 사용해 구성 파라미터를 재정의하는 또 다른 간단한 선택임을 알았다. 세 번째 방법은 클라우드 프로바이더의 카탈로그를 통해 Helm 설치를 수행하는 것이다. Istio를 쿠버네티스 클러스터로 사전 구성되도록 할 수 있다.

이제 Istio를 성공적으로 설치했으므로, 다음 장에서 트래픽 관리를 시작으로 다양한 기능을 살펴본다.

문제

1. Istio는 쿠버네티스 환경에서만 사용할 수 있다.

   A) 참

   B) 거짓

2. Istio는 네임스페이스에 `istio-injection=enabled` 레이블로 어노테이션된 경우에만 새로운 애플리케이션을 활성화할 수 있다.

   A) 참

   B) 거짓

3. Istio는 CRD를 통해 확장된 쿠버네티스를 가진다.

   A) 참

   B) 거짓

4. Istio를 설치하기 전에 반드시 CRD를 배포해야 한다.

A) 참

B)거짓

5. Istio를 먼저 삭제하지 않고는 기존 애플리케이션을 활성화할 수 없다.

A) 참

B) 거짓

6. 네임스페이스에 `istio-injection = enabled` 레이블이 이미 어노테이션된 경우 특정 마이크로서비스에 대한 사이드카를 비활성화할 수 없다.

A) 참

B) 거짓

7. Istio 커스텀 리소스는 `kubectl` 명령이 아닌 `istioctl` 명령을 통해서만 관리할 수 있다.

A) 참

B) 거짓

참고 자료

- Istio Blog, Istio. (2019), available at https://archive.istio.io/v1.3/blog/, accessed 13 May 2019.
- Installation Guides, Istio. (2019), available at https://archive.istio.io/v1.3/docs/setup/install/, accessed 13 May 2019
- The Registry For Kubernetes Operators, Operatorhub.Io, 2019, https://operatorhub.io/contribute

10

Istio 트래픽 관리 살펴보기

이 장에서는 트래픽 관리 및 서로 다른 버전의 마이크로서비스 간 네트워크 연결을 분할하고 조정하는 방법에 초점을 맞춘다. 이에 대한 다양한 방법을 자세히 설명하며, 과제를 식별하고 모범 사례를 나열한다.

이 장을 마치면 게이트웨이, 가상 서비스 및 대상 규칙과 같은 Istio 관련 쿠버네티스 객체를 만들고 배포할 수 있는데 이는 Istio의 데모 애플리케이션에 대한 수신과 발신 요청을 구성한다. 또한 트래픽 라우팅, 트래픽 시프팅, 카나리아 배포, 결함 주입, 서킷 브레이커, 인그레스와 이그레스 트래픽 패턴, 트래픽 미러링과 관련된 Istio의 데모 애플리케이션에 접근하기 위한 트래픽 패턴을 어떻게 활성화 및 비활성화하는지를 배운다.

이 장에서는 다음 주제를 다룬다.

- 트래픽 관리Traffic management – 게이트웨이, 가상 서비스, 대상 규칙
- 트래픽 시프팅Traffic shifting – ID기반 트래픽 라우팅, 카나리아 배포
- 결함 주입Fault injection, 서킷 브레이커circuit breaker

- 인그레스와 이그레스 트래픽 패턴 관리
- 트래픽 미러링Traffic mirroring

기술적 요구 사항

다음과 같이 하면 이 장을 최대한 활용할 수 있다.

- 쿠버네티스 내에 설치된 Istio와 BookInfo 마이크로서비스

TIP

> Bookinfo 마이크로서비스 애플리케이션과 관련해 다음 사항에 유의한다.
>
> - ratings:v1은 별이 없는 것으로 변환한다.
> - ratings:v2는 검은 별로 변환한다.
> - ratings:v3은 빨간 별로 변환한다.

- Istio가 설치되지 않은 Windows 랩탑 또는 MacBook의 단일 노드 VM에 구축된 자신의 쿠버네티스 이미지. 시작하려면 https://github.com/servicemeshbook/byok를 참조한다.
- 또는 자세한 내용은 6장, '나만의 쿠버네티스 환경 만들기'를 참조한다.

위 요구 사항의 준비를 마치면 이 장을 따라가기 위해 커맨드 라인 창을 연다. 그러면 예제를 통해 Istio를 배울 수 있다. 다음과 같이 이 책의 GitHub 디렉토리를 복제한다.

```
$ cd # Switch to home directory
$ git clone https://github.com/servicemeshbook/istio
$ cd istio
$ git checkout $ISTIO_VERSION # Switch to branch version that we are using
```

이 책의 GitHub 리포지터리를 복제한 후 트래픽 관리 스크립트로 이동한다.

```
$ cd scripts/01-traffic-management
```

모든 istio-lab 포드가 2/2 준비 상태를 표시하는지 확인한다.

```
$ kubectl -n istio-lab get pods
```

트래픽 관리

마이크로서비스의 주요 기능 중 하나는 구성을 분리하는 기능이다. 예를 들어 변경이 발생할 때마다 쿠버네티스의 기본 ConfigMap 구성이 애플리케이션에서 분리되고 쿠버네티스에 의해 애플리케이션으로 푸시 다운된다. Istio는 애플리케이션 코드와 독립적인 트래픽 라우팅을 분리하는 훨씬 더 강력한 기능을 제공한다.

Istio의 트래픽 관리는 애플리케이션에서 분리된다. 이는 마이크로서비스와 함께 있는 엔보이 사이드카로 인해 가능하며 엔보이 사이드카는 언어에 구애받지 않는다. 규칙은 파일럿에서 정의되며 포드와 독립적이다. 이를 통해 레플리카셋의 배포와 관계없이 트래픽을 분리할 수 있다. 예를 들어 카나리아 배포의 레플리카 수와 관계없이 라이브 트래픽의 10%만 해당 레플리카로 이동할 수 있다.

파일럿은 서비스 메시 내에서 모든 프록시 사이드카를 관리하고 구성하는 데 중요한 역할을 한다. 파일럿을 사용하면 프록시 간에 트래픽을 라우팅하고 타임아웃, 재시도 및 서킷 브레이커와 같은 다양한 기능을 구성할 수 있도록 프록시 사이드카로 푸시 다운되는 규칙을 정의할 수 있다. 로드 밸런싱은 로드 밸런싱 풀에 있는 다른 프록시의 상태를 기반으로 지능적인 방식으로 수행된다. 파일럿은 서비스 디스커버리, 로드 밸런싱 풀 및 라우팅 테이블에 대한 동적 업데이트를 지원한다.

Istio는 인그레스와 이그레스 게이트웨이를 통해 수신과 발신 트래픽을 관리하기 위한 게이트웨이를 제공한다. 이러한 게이트웨이는 마이크로서비스 애플리케이션을 실행하는 데이터 플레인인 서비스 메시의 주위에 있다.

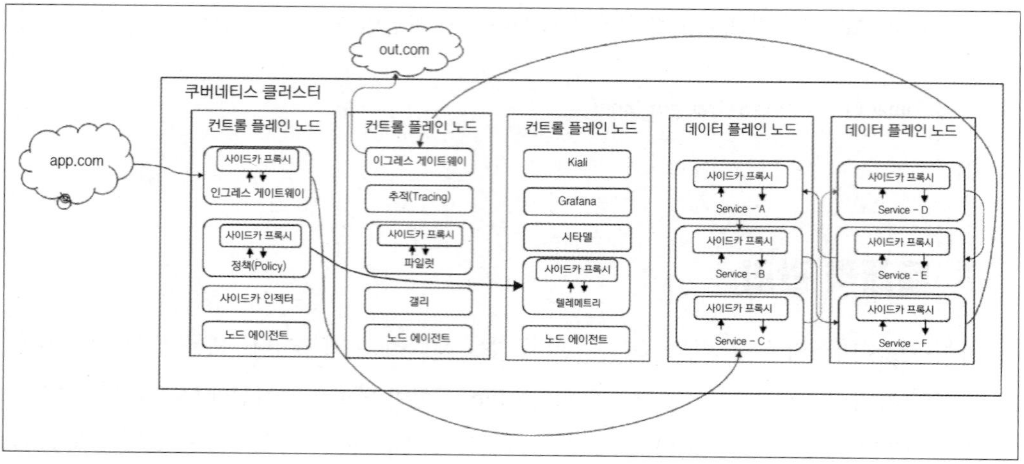

이 다이어그램은 Istio 컴포넌트와 데이터 플레인에서 실행되는 서비스를 포함하는 서비스 메시를 보여준다. 들어오는 트래픽은 파일럿에서 구성을 받는 자체 사이드카 프록시가 있는 인그레스 게이트웨이에 도착한다. 게이트웨이의 정의definition를 통해, 호스트로부터 들어오는 트래픽을 쿠버네티스 클러스터 내에서 실행되는 서비스에 매핑할 수 있다. 마이크로서비스가 외부와의 연결을 설정해야 하는 경우, 프록시 메시의 엣지에 있는 이그레스 게이트웨이를 TLS나 규칙을 시작하도록 구성하고 접근을 제어하도록 구성할 수 있다.

Istio에는 다양한 마이크로서비스에서 API 호출과 트래픽 흐름을 제어하기 위해 구성 모델 내에서 관리 및 유지 관리할 수 있는 많은 트래픽 규칙이 있다.

운영자는 구성 모델을 통해 서킷 브레이커, 타임아웃 및 재시도, 로드 밸런싱, 그리고 더 많은 테스트와 모니터링 기능과 같은 서비스 수준 속성을 구성할 수 있다.

Istio는 다음과 같은 세 가지 라우팅 기본 요소를 제공한다.

- 게이트웨이Gateway
- 가상 서비스Virtual service
- 대상 규칙Destination rules

이러한 라우팅 기본 요소를 하나씩 이해해보자.

Istio 게이트웨이 생성

여기선 기본적인 쿠버네티스 설치를 사용하고 있기에 서버에서 리버스 프록시를 실행하지 않는다. Nginx와 같은 리버스 프록시는 외부에서 쿠버네티스 클러스터 내에서 실행되는 서비스로의 연결을 제공한다.

퍼블릭 클라우드에서 매니지드 쿠버네티스 클러스터 혹은 레드햇 오픈시프트로 구축한 경우, 다음 실습을 실행하려면 쿠버네티스 클러스터와 함께 제공되는 리버스 프록시를 비활성화해야 한다.

실습에서는 HTTP/HTTPS/TCP 수신 연결을 받는 게이트웨이 컨트롤러를 제공하는 Istio를 사용한다.

1. 먼저 Istio 게이트웨이와 Istio 가상 서비스를 생성한다. 이렇게 하면 요청이 외부에서 쿠버네티스 클러스터로 적절히 라우팅될 수 있도록 보장한다.
2. 00-create-gateway.yaml 파일을 살펴보고 게이트웨이 정의를 이해했는지 확인한다.

```
# Script : 00-create-gateway.yaml

apiVersion: networking.istio.io/v1alpha3
kind: Gateway
metadata:
  name: mygateway
spec:
  selector:
    istio: ingressgateway # use istio default controller
  servers:
  - port:
      number: 80
      name: http
      protocol: HTTP
```

```
  hosts:
  - "*"
```

3. 이제 Istio의 첫 번째 기본 요소인 Gateway를 만들어보자.

```
$ kubectl -n istio-system apply -f 00-create-gateway.yaml
gateway.networking.istio.io/mybookinfo created
```

앞의 코드는 istio-system 네임스페이스에 게이트웨이를 만들고, 80 포트에서 모든 http 외부 호스트 요청의 트래픽을 허용한다.

인그레스 게이트웨이 IP 주소 찾기

나중에 애플리케이션 외부에서 필요한 마이크로서비스로 트래픽을 보내기 위한 가상 서비스를 만들 수 있도록 게이트웨이 IP 주소를 찾는 방법을 알아보자. 이렇게 하면 애플리케이션 외부에서 정의할 수 있는 규칙에 따라 트래픽을 관리할 수 있다. 시작해 보자.

1. 인그레스 게이트웨이 IP 주소를 찾으려면 다음 명령을 입력한다.

```
$ kubectl -n istio-system get svc istio-ingressgateway
NAME                   TYPE           CLUSTER-IP     EXTERNAL-IP     ---
istio-ingressgateway   LoadBalancer   10.109.15.152  192.168.142.249 ---

--- PORT(S)                                                           AGE
--- 15020:30826/TCP,80:31380/TCP,443:31390/TCP,31400:31400/TCP,
  15029:31618/TCP,15030:31759/TCP,15031:31344/TCP,
  15032:30143/TCP,15443:32383/TCP                                     43m
```

앞의 출력에 따르면 Istio 인그레스 게이트웨이에 할당된 외부 IP 주소는 192.168.142.249다. 이는 경우마다 다를 수 있다.

2. 나중에 사용할 환경 변수에 인그레스 게이트웨이의 외부 IP를 저장한다.

```
$ export INGRESS_HOST=$(kubectl -n istio-system get service istio-
ingressgateway -o jsonpath='{.status.loadBalancer.ingress..ip}') ;
echo $INGRESS_HOST
192.168.142.249
```

실제로 외부 IP 주소는 DNS 서버를 사용해 이름에 매핑된다.

3. 이제 BookInfo 애플리케이션 `http://192.168.142.249`에 접근해보자. 페이지를 찾을 수 없을 것이다.

```
$ curl -v http://$INGRESS_HOST/productpage
* About to connect() to 192.168.142.249 port 80 (#0)
...
< HTTP/1.1 404 Not Found
...
```

쿠버네티스 `productpage` 서비스를 게이트웨이에 매핑해야 하며, `Virtual Service`라는 Istio 기본 요소를 만들어 이를 수행한다.

가상 서비스 생성

`VirtualService`는 쿠버네티스 서비스를 Istio 게이트웨이에 연결하면 많은 일을 할 수 있다. 이를 다음 코드를 살펴보면서 자세히 살펴보고 다양한 트래픽 관리 기능을 설명하겠다.

1. `01-create-virtual-service.yaml` 스크립트를 살펴보자.

```
# Script : 01-create-virtual-service.yaml

apiVersion: networking.istio.io/v1alpha3
kind: VirtualService
metadata:
```

```
  name: bookinfo
spec:

  hosts:
  - "*"
  gateways:
  - mygateway
  http:
 - match:
   - uri:
       exact: /productpage
   - uri:
       prefix: /static
   - uri:
       exact: /login
   - uri:
        exact: /logout
   - uri:
        prefix: /api/v1/products
 route:
 - destination:
     host: productpage.istio-lab.cluster.svc.local
     port:
        number: 9080
```

IP 주소 192.168.142.249로 확인되는 booksinfo.istio.io의 트래픽은 Istio 인그레스 게이트웨이에 도착한다. 이전 정의에 따라 가상 서비스는 /productpage, /static, /login, /logout, /api/v1/products URL에 대한 트래픽을 productpage.istio-lab.svc.cluster.local 마이크로서비스의 9080 포트로 라우팅한다.

2. VirtualService를 생성해보자.

```
$ kubectl -n istio-system apply -f 01-create-virtual-service.yaml
virtualservice.networking.istio.io/bookinfo created
```

생성한 가상 서비스는 mygateway를 통해 들어오는 모든 호스트의 트래픽을 받아들이고, productpage라는 URI 패턴을 찾고 쿠버네티스 productpage.istio-lab.svc.cluster.local 서비스에 9080 포트로 트래픽을 라우팅한다.

3. Istio 인그레스 게이트웨이에서 Istio 가상 서비스로 라우팅이 제대로 수행되는지 확인하기 위해 이전 단계에서 만든 가상 서비스를 사용해 반환되는 http 코드를 테스트한다.

```
$ curl -o /dev/null -s -w "%{http_code}\n"
http://$INGRESS_HOST/productpage
200
```

200이 출력되면 페이지를 성공적으로 로드했음을 나타낸다.

VM 내의 브라우저를 사용해 http://192.168.142.249/productpage를 테스트하자.

TIP

> $INGRESS_HOST로 IP주소를 변경하고, Istio 인그레스 게이트웨이에 할당된 외부 IP 주소를 정확히 사용하고 있는지 확인한다.

4. 페이지를 여러 번 새로 고침한다. 리뷰 섹션에서 리뷰어의 평점이 별 없음, 검은 별 또는 빨간 별 중 하나로 변경되는 것을 확인할 수 있다. 이는 다음 명령의 출력에서 볼 수 있듯 reviews 마이크로서비스의 세 가지 버전이 있기 때문이다.

```
$ kubectl -n istio-lab get ep | grep reviews
NAME       ENDPOINTS               AGE
reviews    10.142.230.236:9080,    82m
           10.142.230.238:9080,
           10.143.230.242:9080
```

5. productpage에서 호출되는 reviews 마이크로서비스에는 서로 다른 버전의 reviews 포드에 연결된 세 개의 엔드포인트가 포함돼 있다. 세 개의 IP 주소는 서로 다른 reviews 포드에 속한다.

```
$ kubectl -n istio-lab get pods -o=custom-
columns=NAME:.metadata.name,POD_IP:.status.podIP
NAME                                POD_IP
details-v1-68955b8bdc-5bw67 10.142.230.244
productpage-v1-74dfdd8b47-xmdpn    10.142.230.241
```

```
ratings-v1-79b6d99979-k2j7t         10.142.230.239
reviews-v1-69b9dddccf-bsfps         10.142.230.238
reviews-v2-84c46bf56d-48ks9         10.142.230.236
reviews-v3-64ff5788c7-5xzbk         10.142.230.242
```

경우에 따라 포드의 IP 주소가 다를 수 있음에 유의한다.

productpage를 새로 고침하면 검은 별, 빨간 별 또는 별 없음이 나타나는 모든 reviews 마이크로서비스에 라운드 로빈 방식으로 라우팅이 수행된다.

6. 게이트웨이와 가상 서비스를 확인한다.

```
$ kubectl -n istio-system get gateway
NAME         AGE
mygateway    15m

$ kubectl -n istio-system get vs
NAME       GATEWAYS     HOSTS   AGE
bookinfo  [mygateway]   [*]     15m
```

쿠버네티스 클러스터 내에서, bookinfo의 샘플 productpage 마이크로서비스는 포드의 IP 주소 또는 해당 IP 주소를 포드에 연결하는 쿠버네티스 서비스를 사용해 호출할 수 있다. 쿠버네티스 서비스와 포드 간의 자동 결합coupling은 분산 컴퓨팅을 쉽게 만든다.

NOTE

> IP 주소 찾기, ClusterPort를 NodePort로 변경과 같은 쿠버네티스 개념을 이해하는 경우 다음 섹션을 건너뛰고 대상 규칙 생성 섹션으로 이동한다.

포드의 임시 IP 주소를 사용해 실행

이 책 전반에 걸쳐 가장 기본적인 쿠버네티스 개념을 사용할 것이기에 여기에 소개한다.

1. 포드의 내부 IP 주소를 찾는다.

```
$ kubectl -n istio-lab get pods -o=custom-
columns=NAME:.metadata.name,POD_IP:.status.podIP
NAME                              POD_IP
details-v1-68955b8bdc-5bw67       10.142.230.244
productpage-v1-74dfdd8b47-xmdpn   10.142.230.241
ratings-v1-79b6d99979-k2j7t       10.142.230.239
reviews-v1-69b9dddccf-bsfps       10.142.230.238
reviews-v2-84c46bf56d-48ks9       10.142.230.236
reviews-v3-64ff5788c7-5xzbk       10.142.230.242
```

보다시피 productpage 포드 IP 주소는 10.142.230.241이다. 이 출력은 독자마다 다를 수 있다.

2. curl 명령을 사용해 productpage 마이크로서비스를 테스트할 수 있다. 독자의 출력에 따라 포드의 IP 주소를 대체한다.

```
$ export PRODUCTPAGE_POD=$(kubectl -n istio-lab get pods -l
app=productpage -o jsonpath='{.items..status.podIP}') ; echo
$PRODUCTPAGE_POD
10.142.230.241

$ curl -s http://$PRODUCTPAGE_POD:9080 | grep title
<title>Simple Bookstore App</title>
```

포드 IP 주소는 일시적이며 쿠버네티스에서 스케줄된 포드가 있는 노드에 따라 변경된다.

서비스 IP 주소를 사용해 실행

동적 IP 주소로 마이크로서비스에 접근할 수 있다. 마이크로서비스가 다른 노드에 스케줄돼 있는 경우에는 다음과 같이 변경될 수 있다.

1. 포드의 IP 주소는 서비스 IP 주소에 연결되며, 이 주소는 수명주기lifetime 내에서 고정된다.

```
$ kubectl -n istio-lab get svc -o custom-
columns=NAME:.metadata.name,CLUSTER_IP:.spec.clusterIP
NAME CLUSTER_IP
details 10.106.179.233
productpage 10.100.221.255
ratings 10.109.32.8
reviews 10.107.73.66
```

앞의 코드에서 productpage 서비스 IP 주소는 10.100.221.255다. 출력 IP는 독자마다 다를 수 있다.

2. curl 명령을 사용해 이 productpage 서비스를 테스트할 수 있다. 출력에 나온 서비스 IP 주소로 대체한다.

```
$ PRODUCTPAGE_IP=$(kubectl -n istio-lab get svc -l app=productpage
-o jsonpath='{.items...spec.clusterIP}') ; echo $PRODUCTPAGE_IP
10.100.221.255
$ curl -s http://$PRODUCTPAGE_IP:9080 | grep title
<title>Simple Bookstore App</title>
```

서비스 IP 주소는 수명주기 내 동일하게 유지되며 서비스 삭제 후 다시 생성하면 변경될 수 있다.

쿠버네티스 DNS 서버가 이름을 적절한 IP 주소로 변환하므로 해당 이름으로 서비스에 접근하는 것이 좋다.

3. 포드의 IP 주소와 서비스 IP 주소 간의 연결은 엔드포인트를 통해 수행된다.

```
$ kubectl -n istio-lab get ep productpage
NAME          ENDPOINTS            AGE
productpage   10.142.230.241:9080  89m
```

productpage 서비스 엔드포인트는 포드의 IP 주소인 10.142.230.241이다. 이 IP 주소는 임시 주소이므로 서비스 삭제 후 다시 생성하면 변경될 수 있으며, 독자마다 다르다.

4. 내부 서비스 이름의 IP 주소를 확인한다.

```
$ dig +short productpage.istio-lab.svc.cluster.local @10.96.0.10
10.100.221.255
```

이 IP 주소 `10.100.221.255`는 서비스 이름의 FQDN에 대한 IP 주소다. 독자의 경우 IP 주소가 다를 수 있다.

5. VM 내부에서 브라우저를 열고 `http://10.100.221.255:9080`에 접속해 Product page를 본다. VM 환경 내의 출력값에 따라 IP 주소를 변경한다.

다음 섹션에서 노드 포트를 실행하는 방법을 배워본다.

노드 포트를 사용해 실행

쿠버네티스 서비스 이름을 통해 마이크로서비스에 접근할 수 있으며, 쿠버네티스 서비스 이름은 고정 서비스 IP 주소에서 포드 IP 주소로 연결된다. 이 섹션에서는 노드의 IP 주소를 사용한 노드 포트를 사용해 서비스에 접근하는 방법을 배워본다.

서버의 IP 주소를 사용해 기업 방화벽 내에 있지만 VM 외부에서 서비스 웹 페이지를 볼 수도 있다. 이를 위해서는 서비스를 `ClusterIP`에서 `NodePort`로 변경해야 한다. 시작해보자.

1. `productpage` 서비스를 편집한다.

```
$ kubectl -n istio-lab edit svc productpage
```

2. `ClusterIP`에서 `NodePort`로 type을 변경한다.

처음에는 다음과 같을 것이다.

```
selector:
  app: productpage
```

```
sessionAffinity: None
  type: ClusterIP
```

이를 다음으로 변경한다.

```
selector:
  app: productpage
sessionAffinity: None
  type: NodePort
```

3. 파일을 저장하고 서비스를 확인한다.

```
$ kubectl -n istio-lab get svc
NAME         TYPE        CLUSTER-IP       EXTERNAL-IP   PORT(S)          AGE
details      ClusterIP   10.106.179.223   <none>        9080/TCP         103m
productpage  NodePort    10.100.221.255   <none>        9080:32384/TCP   103m
ratings      ClusterIP   10.109.32.8      <none>        9080/TCP         103m
reviews      ClusterIP   10.107.73.66     <none>        9080/TCP         103m
```

TIP

또는 다음과 같이 patch 명령을 사용해 TYPE을 ClusterIP에서 NodePort로 변경할 수 있다.

```
kubectl -n istio-lab patch svc productpage --type='json'
-p
'[{"op":"replace","path":"/spec/type","value":"NodePort"}
]'
```

9080 포트에 매핑된 productpage 서비스에 32384의 상위 포트가 할당됐다. 이 포트는 독자에 따라 다를 수 있다.

4. 쿠버네티스 클러스터의 VM 또는 마스터 노드 이름을 찾는다.

```
# kubectl get nodes
NAME                      STATUS   ROLES    AGE     VERSION
osc01.servicemesh.local   Ready    master   5h24m   v1.15.6
```

5. Windows 또는 macOS의 브라우저에서 `http://osc01.servicemesh.local:32384`를 사용해 웹 페이지에 접근한다. 독자에 따라 다를 수 있으므로 포트를 변경해야 할 수 있다.

TIP

> 만약 err_connection_refused 오류가 나는 경우, 출력값에 따른 포트를 사용 중인지 확인한다.

애플리케이션(productpage)에 접근하는 데 사용되는 Istio 인그레스 게이트웨이에 외부 IP 주소가 할당된다. 외부 IP 주소는 쿠버네티스 클러스터의 엣지에 있는 외부 로드 밸런서에서 가져올 수 있다. 이전 장에서는 keepalived를 사용해 외부 로드 밸런서를 시뮬레이션했다.

다음으로 Istio 대상 규칙의 개념을 살펴본다. 이는 서비스에 정의된 레이블을 기반으로 트래픽 시프팅 규칙에 대한 메타 데이터를 정의한다.

대상 규칙의 생성

`DestinationRule`은 서비스 수준에서 정의된 레이블과 서브셋 간의 바인딩을 설정하는 정의일 뿐이다. 서브셋은 같은 서비스의 하나 이상의 버전에 명명된 집합이다. 다음을 살펴보자.

1. `02-create-destination-rules.yaml`에서 대상 규칙 중 `reviews`를 살펴 보자.

```
# Script : 02-create-destination-rules.yaml

apiVersion: networking.istio.io/v1alpha3
kind: DestinationRule
metadata:
  name: reviews
spec:
  host: reviews
  subsets:
  - name: v1
    labels:
```

```
    version: v1
  - name: v2
    labels:
      version: v2
  - name: v3
    labels:
      version: v3
```

대상 규칙의 이름은 reviews이고, host 필드에는 서비스 이름 reviews가 있다. 그 안에 정의된 세 개의 서브셋이 있다. v1 서브셋에는 레이블 version : v1 등에 대한 연결이 있다.

2. reviews 포드를 살펴보고 포드에 할당된 레이블을 살펴본다.

```
$ kubectl -n istio-lab get pods -l app=reviews --show-labels
NAME                          READY STATUS    RESTARTS  AGE ---
reviews-v1-69b9dddccf-bsfps   2/2   Running   0         102m ---
reviews-v2-84c46bf56d-48ks9   2/2   Running   0         102m ---
reviews-v3-64ff5788c7-5xzbk   2/2   Running   0         102m ---

--- LABELS
--- app=reviews,pod-template-hash=69b9dddccf,version=v1
--- app=reviews,pod-template-hash=84c46bf56d,version=v2
--- app=reviews,pod-template-hash=64ff5788c7,version=v3
```

세 개의 review 포드에는 version 레이블이 할당돼 있으며 각 포드의 값은 v1, v2, v3으로 설정돼 있다.

대상 규칙 reviews를 정의해, 세 가지 다른 서브셋(v1, v2, v3)을 정의하고 reviews 서비스를 서로 다른 review 포드에 바인딩한다.

3. Bookinfo 내의 모든 마이크로서비스에 대한 대상 규칙을 생성한다.

```
$ kubectl -n istio-lab apply -f 02-create-destination-rules.yaml
destinationrule.networking.istio.io/productpage created
destinationrule.networking.istio.io/reviews created
destinationrule.networking.istio.io/ratings created
destinationrule.networking.istio.io/details created
```

대상 규칙을 통해 서브셋을 정의하면 정의된 규칙 외에는 아무 작업도 수행되지 않는다. 이 바인딩은 VirtualService 정의에서 서브셋을 사용할 때 적용된다.

이전에 만든 가상 서비스는 서비스와 Istio 게이트웨이 간의 라우팅 관계를 정의했다. 이제 같은 서비스를 수정해 review 서비스의 라우팅을 포드의 버전 v1에 고정한다.

트래픽 시프팅

bookinfo 애플리케이션에는 세 가지 버전의 reviews 마이크로서비스가 있으며, 세 가지 모두 실행 중이다. 앞서, 트래픽이 라운드 로빈 방식으로 세 가지 마이크로서비스 모두에 전송된다는 것을 배웠다. 이 시나리오는 실제 환경에서는 이상적이지 않을 수 있다.

쿠버네티스에서 실행되는 마이크로서비스는 트래픽을 조작해 같은 마이크로서비스의 여러 버전을 실행할 수 있는 기능을 제공한다. 서브셋을 사용한 VirtualService를 사용하면 어떻게 수행되는지 보여줄 것이다. 이렇게 하면 특정 버전에 대한 트래픽을 정확히 찾을 수 있다. 시작해보자.

1. reviews 서비스의 모든 트래픽을 reviews 마이크로서비스의 v1에만 지정하려면 다음 가상 서비스를 살펴본다.

```
# Script : 03-create-virtual-service-for-v1.yaml

apiVersion: networking.istio.io/v1alpha3
kind: VirtualService
metadata:
  name: reviews
spec:
  hosts:
  - reviews
  http:
  - route:
    - destination:
        host: reviews
        subset: v1
```

코드를 보면 쿠버네티스 reviews 서비스에는 서브셋 v1에 대한 대상을 정의하는 데 사용된 라우팅 규칙이 있다. 서브셋 v1은 이전에 대상 규칙을 통해 정의했다.

2. 대상 규칙을 통해 정의한 서브셋을 사용하는 가상 서비스를 생성한다.

```
$ kubectl -n istio-lab apply -f 03-create-virtual-service-for-v1.yaml
virtualservice.networking.istio.io/productpage created
virtualservice.networking.istio.io/reviews created
virtualservice.networking.istio.io/ratings created
virtualservice.networking.istio.io/details created
```

코드에서 Istio 가상 서비스는 서브셋 v1에 정의된 대상 규칙에 따라 bookinfo 쿠버네티스 productpage, reviews, ratings 및 details 서비스에 생성된다. 이렇게 하면 서브셋에 의해 정의된 레이블과 일치하는 포드로만 트래픽이 전달된다.

3. 브라우저로 돌아가서, http://192.168.142.249/productpage를 실행하고 여러 번 새로 고침해본다. 독자의 환경에 따라 IP 주소를 변경해야 할 수도 있다.

트래픽이 reviews 마이크로서비스의 v1로 이동됐기 때문에 리뷰어 아래에 검은 별과 빨간 별이 나타나지 않는다. 애플리케이션 코드를 변경하지 않고 트래픽 라우팅이 원하는 서비스로만 전송된다는 사실을 알고 있었는가? 이를 통해 운영자는 개발자에게 의존하지 않고 변경할 수 있다.

서브셋에 대한 대상 규칙의 변경은 동적으로 정의할 수 있으며, 가상 서비스 정의도 동적으로 정의할 수 있다. 구성 변경 사항은 쿠버네티스 API를 통해 파일럿에서 감시되며, 애플리케이션을 재기동할 필요 없이 구성 정보를 마이크로서비스의 엔보이 사이드카 프록시에 비동기식으로 푸시한다.

이는 느슨하게 결합된 분산 환경에서 구성 변경을 통해 수행되는 매우 강력한 기능이다. 일반적으로 변경 시 웹 서버 및 해당 JVM을 재기동해야 하는 레거시 애플리케이션과 비교 및 대조해본다.

ID 기반 트래픽 라우팅(Identity-based traffic routing)

reviews 마이크로서비스 v2의 트래픽을 명명된 사용자에게 라우팅하고 마이크로서비스를 테스트하는 또 다른 시나리오를 살펴보자. 이는 가상 서비스를 변경해 수행되며, 가상 서비스는 포드 또는 서비스를 재기동할 필요가 없다. 다음을 살펴보자.

1. 먼저 가상 서비스의 기존 reviews를 변경해 ID 기반 라우팅을 추가한다. 기존 `reviews` 가상 서비스의 변경 사항을 검토해보자.

```
# Script : 04-identity-based-traffic-routing.yaml

apiVersion: networking.istio.io/v1alpha3
kind: VirtualService
metadata:
  name: reviews
spec:
  hosts:
    - reviews
  http:
  - match:
    - headers:
        end-user:
          exact: jason
    route:
    - destination:
        host: reviews
        subset: v2
  - route:
    - destination:
        host: reviews
        subset: v1
```

   `http` 헤더와 일치하는 규칙이 추가됐음에 주의한다. 사용자가 `jason`인 경우 트래픽을 `v2 reviews`로 라우팅한다. 그렇지 않으면 다른 모든 트래픽을 기본값인 `v1`로 보낸다.

2. 가상 서비스를 수정한다.

```
$ kubectl -n istio-lab apply -f 04-identity-based-traffic-
routing.yaml
virtualservice.networking.istio.io/reviews configured
```

변경 사항이 프록시 사이드카에 전파되는 데는 몇 초 정도 걸릴 수 있다.

3. 브라우저로 돌아가 **Sign in**(화면 오른쪽 상단 모서리)을 클릭하고 `jason`을 입력한 다음 **Sign in**을 다시 클릭한다.

   review 페이지는 `reviews` 마이크로서비스 v2에서 왔기 때문에, 검은 별이 표시되기 시작한다. 페이지를 몇 번 새로 고친다. 매번 검은 별만 표시됨을 알 수 있다. Sign out을 클릭해 검은 별이 사라지고 트래픽이 `reviews` 마이크로서비스의 `v1`로 라우팅되는 것을 확인한다.

TIP

> 사용자를 추가하려면 정규식을 통해 앞의 YAML에서 헤더를 업데이트할 수 있다.

정규식을 사용해 복잡한 일치[match] 표현식을 만들 수 있다.

```
http:
- match
  - headers:
      end-user:
        regex: (Iniesta|Don\ Andres)
  route:
  - destination:
    host: reviews
    subset: v2
```

예를 들어 앞의 YAML 스니펫에서는 사용자가 `Iniesta` 또는 `Don Andres`인 경우, 요청이 `reviews:v2` 마이크로서비스로 전달된다. 이는 실제 사용에서는 원래 버전을 유지하면서 일부 사용자를 동일한 마이크로서비스의 새 버전으로 선택적으로 전달하는 예다. 예를 들어 동일한 서비스에 대한 새 UI를 만들고 일부 선택된 사용자로부터 피드백을 받고자 한다. 마이크로서비스에서 아무것도 변경하지 않고도 일련의 구성 변경을 통해 동일한 작업을 수행할 수 있다.

이러한 유형의 라우팅은 새로운 릴리즈가 현장 테스트를 받기 전에 메인 비즈니스에 영향을 주지 않고 새 릴리즈를 테스트하기 위해 소수의 사람 또는 내부 부서만 선택하기 때문에, 다크 론칭dark launches 또는 프렌즈 앤 패밀리 테스트friends and family testing 라고도 한다.

앞의 코드는 서비스 메시가 원래의 애플리케이션과 독립적으로 구성할 수 있는 애플리케이션에 인프라 레이어를 제공하고 있음을 보여준다. 이전에는 기존의 레거시 애플리케이션에서 이 기능을 사용하려면 애플리케이션 수준에서 코딩을 수행해 헤더를 처리하고 트래픽을 라우팅해야 했다.

가상 서비스는 크롬 브라우저 트래픽은 `reviews:v3`로, 다른 모든 브라우저는 트래픽이 `reviews:v2`로 라우팅되도록 구성할 수 있다.

4. 다음 스크립트를 검토한다.

```
# Script : 05-chrome-browser-traffic-routing.yaml

apiVersion: networking.istio.io/v1alpha3
kind: VirtualService
metadata:
  name: reviews
spec:
  hosts:
    - reviews
  http:
  - match:
      - headers:
          user-agent:
            regex: ".*Chrome.*"
     route:
     - destination:
         host: reviews
         subset: v3
   - route:
      - destination:
          host: reviews
          subset: v2
```

5. 앞의 규칙을 적용한다.

```
$ kubectl -n istio-lab apply -f 05-chrome-browser-traffic-r
outing.yaml
virtualservice.networking.istio.io/reviews configured
```

productpage 웹 페이지를 새로 고침한다. 크롬 브라우저를 사용하는 경우, reviews 서비스 v3는 빨간 별을 보여주고, 그렇지 않은 다른 모든 브라우저(예 : Firefox)에는 review v2를 통해 검은 별이 표시된다.

필요한 경우, 다음과 같이 트래픽 라우팅을 위한 복잡한 조건부 일치 표현식을 쉽게 구성할 수 있다.

```
http:
 - match:
   - headers:
       user-agent:
         regex: ".*Chrome.*"
       end-user:
         regex: (Iniesta|Don\ Andres)
   - headers:
       end-user:
         exact: Xavi
   route:
   - destination:
       host: reviews
       subset: v3
 - route:
  - destination:
      host: reviews
      subset: v1
```

코드 내 일치 표현식에서 Iniesta 또는 Don Andres가 크롬에서 로그인하거나 사용자 Xavi가 임의의 브라우저에서 로그인하는 경우, 트래픽은 reviews 마이크로서비스 버전 v3으로 전달된다. 다른 모든 로그인 인스턴스의 경우 트래픽이 reviews:v1로 라우팅된다.

이제 ID 기반 라우팅에 대해 배웠으므로 카나리아 배포와 블루/그린 배포를 위해 트래픽 이동 개념을 살펴본다.

카나리아 배포

쿠버네티스는 블루/그린 배포를 지원하며, 롤백이 필요할 때 매우 유용하다. 카나리아 배포는 새로운 버전의 애플리케이션이 트래픽의 작은 부분을 차지하면서 점진적으로 배포되거나, 라이브 사용자의 서브셋만 새로운 버전에 연결되도록 하는 증분 롤아웃incremental rollouts이라 한다.

이전 섹션에서 다룬 ID 기반 라우팅은 일부 사용자에 대해서만 새 버전으로 라우팅하는 예다. 쿠버네티스가 이미 카나리아 배포를 지원하는데, 왜 Istio의 카나리아 배포Canary deployments가 필요한가?

예를 들어 이해해보자.

`reviews` 서비스가 `v1`과 `v2` 두 가지만 있고, `reviews` 서비스 엔드포인트가 두 버전의 포드를 대상으로 한다고 가정해본다. Istio 가상 서비스가 없으면 쿠버네티스는 트래픽의 50%를 두 포드에 각각 라운드 로빈한다. `v2`가 새로운 버전이고 배포되는 즉시, 트래픽의 50%가 발생한다고 해보겠다.

트래픽의 90%를 구버전 `v1`로 전환하고 트래픽의 10%만 `v2`로 허용하려는 경우, `v1`을 9개의 레플리카로 확장하고 `v2`를 단일 레플리카로 유지할 수 있다. 이를 통해 쿠버네티스는 트래픽의 90%를 `v1`로, 10%를 `v2`로 전달할 수 있었다.

Istio는 쿠버네티스가 제공하는 것보다 훨씬 더 나아간다. Istio를 사용하면 둘 다 관련이 없는 레플리카 배포에서 트래픽 라우팅을 분리할 수 있다. 예를 들어 `v1` 및 `v2`의 단일 레플리카를 사용하면서, 두 버전의 확장에 관계없이 트래픽의 90%를 `v1`로, 트래픽의 10%를 `v2`로 전환할 수 있다. `v1`의 레플리카 4개를 실행해 트래픽의 20%만 라우팅할 수도 있고, 하나의 레플리카만 있는 카나리아 `v2` 버전으로 트래픽의 80%를 라우팅할 수 있다.

구현 예제를 통해 살펴보자.

1. reviews:v1이 프로덕션 버전이고 완전히 테스트되지 않은 reviews:v2를 배포하고 있다고 생각해보자. 레플리카셋을 늘리거나 줄이지 않고 트래픽의 10%만 라우팅하려 한다.

```
# Script: 06-canary-deployment-weight-based-routing.yaml

kind: VirtualService
metadata:
  name: reviews
spec:
  hosts:
    - reviews
  http:
  - route:
    - destination:
        host: reviews
        subset: v1
      weight: 90
  - destination:
      host: reviews
      subset: v2
    weight: 10
```

   reviews 가상 서비스의 배포 규칙과 관련해, v1 서브셋에 90% 가중치를 할당하고 v2 서브셋에 10%를 할당했다.

2. 가중치 기반 라우팅으로 reviews 가상 서비스를 수정한다.

```
$ kubectl -n istio-lab apply -f 06-canary-deployment-weight-based-routing.yaml
virtualservice.networking.istio.io/reviews configured
```

   브라우저로 돌아가서 새로 고침을 여러 번 누른다. 대부분의 경우 별이 표시되지 않고(reviews:v1), 때때로 검은 별이 표시된다(reviews:v2). 검은 별이 표시될 때 HTML 소스를 보면, 트래픽이 v2 reviews로 전송될 때 "full stars"라는 문자열이 있는 두 개의

HTML 커멘트가 있음을 알 수 있다.

3. productpage에서 curl 명령을 1,000번 실행하고 동일한 reviews 포드의 두 버전 간에 라우팅되는 트래픽 비율을 추정하기 위해 "full stars" HTML 커멘트를 카운트한다. 완료하는 데 약간 시간이 걸린다.

```
$ echo $INGRESS_HOST
192.168.142.249

$ time curl -s http://$INGRESS_HOST/productpage?[1-1000] | grep -c
"full stars"
204

real 0m42.698s
user 0m0.032s
sys 0m0.343s
```

NOTE

참고 : $INGRESS_HOST가 독자의 환경의 로드 밸런서 IP 주소의 IP 주소로 올바르게 채워져 있는지 확인한다. 다음 명령을 실행해 외부 IP 주소를 찾는다. kubectl –n istio–system get svc istio–ingressgateway.

204를 2로 나누면(review:v2의 curl 명령의 각 출력에 "full stars"라는 문자열이 두 번 포함돼 있기 때문에), Istio의 카나리아 배포 기능을 사용하는 가중치 기반 라우팅을 통해 reviews:v2로 전송된 트래픽의 10%(102/1,000 = 약 10%)에 가깝다.

포드를 확장하지 않고 트래픽의 10%를 카나리아 릴리즈(reviews:v2)로 전환할 수 있었다. 이는 파일럿이 엔보이 사이드카 프록시로 구성 정보를 푸시하고 로드 밸런싱이 레이어 7에서 수행되기에 가능했다.

이제 카나리아 배포는 만족스러워서 v1을 종료하고 v2를 프로덕션 릴리즈의 일부로 만들고 싶다고 가정해보자.

4. reviews 가상 서비스를 수정하고 규칙을 적용한다.

```
# Script : 07-move-canary-to-production.yaml

kind: VirtualService
metadata:
  name: reviews
spec:
  hosts:
    - reviews
  http:
  - route:
    - destination:
        host: reviews
        subset: v2
```

코드에서는 v1 서브셋에 대한 경로를 제거하고 v2 서브셋에서 가중치를 제거해 트래픽의 100%를 v2로 라우팅함으로써 새로운 프로덕션을 릴리즈했다.

5. reviews 가상 서비스를 수정해 새 규칙을 적용한다.

```
$ kubectl -n istio-lab apply -f 07-move-canary-to-production.yaml
virtualservice.networking.istio.io/reviews configured
```

6. 동일한 테스트를 다시 반복한다.

```
$ curl -s http://$INGRESS_HOST/productpage?[1-1000] | grep -c "full
stars"
2000
```

각 HTML 페이지에는 "full stars"가 두 번 발생하므로, 이전 curl 명령을 사용해 보낸 1,000개의 요청에서 2000개의 카운트를 얻었다. 이는 카나리아 배포가 이제 새로운 프로덕션임을 보여준다. 필요한 경우 reviews의 v1을 삭제할 수 있다.

앞의 기능은 애플리케이션 코드를 변경하지 않고, 중단 없이 레플리카셋의 수를 변경하지 않고도 사용할 수 있다는 점에 유의한다.

트래픽 시프팅 기능을 배웠으므로 이제 결함 주입과 타임아웃 기능을 살펴본다.

결함 주입

결함 주입Fault injection은 실제 결함이 발생할 때까지 기다리지 않고 애플리케이션을 테스트하는 데 사용되는 방법이다. 분산 환경에서는 지연 또는 결함이 발생할 가능성이 매우 높다. 애플리케이션을 개발하는 동안 실제 결함/지연의 영향을 생각하기란 어렵다. 대부분의 경우 애플리케이션 코드 변경을 트리거하는 것은 결함/지연에 대한 대응이며, 이는 애플리케이션을 새로 릴리즈해야 함을 의미한다.

엔터프라이즈 애플리케이션을 개발할 때는 일반적으로 소규모 팀을 분리해 서로 독립적인 마이크로서비스를 개발한다. 다른 팀에서 개발한 코드에 타임아웃이 들어가 있을 수 있으며, 이로 인해 이상을 일으킬 수 있다. 예를 들어 `reviews`와 `ratings` 서비스 사이에 10초 하드 코딩된 타임아웃이 있어 `reviews` 서비스에 영향을 주지 않도록 7초 지연을 도입했다고 가정해본다. `productpage`는 `reviews` 서비스를 호출하고 타임아웃이 7초로 설정됐음에도 6초 후에 오류를 발생시킨다. `http` 지연으로 인해 예상치 못한 다른 서비스 동작을 발견했다. 결함 주입은 이러한 이상을 발견할 수 있는 방법이며, `http` 지연을 주입하고 결함을 중단하는 예제를 통해 확인할 수 있다.

HTTP 지연 결함 주입

Istio의 개발자 커뮤니티에서 만들어진 `bookinfo` 애플리케이션에는 `reviews:v2`에서 `rating` 서비스를 호출 시 10초의 타임아웃을 하드코딩했다.

```
...
private JsonObject getRatings(String productId, HttpHeaders requestHeaders)
{
     ClientBuilder cb = ClientBuilder.newBuilder();
      Integer timeout = star_color.equals("black") ? 10000 : 2500;
...
```

`rating` 서비스에서 최종 사용자인 `jason`에 대한 7초의 지연을 주입해보자.

1. 다음 명령을 입력한다.

```
# Script : 08-inject-http-delay-fault.yaml

kind: VirtualService metadata:
  name: ratings
spec:
  hosts:
  - ratings
  http:
  - match:
    - headers:
        end-user:
          exact: jason
    fault:
      delay:
        percentage:
          value: 100.0
        fixedDelay: 7s
    route:
    - destination:
        host: ratings
        subset: v1
  - route:
    - destination:
        host: ratings
        subset: v1
```

2. rating 가상 서비스를 수정해 jason에만 7초 지연을 주입한다.

```
$ kubectl -n istio-lab apply -f 08-inject-http-delay-fault.yaml
virtualservice.networking.istio.io/ratings configured
```

3. 브라우저에서 **Sign in**을 클릭하고 jason으로 로그인한다.
4. **Sign in**을 클릭하면 페이지가 로드되는 데 시간이 걸릴 텐데, 이는 jason에 적용한 7초 지연 때문이다.
5. 이제 Error fetching product reviews!라는 메시지가 표시된다.

6. 크롬 주소 표시줄의 오른쪽 상단에 있는 세 개의 수직 바를 클릭하면 나타나는 **More Tools › Developer Tools**에서 **Network** 탭을 열고 `productpage`를 다시 새로 고침 한다.

7. `productpage`가 6초에 타임아웃됐음을 알 수 있다.

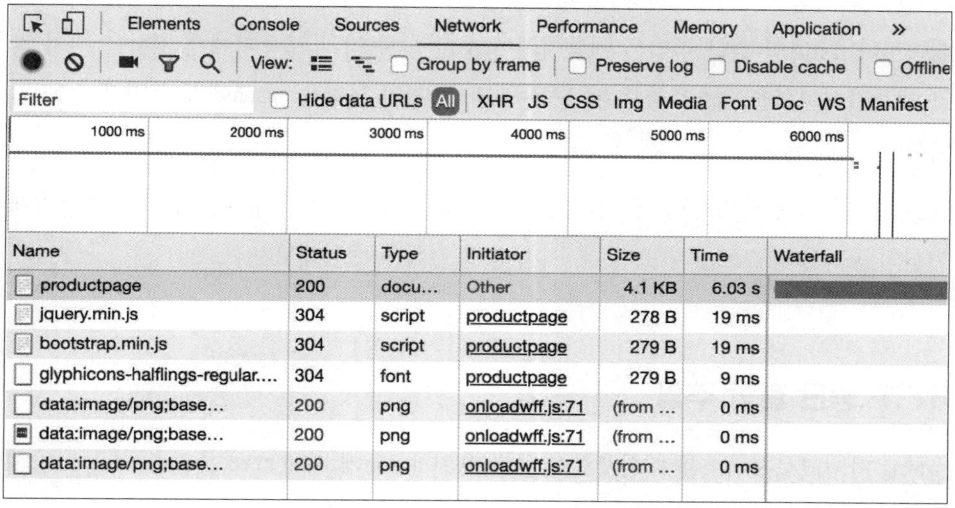

8. 크롬 브라우저의 개발자 도구를 닫는다.

`reviews`와 `ratings` 서비스 사이에 7초의 타임아웃을 주입했지만 `productpage`와 reviews 서비스 사이에 6초의 타임아웃(2번의 시도, 각 3초의 타임 아웃)이 발생했다.

```
...
for _ in range(2):
        try:
            url = reviews['name'] + "/" + reviews['endpoint'] + "/" +
str(product_id)
            res = requests.get(url, headers=headers, timeout=3.0)
        except BaseException:
            res = None
        if res and res.status_code == 200:
            return 200, res.json()
...
```

이는 productpage와 reviews 서비스 사이에 하드코딩한 타임아웃 때문이다. 이를 통해 관련 없는 타임아웃을 알아낼 수 있게 해주는 타임아웃 주입의 효과를 확인할 수 있다.

애플리케이션의 원래 코드에서 아무것도 수정하지 않고도 애플리케이션에 지연 시간을 주입해 애플리케이션을 테스트할 수 있음을 보여준다. 이는 애플리케이션에 예상치 못한 영향을 미칠 수 있는 실제 지연이 발생할 때까지 기다리지 않아도 수행되는 더 나은 테스트다. Istio의 결함 주입은 애플리케이션 운영 중 다른 사용자에게 영향을 주지 않고 애플리케이션을 테스트하는 데 도움이 된다. 지연 규칙을 jason에만 주입한 것을 기억하자.

http 지연을 주입하면 할당된 서비스의 네트워크 지연을 시뮬레이션해 전체 애플리케이션의 동작을 테스트할 수도 있다. 이제 중단 결함을 주입해보자.

HTTP 중단 결함 주입

rating 마이크로서비스를 대상으로 최종 사용자 jason에 대한 http 중단 규칙을 도입해 마이크로서비스의 복원력을 테스트한다.

1. 다음 명령을 보자.

```
# Script : 09-inject-http-abort-fault.yaml

apiVersion: networking.istio.io/v1alpha3
kind: VirtualService
metadata:
  name: ratings
spec:
  hosts:
  - ratings
  http:
  - match:
    - headers:
        end-user:
          exact: jason
    fault:
```

```
        abort:
          percentage:
            value: 100.0
          httpStatus: 500
      route:
      - destination:
          host: ratings
          subset: v1
  - route:
    - destination:
        host: ratings
        subset: v1
```

코드에서는 rating 서비스에서 jason 사용자에 500 http 오류 결함을 넣었다.

2. 테스트 사용자 jason에 대한 http 중단을 주입하고자 rating 가상 서비스를 수정한다.

```
$ kubectl -n istio-lab apply -f 09-inject-http-abort-fault.yaml
virtualservice.networking.istio.io/ratings configured
```

3. 페이지를 새로 고침하고 jason으로 로그인했는지 확인한다.

4. rating 서비스를 호출할 때 httpStatus 코드 500을 주입했음을 나타내는 Ratings service is currently unavailable라는 메시지가 표시된다.

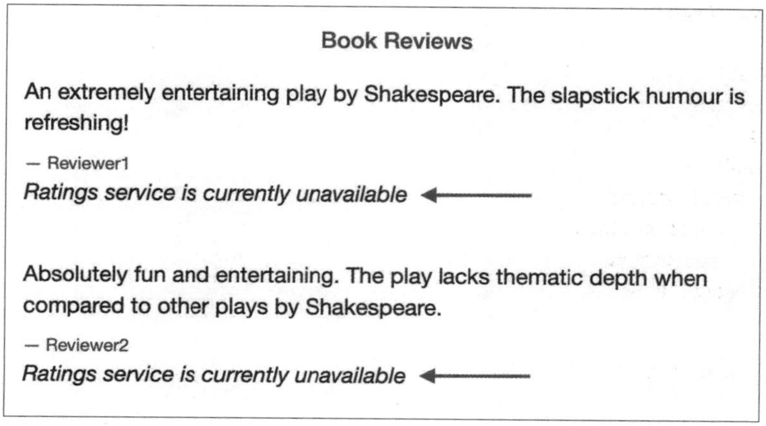

5. **(sign out)**을 클릭해 jason으로 로그아웃한다.

6. rating 서비스가 평상시와 같이 작동하며 rating의 v2가 표시된다.

이 유형의 테스트는 다른 사용자에게 영향을 주지 않고 다른 서비스에 http abort 코드를 사용해 애플리케이션의 런타임 동작을 보는 데 매우 유용하다. 이러한 유형의 사전 예방적 테스트는 애플리케이션이 프로덕션 단계에 있을 때 클라우드 네이티브 컴퓨팅의 기본이 되는 카오스 테스트chaos testing와 지속적인 엔지니어링의 한 예다.

요청 타임아웃

애플리케이션 타임아웃은 기본적으로 비활성화돼 있다. reviews 서비스에 대한 요청 타임아웃Request timeouts을 0.5초로 설정해보자.

1. reviews 가상 서비스에 0.5초 타임아웃을 적용한다.

```
# Script : 10-set-request-timeout.yaml

apiVersion: networking.istio.io/v1alpha3
kind: VirtualService
metadata:
  name: reviews
spec:
  hosts:
  - reviews
  http:
  - route:
    - destination:
        host: reviews
        subset: v2
    timeout: 0.5s
```

2. 규칙을 적용한다.

```
$ kubectl -n istio-lab apply -f 10-set-request-timeout.yaml
virtualservice.networking.istio.io/reviews configured
```

productpage의 코드 스니펫에는 다음 코드에서 알 수 있듯 두 번의 재시도가 있다. productpage는 가상 서비스를 통해 정의된 0.5초의 타임아웃이 있는 reviews 서비스를 호출한다. productpage에서 두 번 재시도하므로 응답에 1초가 걸린다.

```
...
for _ in range(2):
  try:
  url = reviews['name'] + "/" + reviews['endpoint'] + "/" +
str(product_id)
 res = requests.get(url, headers=headers, timeout=3.0)
 except BaseException:
  res = None
  if res and res.status_code == 200:
return 200, res.json()
...
```

0.5초(실제로는 두 번의 재시도로 인해 1초)의 타임아웃 규칙은 reviews와 ratings 서비스 사이에 1초 이상의 지연이 없으면 적용되지 않는다.

3. 이제 reviews와 ratings 서비스 사이에 2초의 지연을 적용하자.

```
# Script : 11-inject-latency.yaml

apiVersion: networking.istio.io/v1alpha3
kind: VirtualService
metadata:
  name: ratings
spec:
  hosts:
  - ratings
  http:
  - fault:
      delay:
        percent: 100
        fixedDelay: 2s
```

```
    route:
    - destination:
        host: ratings
        subset: v1
```

4. 지연 규칙을 적용한다.

```
$ kubectl -n istio-lab apply -f 11-inject-latency.yaml
virtualservice.networking.istio.io/reviews configured
```

5. 브라우저로 돌아가서 productpage를 새로 고침한다.

6. Sorry, product reviews are currently unavailable for this book.라는 오류가 표시된다.

   이 오류는 reviews와 ratings 서비스 간 설정된 2초의 지연으로 인해 ratings 서비스가 응답하지 않았기 때문에 요청 타임아웃이 0.5초로 설정돼 트리거된 것이다.

   0.5초의 요청 타임아웃을 도입해 reviews 서비스의 문제를 발견했다. 이는 설정 정보를 변경해 인위적인 지연과 타임아웃를 도입해 수행하는 매우 유용한 애플리케이션 수준에서의 테스트 작업이다.

   서킷 브레이커 테스트를 시작하기 전에 가상 서비스에서 타임아웃과 지연 시간 정의를 제거하자.

7. 이를 수행하는 가장 쉬운 방법은 가상 서비스 규칙을 삭제하고 스크립트에서 원래 규칙을 복원하는 것이다.

```
$ kubectl -n istio-lab delete -f 03-create-virtual-service-forv1.yaml
virtualservice.networking.istio.io "productpage" deleted
virtualservice.networking.istio.io "reviews" deleted
virtualservice.networking.istio.io "ratings" deleted
virtualservice.networking.istio.io "details" deleted

$ kubectl -n istio-lab apply -f 03-create-virtual-service-forv1.yaml
virtualservice.networking.istio.io/productpage created
virtualservice.networking.istio.io/reviews created
```

```
virtualservice.networking.istio.io/ratings created
virtualservice.networking.istio.io/details created
```

결함 주입과 타임아웃을 배웠다. 다음으로 과도한 스트레스나 공격으로부터 애플리케이션을 보호하는 데 도움이 되는 서킷 브레이커를 살펴본다.

서킷 브레이커

모놀리식 애플리케이션에서 서로 다른 서비스 간의 호출은 메모리 내에서만 이루어진다. 모놀리식에서 분산 마이크로서비스 아키텍처로 변경될 때 메모리 내 서비스 호출은 네트워크 호출로 변경된다. 느슨한 결합과 서비스 재사용의 이점을 누리지만, 서비스 간에 지연이 있거나 하나 이상의 서비스를 사용할 수 없는 경우 애플리케이션에서는 단계적cascading 오류가 발생할 수 있다. 네트워크 호출 대기 시간으로 발생하는 애플리케이션 오류는 모놀리식 애플리케이션과 비교했을 때 마이크로서비스의 단점 중 하나다.

서킷 브레이커Circuit breaker는 앞서 언급한 애플리케이션 장애를 줄이는 데 도움이 되며 지연 시간이 길거나 핵심적인 마이크로서비스를 사용할 수 없는 경우 탄력적이고 내결함성이 있는 시스템을 구축할 수 있다. 소프트웨어 엔지니어링에서 서킷 브레이커는 전기 공학의 서킷 브레이커와 유사하며, 전기 공학의 서킷 브레이커는 누군가가 시스템이 유지할 수 있는 것보다 더 많은 전류를 소비하면 화재 위험을 피하기 위해 회로를 돌린다.

장애를 감지하고 지속적인 반복을 방지하는 메커니즘을 갖는 소프트웨어 엔지니어링에도 동일한 원칙이 적용된다. 이 디자인 패턴은 서킷 브레이커 객체에 대한 호출에 캡슐화되며, 장애를 모니터링하고 장애가 특정 한계에 도달하면 서킷을 돌린다.

Istio는 서킷 브레이커를 통해 마이크로서비스의 복원력을 테스트하는 메커니즘을 제공한다. 예를 들어 마이크로서비스가 백엔드 `statefulset` 데이터베이스와 상호 작용하는 경우, 데이터베이스 쿼리가 예상보다 오래 걸리면 응답을 기다린다. 긴 대기로 인해 마이크로서비스를 돌리고자 서킷 브레이커를 주입하는 방식은 매우 유용하다. 애플리케이션에서 Istio 서킷 브레이커의 적절한 설계와 구현은 복원력을 제공해 성능 문제, 지연 시간 및 네트워크 결함과 같은 기타 바람직하지 않은 영향을 줄여준다.

bookinfo 애플리케이션에 서킷 브레이커를 구현해보자. 서킷 브레이커 규칙은 대상 규칙을 사용해 정의된다.

```
# Script : 12-modify-productpage-destination-rule-for-circuit-breaker.yaml

apiVersion: networking.istio.io/v1alpha3 k
ind: DestinationRule
metadata:
  name: productpage
spec:
  host: productpage
  subsets:
  - labels:
      version: v1
    name: v1
  trafficPolicy:
    connectionPool:
      tcp:
         maxConnections: 1
       http:
         http1MaxPendingRequests: 1
         maxRequestsPerConnection: 1
    outlierDetection:
       consecutiveErrors: 1
       interval: 1s
       baseEjectionTime: 3m
       maxEjectionPercent: 100
```

코드에서는 productpage 서비스에 하나의 TCP/HTTP 연결을 정의한다.

파라미터	정의
http1MaxPendingRequests	보류 중인 요청의 최대 수를 정의한다.
maxRequestsPerConnection	백엔드에 대한 연결당 최대 요청 수를 정의한다. 여기서는 두 파라미터를 모두 1로 설정한다.

파라미터	정의
consecutiveErrors	이 이상값 감지 파라미터를 1로 설정하면 5XX 오류 코드 수가 1을 초과하는 경우 커넥션 풀에서 호스트를 제거한다.
interval	interval 파라미터는 제거 스윕 분석(ejection sweep analysis)사이의 시간 간격이다.
baseEjectionTime	최소 제거 시간과 호스트가 제거된 횟수의 곱과 동일한 기간 동안 호스트를 제거한 상태로 유지되는 시간을 설정한다. 이 방법을 사용하면 Istio가 비정상 업스트림 서버의 제거 시간을 자동으로 늘릴 수 있다.
maxEjectionPercent	제거할 수 있는 로드 밸런싱 풀의 호스트 비율이다. 기본값은 10%지만 여기서는 100%로 설정한다.

이제 필요한 서킷 브레이커 파라미터에 대해 알았으므로, 구현 프로세스를 살펴본다.

1. productpage의 대상 규칙을 사용해 서킷 브레이커 규칙을 구현한다.

```
$ kubectl -n istio-lab apply -f 12-modify-productpage-destination-rule-for-
circuit-breaker.yaml
destinationrule.networking.istio.io/productpage configured
```

브라우저에서 productpage를 새로 고침한다. review:v1 서비스에 별이 표시되지 않는 웹 페이지의 정상적인 기능을 확인할 수 있다. 다음 다이어그램은 닫힌 서킷 브레이커를 보여주며, 여기서는 productpage로부터 중단 없이 details와 reviews로 호출된다.

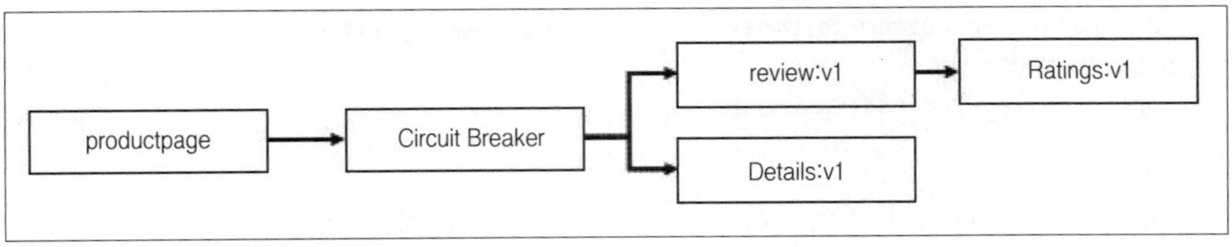

발신 http 요청에 대한 연결 수, 동시성 및 지연을 제어하기 위한 테스트 도구가 필요하다. Istio 개발자 커뮤니티는 Fortio라는 자체 테스트 도구를 만들었고, 이는 https://github.com/istio/fortio에서 사용할 수 있다. Fortio는 지정된 초당 쿼리 수

(qps)를 실행할 수 있으며, 실행 시간의 히스토그램을 기록할 수 있다. 정해진 시간 동안, 고정된 수의 호출 또는 중단될 때까지 실행할 수 있다.

2. Istio의 Fortio 테스트 도구를 설치한다.

```
$ kubectl -n istio-lab apply -f 13-install-fortio-testing-tool.yaml
service/fortio created
deployment.apps/fortio-deploy created
```

3. Fortio가 제대로 배포됐는지 확인한다.

```
$ kubectl -n istio-lab get deploy fortio-deploy
NAME            READY  UP-TO-DATE  AVAILABLE  AGE
fortio-deploy   1/1    1           1          2m48s
```

4. 이미 istio-lab 네임스페이스를 istioinjection = enabled라 레이블했으므로 다음 출력에서 2/2에 표시된 것처럼, Istio 프록시카가 Fortio 포드에 자동으로 주입된다.

```
$ kubectl -n istio-lab get pods -l app=fortio
NAME                            READY  STATUS   RESTARTS  AGE
fortio-deploy-784c644f9c-v6bb8  2/2    Running  0         2m
```

5. 서킷 브레이커 규칙을 트리거하지 않는 간단한 테스트를 실행한다.

```
$ export FORTIO_POD=$(kubectl -n istio-lab get pods -l app=fortio -
-no-headers -o custom-columns=NAME:.metadata.name) ; echo
$FORTIO_POD
fortio-deploy-784c644f9c-v6bb8
```

echo $FORTIO_POD를 실행해 Fortio 포드 이름이 올바른지 확인한다.

6. 호출을 한 번만 반복한다. 서킷 브레이커 규칙을 트리거하지 않아야 한다.

```
$ kubectl -n istio-lab exec -it $FORTIO_POD -c fortio
/usr/bin/fortio -- load -c 1 -qps 0 -n 1 -loglevel Warning
http://productpage:9080
```

7. 도구의 출력을 확인하고 5XX 오류가 없는지 확인한다.

```
05:29:12 I logger.go:97> Log level is now 3 Warning (was 2 Info)
Fortio 1.3.1 running at 0 queries per second, 8->8 procs, for 1
calls: http://productpage:9080
Starting at max qps with 1 thread(s) [gomax 8] for exactly 1 calls
(1 per thread + 0)
Ended after 5.650443ms : 1 calls. qps=176.98
Aggregated Function Time : count 1 avg 0.005644373 +/- 0 min
0.005644373 max 0.005644373 sum 0.005644373
# range, mid point, percentile, count
>= 0.00564437 <= 0.00564437 , 0.00564437 , 100.00, 1
# target 50% 0.00564437
# target 75% 0.00564437
# target 90% 0.00564437
# target 99% 0.00564437
# target 99.9% 0.00564437
Sockets used: 1 (for perfect keepalive, would be 1)
Code 200 : 1 (100.0 %)
Response Header Sizes : count 1 avg 250 +/- 0 min 250 max 250 sum 250
Response Body/Total Sizes : count 1 avg 1933 +/- 0 min 1933 max 1933
sum 1933
All done 1 calls (plus 0 warmup) 5.644 ms avg, 177.0 qps
```

`Code 200`은 `100%`이며, 이는 하나의 연결만 설정한 이전 테스트에서 서킷 브레이커 규칙이 트리거되지 않았음을 나타낸다.

8. 동시 연결 수를 3개(`-c 3`)로 변경한 후 20개의 요청(`-n 20`)을 전송하고 테스트를 실행한다.

```
$ kubectl -n istio-lab exec -it $FORTIO_POD -c
fortio /usr/bin/fortio -- load -c 3 -qps 0 -n 20 -loglevel Warning
http://productpage:9080
```

9. 테스트 도구의 출력을 확인한다.

```
05:30:24 I logger.go:97> Log level is now 3 Warning (was 2 Info)
Fortio 1.3.1 running at 0 queries per second, 8->8 procs, for 20
```

```
calls: http://productpage:9080
Starting at max qps with 3 thread(s) [gomax 8] for exactly 20 calls
(6 per thread + 2)
05:30:24 W http_client.go:679> Parsed non ok code 503 (HTTP/1.1
503)
...
> 0.009 <= 0.00999593 , 0.00949797 , 100.00, 3
# target 50% 0.00533333
# target 75% 0.007
# target 90% 0.00933198
# target 99% 0.00992954
# target 99.9% 0.00998929
Sockets used: 9 (for perfect keepalive, would be 3)
Code 200 : 13 (65.0 %)
Code 503 : 7 (35.0 %)
Response Header Sizes : count 20 avg 162.5 +/- 119.2 min 0 max 250 sum 3250
...
```

10. Code 200(OK)은 13개의 요청(65%)에서 리턴됐으며 Code 503은 7개의 요청(35%)에서 리턴됐다.

```
Code 200 : 13 (65.0 %)
Code 503 : 7 (35.0 %)
```

이는 반개방half-open 서킷 브레이커 규칙이 실행되는 예다. 동시 연결과 연속 오류 수가 둘 이상일 때마다 작동하는 서킷 브레이커 규칙으로 요청의 65%가 OK를 통과하고 요청의 35%가 실패하며, 다음 다이어그램으로 나타냈다. 커넥션 풀에서 호스트 제거는 Istio의 서킷 브레이커 컴포넌트를 정의한 `interval`, `baseEjectionTime` 및 `maxEjectionPercent` 파라미터를 사용해 Istio이 동적으로 설정한다.

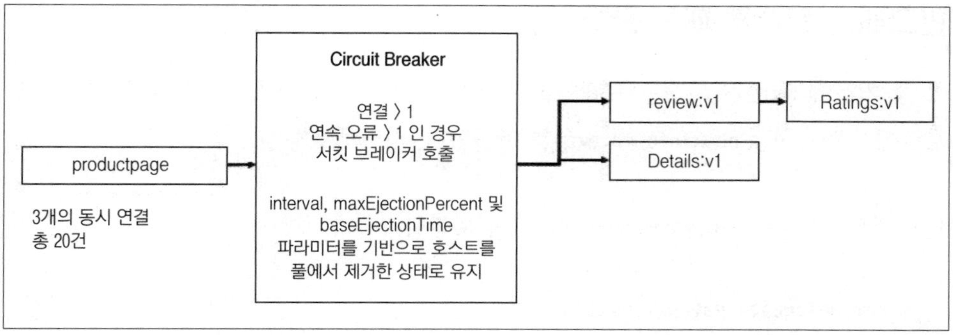

11. 트래픽 관리를 위한 다른 Istio 기능을 테스트할 수 있도록 모든 서비스의 대상 규칙을 원래 상태로 되돌린다.

```
$ kubectl -n istio-lab apply -f 02-create-destination-rules.yaml
destinationrule.networking.istio.io/productpage configured
destinationrule.networking.istio.io/reviews unchanged
destinationrule.networking.istio.io/ratings unchanged
destinationrule.networking.istio.io/details unchanged
```

서킷 브레이커를 배웠으니 이제 인그레스 트래픽을 관리하고 외부 트래픽을 원하는 마이크로서비스로 보내는 방법을 배운다.

트래픽 관리(Managing traffic)

Istio의 수신 트래픽과 발신 트래픽은 인그레스 게이트웨이와 이그레스 게이트웨이를 통해 관리된다.

쿠버네티스 환경에서는 클러스터 외부에서 접근하기 위해 노출될 수 있는 서비스에 인그레스 리소스를 제공한다. 또한 Istio는 쿠버네티스와 원활하게 작동하는 자체 게이트웨이를 제공하며, 클러스터로 들어오는 트래픽에 적용할 수 있는 모니터링과 라우팅 규칙과 같은 향상된 기능을 제공한다.

인그레스 트래픽 패턴 관리

이 장 처음에 Istio 기본 게이트웨이를 소개했고 모든 외부 호스트의 http 트래픽을 80 포트에서 허용하는 bookinfo-gateway를 만들었다. 시작해보자.

1. 이 장 처음에 만든 mygateway의 정의를 검토한다.

```
$ cat 00-create-gateway.yaml
```

mygateway를 사용하는 Istio bookinfo 가상 서비스도 만들었다.

2. bookinfo 가상 서비스를 검토한다.

```
$ cat 01-create-virtual-service.yaml
```

게이트웨이 및 가상 서비스의 출력에서 알 수 있듯, /productpage 경로의 외부 호스트 http 요청을 내부 쿠버네티스 productpage 서비스의 9080 포트로 라우팅한다.

http://bookinfo.istio.io를 쿠버네티스 productpage 서비스의 9080 포트로 라우팅하려는 예를 들어보겠다. 이를 위해서는 bookinfo.istio.io에 대한 DNS 항목이 istio-system 네임스페이스에 있는 Istio 인그레스 게이트웨이 서비스의 외부 IP에 매핑돼야 한다. 예를 들어 VM의 외부 IP 주소는 192.168.142.249에 매핑된다. VM의 IP 주소는 다를 수 있음을 유의한다.

3. 인그레스 게이트웨이의 외부 IP 주소를 확인한다.

```
$ kubectl -n istio-system get svc istio-ingressgateway -o custom-
columns=Name:.metadata.name,EXTERNAL_IP:.status.loadBalancer.
ingress[0].ip
Name                   EXTERNAL_IP
istio-ingressgateway   192.168.142.249
```

VM의 /etc/hosts 파일에 항목을 생성해 IP 주소 192.168.142.249가 bookinfo.istio.io에 매핑된 것으로 가정한다.

4. /etc/hosts 파일에 항목을 생성한다.

```
$ export INGRESS_IP=$(kubectl -n istio-system get svc istio-
ingressgateway -o jsonpath='{.status.loadBalancer.ingress[0].ip}');
echo $INGRESS_IP
192.168.142.249

$ if ! grep -q bookinfo.istio.io /etc/hosts ; then echo
"$INGRESS_IP bookinfo.istio.io" | sudo tee -a /etc/hosts; fi
```

기존 bookinfo-gateway를 사용하는 별도의 Istio 가상 서비스를 만들고 http://bookinfo.istio.io를 포트 9080의 내부 쿠버네티스 productpage 서비스로 라우팅한다.

5. 가상 서비스 정의에 대한 다음 스크립트를 검토한다.

```
# Script : 14-create-bookinfo-virtual-service.yaml

apiVersion: networking.istio.io/v1alpha3
kind: VirtualService
metadata:
  name: bookinfo.istio.io
spec:
  hosts:
  - "bookinfo.istio.io"
  gateways:
  - mygateway
  http:
  - match:
    - uri:
        exact: /
    - uri:
        exact: /productpage
    - uri:
        prefix: /static
    - uri:
       exact: /login
    - uri:
        exact: /logout
    - uri:
```

```
      prefix: /api/v1/products
    route:
    - destination:
        host: productpage.istio-lab.svc.cluster.local
        port:
          number: 9080
```

6. bookinfo.istio.io 가상 서비스를 생성한다.

```
$ kubectl -n istio-system apply -f 14-create-bookinfo-virtual-
service.yaml
virtualservice.networking.istio.io/bookinfo.istio.io created
```

7. 가상 머신에서 http://bookinfo.istio.io를 테스트한다.

```
$ curl -s http://bookinfo.istio.io | grep title
<title>Simple Bookstore App</title>
```

Istio의 기본 게이트웨이와 가상 서비스를 사용해 Istio 인그레스 게이트웨이를 사용하는 방법을 보여준다. Istio 게이트웨이 사용 시 트래픽 관리를 위해 Istio의 라우팅 기능을 활용할 수 있다.

이그레스 트래픽 패턴 관리

Istio에서 외부 서비스에 접근할 수 있는 세 가지 방법이 있다.

- 모든 외부 서비스에 대한 접근을 허용하도록 Istio 사이드카를 구성(대용량 파일 전송에는 권장되지 않음)
- 서비스 메시 내부에서 접근 가능한 외부 서비스를 등록하기 위해 ServiceEntry를 사용
- 재매핑된 IP 테이블에서 외부 IP를 제외하도록 Istio 사이드카를 구성

첫 번째 접근 방식을 사용하면 외부 서비스에 대한 Istio 모니터링과 트래픽 라우팅 기능을 활용할 수 없다. 외부 서비스에 Istio 모니터링과 라우팅 기능을 사용하려면 Istio의 ServiceEntry 기본 요소를 사용하는 것이 좋다. 예를 들어 ServiceEntry 접근 방식을 사용해 외부 서비스에 대한 타임아웃 규칙을 설정할 수 있다. 세 번째 접근 방식은 Istio 사이드카를 우회해 예제의 서비스가 외부 서비스에 직접 접근할 수 있도록 한다.

Istio ServiceEntry 기본 요소를 사용해 외부 서비스에 대한 접근을 제어하는 두 번째 접근 방식을 살펴본다.

모든 외부 서비스에 대한 접근을 허용하는 demo 프로필을 사용해 Istio를 설치했다. 시작해보자.

1. 다음 명령을 실행해 아웃바운드 트래픽 정책 모드를 확인한다.

```
$ kubectl -n istio-system get cm istio -o yaml | grep -m1 -o "mode:
ALLOW_ANY"
mode: ALLOW_ANY
```

   ALLOW_ANY 모드는 마이크로서비스에서 외부 서비스에 대한 접근을 허용한다.

2. 서비스 메시를 통해 외부 서비스에 대한 연결을 테스트하고자 ratings 포드의 IP 주소를 찾는다.

```
$ export RATING_POD=$(kubectl -n istio-lab get pods -l app=ratings
-o jsonpath='{.items..metadata.name}') ; echo $RATING_POD
ratings-v1-79b6d99979-k2j7t
```

3. https://www.ibm.com을 테스트하기 위해 ratings 포드에서 curl을 실행해 http 코드 상태를 확인한다. 연결에 성공하면 200이 나타날 것이다.

```
$ kubectl -n istio-lab exec -it -c ratings $RATING_POD -- curl -LI
https://www.ibm.com | grep "HTTP/"
HTTP/2 303 --> Note that this is the HTTP code for the redirection
of the URL
HTTP/2 200
```

```
$ kubectl -n istio-lab exec -it -c ratings $RATING_POD -- curl -LI
https://www.cnn.com | grep "HTTP/"
HTTP/2 200
```

TIP

> command terminated with exit code 6 or 35라는 오류를 수신하면 이는 curl 명령이 컨테이너 내부에서 호스트 이름을 확인할 수 없음을 나타내는 것이다. 이는 VM의 /etc/resolv.conf 파일에 nameserver가 제대로 정의되지 않았기 때문일 수 있다. kubectl –n istio–lab exec –it –c ratings $RATING_POD – curl ifconfig.me 명령을 사용해 컨테이너가 외부 IP 주소를 가져올 수 있는지 확인한다.

curl이 성공했는데도 여전히 오류가 발생하면 kubectl -n kube-system delete pod -l k8s-app=kube-dns 명령을 사용해 core-dns 포드를 재활용할 수 있다.

외부 서비스 접근 차단

외부 서비스에 대한 접근을 활성화/비활성화하기 위해 이그레스 게이트웨이를 통해 나가는 서비스에 규칙을 적용할 수 있다. 보안 관점에서 이는 애플리케이션 프레임워크 외부에서 규칙을 적용할 수 있는 좋은 기능이다. 한번 살펴보자.

1. 모드에 대한 구성 맵config map을 mode: ALLOW_ANY 모드에서 mode: REGISTRY_ONLY로 변경한다.

```
$ kubectl -n istio-system get cm istio -o yaml | sed 's/mode:
ALLOW_ANY/mode: REGISTRY_ONLY/g' | kubectl replace -n istio-system
-f -
configmap/istio replaced
```

2. mode: REGISTRY_ONLY의 설정 여부를 다시 확인한다.

```
$ kubectl -n istio-system get cm istio -o yaml | grep -m 1 -o
"mode: REGISTRY_ONLY"
```

```
mode: REGISTRY_ONLY
```

3. 프록시 사이드카로 구성이 푸시 다운될 때까지 몇 초 동안 기다린다.

NOTE

이로써 아웃바운드 접근에 모든 마이크로서비스를 위한 리버스 방화벽을 갖게 된다. 서비스에 접근하기 위해서는 외부 엔드포인트에 대한 ServiceEntry를 만들어야 한다.

4. 외부 서비스에 대한 `curl` 테스트를 다시 반복한다.

```
$ kubectl -n istio-lab exec -it -c ratings $RATING_POD -- curl -LI
https://www.ibm.com | grep "HTTP/"
command terminated with exit code 35

$ kubectl -n istio-lab exec -it -c ratings $RATING_POD -- curl -LI
https://www.cnn.com | grep "HTTP/"
command terminated with exit code 35
```

해당 기술을 사용하면 마이크로서비스에서 외부 서비스에 대한 접근을 차단할 수 있다.

외부 서비스 접근 허용

외부 서비스에 대한 전체적인blanket 거부 대신 Istio의 `ServiceEntry` 구성을 사용해 특정 외부 서비스에 대한 접근을 허용할 수 있다. 외부 서비스에 대한 접근을 제어하려면 이전 섹션처럼 `mode: REGISTRY_ONLY` 모드를 설정해야 한다. 한번 살펴보자.

1. 다음은 `httpbin.org`에 대한 `http` 접근을 허용하는 `ServiceEntry` 정의다.

```
# Script : 15-http-service-entry-for-httpbin.yaml

apiVersion: networking.istio.io/v1alpha3 kind: ServiceEntry
metadata:
  name: httpbin
spec:
```

```
  hosts:
  - httpbin.org
  ports:
  - number: 80
    name: http
    protocol: HTTP
  resolution: DNS
  location: MESH_EXTERNAL
```

2. http://httpbin.org에 대한 접근을 허용하는 http ServiceEntry를 생성한다.

```
$ kubectl -n istio-lab apply -f 15-http-service-entry-for-
httpbin.yaml
serviceentry.networking.istio.io/httpbin created
```

3. 다음은 www.ibm.com에 대한 https 접근을 허용하는 ServiceEntry 정의다.

```
# Script : 16-https-service-entry-for-ibm.yaml

apiVersion: networking.istio.io/v1alpha3
kind: ServiceEntry
metadata:
  name: google
spec:
  hosts:
  - www.ibm.com
  ports:
  - number: 443
    name: https
    protocol: HTTPS
  resolution: DNS
  location: MESH_EXTERNAL
```

4. IBM에 접근할 수 있도록 https ServiceEntry를 생성한다.

```
$ kubectl -n istio-lab apply -f 16-https-service-entry-for-ibm.yaml
serviceentry.networking.istio.io/ibm created
```

5. 몇 초 동안 기다린 후 IBM에 대한 외부 서비스를 테스트하기 위해 ratings 마이크로 서비스에서 curl을 사용한다.

```
$ kubectl -n istio-lab exec -it -c ratings $RATING_POD -- curl -LI
https://www.ibm.com | grep "HTTP/"
HTTP/2 303 --> Code due to -L switch of the curl
HTTP/2 200
```

6. 다음으로 httpbin.org를 확인한다.

```
$ RATING_POD=$(kubectl -n istio-lab get pods -l app=ratings -o
jsonpath='{.items..metadata.name}') ; echo $RATING_POD
ratings-v1-79b6d99979-k2j7t

$ kubectl -n istio-lab exec -it -c ratings $RATING_POD -- curl
http://httpbin.org/headers
{
 "headers": {
 "Accept": "*/*",
 "Host": "httpbin.org",
 "User-Agent": "curl/7.52.1",
 "X-B3-Sampled": "1",
 "X-B3-Spanid": "c7d663eebf9eee7b",
 "X-B3-Traceid": "65fb4bb225147a69c7d663eebf9eee7b",
 "X-Envoy-Decorator-Operation": "httpbin.org:80/*",
 "X-Istio-Attributes":
"CikKGGRlc3RpbmF0aW9uLnNlcnZpY2UubmFtZRINEgtodHRwYmluLm9yZwovCh1kZX
N0aW5hdGlvbi5zZXJ2aWNlLm5hbWVzcGFjZRIOEgxpc3Rpby1zeXN0ZW0KQgoKc291c
mNlLnVpZBI0EjJrdWJlcm5ldGVzOi8vcmF0aW5ncy12MS03OWI2ZDk5OTc5LWsyajd0
LmlzdGlvLWxhYgopChhkZXN0aW5hdGlvbi5zZXJ2aWNlLmhvc3QSDRILaHR0cGJpbi5
vcmc="
 }
}
```

Istio 프록시 사이드카에서 추가한 헤더를 기록해둔다.

7. curl로 시작된 아웃바운드 트래픽에 대한 istio-proxy 로그를 확인한다.

```
$ kubectl -n istio-lab logs -c istio-proxy $RATING_POD | tail |
```

```
grep curl
[2019-07-29T05:48:27.365Z] "GET /headers HTTP/1.1" 200 - "-" "-" 0
587 393 392 "-" "curl/7.52.1" "7374d794-
e724-9c90-82bc-9cd1516afd4b" "httpbin.org" "52.72.74.132:80"
outbound|80||httpbin.org - 34.202.34.10:80 192.168.230.254:59368 -
```

8. https://www.ibm.com을 테스트해보자.

```
$ kubectl -n istio-lab exec -it -c ratings $RATING_POD -- curl -LI
https://www.ibm.com | grep "HTTP/"
HTTP/2 303
HTTP/2 200
```

9. https://www.cnn.com에 접근 권한이 있는지 확인한다.

```
$ kubectl -n istio-lab exec -it -c ratings $RATING_POD -- curl -LI
https://www.cnn.com | grep "HTTP/"
command terminated with exit code 35
```

해당 URL에 생성된 ServiceEntry가 없으므로 www.cnn.com에 대한 접근이 차단된다는 점에 유의한다.

NOTE

> 마이크로서비스 애플리케이션에 매우 엄격한 접근 제어가 필요한 경우, 특히 신뢰도가 낮거나 제어가 덜 된 타사 이미지를 사용하는 경우 Istio의 서비스 메시 내에서 REGISTRY_ONLY 모드를 활성화할 수 있다. 이렇게 하면 마이크로서비스에서 외부로의 모든 아웃바운드 접근이 차단된다. 이는 접근이 필요한 알려진 외부 웹 엔드포인트만 허용하는 서비스 메시의 리버스 방화벽으로 간주된다.

이 기능을 켠 후, 컨테이너 내에서 패키지를 설치하기 위해 apt-get update 또는 yum update를 수행하려 하면, 엔보이 프록시는 알 수 없는 ServiceEntry 엔드포인트에 대한 접근을 차단하므로 잘못된 게이트웨이bad gateway 오류가 발생한다.

예를 들어 kubectl -n istio-lab exec -it -c ratings $RATING_POD -- apt-get update | grep 502 명령을 사용해보자. 그러면 잘못된 게이트웨이 오류가 표시된다. 또한 보안 상태로서 컨테이너에 대한 업데이트를 허용하지 않기 때문에 보호된다. 이 보안 상태는

외부 방화벽이 외부 접근을 차단하는 기존의 보안 방식과 다르다.

새로운 사고 방식은 제로-트러스트 네트워크에서 똑같이 잘 작동하는 소프트웨어 스택을 구축하는 것이다.

Istio를 통한 마이크로서비스에서 외부 서비스에 대한 접근 제어는 마이크로서비스에서 접근해야 하는 알려진 외부 서비스에 대한 접근만 허용할 수 있으므로 매우 유용하다. 이러한 방식으로 서드 파티 마이크로서비스로 외부 사이트에 대한 악의적인 접근을 제어할 수 있다.

외부 서비스에 대한 라우팅 규칙

케네스 리츠Kenneth Reitz는 `http://httpbin.org`라는 유명한 테스트 도구를 만들었다. 이 도구는 HTTP 코드와 POST 페이로드payload 테스트하고, 헤더 확인 요청과 응답 검사, 쿠키를 생성/읽기/삭제하고, 요청에 전달되는 모든 것을 리턴하는 쉬운 방법이다.

`ServiceEntry`를 통해 접근이 제어되는 경우 외부 서비스에 대한 트래픽을 관리할 수 있다. 예를 들어 라우팅 규칙은 로컬 서비스에 구현한 것과 동일한 방식으로 외부 서비스에 적용할 수 있다.

마이크로서비스에서 접근할 외부 사이트인 `httpbin.org`에 3초의 타임아웃을 추가하는 예를 살펴보자.

1. 다음 스크립트를 검토한다.

```
# Script : 17-add-timeout-for-httpbin-virtual-service.yaml

apiVersion: networking.istio.io/v1alpha3
kind: VirtualService
metadata:
  name: httpbin
spec:
  hosts:
    - httpbin.org
  http:
```

```
  - timeout: 3s
    route:
    - destination:
        host: httpbin.org
      weight: 100
```

2. 타임아웃 규칙을 추가한다.

```
$ kubectl -n istio-lab apply -f 17-add-timeout-for-httpbin-virtual
service.yaml
virtualservice.networking.istio.io/httpbin created
```

3. httpbin.org에 접근하고 5초의 지연을 적용한다. 타임아웃이 우리 측에서 발생하는지 확인한다.

```
$ time kubectl -n istio-lab exec -it -c ratings $RATING_POD -- curl
-o /dev/null -s -w "%{http_code}\n" http://httpbin.org/delay/5
504

real 0m4.820s --> Time elapsed for the command to run
user 0m0.106s --> CPU seconds in user mode
sys 0m0.021s --> CPU seconds in kernel mode
```

httpbin.org는 /delay/5로 호출해 5초 동안 기다리도록 요청했지만 3초 후에 Istio 게이트웨이 타임아웃(http 코드 504)이 발생했다. 이는 Istio가 ServiceEntry를 통해 관리되는 경우, 외부 서비스에 동일한 트래픽/라우팅 규칙을 관리할 수 있음을 보여준다.

ServiceEntry의 해당 기능을 사용하면 외부 서비스를 마치 서비스 메시의 일부인 것처럼 처리할 수 있다.

인그레스/이그레스 게이트웨이를 사용해 수신 및 발신 트래픽을 관리하는 방법을 배웠으므로, 둘 이상의 컨슈머에게 같은 수신 요청을 피드하는 데 도움이 되는 트래픽 미러링 기능에 대해 알아본다. 트래픽 미러링은 콘텐츠 검사, 위협 모니터링, 디버그 및 문제 해결을 할 수 있는 보안 및 모니터링 어플라이언스로 트래픽을 보내는 데 유용하다.

트래픽 미러링

Istio의 실시간 트래픽 미러링 기능은 프로덕션 서비스에서 미러 서비스로 트래픽을 섀도잉하는 데 매우 유용하다. Istio는 한 서비스에서 다른 서비스나 트래픽의 일부로 완전한 미러링이 가능하다. 기존 애플리케이션의 중요한 경로에 영향을 주지 않고 미러링을 수행해야 한다.

Istio를 사용한 트래픽 미러링은 Istio의 사이드카 프록시를 통해 비동기적으로 수행되므로 때때로 대역 외[out of band]로 취급되기도 한다. 미러링된 트래픽은 명확하게 식별돼야 한다. Host나 Authority 헤더에 섀도우를 추가해 수행한다.

예제를 통해 트래픽 미러링 또는 섀도잉을 이해해보자.

`httpbin` 서비스의 두 가지 버전을 만들고 어떤 서비스가 트래픽을 수신하는지 또는 미러링하는지 확인하기 위해 로깅 메커니즘을 활성화한다.

1. 다음은 `httpbin-v1`의 배포 예다. 샘플 `httpbin` 서비스를 배포하기 위해 다음 스크립트를 검토한다.

```
# Script : 18-deploy-httpbin-v1.yaml

apiVersion: extensions/v1beta1
kind: Deployment
metadata:
  name: httpbin-v1
spec:
  replicas: 1
  template:
    metadata:
      labels:
        app: httpbin
        version: v1
    spec:
      containers:
      - image: docker.io/kennethreitz/httpbin
        imagePullPolicy: IfNotPresent
        name: httpbin
        command: ["gunicorn", "--access-logfile", "-", "-b", "0.0.0.0:80",
```

```
"httpbin:app"]
        ports:
        - containerPort: 80
```

2. httpbin-v1을 배포한다.

```
$ kubectl -n istio-lab apply -f 18-deploy-httpbin-v1.yaml
deployment.extensions/httpbin-v1 created
```

3. 다음은 httpbin-v2의 배포 예다.

```
# Script : 19-deploy-httpbin-v2.yaml

apiVersion: extensions/v1beta1
kind: Deployment
metadata:
  name: httpbin-v2
spec:
  replicas: 1
  template:
    metadata:
      labels:
        app: httpbin
        version: v2
    spec:
      containers:
      - image: docker.io/kennethreitz/httpbin
        imagePullPolicy: IfNotPresent
        name: httpbin
        command: ["gunicorn", "--access-logfile", "-", "-b", "0.0.0.0:80",
"httpbin:app"]
        ports:
        - containerPort: 80
```

4. httpbin-v2를 배포한다.

```
$ kubectl -n istio-lab apply -f 19-deploy-httpbin-v2.yaml
deployment.extensions/httpbin-v2 created
```

쿠버네티스 httpbin 서비스를 만든다. 이는 httpbin-v1과 httpbin-v2 간의 트래픽을 로드 밸런싱한다. 두 배포 모두 app: httpbin 레이블을 사용하는데, httpbin 서비스에서 사용하는 것과 동일한 레이블 셀렉터다.

```
# Script : 20-create-kubernetes-httpbin-service.yaml

apiVersion: v1
kind: Service
metadata:
  name: httpbin
  labels:
    app: httpbin
spec:
  ports:
  - name: http
    port: 8000
    targetPort: 80
  selector:
    app: httpbin
```

5. httpbin 서비스를 배포한다.

```
$ kubectl -n istio-lab apply -f 20-create-kubernetes-httpbin-
service.yaml
service/httpbin created
```

Istio 대상 규칙을 사용해 httpbin-v1과 httpbin-v2에 대한 httpbin의 쿠버네티스 로드 밸런싱 기능을 비활성화해보자. Istio 가상 서비스에서 트래픽의 100%를 httpbin-v1로 전달하는 데 사용할 서브셋을 정의한다. 서브셋을 만들기 위해 일부 대상 규칙을 정의한다.

```
# Script : 21-create-destination-rules-subsets.yaml

apiVersion: networking.istio.io/v1alpha3
kind: DestinationRule
metadata:
  name: httpbin
```

```
spec:
  host: httpbin
  subsets:
  - name: v1
    labels:
      version: v1
  - name: v2
    labels:
      version: v2
```

6. 필요한 대상 규칙을 만든다.

```
$ kubectl -n istio-lab apply -f 21-create-destination-rules-
subsets.yaml
destinationrule.networking.istio.io/httpbin created
```

7. 트래픽의 100%를 v1 서브셋으로 보내기 위해 가상 서비스를 정의한다.

```
# Script : 22-create-httpbin-virtual-service.yaml

apiVersion: networking.istio.io/v1alpha3
kind: VirtualService
metadata:
  name: httpbin
spec:
  hosts:
    - httpbin
  http:
  - route:
    - destination:
        host: httpbin
        subset: v1
      weight: 100
```

8. 가상 서비스를 생성한다.

```
$ kubectl -n istio-lab apply -f 22-create-httpbin-virtual-
service.yaml
virtualservice.networking.istio.io/httpbin configured
```

이제 httpbin으로 트래픽을 보낼 수 있는데 그전에 두 개의 개별 커맨드 라인 창을 열어 두 httpbin 서비스에 대한 로그에 tail을 추가한다.

9. httpbin:v1 tail에 첫 번째 커맨드 라인 창을 사용한다.

```
$ V1_POD=$(kubectl -n istio-lab get pod -l app=httpbin,version=v1 -
o jsonpath={.items..metadata.name}) ; echo $V1_POD
httpbin-v1-b9985cc7d-4wmcf

$ kubectl -n istio-lab -c httpbin logs -f $V1_POD
[2019-04-24 01:01:56 +0000] [1] [INFO] Starting gunicorn 19.9.0
[2019-04-24 01:01:56 +0000] [1] [INFO] Listening at: http://0.0.0.0:80 (1)
[2019-04-24 01:01:56 +0000] [1] [INFO] Using worker: sync
[2019-04-24 01:01:56 +0000] [8] [INFO] Booting worker with pid: 8
```

10. httpbin:v2 tail에 두 번째 커맨드 라인 창을 사용한다.

```
$ V2_POD=$(kubectl -n istio-lab get pod -l app=httpbin,version=v2 -
o jsonpath={.items..metadata.name}) ; echo $V2_POD
httpbin-v2-5cdb74d4c7-mxtfm

$ kubectl -n istio-lab -c httpbin logs -f $V2_POD
[2019-04-24 01:01:56 +0000] [1] [INFO] Starting gunicorn 19.9.0
[2019-04-24 01:01:56 +0000] [1] [INFO] Listening at: http://0.0.0.0:80 (1)
[2019-04-24 01:01:56 +0000] [1] [INFO] Using worker: sync
[2019-04-24 01:01:56 +0000] [8] [INFO] Booting worker with pid: 8
```

11. 커맨드 라인 창을 하나 더 열고 트래픽을 httpbin 서비스로 보내기 위해 ratings 포드를 사용해 다음 curl 명령을 실행한다.

```
$ RATING_POD=$(kubectl -n istio-lab get pods -l app=ratings -o
jsonpath='{.items..metadata.name}') ; echo $RATING_POD
ratings-v1-79b6d99979-k2j7t

$ kubectl -n istio-lab exec -it $RATING_POD -c ratings -- curl
http://httpbin:8000/headers | python -m json.tool
{
    "headers": {
        "Accept": "*/*",
```

```
        "Content-Length": "0",
        "Host": "httpbin:8000",
        "User-Agent": "curl/7.38.0",
        "X-B3-Parentspanid": "58e256d2258d93de",
        "X-B3-Sampled": "1",
        "X-B3-Spanid": "ad58600dc4bf258a",
        "X-B3-Traceid": "4042bd191da4131058e256d2258d93de"
    }
}
```

12. v1과 v2 서비스에 대한 tail이 있는 커맨드 라인 창으로 다시 전환한다. `httpbin:v1` 서비스에는 추가 로그 라인이 표시되고 `httpbin:v2` 서비스는 추가 로그 라인이 표시되지 않음에 주의한다.

```
[2019-08-02 13:04:14 +0000] [1] [INFO] Using worker: sync
[2019-08-02 13:04:14 +0000] [8] [INFO] Booting worker with pid: 8
127.0.0.1 - - [24/Apr/2019:01:35:55 +0000] "GET /headers HTTP/1.1"
200 303 "-" "curl/7.38.0"
```

13. 이제 v1에서 v2로 트래픽을 미러링해보자. v2 서브셋에 미러를 추가하기 위해 `httpbin` 가상 서비스를 수정한다.

```
# Script : 23-mirror-traffic-between-v1-and-v2.yaml

apiVersion: networking.istio.io/v1alpha3
kind: VirtualService
metadata:
  name: httpbin
spec:
  hosts:
    - httpbin
  http:
  - route:
    - destination:
        host: httpbin
        subset: v1
      weight: 100
    mirror:
```

```
        host: httpbin
        subset: v2
```

14. 가상 서비스를 수정한다. 세 번째 창에서 다음 명령을 실행하고 `cd ~/istio/scripts/01-trafficmanagement` 디렉토리로 전환했는지 확인한다.

```
$ kubectl -n istio-lab apply -f 23-mirror-traffic-between-v1-and-
v2.yaml
virtualservice.networking.istio.io/httpbin configured
```

15. `httpbin:v1`에 동일한 트래픽을 보낸다. 이제 `httpbin:v1`과 `httpbin:v2` 포드에 로그 라인이 표시돼야 한다. 규칙이 전파될 때까지 몇 초간 기다린다.

```
$ kubectl -n istio-lab exec -it $RATING_POD -c ratings -- curl
http://httpbin:8000/headers | python -m json.tool
```

16. 첫 번째 창, `httpbin:v1`에는 이미 받은 이전 로그에 추가로 한 라인이 더 표시된다.

```
127.0.0.1 - - [24/Apr/2019:01:46:34 +0000] "GET /headers HTTP/1.1"
200 303 "-" "curl/7.38.0"
127.0.0.1 - - [24/Apr/2019:01:48:30 +0000] "GET /headers HTTP/1.1"
200 303 "-" "curl/7.38.0"
```

17. 두 번째 창인 `httpbin:v2`에는 새 라인이 표시된다.

```
127.0.0.1 - - [24/Apr/2019:01:48:30 +0000] "GET /headers HTTP/1.1"
200 343 "-" "curl/7.38.0"
```

트래픽이 미러링되는 동안에는 두 번째 `httpbin:v2`의 응답은 다시 전송되지 않는데, 이는 `v1`에서 `v2`로 `httpbin` 요청을 적용하는 것이 목적이기 때문이다. `httpbin:v2`의 프록시 사이드카는 예상대로 응답을 반환하지 않는다. 이는 다음 다이어그램에서 볼 수 있다.

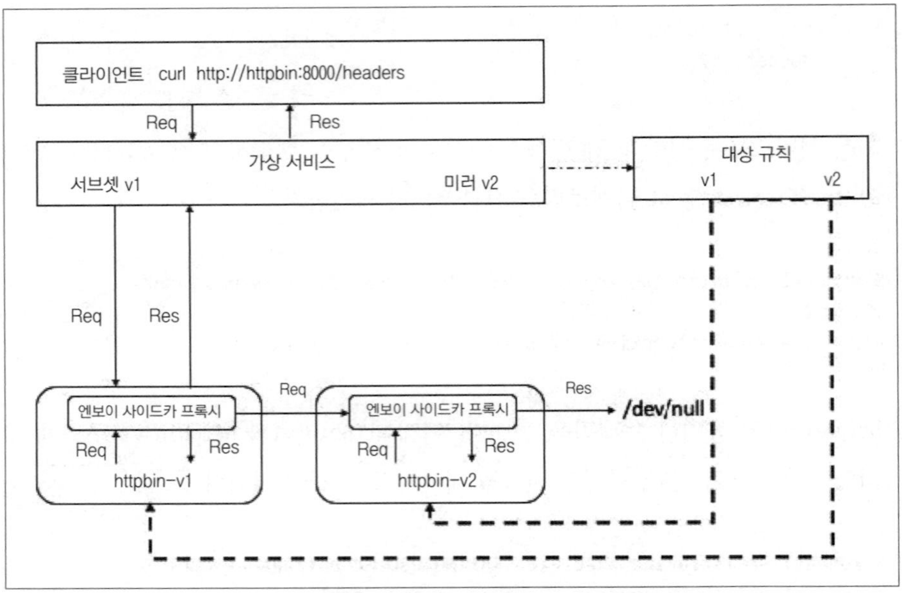

하나의 마이크로서비스에서 다른 마이크로서비스로 트래픽을 미러링하는 것이 얼마나 쉬운지 알게 됐는가? 이는 엣지 서비스의 트래픽을 다른 네임스페이스나 동일한 애플리케이션이 있는 다른 쿠버네티스 클러스터로 미러링하고 인프라 테스트, 전체 애플리케이션의 다른 버전 테스트 등과 같은 모든 유형의 테스트를 수행할 수 있는 매우 유용한 기능이다. 다양한 유스 케이스가 있으며, 필요한 구성을 변경해 이 기능을 활성화할 수 있다.

두 커맨드 라인 창에서 **Ctrl + C**를 눌러 두 포드의 로그에서 tail을 중지할 수 있다.

다음 장으로 넘어가기 위해 외부 트래픽 흐름에 설정된 제한을 제거한다.

클린 업

다음 간단한 단계를 따라 한다.

1. 다음 장의 실습을 위해 모드를 `mode: REGISTRY_ONLY`에서 `mode: ALLOW_ANY`로 변경한다.

```
$ kubectl -n istio-system get cm istio -o yaml | sed 's/mode:
REGISTRY_ONLY/mode: ALLOW_ANY/g' | kubectl replace -n istio-system
-f -
configmap/istio replaced
```

2. mode: ALLOW_ANY가 설정됐는지 다시 확인한다.

```
$ kubectl -n istio-system get cm istio -o yaml | grep -m 1 -o
"mode: ALLOW_ANY"
mode: ALLOW_ANY
```

3. 다음 장에서 다시 만들 것이기에 httpbin에 대한 가상 서비스를 삭제한다.

```
$ kubectl -n istio-lab delete -f 22-create-httpbin-virtual-
service.yaml
virtualservice.networking.istio.io "httpbin" deleted
```

이로써 다음 장에서 Istio의 보안 기능을 보여줄 수 있도록 설정을 변경했다.

요약

이 장에서는 트래픽 시프팅, 요청 타임아웃 설정, 인그레스와 이그레스 트래픽 제어, 과부하와 공격으로부터 서비스를 보호하기 위한 서킷 브레이커, 한 경로에서 다른 경로로 트래픽 미러링을 위한 Istio의 트래픽 관리 기능을 시연했다.

이는 애플리케이션 코딩이나 라이브러리를 사용하는 이전 개념과 비교하면 획기적인 발전이다. 클러스터 엣지에서 트래픽을 제어하는 기능을 통해 운영자는 개발자의 개입 없이도 애플리케이션 인프라를 동적으로 탄력적으로 관리할 수 있다. 예를 들어 분산 마이크로서비스 애플리케이션에서 화이트리스트 서비스 항목을 제외하고 외부 서비스에 대한 접근을 완전히 차단할 수 있다.

이 장에서 배운 모든 기능은 애플리케이션 코드를 변경할 필요가 없었다는 점에서 가치가 있으며, 이는 서비스 메시가 매우 매력적임을 보여준다. 마찬가지로 보안 태세security postures는 전통적으로 애플리케이션 코드에서 구현된다. 다음 장에서는 애플리케이션 코드를 변경하지 않고도 보안을 구현할 수 있도록 Istio의 보안 기능을 살펴보며, 엔보이 사이드카 구현으로 가능하다.

문제

1. 트래픽 라우팅은 파일럿에서 구성 정보를 수신하는 엔보이의 기능이다.

   A) 참

   B) 거짓

2. Istio는 제로 트러스트 네트워크에서 작동하며 엔터프라이즈급 보안을 제공할 수 있다.

   A) 참

   B) 거짓

3. Istio에서는 마이크로서비스로부터의 아웃바운드 접근을 차단하기 위해 리버스 방화벽을 활성화할 수 있다.

   A) 참

   B) 거짓

4. "다크 론칭/프렌즈 앤 패밀리 테스트"의 개념은 같은 프로덕션 환경에서 실행되는 새 릴리즈의 초기 피드백을 수집하기 위해 선택한 엔티티 그룹에만 접근할 수 있는 기능이다.

   A) 참

   B) 거짓

5. Istio 게이트웨이에는 여러 개의 가상 서비스가 있을 수 있다.

A) 참

B) 거짓

6. Istio 가상 서비스는 네이티브 서비스보다 더 많은 기능을 제공하기에 쿠버네티스 서비스의 수퍼셋superset이다.

A) 참

B) 거짓

7. 대상 규칙은 구성 정보를 정의하지만 정의하는 서브셋은 가상 서비스에서 사용되므로 트래픽 라우팅에서 역할이 없다.

A) 참

B) 거짓

8. 엔보이 수준의 로드 밸런싱은 L3/L4가 아닌 L7 네트워킹 레이어에서 수행된다.

A) 참

B) 거짓

9. 한 서비스의 트래픽 미러링을 다른 서비스로 활성화하면 미러링된 서비스에서는 응답을 받지 못한다.

A) 참

B) 거짓

참고 자료

- *Traffic Management*, Istio. (2019), available at https://archive.istio.io/v1.3/docs/tasks/traffic- management/, accessed 16 May 2019.
- *Incremental Istio Part 1, Traffic Management*, Parikh, S. (2019), available at Istio,

https://archive. istio.io/v1.3/blog/2018/incremental-trafficmanagement/, accessed 16 May 2019

- *Deploy an Istio mesh across multiple IBM Cloud Private clusters using Istio Gateway*, Cao, M. (2019), available at https://medium.com/ibm-cloud/deployan-istio-mesh-across-multiple- ibm-cloud-private-clusters-using-istiogateway-7b33c71cb41c, accessed 16 May 2019

11

Istio 보안 기능 살펴보기

전통적으로 애플리케이션 보안은 언어별 라이브러리를 사용해 인증서 기반 인증을 활성화하고 네트워크 트래픽을 암호화함으로써 애플리케이션 수준에서 구현된다. 최신 클라우드 네이티브 애플리케이션에서는 이러한 작업을 서비스 메시 프로바이더에게 위임해 보안을 구현하며, 애플리케이션 개발자가 애플리케이션의 비즈니스 로직에 집중할 수 있도록 한다.

이 장에서는 단방향simple 및 상호mutual TLS를 사용한 서비스 인증 및 권한 부여와 향상된 고급 보안 기능을 예제를 통해 살펴본다.

이 장에서는 다음 주제를 다룬다.

- 서비스 인증 구성
- 서비스 인증 활성화와 비활성화

기술적 요구 사항

다음과 같이 하면 이 장을 최대한 활용할 수 있다.

- 이 장의 실습은 이전 장과 종속적인 관계에 있다. 이 작업을 시작하기 전에 이전 장의 실습을 완료했는지 확인한다.
- 예제로 Istio 보안을 알아보기 위한 이 장을 따라 하기 위해 커맨드 라인 창을 연다.

```
$ cd ~/istio
$ git checkout $ISTIO_VERSION
$ cd scripts/02-security
```

- 모든 istio-lab 포드가 Ready 2/2 상태인지 확인한다.

```
$ kubectl -n istio-lab get pods
```

이 작업을 완료하면 시작할 준비를 마쳤다!

Istio의 보안 개요

Istio의 보안은 매우 포괄적이다. 개략적인 개요는 시타델에서 시작하는데, 시타델은 키와 인증서 관리자로 Istio의 인증 기관CA, Certificate Authority 역할을 한다. 인증서와 키 교체를 위해서는 추가적 컴포넌트인 node_agent를 활성화해야 한다. 노드 에이전트는 인증서와 키 교체를 처리하기 위해 모든 노드에서 데몬 세트로 실행된다. 사이드카 프록시는 마이크로서비스 간의 보안 프로토콜 통신을 구현하며, 이는 마이크로서비스를 변경하지 않고 파라미터를 통해 활성화되는 셀프 서비스 모델이다. 다음 컨트롤 플레인 컴포넌트를 사용한다.

- **파일럿**Pilot: Istio에서 파일럿은 인증을 배포하고 사이드카 프록시에 대한 보안 명명 규칙을 제공한다. 보안 명명은 신뢰할 수 있는 서비스 메시 네트워크의 일부인 경우

서비스를 안전하게 식별할 수 있기에 주목을 받고 있는 새로운 개념이다. Strong Identity라고도 하며 SPIFFE 스펙을 사용한 SPIRE 구현을 통해 구현된다.

- **믹서**Mixer : 믹서는 권한 부여와 감사를 관리한다.

서비스 메시에서는, 쿠버네티스 환경에서 실행되는 애플리케이션 위에 추상화 계층을 구현하는 것이 강력한 요구 사항이다. 이 경우 애플리케이션 개발을 위해 따라야 할 몇 가지 지침이 있다.

- 마이크로서비스는 HTTP 프로토콜을 사용해 설계해야 하는데 이는 상호 TLS가 구성 변경을 통해 셀프 서비스 모델에서 Istio를 통해 구현할 수 있어야 하기 때문이다.
- 마이크로서비스는 전체 서비스 메시에 대한 엣지 이그레스 게이트웨이에 구현되는 외부 서비스와의 보안 통신을 위한 코드를 구현해서는 안 된다.

보안 구현은 인증(당신은 누구입니까?) 및 권한 부여(무엇을 할 수 있습니까?)로 시작된다. 먼저 Istio를 사용해 마이크로서비스를 중심으로 인증 인프라를 구현한다.

인증(Authentication)

이전 장에서 bookinfo HTTP 서비스의 엔드포인트를 외부 트래픽에 노출하도록 Istio 인그레스 게이트웨이를 구성했다. 이 섹션에서는 bookinfo 서비스에 접근하기 위해 외부 트래픽에 대한 HTTPS 접근를 제공하도록 단방향 또는 상호 TLS를 구성한다. 단방향 및 상호 TLS 인증을 이해하고 있다고 가정한다. 추가 정보는 https://bit.ly/2voH44c 에서 확인할 수 있다.

들어오는 요청에 대한 인그레스 게이트웨이에서 단방향 또는 상호 TLS 종료는 다운스트림 서비스가 안전하고 외부 공격이나 내부자 위협에 대한 책임이 없다고 가정한다. 인그레스 게이트웨이에 보안을 적용한 후 다운스트림 서비스 통신은 일반 텍스트 HTTP 프로토콜을 사용해 수행된다.

외부 서비스에 대한 접근이 요청되면 TLS 시작[TLS origination]은 외부 서비스와의 보안 통신을 위해 이그레스 게이트웨이를 시작해야 한다. 마이크로서비스가 외부 서비스와 HTTPS 세션을 시작하는 것은 좋지 않다. 사이드카 프록시로 인해 모니터링 및 정책 시행을 할 수 없게 된다. 이러한 경우 두 가지 권장 옵션이 있다.

- **사이드카 프록시 수준에서 TLS 시작**: 사이드카와 외부 서비스 간의 통신은 암호화되지만 포드와 사이드카 간 통신은 암호화되지 않는다. 간단한 유스 케이스로는 마이크로서비스가 페더레이션된 멀티 쿠버네티스 클러스터에서 실행되고, 네트워크가 내부 위협에 취약하며 본질적으로 안전하지 않은 환경일 수 있다.
- **이그레스 게이트웨이에서 TLS 시작**: 이그레스 게이트웨이 뒤의 통신은 암호화되지 않는다. 유스 케이스[use case]로는 마이크로서비스가 동일한 쿠버네티스 클러스터 내에서 실행되고 내부 위협이 문제가 되지 않는 환경일 수 있다.

모던 마이크로서비스 설계는 요구 사항 없이 어떤 방화벽 유형에도 항상 제로 트러스트 네트워크를 염두에 둬야 한다. 이러한 요구 사항은 클라우드 네이티브 마이크로서비스 기반 애플리케이션 위에 Istio의 서비스 메시 아키텍처를 채택하면 쉽게 충족할 수 있다.

보안 키와 인증서가 컨테이너 내에 마운트되는 마운트 기반 시크릿[mount-based secrets]은 다루지 않는다. 이 접근 방식은 사이드카를 다시 시작해 새 키와 인증서를 선택할 때마다 인증서 갱신 중에 성능 회귀를 유발할 수 있다.

개인 키는 시크릿을 통해 배포되므로 포드 소유자는 시크릿 값을 볼 수 있다. SDS[Secret Discovery Service]를 통해 개인 키는 노드에만 있게 되며, 시타델 에이전트와 사이드카 메모리에만 상주한다. 시크릿 볼륨은 더 이상 포드 내에 마운트되지 않는다. 사이드카는 SDS API를 통해 키와 인증서를 갱신할 수 있으므로 새 키와 인증서를 받기 위해 사이드카를 재활용할 필요가 없다.

NOTE

> 보안 관점에서 좋은 애플리케이션은 항상 보호를 위한 가드 레일이 있는 제로 트러스트 네트워크에서 실행되도록 설계해야 하지만 개발 비용을 상당히 증가시키기 때문에 항상 가능한 것은 아니다. Istio와 같은 애플리케이션의 인프라 계층을 통한 구현은 애플리케이션 보안에 구애받지 않으며 SRE 운영 모델에 적합하다.

이제 Istio의 SDS를 사용해 단방향 또는 상호 TLS 종료로 인그레스 게이트웨이를 보호하는 작업을 수행해보자.

httpbin 서비스 테스트

이전 장에서는 `httpbin-v1`과 `httpbin-v2` 마이크로서비스 간의 로드 밸런싱 및 트래픽 미러링을 수행하는 `httpbin` 서비스를 만들었다. 이 장에서는 동일한 `httpbin` 서비스를 사용하고 SDS를 사용해 Istio 인그레스 게이트웨이를 통해 외부 트래픽을 보호하는 방법을 알아본다.

teapot(/status/418)과 IP 주소를 출력하는 HTTP를 사용해 내부적으로 `httpbin` 서비스를 테스트해보자.

```
$ curl http://httpbin.istio-lab.svc.cluster.local:8000/status/418

-=[ teapot ]=-

   _...._
 .'  _ _ `.
| ."` ^ `". _,
\_;`"---"`|//
  |       ;/
  \_     _/
    `"""`

$ curl http://httpbin.istio-lab.svc.cluster.local:8000/ip

{
  "origin": "127.0.0.1"
}
```

다음으로 단방향 또는 상호 TLS를 활성화하기 위해 몇 개의 키와 인증서를 생성한다.

키 및 인증서 생성

단방향 TLS나 상호 TLS를 사용하려면 개인 키, 서버 인증서 및 루트 인증서가 필요하다. CA에서 가져오거나 자체적으로 생성할 수 있다. 몇 단계의 커맨드 라인을 사용해 인증서와 키를 생성한다. 이를 위해 스텝 CLI를 설치해야 한다.

TIP

> 공개 키 기반 구조(PKI, Public key infrastructure)를 빠르게 알아보려면 Mike Malone의 훌륭한 문서를 참조한다. https://smallstep.com/blog/everything-pki.html

스텝 CLI 설치

스몰스텝[Smallstep]은 애플리케이션에 PKI를 설정하기 위해 쉽고 사용하기 쉬운 도구를 제공하는 오픈 소스 소프트웨어다. 스텝 CLI를 설치하려면 다음 단계를 따른다.

1. 다음 명령을 입력해 스텝 CLI의 최신 릴리즈를 찾는다.

```
$ curl -s
https://api.github.com/repos/smallstep/cli/releases/latest | grep
tag_name
"tag_name": "v0.13.3",
```

2. 집필 시점에서 Step은 `v0.13.3` 릴리즈 버전이므로 이 버전을 다운로드한다.

```
$ cd ~/
$ curl -LOs
https://github.com/smallstep/cli/releases/download/v0.13.3/step_0.13.3_
linux_amd64.tar.gz
```

3. 스텝 cli를 추출해 /bin에 복사하거나 로컬 bin에 복사한다.

```
$ tar xvfz step_0.13.3_linux_amd64.tar.gz
step_0.13.3/
step_0.13.3/README.md
step_0.13.3/bin/
step_0.13.3/bin/step

$ sudo mv step_0.13.3/bin/step /bin
```

스텝 CLI를 설치했으므로 두 호스트(httpbin.istio.io와 bookinfo.istio.io)에 대한 개인 키, 서버 인증서 및 루트 인증서를 생성한다. DNS 서버에 정의된 실제 호스트가 아니므로 테스트 목적으로 /etc/hosts에 로컬 항목을 만들 것이다.

개인 키, 서버 및 루트 인증서 생성

일반적으로, 컴퓨터 이름에 발급된 인증서가 중간자 공격man-in-the-middle attack을 방지하는 데 적합한지 확인하려는 경우 GeoTrust, DigiCert, GlobalSign 또는 GoDaddy와 같은 CA 프로바이더로부터 인증서를 받는다. 인증서 발급 범위는 서비스 메시 구현을 사용한 서비스 이름을 사용해 수행된다. 기존 프로바이더로부터 서명된 루트 인증서를 얻거나 자체 루트 및 중간 인증서를 사용해 인증서를 발급할 수 있다. 이 개념을 살펴보고자 간단한 오픈 소스 smallstep.com 방식을 사용해 자체 CA를 사용한다.

1. 디렉토리를 생성하고 step 명령을 사용해 root --profile로 루트 인증서를 생성한다.
2. 루트 키를 암호화하기 위한 암호를 지정한다. 간단히 password 문자열을 password로 사용할 수 있다.

```
$ mkdir -p ~/step
$ cd ~/step

$ step certificate create --profile root-ca "My Root CA"
rootca.crt root-ca.key
Please enter the password to encrypt the private key: password
```

```
# This password is used to encrypt root-ca.key

Your certificate has been saved in root-ca.crt.
Your private key has been saved in root-ca.key.
```

루트 인증서를 만들었으므로 중간intermediate 인증서를 만들어야 한다.

3. 신뢰 체인을 설정하기 위해 중간 CA를 만들어보자.

```
$ step certificate create istio.io istio.crt istio.key --profile
intermediate-ca --ca ./root-ca.crt --ca-key ./root-ca.key
Please enter the password to decrypt ./root-ca.key: password
# step asks for root-ca.key password so it can use it to sign istio.crt
Please enter the password to encrypt the private key: password
# This password is used to encrypt istio.key

Your certificate has been saved in istio.crt.
Your private key has been saved in istio.key.
```

4. 이제 X.509 인증서를 만든다.

root-ca.key와 istio.key 서명 키가 암호화돼도 괜찮다. 그러나 암호화를 해제하려면 httpbin.key와 bookinfo.key가 필요하다. 이는 --no-password 와 --insecure CLI 플래그를 전달해 단계적으로 수행된다. 인증서의 기본 유효 기간은 24시간이지만 --notafter 플래그를 사용하고 유효성을 2,160시간(90일)으로 지정해 인증서가 만료되기 90일 전에 실습을 완료할 수 있도록 한다. 이 경우 새 인증서를 만들고 시크릿을 업데이트해 인증서를 교체해야 할 수 있다.

```
$ step certificate create httpbin.istio.io httpbin.crt httpbin.key
--profile leaf --ca istio.crt --ca-key istio.key --no-password
--insecure --not-after 2160h
Please enter the password to decrypt istio.key: password
# Specify password used to create intermediate CA

Your certificate has been saved in httpbin.crt.
Your private key has been saved in httpbin.key.
```

NOTE

루트 및 중간 인증서는 암호를 사용해 생성되므로 암호가 있는 인증된 사용자만 리프(leaf) 인증서를 생성할 수 있다. no-password 플래그는 암호화되지 않은 리프 인증서를 만드는 데 사용된다.

5. 동일한 중간 CA를 사용해 bookinfo.istio.io에 대해 동일한 작업을 반복한다.

```
$ step certificate create bookinfo.istio.io bookinfo.crt
bookinfo.key --profile leaf --ca istio.crt --ca-key istio.key
--nopassword --insecure --not-after 2160h
Please enter the password to decrypt istio.key: password
# Specify intermediate CA password

Your certificate has been saved in bookinfo.crt.
Your private key has been saved in bookinfo.key.
```

다음 단계는 인증서가 유효한지 확인하는 확인 단계다.

6. 스텝Step은 인증서를 검사 및 확인하고 인증서의 유효성이 90일(2,160시간)인지 확인하는 데 사용할 수 있는 옵션을 제공한다.

```
$ step certificate inspect bookinfo.crt --short
X.509v3 TLS Certificate (ECDSA P-256) [Serial: 1528...6042]
  Subject: bookinfo.istio.io
  Issuer: istio.io
  Valid from: 2019-08-02T13:25:47Z
          to: 2019-10-31T13:25:43Z
```

7. 다음 명령을 실행해 리프 인증서의 유효성을 확인한다. 리턴 코드는 0이어야 한다.

```
$ step certificate verify bookinfo.crt -roots istio.crt

$ echo $?
0
```

실제 호스트 이름과 외부 DNS 프로바이더를 사용해 이를 IP 주소로 확인하지 않기에, 간단히 /etc/hosts 파일을 사용해 DNS 이름을 내부 IP 주소에 매핑한다.

호스트 이름에 IP 주소 매핑

실제 시나리오에서 운영자는 DNS를 사용해 인그레스 게이트웨이 IP 주소를 사용 중인 이름에 매핑한다.

이 경우에는 /etc/hosts 파일에 정의한다. 시작해보자.

1. Istio 인그레스 게이트웨이의 외부 IP 주소와 포트를 찾는다.

```
$ export INGRESS_HOST=$(kubectl -n istio-system get service
istioingressgateway -o jsonpath='{.status.loadBalancer.ingress..ip}') ;
echo $INGRESS_HOST
192.168.142.249

$ export INGRESS_PORT=$(kubectl -n istio-system get service
istioingressgateway -o
jsonpath='{.spec.ports[?(@.name=="https")].port}') ; echo
$INGRESS_PORT
443
```

   인그레스 IP 주소는 독자의 VM에서는 다를 수 있다.

2. 인그레스 호스트와 IP 주소를 기록하고 다음 두 명령을 실행한다. 다음은 /etc/hosts 파일을 만들고 업데이트한다.

```
$ if ! grep -q bookinfo.istio.io /etc/hosts ; then echo
"$INGRESS_HOST bookinfo.istio.io" | sudo tee -a /etc/hosts; fi

$ if ! grep -q httpbin.istio.io /etc/hosts ; then echo
"$INGRESS_HOST httpbin.istio.io" | sudo tee -a /etc/hosts; fi

$ cat /etc/hosts
192.168.142.249 bookinfo.istio.io
192.168.142.249 httpbin.istio.io
```

3. 두 호스트를 모두 Ping해 IP 주소를 확인했는지 확인한다.

```
$ ping -c4 bookinfo.istio.io
$ ping -c4 httpbin.istio.io
```

TIP

> ping에 성공하지 못했다면 연결 유지(keepalived) HA 프록시가 작동하지 않는 것일 수 있다. kubectl –n keepalived get pods를 확인하고 포드가 준비 상태인지 확인한다. keepalived가 실행되지 않는 가장 가능성 있는 이유는 ip_vs 모듈이 로드되지 않았기 때문이다.
>
> https://github.com/servicemeshbook/keepalived나 9장, 'Istio 설치'를 찾아본다. sudo mod probe ip_vs를 사용해 아직 로드되지 않은 경우 ip_vs 모듈을 로드하고 실패한 연결 유지 포드를 재시작할 수 있다.

Istio는 초기에는 쿠버네티스 시크릿을 사용해 포드 내에 인증서와 키를 탑재했는데, 공격자가 포드에 대한 접근 권한을 얻는 경우 보안과 관련된 문제가 발생했다. 현재 Istio는 SDS(Secret Discovery Service) 프로세스를 구현해 인증서와 키를 포드 내부에 마운트하는 대신 메모리에 보관한다. 다음으로 SDS를 사용해 인그레스 게이트웨이를 구성하는 프로세스를 살펴본다.

SDS를 사용해 인그레스 게이트웨이 구성

Istio의 SDS(Secret Discovery Service) 프로세스를 사용하면 포드에 쿠버네티스 시크릿을 마운트할 필요가 없다. 게이트웨이 에이전트는 인그레스 게이트웨이에 정의된 모든 시크릿을 모니터링하고 인그레스 게이트웨이로 전송한다. 이를 통해 키/인증서 쌍과 루트 인증서를 동적으로 추가, 삭제 또는 업데이트할 수 있다.

Istio 설치 중에 사용한 데모 프로필은 기본적으로 SDS를 활성화하지 않는다. `-istio-sds-auth` 프로필의 값을 사용해 생성된 YAML을 적용해 활성화할 수 있다. 시작해보자.

1. 다음 명령을 적용하면 `ingress-sds` 컨테이너가 Istio 인그레스 게이트웨이에 추가된다.

```
$ cd ~/istio-$ISTIO_VERSION

$ helm template install/kubernetes/helm/istio/ --name istio \
--namespace istio-system \
-x charts/gateways/templates/deployment.yaml \
--set gateways.istio-egressgateway.enabled=false \
--set gateways.istio-ingressgateway.sds.enabled=true \
| kubectl apply -f -
```

NOTE

참고 : SDS와 mTLS를 활성화했으므로 트래픽 관리 실습은 다시 돌아가서 수행할 수 없다. 왜냐하면 허용 mTLS로 수행되는 것으로 가정했기 때문이다. 또한 이 실습에서 만든 대상 규칙은 클라이언트 mTLS를 적용한다.

2. Istio 인그레스 게이트웨이의 ingress-sds 컨테이너에서 로그를 확인한다.

```
$ kubectl -n istio-system logs -l app=istio-ingressgateway -c ingress-sds
2019-10-16T16:45:24.721824Z  warn  Secret object: kiali has empty ---
2019-10-16T16:45:24.802527Z  info  SDS gRPC server for ingress    ---
2019-10-16T16:45:24.802745Z  info  Start SDS grpc server for      ---

--- field, skip adding secret
--- gateway controller starts, listening on "/var/run/ingress_gateway/sds"
--- ingress gateway proxy
```

3. 마찬가지로 SSD[Secure Service Discovery]를 위해 주입한 istio-proxy의 로그를 확인한다.

```
$ kubectl -n istio-system logs -l app=istio-ingressgateway -c istio-proxy
2019-08-03T16:45:24.919109Z  info  Opening status port 15020
2019-08-03T16:45:24.919231Z  info  Received new config, resetting budget
2019-08-03T16:45:24.919316Z  info  Reconciling retry (budget 10)
2019-08-03T16:45:24.919458Z  info  watching /etc/certs for changes
...
2019-08-03T16:45:25.937318Z  info  Envoy proxy is ready
```

SDS의 활성화 여부를 확인했으므로 인증서와 키를 생성한다.

키와 인증서를 사용해 시크릿 만들기

인증서와 키를 생성하려면 다음 몇 단계를 따른다.

1. httpbin.istio.io와 bookinfo.istio.io 도메인에 대한 시크릿을 만들어 인증서와 키를 가진다. 이러한 시크릿은 변경 사항을 감시한다.

```
$ kubectl -n istio-system create secret generic httpbin-keys
--from-file=key=$HOME/step/httpbin.key
--fromfile=cert=$HOME/step/httpbin.crt
secret/httpbin-keys created

$ kubectl -n istio-system create secret generic bookinfo-keys
--from-file=key=$HOME/step/bookinfo.key
--fromfile=cert=$HOME/step/bookinfo.crt
secret/bookinfo-keys created
```

인증서와 키는 SDS를 통해 ingresssds의 컨테이너 메모리로 푸시되며, 이로써 취약해질 수 있는 인증서와 키를 마운트할 필요가 없어진다.

2. httpbin-keys 시크릿을 사용해 httpbin.istio.io와 bookinfo.istio.io 호스트를 기존 Istio mygateway에 추가한다.

```
# Script : 01-add-bookinfo-https-to-mygateway.yaml

apiVersion: networking.istio.io/v1alpha3
kind: Gateway
metadata:
  name: mygateway
spec:
...
  servers:
  - port:
      number: 80
      name: http
      protocol: HTTP
...
    tls:
      mode: SIMPLE
```

```
      credentialName: bookinfo-keys
    hosts:
    - bookinfo.istio.io
  - port:
      number: 443
      name: httpbin
      protocol: HTTPS
    tls:
      mode: SIMPLE
      credentialName: httpbin-keys
    hosts:
    - httpbin.istio.io
```

앞의 yaml 파일에서 다음 사항에 유의한다.

- 모든 호스트의 80 포트에 일반 HTTP 트래픽이 허용된다.
- bookinfo.istio.io 와 httpbin.istio.io에 HTTPS 트래픽이 허용된다.
- 각 호스트의 인증서와 키는 istio-system 네임스페이스 또는 애플리케이션이 접근할 수 없는 다른 관리자 네임스페이스의 시크릿으로 유지된다. 이전 단계에서 인증서와 키를 활성화했으므로 SDS를 통해 포드의 istio-proxy 메모리에 마운트된다.
- Istio 인그레스 게이트웨이에서 정의한 정의를 통해, 호스트에 대한 프로토콜은 SIMPLE TLS로 정의된다. 이는 클라이언트가 서버의 인증을 설정하지만 서버는 클라이언트의 자격 증명을 확인하지 않는다는 의미다. 이는 오늘날 인터넷에서 많이 일어나는 일이다.

이전 정의를 적용해 두 호스트를 기존 mygateway에 추가한다. 실습에서는 TLS 모드를 SIMPLE로 설정했으며 인증 방법 중 하나다. 즉, 클라이언트가 서버를 인증한다.

3. bookinfo 애플리케이션에 대한 게이트웨이를 만든다.

```
$ cd ~/istio/scripts/02-security

$ kubectl -n istio-system apply -f 01-add-bookinfo-https-
```

```
tomygateway.yaml
gateway.networking.istio.io/mygateway created
```

게이트웨이 정의를 정의하면 시크릿은 SDS를 통해 메모리에 마운트된다.

4. Istio 인그레스 게이트웨이의 ingress-sds 컨테이너에서 로그를 다시 확인한다.

```
$ kubectl -n istio-system logs -l app=istio-ingressgateway -c
ingresssds
<<removed>>
2019-08-03T17:09:08.518098Z info SDS: push key/cert pair from node
agent to proxy: ---
2019-08-03T17:09:08.518123Z info SDS: push key/cert pair from node
agent to proxy: ---

--- "router~192.168.230.230~istio-ingressgateway-7db95cf64-hb7bq. ---
--- "router~192.168.230.230~istio-ingressgateway-7db95cf64-hb7bq. ---

--- istio-system~istio-system.svc.cluster.local-1"
--- istio-system~istio-system.svc.cluster.local-2"
```

5. [옵션 : c는 필요한 경우에만 수행] SDS가 표시되지 않으면 메시지를 푸시하고 몇 초 동안 기다린 다음 로그를 다시 확인한다. 새로 고침되지 않으면 Istio 인그레스 게이트웨이를 재활용하고, 포드가 준비될 때까지 기다린 다음 로그를 다시 확인한다.

```
$ export INGRESS_GW=$(kubectl -n istio-system get pods -l
istio=ingressgateway -o jsonpath='{.items[0].metadata.name}')

$ kubectl -n istio-system delete pod $INGRESS_GW
```

이제 SDS가 있으므로 httpbin 애플리케이션을 활성화해 단방향 TLS 인증을 사용할 수 있다.

단방향 TLS를 위해 httpbin 활성화

httpbin 애플리케이션을 활성화해 단방향 TLS 인증을 사용하려면 다음 몇 단계를 따른다.

1. 게이트웨이가 httpbin 요청에 어떻게 트래픽을 라우팅하는지 알 수 있도록 httpbin.istio.io에 대한 가상 서비스를 정의한다.

```
# Script : 02-create-virtual-service-for-httpbin.yaml

apiVersion: networking.istio.io/v1alpha3
kind: VirtualService
metadata:
  name: httpbin.istio.io
spec:
  hosts:
  - "*"
  gateways:
  - mygateway
  http:
  - match:
    - uri:
        prefix: /
    - uri:
        prefix: /status
    - uri:
        prefix: /delay
    route:
    - destination:
        host: httpbin.istio-lab.svc.cluster.local
        port:
          number: 8000
        weight: 100
```

2. istio-system 네임스페이스에 앞의 가상 서비스를 만든다.

```
$ kubectl -n istio-system apply -f 02-create-virtual-servicefor-
httpbin.yaml
virtualservice.networking.istio.io/httpbin created
```

3. `curl` 명령을 사용해 요청을 보낸다. 이를 위해 헤더를 설정하고 `resolve` 파라미터를 사용해 IP 주소를 설정한 후 `cacert` 파라미터를 설정해 호스트 이름을 사용한다.

```
$ rm -fr ~/.pki ## Reset local NSS database

$ curl -HHost:httpbin.istio.io --resolve
httpbin.istio.io:$INGRESS_PORT:$INGRESS_HOST --cacert
$HOME/step/istio.crt https://httpbin.istio.io/status/418

-=[ teapot ]=-

    _...._
  .'  _ _ `.
| ."` ^ `". _,
\_;`"---"`|//
  |       ;/
  \_     _/
    `"""`

$ curl -HHost:httpbin.istio.io --resolve
httpbin.istio.io:$INGRESS_PORT:$INGRESS_HOST --cacert
$HOME/step/istio.crt https://httpbin.istio.io/ip
{
  "origin": "192.168.142.101"
}
```

코드에서는 기존 애플리케이션에서 코드를 변경하지 않고 프론트엔드 마이크로서비스에 대한 엣지 인증을 활성화했는데, Istio 서비스 메시의 느슨하게 결합된 아키텍처 때문이다.

TIP

> HTTP 418 상태는 I'm a teapot이라는 출력을 보여준다. httpbin은 teapot의 텍스트 그림을 리턴한다.

4. TLS 구현을 확인한다.

```
$ HTTPBIN=$(kubectl -n istio-lab get pods -l app=httpbin -o
jsonpath={.items[0].metadata.name}) ; echo $HTTPBIN
```

```
httpbin-v1-b9985cc7d-4wmcf

$ istioctl authn tls-check $HTTPBIN.istio-lab httpbin.istiolab.svc.
cluster.local
HOST:PORT                                  STATUS   SERVER      ---
httpbin.istio-lab.svc.cluster.local:8000   OK       HTTP/mTLS   ---

--- CLIENT  AUTHN POLICY   DESTINATION RULE
--- HTTP    default/       httpbin/istio-lab
```

TLS는 서버 수준에서 HTTP/mTLS를 표시하므로 허용된다. 외부 클라이언트 프로토콜은 HTTP이다. istioctl proxy-status를 실행해 파일럿에서 엔보이 프록시의 동기화 상태를 확인할 수 있으며, 문제를 진단하려는 경우 유용하다.

5. 모든 서비스가 프록시 사이드카를 사용하지 않거나 마이그레이션 프로세스가 계속 진행 중이라면 PERMISSIVE 정책이 필요하다. 이는 메시 정책을 PERMISSIVE에서 STRICT로 수정해 클러스터 전체cluster-wide에서 수행할 수 있으며, 모든 사용자 정의 서비스에 적용된다. 이 경우 SERVER 아래의 출력은 mTLS만 표시한다. STRICT 모드는 클러스터 수준, 네임스페이스 수준 또는 서비스 수준에서 수행할 수 있다.

```
$ kubectl get meshpolicies default -o yaml

apiVersion: authentication.istio.io/v1alpha1
kind: MeshPolicy
metadata:
[... removed ...]
 name: default
spec:
 peers:
 - mtls:
 mode: PERMISSIVE
```

대상 규칙은 CLIENT 모드를 정의한다. 이전 장에서 httpbin에 대한 대상 규칙을 정의했다. kubectl -n istio-lab get dr httpbin -o yaml 명령을 실행해 정의된 서브셋을 확인한 다음 kubectl -n istio-lab get vs httpbin -o yaml을 실행해 httpbin 서비스에 어떤 서브셋을 대상으로 사용하는지 확인한다.

TIP

> 개발자는 비즈니스 로직에만 집중할 수 있으며, 보안 구현은 애플리케이션 인프라 팀에 맡길 수 있다.

다음으로 bookinfo 애플리케이션에 대한 단방향 TLS를 활성화한다.

단방향 TLS에 대한 bookinfo 활성화

게이트웨이에서 productpage.istiolab.svc.cluster.local 호스트명으로 요청을 보내는 데 필요한 URI 매치와 패턴을 알 수 있도록 bookinfo.istio.io에 대한 가상 서비스를 정의해보자.

1. 다음 명령을 입력한다.

```
# Script : 03-create-virtual-service-for-bookinfo.yaml

apiVersion: networking.istio.io/v1alpha3
kind: VirtualService
metadata:
  name: bookinfo
spec:
  hosts:
  - bookinfo.istio.io
  gateways:
  - mygateway

...
    route:
    - destination:
        host: productpage.istio-lab.svc.cluster.local
        port:
          number: 9080
```

2. istio-system 네임스페이스에 가상 서비스를 만든다.

```
$ kubectl -n istio-system apply -f 03-create-virtual-service-
forbookinfo.yaml
virtualservice.networking.istio.io/bookinfo configured
```

3. VM 내의 웹 브라우저에서 두 개의 탭을 더 연다.

- 첫 번째 탭에서 http://bookinfo.istio.io를 연다. 정상적으로 로드돼야 한다.
- 두 번째 탭에서 https://bookinfo.istio.io를 연다.

4. 연결이 비공개가 아니라는 알림이 표시된다. 브라우저는 자체 서명된 인증서를 좋아하지 않기 때문에 이는 정상이다.
5. Advanced를 클릭하고 Proceed을 클릭해 bookinfo.istio.io(안전하지 않음)로 이동한다.

   게이트웨이가 모든 호스트에 HTTP 트래픽을 허용하며, httpbin.istio.io와 bookinfo.istio.io에만 SIMPLE tls 모드가 적용되므로 HTTP와 HTTPS 프로토콜을 모두 실행할 수 있다.
6. 탭을 하나 더 열고 http://httpbin.istio.io/headers를 실행한다. 이제 헤더를 볼 수 있다.

인터넷은 인증서 만료일 이전에 인증서를 폐지하는 강력한 방법을 제공하지는 않는다. 실시간 배포로 인해 폐지할 경우 일정 시간이 손실된다. 인증서 폐지를 확인하는 또 다른 방법은 온라인 인증서 상태 프로토콜(OCSP, Online Certificate Status Protocol - https://tools.ietf.org/html/rfc2560)이며 지연, 오버헤드 문제, 중앙 OCSP 서버에 제공된 웹 사이트에 대한 정보 유출과 관련된 개인 정보 보호 문제로 비판을 받을 수도 있다. 문제를 해결할 때까지 활용할 수 있는 또 다른 방법은 키와 인증서를 짧은 간격으로 교체해 보안 손상 시간을 단축하는 것이다. 다음으로 키와 인증서를 교체하는 절차를 살펴보자.

가상 서비스 키와 인증서 교체

개인 키가 손상된 경우 X.509 인증서의 폐기만으로는 충분하지 않다. 가장 좋은 방법은 해지할 필요 없이 충분히 빨리 만료되는 인증서를 발급하는 것이다.

제로 트러스트 네트워크에서는 인증서가 더 빨리 만료되도록 하는 것이 좋으며, 인증서를 자동으로 갱신하는 방법이 있다.

NOTE

> Istio 시타델과 노드 에이전트는 내부 마이크로서비스에 TTL(Time to Live)이 만료될 때 인증서를 자동으로 갱신할 수 있는 방법을 제공한다.
>
> 그러나 인그레스 게이트웨이에서 종료되는 외부 호스트에 대한 인증서 갱신을 위한 자동 처리는 없다. 이는 Istio 외부에서 관리해야 하기 때문이다.

한번 살펴보자.

1. httpbin에 발급한 인증서를 확인해본다.

```
$ cd ~/step

$ step certificate inspect httpbin.crt --short
X.509v3 TLS Certificate (ECDSA P-256) [Serial: 2760...1376]
 Subject: httpbin.istio.io
 Issuer: istio.io
 Valid from: 2019-10-16T13:30:41Z
         to: 2020-01-14T13:30:38Z
```

   실습을 위해 기본값을 1일에서 변경했기에 인증서는 90일 동안만 유효하다. 인증서가 만료되기 전에 갱신하고 자동으로 시크릿을 재활용하는 자동화된 프로세스가 있어야 한다.

   이 작업을 수동으로 해보자.

2. 새로운 키 세트를 만들 것이므로 httpbin-keys 시크릿을 삭제한다.

```
$ kubectl -n istio-system delete secret httpbin-keys
```

3. httpbin.istio.io에 대한 키와 인증서를 다시 생성하고 중간 CA를 번들로 제공한다. 중간 CA 개인 키를 생성하는 데 사용할 암호를 지정한다.

```
$ step certificate create httpbin.istio.io httpbin.crt httpbin.key
--profile leaf --ca istio.crt --ca-key istio.key --no-password
--insecure --not-after 2160h
Please enter the password to decrypt istio.key: ⊖⊖⊖⊖⊖⊖⊖⊖
✓√ Would you like to overwrite httpbin.crt [y/n]: y
✓ Would you like to overwrite httpbin.key [y/n]: y
Your certificate has been saved in httpbin.crt.
Your private key has been saved in httpbin.key.
```

4. 새로운 키와 인증서를 사용해 httpbin에 대한 시크릿을 만든다.

```
$ kubectl -n istio-system create secret generic httpbin-keys
--from-file=key=$HOME/step/httpbin.key --fromfile=cert=$HOME/step/
httpbin.crt
secret/httpbin-keys created
```

5. 키/인증서 쌍이 프록시로 푸시됐는지 확인하기 위해 만들어진 인증서의 SDS 로그 항목을 확인한다.

```
$ kubectl -n istio-system logs -l app=istio-ingressgateway -c
ingress-sds
```

6. httpbin.istio.io에 동일한 curl 테스트를 실행해 키와 인증서의 교체가 작동하는지 확인한다. 브라우저 탭을 새로 고침하고 헤더를 확인한다.

```
$ curl -HHost:httpbin.istio.io --resolve
httpbin.istio.io:$INGRESS_PORT:$INGRESS_HOST --cacert
$HOME/step/istio.crt https://httpbin.istio.io/ip
{
  "origin": "192.168.142.101"
}
```

이 수동 프로세스는 인그레스 게이트웨이 인증서에 대한 인증서를 교체하고 step-ca 도구를 사용해 키 재생성을 자동화할 수 있다. 이 도구는 온라인 CA를 실행하며, 클라이언트 인증서는 단계적으로 명령을 사용해 요청할 수 있다. 자세한 내용은 https://ghub.com/smallstep/certificate를 참조한다.

단방향 TLS(클라이언트가 인증을 표시할 필요가 없음)를 통해 작업한 후, 서버에 클라이언트가 인증됐음을 알 수 있도록 클라이언트가 자격 증명을 제공하는 상호 TLS로 이동한다.

상호 TLS를 사용해 httpbin에 대한 인그레스 게이트웨이 활성화

SIMPLE TLS에서는 클라이언트가 서버의 ID를 확인하지만 상호 TLS에서는 서버도 클라이언트의 ID를 확인한다. 상호 TLS는 클라이언트가 서버에 X.509 인증서를 보내 클라이언트의 ID를 확인하는 또 다른 계층을 추가한다.

상호 TLS는 엄격한 접근 제어가 필요한 B2B 애플리케이션에 유용하다.

시작해보자.

1. 클라이언트가 Istio 인그레스 게이트웨이에 클라이언트 인증을 제공하기 위해 사용할 RSA (이 경우에는 curl)를 사용해 클라이언트 인증서와 키를 만든다.

```
$ step certificate create httpbin.istio.io client.crt client.key
--profile leaf --ca istio.crt --ca-key istio.key --no-password --
insecure --kty RSA --size 2048
Please enter the password to decrypt istio.key: password
# Provide intermediate CA password

Your certificate has been saved in client.crt.
Your private key has been saved in client.key.
```

2. root-ca와 중간 기관에서 인증서 체인을 만든다.

```
$ step certificate bundle root-ca.crt istio.crt ca-chain.crt
Your certificate has been saved in ca-chain.crt.
```

3. cacert라는 추가 파라미터를 사용해 httpbin-keys 시크릿을 다시 만든다.

```
$ kubectl -n istio-system delete secret httpbin-keys

$ kubectl -n istio-system create secret generic httpbin-keys --
from-file=key=$HOME/step/httpbin.key --fromfile=cert=
$HOME/step/httpbin.crt --from-file=cacert=$HOME/step/
cachain.crt
secret/httpbin-keys created
```

4. 상호 TLS를 활성화하려면 TLS 모드를 SIMPLE에서 MUTUAL로 변경하도록 게이트웨이 정의를 수정해야 한다. 상호 TLS에 대한 httpbin.istio.io의 정의를 변경한다.

```
# Script : 04-add-mutual-TLS-to-bookinfo-https-to-mygateway.yaml

apiVersion: networking.istio.io/v1alpha3
kind: Gateway
metadata:
  name: mygateway
spec:
  selector:
    istio: ingressgateway
  servers:
  - port:
      number: 80
      name: http
      protocol: HTTP
    ...
      tls:
      mode: MUTUAL
      credentialName: httpbin-keys
      hosts:
    - httpbin.istio.io
```

5. httpbin.istio.io의 TLS 모드를 SIMPLE에서 MUTUAL로 변경하도록 게이트웨이를 수정한다.

```
$ cd ~/istio/scripts/02-security/
```

```
$ kubectl -n istio-system apply -f 04-add-mutual-TLS-to-bookinfo
https-to-mygateway.yaml
gateway.networking.istio.io/mygateway configured
```

상호 TLS를 구현해 bookinfo에 대한 게이트웨이를 만들었으므로 이제 TLS 구성을 확인해보자.

TLS 구성 확인

istioctl 도구를 사용해 TLS 설정이 특정 마이크로서비스의 인증 정책과 대상 규칙 간에 일치하는지 확인할 수 있다. 한번 살펴보자.

1. 서버와 클라이언트 간의 TLS 흐름을 확인한다.

```
$ HTTPBIN=$(kubectl -n istio-lab get pods -l app=httpbin -o
jsonpath={.items[0].metadata.name}) ; echo $HTTPBIN
httpbin-v1-b9985cc7d-4wmcf

$ istioctl authn tls-check $HTTPBIN.istio-lab istio-
ingressgateway.istio-system.svc.cluster.local
HOST:PORT                                              STATUS ---
istio-ingressgateway.istio-system.svc.cluster.local:80  OK     ---

--- SERVER     CLIENT  AUTHN POLICY  DESTINATION RULE
--- HTTP/mTLS  HTTP    default/      -
```

상태가 Conflict로 표시되면 이는 대상 규칙이 프로토콜과 충돌하고 있음을 나타낸다. 예시에서 서버(httpbin 서비스)는 HTTP와 mTLS를 지원하고 클라이언트는 HTTP를 지원하므로 상태는 OK다. 클라이언트가 mTLS만 지원하는 경우였다면 이전 상태는 Conflict였을 것이다.

2. curl 명령을 수정해 cacert 외 클라이언트 인증서와 키 파라미터를 전달한다.

```
$ curl -HHost:httpbin.istio.io --resolve
```

```
httpbin.istio.io:$INGRESS_PORT:$INGRESS_HOST --cacert
$HOME/step/ca-chain.crt --cert $HOME/step/client.crt --key
$HOME/step/client.key https://httpbin.istio.io/status/418

-=[ teapot ]=-

   _...._
 .'      `.
.   _ _    .
| ."` ^ `". _,
\_;`"---"`|//
  |       ;/
  \_     _/
    `"""
```

예제는 애플리케이션에서 한 줄의 코드를 작성하지 않고도 상호 TLS를 활성화하는 방법을 보여준다. 이미 인그레스 게이트웨이를 통해 메시 엣지에서 TLS 트래픽을 종료하는 방법을 설명했다. 인그레스 게이트웨이 후에도 마이크로서비스 간의 통신은 여전히 HTTP 기반이다.

3. Bookinfo productpage 사이의 TLS 설정을 확인하자.

```
$ PRODUCT_PAGE=$(kubectl -n istio-lab get pods -l app=productpage
-o jsonpath={.items..metadata.name}) ; echo $PRODUCT_PAGE
productpage-v1-74dfdd8b47-xmdpn

$ istioctl authn tls-check $PRODUCT_PAGE.istio-lab istioingressgateway.
istio-system.svc.cluster.local
HOST:PORT                                              STATUS ---
istio-ingressgateway.istio-system.svc.cluster.local:80  OK     ---

--- SERVER      CLIENT  AUTHN POLICY  DESTINATION RULE
--- HTTP/mTLS   HTTP    default/      -
```

NOTE

> Error : nothing to output 메시지가 표시되면 몇 초 동안 기다렸다가 다시 시도한다.

서버는 mTLS와 HTTP(기본permissive TLS)를 모두 지원하지만 클라이언트는 HTTP 요청만 보내는 것에 유의한다. 따라서 mTLS는 클라이언트와 서버 간에 활성화되지 않는다. 기본 정책은 인증에 사용되며 대상 규칙은 productpage를 사용해 정의된다.

기본 인증 정책을 확인한다. 이 경우에는(mTLS와 HTTP) PERMISSIVE다. 기본 메시 정책을 PERMISSIVE로 설정하면 기본적으로 일반 텍스트 HTTP 트래픽에 인증 또는 권한 부여를 체크하지 않는다.

상호 TLS를 사용해 마이크로서비스 간의 통신을 보호하는 방법을 살펴보자. 이러한 유형의 보안은 백엔드에서 비즈니스 애플리케이션을 처리할 때, 특히 제로 트러스트 네트워크에 분산된 경우에 필요하다.

서비스에 대한 인증서와 키를 교체하는 노드 에이전트

이전에 가상 서비스에 대한 인증서와 키를 자동으로 교체할 수는 없음을 살펴봤다. 대신 step-ca 도구를 사용하도록 제안했다. 앞서 언급한 사례는 인그레스 게이트웨이를 통해 엣지 마이크로서비스에 연결하는 외부 서비스에 대한 것이다.

Istio는 외부 서비스를 자동화하도록 설계되지 않았다. 그러나 시타델과 노드 에이전트는 기존 인증서의 TTL을 기반으로 인증서 및 키를 자동으로 교체/갱신하도록 설계됐으며 이 프로세스는 완전히 자동이다.

시타델에서 인증서 교체는 90일 간격으로 설정된다. 교체 기간은 istio-citadel 컨테이너 인수argument를 2,160시간에서부터 48시간 사이로 수정해 변경할 수 있다. 따라서 제로 트러스트 네트워크 환경에서는 수명이 짧은 인증서만 허용된다.

예를 들어 kubectl -n istio-system edit deploy istio-citadel을 사용해 시타델 배포를 편집하고 파라미터를 --workload-cert-ttl=2160h에서 --workload-cert-ttl=48h로 수정할 수 있다.

노드 에이전트가 프로비저닝되면(Helm 설치 옵션 선택 시) 시타델이 로테이션을 수행하는 동안, 인증서의 TTL을 기반으로 인증서와 키 교체를 요청한다. 노드 에이전트가 실행 중이 아니라면 인증서와 키는 secret- <serviceaccount>에 있게 된다. 시타델은 이를 감시하고 TTL을 확인한 다음 인증서를 생성해 엔보이(사이드카) 프록시로 푸시한다.

추가적으로 노드 에이전트가 중요한 이유는 리눅스 시스템에서 systemd 서비스로 배포할 수 있는 쿠버네티스가 아닌 환경에 있다. 서비스 메시 컨트롤 플레인에서 실행되는 동안 시타델에서 인증서와 키 교체를 요청할 수 있다.

이 섹션에서는 SDS를 사용해 인그레스 게이트웨이를 구성하는 방법을 배웠다. 다음으로 마이크로서비스 간의 상호 TLS를 활성화한다.

메시 내에서 상호 TLS 활성화

SSL(Secure Sockets Layer)의 후속 버전인 TLS(Transport Layer Security)는 Firefox, Chrome 또는 Safari와 같은 웹 브라우저를 사용해 은행 사이트에 접근하는 것과 같이 커넥션에서 상대방을 인증해(그들이 누구라고 말하는지) 암호화된 통신을 제공한다. TLS 핸드셰이크는 다음 다이어그램에서 볼 수 있다.

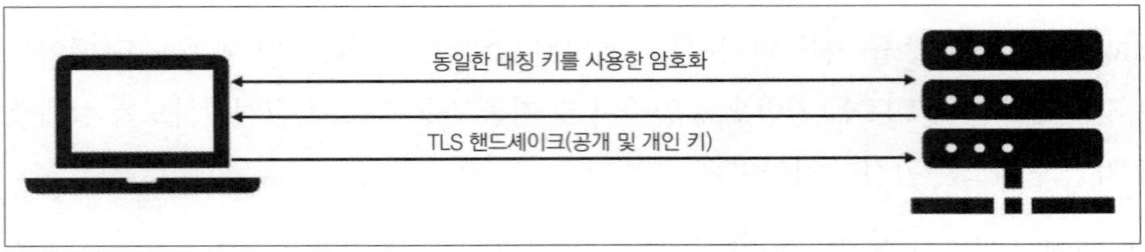

이를 위한 단계는 다음과 같다.

1. 브라우저 (클라이언트)가 TLS 버전, 큰 난수(client_random), session_id 및 지원되는 암호를 사용해 클라이언트 hello 메시지를 보낸다(일반 텍스트).

2. 웹 사이트(서버)는 선택된 TLS 버전, 선택된 암호, session_id, 큰 난수(server_random), 그리고 hello done 메시지와 함께 개인 키로 서명된 인증서 체인으로 서버 hello 메시지로 응답한다(일반 텍스트).

3. 브라우저는 트러스트 스토어trust store(데이터베이스)에 모든 주요 CA의 공개 키를 갖고 있다. 트러스트 체인을 확인하기 위해 서버 인증서 발급자의 공개 키를 사용하고 CA가 서버의 인증서에 서명했는지 확인한다. 트러스트 체인(인증)을 확인하면, 서버의 공개 키로 암호화된 사전 마스터pre-master 시크릿(선택한 암호에 따라 무작위로 생성된 시퀀스)을 서버로 보낸다.

4. 서버는 사전 마스터 시크릿을 해독하고 암호화 키(마스터 시크릿)를 생성한다. 클라이언트와 서버의 임의 번호(이전 단계에서 교환됨)를 사용하면 클라이언트와 서버가 모두 동일한 키에 도달하게 된다. 네트워크를 통한 교환 없이 TLS 핸드셰이크 완료 후에는 대칭 암호화가 사용된다. 서버는 클라이언트에 change cipher spec protocol 메시지를 보낸다.

5. 클라이언트가 비대칭(공개/개인) 암호화(계산 비용이 많이 소요됨)에서 대칭 암호화(클라이언트와 서버가 동일한 키를 사용하므로 계산이 적음)로 전환한다. 핸드셰이크 완료 메시지를 전송해 마스터 시크릿을 사용한다(클라이언트와 서버 모두 네트워크를 통해 교환하지 않음).

6. 서버는 암호를 변경하고 나머지 통신은 대칭 키를 사용해 시작된다.

다음 다이어그램은 클라이언트와 서버 간의 mTLS 핸드셰이크를 보여준다(이미지 출처 : Mariano Cano).

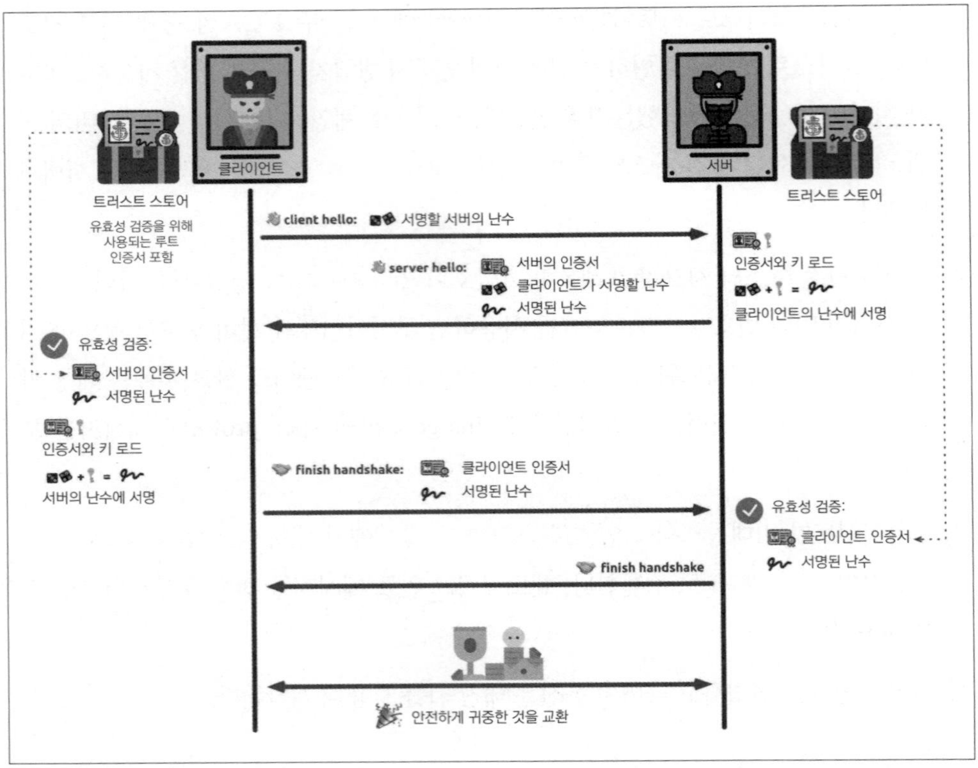

여기서 클라이언트는 서버의 인증서 체인을 확인해 서버의 ID를 설정한다. 그러나 은행 사이트는 클라이언트의 진위 여부를 확인하지 않았다. 인터넷에는 클라이언트의 신뢰를 구축하지 못하는 내재적 결함이 있다. 따라서 피싱 공격은 고객을 속여 사기 사이트에 로그인하게 해 다른 사용자의 자격 증명을 도용하는 방식으로 주로 행해진다.

신뢰를 설정하는 이상적인 방법은 클라이언트와 서버가 인증서 체인을 확인해 서로를 인증하는 상호 TLS(mTLS라고도 함)로 전환하는 것으로, 발신자 ID가 있는 보안 회선과 같다. mTLS를 사용하는 가장 주된 이유는 제로 트러스트 네트워크를 사용해 어디서나 실행되는 워크로드와 안전하게 통신하기 위해서다.

인터넷의 또 다른 내재적 결함은 long-lived 리프 인증서다. 인증서는 결국 만료되지만 개인 키가 손상되면 제3자가 인증서 소유자인 척 가장할 수 있다. 인증서 폐지는 사소한 일이 아니며, 폐지된 인증서를 계속 사용하는 것을 막지 않는 시간 지연(몇 시간에서 몇 주까지)

이 항상 존재한다.

mTLS를 알아봤으므로 Istio의 mTLS를 사용해 마이크로서비스에 대한 통신을 인증하고 권한을 부여하는 방법을 살펴보자.

보안과 관련된 두 가지 Istio 관련 용어가 중요하다.

- **인증 정책** Authentication policies : 인증 정책은 업스트림 연결에 `TLSSettings`과 `DestinationRule`을 지정해야 하는 클라이언트로부터 마이크로서비스가 수신하는 요청에 적용된다.
- **상호 TLS 인증**Mutual TLS authentication : 마이크로서비스 간 통신은 상호 TLS 연결을 설정하는 사이드카 프록시를 통해 라우팅된다. 보안 네이밍 검사secure naming check는 서버 인증서의 서비스 계정이 대상 서비스를 실행할 권한이 있는지 여부를 인증하고 확인한다.

엄격한(strict) 상호 TLS로 변환

Istio를 설치할 때, 일반 텍스트와 상호 TLS 트래픽을 모두 허용하는 기본 상호 TLS permissive mutual TLS 접근 방식을 사용했다. 이전 예제에서는 `httpbin.istio.io`를 일반 텍스트, 단방향 TLS 및 상호 TLS로 실행했다. 기본 상호 TLS 설치는 데모 프로필을 사용해 수행됐다.

9장에서는 `istio-demo.yaml`을 사용해 기본 상호 TLS를 설치했다. 마이크로서비스 간 통신을 위해 엄격한 상호 TLS를 적용하려는 경우 `istio-demo-auth.yaml`을 통해 엄격한 상호 TLS를 설치할 수 있다. 그러나 기존 Istio 설치를 변경해 엄격한 상호 TLS 프로필을 적용할 수도 있다.

대상 규칙은 트래픽 정책을 정의하며 기본값은 상호 TLS를 사용하지 않는 것이다. 이미 대상 규칙을 정의했으므로 상호 TLS를 전체적으로 사용하려면 먼저 규칙을 재정의해야 한다.

대상 규칙 재정의

MongoDB 서비스를 호출하는 새로운 `ratings-v2` 서비스가 있는 약간 다른 버전의 `book info` 애플리케이션을 사용한다.

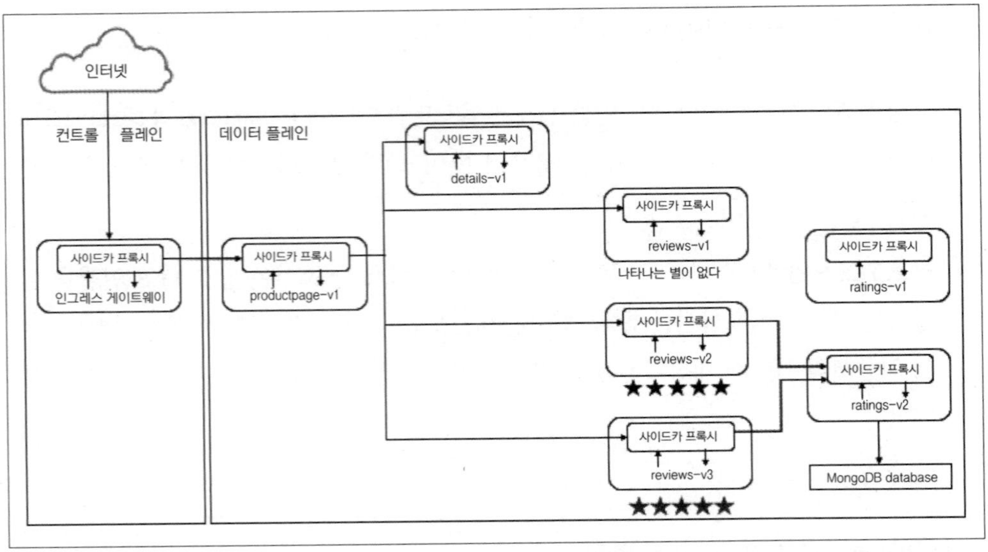

TIP

요약 : 동일한 서비스의 여러 버전이 있는 경우, 특정 서비스 버전에 대한 대상 규칙을 사용해 서브셋을 정의한다는 점을 기억한다. 그런 다음 특정 서브셋을 사용해 원하는 서브셋으로 트래픽을 전달하도록 가상 서비스를 만들거나 수정한다.

대상 규칙을 재정의하려면 다음 단계를 따른다.

1. productpage, details, ratings 및 reviews에 대한 대상 규칙의 호스트 뒤에 다음 스탠자stanza를 추가했다.

```
trafficPolicy:
  tls:
    mode: ISTIO_MUTUAL
```

2. bookinfo 애플리케이션의 수정된 대상 규칙은 다음과 같다. 한번 보자.

```
# Script : 05-create-mtls-bookinfo-destination-rules.yaml

apiVersion: networking.istio.io/v1alpha3
kind: DestinationRule
metadata:
  name: productpage
spec:
  host: productpage
  trafficPolicy:
    tls:
      mode: ISTIO_MUTUAL
  subsets:
  - name: v1
    labels:
      version: v1
---
```

다음은 reviews 마이크로서비스에 대한 대상 규칙 정의다.

```
apiVersion: networking.istio.io/v1alpha3
kind: DestinationRule
metadata:
  name: reviews
spec:
  host: reviews
  trafficPolicy:
    tls:
      mode: ISTIO_MUTUAL
  subsets:
  - name: v1
    labels:
      version: v1
  - name: v2
    labels:
      version: v2
  - name: v3
    labels:
      version: v3
---
```

다음은 ratings 마이크로서비스에 대한 대상 규칙 정의다.

```
apiVersion: networking.istio.io/v1alpha3
kind: DestinationRule
metadata:
  name: ratings
spec:
  host: ratings
  trafficPolicy:
    tls:
      mode: ISTIO_MUTUAL
  subsets:

…
   labels:
      version: v2-mysql
  - name: v2-mysql-vm
    labels:
      version: v2-mysql-vm
---
```

다음은 details 마이크로서비스에 대한 대상 규칙 정의다.

```
apiVersion: networking.istio.io/v1alpha3
kind: DestinationRule
metadata:
  name: details
spec:
  host: details
  trafficPolicy:
    tls:
      mode: ISTIO_MUTUAL
  subsets:
  - name: v1
    labels:
      version: v1
  - name: v2
    labels:
      version: v2
---
```

3. bookinfo 마이크로서비스에 수정된 대상 규칙을 적용한다.

```
$ kubectl -n istio-lab apply -f 05-create-mtls-bookinfo-
destination-rules.yaml
destinationrule.networking.istio.io/productpage configured
destinationrule.networking.istio.io/reviews configured
destinationrule.networking.istio.io/ratings configured
destinationrule.networking.istio.io/details configured
```

4. 이제 각 마이크로서비스에 대한 대상 규칙을 정의했으므로, productpage 마이크로서비스와 ingress gateway 간의 TLS를 확인할 수 있다.

```
$ istioctl authn tls-check $PRODUCT_PAGE.istio-lab istio-
ingressgateway.istio-system.svc.cluster.local
HOST:PORT                                             ---
istio-ingressgateway.istio-system.svc.cluster.local:80  ---

--- STATUS SERVER    CLIENT
--- OK     HTTP/mTLS HTTP

--- AUTHN POLICY   DESTINATION RULE
--- default/       -

$ istioctl authn tls-check $PRODUCT_PAGE.istio-lab
productpage.istio-lab.svc.cluster.local
HOST:PORT                                    ---
productpage.istio-lab.svc.cluster.local:9080  ---

--- STATUS SERVER     CLIENT
--- OK     HTTP/mTLS  mTLS

--- AUTHN POLICY     DESTINATION RULE
--- default/         productpage/istio-lab
```

결과는 마이크로서비스 간의 트래픽이 mTLS이고 상태가 OK임을 보여준다. 인그레스 게이트웨이의 트래픽은 bookinfo.istio.io 호스트의 게이트웨이를 정의하는 동안 단방향 TLS 정의로 인해 HTTP 또는 HTTPS일 수 있다.

마찬가지로 httpbin에 대한 대상 규칙을 다시 정의한다.

```
# Script : 06-create-mtls-httpbin-destination-rules.yaml

apiVersion: networking.istio.io/v1alpha3
kind: DestinationRule
metadata:
  name: httpbin
spec:
  host: httpbin
  trafficPolicy:
    tls:
      mode: ISTIO_MUTUAL
  subsets:
  - name: v1
    labels:
      version: v1
  - name: v2
    labels:
      version: v2
```

5. httpbin에 대한 대상 규칙을 적용한다.

```
$ kubectl -n istio-lab apply -f 06-create-mtls-httpbin-destination-rules.yaml
destinationrule.networking.istio.io/httpbin configured
```

대상 규칙을 통해 httpbin 마이크로서비스에 대한 mTLS(ISTIO_MUTUAL)를 켠 후 istioctl을 사용해 TLS를 확인한다. 클라이언트는 mTLS만 허용한다.

브라우저 창 탭에서 세 번째 탭, 즉 http://httpbin.istio.io/headers를 새로 고침한다. SPIFFY URI를 통해 서비스의 SECURE IDENTITY에 대한 추가 헤더 항목이 표시됨을 알 수 있다.

```
"X-Forwarded-Client-Cert": "By=spiffe://cluster.local/ns/istio-lab/sa/default;Hash=1466acd2330485fcf8036746a6728937ea8a672bd54c5d19236 a8e8c75ad19d1;Subject=\"\";URI=spiffe://cluster.local/ns/istiosystem/sa/istio-ingressgateway-service-account"
```

상호 TLS를 글로벌하게, 네임스페이스 수준 또는 서비스 수준에서 설정할 수 있다. 서비스 수준에서 정의한 TLS 정책을 네임스페이스 수준 정책보다 우선한다. 이 경우에는 istio-lab 네임스페이스 수준에서 상호 TLS를 설정한다.

다음과 같이 Istio MeshPolicy 기본 요소를 편집하고 mtls를 빈 값(=PERMISSIVE)으로 변경해 글로벌 mTLS를 활성화할 수 있다.

```
apiVersion: "authentication.istio.io/v1alpha1"
kind: "MeshPolicy"
metadata:
  name: "default"
spec:
  peers:
  - mtls: {}
```

NOTE

> 여기서는 글로벌 수준에서 어떠한 변경도 하지 않을 것이다.

다음으로 네임스페이스 수준에서 TLS를 활성화한다.

네임스페이스 수준에서 mTLS 활성화

네임스페이스 수준에서 STRICT mTLS를 활성화하려면 MeshPolicy 대신 Policy를 사용하고 적용할 네임스페이스를 정의할 수 있다. 시작해보자.

1. istio-lab 네임스페이스에 대한 mTLS를 정의한다.

```
# Script : 07-create-mtls-for-istio-lab-namespace.yaml

apiVersion: authentication.istio.io/v1alpha1
kind: Policy
metadata:
  name: default
  namespace: istio-lab
spec:
```

```
peers:
- mtls: {}
```

2. 네임스페이스 수준에서 mTLS 보안 정책을 적용한다.

```
$ kubectl -n istio-lab apply -f 07-create-mtls-for-istio-lab-
namespace.yaml
policy.authentication.istio.io/default created
```

다음으로 TLS 구성을 확인한다.

TLS 구성 확인

TLS 구성을 확인하기 위해 다음 단계를 따른다.

1. istioctl 명령을 실행한다.

```
$ export RATING_POD=$(kubectl -n istio-lab get pods -l app=ratings
-o jsonpath='{.items[0].metadata.name}') ; echo $RATING_POD
ratings-v1-79b6d99979-k2j7t

$ istioctl authn tls-check $RATING_POD.istio-lab ratings.istio-
lab.svc.cluster.local
HOST:PORT                                  STATUS  SERVER ---
ratings.istio-lab.svc.cluster.local:9080   OK      mTLS ---

--- CLIENT   AUTHN POLICY        DESTINATION RULE
--- mTLS     default/istio-lab   ratings/istio-lab
```

마이크로서비스 간의 서버와 클라이언트 통신은 mTLS이며 강력한 ID(표준 진행 중이다)를 통해 보호된다. https://spiffe.io에서 자세한 내용을 확인할 수 있다.

NOTE

> istioctl authn tls-check 〈istio-ingressgateway-xxx-xxx〉.istio-system을 사용해 mTLS 관점에서 각 서비스의 상태를 체크할 수 있으며 인증 정책과 대상 규칙 또한 확인할 수 있다. 이 명령은 디버깅 목적으로 충돌이 있는지 확인하는 데 매우 유용하다.

2. `istioctl describe pod` 명령을 실행해 사용 중인 트래픽 정책 유형을 확인한다. 출력은 디버깅/진단 목적으로 유용하다.

```
$ istioctl experimental describe pod $RATING_POD
Pod: ratings-v1-df666d977-l52gh
  Pod Ports: 9080 (ratings), 15090 (istio-proxy)
--------------------
Service: ratings
  Port: http 9080/HTTP
DestinationRule: ratings for "ratings"
  Matching subsets: v1
    (Non-matching subsets v2,v2-mysql,v2-mysql-vm)
  Traffic Policy TLS Mode: ISTIO_MUTUAL
Pilot reports that pod is STRICT (enforces mTLS) and clients speak
mTLS
VirtualService: ratings
  1 HTTP route(s)
```

이전 섹션에서는 글로벌 수준에서 활성화하는 대신 `istio-lab` 네임스페이스 수준에서 mTLS를 활성화했다. 글로벌 수준에서 mTLS를 활성화했다면 쿠버네티스 API 서버로 실행되는 프록시 사이드카가 없기 때문에 쿠버네티스 API 서버가 mTLS 없이 Istio 서비스와 통신할 수 있도록 허용해야 한다.

3. Istio 서비스와 쿠버네티스 API 서버 간 mTLS와의 통신은 대상 규칙을 통해 비활성화할 수 있다.

```
# Script : 08-disable-mtls-for-kube-apiserver.yaml

apiVersion: networking.istio.io/v1alpha3
kind: DestinationRule
metadata:
  name: "api-server"
  namespace: istio-system
spec:
  host: "kubernetes.default.svc.cluster.local"
  trafficPolicy:
  tls:
  mode: DISABLE
```

4. mTLS가 글로벌 수준에서 설정될 때 쿠버네티스 API 서버와 `istio-system` 간의 통신이 일어날 수 있도록 몇 가지 대상 규칙을 적용한다(글로벌 수준에서 mTLS를 설정하지 않았으므로, 이 단계는 선택적이며 정보 목적으로 제공한다).

```
$ kubectl -n istio-system apply -f 08-disable-mtls-for-kube-
apiserver.yaml
destinationrule.networking.istio.io/api-server created
```

요약하자면 다음과 같은 보안 구현 주제를 다뤘다.

- Istio 인그레스 게이트웨이를 통해 단방향, 그리고 상호 TLS를 활성화해 Istio 인그레스 게이트웨이에서 TLS 종료를 수행할 수 있도록 했다. 텍스트 및 TLS 통신을 모두 활성화하기 위해 TLS 모드를(MeshPolicy 정의를 통해) PERMISSIVE로 유지했다.
- 다운스트림 통신은 `bookinfo` 애플리케이션의 네임스페이스 수준에서 mTLS를 활성화할 때까지 일반 텍스트 HTTP 프로토콜을 사용하고 있었다.
- 이제 mTLS를 인그레스 게이트웨이의 다운스트림으로 구현했으므로, 서비스 간 통신을 mTLS를 통해 수행할 수 있다.

NOTE

> Istio 1.3.1부터, mTLS에서 상태 및 활성 확인을 위한 포트를 제외하고자 자동 어노테이션이 포드에 추가된다. 이는 이전 버전에서 상태 및 활성 확인을 위한 mTLS 사용 트래픽으로 인해 서비스 상태가 비정상으로 보고된 문제가 있었기 때문이다.

VM 내의 Chrome 브라우저에서 **Ctrl + Shift + Del**을 눌러 로컬 캐시를 지우고 **Clear Data**를 클릭한 다음 **Setting** 탭을 닫는다.

VM 내의 웹 브라우저에서 두 번째 탭을 클릭하거나 `https://bookinfo.istio.io`로 이동한다. Your connection is not private.라는 알림이 표시되는데, 자체 서명된 인증서이므로 괜찮다. Advanced를 클릭하고 `Proceed to bookinfo.istio.io`를 클릭한다.

`https://bookinfo.istio.io`는 클라이언트(브라우저)에서 Istio 인그레스 게이트웨이로 보안 통신을 시작한다. 클라이언트는 서버를 인증했으며(Istio 인그레스 게이트웨이는 브라우저에 X509

인증서를 제공함), 다운스트림 통신은 mTLS를 통해 수행된다. 마이크로서비스 사이에서 클라이언트와 서버 마이크로서비스는 서로 인증한다. 인증서가 자체 서명됐기에 브라우저는 연결이 안전하지 않다고 경고할 것이다. 일반적으로 엣지 서비스(외부 연결 마이크로서비스)의 경우 자체 생성 인증서 대신 서명된 인증서를 사용한다.

클라이언트와 서버 간의 통신은 일반 텍스트지만 마이크로서비스 간의 서버 측 통신은 mTLS를 사용하는 `http://bookinfo.istio.io`를 계속 실행할 수도 있다. 브라우저와 Istio 인그레스 게이트웨이 간의 일반 통신과 TLS 통신은 게이트웨이의 Istio 기본 요소를 통해 정의된 단방향 TLS 모드를 통해 허용된다. `kubectl -n istio-system get gw -o yaml` 명령을 실행해 `bookinfo.istio.io` 호스트의 TLS 모드가 SIMPLE인지 확인한다.

5. Chrome 브라우저에서 `https://httpbin.istio.io/ip`를 실행한다. 서버가 `httpbin.istio.io`임을 증명할 수 없다는 오류가 표시된다. `httpbin.istio.io`에 대해 게이트웨이에서 TLS 모드를 `MUTUAL`로 활성화했기 때문에, 클라이언트가 서버에 키와 인증서를 제시해야 상호 인증이 발생할 수 있다. 이전에는 mTLS가 `httpbin`에서 작동하도록 다음과 같이 `cacert`, `key` 및 `cert` 파라미터와 함께 curl을 사용했다.

```
$ rm -fr ~/.pki

$ curl -HHost:httpbin.istio.io --resolve
httpbin.istio.io:$INGRESS_PORT:$INGRESS_HOST --cacert
$HOME/step/ca-chain.crt --cert $HOME/step/client.crt --key
$HOME/step/client.key https://httpbin.istio.io/status/418

-=[ teapot ]=-

   _...._
 .'  _ _ `.
| ."` ^ `". _,
\_;`"---"`|//
  |       ;/
  \_     _/
    `"""`
```

브라우저에 mTLS를 사용하려면 추가 단계를 수행해야 한다.

예시의 경우 CentOS의 Chrome 브라우저에만 해당된다. Chrome은 `$HOME/.pki/nssdb`에 저장된 공유 NSS DB를 사용한다.

`certutil`과 `pk12util` 유틸리티를 사용할 수 있는지 확인한다. CentOS에서는 `yum -y install nss-tools`를 사용해 설치할 수 있다.

VM의 루트를 종료하고, 시스템 및 사용자에 로그인하는 데 사용되는 기본 사용자로 이동한다. 리눅스 CentOS VM에서 Chrome 브라우저를 실행한다. 또한 `~/httpbin.istio.io`의 내용을 일반 사용자가 루트 인증서와 클라이언트 번들을 가져올 수 있는 적절한 권한이 있는 임시 위치에 복사한다. 시작해보자.

1. `httpbin.istio.io`의 자체 서명된 클라이언트 인증서를 만들었으므로, 루트 인증서를 `nss` 데이터베이스로 가져와야 한다.

```
$ certutil -d sql:$HOME/.pki/nssdb -A -n httpbin.istio.io -i
$HOME/step/root-ca.crt -t "TC,,"
```

2. 클라이언트의 키와 `pk12` 형식의 인증서를 사용해 클라이언트 번들을 만든다.

```
$ openssl pkcs12 -export -clcerts -inkey $HOME/step/client.key -in
$HOME/step/client.crt -out httpbin.istio.io.p12 -passout
pass:password -name "Key pair for httpbin.istio.io"
```

3. 클라이언트 번들을 만들기 위한 암호는 `password`이며 `pk12util`을 사용해 클라이언트 키 번들을 `nss` 데이터베이스로 가져오는 데에는 동일한 암호를 사용해야 한다. 원하는 비밀번호를 선택할 수도 있다.

```
$ pk12util -i httpbin.istio.io.p12 -d sql:$HOME/.pki/nssdb -W
password
pk12util: PKCS12 IMPORT SUCCESSFUL
```

4. nss 데이터베이스의 인증서를 리스트한다.

```
$ certutil -d sql:$HOME/.pki/nssdb -L
Certificate Nickname                          Trust Attributes
                                              SSL,S/MIME,JAR/XPI

httpbin.istio.io                              CT,,
Key pair for httpbin.istio.io                 u,u,u
```

Chrome 브라우저에서 https://httpbin.istio.io/ip를 실행한다. httpbin.istio.io에 인증할 인증서를 선택할 수 있는 팝업이 나타나면 httpbin.istio.io를 선택한다. 이제 출력을 볼 수 있다.

이는 클라이언트와 서버가 서로 인증하는 보안 인증 통신의 예다. 이것이 바로 단방향 TLS가 아닌 상호 TLS인 이유다. 상호 TLS는 bookinfo와 같은 내부 비즈니스 애플리케이션에 선호되며, mTLS를 통해 마이크로서비스 간 통신이 이루어진다. 제로 트러스트 환경에서도 마이크로서비스를 보호한다. 제로 트러스트 네트워크에서 VPN과 방화벽의 쇠퇴와 보안 인증 통신의 증가를 보면 흥미롭다.

웹 클라이언트와 서버의 상호 인증은 클라이언트(나)가 방문하는 은행 사이트의 진위 여부를 확인해야 하는 인터넷 세계에서 일반적이지 않지만, 은행은 클라이언트의 진위 여부를 확인하지 않는다. 이것이 인터넷이 작동하는 방식이며 어떤 의미에서는 은행과 고객 간의 신뢰를 구축하지 못한다고 할 수 있다. 앞의 예는 클라이언트와 서버 간의 상호 TLS를 보여주며, B2B 응용 프로그램에서도 동일하다.

이를 통해 첫 번째 단계인 보안 인증(당신은 누구입니까?)을 다뤘다. 다음으로 두 번째 단계인 보안 권한 부여(무엇을 할 수 있습니까?)를 설명한다.

권한 부여

누군가가 인증을 받으면 권한 부여Authorization에 따라 수행할 수 있는 작업과 수행할 수 없는 작업이 달라지게 된다. 믹서Mixer는 Istio의 권한 부여 활성화에서 중요한 역할을 한다. 몇 가지 예를 통해 권한 부여를 알아본다.

1. 먼저 reviews 가상 서비스의 서브셋 v2로 전환해 평점에 검은 별을 표시한다(기억하자 : review-1 : 별 없음, review-2 : 검은 별, review-3 : 빨간 별).

```
$ kubectl -n istio-lab patch vs reviews --type json -p
'[{"op":"replace","path":"/spec/http/0/route/0/destination/subset",
"value": "v2"}]'
virtualservice.networking.istio.io/ratings patched

$ kubectl -n istio-lab get vs reviews -o yaml | grep -B1 subset:
      host: reviews
      subset: v2
```

2. https://bookinfo.istio.io/productpage를 새로고침한다. 등급에 검은 별이 표시돼야 한다.

   ClusterRbacConfig 객체를 정의해 권한 부여를 활성화할 수 있다. 객체의 이름은 기본값이어야 하며, ClusterRbacConfig의 인스턴스는 하나만 있을 수 있다.

3. istio-lab 네임스페이스의 ClusterRbacConfig를 정의한다.

```
# Script : 09-create-clusterrbac-config.yaml

apiVersion: "rbac.istio.io/v1alpha1"
kind: ClusterRbacConfig
metadata:
  name: default
spec:
  mode: 'ON_WITH_INCLUSION'
  inclusion:
    namespaces: ["istio-lab"]
```

4. istio-lab 네임스페이스에 정의된 서비스의 Istio 인증을 활성화하기 위한 기본 ClusterRbacConfig를 만든다.

```
$ kubectl -n istio-lab apply -f 09-create-clusterrbac-config.yaml
clusterrbacconfig.rbac.istio.io/default created
```

5. 규칙이 전파될 때까지 몇 초 동안 기다린다. 브라우저에서 `https://bookinfo.istio.io/productpage`로 이동한다. `RBAC : access denied`라는 메시지가 나타나야 한다.

TIP

필요한 경우, 페이지가 로드되지 않으면 캐시를 지운다.

이를 통해 모두의 접근를 거부한 다음 엣지 서비스와 내부 서비스용 서비스 계정에 사용자, 그룹 또는 역할에 접근을 허용한다.

다음으로 네임스페이스 수준에서 권한을 부여해 해당 네임스페이스에 정의된 각 마이크로서비스가 동일한 권한을 상속하도록 한다.

네임스페이스 수준 권한 부여

Istio 권한 부여를 활성화한 후, 권한 부여 정책을 `ServiceRole`과 `ServiceRoleBinding`을 사용해 정의한다. `ServiceRole`은 서비스에 접근할 수 있는 권한 그룹을 정의하는 데 사용하며 `ServiceRoleBinding`은 사용자, 그룹 또는 서비스에 `ServiceRole`을 부여한다.

`ServiceRole`을 통해 정의된 규칙에는 서비스services, 메서드methods 및 경로path의 세 가지 필드가 있다. 서비스는 규칙을 정의한 서비스 목록을 정의한다. 메서드는 HTTP 메서드 이름 목록이다. 경로는 HTTP 경로다. 한번 살펴보자.

1. 다음 `ServiceRole`은 `app` 레이블이 `productpage`, `details`, `ratings`, 또는 `reviews`로 설정된 모든 서비스에서 뷰어가 접근(GET)할 수 있는 모든 서비스(*)를 정의한다.

```
# Script : 10-create-service-role.yaml

apiVersion: "rbac.istio.io/v1alpha1"
kind: ServiceRole
```

```
metadata:
  name: service-viewer
spec:
  rules:
  - services: ["*"]
    methods: ["GET"]
    constraints:
    - key: "destination.labels[app]"
      values: ["productpage", "details", "reviews", "ratings"]
```

2. 모든 서비스에서 사용할 수 있도록 bookinfo 서비스의 GET 접근 권한을 위한 ServiceRole 정의를 만든다.

```
$ kubectl -n istio-lab apply -f 10-create-service-role.yaml
servicerole.rbac.istio.io/service-viewer created
```

이제 규칙(권한)을 정의했으므로 사용자, 그룹 또는 서비스에 부여해야 한다.

3. ServiceRoleBinding을 정의한다.

```
# Script : 11-create-service-role-binding.yaml

apiVersion: "rbac.istio.io/v1alpha1"
kind: ServiceRoleBinding
metadata:
  name: bind-service-viewer
spec:
  subjects:
  - properties:
  source.namespace: "istio-system"
  - properties:
  source.namespace: "istio-lab"
  roleRef:
  kind: ServiceRole
  name: "service-viewer"
```

4. istio-system과 istio-lab 네임스페이스의 모든 서비스에 service-viewer ServiceRole을 부여하는 ServiceRoleBinding을 만든다.

```
$ kubectl -n istio-lab apply -f 11-create-service-role-binding.yaml
servicerolebinding.rbac.istio.io/bind-service-viewer created
```

https://bookinfo.istio.io를 실행한다. 페이지를 볼 수 있어야 한다. 규칙이 전파될 때까지 몇 초 정도 기다린다.

사용자로 로그인을 시도하면 RBAC : Access denied 오류가 표시된다. 이는 istio-system과 istio-lab 네임스페이스의 모든 서비스에 접근할 수 있도록 모든 서비스에 GET(읽기 전용) 권한을 부여했지만 로그인 사용자에 대한 권한을 부여하지 않았기 때문이다.

개별 수준에서의 서비스-수준 권한 부여

지금까지 권한 부여를 위한 네임스페이스 수준 추상화의 예를 살펴봤다. 이제 개별 서비스 수준에서 권한 부여를 정의하기 위한 세분화된 접근 제어를 제공할 것이다. 서비스 계정을 통해 권한 부여를 구현하려면 다음 다이어그램을 참조한다.

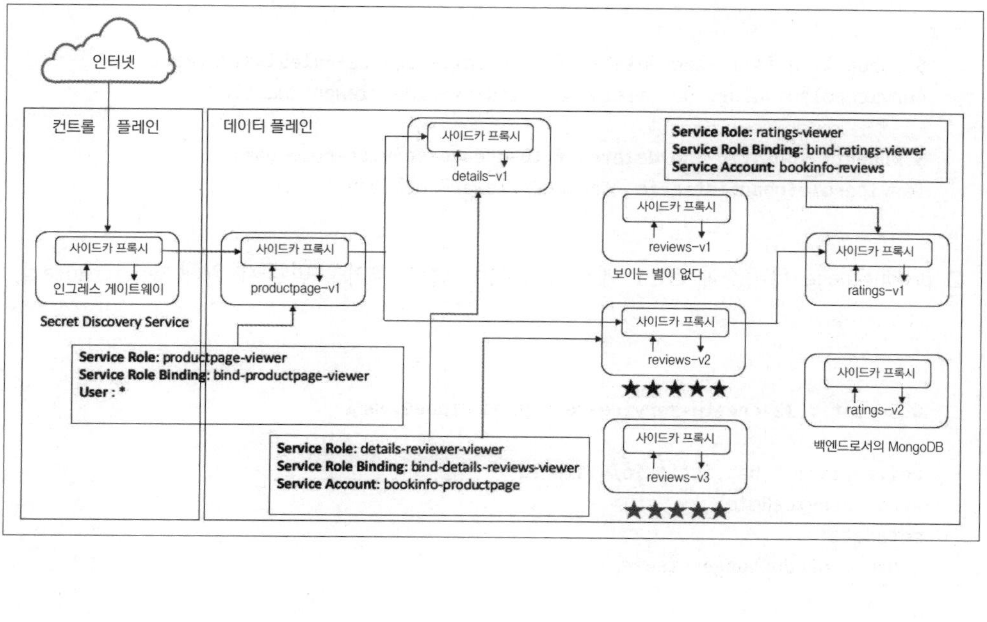

다이어그램에서 알 수 있듯 각 마이크로서비스의 세분화된 접근 제어는 다음과 같다.

- productpage 서비스에 GET 권한에 대해서만 서비스 역할을 정의한다. 예를 들어 productpage 서비스는 GET에 사용할 수 있지만 인그레스 게이트웨이를 통해 연결하는 사용자만 사용할 수 있다. productpage 서비스에 서비스 역할(권한)을 부여한다.
- details와 reviews 서비스에 GET 권한에 대한 서비스 역할을 만든다. productpage 마이크로서비스의 서비스 계정 bookinfo-productpage에 서비스 역할을 부여한다. productpage 서비스는 details 및 reviews 서비스에 접근할 수 있다. productpage에는 ratings 서비스에 대한 접근 권한이 없다.
- ratings 서비스에 GET 권한에 대한 서비스 역할을 만든다. reviews 서비스의 서비스 계정 bookinfo-reviews에 서비스 역할을 부여한다. 이렇게 하면 reviews 서비스가 ratings 서비스에 접근할 수 있다. productpage 서비스는 ratings 서비스에 접근할 필요가 없다. 이렇게 하면 해커가 productpage 서비스에 접근할 때 발생할 수 있는 보안 위반을 없앨 수 있다.

1. 먼저 이전 섹션에서 생성한 ServiceRole과 ServiceRoleBinding을 삭제한다.

```
$ kubectl -n istio-lab delete -f 11-create-service-rolebinding.yaml
servicerolebinding.rbac.istio.io "bind-service-viewer" deleted

$ kubectl -n istio-lab delete -f 10-create-service-role.yaml
servicerole.rbac.istio.io "service-viewer" deleted
```

2. productpage 서비스에 GET 메서드에 대한 접근 규칙을 만들기 위해 ServiceRole을 정의한다.

```
# Script : 12-create-service-role-productpage.yaml

apiVersion: "rbac.istio.io/v1alpha1"
kind: ServiceRole
metadata:
  name: productpage-viewer
```

```
spec:
  rules:
  - services: [productpage.istio-lab.svc.cluster.local]
    methods: ["*"]
```

3. 외부 GET 접근을 위한 ServiceRole을 만든다.

```
$ kubectl -n istio-lab apply -f 12-create-service-
roleproductpage.yaml
servicerole.rbac.istio.io/productpage-viewer created
```

4. ServiceRole productpage-viewer 권한 부여를 통해 모든 사용자에게 접근을 허용하는 ServiceRoleBinding을 정의한다.

```
# Script : 13-create-service-role-binding-productpage.yaml

apiVersion: "rbac.istio.io/v1alpha1"
kind: ServiceRoleBinding
metadata:
  name: bind-productpage-viewer
spec:
  subjects:
  - user: "*"
  - properties:
      source.namespace: "istio-lab"
  roleRef:
    kind: ServiceRole
    name: "productpage-viewer"
```

5. 모든 사용자에 대해 productpage_viewer를 사용해 ServiceRoleBinding을 만든다.

```
$ kubectl -n istio-lab apply -f 13-create-service-role-binding-
productpage.yaml
servicerolebinding.rbac.istio.io/bind-productpage-viewer created
```

사용자로 로그인하지 않고 https://bookinfo.istio.io/productpage로 이동한다.

productpage 엣지 서비스의 모든 사용자에게 GET 접근 권한을 부여했기 때문에 페이지가 로드되는 것을 알 수 있다. 다른 내부 마이크로서비스는 Error fetching product details! 및 Error fetching product reviews!라는 메시지가 뜨며 실패할 것이다. productpage에서 details 및 reviews 서비스 접근 권한을 부여하지 않았으므로 정상적인 오류다.

6. 이러한 접근 권한을 부여하려면 details와 reviews에 ServiceRole 규칙을 정의한다.

```
# Script : 14-create-service-role-details-reviews.yaml

apiVersion: "rbac.istio.io/v1alpha1"
kind: ServiceRole
metadata:
  name: details-reviews-viewer
spec:
  rules:
  - services: ["details.istio-lab.svc.cluster.local","reviews.istio-lab.
svc.cluster.local"]
    methods: ["GET"]
```

7. ServiceRole을 만든다.

```
$ kubectl -n istio-lab apply -f 14-create-service-role-details-
reviews.yaml
servicerole.rbac.istio.io/details-reviews-viewer created
```

8. 각 마이크로서비스의 서비스 계정은 bookinfo 애플리케이션을 설치할 때 생성됐다.

```
$ kubectl -n istio-lab get sa
NAME                     SECRETS   AGE
bookinfo-details         1         100m
bookinfo-productpage     1         22m
bookinfo-ratings         1         100m
bookinfo-reviews         1         22m
default                  1         108m
```

9. istio-lab 네임스페이스의 bookinfo-productpage 서비스 계정에 details-reviews-viewer 서비스 역할을 부여해 ServiceRoleBinding을 정의한다. 이는 cluster.local/ns/istio-lab/sa/bookinfo-productpage 구문을 통해 사용자가 정의한다.

```
# Script : 16-apply-service-role-binding-details-reviews.yaml

apiVersion: "rbac.istio.io/v1alpha1"
kind: ServiceRoleBinding
metadata:
  name: bind-details-reviews-viewer
spec:
  subjects:
  - user: "cluster.local/ns/istio-lab/sa/bookinfo-productpage"
  - properties:
      source.namespace: "istio-lab"
  roleRef:
    kind: ServiceRole
    name: "details-reviews-viewer"
```

10. productpage의 서비스 계정에 ServiceRoleBinding을 부여한다.

```
$ kubectl -n istio-lab apply -f 16-apply-service-role-binding-details-reviews.yaml
servicerolebinding.rbac.istio.io/bind-details-reviews-viewer created
```

규칙이 전파될 때까지 몇 초 정도 기다린다. 브라우저에서 https://bookinfo.istio.io/productpage로 이동한다. Book Details와 Book Reviews 섹션이 표시될 것이다. ratings 서비스는 현재 사용할 수 없다는 메시지를 표시하는데 이는 ratings 서비스의 접근 제어를 정의하지 않았기 때문에 자연스러운 현상이다.

11. 현재 Fix Ratings 서비스를 사용할 수 없다. GET을 사용해 ratings 서비스에 대한 서비스 역할을 생성해 사용 가능하게 만들 수 있다.

```
# Script : 17-create-service-role-ratings.yaml

apiVersion: "rbac.istio.io/v1alpha1"
kind: ServiceRole
```

```
metadata:
  name: ratings-viewer
spec:
  rules:
  - services: ["ratings.istio-lab.svc.cluster.local"]
    methods: ["GET"]
```

12. ServiceRole ratings-viewer를 만든다.

```
$ kubectl -n istio-lab apply -f 17-create-service-role-ratings.yaml
servicerole.rbac.istio.io/ratings-viewer created
```

13. ServiceRoleBinding을 정의해 bookinfo-reviews 서비스 계정에 ratings-viewer 서비스 역할을 부여한다.

```
# Script : 18-create-service-role-binding-ratings.yaml

apiVersion: "rbac.istio.io/v1alpha1"
kind: ServiceRoleBinding
metadata:
  name: bind-ratings-viewer
spec:
  subjects:
  - user: "cluster.local/ns/istio-lab/sa/bookinfo-reviews"
  roleRef:
    kind: ServiceRole
    name: "ratings-viewer"
```

14. ServiceRoleBinding bind-ratings-viewer를 만든다.

```
$ kubectl -n istio-lab apply -f 18-create-service-role-binding-
ratings.yaml
servicerolebinding.rbac.istio.io/bind-ratings-viewer created
```

웹 페이지를 새로 고침한다. ratings 서비스가 작동하고 검은 별이 표시되는 것을 볼 수 있다. 권한 부여가 전파되는 데 몇 초 정도 걸릴 수 있다.

NOTE

istioctl auth validate 명령을 사용해 다음 예와 같이, 서비스 역할 또는 서비스 역할 바인딩이 유효한지 여부를 확인한다.

```
istioctl experimental auth validate -f 17-create-service-
role-ratings.yaml,18-create-service-role-binding-
ratings.yaml
```

허가되지 않은 접근으로부터 데이터베이스를 보호하려면 데이터베이스에 대한 서비스 수준 권한 부여를 구현해야 한다.

데이터베이스에 대한 서비스 수준 권한 부여

데이터베이스와 같은 TCP 연결 기반 서비스를 보호하려면 정당한 서비스만 연결할 수 있어야 한다.

이 섹션에서는 새 `ratings-v2` 버전을 만들고 MongoDB 데이터베이스 서비스에 연결한다. `ratings-v2` 서비스만 MongoDB 데이터베이스에 접근할 수 있도록 해보자.

1. `19-create-sa-ratings-v2.yaml`을 검토한다. MongoDB를 사용할 `ratings-v2` 배포를 만드는 데 사용할 `bookinfo-ratings-v2` 서비스 계정을 확인한다.

```
# Script : 19-create-sa-ratings-v2.yaml

apiVersion: v1
kind: ServiceAccount
metadata:
  name: bookinfo-ratings-v2
---
apiVersion: extensions/v1beta1
kind: Deployment
metadata:
  name: ratings-v2
...
```

```
        version: v2
    spec:
      serviceAccountName: bookinfo-ratings-v2
      containers:
      - name: ratings
        image: istio/examples-bookinfo-ratings-v2:1.10.0
        imagePullPolicy: IfNotPresent
        env:
          # ratings-v2 will use mongodb as the default db backend.
          - name: MONGO_DB_URL
            value: mongodb://mongodb:27017/test
        ports:
        - containerPort: 9080
...
```

2. bookinfo-ratings-v2라는 서비스 계정과 ratings-v2 배포를 만든다.

```
$ kubectl -n istio-lab apply -f 19-create-sa-ratings-v2.yaml
serviceaccount/bookinfo-ratings-v2 created
deployment.extensions/ratings-v2 created
```

3. 다음으로, v2를 사용할 수 있도록 ratings 서비스의 대상 규칙을 정의해야 한다. 서비스에 대한 mTLS를 활성화하는 동안 대상 규칙을 만들었다. 다음 명령을 사용해 확인한다.

```
$ kubectl -n istio-lab get dr ratings -o yaml | grep -A6 subsets:
---
  subsets:
  - labels:
      version: v1
    name: v1
  - labels:
      version: v2
    name: v2
```

4. ratings 가상 서비스는 서브셋 v1에 태그된다. 이를 확인해보자.

```
$ kubectl -n istio-lab get vs ratings -o yaml | grep -B1 subset:
```

```
host: ratings
subset: v1
```

5. 트래픽을 ratings 서비스 v2 버전으로 라우팅하기 위해, ratings 서비스의 서브셋 v2를 사용하도록 기존 ratings 가상 서비스를 업데이트(패치)한다.

```
$ kubectl -n istio-lab patch vs ratings --type json -p
'[{"op":"replace","path":"/spec/http/0/route/0/destination/subset",
"value": "v2"}]'
virtualservice.networking.istio.io/ratings patched
```

6. 올바르게 설정됐는지 확인한다. 이로써 ratings 서비스는 트래픽을 ratings-v2 마이크로서비스로 보낸다.

```
$ kubectl -n istio-lab get vs ratings -o yaml | grep -B1 subset:
host: ratings
subset: v2
```

7. ratings-v2 마이크로서비스는 MongoDB를 호출한다. mongodb service를 정의하고 MongoDB에 배포한다.

```
# Script : 20-deploy-mongodb-service.yaml

apiVersion: v1
kind: Service
metadata:
  name: mongodb
  labels:
    app: mongodb
spec:
  ports:
  - port: 27017
    name: mongo
  selector:
    app: mongodb
...
```

8. 다음은 MongoDB의 배포 정의다.

```
apiVersion: extensions/v1beta1
kind: Deployment
metadata:
  name: mongodb-v1
spec:
  replicas: 1
  template:
    metadata:
      labels:
        app: mongodb
        version: v1
    spec:
      containers:
      - name: mongodb
        image: istio/examples-bookinfo-mongodb:1.10.1
        imagePullPolicy: IfNotPresent
        ports:
        - containerPort: 27017
...
```

9. mongodb 서비스와 mongodb-v1 배포를 만든다.

```
$ kubectl -n istio-lab apply -f 20-deploy-mongodb-service.yaml
service/mongodb created
deployment.extensions/mongodb-v1 created
```

10. mongodb 포드가 준비될 때까지 기다렸다가 확인한다.

```
$ kubectl -n istio-lab get pods -l app=mongodb
NAME                          READY   STATUS    RESTARTS   AGE
mongodb-v1-787688669c-lqcbq   2/2     Running   0          45s
```

https://bookinfo.istio.io/productpage를 실행한다. 현재는 ratings 서비스를 사용할 수 없다. 이는 v2에 등급 가상 서비스를 지정했기 때문이고, 아직 ServiceRole(권한)과 ServiceRoleBinding(부여)을 정의하지 않아서 예상할 수 있었다.

11. MongoDB를 위한 ServiceRole을 정의한다.

```
# Script : 21-create-service-role-mongodb.yaml

apiVersion: "rbac.istio.io/v1alpha1"
kind: ServiceRole
metadata:
  name: mongodb-viewer
spec:
  rules:
  - services: ["mongodb.istio-lab.svc.cluster.local"]
    constraints:
    - key: "destination.port"
      values: ["27017"]
```

이 권한은 ServiceRole 기본 요소를 통해 생성됐고, mongodb 서비스의 27017 포트에 연결할 수 있도록 한다. 이는 서비스 수준에서 정의되는 방화벽 규칙의 예다.

12. MongoDB를 위한 ServiceRole을 만든다.

```
$ kubectl -n istio-lab apply -f 21-create-service-role-mongodb.yaml
servicerole.rbac.istio.io/mongodb-viewer created
```

13. ServiceRole mongodb-viewer를 통해 정의한 규칙(권한)을 사용할 수 있도록 ServiceRoleBinding을 정의해 bookinfo-ratings-v2 서비스 계정에 권한을 부여한다.

```
# Script : 22-create-service-role-binding-mongodb.yaml

apiVersion: "rbac.istio.io/v1alpha1"
kind: ServiceRoleBinding
metadata:
  name: bind-mongodb-viewer
spec:
  subjects:
  - user: "cluster.local/ns/istio-lab/sa/bookinfo-ratings-v2"
  roleRef:
    kind: ServiceRole
    name: "mongodb-viewer"
```

14. ServiceRoleBinding bind-mongodb-viewer를 만든다.

```
$ kubectl -n istio-lab apply -f 22-create-service-role-binding-
mongodb.yaml
servicerolebinding.rbac.istio.io/bind-mongodb-viewer created
```

몇 초 동안 기다렸다가 https://bookinfo.istio.io를 새로 고침한다. 이제 ratings 서비스를 사용할 수 있어야 한다. 안타깝게도 여전히 ratings 서비스는 현재 사용할 수 없는 것으로 표시된다. 이를 디버그해보자.

먼저 ratings 포드와 mongodb 서비스 간의 대상 규칙에 충돌이 있는지 확인해보자.

1. ratings v2 포드 이름을 찾는다.

```
$ export RATINGS_POD=$(kubectl -n istio-lab get pods -l app=ratings
-o jsonpath='{.items[0].metadata.name}') ; echo $RATINGS_POD
ratings-v1-79b6d99979-k2j7t
```

2. ratings-v2 포드와 mongodb 서비스 간의 mTLS 충돌을 확인한다. CONFLICT 상태 또는 Error:Nothing to output 출력이 표시될 수 있다.

```
$ istioctl authn tls-check $RATINGS_POD.istio-lab mongodb.
istiolab.svc.cluster.local
HOST:PORT                                  STATUS     SERVER ---
mongodb.istio-lab.svc.cluster.local:27017  CONFLICT   mTLS ---

--- CLIENT     AUTHN POLICY          DESTINATION RULE
--- HTTP       default/istio-lab     mongodb/istio-lab
```

또는

```
Error: nothing to output
```

ratings-v2 포드와 mongodb 서비스 간에 충돌이 있다. 이는 mongodb mTLS 트래픽에

대한 대상 규칙을 만들지 않았기 때문이며, 클라이언트(ratings:v2)에 상호 TLS를 적용한다.

3. MongoDB 서비스에 대한 DestinationRule을 정의한다.

```
# Script : 23-create-mongodb-destination-rule.yaml

apiVersion: networking.istio.io/v1alpha3
kind: DestinationRule
metadata:
  name: mongodb
spec:
  host: mongodb.istio-lab.svc.cluster.local
  trafficPolicy:
    tls:
      mode: ISTIO_MUTUAL
```

4. DestinationRule을 만들고 규칙이 전파될 때까지 몇 초 동안 기다린다.

```
$ kubectl -n istio-lab apply -f 23-create-mongodb-destination-
rule.yaml
destinationrule.networking.istio.io/mongodb created
```

5. mTLS 충돌이 있는지 확인한다.

```
$ istioctl authn tls-check $RATINGS_POD.istio-lab mongodb.istio-
lab.svc.cluster.local
HOST:PORT                                  STATUS  SERVER  CLIENT ---
mongodb.istio-lab.svc.cluster.local:27017  OK      mTLS    mTLS   ---

--- AUTHN POLICY        DESTINATION RULE
--- default/istio-lab   mongodb/istio-lab
```

상태가 OK로 표시되면 https://bookinfo.istio.io/productpage를 새로 고침해본다. 이제 ratings 서비스가 작동할 것이다.

MongoDB 데이터베이스에서 ratings를 변경하는 간단한 테스트를 하나 더 해보자.

1. 다음 명령을 실행해 ratings를 각각 5에서 1로, 4에서 3으로 변경한다.

```
$ export MONGO_POD=$(kubectl -n istio-lab get pod -l app=mongodb -o
jsonpath='{.items..metadata.name}') ; echo $MONGO_POD
mongodb-v1-787688669c-lqcbq

$ cat << EOF | kubectl -n istio-lab exec -i -c mongodb $MONGO_POD -
- mongo
use test
db.ratings.find().pretty()
db.ratings.update({"rating": 5},{\$set:{"rating":1}})
db.ratings.update({"rating": 4},{\$set:{"rating":3}})
db.ratings.find().pretty()
exit
EOF

MongoDB shell version v4.0.6
connecting to: mongodb://127.0.0.1:27017/?gssapiServiceName=mongodb
Implicit session: session { "id" : UUID("22ba0a3d-d2d4-480e
bac5-359d74912beb") }
MongoDB server version: 4.0.6
switched to db test
{ "_id" : ObjectId("5d42d77d07ec5966640aea1b"), "rating" : 4 }
{ "_id" : ObjectId("5d42d77d07ec5966640aea1c"), "rating" : 5 }
WriteResult({ "nMatched" : 1, "nUpserted" : 0, "nModified" : 1 })
WriteResult({ "nMatched" : 1, "nUpserted" : 0, "nModified" : 1 })
{ "_id" : ObjectId("5d42d77d07ec5966640aea1b"), "rating" : 3 }
{ "_id" : ObjectId("5d42d77d07ec5966640aea1c"), "rating" : 1 }
bye
```

페이지를 새로 고침해 rating이 4에서 3으로, 5에서 1로 변경되는지 확인한다.

이후 장에서 동일한 서비스를 사용할 수 있도록 httpbin 서비스에 ServiceRole과 ServiceRoleBinding을 만들어야 한다.

2. 24-create-service-role-binding-httpbin.yaml 스크립트를 실행한다.

```
$ kubectl -n istio-lab apply -f 24-create-service-role-binding-
httpbin.yaml
servicerole.rbac.istio.io/httpbin created
servicerolebinding.rbac.istio.io/bind-httpbin created
```

3. 다음 장을 위해 역할 기반 접근 제어를 삭제하고 `v1`으로 돌아가고자 `ratings` 서비스를 패치한다.

```
$ kubectl -n istio-lab delete -f 09-create-clusterrbac-config.yaml

$ kubectl -n istio-lab patch vs ratings --type json -p
'[{"op":"replace","path":"/spec/http/0/route/0/destination/subset",
"value": "v1"}]'
```

이로써 Istio의 보안 구현을 마친다. Istio는 동적이며, 다양한 서비스와 통합할 수 있도록 새로운 보안 기능이 지속적으로 추가되고 있다. 여기서는 모든 고급 기능을 다루지 않았다. 다음으로 이러한 고급 기능 중 일부를 설명한다. 자세한 내용을 확인하려면 내용을 읽어보도록 하자.

고급 기능

Istio 인증과 권한 부여의 일부 고급 주제는 이 책의 범위를 벗어난다. 다음은 몇 가지 중요한 사항에 대한 간략한 설명이다.

- Istio 인증을 사용하면 JWT^JSON Web Tokens^ 및 Google Auth, Auth0, 그리고 ORY Hydra와 같은 오픈 소스 OpenID 연결 프로바이더를 사용할 수 있다. JWT와 OpenID에 대한 인증 정책을 적용하는 방법을 알기 위해서는 https://archive.istio.io/v1.3/docs/concepts/security/를 참조한다.
- Istio는 Hashicorp의 Vault CA와 통합해 토큰, 암호, 인증서, 시크릿 보호를 위한 암호화 키 및 기타 민감한 데이터에 대한 접근을 보호, 저장, 엄격하게 제어할 수 있다.
- Istio 멀티 클러스터 설치, 컨트롤 플레인 복제 및 단일 또는 다중 네트워크를 사용한 공유 컨트롤 플레인 생성은 이 책에서 다루지 않는다. 자세한 내용은 https://archive.istio.io/v1.3/docs/setup/install/multicluster/를 참조한다.

이로써 Istio의 보안 인증 및 권한 부여 기능을 마친다. 이 모든 기능은 애플리케이션 코드를 한 줄이라도 수정하거나 작성하지 않더라도 기존 마이크로서비스 기반 애플리케이션에서 구현할 수 있다. 이 기능을 통해 운영자(SRE 팀)은 개발자에게 의존하지 않아도 실시간으로 변경 사항을 관리할 수 있다.

요약

보안은 때때로 Fear, Uncertainty, Doubt(FUD)를 만들어내며, 생산성을 저해하는 불필요한 제어를 초래한다. 안타깝게도 보안 침해는 꾸준히 발생한다. 주요 기업에는 최고 정보 보안 책임자가 있지만 종종 잘못된 위치에 잠금 장치와 제어 장치를 배치하고 어떤 백도어가 활짝 열려 있는지 알지 못하는 경우도 있다. 보안 침해는 회사의 평판을 해치거나 막대한 재정적 피해를 입힐 수 있다. 최근 일어난 예로는 라이드 셰어링ride-sharing 회사에 1억 4,800만 달러의 벌금이 부가됐는데, 연방 거래위원회Federal Trade Commission에 보안 침해를 보고하지 않았기 때문이다. 이때 해커는 GitHub 리포지토리에서 AWS 자격 증명을 발견하고 AWS S3 버킷에서 수백만 명의 데이터를 훔쳤다.

Istio의 보안은 엔터프라이즈급이다. 네임스페이스 수준에서 보안의 세부적인 특성을 알아챘을 것이다. 또한 서비스 계정을 사용해 마치 서비스 수준에서 코딩을 통해 보안을 구축한 것처럼 인증을 구현했다. 좋은 소식은 코딩을 변경하지 않고도 Istio를 통한 보안을 구현할 수 있다는 것이다. 이제 이 작업은 서비스 메시 아키텍처를 사용한다면 운영 직원의 영역에 있다. 백엔드 서비스는 민감한 데이터를 포함하며 정당한 접근 요구가 있는 프론트엔드 서비스에만 잠그고 다른 모든 서비스의 접근을 차단할 수 있다. 상호 TLS에 사용되는 단기short-lived 인증서와 시타델을 통한 자동 갱신은 높은 보안 계층을 제공한다. AWS S3 버킷에 대한 접근을 정당한 요구가 있는 마이크로서비스로만 제한했다면 보안 위반을 피할 수 있었을 것이다.

다음 장에서는 정책 시행policy enforcement을 통해 견적quotes과 속도 제한을 구현하고, 화이트/블랙리스트를 작성하고 요청 헤더를 수정한 후 정책 어댑터를 사용해 라우팅을 수행한다. 정책 시행도 구성 기반이며 애플리케이션 소스 코드를 수정할 필요 없이 수행할 수 있다는 점에서 흥미로울 것이다.

문제

1. Istio는 외부 클라이언트에서 엣지 마이크로서비스로의 트래픽을 보호하기 위해 인그레스 게이트웨이를 통해 서비스에 정의된 인증서와 키를 교체하지 않는다.

   A) 참

   B) 거짓

2. 메시 전체에 mTLS가 적용되는 이름이 기본값인 MeshPolicy는 하나만 있을 수 있다.

   A) 참

   B) 거짓

3. 상호 TLS는 정책을 정의해 네임스페이스 수준에서 서비스 수준까지 최대한 세분화할 수 있다.

   A) 참

   B) 거짓

4. 상호 TLS는 서브셋에 대한 대상 규칙을 통해 정의할 수도 있으며, 서브셋은 가상 서비스를 정의하는 데 사용된다.

   A) 참

   B) 거짓

5. Istio는 애플리케이션 코드를 변경할 필요 없이 제로 트러스트 네트워크에서 실행될 수 있도록 모던 마이크로서비스 애플리케이션을 보호할 수 있다.

   A) 참

   B) 거짓

6. Istio는 보안을 제대로 구현한다면 VPN과 방화벽을 이중화한다.

A) 참

B) 거짓

7. 권한 부여를 위한 JWT 관리는 엣지 마이크로서비스의 책임이다. Istio에는 아직 기본 자동화 지원이 없다.

A) 참

B) 거짓

8. Istio Secret Discovery Service는 자동으로 포드에 시크릿을 마운트한다.

A) 참

B) 거짓

9. Istio의 시타델은 기본적으로 90일마다 인증서와 키를 교체한다. 그러나 이것은 제로 트러스트 네트워크에서 시타델의 `workload-cert-ttl`을 1h 배포 인수로 수정해 변경할 수 있다. 이 변경은 시타델을 다시 시작하지 않고도 수행할 수 있다.

A) 참

B) 거짓

10. 엔보이 사이드카는 인증서의 TTL을 확인한다. Istio 노드 에이전트를 활성화한 경우, 시타델에 대한 새 인증서를 요청할 수 있다. 엔보이에 인증서를 푸시하는 것은 노드 에이전트가 아닌 시타델이다.

A) 참

B) 거짓

참고 자료

- *Securing Gateways with HTTPS Using Secret Discovery Service*, Istio. (2019), available at https://archive.istio.io/v1.3/docs/tasks/traffic-management/ingress/secure- ingress-sds/, accessed 16 May 2019
- *Everything you should know about certificates and PKI but are too afraid to ask*, Malone, M. (2019), Smallstep, available at https://smallstep.com/blog/everything-pki.html#intermediates-chains-and-bundling, accessed 18 May 2019

12

Istio 정책 제어 활성화

기존 환경에서 중앙 집중식 프록시는 모든 트래픽을 수신하고, 해당 트래픽은 실제 작업을 수행하는 서비스로 라우팅된다. 워크로드가 증가하면 확장성 문제가 발생할 수 있다. 그러나 Istio는 린lean 프록시와 씬thin 프록시를 사용해 이런 문제와 비슷한 문제를 해결하며, 관련 내용을 이 장에서 배워본다. 애플리케이션 소스 코드를 변경하지 않고도 속도 제한, 서비스 거부 및 할당량 적용과 관련된 정책을 활성화하는 방법을 자세히 논의한다.

이 장을 마치면 리소스 할당과 할당량 제한에 대한 네트워크 기반 정책을 활성화하는 방법과 할당량 규칙을 데모 마이크로서비스에 적용하는 방법을 알아본다. 이외에도 서비스 거부를 위한 데모 애플리케이션 내에 서비스 화이트/블랙리스트(IP 기반)를 설정한다.

이 장에서는 다음 주제를 다룬다.

- 속도 제한rate limits 소개
- 속도 제한 활성화
- 서비스 접근 제어

기술적 요구 사항

이 장의 스크립트는 이전 장과 종속적인 관계에 있다. 시작하기 전에 11장, 'Istio 보안 기능 살펴보기'의 실습을 완료했는지 확인한다.

이 장에서 사용할 스크립트의 디렉토리를 변경해보자.

```
$ cd ~/istio
$ cd scripts/03-policies
```

모든 istio-lab 포드가 Ready 2/2 상태인지 확인한다.

```
$ kubectl -n istio-lab get pods
```

작업을 완료했다면 시작할 준비를 마친 것이다.

정책 제어 소개

확장성 문제를 해결하고자 Istio는 모든 서비스와 함께 실행되는 프록시를 사용하며, 이 모델은 분산 환경에 적합하다. 분산 프록시(사이드카)는 서비스에 대한 첫 번째 수준의 정보를 캐시하므로 분산 확장이 더 쉬워진다. 각 프록시는 중앙 컨트롤 플레인 서비스(믹서)를 호출해 모든 요청 전후에 공유된 캐시의 두 번째 레이어를 포함하는 전제 조건 precondition을 확인한다.

이러한 작업의 대부분은 프록시의 로컬 캐시에서 수행할 수 있기에 믹서에 대한 호출 수를 상당히 줄일 수 있다. 각 전제 조건 확인 요청은 동기식이며 로컬 캐시에서 수행된다. 사이드카는 텔레메트리 정보를 버퍼링해 믹서에 비동기적으로 전송한 다음, 어댑터를 사용해 백엔드 서비스로 전송할 수 있다. 따라서 믹서는 정책 제어와 텔레메트리 수집을 제공하는 컴포넌트라 할 수 있다.

실습을 수행해 정책 제어를 활성화하기 전에, 먼저 현재 Istio 환경에서 정책 제어가 활성화돼 있는지 확인해보자. 다음 명령을 실행한다.

```
$ kubectl -n istio-system get cm istio -o jsonpath="{@.data.mesh}" | grep
disablePolicyChecks
disablePolicyChecks: false
```

disablePolicyCheck가 true면 정책 제어를 사용할 수 있다. disablePolicyChecks가 true로 설정된 경우 kubectl -n istio-system edit cm istio를 사용해 ConfigMap istio를 수정하고 데이터 섹션에서 disablePolicyChecks의 값을 true에서 false로 수정해 구성 맵을 저장해야 한다.

이제 Istio에서 정책 제어를 활성화했으니 이제 속도 제한rate limits을 구현하는 절차를 살펴본다. 애플리케이션 코드를 변경할 필요가 없다는 점에 유의한다.

속도 제한 활성화

믹서를 통해 서비스를 동적으로 속도 제한할 수 있다. 일부 비즈니스 기능을 REST API를 통해 SaaS로 제공하는 경우, 속도 제한을 사용해 사용자의 시스템 남용을 방지할 수 있다. 사용자를 식별해 요청 수를 계산하고, 제한 후 요청을 거부하도록 규칙을 설정할 수 있다. 사용자는 속도 제한을 통해 시스템을 공정하게 공유받을 수 있다.

예에서는 이 기능을 보여주기 위해 로컬 IP 주소에서 오는 productpage에 대한 속도 제한 트래픽을 구성한다. 클라이언트 IP 주소로 x-forwarded-for 요청 헤더를 사용하고 로그인한 사용자를 제외하는 조건부 속도 제한을 사용한다.

다음 도식을 통해 속도 제한을 적용할 수 있다.

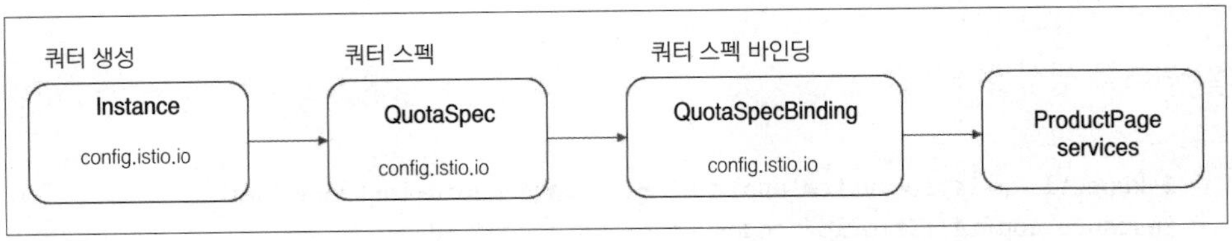

쿼터를 만들고 쿼터 스펙과 쿼터 스펙 바인딩을 정의한다. 쿼터 스펙은 productpage 마이크로서비스에 바인딩된다.

쿼터 정의와 서비스에 할당(assign)

quota 템플릿을 사용해 이름이 requestcountquota인 쿼터[quota] 인스턴스를 정의한다. 이 쿼터를 활성화하는 소스는 x-forwarded-for에 정의된 IP 주소에 적용된다. 대상 차원[destination dimension]은 apps 레이블이나 서비스 이름이 있는 마이크로서비스를 위한 것이다.

마이크로서비스에 할당된 label 버전으로 대상 버전이 결정된다.

1. 요청 쿼터수의 정의는 다음과 같다.

```
# Script : 01-create-quota-instance.yaml

apiVersion: config.istio.io/v1alpha2
kind: instance
metadata:
  name: requestcountquota
spec:
  compiledTemplate: quota
  params:
    dimensions:
      source: request.headers["x-forwarded-for"] | "unknown"
      destination: destination.labels["app"] | destination.service.name |
"unknown"
      destinationVersion: destination.labels["version"] | "unknown"
```

2. 쿼터를 생성한다.

```
$ kubectl -n istio-system apply -f 01-create-quota-instance.yaml
instance.config.istio.io/requestcountquota created
```

3. 쿼터 인스턴스를 생성한 후 이를 쿼터 스펙과 연결한다. 쿼터 인스턴스, requestcount quota에 대한 QuotaSpec을 정의한다.

```
# Script : 02-create-quotaspec.yaml

apiVersion: config.istio.io/v1alpha2
kind: QuotaSpec
metadata:
  name: requestcount
spec:
  rules:
  - quotas:
  - charge: 1
  quota: requestcountquota
```

4. requestcountquota 인스턴스에 대한 QuotaSpec requestcount를 생성한다.

```
$ kubectl -n istio-system apply -f 02-create-quotaspec.yaml
quotaspec.config.istio.io/requestcount created
```

5. productpage 서비스의 requestcount에 대한 QuotaSpecBinding을 정의한다.

```
# Script : 03-create-quotaspecbinding.yaml

apiVersion: config.istio.io/v1alpha2
kind: QuotaSpecBinding
metadata:
  name: requestcount
spec:
  quotaSpecs:
  - name: requestcount
    namespace: istio-system
  services:
  - name: productpage
    namespace: istio-lab
```

6. productpage 서비스에 대한 requestcount 쿼터 스펙을 사용해 QuotaSpecBinding을 만든다.

```
$ kubectl -n istio-system apply -f 03-create-quotaspecbinding.yaml
quotaspecbinding.config.istio.io/requestcount created
```

다음은 쿼터 제한을 정의하는 절차다. 이는 모던 애플리케이션에서 서비스 과다 사용을 제한하고 제한을 설정해 리소스 사용을 보호하는 데 필수적이다.

속도 제한 정의

속도 제한rate limits을 정의하려면 다음 단계를 따른다.

1. 쿼터 인스턴스를 식별하고 서비스 또는 서비스 세트에 할당하면 핸들러가 쿼터 제한을 관리한다.

```
# Script : 04-create-memquota-handler.yaml

apiVersion: config.istio.io/v1alpha2
kind: handler
metadata:
  name: quotahandler
spec:
  compiledAdapter: memquota
  params:
    quotas:
    - name: requestcountquota.instance.istio-system
      maxAmount: 500
      validDuration: 1s
      overrides:
      - dimensions:
          destination: reviews
        maxAmount: 1
        validDuration: 5s
      - dimensions:
          destination: productpage
        maxAmount: 5
        validDuration: 1s
```

속도 제한(쿼터)은 위에서 아래로 처리된다. 재정의되기 전에 정의된 값은 기본값이다. 기본 속도 제한은 1초에 500개 요청이다. 기본 속도 제한은 재정의override 요청에 일치하는 항목이 없을 때 적용된다. 요청은 소스와 대상 서비스 이름을 기반으로 매치된다. 첫 번째 재정의는 대상destination reviews 서비스에 소스에 관계없이 5초에 한 개의 수신 요청으로 속도 제한이 적용된다. 두 번째 재정의는 소스에 관계없이 대상 productpage 서비스에 대한 것이며, 수신 요청에 초당 5개의 요청 속도 제한이 적용된다.

2. 쿼터 제한을 정의하는 memquota 핸들러를 생성한다.

```
$ kubectl -n istio-system apply -f 04-create-memquota-handler.yaml
handler.config.istio.io/quotahandler created
```

여기서는 memquota 핸들러의 테스트 환경만을 논의하고 있다. 프로덕션 환경에서는 적절한 인-메모리 그리드를 사용해 memquota 제한을 설정해야 한다. Istio 문서에서는 redisquota 핸들러를 사용한다.

쿼터를 정의한 후 쿼터 핸들러를 사용하려면 쿼터 규칙을 정의해야 한다.

쿼터 규칙 정의

쿼터 규칙quota rules을 정의하려면 다음 단계를 따른다.

1. 이전 단계에서 정의한 quotahandler를 사용하는 쿼터 규칙을 정의하고 시스템에 로그인하지 않은 사용자에게만 이 규칙을 적용한다.

```
# Script : 05-create-quota-rule.yaml

apiVersion: config.istio.io/v1alpha2
kind: rule
metadata:
  name: quota
spec:
```

```
  # quota only applies if you are not logged in.
  match: match(request.headers["cookie"], "session=*") == false
  actions:
  - handler: quotahandler
    instances:
    - requestcountquota
```

2. 규칙을 생성한다.

```
$ kubectl -n istio-system apply -f 05-create-quota-rule.yaml
rule.config.istio.io/quota created
```

앞에서 만든 규칙 할당량은 Istio 믹서에 memquota 핸들러를 호출하고 쿼터 인스턴스 객체인 requestcountquota를 전달하도록 한다. 이렇게 하면 차원[dimension]이 쿼터 템플릿에서 memquota로 매핑된다.

https://bookinfo.istio.io/productpage로 이동해 페이지를 여러 번 새로 고침하면 RESOURCE_EXHAUSTED : Quota is outed for requestcountquota intermittently라는 메시지를 보게 된다.

Sign-in을 클릭해 임의의 사용자로 로그인한다. 로그인한 사용자의 세션 요청 쿠키가 설정된다. https://bookinfo.istio.io/productpage 페이지를 여러 번 새로 고침하면 로그인한 사용자에게는 속도 제한이 적용되지 않으므로 쿼터가 소진됐다는 메시지가 표시되지 않는다. 실제 환경에서는 로그인한 사용자 정보가 있으므로 세션 요청 쿠키 대신 인증된 사용자의 JWT를 사용한다.

이제 다음 실습에서 초당 5개의 요청을 제한하는 productpage에 대한 재정의를 제거한다.

3. productpage의 재정의를 제거하는 quotahandler를 정의한다. 04-create-memquota-handler.yaml 스크립트와 비교한다.

```
# Script : 06-modify-memquota-handler.yaml
```

```
apiVersion: config.istio.io/v1alpha2
kind: handler
metadata:
  name: quotahandler
spec:
  compiledAdapter: memquota
  params:
    quotas:
    - name: requestcountquota.instance.istio-system
      maxAmount: 500
      validDuration: 1s
      overrides:
      - dimensions:
          destination: reviews
        maxAmount: 1
        validDuration: 5s
```

4. quotahandler를 수정하고 두 번째 재정의를 제거한다.

```
$ kubectl -n istio-system apply -f 06-modify-memquota-handler.yaml
handler.config.istio.io/quotahandler configured
```

쿼터 구현의 3단계 프로세스(인스턴스 정의, QuotaSpec, QuotaSpecBinding)를 학습한 후, 서비스에 대한 접근을 제어하는 프로세스를 살펴본다.

서비스에 대한 접근 제어

거부denial, 속성attribute 또는 IP 기반 화이트/블랙리스트를 사용해 서비스에 대한 접근을 제어하는 방법을 살펴본다.

1. review:v2로 이동할 사용자 jason을 제외한 모든 사용자에 대한 reviews:v3로의 기본 경로를 추가하기 위해 reviews 가상 서비스를 수정해 이를 먼저 테스트한다.

```
# Script : 07-modify-reviews-virtual-service.yaml
```

```
apiVersion: networking.istio.io/v1alpha3
kind: VirtualService
metadata:
  name: reviews
spec:
  hosts:
  - reviews
  http:
  - match:
    - headers:
        end-user:
          exact: jason
    route:
    - destination:
        host: reviews
        subset: v2
  - route:
    - destination:
        host: reviews
        subset: v3
```

2. reviews 가상 서비스를 수정한다.

```
$ kubectl -n istio-lab apply -f 07-modify-reviews-virtual-
service.yaml
virtualservice.networking.istio.io/reviews configured
```

로그인한 사용자가 jason인 경우 평가[rating] 서비스에 reviews:v2가 표시되며 검은 별이 표시된다. jason으로 로그아웃하면 가상 서비스 서브셋을 기반으로 하는 라우팅 규칙이 작동하고 reviews:v3가 호출되고 있음을 나타내는 빨간 별이 표시된다.

접근 거부

이제 reviews:v3에 대한 접근을 거부하는 규칙을 만든다. 이를 위해 다음 단계를 따른다.

1. 상태 코드 7과 not allowed 메시지를 리턴하는 denier 핸들러를 정의한다.

```
# Script : 08-create-denier-handler.yaml

apiVersion: "config.istio.io/v1alpha2"
kind: handler
metadata:
  name: denyreviewsv3handler
spec:
  compiledAdapter: denier
  params:
    status:
      code: 7
      message: Not allowed
```

2. 이제 denier 핸들러를 생성한다.

```
$ kubectl -n istio-system apply -f 08-create-denier-handler.yaml
handler.config.istio.io/denyreviewsv3handler created
```

3. 다음으로 checknothing 인스턴스를 검토한다.

```
# Script : 09-create-check-nothing-instance.yaml

apiVersion: "config.istio.io/v1alpha2"
kind: instance
metadata:
  name: denyreviewsv3request
spec:
  compiledTemplate: checknothing
```

4. 핸들러와 규칙 사이의 브릿지 역할만 하는 checknothing 인스턴스를 생성한다.

```
$ kubectl -n istio-system apply -f 09-create-check-nothing-
instance.yaml
instance.config.istio.io/denyreviewsv3request created
```

5. 해당하는 경우 서비스를 거부하는 거부 규칙을 정의하고 거부 핸들러(denyreviewsv3handler)를 통해 checknothing 인스턴스(denyreviewsv3request)를 사용해 구현한다.

```
# Script : 10-create-denier-rule.yaml

apiVersion: "config.istio.io/v1alpha2"
kind: rule
metadata:
  name: denyreviewsv3
spec:
  match: destination.labels["app"] == "ratings" &&
source.labels["app"]=="reviews" && source.labels["version"] == "v3"
  actions:
  - handler: denyreviewsv3handler
    instances: [ denyreviewsv3request ]
```

앞에서 소스 서비스가 reviews:v3이면 대상인 ratings의 접근을 거부하도록 정의하는 일치 표현식에 주의한다.

6. 서브셋이 v3으로 설정된 app=reviews 레이블과 app=ratings 레이블이 지정된 대상 서비스와 일치하는 소스 서비스에 대한 거부 규칙을 생성한다.

```
$ kubectl -n istio-system apply -f 10-create-denier-rule.yaml
rule.config.istio.io/denyreviewsv3 created
```

7. https://bookinfo.istio.io/productpage를 새로 고침한다.

   Ratings service is currently not available 메시지를 확인한다. 반대로 jason 사용자로 로그인하면 거부 규칙이 적용되지 않으므로 계속해서 검은 별이 표시된다. jason이 아닌 다른 사용자로 로그인하면 Ratings service is currently not available. 메시지가 나타난다.

8. 마지막으로, 화이트/블랙리스트 생성을 위해 다음 실습에서 거부 규칙을 삭제한다.

```
$ kubectl -n istio-system delete -f 10-create-denier-rule.yaml
rule.config.istio.io "denyreviewsv3" deleted

$ kubectl -n istio-system delete -f 09-create-check-nothing-
instance.yaml
instance.config.istio.io "denyreviewsv3request" deleted
```

```
$ kubectl -n istio-system delete -f 08-create-denier-handler.yaml
handler.config.istio.io "denyreviewsv3handler" deleted
```

로그인한 사용자인 jason을 제외한 모든 사용자에 대한 거부 규칙 구현을 학습한 후, 소스와 대상 서비스 이름을 식별하기 위해 레이블 매칭이 아닌 속성 기반attribute-based의 거부 규칙을 적용하는 화이트/블랙리스트 구현 프로세스를 볼 수 있다.

속성 기반 화이트/블랙리스트 생성

화이트/블랙리스트도 거부의 한 유형이지만 서비스 이름 대신 Istio 믹서 어휘(ht docs/reference/config/policy-and-telemetry/attribute-vocabulary/)에서 사용할 수 있는 속성을 기반으로 한다. 이 방법은 믹서 셀렉터를 기반으로 하는 조건부 거부다.

레이블 대신 믹서 어휘를 기반으로 거부 규칙을 구축한다.

jason 사용자로 로그아웃하고 https://bookinfo.istio.io/productpage를 새로 고침한다. 그러면 이전 섹션에서 만든 거부 규칙을 제거했기 때문에 빨간 별이 나타나야 한다.

1. 먼저 listchecker를 사용해 핸들러를 정의한다.

```
# Script : 11-create-listchecker-handler.yaml

apiVersion: config.istio.io/v1alpha2
kind: handler
metadata:
  name: whitelist
spec:
  compiledAdapter: listchecker
  params:
    # providerUrl: ordinarily black and white lists are maintained
    # externally and fetched asynchronously using the providerUrl.
    overrides: ["v1", "v2"]  # overrides provide a static list
    blacklist: false
```

2. 다음으로, listchecker 핸들러를 생성한다.

```
$ kubectl -n istio-system apply -f 11-create-listchecker-
handler.yaml
handler.config.istio.io/whitelist created
```

3. 이제 레이블의 버전과 일치하는 listentry의 인스턴스를 정의한다.

```
# Script : 12-create-listentry-instance.yaml

apiVersion: config.istio.io/v1alpha2
kind: instance
metadata:
  name: appversion
spec:
  compiledTemplate: listentry
  params:
    value: source.labels["version"]
```

4. listentry 인스턴스를 생성한다.

```
$ kubectl -n istio-system apply -f 12-create-listentry-
instance.yaml
instance.config.istio.io/appversion created
```

5. listentry 인스턴스를 통해 whitelist 핸들러를 사용하는 규칙을 정의한다.

```
# Script : 13-create-whitelist-rule.yaml

apiVersion: config.istio.io/v1alpha2
kind: rule
metadata:
  name: checkversion
spec:
  match: destination.labels["app"] == "ratings"
  actions:
  - handler: whitelist
    instances: [ appversion ]
```

6. whitelist 규칙을 생성한다.

```
$ kubectl -n istio-system apply -f 13-create-whitelist-rule.yaml
rule.config.istio.io/checkversion created
```

https://bookinfo.istio.io/productpage를 새로 고침하면 Ratings unavailable without a user login이 표시된다. 이 화이트리스트는 reviews:v3의 요청을 거부하기 위해 이전 섹션에서 생성한 거부 요청과 동일하다.

IP 기반 화이트/블랙리스트 생성

source.ip 믹서 속성을 사용해 차단할 IP 주소를 나열한 IP_ADDRESSES의 리스트 체커를 정의하고 규칙을 인그레스 게이트웨이에 적용할 수 있다.

이제 특정 IP 주소 또는 서브넷의 요청을 수락하거나 거부하도록 Istio를 구성한다.

1. 다음 Istio 예제는 서브넷 10.57.0.0에 대한 entryType IP_ADDRESSES를 정의한 핸들러를 보여준다.

```
# Script : 14-create-listchecker-handler.yaml

apiVersion: config.istio.io/v1alpha2
kind: handler
metadata:
  name: whitelistip
spec:
  compiledAdapter: listchecker
  params:
    # providerUrl: ordinarily black and white lists are maintained
    # externally and fetched asynchronously using the providerUrl.
    overrides: ["10.57.0.0/16"]  # overrides provide a static list
    blacklist: false
    entryType: IP_ADDRESSES
```

2. 핸들러를 생성한다.

```
$ kubectl -n istio-system apply -f 14-create-listchecker-
handler.yaml
handler.config.istio.io/whitelistip created
```

3. 요청의 `source.ip` 믹서 속성에 대한 `sourceip` 인스턴스가 생성되며, 존재하지 않는 경우에는 모두에 대한 접근이 허용된다.

```
# Script : 15-create-listentry-instance.yaml

apiVersion: config.istio.io/v1alpha2
kind: instance
metadata:
  name: sourceip
spec:
  compiledTemplate: listentry
  params:
    value: source.ip | ip("0.0.0.0")
```

4. 인스턴스를 생성한다.

```
$ kubectl -n istio-system apply -f 15-create-listentry-
instance.yaml
instance.config.istio.io/sourceip created
```

5. 인그레스 게이트웨이에서 수신 요청에 대한 소스 IP를 체크하는 `whitelistip` 핸들러를 사용하는 `checkip` 규칙을 생성한다. 소스 IP가 `10.57.0.0/16`이 아닌 경우 요청이 거부된다.

```
# Script : 16-create-whitelist-rule.yaml

apiVersion: config.istio.io/v1alpha2
kind: rule
metadata:
  name: checkip
spec:
```

```
    match: source.labels["istio"] == "ingressgateway"
    actions:
    - handler: whitelistip
      instances: [ sourceip ]
```

6. 규칙을 생성한다.

```
$ kubectl -n istio-system apply -f 16-create-whitelist-rule.yaml
rule.config.istio.io/checkip created
```

https://bookinfo.istio.io/productpage를 새로 고침하면 PERMISSION_DENIED: whitelistip.istio-system:192.168.230.224 is not whitelisted 메시지가 표시된다. 독자의 경우 IP 주소가 다를 수 있다.

이는 허용할 IP 주소의 화이트리스트를 생성하는 예제다. 서비스 거부를 구현하기 위해 실습을 완료했다. 다음 랩 실습을 위해 속성 및 IP 기반 화이트리스트에 대한 규칙, 인스턴스 및 핸들러를 삭제한다.

```
$ kubectl -n istio-system delete -f 16-create-whitelist-rule.yaml

rule.config.istio.io "checkip" deleted

$ kubectl -n istio-system delete -f 15-create-listentry-instance.yaml
instance.config.istio.io "sourceip" deleted

$ kubectl -n istio-system delete -f 14-create-listchecker-handler.yaml
handler.config.istio.io "whitelistip" deleted

$ kubectl -n istio-system delete -f 13-create-whitelist-rule.yaml
rule.config.istio.io "checkversion" deleted

$ kubectl -n istio-system delete -f 12-create-listentry-instance.yaml
instance.config.istio.io "appversion" deleted

$ kubectl -n istio-system delete -f 11-create-listchecker-handler.yaml
handler.config.istio.io "whitelist" deleted
```

믹서의 Istio 컴포넌트는 엔보이에 정책을 푸시하는 데 사용된다. 이 섹션에서, 런타임 시 엔보이를 통해 규칙을 적용해 수신 트래픽에 동적으로 속도 제한을 적용하고 서비스 거부 규칙을 적용하는 방법을 배웠다.

다음 실습에 방해되지 않도록 **Ctrl + Shift + Del**을 누르고 브라우저 캐시를 지운다.

요약

이 장에서는 신thin 프록시가 마이크로서비스를 확장하는 데 도움이 됨을 확인했다. 프록시는 컨트롤 플레인으로의 다중 이동을 방지하기 위해 요청을 캐시하고, 백엔드 서비스와 통신할 수 있는 Istio의 믹서에 비동기 요청을 보낸다.

구성 맵config map을 간단히 편집해 Istio에서 정책 제어를 활성화할 수 있도록 Bookinfo 마이크로서비스를 사용하는 시나리오를 살펴봤다. 속도 제한을 활성화해 불량 사용자가 시스템을 악용하지 못하도록 할 수 있다. 이 프로세스는 사용자를 식별하고 요청을 계산해, 속도 제한 후 요청을 거부하는 규칙을 정의한다. 마지막으로, 불량 사용자가 있는 경우 IP 기반 화이트리스트 또는 블랙리스트를 통해 서비스 거부를 활성화하기 위한 접근 제어를 구성할 수 있다. 이 프로세스는 인스턴스와 거부 핸들러를 통해 접근을 거부할 수 있는 서비스에 대한 거부 규칙을 정의한다.

다음 장에서는 Istio 텔레메트리와 Prometheus, Grafana 및 Kiali를 통해 Istio가 수집한 메트릭 시각화를 다룬다.

문제

1. 서비스에 대한 쿼터 할당은 파일럿을 통해 적용된다.

   A) 참

   B) 거짓

2. 서비스에 대한 속도 제한은 믹서를 통해 엔보이 프록시로 푸시된다.

A) 참

B) 거짓

3. 리스트 체커 핸들러에는 리스트를 생성하기 위해 소스 IP 리스트가 할당된다. 인그레스 게이트웨이에서 발견되는 IP 주소를 확인하기 위해 소스 IP 인스턴스 리스트 항목이 생성된다. 서비스에 연결할 수 있는 IP 주소의 블랙리스트 또는 화이트리스트를 적용하기 위해 규칙을 생성할 수 있다.

A) 참

B) 거짓

4. 정책 실행을 활성화하려면 Istio 구성 맵을 편집해 `disablePolicyChecks=true`로 설정한다.

A) 참

B) 거짓

참고 자료

- Policies, Istio, 2019, https://archive.istio.io/v1.3/docs/tasks/policyenforcement/
- *Policy Enforcement in Service Mesh – Istio/Envoy*, Iturria, Carlos Rodriguez, Redthunder, Blog, 2019, https://redthunder.blog/2018/07/30/policy-enforcement-in-service-mesh-istio-envoy/.

13

Istio 텔레메트리 기능 살펴보기

분산형 마이크로서비스 기반 애플리케이션은 1장에서 살펴봤듯 장단점이 많다. 적절한 도구 없이는 마이크로서비스 애플리케이션을 테스트, 디버그하고 모니터링하기가 매우 어렵다. Istio는 중앙에서 메트릭, 로그, 추적, 런타임 컴포넌트 종속성, 트래픽 흐름 등을 시각화하는 적절한 유틸리티를 제공해 이런 작업을 훨씬 쉽게 할 수 있다.

이 장에서는 Istio에서 사용할 수 있는 텔레메트리와 관찰성observability 기능을 설명한다. Istio의 메트릭 수집기와 시각화 도구, 즉 Prometheus, Grafana 및 Kiali를 통해 데모 애플리케이션에 이런 기능을 활성화한다.

이 장에서는 다음 주제를 다룬다.

- 빌트인 메트릭Built-in metrics 수집
- 분산 추적Distributed tracing
- Prometheus 살펴보기
- 시각화Visualization와 관찰성observability

기술적 요구 사항

이 장의 스크립트는 이전 장과 종속적인 관계에 있다. 아직 수행하지 않은 경우 12장의 예제를 실습한다.

이 장에서 사용할 스크립트의 디렉토리를 변경해보자.

```
$ cd ~/istio
$ cd scripts/04-telemetry
```

모든 `istio-lab` 포드가 `Ready 2/2` 상태인지 확인한다.

```
$ kubectl -n istio-lab get pods
```

작업을 완료했다면 시작할 준비를 마쳤다.

텔레메트리와 관찰성

복잡한 분산 환경에서 관찰 가능성에 대한 확신은 사이트 신뢰성 엔지니어링SRE, Site Reliability Engineering 팀이나 IT 운영에 아주 중요하다. 적절한 도구를 사용하지 않으면 이러한 시스템을 장기간 유지하기가 어려울 수 있다. 특히 애플리케이션 위에 Istio와 같은 추상화 계층을 사용하는 경우 더욱 그렇다.

전통적으로 메트릭 수집, 카운터 증가, 히스토그램 준비 등을 위한 이벤트, 스택 추적, log4j, ELK, Fluentd, Splunk 등과 같은 모니터링 스택을 애플리케이션 코드에 포함하거나 설치해야 한다. 일부 프레임워크는 메트릭 시스템과 통합 제공한다. 이런 문제는 폴리글랏 애플리케이션을 사용하고 메트릭을 계측하고 수집하는 데 여러 API 세트를 사용하게 될 때 복잡해진다.

Istio에서 사이드카 프록시는 네트워크 트래픽을 완전히 제어할 수 있으며 자동으로 텔레메트리Telemetry 데이터를 믹서에 비동기식으로 전송한 다음, 저장을 위해 백엔드 서비스로 전송할 수 있다. Istio 지원 애플리케이션은 추가 코드 없이 추적, 미터링 및 모니터링할 수 있다.

이 장에서는 텔레메트리, 모니터링 및 관찰성observability에 초점을 맞춘다. 모니터링 기능을 제공하는 시스템과 관찰성을 포함하는 시스템에는 차이가 있다. Istio 커뮤니티는 문제의 원인을 파악하는 데 필수적인 이벤트, 메트릭 및 로그 수집 외에도 관찰성에 더 중점을 두기 위해 노력하고 있다.

표준 텔레메트리의 역할은 마이크로서비스에서 매우 필수적이다. Prometheus는 https://SoundCloud.com에서 처음 개발한 모니터링 및 알림 툴킷이며 https://prometheus.io에서 오픈 소스를 만들었다. Prometheus는 https://cncf.io에서 중단한 프로젝트로 텔레메트리의 사실상 표준de facto standard이 됐다. Prometheus의 풀pull 모델이 작동하는 방식과 모니터링 목적으로 Istio에서 구축한 Grafana의 다양한 대시보드를 배운다.

관찰성 관점에서, Kiali가 메시의 활성 서비스에 초점을 맞춘 시각화를 통해 전체 서비스 메시에서 트래픽의 실시간 흐름을 어떻게 보여줄 수 있는지 살펴본다. 또한 HTTP와 TCPTransmission Control Protocol 패킷에 대한 메트릭이 백엔드로 어떻게 전송되는지도 살펴본다.

쿠버네티스 클러스터 외부에서 Istio의 모니터링 도구를 위해 웹 UI에 접근할 필요는 없다. 도메인 이름을 사용해 인그레스 게이트웨이를 통해 Grafana, Prometheus, Kiali 및 Jaeger의 웹 UI에 접근하는 예를 제공할 것이다.

UI 접근 구성

Grafana, Prometheus, Kiali 및 Jaeger에 대한 웹 UI 접근 구성은 다음과 같이 다양한 방법으로 수행할 수 있다.

- 포드의 포트 번호에 `kubectl` 명령을 사용하는 데 반해 `port-forward` 사용

- 노트 포트를 구성하고 hostIP:NodePort를 통해, 그리고 Istio 가상 서비스를 구성해 UI에 접근
- 웹 UI를 열기 위해 istioctl 대시보드 명령을 사용

처음 두 가지 접근 방식은 잘 문서화돼 있으며 쿠버네티스 문서를 참조한다.

이 섹션에서는 UI에 접근하기 위한 가상 서비스를 정의하는 Istio의 접근 방식을 보여준다. 실제 상황에서는 DNS 서버를 사용해 이름names을 확인하지만 예제에서는 /etc/hosts 파일을 사용해 이름을 확인한다. 시작해보자.

1. /etc/hosts 파일을 편집해 추가 호스트에 대한 다음 항목을 추가한다.

```
$ cat /etc/hosts
127.0.0.1 localhost localhost.localdomain localhost4
localhost4.localdomain4
192.168.142.101 osc01.servicemesh.local osc01
192.168.142.249 bookinfo.istio.io bookinfo
192.168.142.249 httpbin.istio.io httpbin
192.168.142.249 grafana.istio.io grafana
192.168.142.249 prometheus.istio.io prometheus
192.168.142.249 kiali.istio.io kiali
192.168.142.249 jaeger.istio.io jaeger
```

여기서는 Grafana, Prometheus, Kiali 및 Jaeger에 동일한 IP 주소를 사용하는 4개의 호스트를 추가했다.

NOTE

실제 예에서는 인그레스 게이트웨이의 IP 주소를 가리키는, DNS 서버를 통해 확인 가능한 도메인 이름을 사용한다. 코드에서는 /etc/hosts를 사용해 구성한 호스트 이름을 인그레스 게이트웨이의 IP 주소로 확인한다.

이제 가상 호스트를 생성하고 정의해보자. 특정 포트를 사용해 각각의 서비스를 가리킬 것이다.

2. 서비스를 체크해 텔레메트리를 위한 웹 UI 서비스가 실행 중인 포트 번호를 기록해 둔다.

```
$ kubectl -n istio-system get svc | grep -E
"grafana|prometheus|kiali|jaeger"
grafana              ClusterIP     10.99.238.230     <none>    ---
jaeger-agent         ClusterIP     None              <none>    ---
jaeger-collector     ClusterIP     10.105.138.178    <none>    ---
jaeger-query         ClusterIP     10.104.117.150    <none>    ---
kiali                ClusterIP     10.104.122.142    <none>    ---
prometheus           ClusterIP     10.108.236.193    <none>    ---

--- 3000/TCP                           45h
--- 5775/UDP,6831/UDP,6832/UDP         45h
--- 14267/TCP,14268/TCP                45h
--- 16686/TCP                          45h
--- 20001/TCP                          45h
--- 9090/TCP                           45h
```

Grafana, Jaeger, Kiali 및 Prometheus에 대한 포트 번호가 필요하다. 각각 `3000`, `16686`, `20001` 및 `9090`이다.

3. Grafana에 대한 가상 서비스를 정의한다.

```
# Script : 01-create-vs-grafana-jaeger-prometheus.yaml

apiVersion: networking.istio.io/v1alpha3
kind: VirtualService
metadata:
  name: grafana
spec:
  hosts:
  - grafana.istio.io
  gateways:
  - mygateway
  http:
  - match:
    - uri:
        prefix: /
    route:
```

```
    - destination:
        host: grafana.istio-system.svc.cluster.local
        port:
          number: 3000
...
```

4. Prometheus, Jaeger 및 Kiali에 대한 가상 서비스의 정의는 01-create-vs-grafana-jaeger-prometheus.yaml 스크립트에서 볼 수 있다.

5. 필요한 모든 가상 서비스를 생성한다.

```
$ kubectl -n istio-system apply -f 01-create-vs-grafana-jaeger-
prometheus.yaml
virtualservice.networking.istio.io/grafana created
virtualservice.networking.istio.io/prometheus created
virtualservice.networking.istio.io/jaeger created
virtualservice.networking.istio.io/kiali created
```

6. 가상 서비스 경로 정보는 메시의 각 사이드카 프록시로 푸시된다. 먼저 istioctl 명령을 체크한 다음 웹 UI 내부에 있는 사이드카 프록시를 사용한다.

```
$ export INGRESS_HOST=$(kubectl -n istio-system get pods -l
app=istio-ingressgateway -o jsonpath='{.items..metadata.name}') ;
echo $INGRESS_HOST
istio-ingressgateway-688d5886d-vsd8k

$ istioctl proxy-config route $INGRESS_HOST.istio-system -o json
...
"name": "prometheus.istio.io:80",
...
"routes": [
    {
 "match": {
          "prefix": "/"
        },
        "route": {
            "cluster": "outbound|9090||prometheus.istio-
system.svc.cluster.local",
...
```

7. `istioctl` 명령의 출력에서, 위로 스크롤해 `"name": "prometheus.istio.io:80"` 항목을 찾는다. `"cluster"`라는 레이블이 지정된 가상 호스트에 대한 라우트 규칙이 사이드카 프록시로 푸시됐는지 체크 및 검증한다.

8. 사이드카 프록시의 내부 웹 UI를 통해 동일하게 체크한다. `15000` 포트는 사이드카 프록시의 관리 포트다.

```
$ kubectl -n istio-system port-forward $INGRESS_HOST 15000
```

VM 내부에서 브라우저를 열고 `http://localhost:15000`을 연 다음, config_dump를 클릭한다. 사이드카 프록시로 푸시된 경로 정보를 보려면 아래로 스크롤한다.

9. 커맨드 라인 창에서 **Ctrl + C**를 눌러 포트 포워딩을 중지한다. `istio-lab` 네임스페이스의 모든 사이드카에 동일한 라우팅 규칙이 푸시된다. 다음 코드는 `rating` 서비스 사이드카의 라우팅 규칙을 보여준다.

```
$ RATING_POD=$(kubectl -n istio-lab get pods -l app=ratings -o
jsonpath='{.items[0].metadata.name}') ; echo $RATING_POD
ratings-v1-79b6d99979-k2j7t

$ kubectl -n istio-lab port-forward $RATING_POD 15000
```

`http://localhost:15000/config_dump`로 이동하고 아래로 스크롤해 푸시된 라우팅 규칙 가상 서비스 텔레메트리를 체크한다.

10. **Ctrl + C**를 눌러 커맨드 라인 창에서 포트 포워딩을 중지한다.

사이드카 프록시 웹 UI는 클러스터에서 로컬이다. Kubectl에 접근할 수 없는 사용자에게 웹 UI를 노출해야 하는 경우, 예시와 같이 외부 웹 UI 접근을 구성하는 것이 적절하다. Windows 또는 Mac 머신을 통해 쿠버네티스 클러스터에 접근할 수 있는 경우, `kubectl portforward` 명령으로 `localhost : <portNumer>`를 사용해 웹 UI에 접근할 수 있다. Istioctl은 웹 UI를 실행하는 데 사용할 수 있는 대시보드 명령을 제공한다. 두 가지 예를 살펴보자.

11. 컨트롤 플레인 포드에 대한 웹 UI를 표시한다.

```
$ INGRESS_HOST=$(kubectl -n istio-system get pods -l app=istio-
ingressgateway -o jsonpath='{.items[0].metadata.name}') ;
echo $INGRESS_HOST
istio-ingressgateway-688d5886d-vsd8k

$ istioctl dashboard controlz $INGRESS_HOST.istio-system
http://localhost:39284
```

12. 이제 `http://localhost:39284`를 사용해 웹 UI를 열 수 있다. 여기에 웹 UI의 ControlZ 포드가 표시된다.

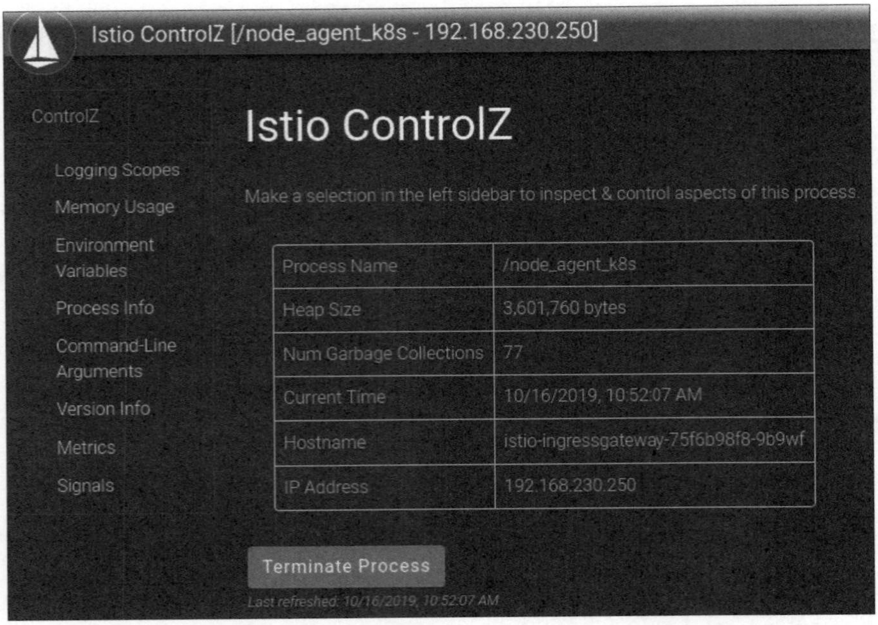

13. 마이크로서비스에 대한 엔보이의 관리 대시보드를 연다.

```
$ RATING_POD=$(kubectl -n istio-lab get pods -l app=ratings -o
jsonpath='{.items[0].metadata.name}') ; echo $RATING_POD
ratings-v1-79b6d99979-k2j7t
```

```
$ istioctl dashboard envoy $RATING_POD.istio-lab
http://localhost:41010
```

대시보드는 다음과 같다.

Command	Description
certs	print certs on machine
clusters	upstream cluster status
config_dump	dump current Envoy configs (experimental)
contention	dump current Envoy mutex contention stats (if enabled)
cpuprofiler	enable/disable the CPU profiler
healthcheck/fail	cause the server to fail health checks
healthcheck/ok	cause the server to pass health checks
heapprofiler	enable/disable the heap profiler
help	print out list of admin commands
hot_restart_version	print the hot restart compatibility version
listeners	print listener info
logging	query/change logging levels
memory	print current allocation/heap usage
quitquitquit	exit the server
ready	print server state, return 200 if LIVE, otherwise return 503
reset_counters	reset all counters to zero
runtime	print runtime values
runtime_modify	modify runtime values
server_info	print server version/status information
stats	print server stats
stats/prometheus	print server stats in prometheus format

대시보드

14. 마찬가지로 Grafana, Jaeger, Kiali 및 Prometheus에 대한 대시보드를 다음과 같이 열 수 있다.

```
$ istioctl dashboard grafana
```

```
$ istioctl dashboard jaeger

$ istioctl dashboard prometheus

$ istioctl dashboard kiali
```

이제 도구에 대한 웹 접근 권한을 얻었으므로 Prometheus의 내장 메트릭 컬렉션을 살펴본다. Istio는 빌트인 Prometheus API로 코딩돼 다른 컴포넌트에서 데이터 스크랩을 허용한다.

빌트인 메트릭 수집

Istio는 기본적으로 여러 메트릭을 자동으로 수집한다. 언제든지 구성을 변경해 메트릭을 추가하거나 제거할 수 있다. 한번 살펴보자.

1. 쿠버네티스와 Istio의 속성 목록인 `attributemanifest`를 체크해보자.

```
$ kubectl -n istio-system get attributemanifest
NAME          AGE
istioproxy    5d
kubernetes    5d
```

보다시피 쿠버네티스에는 자체 `manifest` 속성 셋이 있다. Istio 또한 `manifest` 속성 셋을 제공한다.

2. `istioproxy`에 대한 속성 목록을 체크하고 미리 정의된 매트릭스를 확인한다.

```
$ kubectl -n istio-system get attributemanifest istioproxy -o yaml
...
spec:
 attributes:
   check.error_code:
...
    check.error_code:
```

```
valueType: INT64
check.error_message:
valueType: STRING
connection.duration:
    valueType: DURATION
...
```

여기서 errorcode, error_message 및 connection.duration과 같은 다양한 속성을 볼 수 있다. 이러한 속성은 다른 서비스에서 생성 및 사용한다. Istio는 다양한 컴포넌트에서 사용할 수 있는 공유shared 속성을 사용한다. 예를 들어 어떤 기능으로 생성된 인증된 사용자 정보는 엔보이 프록시에서 해당 정보를 로깅 백엔드에 저장하는 데 사용할 수 있다.

NOTE

Istio에 대한 이전 속성 어휘 목록은 https://archive.istio.io/v1.3/docs/reference/config/policy-and-telemetry/attribute-vocabulary/에서 유지 관리된다.

다음으로, 믹서로 푸시 다운할 수 있는 새로운 메트릭 컬렉션을 구현한다. 그다음 믹서는 이를 엔보이 프록시 레벨로 푸시한다.

새로운 메트릭 수집

Istio는 도구를 추가하지 않고 개발한 마이크로서비스에 대한 메트릭을 수집하기 위해 간단한 메커니즘을 제공한다. 다음 예에서는 믹서의 속성 어휘를 bookinfo 마이크로서비스에 적용해 메트릭을 생성할 수 있는 믹서 메트릭의 인스턴스를 정의한다. 그런 다음, 애플리케이션 코드를 변경하지 않고 수집한다. 시작해보자.

1. 요청 수를 두 배로 늘리기 위해 메트릭 인스턴스에 대한 구성을 정의한다.

```
# Script : 02-create-metric-instance.yaml

apiVersion: config.istio.io/v1alpha2
```

```
kind: instance
metadata:
  name: doublerequestcount
spec:
  compiledTemplate: metric
  params:
    value: "2" # count each request twice
    dimensions:
      reporter: conditional((context.reporter.kind | "inbound") ==
"outbound", "client", "server")
      source: source.workload.name | "unknown"
      destination: destination.workload.name | "unknown"
      message: '"twice the fun!"'
    monitored_resource_type: '"UNSPECIFIED"'
```

앞의 예에서, 소스 속성(source.workload.name)에서 대상 속성(destination.workload.name) 또는 컨텍스트 속성(context.reporter.kind는 아웃바운드, 클라이언트 또는 서버일 수 있음)으로 시작되는 모든 요청은 2로 계산된다.

2. 메트릭 인스턴스를 생성한다.

```
$ kubectl -n istio-system apply -f 02-create-metric-instance.yaml
instance.config.istio.io/doublerequestcount created
```

3. Prometheus 핸들러의 구성을 정의한다.

```
# Script : 03-create-prometheus-handler.yaml

apiVersion: config.istio.io/v1alpha2
kind: handler
metadata:
  name: doublehandler
spec:
  compiledAdapter: prometheus
  params:
    metrics:
    - name: double_request_count # Prometheus metric name
      instance_name: doublerequestcount.instance.istio-system
# Mixer instance name (fully-qualified)
```

```
    kind: COUNTER
    label_names:
    - reporter
    - source
    - destination
    - message
```

4. 이전에 생성한 이중 요청 카운터double request counter를 사용해 Prometheus 핸들러를 생성한다.

```
$ kubectl -n istio-system apply -f 03-create-prometheus-
handler.yaml
handler.config.istio.io/doublehandler create
```

5. 메트릭 데이터를 Prometheus 핸들러로 보내는 규칙을 정의한다.

```
# Script : 04-create-rule-to-send-metric-to-prometheus.yaml

apiVersion: config.istio.io/v1alpha2
kind: rule
metadata:
  name: doubleprom
spec:
  actions:
  - handler: doublehandler
    instances: [ doublerequestcount ]
```

6. 규칙을 생성한다.

```
$ kubectl -n istio-system apply -f 04-create-rule-to-send-metric-
to-prometheus.yaml
rule.config.istio.io/doubleprom created
```

7. Prometheus UI를 시작해보자. VM 내의 브라우저에서 `http://prometheus.istio.io`를 시작한다. GUI가 열릴 것이다.

8. 브라우저에서 http://bookinfo.istio.io를 몇 번 새로 고침해 필요한 메트릭을 생성한다.

9. http://prometheus.istio.io에서 Prometheus 웹 UI로 전환한다.

웹 페이지 상단의 Expression 입력 상자에 istio_double_request_count를 입력하고 **Execute** 버튼을 클릭한다.

Console 탭에서 productpage를 새로 고침한 후 로그 항목을 볼 수 있다.

```
istio_double_request_count{destination="details-
v1",instance="10.1.230.250:42422",job="istio-mesh",message="twice the
fun!",reporter="client",source="productpage-v1"} 2
istio_double_request_count{destination="details-
v1",instance="10.1.230.250:42422",job="istio-mesh",message="twice the
fun!",reporter="server",source="productpage-v1"} 2
istio_double_request_count{destination="istio-
policy",instance="10.1.230.250:42422",job="istio-mesh",message="twice the
fun!",reporter="server",source="details-v1"} 2
```

Prometheus 웹 UI를 통해 동일한 메트릭 수집 로그를 볼 수 있다.

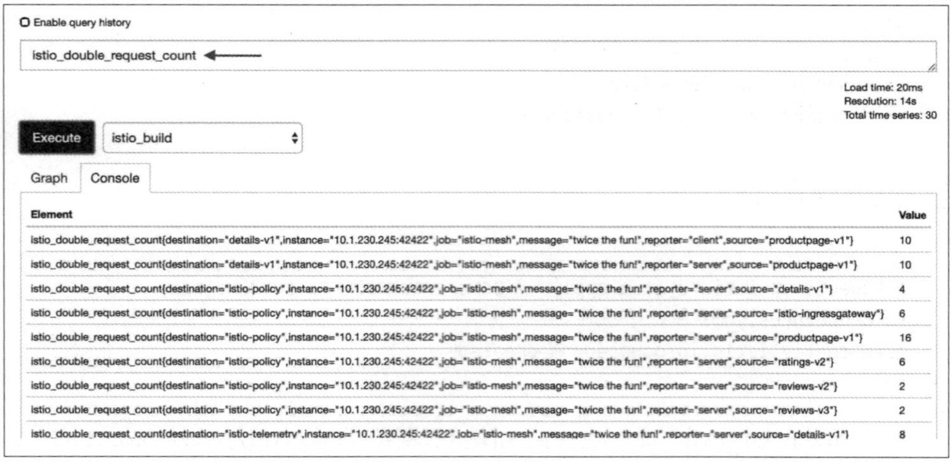

예제는 Istio를 통해 instance, handler 및 rule을 사용해 메트릭을 추가할 수 있음을 보여준다. 이러한 메트릭은 분석을 위해 Prometheus에서 스크랩하기에 애플리케이션에 코드를 직접 추가할 필요가 없었다.

데이터베이스 메트릭(Database metrics)

`ratings:v2`의 `MongoDB` 데이터베이스를 실행한 후 TCP 메트릭을 수집할 수 있다. 이전 섹션과 마찬가지로 여기서는 메트릭을 수집하기 위한 인스턴스, 핸들러 및 규칙을 생성한다. 시작해보자.

1. 서버에서 클라이언트로 보내고[send] 받는[receive] 바이트 구성을 정의한다.

```
# Script : 05-create-metric-instance.yaml

apiVersion: config.istio.io/v1alpha2
kind: instance
metadata:
  name: mongosentbytes
...
  params:
    value: connection.sent.bytes | 0 # uses a TCP-specific attribute
    dimensions:
      source_service: source.workload.name | "unknown"
      source_version: source.labels["version"] | "unknown"
      destination_version: destination.labels["version"] |
"unknown"
...
metadata:
  name: mongoreceivedbytes
...
```

2. 보내고 받은 바이트에 대한 `MongoDb` 데이터베이스 서비스의 핸들러를 생성한다.

```
$ kubectl -n istio-system apply -f 05-create-metric-instance.yaml
instance.config.istio.io/mongosentbytes created
```

```
instance.config.istio.io/mongoreceivedbytes created
```

3. MongoDB 전송 및 수신 바이트 인스턴스를 생성하기 위해 Prometheus 핸들러를 구성한다.

```
# Script : 06-create-prometheus-handler.yaml

apiVersion: config.istio.io/v1alpha2
kind: handler
metadata:
  name: mongohandler
spec:
  compiledAdapter: prometheus
  params:
    metrics:
    - name: mongo_sent_bytes # Prometheus metric name
      # Mixer instance name (fully-qualified)
      instance_name: mongosentbytes.instance.istio-system
      kind: COUNTER
      label_names:
      - source_service
      - source_version
      - destination_version
      # Prometheus metric name
    - name: mongo_received_bytes
      # Mixer instance name (fully-qualified)
      instance_name: mongoreceivedbytes.instance.istio-system
      kind: COUNTER
  label_names:
  - source_service
  - source_version
  - destination_version
```

4. Prometheus 핸들러를 생성한다.

```
$ kubectl -n istio-system apply -f 06-create-prometheus-handler.yaml
handler.config.istio.io/mongohandler created
```

5. 보내고 받은 메트릭 인스턴스를 Prometheus 핸들러로 보내는 규칙을 정의한다.

```
# Script : 07-create-rule-to-send-metric-to-prometheus.yaml

apiVersion: config.istio.io/v1alpha2
kind: rule
metadata:
  name: mongoprom
spec:
  match: context.protocol == "tcp"
         && destination.service.host == "mongodb.istio-lab.svc.
cluster.local"
  actions:
  - handler: mongohandler
    instances:
    - mongoreceivedbytes
    - mongosentbytes
```

6. 규칙을 생성한다.

```
$ kubectl -n istio-system apply -f 07-create-rule-to-send-metric-
to-prometheus.yaml
rule.config.istio.io/mongoprom created
```

7. Prometheus UI(http://prometheus.istio.io)로 다시 전환하고, `istio_mongo_received_bytes`를 입력한 다음 **Execute**를 클릭한다. MongoDB 서비스에서 받은 바이트의 값을 볼 수 있다.

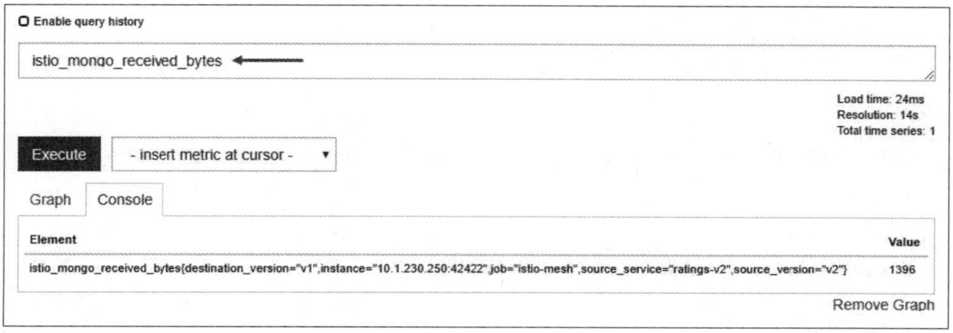

8. `istio_mongo_sent_bytes`에도 같은 작업을 반복한다. 이러한 메트릭 컬렉션은 Istio 인스턴스, 핸들러 및 규칙 기본 요소의 푸시 다운 구성을 통해 애플리케이션 외부에서 정의됐음에 유의한다.

데이터베이스가 Prometheus 지원 메트릭 컬렉션을 제공하는 경우라면 Prometheus 핸들러를 사용해 Istio와 통합하는 것이 더 쉽다. 이는 커넥션connection 메트릭을 통해 사용할 수 있는 TCP 메트릭의 예일 뿐이다.

예제의 목적은 Istio에 미리 정의한 속성을 사용해 데이터를 수집하는 데 사용할 수 있는 빌트인 메커니즘이 있음을 보여주기 위함이다. 이를 통해 인스턴스를 생성하고, 해당 인스턴스를 사전 정의된 핸들러를 통해 처리하도록 하고, 핸들러를 실행해 메트릭을 생성하고 수집하는 규칙을 생성할 수 있다. 이는 믹서 수준에서 수행된다.

다음으로 분산 추적과 사용 가능한 다양한 백엔드 어댑터를 살펴본다.

분산 추적

분산 추적Distributed tracing의 핵심은 사이드카 프록시로, 각 마이크로서비스로 들어오고 나가는 네트워크 트래픽을 가로챈다. 이러한 사이드카 프록시는 HTTP/1.1, HTTP/2.0, gRPC와 같은 어떤 네트워크 요청이든 추적할 수 있다.

수신 요청에 추적 헤더가 없다면 사이드카 프록시는 같은 포드 내의 애플리케이션 컨테이너에 요청을 전달하기 전에 루트 스팬root span을 추가한다. `curl -s`(http://httpbin.istio.io/headers)를 사용한 예를 살펴보자.

NOTE

스팬(span) 정의는 https://zipkin.io/zipkin/2.11.3/zipkin/zipkin2/Span.html을 참조한다.

```
$ curl -s http://httpbin.istio.io/headers
{
  "headers": {
```

```
    "Accept": "*/*",
    "Content-Length": "0",
    "Host": "httpbin.istio.io",
    "User-Agent": "curl/7.29.0",
    "X-B3-Parentspanid": "b8679a57978531d7",
    "X-B3-Sampled": "1",
    "X-B3-Spanid": "3ac636cd58f4fc88",
    "X-B3-Traceid": "ec017991cd822f03b8679a57978531d7",
    "X-Envoy-Internal": "true",
    "X-Forwarded-Client-Cert": "By=spiffe://cluster.local/ns/istio-
lab/sa/default;Hash=63c3fac8c0da77b4ab0fb2a9c5f26b9559f994c0c84895302030ae5
e387516f1;Subject=\"\";URI=spiffe://cluster.local/ns/istio-system/sa/istio-
ingressgateway-service-account"
  }
}
```

앞의 헤더 정보에서 추적 스팬은 X-B3-Traceid, 상위 스팬 ID는 X-B3-Parentspanid, 스팬 ID는 X-B3-Spanid다. 이 모든 것이 동일하면 이를 루트 스팬이라 한다. 수신 헤더에 추적 요소가 있는 경우, 사이드카 프록시는 스팬의 컨텍스트를 추출하고 하위 스팬을 생성한다. 이 새 컨텍스트는 요청에서 애플리케이션 서비스에 대한 추적 헤더로 전파된다. Istio의 분산 추적을 완전히 활용하려면 애플리케이션이 수신 요청에서 발신 요청으로 추적 헤더를 전파해야 한다.

NOTE

Istio의 "no additional code" 규칙 예외로, 분산 추적을 위해 헤더를 콜 체인(call chain) 아래로 전파하기 위해서는 애플리케이션 코드를 다소 추가해야 할 수도 있다.

예를 들어 샘플 Python productpage 서비스(https://git.io/JeC2z)를 보면, 애플리케이션이 OpenTracing 라이브러리를 사용해 HTTP 요청에서 필요한 헤더를 추출하는 것을 볼 수 있다.

```
def getForwardHeaders(request):
    headers = {}

    # x-b3-*** headers can be populated using the opentracing span
    span = get_current_span()
```

```
    carrier = {}
    tracer.inject(
        span_context=span.context,
        format=Format.HTTP_HEADERS,
        carrier=carrier)

    headers.update(carrier)

    # ...

    incoming_headers = ['x-request-id']

    # ...

    for ihdr in incoming_headers:
val = request.headers.get(ihdr)
if val is not None:
headers[ihdr] = val

    return headers
```

Istio는 마이크로서비스 체인의 모든 홉에서 두 개의 스팬을 레포트한다. 하나는 소스 사이드카에서, 다른 하나는 대상 사이드카에서 한다.

Istio에서 추적 스팬을 통한 분산 추적에서는 추적 헤더를 수집 및 전파하고, 스팬 헤더가 잘리지 않도록 코드를 작성해야 한다. 이 헤더 전파 모범 사례를 따르면 분산 추적의 엔드투엔드end-to-end 타임 라인을 얻을 수 있다.

다음으로, 트레이스 샘플링Trace Sampling 비율을 살펴보고 이를 변경하는 방법을 배운다.

트레이스 샘플링

데모 프로필을 사용해 Istio를 설치했을 때 샘플링 비율은 100%로 설정된다.

1. 이를 확인해보자.

```
# kubectl -n istio-system get deploy istio-pilot -o yaml | grep
"name: PILOT_TRACE_SAMPLING" -A1
        - name: PILOT_TRACE_SAMPLING
          value: "100"
```

productpage에 접근하면 대시보드에서 해당 추적을 볼 수 있다. 100% 샘플은 테스트나 트래픽이 적은 환경에 적합하다. 성능상의 이유로, istio-pilot 배포를 수정해 PILOT_TRACING_SAMPLING 값을 더 낮은 숫자(예 : 1%)로 변경해 트래픽이 많은 메시에서 샘플링 비율을 낮출 수 있다.

2. 예를 들어 샘플링 비율을 99%로 수정해보자.

```
$ kubectl -n istio-system patch deployment istio-pilot --type json
-p '[{"op": "replace","path":
"/spec/template/spec/containers/0/env/4/value","value": "99"}]'
deployment.extensions/istio-pilot patched
```

이를 수행하는 더 쉬운 방법은 단순히 배포를 수정, 즉 kubectl -n istiosystem edit deployment istio-pilot을 수정하고 PILOT_TRACING_SAMPLING의 값을 수동으로 변경하는 것이다.

추적 샘플링은 각 엔보이가 추적 정보를 추적 백엔드로 직접 전송하므로 애플리케이션 성능에 영향을 미친다. 예를 들어 앞서 언급한 값 1을 선택하면 100개의 추적 스팬 중 하나만 추적 백엔드로 전송된다.

다음으로, 추적을 백엔드로 보내기 위해 믹서에 추가할 수 있는 추가적인 백엔드 어댑터의 예를 살펴본다.

추적 백엔드(Tracing backends)

Istio는 Jaeger, LightStep 및 Zipkin과 같은 추적을 위한 백엔드와 함께 제공된다. 여기선 Jaeger를 백엔드로 하는 데모 프로필을 사용해 Istio를 설치했다. Zipkin을 백엔드로 사용해야 하는 경우에는 `--set tracing.provider=zipkin` Helm 옵션을 추가해 Istio를 설치할 때 이 작업을 수행할 수 있다.

Istio는 다양한 백엔드를 지원하며 모두 어댑터를 사용해 활성화할 수 있다.

백엔드 어댑터

믹서의 기능 중 하나는 다양한 인프라 백엔드와 인터페이스, 메트릭과 로그를 전송할 수 있다는 것이다. 사용 가능한 모든 어댑터 목록은 https://archive.istio.io/v1.3/docs/reference/config/policy-and-telemetry/adapters에서 찾을 수 있다.

다음으로, Prometheus를 살펴본다.

Prometheus 살펴보기

Prometheus는 Prometheus Query Language를 사용해 스크랩한 데이터의 집계를 테스트하고 볼 수 있도록 하는 자체 기본 웹 UI가 있는 데이터 컬렉션 도구셋이다.

Istio의 믹서에는 다음 엔드포인트에 대한 빌트인 스크랩이 있다.

1. 믹서에는 `42422` 및 `15014` 포트에 대한 엔드포인트가 있다. 엔드포인트 `15014`를 사용해 믹서 자체를 모니터링한다.

```
$ curl
http://istio-telemetry.istio-system.svc.cluster.local:42422/metrics

$ curl
http://istio-telemetry.istio-system.svc.cluster.local:15014/metrics
```

2. 파일럿Pilot, 정책Policy 및 갤리Galley에서 생성된 메트릭은 15014 포트에서 볼 수 있다.

```
$ curl
http://istio-pilot.istiosystem.svc.cluster.local:15014/metrics

$ curl
http://istio-policy.istiosystem.svc.cluster.local:15014/metrics

$ curl
http://istio-galley.istiosystem.svc.cluster.local:15014/metrics
```

앞의 엔드포인트는 Istio 컨트롤 플레인의 Istio 텔레메트리Telemetry, 파일럿Pilot, 정책Policy 및 갤리Galley 컴포넌트에 대한 Prometheus 데이터를 보여준다.

다음으로, 엔보이 사이드카 프록시에서 데이터를 수집하는 방법을 살펴본다.

사이드카 프록시 메트릭(Sidecar proxy metrics)

파일럿은 쿠버네티스 API 서버에 저장된 시작 파라미터와 구성 정보를 기반으로 사이드카에 대한 동적 구성을 생성한다. 한번 살펴보자.

1. productpage에 다음 코드를 사용해 구성을 가져올 수 있다.

```
$ PRODUCTPAGE_POD=$(kubectl -n istio-lab get pod -l app=productpage
-o jsonpath='{.items[0].metadata.name}')

$ kubectl -n istio-lab exec -i $PRODUCTPAGE_POD -c istio-proxy --
cat /etc/istio/proxy/envoy-rev0.json
```

2. 이전의 JSON 출력을 스크롤하면 리스너 15090 포트에 Prometheus가 데이터를 수집하기 위해 스크랩하는 /stats/prometheus라는 라우트가 있음을 알 수 있다.

```
...
  "listeners":[
     {
```

```
        "address": {
          "socket_address": {
            "protocol": "TCP",
            "address": "0.0.0.0",
            "port_value": 15090
          }
        },
        "filter_chains": [
          {
            "filters": [
              {
                "name": "envoy.http_connection_manager",
...
                        "routes": [
                          {
                            "match": {
                              "prefix": "/stats/prometheus"
...
```

3. curl 명령을 실행해 Prometheus 메트릭을 스크랩한다.

```
$ kubectl -n istio-lab exec -i $PRODUCTPAGE_POD -c istio-proxy --
curl http://localhost:15090/stats/prometheus
```

각 사이드카 프록시에는 15000의 관리 포트가 있으며, 포드의 로컬 루프백 어댑터에 바인딩돼 있어 포드 내에서만 접근할 수 있다.

4. 사이드카 프록시 통계는 다음 명령을 실행해 볼 수 있다.

```
$ kubectl -n istio-lab exec -i $PRODUCTPAGE_POD \
-c istio-proxy -- curl http://localhost:15000/stats
```

5. 인증서가 만료될 때까지의 남은 일수를 체크하기 위해 istio-lab의 모든 포드의 예제를 살펴보자.

```
$ ALL_PODS=$(kubectl -n istio-lab get pods -o
jsonpath='{.items..metadata.name}')
```

```
$ for pod in $ALL_PODS; do echo For pod $pod; kubectl -n istio-lab
exec -i $pod -c istio-proxy -- curl -s http://localhost:15000/stats
| grep server.days_until_first_cert_expiring; done
```

6. 출력은 다음과 비슷할 것이다.

```
...
For pod details-v1-6886b56dc8-ksmrh
server.days_until_first_cert_expiring: 82
...
```

7. 프록시 구성은 config_dump 라우트를 사용하는 프록시 관리 포트 15000을 통해 볼 수 있다.

```
$ kubectl -n istio-lab exec -i $PRODUCTPAGE_POD -c istio-proxy --
curl http://localhost:15000/config_dump
```

Istio 가상 서비스가 생성될 때 이전 출력을 사용해 믹서에서 사이드카 프록시로의 라우트 전파를 확인할 수 있다.

이제 각 Istio 컴포넌트가 서로 다른 엔드포인트를 통해 Prometheus 메트릭을 게시publish하는 방법을 알고 있다. 그런 다음 Prometheus 컬렉터는 이러한 메트릭을 스크랩하고 자체 백엔드 시스템에 넣는다.

Prometheus UI를 사용해 수집된 일부 메트릭을 쿼리해보자. 이러한 값은 콘솔 또는 그래프 형식일 수 있다. Prometheus는 이러한 데이터를 시각화하기 위한 프론트엔드 웹 UI 도구가 아닌 기본 UI를 제공한다. Istio의 다양한 컴포넌트에서 데이터를 수집하는 방법을 보여주기 위해 Grafana를 UI 프론트엔드로 사용할 것이다.

먼저 UI를 통해 기본 Prometheus 쿼리를 살펴보자. 나중에 Grafana UI로 전환할 것이다.

Prometheus 쿼리

Prometheus의 힘은 쿼리query 언어다. 이를 통해 표현식, 집계 등을 사용해 데이터로부터 데이터를 수집할 수 있으며, 이를 통해 Kibana와 같은 다양한 그래프 도구를 사용해 유용한 파생 데이터를 표시할 수 있다.

웹 페이지 상단의 표현식 입력 상자에 `istio_requests_total`을 입력한 다음 **Execute** 버튼을 클릭한다.

몇 가지 다른 쿼리를 시도해보자.

1. `productpage` 서비스에 대한 모든 요청의 총 개수를 가져오자.

```
istio_requests_total{destination_service="productpage.istio-
lab.svc.cluster.local"}
```

   다음 스크린샷과 같이, Prometheus 쿼리 언어 표현식은 총 요청 수를 제공한다.

2. `reviews` 서비스 v2에 대한 모든 요청의 총 수를 얻으려면 다음 코드를 사용한다.

```
istio_requests_total{destination_service="reviews.istio-
lab.svc.cluster.local", destination_version="v2"}
```

3. productpage 서비스의 모든 인스턴스에 대한 지난 5분 동안의 요청 비율을 얻으려면 다음 코드를 사용한다.

```
rate(istio_requests_total{destination_service=~"productpage.*",
response_code="200"}[5m])
```

다음 스크린샷과 같이, 이 쿼리 표현식은 5분 동안의 요청 비율을 빌드한다.

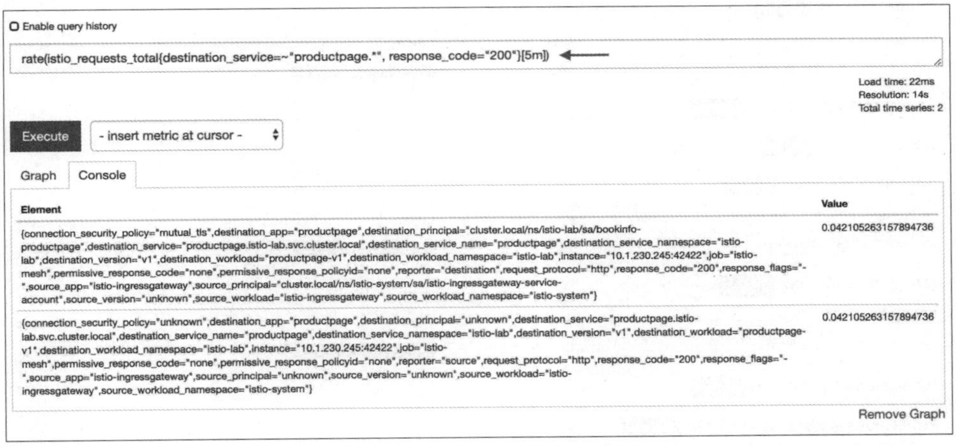

여기서는 대시보드에서 사용할 수 있도록 원시 데이터에서 사용자 지정 데이터 준비를 빌드할 수 있음을 확인했다. Istio의 Grafana 대시보드는 시계열 데이터와 데이터에서 파생된 집계를 표시할 수 있다.

다음으로, Prometheus 데이터 컬렉션의 상태와 데이터를 수집하는 타깃 목록을 살펴본다.

Prometheus 타깃 컬렉션 상태

이미 각 포드 내부의 istio-proxy 컨테이너와 `/stats/prometheus` 라우트를 사용해 메트릭을 스크랩하는 15090 포트를 살펴봤다. 라우트가 정상인지 여부를 어떻게 알 수 있을까? 한번 살펴보자.

다음과 같이 `http://prometheus.istio.io/targets`로 이동한다.

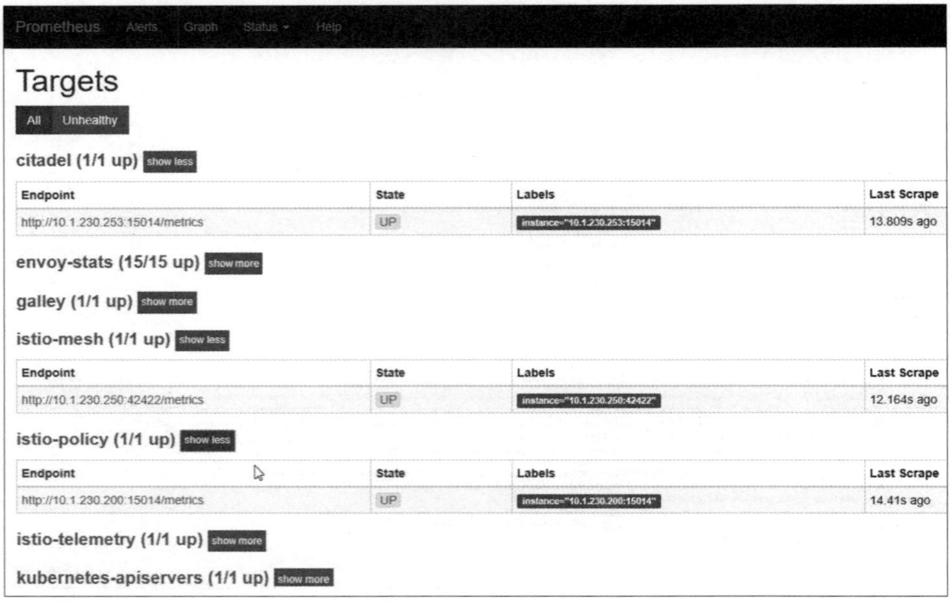

앞의 스크린샷은 모든 데이터 스크래핑 엔드포인트가 사용 가능 상태며 정상임을 보여준다. 믹서 또는 파일럿과 같은 특정 엔드포인트 데이터가 표시되지 않으면 간단히 타깃을 클릭하기만 하면 된다.

이제 Prometheus 데이터 수집 엔드포인트의 상태를 확인하는 방법을 알았으니 Prometheus의 구성 파라미터를 살펴본다.

Prometheus 구성

Prometheus의 구성configuration은 Prometheus 웹 UI의 /config 라우트를 통해 볼 수 있다. 이 경우에는 http://prometheus.istio.io/config다.

예를 들어 다음과 같이 데이터를 스크랩하는 간격과 라우트를 확인할 수 있다.

```
...
- job_name: envoy-stats
  scrape_interval: 15s
  scrape_timeout: 10s
  metrics_path: /stats/prometheus
  scheme: http
...
```

이제 Prometheus 데이터 컬렉션, 타깃 스크랩 및 쿼리 표현식을 배웠으므로, Grafana에서 데이터를 관찰하는 데 사용할 수 있는 시각화 도구를 살펴본다.

Grafana를 통한 메트릭 시각화

Prometheus를 통해 수집한 데이터를 사용해 분산 추적, 서비스 간 종속성 시각화 및 모니터링 대시보드에 사용할 수 있는 몇 가지 오픈 소스 시각화 도구를 살펴보자. 먼저 Istio 커뮤니티에서 모니터링 기능을 보여주기 위해 구축한 Grafana 대시보드를 살펴보자.

1. http://grafana.istio.io로 이동해 Grafana 대시보드를 시작한다.

2. 왼쪽 내비게이션 패널에서 **Configuration**(기어)을 클릭하고 **Data Sources**를 클릭한다.

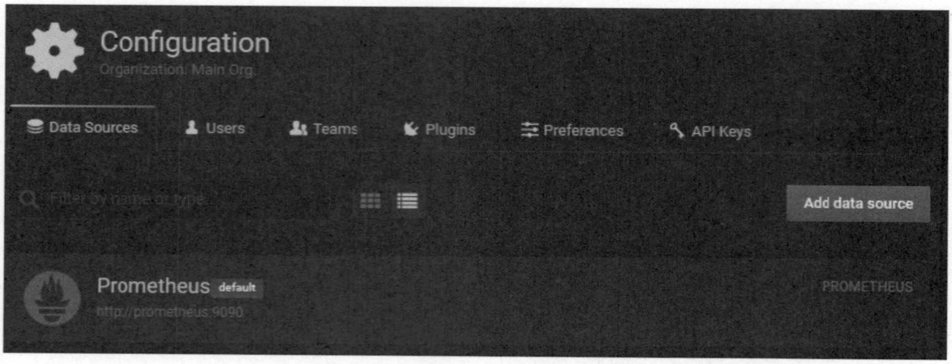

백엔드 데이터 소스는 Prometheus를 사용해 구성됨을 확인한다.

3. 내비게이션 패널로 돌아가서 **Dashboard**를 클릭하고 Manage로 이동한다.

4. 다음으로, 검색바로 이동해 Istio를 입력한다. 검색 결과에는 갤리Galley, 메시Mesh, 믹서Mixer, 성능Performance, 파일럿Pilot, 서비스Service 및 워크로드Workload 대시보드가 표시된다.

5. **Istio Mesh Dashboard**를 클릭한다.

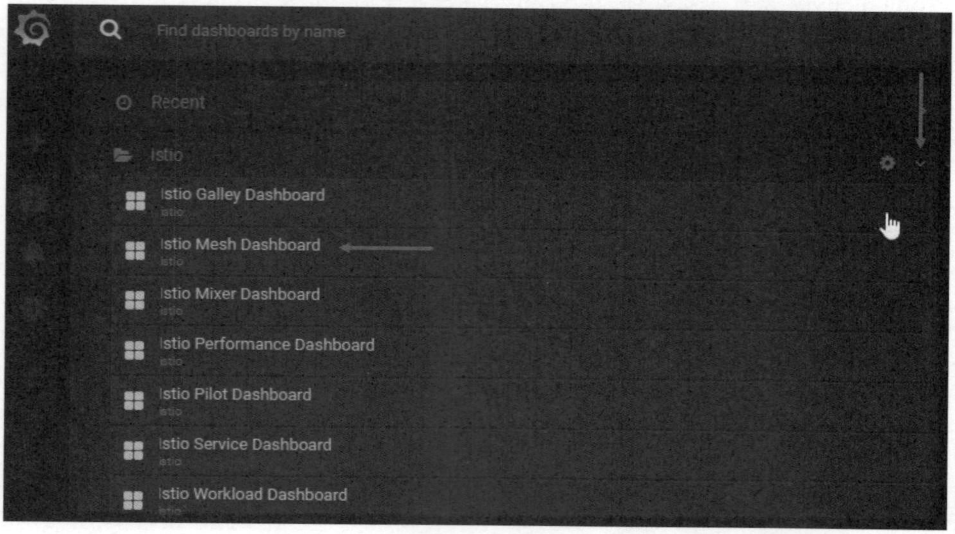

6. 커맨드 라인 창으로 전환하고 `curl` 명령을 실행해 `productpage`를 10,000번 호출한다.

```
$ curl -k -s -o /dev/null -w "time=%{time_total} http code=
%{http_code}\n" https://bookinfo.istio.io/productpage?[1-10000]
```

앞의 `curl` 명령은 `https://bookinfo.istio.io/productpage`를 10,000번 호출하고 각 요청 후 `http` 리턴 코드와 함께 타임 스탬프를 내보낸다.

NOTE

> 명령을 10,000번 반복하기 위해 curl 명령 끝에 ?[1–10000]을 사용한다.

메시Mesh 대시보드는 다양한 엔드포인트에서 데이터를 스크랩하는 Prometheus를 통해 캡처된 통계를 보여준다. 다음 대시보드는 그 결과를 보여준다.

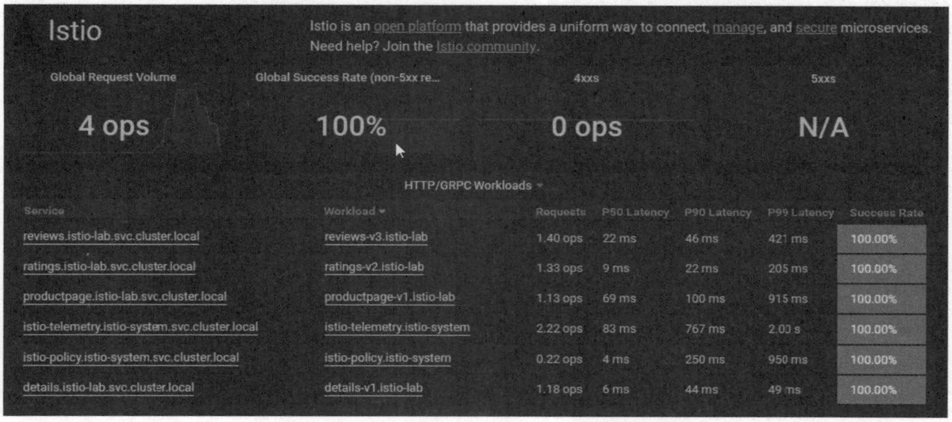

50, 90 및 99 백분위수 지연 시간, 성공률, 4xx 및 5xx 오류 수, 글로벌 요청 볼륨 및 글로벌 성공률에 대한 Key Performance Indicators(KPI) 메트릭은 마이크로서비스의 전체 성능을 간략하게 보여준다.

7. Istio Perfomance Dashboard로 전환한다.

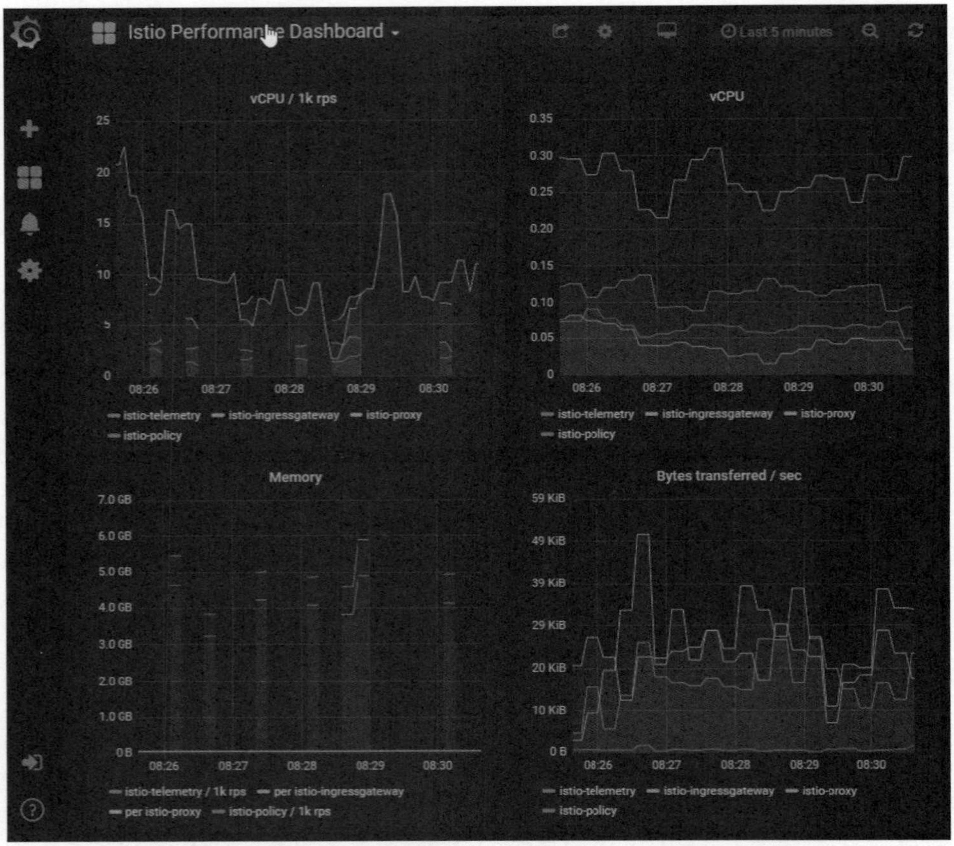

다음 표에는 다양한 대시보드 컴포넌트가 나타내는 내용을 보여준다.

컴포넌트	표시
vCPU/1k rps	초당 1,000개의 요청으로 정규화된 기본 Istio 컴포넌트를 통해 vCPU 사용률을 표시한다.
vCPU	정규화되지 않은 Istio 컴포넌트별 vCPU 사용량을 표시한다.
Memory	컴포넌트의 메모리 공간을 표시한다. 텔레메트리와 정책은 1k rps로 정규화된다.
Bytes transferred/sec	각 Istio 컴포넌트를 통과하는 바이트 수를 표시한다.

istiotelemetry와 istio-policy에 1,000요청/초당 필요한 메모리 급증을 확인한다. 이는 믹서(텔레메트리와 정책)가 모니터링 데이터를 백엔드(이 경우 Prometheus)로 푸시하기에 이해할 수 있다. 지속적으로 productpage를 10,000번 새로 고침했기 때문이다.

Grafana 대시보드의 유용한 기능 중 하나로 관찰성 창을 슬라이드해 성능을 체크할 수 있다. 5분, 15분, 30분, 1시간, 3시간 중에서 선택할 수 있으며, 5년까지 가능하다. 예를 들어 다음 스크린샷은 지난 3시간 동안 관찰된 성능을 보여준다.

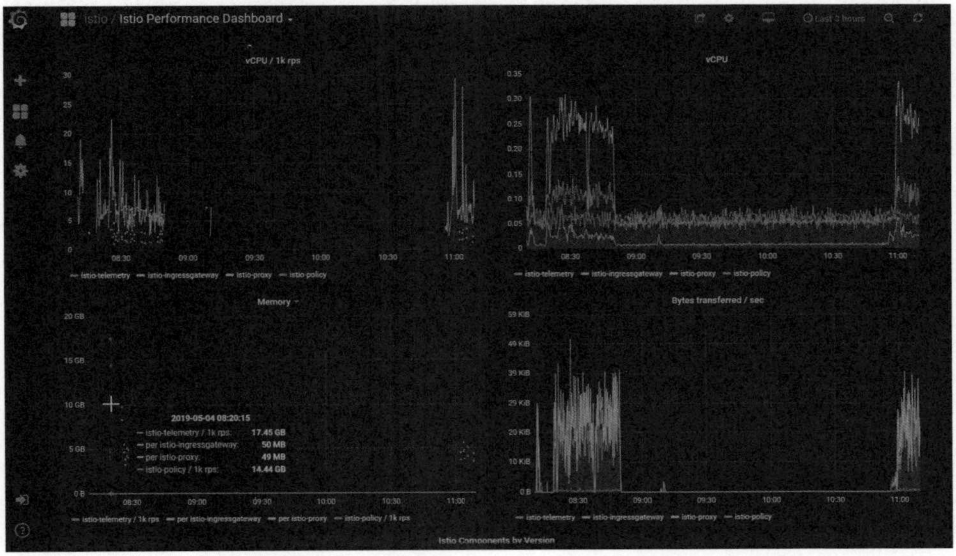

Istio Service Dashboard로 이동한다. 여기서 Istio 인그레스 게이트웨이를 통해 들어오는 클라이언트에 대한 클라이언트 요청 볼륨client request volume, 클라이언트 성공률client success rate 및 클라이언트 요청 기간client request duration과 같은 마이크로서비스에 대한 메트릭 세부 정보를 볼 수 있다. 클라이언트 워크로드는 클라이언트 요청을 처리하는 마이크로서비스다.

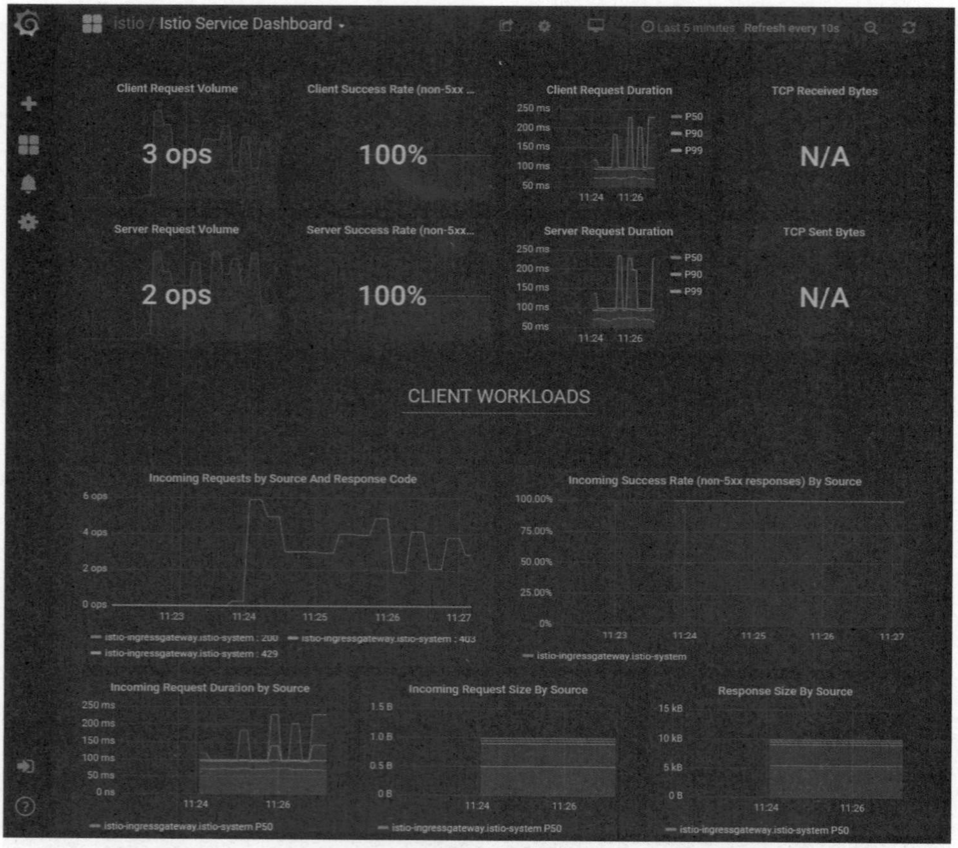

Istio Workload Dashboard에서 Istio 인그레스 게이트웨이 뒤의 개별 마이크로서비스에 대한 메트릭 세부 정보를 볼 수 있다. 여기에는 요청 기간request duration, 요청 크기request size, 응답 기간response duration, HTTP에 대한 응답 크기response size for HTTP 및 TCP 트래픽TCP traffi과 같은 메트릭이 표시된다.

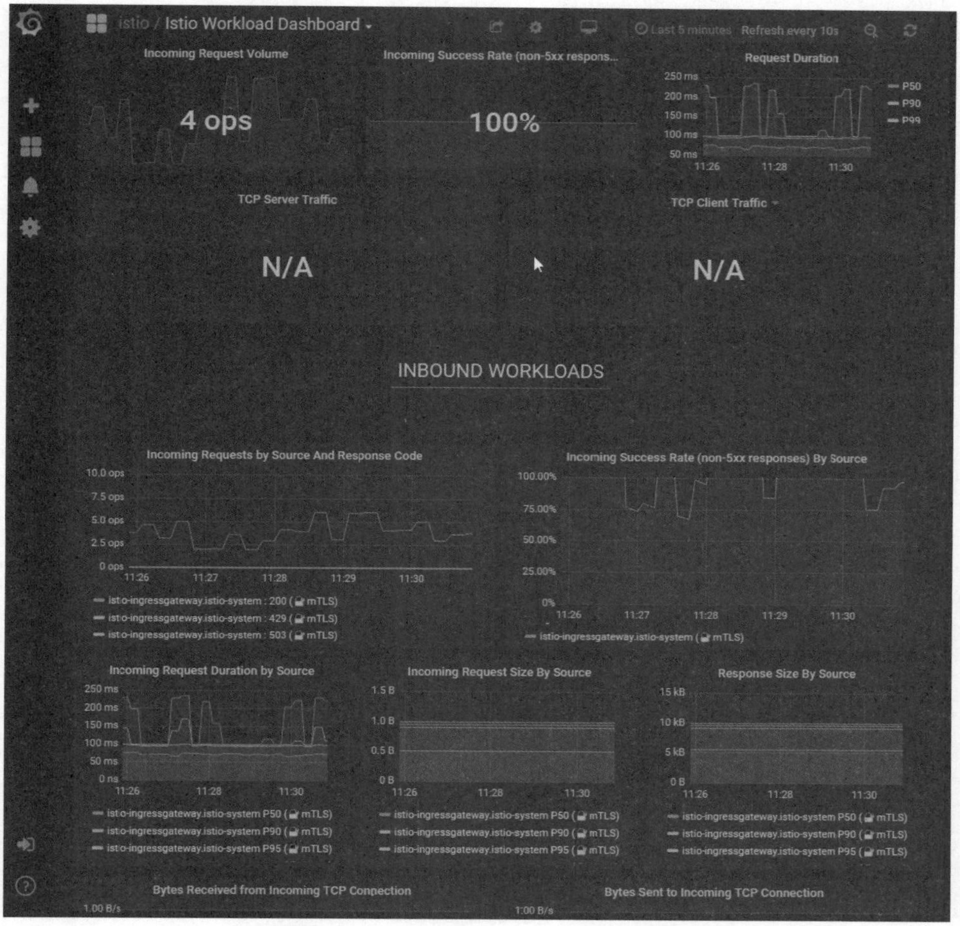

앞의 대시보드는 모든 서비스 트래픽이 mTLS를 통해 보호된 것을 확인했음을 보여준다. 또한 모니터링 목적으로 인그레스 게이트웨이에서 수신되는 개별 마이크로서비스와 수신 클라이언트 워크로드를 시각적으로 비교할 수 있다. 개별 워크로드의 메트릭을 살펴보면 리소스를 많이 사용하는 마이크로서비스를 쉽게 찾을 수 있다. 특정 마이크로서비스의 최적화에 집중하면서 전반적인 성능을 점차 향상시킬 수 있다.

다음 섹션에서는 Kiali를 통한 서비스 관찰성을 살펴본다.

Kiali를 통한 서비스 메시 관찰성

Kiali는 원래 레드햇에서 개발한 서비스 메시 관측 유틸리티로 현재는 오픈 소스 프로젝트다. Kiali는 인그레스 게이트웨이 뒤 서로 다른 마이크로서비스 간의 시각적 네트워크 흐름/종속성 다이어그램을 제공한다. 한번 살펴보자.

1. `http://kiali.istio.io/kiali/console`을 열고 사용자 ID와 암호로 admin/admin을 사용한다.
2. 트래픽이 발생하는 이전의 `curl` 명령이 커맨드 라인 창에서 중지됐으며, 다시 시작해 트래픽을 productpage로 계속 보낸다.
3. 페이지 왼쪽 상단에서 **menu** 아이콘으로 이동해 **Graph**를 클릭한다. `istio-lab` 네임스페이스를 선택한다.

- Display 드롭다운을 토글하고 Node Names, Service Nodes, Traffic animation, Virtual Services 및 Security를 체크한다.
- Edge Labels에서 Requests per second를 선택한다.
- 다음과 같이 Graph Type에서 App을 선택한다.

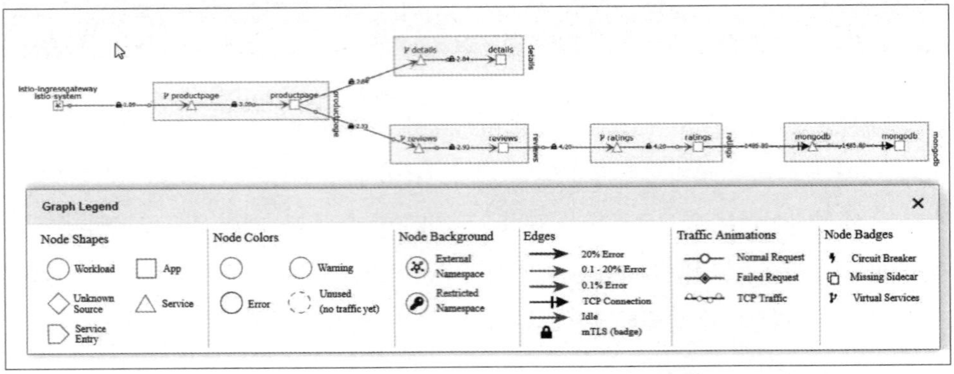

애니메이션은 서비스에서 서비스로 트래픽이 흐르는 방식을 보여준다. 잠금lock 아이콘은 mTLS가 활성화된 서비스를 표시한다. 트래픽 속도/초는 서비스 간이다. ratings와

mongodb 사이의 파란색 선은 TCP 연결을 나타낸다. 오른쪽 사이드 바에는 초당 HTTP 요청과 초당 송수신된 TCP 트래픽 바이트가 표시된다. 애플리케이션의 인사이트를 얻거나 서비스에서 5XX 또는 4XX 오류를 발생시키는지 확인하는 데 유용한 메트릭이다.

다음으로, 서비스 간 네트워크 흐름의 실시간 애니메이션을 살펴본다.

1. `istio-lab`을 포함한 `istio-system` 네임스페이스를 선택한다. 다양한 서비스에서 Istio 컴포넌트로의 메트릭 흐름과 애니메이션을 확인한다.

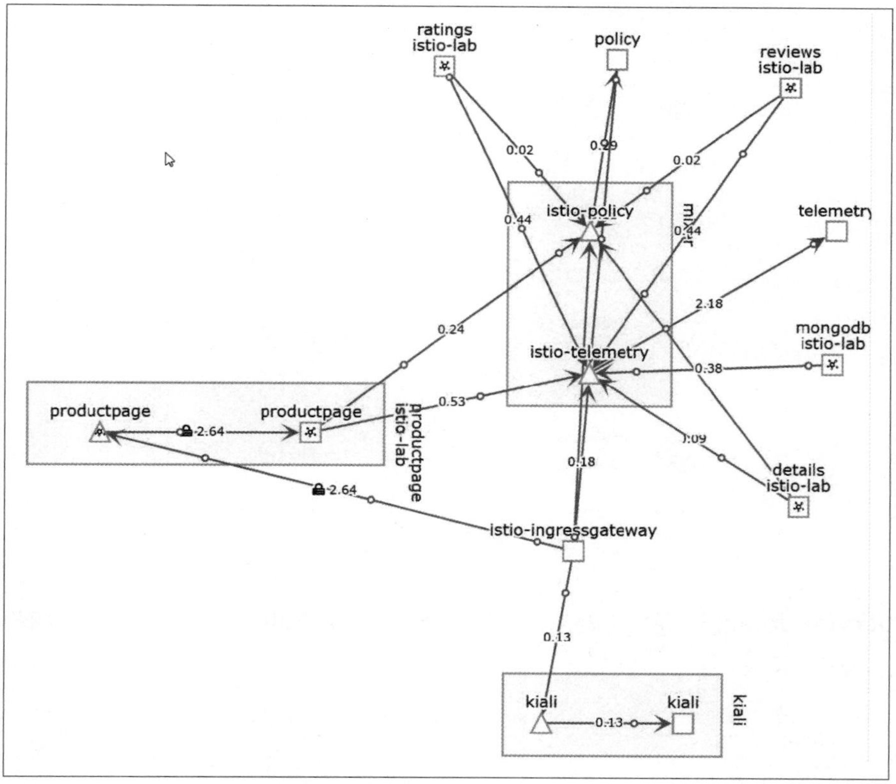

Network flow between services

라이브 애니메이션은 각 서비스가 Istio 믹서로 메트릭을 보내는 방법을 보여준다.

2. 네임스페이스 드롭다운에서 istio-lab을 선택하고 **Applications**을 클릭한다. 애플리케이션의 상태health가 나타난다.

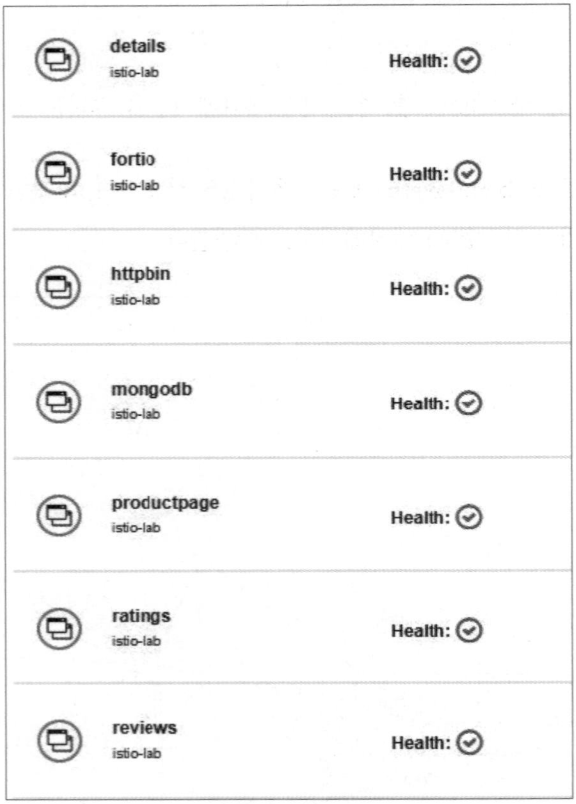

Health of the application

3. **Service details**를 클릭하면 나타나는 **Destination Rules**을 클릭한다(문제가 있음을 나타내는, 빨간색 십자 기호 확인).

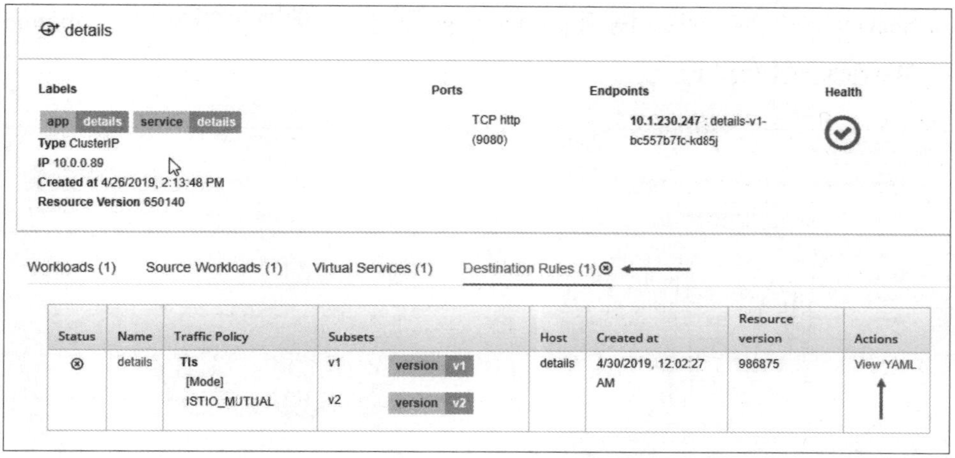

4. **View YAML**을 클릭한다.

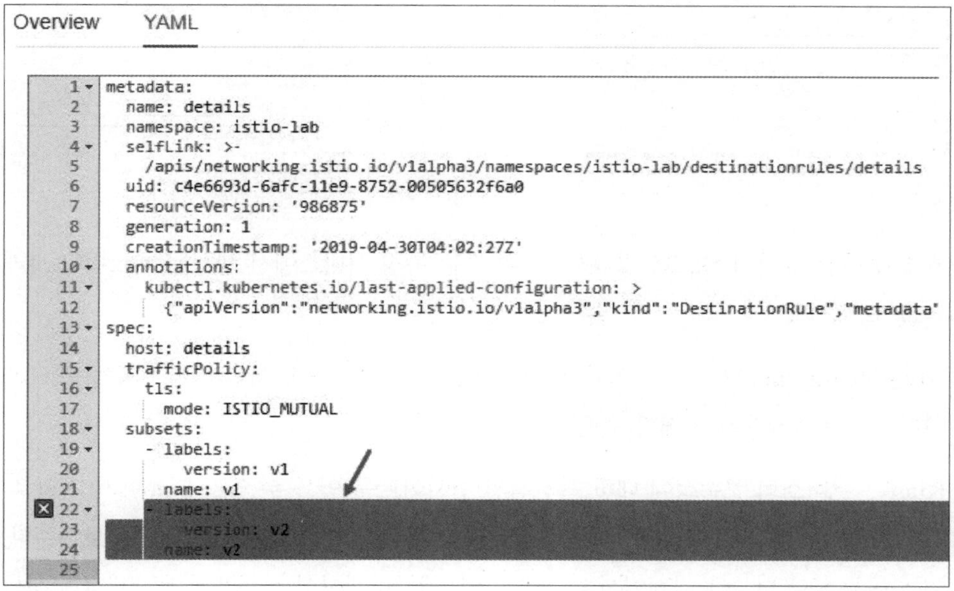

5. subset v2가 빨간색으로 표시된다. 이는 라벨이 v2인 세부 정보 서비스가 없기에 발생한다.

6. Service(왼쪽 내비게이션 바)로 이동해 productpage를 클릭한다. 탭 중간에 있는 Inbound Metrics를 클릭한다.

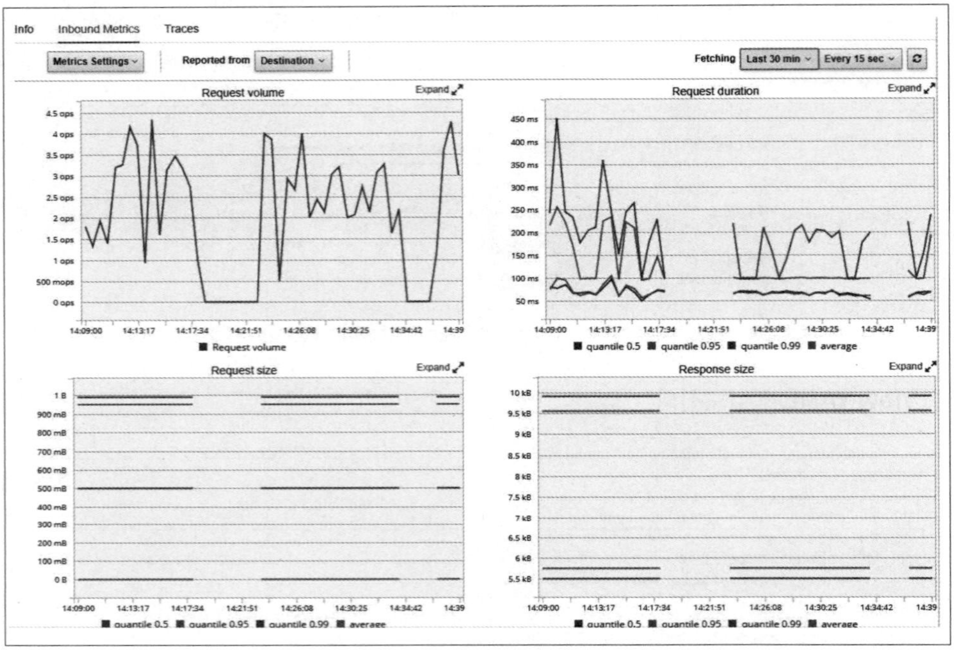

요청과 응답 크기의 50, 95 및 99 백분위 수는 특정 서비스에서 생성된 네트워크 트래픽을 보여준다.

Istio Config open(왼쪽 내비게이션 바)은 대상 규칙, 가상 서비스 및 서비스 항목 구성을 표시한다. 웹 UI를 사용해 수정할 수 있다.

Kiali는 서비스의 종속성에 대한 즉각적인 인사이트를 얻을 수 있는 Istio에서 가장 유용한 도구 중 하나다. Kiali는 애플리케이션의 실시간 애니메이션 트래픽을 보여준다. 이 도구는 SRE나 애플리케이션 인프라 팀이 애플리케이션 소유자에게 잠재적인 성능 문제 피드백을 즉시 제공하는 데 도움이 된다.

다음으로, 분산 추적 세부 정보, 서비스 메시 종속성 등에 관한 Jaeger 웹 UI를 살펴본다.

Jeager로 추적하기

Jaeger는 최근 CNCF 프로젝트를 중단한 오픈 소스 도구(https://jaegertracing.io)다. 개방형 표준 스펙(https://github.com/opentracing/specification)을 사용해 분산 트랜잭션 모니터링, 서비스 종속성 정보 및 스팬 추적을 제공한다. Jaeger로 추적을 수행하는 방법을 살펴보자.

1. `http://jaeger.istio.io`를 열고 사용자 ID와 비밀번호로 `admin/admin`을 사용한다.

   트래픽 발생을 위한 `curl` 명령이 커맨드 라인 창에서 중지됐으며, `productpage`로 트래픽을 보내기 위해 다시 시작한다.

2. 드롭다운에서 productpage.istio-lab 서비스를 선택하고 **Find Traces**를 클릭한다.

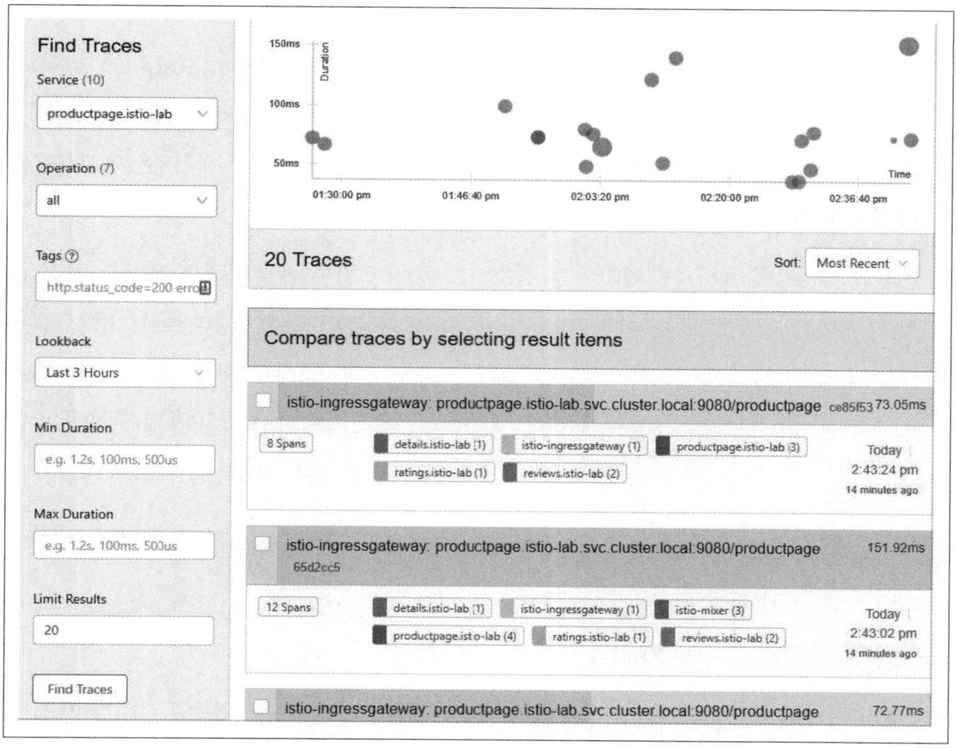

그래프에는 기간이, 하단 섹션에는 productpage 추적 시 수집한 데이터가 표시된다.

3. productpage.istio-lab.svc.cluster.local 서비스를 클릭하고 분산 추적을 시각화한다.

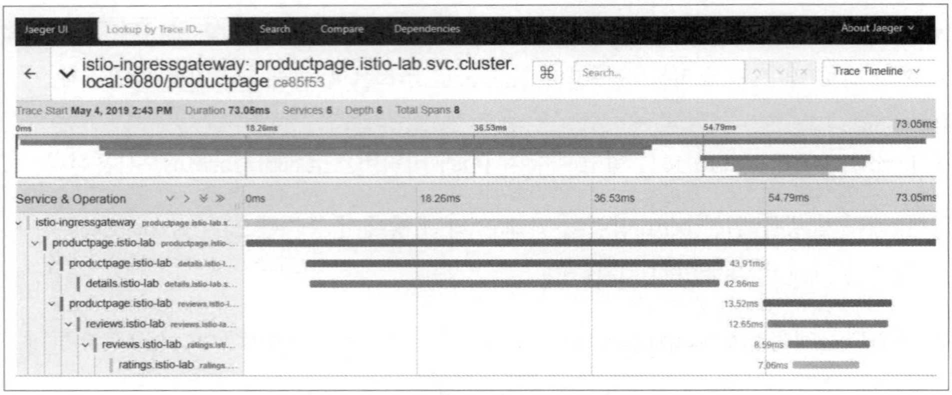

istio-ingressgateway에 도달한, 요청의 엔드투엔드 응답 시간 73ms(Service & Operation 패널의 상단 바 참조)를 확인한다. 패널 왼쪽의 staggered bar와 labels는 각 마이크로서비스의 경과 시간을 보여준다. 이를 통해 각 종속된 마이크로서비스에서 소요된 시간을 명확하게 확인할 수 있다.

이를 통해 세부 마이크로서비스를 최적화하면 전체적인 엔드투엔드 응답 시간이 단축될 것임은 분명하다. 이는 Jaeger를 통해 도출된 중요한 관측의 예다. 샘플 BookInfo 애플리케이션은 사이드카 프록시에서 스팬 헤더를 전파한다. 그 후, 다음 업스트림 사이드카는 차일드 스팬을 생성한다. 애플리케이션이 헤더를 전파하지 않으면 빌드된 모든 스팬이 루트 스팬이 되고 왼쪽에 정렬될 것이다.

아무 서비스나 클릭하고 Tag 섹션을 확장한다. span.kind의 값을 확인한다. 애플리케이션을 통해 헤더 전파가 허용되는 경우에는 client여야 한다.

그렇지 않으면 각 span.kind가 server로 표시된다.

4. **Dependencies**를 클릭한 다음 DAG(Directed Acyclic Graph의 약자)를 클릭해 서비스 간의 종속성을 확인한다. 예상대로, `productpage`에서 `details`와 `reviews` 마이크로서비스까지의 호출 수는 동일하다(46046).

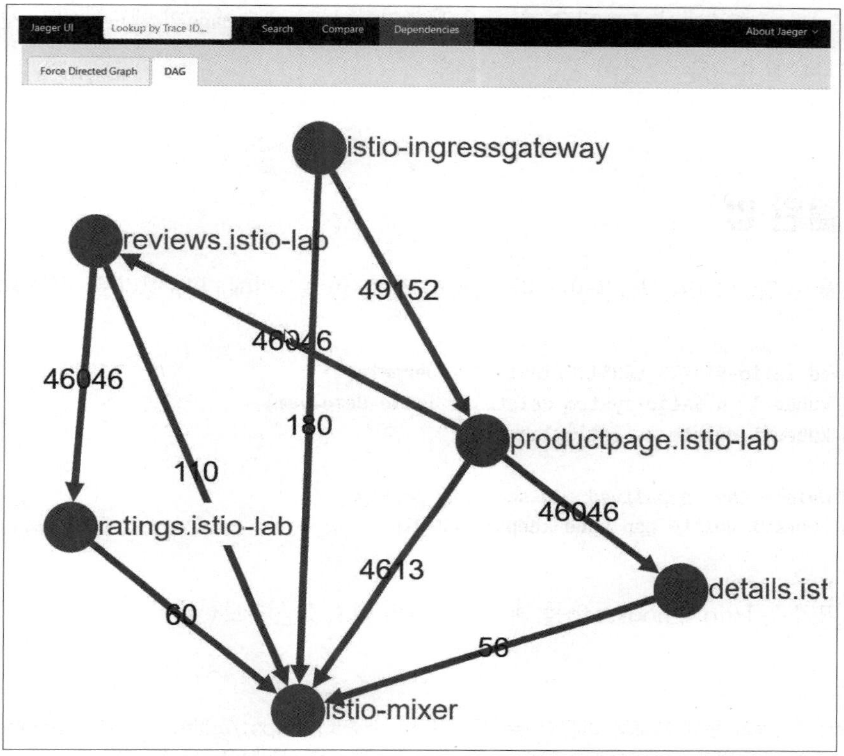

5. 다시 Search로 이동해 istio-mixer 서비스를 선택하고 **Find Traces**를 클릭한다. 최신 트레이스를 선택한다(12개의 스팬이 표시된다).

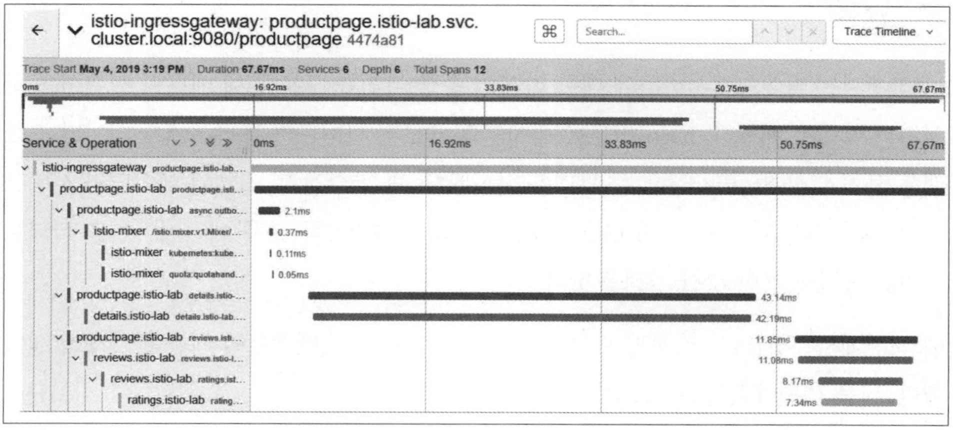

istio-mixer 수준에서 소요된 경과 시간을 확인한다. productpage의 엔드투엔드 시간에 비해 무시할 수 있는 수준이다.

클린 업

이로써 이 장의 Istio 실습을 마친다. 마무리 전에 정리를 위해 다음 명령을 실행한다.

```
$ cd istio-$ISTIO_VERSION/install/kubernetes
$ kubectl -n istio-system delete -f istio-demo.yaml
$ kubectl delete ns istio-lab

# Delete the keepalived pod security policy
$ kubectl delete psp kube-keepalived-vip
```

앞의 명령은 Istio와 bookinfo를 제거해 VM의 리소스를 확보한다.

NOTE

새로운 기능과 함께 새로운 버전의 Istio를 사용할 수 있다. https://github.com/servicemeshbook/istio를 방문해 새 버전으로 업데이트한 Istio 스크립트를 확인할 수 있다.

요약

이 장에서는 마이크로서비스에 대한 믹서의 속성 어휘를 사용해 새 메트릭 컬렉션을 구성하는 방법을 배웠다. Istio 컨트롤 플레인과 엔보이 사이드카 프록시에서 데이터 스크랩을 하기 위한 Prometheus 풀 모델을 살펴봤다. 또한 수집 및 집계된 데이터와 서비스 메시 관찰성을 시각화하고자 Grafana를 탐색하고, Kiali를 통해 애니메이션을 살펴보고 Jaeger를 사용한 분산 추적을 했다.

이 섹션에서는 Istio의 트래픽 관리, 보안, 정책, 그리고 텔레메트리 기능을 자세히 설명했다. 다음 섹션에서는 Linkerd 서비스 메시를 다룬다.

문제

1. 사이드카 프록시는 비동기 텔레메트리 데이터를 백엔드 서비스로 보낸다.

   A) 참

   B) 거짓

2. 시스템의 관찰성과 모니터링은 동일하다.

   A) 참

   B) 거짓

3. Istio의 모니터링과 관찰성에 권장되는 웹 UI는 Grafana, Prometheus, Kiali 및 Jaegar다.

   A) 참

   B) 거짓

4. 포트 포워딩은 다른 웹 UI 컴포넌트에 접근하는 유일한 방법이다.

   A) 참

   B) 거짓

5. Istio는 마이크로서비스 체인 내의 여러 스팬을 레포트한다.

   A) 참

   B) 거짓

6. Prometheus를 웹 UI 도구로 사용해 수집된 데이터와 메트릭을 시각화할 수 있다.

   A) 참

   B) 거짓

7. Grafana의 사용자 지정 대시보드는 인바운드와 아웃바운드 워크로드에 대한 세부 정보를 제공한다.

   A) 참

   B) 거짓

8. Kiali의 YAML 보기에서 모든 잘못된 구성은 빨간색으로 강조 표시된다.

A) 참

B) 거짓

참고 자료

- *Overview*, Istio. (2019) available at https://istio.io/docs/tasks/telemetry/distributed-tracing/overview/, accessed 3 May 2019
- *Distributed Tracing, Istio, and Your Applications - The New Stack*, Poddar, N.(2018), The New Stack, available at https://thenewstack.io/distributedtracing-istio-and-your-applications/, accessed 3 May 2019
- *Distributed tracing for cloud-native applications in the Istio service mesh* - The developerWorks Blog, Oliveira, F. (2017), The developerWorks Blog, available at https://developer.ibm.com/dwblog/2017/istio-service-mesh-distributed-tracing-zipkin/, accessed 3 May 2019

5부

예제를 통해 Linkerd를 알아보기

Linkerd의 오픈 소스 프로젝트는 2016년 2월에 시작됐다. Linkerd는 2017년 1월 Cloud Native Computing Foundation의 인큐베이팅 프로젝트로 승인됐다. 이 섹션에서는 실습을 통해 Linkerd에 대해 알아보고자 한다.

이 섹션은 다음 장으로 구성된다.

- 14장, Linkerd 서비스 메시 이해
- 15장, Linkerd 설치
- 16장, Linkerd의 신뢰성 기능 살펴보기
- 17장, Linkerd의 보안 기능 살펴보기
- 18장, Linkerd의 관찰성 기능 살펴보기

14

Linkerd 서비스 메시 이해

이전 섹션에서는 Istio 아키텍처, 설치 방법과 트래픽 관리, 보안, 정책, 관찰성에 관한 실습을 살펴봤다. Istio는 구성 기능이 풍부한 고도의 서비스이지만, 시작하기 약간 어려울 수 있다. 이 장에서는 Linkerd(Linker-Dee로 발음)라는 또 다른 오픈소스 서비스 메시를 설명하고자 한다.

Linkerd의 아키텍처는 Istio의 배포, 프록시 주입, 트래픽 관리, 관찰성, 기본 보안 프랙티스의 복잡성을 단순화시킬 수 있다. Linkerd는 CNCF의 인큐베이팅 프로젝트다. 이 섹션에서는 심층 분석을 수행하고 쿠버네티스 환경에서 실행, 관리되는 중요한 Linkerd 기능을 설명하고자 한다. 이 장을 마치면 Linkerd와 그 기능을 정확히 이해하게 될 것이다.

이 장에서는 다음 주제를 다룬다.

- 컨트롤 플레인과 데이터 플레인을 위한 Linkerd 아키텍처
- 컨트롤 플레인 설치 개요
- 데이터 플레인 개요

- 서비스 구성과 인그레스 규칙에 대한 Linkerd 프록시
- Linkerd의 대시보드, Grafana, Prometheus를 사용한 가시화
- 분산 추적과 메트릭 내보내기
- 사이드카 프록시 디버깅
- 트래픽 신뢰성과 다양한 기능
- Linkerd의 서비스 메시 보안

기술적 요구 사항

Istio을 학습하는 데 사용했던 VM을 계속 사용해야 한다. 동일한 VM과 쿠버네티스 환경에서 Linkerd 서비스 메시를 살펴볼 수 있도록 이전 장의 끝에 설명한 정리 절차를 수행해 리소스를 확보했는지 확인한다.

Linkerd의 코드 파일은 https://github.com/servicemeshbook/linkerd에서 찾을 수 있다.

Linkerd 서비스 메시 소개

Istio는 기능이 풍부하지만 핵심 기능을 제대로 파악하는 데 시간이 걸릴 수 있다. Linkerd는 서비스 메시를 간단하고 효율적이며 사용하기 쉽게 유지하도록 설계됐다. Linkerd는 Istio에 비해 최소한의 구성으로 작동한다.

Linkerd는 오픈소스 프로젝트이며 스타트업인 Buoyant(https://buoyant.io)가 개발했다. Buoyant는 Twitter에서 온 윌리엄 모건과 올리버 굴드가 설립했다. 앞부분에서 언급했듯 윌리엄 모건은 서비스 메시라는 문구를 만들었다. 그는 Linkerd를 SRE를 위한 애플리케이션에 직접 구축된 전용 인프라 레이어라고 설명한다. 2016년, Linkerd 1.x는 처음으로 만들어진 서비스 메시였다.

Linkerd는 두 가지 종류가 있다. 버전 1.x와 2.x. 둘은 기술적으로 매우 다르다.

- **Linkerd 1.x**: Java로 작성된 Netty(https://github.com/netty/netty)와 Scala로 작성된 Finagle(https://twitter.github.io/finagle/)을 기반으로 구축했다. Linkerd 1.x는 지금도 지원되지만 이 책에서는 다루지 않는다. Linkerd 1.x는 쿠버네티스, 아파치 메소스의 DC/OS, 콘솔과 주키퍼 기반 환경에서 실행된다.
- **Linkerd 2.x**: Rust(프록시)와 Go(컨트롤 플레인 컴포넌트)를 사용해 구축했으며 Linkerd 1.x보다 훨씬 빠르다. 오픈 소스이며 Buoyant와 https://github.com/linkerd의 많은 기여자가 유지 관리한다.

집필 당시, Linkerd 2.0은 쿠버네티스 플랫폼에서만 사용할 수 있으며 향후 변경될 수 있다.

Istio와 Consul Connect는 AWS의 App Mesh와 마이크로소프트의 Azure Service Fabric Mesh에서도 사용되는 엔보이 사이드카 프록시를 사용한다. 처음부터 사이드카 프록시가 Linkerd는 개발해 다른 서비스 메시 구현과는 다르다.

Istio는 설치와 전반적인 유지 관리 측면에서 Linkerd보다 운영하기가 더 어렵다. 이는 엔지니어링에는 이상적이지만 운영자와 관리자에게는 까다로운 서비스 간 상호작용 때문이다. Linkerd는 아키텍처가 단순하고 노드당 하나의 프로세스만 필요하므로 구성하기가 매우 쉽다. Istio에는 복잡한 컨트롤 플레인 때문에 여러 프로세스가 필요하다.

트래픽 관리를 위해 Istio는 Linkerd보다 서킷 브레이킹, 타임아웃, 라우팅 규칙, 서브셋 로드 밸런싱, 결함 주입 등과 같은 더 많은 기능을 제공한다. 그러나 이는 로드맵에 있는 내용에 따라 향후 변경될 수 있다. 보안을 위해 Linkerd와 Istio는 인증서 순환, 외부 루트 인증서 할당, mTLS와 같은 기능에 대한 지원을 제공하지만 Linkerd는 HTTP가 아닌 트래픽에 자동 mTLS를 지원하지 않으며, 이 내용은 향후 로드맵에 있다. 모니터링을 위해 Linkerd와 Istio는 오픈 소스 도구를 활용해 쿼리를 통한 Grafana(Linkerd와 Istio에서 사용)와 Kiali(Istio에서 사용)에서 제공하는 대시보드를 통해 인사이트를 제공한다.

마지막으로, 성능 측면에서 Linkerd는 Istio보다 처리 부하가 3배 더 우수하다. Istio가 통합, 트래픽 관리, 전체 정책 관리와 관련된 네트워킹 아키텍처가 복잡하기 때문이다.

Linkerd는 서비스 메시 인터페이스 설명서를 제공하며 https://smi-spec.io/에서 찾을 수 있다.

NOTE

> 이 장에서는 Linkerd 2.x 아키텍처에 초점을 맞춘다. 이후부터 Linkerd라는 용어는 Linkerd 1.x가 아닌 Linkerd 2.x만을 의미한다.

Linkerd 아키텍처

Linkerd에는 요청과 응답에 HTTP와 HTTP/2를 처리하는 전용 레이어 7 프록시가 있다. 성공, 실패, 대기 시간과 응답 요청에 필터 체인을 사용할 수 있다. 서비스 메시는 마이크로서비스와 함께 하나의 Linkerd 프록시를 배포함을 의미한다. 서비스 호출을 시작하면 해당 요청을 Linkerd 프록시가 수신한 다음 마이크로서비스로 전송된다. 다음으로 마이크로서비스 응답은 Linkerd 프록시를 통해 라우팅되며, 이 프록시는 해당 응답을 다시 다른 마이크로서비스로 보낸다. 각 마이크로서비스 옆에 있는 프록시는 네트워크 호출을 래핑하고 메트릭을 수집한다. 서비스 간 통신은 TLS를 통해 보호되며 모든 유선 트래픽이 암호화된다.

Linkerd는 추상 레이어를 제공하므로 마이크로서비스를 관리, 제어, 모니터링할 수 있다. Linkerd는 애플리케이션을 탄력적으로 만들기 위해 로드 밸런서, TLS, 요청 라우팅, 서비스 확장성을 통해 서비스지향 인프라를 용이하게 한다. Linkerd 프록시를 사용하면 애플리케이션 소유자가 선택한 프로그래밍 언어로 마이크로서비스를 개발할 수 있다.

독립 실행형 프록시를 배포하고 실행하기 위해 Linkerd에는 두 가지 기본 아키텍처 컴포넌트가 있다.

- 컨트롤 플레인
- 데이터 플레인

Linkerd의 컨트롤 플레인과 데이터 플레인 아키텍처는 다음 다이어그램에서 볼 수 있다.

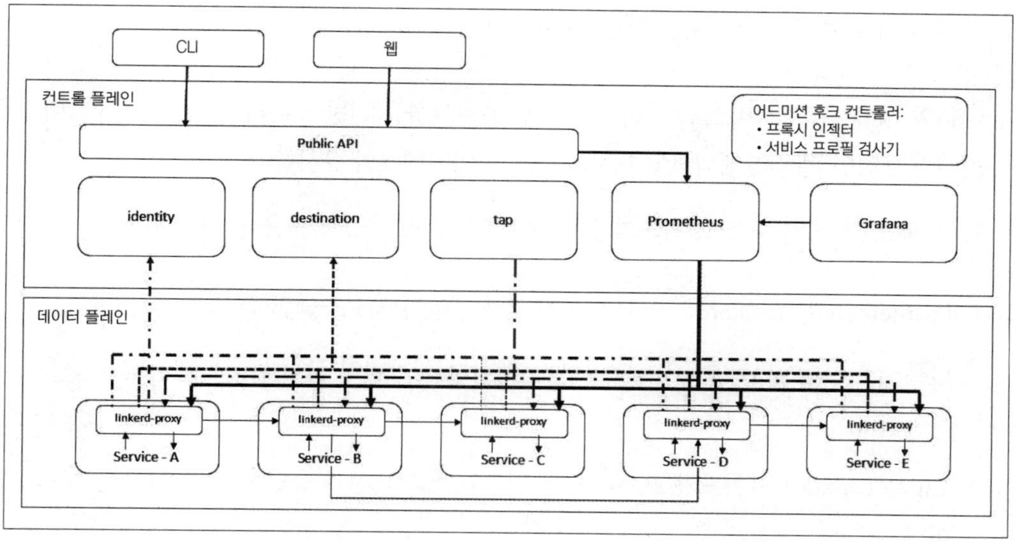

이 장에서는 아키텍처를 이해하고자 한다. 컨트롤 플레인부터 살펴보도록 하자.

컨트롤 플레인

Linkerd의 컨트롤 플레인Control plane은 쿠버네티스 환경에 배포할 수 있다. 주요 기능은 텔레메트리 데이터 집계, 서비스 API 호출, 컨트롤 플레인과 서비스 프록시 간의 데이터 접근을 활성화하는 것이다. 다음 네 가지 주요 컴포넌트로 구성된다.

- **컨트롤러**: 애플리케이션 프록시 간의 트래픽을 관리하기 위해 `Public API`, `identity`, `destination`, `tab`이라는 4개의 컨테이너를 배포한다.

- **웹**: Linkerd가 설치, 배포되면 이것이 프론트엔드 대시보드가 된다.
- **Prometheus**: 다른 Linkerd 컴포넌트에서 생성된 Linkerd 프록시와 메트릭에서 캡처한 메트릭, 텔레메트리, 모니터링 데이터를 저장하는 데 사용되는 오픈 소스 컴포넌트다.
- **Grafana**: Prometheus가 캡처한 메트릭을 시각화하기 위해 Prometheus와 통합된 바로 사용 가능한 오픈 소스 컴포넌트다.

Istio와 Linkerd의 서비스 메시 패턴은 가십 프로토콜을 기반으로 하는 피어 투 피어 아키텍처 패턴인 콘솔을 제외하고 허브와 스포크 아키텍처와 유사하다.

다이어그램에서 알 수 있듯 컨트롤 플레인에는 다음과 같은 단계별 구성이 있다.

1. Prometheus는 Linkerd의 프록시가 생성하는 데이터를 스크랩한다.
2. 다음으로 Grafana는 Prometheus에서 데이터를 가져와 모니터링과 관찰성 기능을 제공한다.
3. Tap은 Linkerd 사이드카 프록시에서 실시간으로 요청과 응답을 받는 고유한 개념이다.
4. Linkerd Identity는 상호 TLS를 활성화하기 위해 사이드카 프록시에 대한 인증서와 키를 제공하는 PKI다.

Public API와 destination은 컨트롤 플레인의 핵심이다. 다양한 기능을 제공하고, 구성을 데이터 플레인의 Linkerd 프록시로 푸시 다운한다. CLI 와 웹은 컨트롤 플레인의 프론트엔드며 사용자로부터 입력을 받아 구성, 모니터링 또는 가시화하는 데 사용된다. 또한 컨트롤 플레인에는 자동 사이드카 주입을 위한 쿠버네티스 어드미션 웹훅 컨트롤러와 새로운 서비스 프로필의 유효성을 검사하는 유효성 검사기validator가 있다.

Linkerd의 기능 중 하나는 웹 기반의 대시보드다. 이 대시보드는 실시간 트래픽 분석을 제공하는 고유한 tap 기능을 사용해 애플리케이션에 대한 높은 수준의 보기를 제공한다.

이는 성공률, 초당 요청(RPS), 마이크로서비스 종속성 시각화 등과 같은 메트릭을 보는 데 사용된다.

Linkerd를 설치했으면 터미널 창에서 `linkerd dashboard` 명령을 입력해 Linkerd 대시보드를 실행할 수 있고, 브라우저에 대한 URL이 출력된다. 대시보드 UI는 Linkerd 웹 포트로 포트를 전달하면 로컬 컴퓨터에서 실행된다.

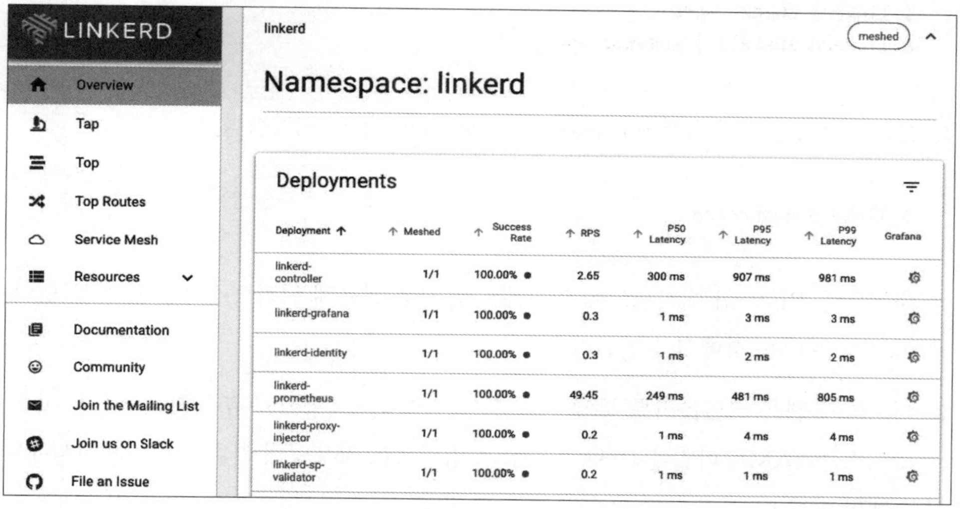

Linkerd의 대시보드를 통해 대시보드를 실행하기는 쉽다. 인그레스 컨트롤러를 통해 대시보드를 노출해 외부 웹 주소를 통한 접근을 제공할 수 있다. NodePort를 사용해 접근 권한을 얻을 수도 있으며, 이 경우 쿠버네티스 클러스터의 마스터 노드 IP 주소에 접근해야 한다.

커맨드 라인 인터페이스 사용

Linkerd 컨트롤 플레인의 커맨드 라인 인터페이스Command-line interface는 사용자가 Linkerd 컨트롤 플레인을 설치할 때 다양한 작업을 수행할 수 있도록 도와주는 Linkerd 도구다.

다음 단계는 개념적 수준으로 Linkerd의 운영 단순성을 언급한다. 아직은 이런 명령은 시도하지 않는다. 다음 장에서 Linkerd의 설치 과정을 자세히 살펴본다.

1. Linkerd의 전제 조건이 충족됐는지 확인한다. 현재 가상 머신의 유효성을 체크하고 통과 또는 실패한 결과의 출력을 제공한다. 그런 다음 서비스 메시를 배포한다.

```
$ linkerd check --pre
$ linkerd install | kubectl apply -f -
```

2. 클라이언트 컴퓨터를 통해 Linkerd 대시보드를 로컬로 시작한다.

```
$ linkerd dashboard
```

   대안으로, Linkerd 대시보드에 인그레스 규칙을 적용해 원격으로 접근할 수도 있다. 이 기능은 다음 장에서 설명한다.

3. 어드미션 웹훅 컨트롤러를 통해 사이드카 프록시를 자동으로 주입할 수 있다. 이 프로세스는 YAML 파일을 `linkerd inject` 명령으로 라우팅해 기존 애플리케이션에도 수행할 수 있다.

```
$ kubectl get deploy -o yaml | linkerd inject - | kubectl apply -f -
```

4. web이라는 쿠버네티스 배포를 통해 실시간 트래픽 분석을 수행한다.

```
$ linkerd tap deploy/web
```

5. `top` 명령을 사용해 Linkerd 서비스 메시의 커맨드 라인 모니터링을 수행한다. 다음 예제는 web이라는 쿠버네티스 배포를 모니터링하는 방법을 보여준다.

```
$ linkerd top deploy/web
```

6. 마지막으로(선택 사항) 사용자는 upgrade 명령을 사용해 기존 Linkerd 컨트롤 플레인을 업그레이드할 수 있다. 그러면 쿠버네티스로 라우팅될 수 있는 YAML 구성 파일이 생성된다.

```
$ linkerd upgrade | kubectl apply -f -
```

Linkerd와 해당 컨트롤 플레인 컴포넌트를 설치하는 것은 다소 쉽다. 이 단계는 다음과 같은 높은 수준의 개요를 제공한다.

- Linkerd 설치를 위한 환경 사전 확인
- Linkerd 설치
- 대시보드에 접근
- 실시간 트래픽 지표에 대한 가시화
- 쉬운 컨트롤 플레인 업그레이드

다음으로, Linkerd의 데이터 플레인 기능을 살펴본다.

데이터 플레인

데이터 플레인Data plane 아키텍처를 자세히 살펴보도록 하자.

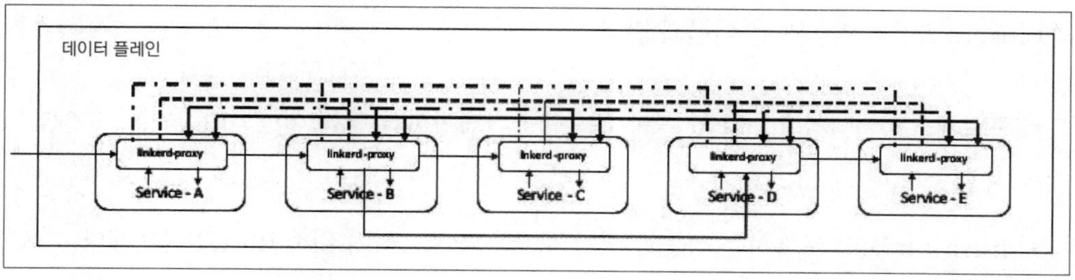

이 다이어그램에서 다음 내용을 알 수 있다.

- Service-A는 외부 네트워크에서 트래픽을 수신하는 엣지 서비스다.
- Service-A는 Service-C, Service-D와 같은 다른 두 서비스를 호출하는 Service-B를 호출한다.
- 마지막으로, Service-D는 Service-E를 호출한다.

애플리케이션 수준에서 Linkerd 프록시의 메시는 데이터 플레인을 형성하며, 이는 컨트롤 플레인을 통해 구성, 모니터링, 가시화될 수 있다.

지금까지 배포한 서비스와 관련된 Linkerd의 컨트롤 플레인과 데이터 플레인을 살펴봤으며, UI 대시보드나 CLI를 통해 관리하는 방식을 이해했다. 다음 섹션에서는 Linkerd의 사이드카 프록시 아키텍처를 설명한다.

Linkerd 프록시

Linkerd에서 사이드카 프록시는 Mozilla Research의 Graydon Hoare가 디자인한 Rust 프로그래밍 언어로 작성됐다. Rust는 C, C++와 유사하며 더 나은 성능과 강 타입strong type을 제공한다. Rust는 생성자에서 리소스 최적화를 수행하고 객체가 쓸모 없어지면 소유한 리소스가 해제되므로 가비지 컬렉션GC 관련 제약이 없다.

Linkerd 개발자가 선택한 Rust는 성능, 신뢰성, 생산성을 달성하기 위함이다(https://rust-lang.org). Linkerd 프록시는 설치 공간이 작으므로 가볍고 효율적이다.

Linkerd 프록시의 기능은 다음과 같다.

- **프로세스 아키텍처**: Linkerd 프록시는 애플리케이션과 함께 실행되며 언어에 구애받지 않는다.
- **Rust**: Linkerd 프록시는 성능과 대기 시간을 최소화하기 위해 Rust로 작성됐다.
- **프로토콜**: 구성이 필요 없으며 HTTP/1.2, HTTP/2.0, 임의의 TPC를 지원한다. 또한 웹 소켓 프록시가 있다.

- **HTTP L7 라우팅**: 지연 시간 인식 자동 로드 밸런싱
- **L4 라우팅**: HTTP가 아닌 트래픽에 대한 로드 밸런싱
- **TLS**: 자동 TLS
- **온디맨드 진단**: Tap API를 사용한다.
- **서비스 디스커버리**: DNS와 대상 gRPC API를 통해

이 내용을 알아두고 아키텍처를 이해해보자.

아키텍처

Linkerd 프록시 아키텍처는 엔보이 아키텍처와 매우 유사하다. Linkerd 프록시는 포드의 애플리케이션 컨테이너와 주고받는 트래픽을 차단한다. 다음 다이어그램과 같이, 프록시를 시작하기 전에 실행되는 `linkerd-init` 컨테이너와 `iptables`에서 규칙을 설정하는 데 사용되는 애플리케이션 컨테이너가 있으며 이를 통해 트래픽의 수신, 발신 흐름을 구성할 수 있다.

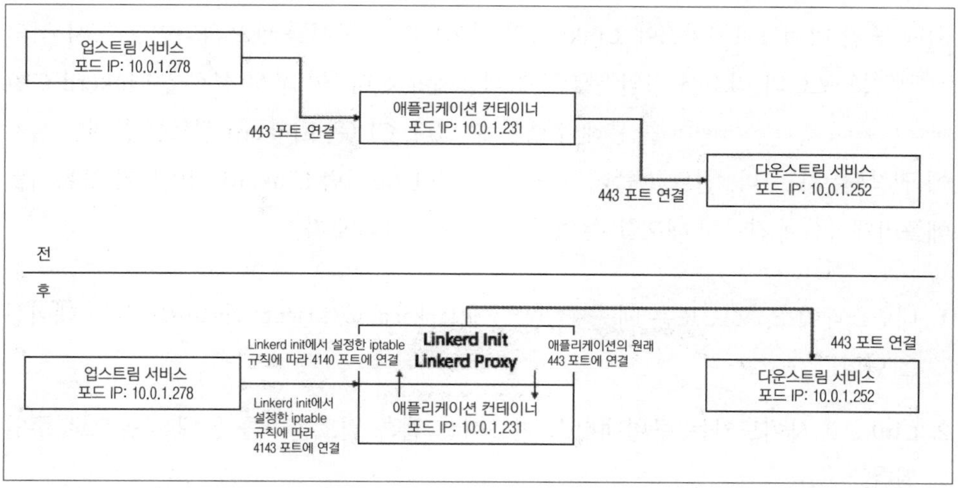

다이어그램에서 다음 단계가 수행되는 것을 알 수 있다.

1. Linkerd 사이드카 프록시가 애플리케이션 포드에 주입된다.
2. Linkerd Init 컨테이너는 IP `10.0.1.231`에서 들어오는 트래픽을 `4143` 포트로 전달하고, 나가는 트래픽을 `4140`포트로 전달하도록 iptables의 규칙을 설정한다.
3. Linkerd 프록시는 수신 트래픽을 수집하고 컨트롤 플레인에서 수신하는 규칙을 적용한다.
4. 그런 다음 트래픽을 원래 `443`포트에서 애플리케이션 컨테이너로 전달한다. 나가는 트래픽은 `4140`포트로 전송된다.
5. 규칙을 적용한 후 Linkerd 프록시는 해당 트래픽을 다운스트림 애플리케이션 지정 포트로 보낸다.

다음으로, 사이드카 프록시로 마이크로서비스를 구성하는 방법을 설명한다.

서비스 구성

실행 중인 마이크로서비스에 Linkerd의 사이드카 프록시를 배포하려면 프록시 정의definition를 포드의 리소스 정의definition에 적용해야 한다. 이 구성 설정은 Linkerd CLI (https://linkerd.io/2/architecture/#cli)를 통해 수행할 수 있다. CLI는 Linkerd 컨트롤 플레인 설치에 권장되는 도구다. 컨트롤 플레인을 배포하면 Istio처럼 Linkerd 사이드카 프록시를 애플리케이션에 간단히 배포할 수 있다. 다음과 같이 해보자.

1. 네임스페이스, 포드 또는 배포deployment에 `linkerd.io/inject: enabled`로 어노테이션을 단다.
2. Linkerd 사이드카는 쿠버네티스 어드미션 웹훅 컨트롤러를 통해 자동으로 주입된다.

3. 특정 포드에 사이드카가 필요하지 않은 경우, 해당 포드에 `linkerd.io/inject: disabled`로 어노테이션을 달 수 있다.

4. 실행 중인 마이크로서비스 서비스에 Linkerd를 추가하려면 `linkerd inject` 명령을 실행한다.

5. 이렇게 하면 `linkerd-init`가 추가되고 배포[deployment] YAML에 정의된 모든 서비스 포드의 사이드카 프록시가 프로비저닝된다.

6. `kubectl`을 통해 이 구성 파일을 배포하면 롤링 업데이트가 트리거되고 이전 포드가 새 포드로 교체된다.

7. 새로 추가된 포드는 Linkerd 대시보드에서 볼 수 있다.

다음 장에서는 Linkerd 컨트롤 플레인과 데이터 플레인의 단계별 배포를 보여준다.

지금부터 Linkerd를 이미 설치했고, `linkerd.io/inject: enabled`로 기본 네임스페이스에 어노테이션을 달았다고 가정해보자. 다음으로, 애플리케이션을 배포해야 한다. 배포 중 Linkerd 사이드카 프록시가 자동으로 주입된다. 다음 코드 예시를 보자.

```
$ kubectl annotate namespace default linkerd.io/inject=enabled

$ kubectl create -f https://k8s.io/examples/admin/dns/busybox.yaml
```

포드를 확인하면 사이드카가 READY 열 아래에 2/2로 자동으로 주입되는 것을 볼 수 있다.

```
$ kubectl get pods
NAME       READY      STATUS      RESTARTS      AGE
busybox    2/2        Running     0             9s
```

busybox 포드를 describe하면 Linkerd 사이드카 프록시에 대한 세부 정보가 표시된다.

busybox 포드에는 트래픽을 프록시로 라우팅하기 위해 `iptables`에 항목을 넣는 `linkerd-init`라는 하나의 초기화 컨테이너가 있다. busybox 컨테이너와 사이드카 프록시의

linkerd-proxy 컨테이너는 적절한 커맨드 라인 파라미터를 사용해 (2/2)로 구분지어 생성된다.

busybox 컨테이너를 살펴보도록 하자.

```
$ kubectl describe pod busybox
Name: busybox
Namespace: default
...
Containers:
busybox:
Container ID: docker://...
Image: busybox:1.28
...
linkerd-proxy:
Container ID: docker://...
Image: gcr.io/linkerd-io/proxy:stable-2.6.0
...
LINKERD2_PROXY_CONTROL_LISTEN_ADDR: 0.0.0.0:4190
LINKERD2_PROXY_ADMIN_LISTEN_ADDR: 0.0.0.0:4191
LINKERD2_PROXY_OUTBOUND_LISTEN_ADDR: 127.0.0.1:4140
LINKERD2_PROXY_INBOUND_LISTEN_ADDR: 0.0.0.0:4143
LINKERD2_PROXY_DESTINATION_PROFILE_SUFFIXES: svc.cluster.local.
LINKERD2_PROXY_INBOUND_ACCEPT_KEEPALIVE: 10000ms
LINKERD2_PROXY_OUTBOUND_CONNECT_KEEPALIVE: 10000ms
LINKERD2_PROXY_DESTINATION_CONTEXT: ns:$(_pod_ns)
...
```

Linkerd 사이드카 프록시 주입은 기본적으로 활성화돼 있다. 기존 배포에 대한 모든 변경 사항은 linkerd.io/inject: disabled를 사용해 어드미션 컨트롤러를 변경함으로써 수행된다. 이렇게 어드미션 컨트롤러를 호출하면 Linkerd 사이드카 프록시를 활성화/비활성화하도록 busybox 배포[deployment]를 수정한다.

Linkerd 사이드카 프록시 주입은 컨트롤 플레인의 일부이며, 해야 할 일은 네임스페이스에 어노테이션을 달고 자동으로 프록시를 주입하는 것이므로 프로세스가 쉬워진다.

이제 Linkerd가 쿠버네티스 인그레스 컨트롤러를 통해 들어오는 트래픽을 어떻게 활성화하는지 살펴보도록 하자.

인그레스 컨트롤러

쿠버네티스의 인그레스 컨트롤러Ingress controller는 모든 외부 웹 트래픽을 전송하고 클러스터 내에서 실행되는 지정된 마이크로서비스로 전달하는 엣지 인프라다. 어떤 인바운드 연결이 어떤 서비스에 도달하는지 정의하는 규칙 모음을 만들어 접근을 구성한다.

Istio와 달리 Linkerd는 인그레스 컨트롤러를 제공하지 않는다. 대신 퍼블릭 클라우드(구글, AWS, Azure, IBM 등) 또는 레드햇 오픈시프트, 피보탈 컨테이너 서비스와 같은 온프레미스 구현 쿠버네티스 프로바이더와 함께 제공되는 기존 인그레스 컨트롤러에 편승piggyback 한다. 다음 장에서 자체 Nginx Ingress Controller의 빌드 과정을 다룬다.

Linkerd는 들어오는 요청의 도메인 이름(HTTP / 2) 또는 호스트(HTTP 1.1) 헤더를 기반으로 서비스를 검색한다. example.com과 같은 호스트에 대한 수신 요청은 인그레스 컨트롤러에서 `example.linkerdlab.svc.cluster.local`과 같은 내부 서비스 이름으로 변환해야 한다. 변환 시에는 Linkerd 프록시가 트래픽을 올바르게 라우팅할 수 있도록 요청 헤더를 다시 작성해야 한다.

예를 들어 Nginx 컨트롤러의 인그레스 정의에 다음 어노테이션(굵게 표시)을 추가해야 한다.

```
apiVersion: extensions/v1beta1
kind: Ingress
metadata:
  name: web-ingress
  namespace: emojivoto
  annotations:
    kubernetes.io/ingress.class: "nginx"
    nginx.ingress.kubernetes.io/configuration-snippet: |
      proxy_set_header l5d-dst-override
$service_name.$namespace.svc.cluster.local:80;
      proxy_hide_header l5d-remote-ip;
      proxy_hide_header l5d-server-id;
spec:
  rules:
  - host: emojivoto.linkerd.io
    http:
      paths:
```

```
        - backend:
            serviceName: web-svc
            servicePort: 80
```

이전 Linkerd YAML에서, 인그레스 컨트롤러가 `kubernetes.io/ingress.class: "nginx"` 어노테이션을 통해 nginx 어댑터를 사용하고 있음을 알 수 있다. 다음의 어노테이션은 Linkerd 프록시를 위한 구성 스니펫이다.

```
nginx.ingress.kubernetes.io/configuration-snippet: |
        proxy_set_header 15d-dst-override
$service_name.$namespace.svc.cluster.local:80;
        proxy_hide_header 15d-remote-ip;
        proxy_hide_header 15d-server-id;
```

앞의 어노테이션을 통해, `15d-*`로 시작하는 헤더가 수신 요청의 헤더에 추가된다. 이러한 `15d-*` 헤더는 Linkerd 프록시에만 의미가 있으며 인바운드, 아웃바운드 프록시는 내부 마이크로서비스나 외부 아웃바운드 대상을 위한 것이 아니므로 이러한 헤더를 제거한다. 이러한 `15d-*` 헤더의 도움으로 이제 Linkerd 프록시는 트래픽을 적절하게 라우팅할 수 있다.

Traefik(트래픽처럼 발음) HTTP 역방향 프록시, 로드 밸런싱(https://github.com/containous/traefik)을 사용하는 경우 다음과 같이 적절한 헤더로 인그레스 컨트롤러를 정의해야 할 수도 있다.

```
apiVersion: extensions/v1beta1
kind: Ingress
metadata:
  name: web-ingress
  namespace: emojivoto
  annotations:
    kubernetes.io/ingress.class: "traefik"
    ingress.kubernetes.io/custom-request-headers: 15d-dst-override:
websvc.emojivoto.svc.cluster.local:80
    ingress.kubernetes.io/custom-response-headers: "15d-remote-ip: ||
15dserver-id:"
spec:
  rules:
```

```
  - host: emojivoto.linkerd.io
    http:
    paths:
    - backend:
      serviceName: web-svc
      servicePort: 80
```

이전 Linkerd 인그레스 YAML에서 인그레스가 kubernetes.io/ingress.class : "traefik" traefik 어댑터를 사용함을 알 수 있다. 다음의 어노테이션은 Linkerd 프록시를 위한 구성 스니펫이다.

```
  ingress.kubernetes.io/custom-request-headers: l5d-dst-override:
websvc.emojivoto.svc.cluster.local:80
  ingress.kubernetes.io/custom-response-headers: "l5d-remote-ip: ||
l5dserver-id:"
```

이 어노테이션을 통해 Linkerd 프록시가 l5d- * 헤더의 존재로 이러한 요청을 처리하는 방법을 알 수 있다.

Gloo(https://github.com/solo-io/gloo)와 같은 다른 인그레스 컨트롤러는 Linkerd와 기본적으로 통합돼 수신 요청에 자동으로 Linkerd 특정 헤더를 추가한다. 이 기능은 설정을 수정하고 라우트를 추가하면 활성화된다.

```
$ kubectl patch settings -n gloo-system default -p
'{"spec":{"linkerd":true}}' --type=merge

$ glooctl add route --path-prefix=/ --dest-name booksapp-webapp-7000
```

지금까지 Linkerd에 대한 인그레스 규칙을 활성화하는 방법을 배웠다. 이제 Linkerd의 대시보드를 통해 시각화할 수 있는 관찰성 기능과 지표를 살펴보자.

관찰성

Linkerd는 대화형 대시보드를 통해 즉시 사용 가능한 가시화를 제공한다. 이는 서비스 요청 볼륨, 성공률, 네트워크 대기 시간과 같은 중요한 메트릭를 계측할 수 있다. 이러한 메트릭 외에도 Linkerd는 Linkerd에서 모니터링하는 모든 실행 중인 서비스의 모든 수신, 발신 트래픽에 대한 네트워크 요청의 실시간 데이터 스트림을 활성화할 수 있다.

Linkerd 대시보드는 실시간으로 모니터링되는 서비스에 대한 높은 수준의 화면을 제공한다. 성공률, 네트워크 요청, 네트워크 대기 시간, 서비스 종속성 시각화, 서비스 라우트 상태 보기와 같은 전체 서비스 세부 사항에 대한 관점을 제공할 수 있는 골든 메트릭이라는 용어가 있다.

다음 스크린샷에서 확인할 수 있다.

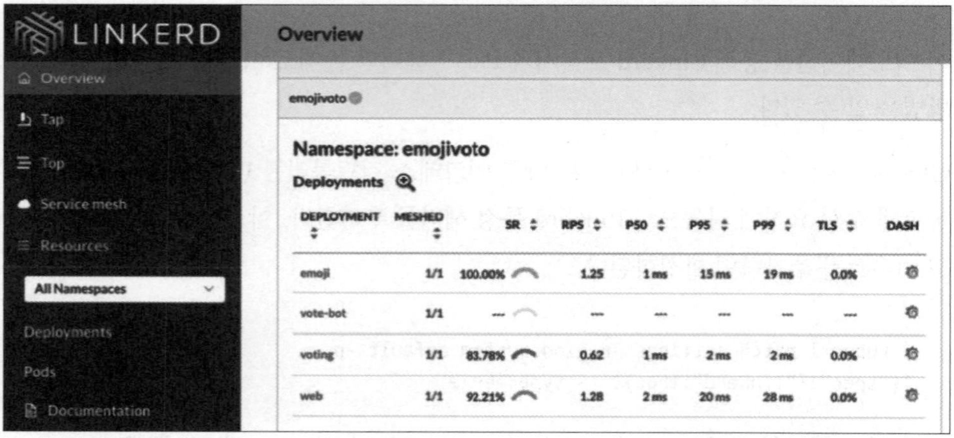

이 장 앞부분에서 요약하자면 CLI에서 `linkerd dashboard` 명령을 실행해 대시보드를 활성화할 수 있다.

대시보드 외에 Grafana와 Prometheus라는 두 개의 다른 오픈 소스 시각화 도구가 있다. Linkerd와 쿠버네티스에서 모두 지원된다.

Grafana와 Prometheus

컨트롤 플레인의 기본 컴포넌트인 Grafana는 등록된 실행 서비스에 대한 대시보드 인사이트를 제공한다. Grafana를 사용하면 서비스 수준 포드, 컨테이너 세부 사항으로 드릴 다운할 수 있다. 이러한 메트릭 중 일부는 최상위, 배포, 포드, Linkerd 상태다.

Prometheus는 모니터링이 활성화된 서비스에 대한 모든 Linkerd 텔레메트리 메트릭을 수집하고 저장하는 백엔드 모니터링 솔루션이다. 또한 컨트롤 플레인의 일부이며 CLI, Linkerd 대시보드와 Grafana에서 사용되는 데이터를 수집한다.

프록시는 Prometheus에 대한 `/metrics` 엔드포인트를 노출해 4191포트에서 10초마다 스크랩한다. 이러한 메트릭은 CLI, 대시보드와 같은 다른 모든 Linkerd 컴포넌트에서 사용할 수 있다.

분산 추적

Linkerd의 분산 추적Distributed tracing은 자동화 방식으로 특별한 구성이 필요하지 않다. Linkerd 프록시에서 수집한 데이터는 모두 집계돼 서비스 수준과 경로/라우트 수준에서의 상태, 대기 시간, 요청 볼륨을 보여준다.

대시보드에서 라이브 종속성 그래프와 서비스 토폴로지도 보여준다. 분산 시스템을 모니터링하기 위한 4가지 골든 메트릭이 있다. 대기 시간, 트래픽(RPS), 오류, 포화도로 SRE 팀은 관련 내용에 관심이 많을 것이다. Linkerd 대시보드는 대시보드를 통해 이러한 골든 메트릭을 보여준다. 다음 스크린샷은 웹 앱에 대한 5가지 메트릭을 보여준다.

deployment/webapp

Route ↑	Service ↑	↑ Success Rate	↑ RPS	↑ P50 Latency	↑ P95 Latency	↑ P99 Latency
GET /	webapp	100.00% ●	0.47	50 ms	95 ms	99 ms
GET /authors/{id}	webapp	100.00% ●	0.47	30 ms	85 ms	97 ms
GET /books/{id}	webapp	100.00% ●	0.93	25 ms	72 ms	94 ms
POST /authors	webapp	100.00% ●	0.48	37 ms	85 ms	97 ms
POST /authors/{id}/delete	webapp	100.00% ●	0.47	75 ms	188 ms	198 ms
POST /authors/{id}/edit	webapp	—	—	0 s	0 s	0 s
POST /books	webapp	46.28% ●	2.02	43 ms	89 ms	98 ms
POST /books/{id}/delete	webapp	100.00% ●	0.47	27 ms	39 ms	40 ms
POST /books/{id}/edit	webapp	50.00% ●	0.97	86 ms	183 ms	197 ms
[DEFAULT]	webapp	—	0	0 s	0 s	0 s

분산 추적은 프록시에 따라 설정된 경우 요청 헤더를 보존하기 위한 애플리케이션이 필요하다. 향후 Linkerd의 릴리즈에서는 스팬 헤더를 통해 분산 추적을 사용할 수 있다. Istio는 이미 스팬 헤더를 통한 애플리케이션 추적을 지원하지만 Linkerd에서 보이는 것와 같은 골든 메트릭을 보여주지 않는다.

NOTE

P50, P95, P99는 백분위 수 메트릭이다. 예를 들어 값이 27ms인 P50은 시간의 50 %에 27ms 이하 지연됨을 나타낸다.

P50, P95, P99 지연 메트릭은 애플리케이션 개발자가 애플리케이션 병목 현상을 식별하는 데 도움이 될 수 있다. 집계된 지연 정보는 Linkerd에서 매우 유용한 기능이다.

메트릭 내보내기

Linkerd의 컨트롤 플레인의 일부로 실행되는 Prometheus는 약 6시간 동안 데이터를 보관한다. 추가 데이터 보존이 필요하면 메트릭을 Elasticsearch, Logstash, Kibana(ELK)

스택과 같은 데이터 저장소 또는 전용 Prometheus 인스턴스로 내보낼 수 있다.

Prometheus 페더레이션 API나 `ServiceMonitor`는 Linkerd Prometheus에서 `/federate` 경로를 전용 Prometheus 저장소로 데이터를 복사하는 데 사용할 수 있다.

또는 페더레이션 API를 직접 호출해 Kafka 스트림에서 수집한 다음, 다음과 같이 ELK 스택에 덤프할 수 있다.

```
$ curl -G \
--data-urlencode 'match[]={job="linkerd-proxy"}' \
--data-urlencode 'match[]={job="linkerd-controller"}' \
http://linkerd-prometheus.linkerd.svc.cluster.local:9090/federate
```

이전 `curl` 명령에서 `/federate` 경로를 클러스터 외부에서 스크랩해야 하는 경우, 인그레스를 통해 외부 이름을 사용해 트래픽을 `linkerd-prometheus` 마이크로서비스로 라우팅할 수 있다.

데이터 플레인과 컨트롤 플레인 내에서 실행되는 Linkerd 프록시는 여러 개 있을 수 있다. 다음과 같이 Linkerd 프록시에서 직접 메트릭을 스크랩할 수 있다.

```
$ kubectl -n linkerd port-forward \
  (kubectl -n linkerd get pods \
 -l linkerd.io/control-plane-ns=linkerd \
 -o jsonpath='{.items[0].metadata.name}') \
 4191:4191
```

로컬 머신에서 이전 `kubectl` 명령을 실행한 후, 다음 `curl` 명령을 실행해 Prometheus 페더레이션 메트릭 데이터 저장소에 접근할 수 있다.

```
$ curl localhost:4191/metrics
```

다음으로 Linkerd 사이드카 프록시를 알아보고 디버깅 플래그를 활성화하는 방법을 살펴보도록 하자. 연결된 마이크로서비스를 상세하게 살펴볼 수 있다.

디버깅 사이드카 주입

Linkerd 프록시 외에도, `config.linkerd.io/enable-debug-sidecar: true` 포드 어노테이션을 설정하거나 `--enable-debug-sidecar`와 `linkerd inject` 명령으로 디버깅 사이드카를 자동으로 추가할 수도 있다. 디버깅 사이드카는 낮은 수준의 시스템 모니터링에 사용할 수 있는 `tshark`, `tcpdump`, `lsof`, `iproute2` 툴을 제공한다.

이 섹션에서는 Linkerd의 가시화를 간략히 살펴봤다. 관련 내용을 18장, 'Linkerd의 관찰성 기능 살펴보기'에서 자세히 살펴보도록 한다. 이제 신뢰성과 마이크로서비스 탄력성을 위한 Linkerd의 트래픽 관리 기능을 알아보도록 하자.

신뢰성

Linkerd는 애플리케이션 장애로부터 복원력을 제공하기 위해 오토 파일럿과 관련된 몇 가지 기능을 사용해 신뢰성Reliability 있게 트래픽 관리 기능을 처리한다. 이 섹션에서는 이러한 모든 트래픽 패턴에 대한 간략한 개요를 살펴본다. 트래픽 분할부터 알아보자.

트래픽 분할

트래픽 분할Traffic split은 최근 인기를 얻은 핵심 개념이다. 애플리케이션을 변경하지 않고도 프록시를 통해 네트워킹 기능을 추상화한다. 트래픽 분할을 사용하면 동료, 친구, 가족과 같은 사용자 그룹을 선택할 수 있는 애플리케이션 다크 론칭이 가능하다. 카나리아 배포(점진적 트래픽 시프팅), A/B 테스트(HTTP 헤더와 쿠키 트래픽 라우팅), 블루/그린 배포(트래픽 스위치)는 모두 사용자 그룹에 라이브 트래픽의 비율을 라우팅해 프로덕션 환경에서 애플리케이션을 테스트하기 위한 다크 론칭의 예시다. 이러한 기능은 기존의 모놀리식 환경에서 바로 사용할 수 없다.

Linkerd는 Linkerd를 사용하는 카나리아 배포를 위한 오픈 소스 쿠버네티스 오퍼레이터인 Flagger(https://flagger.app)와 함께 작동한다. Flagger는 Linkerd와 함께 카나리아와 블루/그린 배포를 제공한다.

Linkerd는 최근 트래픽 분할을 위한 서비스 메시 인터페이스 스펙을 발표했다.

결함 주입

카오스 테스트는 분산 애플리케이션 문제가 나타나기 전 조기에 발견하고자 할 때 중요하다. 인위적 지연과 오류를 발생시키고자 서비스에 결함을 주입할 수 있다면 다운스트림 서비스에서 예측할 수 없는 동작이나 타임아웃을 발견하는 데 도움이 될 수 있다. SRE나 운영Operation에는 애플리케이션의 복원력을 사전에 측정하기 위해 결함을 주입하는 툴이 필요하다. Linkerd는 서비스 메시 인터페이스 스펙의 트래픽 분할 API를 통해 오류를 주입할 수 있다.

```
apiVersion: split.smi-spec.io/v1alpha1
kind: TrafficSplit
metadata:
  name: error-split
  namespace: booksapp
spec:
  service: books
  backends:
  - service: books
    weight: 900m
  - service: error-injector
    weight: 100m
```

이 트래픽 분할 스펙에서는, 트래픽의 10%가 프록시 구성을 통해 오류 500을 반환하는 nginx 포드인 오류-인젝터 포드로 이동한다.

```
apiVersion: v1
kind: ConfigMap
metadata:
  name: error-injector
  namespace: booksapp
data:
```

```
  nginx.conf: |-
    http {
      server {
        listen 8080;
          location / {
            return 500;
        }
      }
    }
```

이 방법은 트래픽 분할을 통해 오류를 유도하는 현명한 방법이다. 고정된 지연과 오류 코드 비율을 도입하면 프록시 수준에서 신속하게 수행할 수 있으며, 향후 Linkerd 릴리즈에서는 Linkerd 서비스 프로필을 통해 보다 간단한 접근 방식을 제공할 것이다. 다음 섹션에서 관련 내용을 살펴보도록 하자.

서비스 프로필

서비스 프로필Service profiles은 쿠버네티스에서 사용자 지정 리소스 정의Custom Resource Definition: CRD로 구현하며 Linkerd 프록시에서 라우트별 메트릭을 리포트하고, 재시도와 제한 시간을 구성하는 데 사용하는 서비스의 라우트 목록을 정의하는 데 사용된다.

서비스에 대한 swagger 또는 protobuf 스펙이 있는 경우 서비스 프로필을 자동으로 생성할 수 있다. 예를 들어 다음 코드는 webapp 서비스에 대한 webapp.swagger 또는 web.proto 파일에서 서비스 프로필을 만든다.

```
$ linkerd profile --open-api webapp.swagger webapp | kubectl apply -f -

$ linkerd profile --proto webapp.proto webapp | kubectl apply -f -
```

서비스 프로필 스펙이 없는 경우, Linkerd는 실시간 트래픽을 관찰해 서비스 프로필을 자동으로 생성할 수도 있다. 다음 예제는 10초 동안 emojivoto 서비스의 라이브 피드를 가져오는 데 tab을 사용했다. kubectl에 출력을 제공해 서비스 프로필을 생성한다.

```
$ linkerd profile -n emojivoto web-svc --tap deploy/web --tap-duration 10s
| kubectl apply -f -
```

Linkerd를 사용하면 다음과 같이 템플릿을 생성할 수도 있다.

```
$ linkerd profile -n emjoivoto web-svc -template
```

emojivoto 마이크로서비스 템플릿을 변경한 다음 kubectl에 적용해 서비스 프로필을 생성한다.

재시도와 타임아웃(Retries and timeouts)

Linkerd는 지능적인 재시도를 자동으로 구현해 애플리케이션 오류를 정상적으로 처리한다. 그러나 잘못된 자동 재시도는 문제를 악화시킬 수도 있다(이미 과부하 상태나 백프레셔backpressure가 발생했거나, 부정적인 승인을 보내는 서비스에 대한 재시도를 증대시킨다).

Linkerd는 고정된 재시도 횟수가 아닌 재시도 버짓으로 위험을 제한해 이 문제를 해결한다. 재시도 버짓을 10%로 정의한 경우 무제한 재시도 양을 피하기 위해 10% 요청만 추가할 수 있다. 재시도 버짓과 제한 시간은 특정 라우트에 생성한 서비스 프로필을 통해 지정할 수 있다.

서비스/특정 경로에 대한 서비스 프로필은 /api/annotations에서 다음과 같이 재시도를 정의할 수 있으며, 재시도 설정을 할 수 있다.

```
...
spec:
  routes:
  - name: GET /api/annotations
    condition:
      method: GET
      pathRegex: /api/annotations
    isRetryable: true
...
```

비율을 백분율로 사용하고 TTL^Time-to-Live^ 파라미터를 설정해 서비스 프로필에서 재시도 버짓을 정의할 수 있다. 다음은 재시도 버짓 20%, 초당 최소 10회의 재시도를 위한 스펙이다. 재시도는 15초 이상 지속되지 않는다.

```
spec:
  retryBudget:
    retryRatio: 0.2
    minRetriesPerSecond: 10
    ttl: 15s
```

다음 예와 같이 서비스 프로필을 통해 타임아웃을 구성할 수 있다.

```
...
spec:
  routes:
  - condition:
      method: HEAD
      pathRegex: /authors/[^/]*\.json
    name: HEAD /authors/{id}.json
    timeout: 300ms
...
```

이 스펙은 Linkerd 프록시가 요청을 취소하고 `/authors`로 시작하면서 `.json`으로 끝나는 경로에 504 코드를 반환하기 전에 최대 300ms의 대기 시간을 정의한다.

로드 밸런싱

Linkerd는 HTTP/1.1, HTTP/2, gRPC 연결 시 특별한 구성 없이 모든 대상 서비스에서 요청(연결 아님)을 자동으로 로드 밸런싱Load balancing한다. TCP의 경우, 커넥션 수준에서 로드 밸런싱을 수행한다.

프로토콜과 TCP 프록시

Linkerd 프록시는 프로토콜(HTTP/1.1, HTTP/2 또는 gRPC)을 자동으로 감지하고 사용자 정의 구성 없이 HTTP 수준 메트릭, 로드 밸런싱, 라우팅을 제공한다. Linkerd 프록시가 프로토콜을 감지할 수 없는 경우 QoS를 주입하지 않고 엣지 마이크로서비스로 직접 연결한다. Linkerd는 TLS 연결, WebSocket, HTTP 터널링을 포함한 모든 TCP 트래픽을 프록시할 수 있다.

이 섹션에서는 Linkerd의 신뢰성을 간략히 살펴봤다. 이는 16장, 'Linkerd의 신뢰성 기능 살펴보기'에서 자세히 살펴보도록 한다. 이제 엔터티 관리를 기반으로 하는 Linkerd의 서비스 메시 보안을 살펴보자.

보안

보안Secutiry에는 인증과 권한 부여가 포함된다. Linkerd는 인그레스에서의 TLS 종료, 이그레스에서의 TLS 시작, 타임바운드 JSON Web Tokens JWTs 등과 같은 인증 작업을 서드 파티에 맡긴다. 권한 부여는 프록시 수준에서 구현할 수 있다.

자동 mTLS

마이크로서비스 간의 mTLS 구현은 Linkerd에서 기본 제공되며 특별한 구성이 필요하지 않다. 컨트롤 플레인의 Linkerd identity 컴포넌트는 인증서 서명을 위한 PKI 역할을 하며 24시간마다 자동Automatic으로 갱신한다.

요약

Linkerd는 설치가 간단하고 사용하기 쉬우며 조정해야 하는 노브가 거의 없기 때문에 즉시 사용할 수 있다. Istio는 기능이 풍부하지만 효과적으로 사용하기 위해서는 약간의 러닝 커브에 직면할 수 있다. Istio와 Linkerd는 4장에서 살펴봤듯 장단점이 있다. Linkerd는 사용 용이성과 성능에 중점을 둔다. 예를 들어 Linkerd의 2.x 프록시는 매우 무거운 JVM 기반 구현이었던 Linkerd 1.x의 성능 문제를 완화하기 위해 Rust 언어로 개발됐다.

이 장에서는 컨트롤 플레인, 데이터 플레인, 설치, 프록시 구성, 인그레스 규칙, 가시화, 신뢰성, 보안에 대한 Linkerd의 아키텍처를 설명했다.

다음 장에서는 Linkerd의 설치 프로세스를 살펴보고 실제 예제를 통해 단계별 지침서를 제공한다.

문제

1. Linkerd에는 자동 프로토콜과 TCP 연결 감지 기능이 있다.

   A) 참

   B) 거짓

2. Linkerd는 자체 인그레스 컨트롤러를 사용한다.

   A) 참

   B) 거짓

3. Linkerd 프록시는 Go로 작성하고, 컨트롤 플레인 컴포넌트는 Rust로 작성한다.

   A) 참

   B) 거짓

4. 원하는 경우 컨트롤과 데이터 플레인이 하나의 네임스페이스에 있을 수 있다.

   A) 참

   B) 거짓

5. `linkerd inject` 명령을 사용해 Linkerd 프록시를 실행 중인 포드에 주입하면 포드가 자동으로 다시 시작된다.

A) 참

B) 거짓

6. 포드를 다시 시작하지 않고도 마이크로서비스에 디버그 사이드카를 추가할 수 있다.

A) 참

B) 거짓

7. 재시도 버짓retry budget은 무제한 재시도retry storm를 피하는 데 도움이 되며, 이를 위해 Linkerd에서 별도 구성을 할 필요가 없다.

A) 참

B) 거짓

8. 자동 사이드카 주입의 경우, Istio에는 `istioinjection=enabled`로 레이블이 지정된 네임스페이스가 필요하지만 Linkerd에는 `linkerd.io/inject:Enabled`로 어노테이션된 네임스페이스가 필요하다.

A) 참

B) 거짓

9. `istio-init`와 `linkerd-init`는 사이드카 프록시를 통해 애플리케이션 포드 트래픽을 라우팅하도록 iptables의 항목을 설정하기 위해 사이드카 프록시보다 먼저 실행된다.

A) 참

B) 거짓

10. Istio와 Linkerd 사이드카를 엣지 프록시로 사용할 수 있다.

A) 참

B) 거짓

11. Istio와 Linkerd의 컨트롤 플레인에 대한 수평적 포드 오토스케일링은 자동이다.

A) 참

B) 거짓

참고 자료

- *Architecture*, Linkerd.Io, 2019: https://linkerd.io/2/reference/architecture/
- *Using Ingress*, Linkerd.Io, 2019: https://linkerd.io/2/tasks/using-ingress/ #nginx
- *Service Discovery On Header Other Than Authority*, Issue #1998, Linkerd/Linkerd2, GitHub, 2019: https://github.com/linkerd/linkerd2/ issues/1998
- *Containous/Traefik*, GitHub, 2019: https://github.com/containous/traefik/
- *Solo-Io/Gloo*, GitHub, 2019: https://github.com/solo-io/gloo/
- *The Four Golden Signals For Monitoring Distributed Systems*, Skowronski, Jason, Appoptics Blog, 2019: https://blog.appoptics.com/the-four-goldensignals-for-monitoring-distributed-systems/
- *Linkerd Canary Deployments*, Docs.Flagger.App, 2019: https://docs.flagger.app/usage/linkerd-progressive-delivery
- *Deislabs/Smi-Spec*, GitHub, 2019: https://github.com/deislabs/smi-spec/blob/master/traffic-split.md
- *Retries And Timeouts*, Linkerd.lo, 2019: https://linkerd.io/2/features/retries-and-timeouts/

15

Linkerd 설치

이 장에서는 Linkerd 커맨드 라인 인터페이스를 설치한 다음 컨트롤 플레인을 설치한다. 기존 애플리케이션에 사이드카 프록시를 활성화하는 방법을 살펴보기 위해 연결 후 데모 애플리케이션을 설치하고 Linkerd 사이드카 프록시를 주입한다. 그 다음 `nginx` 인그레스 컨트롤러를 설치하고 쿠버네티스 클러스터 외부에서 이 마이크로서비스에 접근하기 위한 인그레스 라우트를 생성한다. Buoyant의 `booksapp` 마이크로서비스를 설치하고 자동 사이드카 주입automatic sidecar injection을 활성화해, 새로운 애플리케이션을 설치할 때 프록시가 주입되도록 한다. 그다음 트래픽을 `booksapp` 마이크로서비스로 라우팅하는 인그레스 규칙을 생성해본다.

이 장에서는 다음 주제를 다룬다.

- 최신 버전을 사용한 Linkerd CLI 설치
- 컨트롤 플레인 설치
- 클러스터 전체 역할, 권한 정의
- 서비스, 배포, 포드를 확인해 Linkerd의 설치 유효성 검사

- Emojivoto와 BooksApp 마이크로서비스 다운로드와 배포
- 인그레스 컨트롤러 설치와 구성
- 마이크로서비스에 대한 인그레스 규칙 정의

기술적 요구 사항

이 장의 실습을 완료하려면 다음이 필요하다.

- Windows 10 / Apple MacBook과 같은 최소한의 구성 요구 사항
- 쿠버네티스 환경
- 쿠버네티스를 실행하는 VM에서 애플리케이션을 다운로드하기 위한 호스트 머신에 대한 인터넷 접근

쿠버네티스 설치에 대한 자세한 내용은 6장을 참조하길 바란다. 이 책의 Linkerd 섹션에 사용한 스크립트는 https://github.com/servicemeshbook/linkerd에서 관리한다.

Keepalived 포드가 READY 1/1 상태고 STATUS가 실행 중인지 확인한다.

```
$ kubectl -n keepalived get pods
```

TIP

> Keepalived 로드 밸런서는 9장, 'Istio 설치'에서 설치했다.

Linkerd에 사용되는 스크립트는 https://github.com/servicemeshbook/linkerd에서 가져올 수 있다. 랩 실습을 위한 Linkerd와 관련된 스크립트를 가져오기 위해 git 리포지토리를 복제해보자.

```
$ cd ~/ # Switch to home directory
$ git clone https://github.com/servicemeshbook/linkerd.git
```

```
$ cd linkerd $ git checkout stable-2.6.0
$ cd scripts
```

소스 코드의 준비를 마쳤으니 Linkerd CLI를 설치해보자.

Linkerd CLI 설치하기

쿠버네티스 클러스터에서 Linkerd 설치는 간단하고 쉽다. 먼저 Linkerd CLI 설치를 해야 하는데, 쿠버네티스 환경에 Linkerd를 설치하는 데 사용한다. 집필 당시에는 Linkerd 2.6.0이 최신 버전이고, Linkerd를 이해하고 배우기 위해 수행할 실습과 일치하도록 이 버전을 사용할 것이다. Linkerd를 설치하기 위해 다음 단계를 따라 해보자.

1. https://github.com/linkerd/linkerd2/releases에 접속해 Linkerd의 최신 릴리즈를 확인한다.

2. 다음 명령을 실행해 Linkerd 릴리즈 목록을 확인한다.

```
$ curl -Ls https://api.github.com/repos/linkerd/linkerd2/releases |
grep tag_name
```

목록에서 `stable-2.6.0` 릴리즈를 확인할 수 있으며, 이 장에서 Linkerd를 설치하는 데 사용할 것이다.

3. 다음 명령을 실행해 VM 환경에 Linkerd CLI를 설치한다.

```
$ cd ## Switch to the home directory
$ export LINKERD2_VERSION=stable-2.6.0
$ curl -s -L https://run.linkerd.io/install | sh -
```

4. 앞의 `curl` 명령은 `LINKERD2_VERSION` 환경 변수에 정의된 특정 버전을 다운로드한다.

```
Download complete!, validating checksum...
Checksum valid.

Linkerd was successfully installed

Add the linkerd CLI to your path with:

  export PATH=$PATH:$HOME/.linkerd2/bin

Now run:

  linkerd check --pre                     # validate that Linkerd can --
  -- be installed
  linkerd install | kubectl apply -f -    # install the control plane --
  -- into the 'linkerd' namespace
  linkerd check                           # validate everything worked!
  linkerd dashboard                       # launch the dashboard

Looking for more? Visit https://linkerd.io/2/next-steps
```

5. 사전 체크를 실행하기 전에 로컬 `.bashrc` 파일을 수정, 적용하고 `linkerd2`를 경로에 추가한다.

```
$ vi ~/.bashrc

## Add these two lines
export LINKERD2_VERSION=stable-2.6.0
export PATH=$PATH:$HOME/.linkerd2/bin

$ source ~/.bashrc
```

6. Linkerd의 클라이언트 버전을 확인한다.

```
$ linkerd version
Client version: stable-2.6.0
Server version: unavailable
```

서버 버전이 unavailable한 상태임을 알 수 있다. 이는 컨트롤 플레인이 아직 설치되지 않았기 때문이다. CLI를 설치했으니 이제 Linkerd를 설치해보자.

Linkerd 설치하기

서비스 메시 기술은 빠르게 발전하고 있으며 Linkerd는 새로운 변경 사항을 배포하기 위해 적극적으로 릴리즈하고 있다. Linkerd의 릴리즈에는 프로덕션을 위한 안정적인 릴리즈와 엣지 릴리즈 두 가지 채널이 있다. 엣지 릴리즈에는 새로운 특징과 기능이 있으며 성숙해지면 안정적인 릴리즈로 롤업된다.

책에서는 안정적인 릴리즈만 사용한다. 책을 읽을 때쯤이면 이미 새로운 안정적인 릴리즈가 나와 있을 것이다. 이 섹션에서 사용할 스크립트는 Linkerd의 새로운 릴리즈로 정기적으로 업데이트된다. 업데이트된 스크립트는 https://github.com/servicemeshbook/linkerd를 참조한다. 그러나 앞으로 수행할 실습과 일치하도록 이 장에서 사용 중인 Linkerd 버전을 선택하는 것이 좋다.

이제 Linkerd CLI를 사용해 Linkerd 컨트롤 플레인을 설치하도록 한다. 먼저 전제 조건을 확인해보자.

전제 조건 확인하기

Linkerd 설치에 필요한 모든 필수 컴포넌트가 있는지 확인하려면 다음 명령을 실행한다.

```
$ linkerd check --pre
```

앞의 명령은 Linkerd 설치에 필요한 모든 필수 컴포넌트를 확인한다.

```
kubernetes-api
--------------
√ can initialize the client
√ can query the Kubernetes

API kubernetes-version
------------------
√ is running the minimum Kubernetes API version
```

```
√ is running the minimum kubectl version

pre-kubernetes-setup
--------------------
√ control plane namespace does not already exist
...
√ can create ConfigMaps
√ no clock skew detected

pre-kubernetes-capability
-------------------------
√ has NET_ADMIN capability
√ has NET_RAW capability

pre-linkerd-global-resources
----------------------------
√ no ClusterRoles exist
√ no ClusterRoleBindings exist
...
√ no PodSecurityPolicies exist

linkerd-version
---------------
√ can determine the latest version
√ cli is up-to-date

Status check results are √
```

NET_ADMIN 기능에서 사전 체크를 할 때 다음 경고를 볼 수 있다.

```
found 1 PodSecurityPolicies, but none provide NET_ADMIN, proxy injection
will fail if the PSP admission controller is running
```

이 경고가 표시되면 PSP[PodSecurityPolicies]를 삭제하고(kubectl get psp 후 정책 제거) 사전 체크를 다시 실행하도록 한다. 사전 체크 결과가 정상이면 계속해서 Linkerd 컨트롤 플레인을 설치할 수 있다.

Linkerd 컨트롤 플레인 설치하기

Linkerd 컨트롤 플레인을 설치하려면 다음 단계를 따라 해보자.

1. 다음과 같이 `linkerd` 네임스페이스에 대한 서비스 계정 디폴트값에 `cluster_admin` 권한을 부여한다.

```
$ kubectl create clusterrolebinding linkerd-cluster-role-binding \
--clusterrole=cluster-admin --group=system:serviceaccounts:linkerd
clusterrolebinding.rbac.authorization.k8s.io/linkerd-cluster-rolebinding
created
```

2. 다음으로 `linkerd install` 명령을 실행해 필요한 모든 쿠버네티스 리소스를 생성하고 `kubectl apply` 명령을 통해 라우팅한다.

```
$ linkerd install | kubectl apply -f -
```

기본적으로 Linkerd 컨트롤 플레인은 `linkerd` 네임스페이스에 설치된다. 실습에서는 기본 네임스페이스를 유지하지만 `--linkerd-namespace`를 통해 변경할 수 있다. Linkerd의 `install -- help` 명령에서 기본 네임스페이스를 변경할 수 있는 다른 파라미터를 확인하면 된다.

3. `linkerd check`를 실행해 성공적으로 설치했는지 확인한다.

```
$ linkerd check
```

또한 앞의 명령은 쿠버네티스 버전의 불일치, API 서버에 연결하는 기능 등을 확인한다. Linkerd 컨트롤 플레인 포드가 사용 가능할 때까지 대기한다. 이는 Linkerd 설치를 방해할 수 있는 문제를 정확히 찾아내기 위한 훌륭한 도구다.

TIP

linkerd check를 완료하는 데는 시간이 오래 걸릴 수 있다. 이는 필요한 Linkerd 도커 이미지를 다운로드할 때 인터넷 속도가 늦으면 발생한다. 설치 후 언제든지 linkerd check config를 실행해 컨트롤 플레인에 필요한 모든 리소스를 사용 가능한지 확인할 수 있다.

4. linkerd version을 실행해 클라이언트와 서버 버전을 확인한다.

```
$ linkerd version
Client version: stable-2.6.0
Server version: stable-2.6.0
```

5. Linkerd 체크가 체크리스트 실행을 완료하면 Linkerd 배포를 확인한다.

```
$ kubectl -n linkerd get deployments
NAME                    READY  UP-TO-DATE  AVAILABLE  AGE
linkerd-controller      1/1    1           1          3m35s
linkerd-grafana         1/1    1           1          3m34s
linkerd-identity        1/1    1           1          3m35s
linkerd-prometheus      1/1    1           1          3m34s
linkerd-proxy-injector  1/1    1           1          3m34s
linkerd-sp-validator    1/1    1           1          3m34s
linkerd-tap             1/1    1           1          3m34s
linkerd-web             1/1    1           1          3m34s
```

6. 다음으로 Linkerd 서비스를 확인한다.

```
$ kubectl -n linkerd get services
NAME                    TYPE       CLUSTER-IP      ---
linkerd-controller-api  ClusterIP  10.100.102.213  ---
linkerd-destination     ClusterIP  10.101.233.105  ---
linkerd-grafana         ClusterIP  10.103.68.173   ---
linkerd-identity        ClusterIP  10.98.215.247   ---
linkerd-prometheus      ClusterIP  10.107.100.107  ---
linkerd-proxy-injector  ClusterIP  10.97.254.11    ---
linkerd-sp-validator    ClusterIP  10.106.158.157  ---
linkerd-tap             ClusterIP  10.103.252.102  ---
linkerd-web             ClusterIP  10.108.113.87   ---
```

```
--- EXTERNAL-IP  PORT(S) AGE
--- 8085/TCP  4m14s
--- 8086/TCP  4m14s
--- 3000/TCP  4m13s
--- 8080/TCP  4m14s
--- 9090/TCP  4m13s
--- 443/TCP   4m13s
--- 443/TCP   4m13s
--- 8088/TCP,443/TCP  4m13s
--- 8084/TCP,9994/TCP 4m13s
```

7. 마지막으로 Linkerd 포드를 확인한다.

```
$ kubectl -n linkerd get pods
NAME                                      READY  STATUS   RESTARTS  AGE
linkerd-controller-84b76f8f8d-9mjn9       3/3    Running  0         30m
linkerd-grafana-65d9998cd5-zv5cl          2/2    Running  0         30m
linkerd-identity-864b86546d-qknjb         2/2    Running  0         30m
linkerd-prometheus-988bcc5cc-nqqsw        2/2    Running  0         30m
linkerd-proxy-injector-7f74699c95-bgtwz   2/2    Running  0         30m
linkerd-sp-validator-74ff8bb46-nwnc9      2/2    Running  0         30m
linkerd-tap-7cdbfb7cff-lvw77              2/2    Running  0         30m
linkerd-web-5b59d96cc6-2xczd              2/2    Running  0         30m
```

다음으로 역할과 책임을 분리해보도록 하자.

역할과 책임 분리

일부 조직에서는 애플리케이션 관리자가 `cluster-admin` 역할을 하지 못하도록 역할과 책임roles and responsibilities을 분리한다. 이러한 경우, 설치는 다른 사람이 수행하도록 두 가지 단계로 분리할 수 있다.

NOTE

다음 단계는 참조용이다. 이미 Linkerd 컨트롤 플레인을 설치했으니 다음 명령은 실행하지 않아도 된다.

클러스터 관리자

클러스터 관리자Cluster administrator 역할에 필요한 필수 객체를 생성해야 한다. 이 작업을 수행하는 방법을 살펴보도록 하자.

1. cluster-admin 역할에 필요한 객체를 생성하려면 다음 명령을 실행한다.

```
$ linkerd install config | kubectl apply -f -
```

   이러한 객체에는 ClusterRole, ClusterRoleBinding, CustomResourceDefinition, MutatingWebhookConfiguration, Secret, ServiceAccount 등이 포함된다.

2. 객체를 확인하려면 다음 명령을 실행한다.

```
$ linkerd check config
```

이제 필요한 객체를 생성했으니 컨트롤 플레인을 설치할 수 있다.

애플리케이션 관리자

cluster-admin 역할이 없는 애플리케이션 관리자Application administrator는 이전 단계에서 cluster-admin이 요구하는 필수 개체를 생성한 후 컨트롤 플레인을 설치할 수 있다. 한 번 살펴보자.

1. 컨트롤 플레인을 설치하려면 다음 명령을 실행한다.

```
$ linkerd install control-plane | kubectl apply -f -
```

   앞의 명령은 계정 자격 증명의 권한이 부족할 때 ConfigMap, 배포, 시크릿, 서비스 등과 같은 Linkerd 컨트롤 플레인 객체를 설치한다.

2. control-plane의 설치를 확인하기 위해 다음 명령을 실행한다.

```
$ linkerd check
```

cluster-role과 다른 사용자 기반 역할을 사용하는 이유를 설명하기 위해 명령을 수행했다. 다음으로, 쿠버네티스 클러스터 외부에서 Linkerd 대시보드 접근을 활성화하는 데 필요한 인그레스 컨트롤러를 설정하는 단계를 설명하도록 한다.

인그레스 게이트웨이

Linkerd는 쿠버네티스 프로바이더를 통한 인그레스 컨트롤러에 의존한다. 여기서는 리소스 소비를 최소화하기 위해 실습을 수행할 수 있는 최소한의 쿠버네티스 클러스터를 사용한다. 시작해보자.

1. 이제 https://github.com/nginxinc/kubernetes-ingress/tree/v1.5.3/deployments/helm-chart에서 Helm 차트를 사용해 클러스터에 nginx 인그레스 컨트롤러를 설치할 수 있다.

```
$ helm repo add nginx-stable https://helm.nginx.com/stable
"nginx-stable" has been added to your repositories

$ helm repo update

$ helm install nginx-stable/nginx-ingress --name nginx --namespace
kube-system \
--set fullnameOverride=nginx \
--set controller.name=nginx-controller \
--set controller.config.name=nginx-config \
--set controller.service.name=nginx-controller \
--set controller.serviceAccount.name=nginx
<removed>
NOTES:
The NGINX Ingress Controller has been installed.
```

TIP

클라우드 프로바이더의 매니지드 쿠버네티스 서비스를 사용하는 경우에는 이 단계가 필요하지 않다.

2. 인그레스 컨트롤러 서비스를 확인한다.

```
$ kubectl -n kube-system get services -o wide -l
app.kubernetes.io/instance=nginx
NAME             TYPE           CLUSTER-IP     EXTERNAL-IP     ---
nginx-controller LoadBalancer   10.97.158.221  192.168.142.249 ---

--- PORT(S) AGE SELECTOR
--- 80:32383/TCP,443:31466/TCP 3m9s app=nginx-controller
```

외부 IP 주소는 실행 중인 keepalived 로드 밸런서에서 nginx-controller에 할당된다. 로드 밸런서가 없으면 외부 IP가 보류 중으로 표시된다.

외부에서 Linkerd 대시보드에 접근하기 위해 인그레스를 생성한다. 실제로 쿠버네티스 클러스터에서 실행되는 Linkerd 대시보드 마이크로서비스에 접근하기 위한 외부 호스트 이름을 사용할 수 있는 외부 로드밸런서를 사용한다.

실제 도메인 이름을 시뮬레이션하기 위해 VM의 /etc/hosts 파일에 dashboard.linkerd.local이라는 호스트 이름을 생성하고, 인그레스 게이트웨이에서 종료되는 외부 IP 주소가 있는 실제 호스트 이름인 것처럼 가장한다.

3. /etc/hosts에 다음 호스트에 대한 항목을 생성한다.

```
$ export INGRESS_HOST=$(kubectl -n kube-system get service
nginxcontroller -o jsonpath='{.status.loadBalancer.ingress..ip}') ; echo
$INGRESS_HOST
192.168.142.249

$ sudo sed -i '/dashboard.linkerd.local/d' /etc/hosts

$ echo "$INGRESS_HOST dashboard.linkerd.local" | sudo tee -a /etc/hosts
```

4. 8084 포트에서 dashboard.linkerd.local에서 linkerd-web이라는 Linkerd의 내부 대

시보드 서비스로 트래픽을 라우팅하는 인그레스 규칙을 정의한다.

```
# Script : 01-create-linkerd-ingress.yaml
apiVersion: extensions/v1beta1
kind: Ingress
metadata:
  name: linkerd
  annotations:
    nginx.org/websocket-services: "linkerd-web"
    ingress.kubernetes.io/rewrite-target: /
    nginx.ingress.kubernetes.io/configuration-snippet: |
      proxy_set_header l5d-dst-override
$service_name.$namespace.svc.cluster.local:80;
    proxy_hide_header l5d-remote-ip;
    proxy_hide_header l5d-server-id;
spec:
  rules:
  - host: dashboard.linkerd.local
    http:
      paths:
      - backend:
          serviceName: linkerd-web
          servicePort: 8084
        path: /
```

인그레스 규칙을 정의할 때 특정 어노테이션을 사용했다. Linkerd 트래픽 관리를 위해 proxy_set_header annotation을 설정했다. dashboard와 booksapp과 같이 마이크로서비스가 웹 소켓을 사용하는 경우, 서비스 이름을 가리키도록 nginx.org/websocket-services annotation을 설정해야 한다.

5. 이제 인그레스 규칙을 생성할 수 있다.

```
$ kubectl -n linkerd apply -f 01-create-linkerd-ingress.yaml
ingress.extensions/linkerd created
```

인그레스 컨트롤러를 생성했다면 Linkerd 대시보드를 사용해 실습을 할 수 있다.

Linkerd 대시보드 접근

매니지먼트 UI에 접근하는 방법은 다양하다. 선호하는 방법은 Linkerd 대시보드를 사용하는 것이다. 그러면 로컬 호스트와 쿠버네티스 클러스터 사이에 터널이 열린다. 포트를 사용해 Linkerd 대시보드에 접근할 수 있다. 한번 살펴보자.

1. 다음 명령을 실행해 대시보드에 접근한다.

```
$ linkerd dashboard
Linkerd dashboard available at:
http://localhost:50750
Grafana dashboard available at:
http://localhost:50750/grafana
Opening Linkerd dashboard in the default browser
START /usr/bin/google-chrome-stable "http://localhost:50750"

Visit http://localhost:50750 in your browser to view the dashboard
```

   Linkerd 대시보드는 브라우저에서 `http://localhost:50750`로 열 수 있다. 나중에 이 대시보드에 접근하는 방법을 배워본다. 이제 **Ctrl + C**를 눌러 이 프록시를 중지한다.

2. 인그레스가 작동하는지 확인한다.

```
$ curl -s -H "Host: dashboard.linkerd.local"  http://$INGRESS_HOST |
grep -i title
<title>Linkerd</title>
```

NOTE

> VM에서 했던 것처럼 Windows / MacBook 호스트 파일에 항목을 생성하면 로컬 호스트 머신(VM 외부)에서 http://dashboard.linkerd.local에 접근할 수 있다.

3. Linkerd 대시보드를 시작한다. 로컬 브라우저 또는 VM의 브라우저에서 `http://dashboard.linkerd.local`을 열어보자.

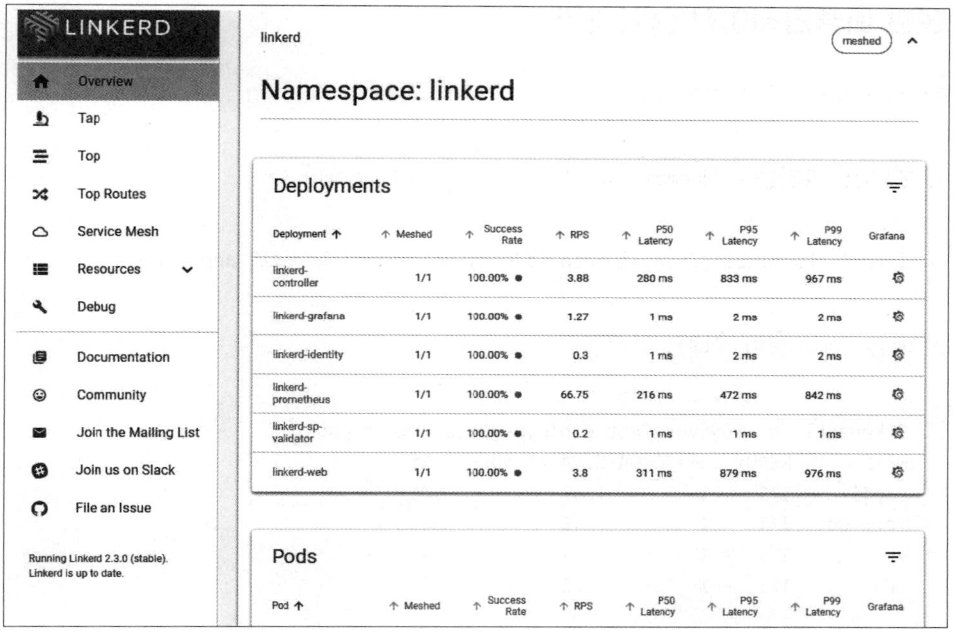

이제 Linkerd 대시보드를 사용해 마이크로서비스를 살펴보자. Linkerd 서비스 메시의 다양한 기능을 설명하기 위해 이 작업을 수행한다.

Linkerd 데모 이모지 앱 배포하기

Linkerd는 Linkerd의 기능을 탐색하는 데 사용할 수 있는 데모 emojivoto 애플리케이션을 제공한다. 이 앱은 emojivoto 네임스페이스에 설치된다. 다음과 같이 cluster_admin 역할을 부여한다.

```
$ kubectl create clusterrolebinding emojivoto-cluster-role-binding \
--clusterrole=cluster-admin --group=system:serviceaccounts:emojivoto
clusterrolebinding.rbac.authorization.k8s.io/emojivoto-cluster-role-binding
created
```

다음 하위 섹션에서는 데모 emojivoto 애플리케이션을 설치한다.

데모 애플리케이션 설치하기

데모 emojivoto 애플리케이션을 설치하려면 다음 단계를 따른다.

1. YAML 파일을 통해 emojivoto 애플리케이션을 배포한다.

```
$ curl -Ls https://run.linkerd.io/emojivoto.yml | kubectl apply -f -
```

2. 애플리케이션의 상태를 확인한다.

```
$ kubectl -n emojivoto get deployments,services,pods
NAME      READY  UP-TO-DATE  AVAILABLE  AGE ---
emoji     1/1    1            1         64s ---
vote-bot  1/1    1            1         63s ---
voting    1/1    1            1         64s ---
web       1/1    1            1         64s ---

NAME        TYPE          CLUSTER-IP    EXTERNAL-IP          ---
emoji-svc   ClusterIP     None                               ---
voting-svc  ClusterIP     None                               ---
web-svc     LoadBalancer  10.109.50.125 192.168.142.251 ---

--- PORT(S)       AGE
--- 8080/TCP      64s
--- 8080/TCP      64s
--- 80:30593/TCP 63s

NAME                       READY  STATUS   RESTARTS  AGE
emoji-58c9579849-ql2z9     1/1    Running  0          64s
vote-bot-774764fd7f-rcd47  1/1    Running  0          63s
voting-66d5cdc46d-mrmb7    1/1    Running  0          64s
web-7f8455487f-p8tvf       1/1    Running  0          64s
```

emojivoto 앱 웹 UI는 여러 방법으로 접근할 수 있다. 트래픽을 라우팅하기 위한 호스트 이름과 인그레스 규칙을 생성하고자 한다.

3. /etc/hosts에 emojivoto.linked.local 항목을 생성한다.

```
$ export INGRESS_HOST=$(kubectl -n kube-system get service nginx-
controller -o jsonpath='{.status.loadBalancer.ingress..ip}') ; echo
$INGRESS_HOST
192.168.142.249

$ sudo sed -i '/emojivoto.linkerd.local/d' /etc/hosts

$ echo "$INGRESS_HOST emojivoto.linkerd.local" | sudo tee -a
/etc/hosts
```

4. emojivoto.linkerd.local 외부 호스트에서 web-svc 내부 마이크로서비스의 80 포트로 트래픽을 라우팅하는 emojivoto 인그레스 라우팅 규칙을 정의한다.

```
# Script : 02-create-emojivoto-ingress.yaml

apiVersion: extensions/v1beta1
kind: Ingress
metadata:
  name: emojivoto
  annotations:
    nginx.org/websocket-services: "web-svc"
    ingress.kubernetes.io/rewrite-target: /
    nginx.ingress.kubernetes.io/configuration-snippet: |
      proxy_set_header l5d-dst-override
$service_name.$namespace.svc.cluster.local:80;
      proxy_hide_header l5d-remote-ip;
      proxy_hide_header l5d-server-id;
spec:
  rules:
  - host: emojivoto.linkerd.local
    http:
      paths:
      - backend:
          serviceName: web-svc
          servicePort: 80
    path: /
```

NOTE

> 로컬 호스트 가상 머신에서 http://emojivoto.linkerd.local에 접근할 수 있다. 로컬 브라우저에서 emojivoto에 접근하려면 Windows/MacBook 호스트 파일에 항목을 생성한다.

5. emojivoto 인그레스 규칙을 생성한다.

```
$ kubectl -n emojivoto apply -f 02-create-emojivoto-ingress.yaml
ingress.extensions/emojivoto created
```

curl -s -H "Host: emojivoto.linkerd.local" http://$INGRESS_HOST | grep -i title 명령을 통해 인그레스 접근을 확인할 수 있다.

6. VM의 브라우저에서 http://emojivoto.linkerd.local을 입력해 emojivoto 웹 UI에 접근한다.

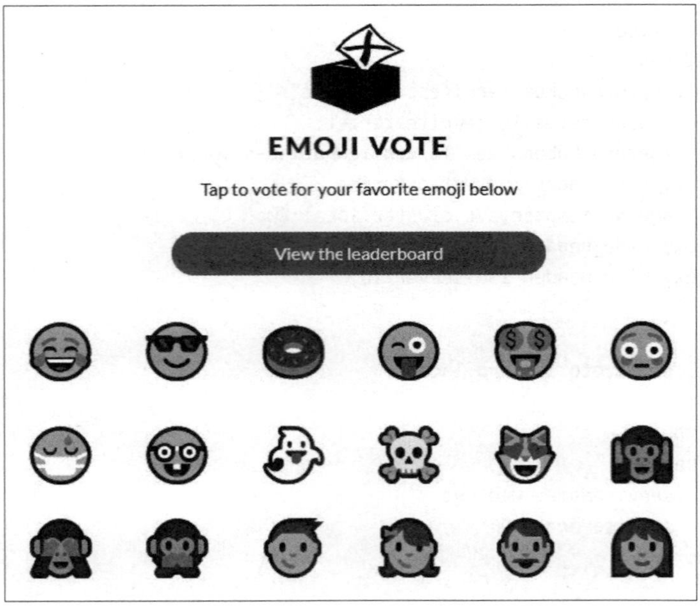

이모지를 클릭해 앱을 탐색해보자. 이렇게 하면 선호하는 이모지를 투표하게 된다. 도넛 이모지(맨 위 행에서 세 번째)를 클릭하면 404 오류가 발생한다. 이는 의도한 결과며 이로 인해 성공률이 100% 미만이 된다. Linkerd의 신뢰성 기능을 다룰 때 다음 장에서 이 오류를 다시 참조한다.

7. 이제 Linkerd 사이드카 프록시를 이모지 애플리케이션에 주입해보자.

```
$ kubectl get -n emojivoto deploy -o yaml | linkerd inject - |
kubectl apply -f -
deployment "emoji" injected
deployment "vote-bot" injected
deployment "voting" injected
deployment "web" injected

deployment.extensions/emoji configured
deployment.extensions/vote-bot configured
deployment.extensions/voting configured
deployment.extensions/web configured
```

이 명령으로 emojivoto 애플리케이션 배포 아티팩트를 생성하고 linkerd inject를 통해 파이프를 연결해 각 포드에 대한 Linkerd 사이드카 프록시를 생성한다. 그런 다음 kubectl apply 명령으로 전체 YAML을 제공한다.

8. 이제 배포, 서비스 및 포드를 확인해보자. 다음 명령을 실행해 배포를 확인한다.

```
$ kubectl -n emojivoto get deployments
NAME       READY  UP-TO-DATE  AVAILABLE  AGE
emoji      1      1           1          64s
vote-bot   1      1           1          63s
voting     1      1           1          64s
web        1      1           1          64s
```

9. 이제 포드를 확인해보자.

```
$ kubectl -n emojivoto get pods
NAME                         READY  STATUS   RESTARTS  AGE
emoji-58c9579849-ql2z9       2/2    Running  0         64s
vote-bot-774764fd7f-rcd47    2/2    Running  0         63s
voting-66d5cdc46d-mrmb7      2/2    Running  0         64s
web-7f8455487f-p8tvf         2/2    Running  0         64s
```

10. 마지막으로 서비스를 확인해보자.

```
$ kubectl -n emojivoto get services
NAME          TYPE           CLUSTER-IP     EXTERNAL-IP       ---
emoji-svc     ClusterIP      None                             ---
voting-svc    ClusterIP      None                             ---
web-svc       LoadBalancer   10.0.0.132     192.168.142.251 ---

--- PORT(S)       AGE
--- 8080/TCP      64s
--- 8080/TCP      64s
--- 80:31443/TCP 63s
```

이전의 배포와 사이드카 프록시의 차이점을 확인할 수 있다. 각 포드에는 Linkerd 프록시인 추가 컨테이너가 있다.

이제 booksapp 애플리케이션을 배포해 Linkerd의 서비스 메시 기능을 살펴보자.

booksapp 애플리케이션 배포하기

Buoyant는 Linkerd 오픈 소스 프로젝트를 위한 booksapp 마이크로서비스 애플리케이션을 관리한다. 이 애플리케이션을 사용해 Linkerd에서 제공하는 디버깅, 관찰성, 그리고 모니터링과 같은 서비스 메시 기능을 살펴본다. 애플리케이션은 https://github.com/BuoyantIO/booksapp에서 관리한다.

이 애플리케이션은 4개의 마이크로서비스로 구성된다.

- 트래픽을 생성하는 데 사용되는 Go 프로그램
- 메인 웹 애플리케이션 – webapp.rb
- 저자[uthors] – authors.rb
- 책[Books] – books.rb

다음 다이어그램에서 볼 수 있다.

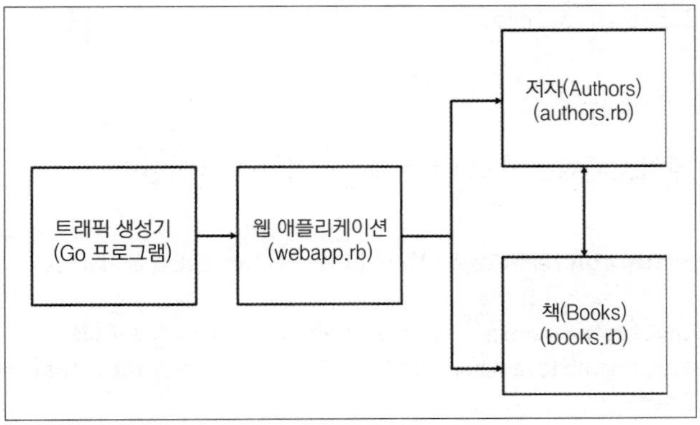

이전 단계에서, 이미 배포한 `emojivoto` 애플리케이션의 모든 포드에 Linkerd 사이드카 프록시를 주입했다. 이제 `linkerd-lab` 네임스페이스에 새 `booksapp` 앱을 배포하고 Linkerd 사이드카 프록시에 대한 자동 주입을 활성화해본다. 시작해보자.

1. Linkerd 컨트롤 플레인을 설치하면 어드미션 웹훅admission webhook이 자동으로 활성화된다.

```
$ kubectl -n linkerd get deploy -l linkerd.io/control-plane-component=proxy-injector
NAME                    READY  UP-TO-DATE  AVAILABLE  AGE
linkerd-proxy-injector  1/1    1           1          110m
```

2. `linkerd-proxy-injector`가 실행중이면, 다음을 수행해 Linkerd 사이드카 주입이 자동인지 확인한다.

- `linkerd.io/inject : enabled`로 네임스페이스에 어노테이션한다. 네임스페이스에 생성된 모든 포드에 사이드카 프록시가 자동으로 주입된다.
- 네임스페이스가 어노테이션되지 않았거나 `linkerd.io/inject: disabled`로 어노테이션된 경우, `linkerd.io/inject: enabled`로 포드의 deployment specification에 어노테이션을 추가한다. 사이드카 프록시는 배포된 포드에 자동으로 주입된다.
- 네임스페이스에 `linkerd.io/inject: enabled`로 어노테이션돼 있고 포드의 배포된 어

노테이션이 linkerd.io/inject: disabled인 경우, 사이드카 프록시가 주입되지 않는다.

3. linkerd-lab 네임스페이스에 cluster-admin 역할을 부여한다.

```
$ kubectl create clusterrolebinding linkerd-lab-cluster-role-binding \
--clusterrole=cluster-admin --serviceaccount=linkerd:default
clusterrolebinding.rbac.authorization.k8s.io/linkerd-lab-clusterrole-binding created
```

4. linkerd.io/inject: enabled 어노테이션으로 linkerd-lab 네임스페이스를 정의한다.

```
# Script : 03-create-namespace-sidecar-enabled-annotation.yaml

apiVersion: v1
kind: Namespace
metadata:
  name: linkerd-lab
  annotations:
    linkerd.io/inject: enabled
```

5. linkerd-lab이라는 네임스페이스를 생성한다.

```
$ kubectl apply -f 03-create-namespace-sidecar-enabled-annotation.yaml
namespace/linkerd-lab created
```

6. linkerd.io에서 booksapp 마이크로서비스 애플리케이션을 설치한다.

```
$ curl -Ls https://run.linkerd.io/booksapp.yml | kubectl -n linkerd-lab apply -f -
service/webapp created
deployment.extensions/webapp created
service/authors created
deployment.extensions/authors created
service/books created
```

```
deployment.extensions/books created
deployment.extensions/traffic created
```

7. 네트워크 서비스를 확인한다.

```
$ kubectl -n linkerd-lab get svc
NAME     TYPE          CLUSTER-IP   EXTERNAL-IP     PORT(S)        AGE
authors  ClusterIP     None                         7001/TCP       10s
books    ClusterIP     None                         7002/TCP       10s
webapp   LoadBalancer  10.98.66.99  192.168.142.251 7000:31004/TCP 10s
```

로드밸런서 웹 앱은 내부 `7000` 포트에서 실행된다. 앞 장, Istio 섹션에서 사용한 `keepalived`에서 외부 IP를 가져오는 것을 알고 있었을 것이다. 경우에 따라 외부 IP 주소가 다를 수 있다.

애플리케이션은 로컬 서비스 이름과 포트를 사용해 접근할 수 있다.

예를 들어 VM 내부에서 `http://webapp.linkerdlab.svc.cluster.local:7000`을 오픈해 보자.

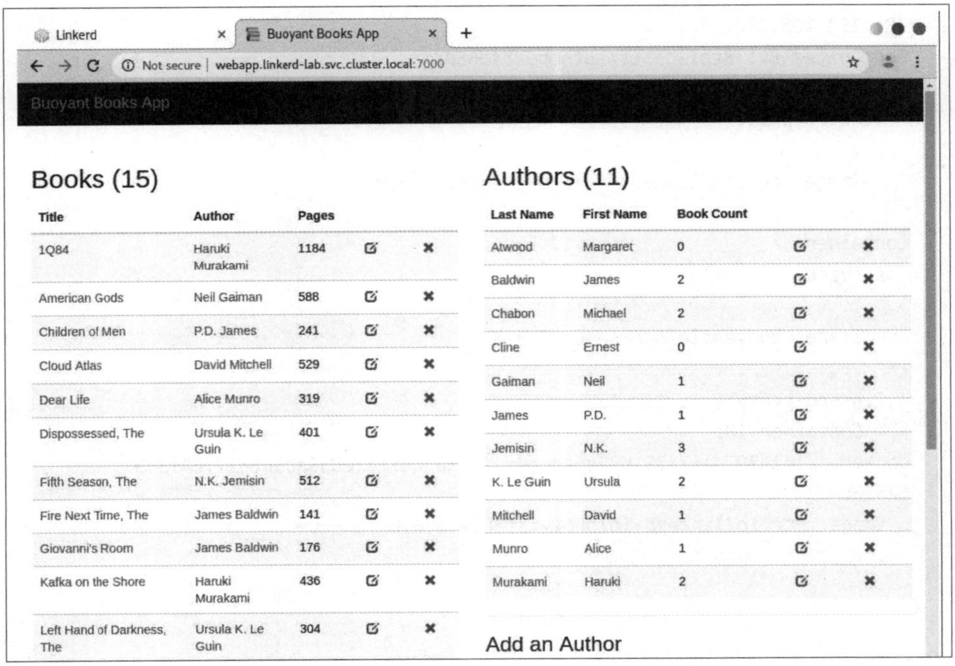

linkerd-lab 네임스페이스에서 현재 포드의 상태를 확인해보자.

8. booksapp의 포드 상태를 확인한다.

```
$ kubectl -n linkerd-lab get pods
NAME                         READY   STATUS    RESTARTS   AGE
authors-84d65d4fb-5ppg6      2/2     Running   0          5m14s
books-5fbfb54988-844xg       2/2     Running   0          5m14s
traffic-66c7b9c4cc-cj7dn     2/2     Running   0          5m14s
webapp-579bfc8b44-6mmg7      2/2     Running   0          5m14s
webapp-579bfc8b44-b2m2p      2/2     Running   0          5m14s
webapp-579bfc8b44-fwjlx      2/2     Running   0          5m14s
```

각 포드에는 두 개의 컨테이너가 있으며 그중 하나는 주입된 Linkerd 사이드카 프록시다.

9. 내용을 확인하기 위해 앞서 언급한 포드 중 하나를 살펴보자.

```
$ kubectl -n linkerd-lab describe pod -l app=authors
Name: authors-84d65d4fb-5ppg6
Namespace: linkerd-lab
...
IP: 192.168.230.232
Controlled By: ReplicaSet/authors-84d65d4fb
Init Containers:
  linkerd-init:
    ...
    Image: gcr.io/linkerd-io/proxy-init:v1.0.0
    ...
Containers:
  service:
    ...
    Image: buoyantio/booksapp:v0.0.3
    ...
  linkerd-proxy:
    Container ID:
docker://141f297daf74391099e6abcf0f275f5aa648e47ed53ab5d6817f64f3d9
62536d
  Image: gcr.io/linkerd-io/proxy:stable-2.6.0
  ...
```

linkerd-init 컨테이너는 인바운드와 아웃바운드 트래픽이 Linkerd 프록시를 통해 마이크로서비스로 라우팅되도록 라우팅 규칙을 설정한다.

```
Events:
  Type    Reason      Age    From                                   ---
  ----    ------      ----   ----                                   ---
  Normal  Scheduled  7m14s  default-scheduler                      ---
  Normal  Started    7m8s   kubelet, osc01.servicemesh.local ---
  Normal  Started    6m31s  kubelet, osc01.servicemesh.local ---
  Normal  Started    6m30s  kubelet, osc01.servicemesh.local ---

--- Message
--- -------
--- Successfully assigned linkerd-lab/authors-84d65d4fb-jcpt6 to
      osc01.servicemesh.local
--- Started container linkerd-init
--- Started container service
--- Started container linkerd-proxy
```

linkerd-proxy 컨테이너는 이전에 주입됐으며, 포드와 관련된 이벤트는 authors 포드의 linkerd-init, service와 linkerd-proxy 컨테이너가 시작됐음을 보여준다.

booksapp 웹 UI는 여러 방법으로 접근할 수 있다. 트래픽을 라우팅하기 위한 호스트 이름과 인그레스 규칙을 생성한다.

10. /etc/hosts에 booksapp.linked.local 항목을 생성한다.

```
$ sudo sed -i '/booksapp.linkerd.local/d' /etc/hosts

$ echo "$INGRESS_HOST booksapp.linkerd.local" | sudo tee -a /etc/hosts
```

NOTE

VM에서 했던 것처럼 Windows/MacBook 호스트 파일에 항목을 생성하면 로컬 호스트 머신(VM 외부)에서 http://booksapp.linkerd.local에 접근할 수 있다.

11. booksapp 인그레스 라우팅 규칙을 정의한다.

```
# Script : 04-create-booksapp-ingress.yaml

apiVersion: extensions/v1beta1
kind: Ingress
metadata:
  name: booksapp
  annotations:
    nginx.org/websocket-services: "webapp"
    ingress.kubernetes.io/rewrite-target: /
    nginx.ingress.kubernetes.io/configuration-snippet: |
      proxy_set_header l5d-dst-override
$service_name.$namespace.svc.cluster.local:7000;
      proxy_hide_header l5d-remote-ip;
      proxy_hide_header l5d-server-id;
spec:
  rules:
  - host: booksapp.linkerd.local
    http:
      paths:
      - backend:
          serviceName: webapp
          servicePort: 7000
       path: /
```

12. booksapp 인그레스 규칙을 생성한다.

```
$ kubectl -n linkerd-lab apply -f 04-create-booksapp-ingress.yaml
ingress.extensions/booksapp created
```

curl -s -H "Host: booksapp.linkerd.local" http://$INGRESS_HOST | grep -i /title 명령을 통해 인그레스 접근을 확인할 수 있다.

13. 로컬 브라우저 또는 VM의 브라우저에서 http://booksapp.linkerd.local을 열어 booksapp 웹 UI에 접근한다.

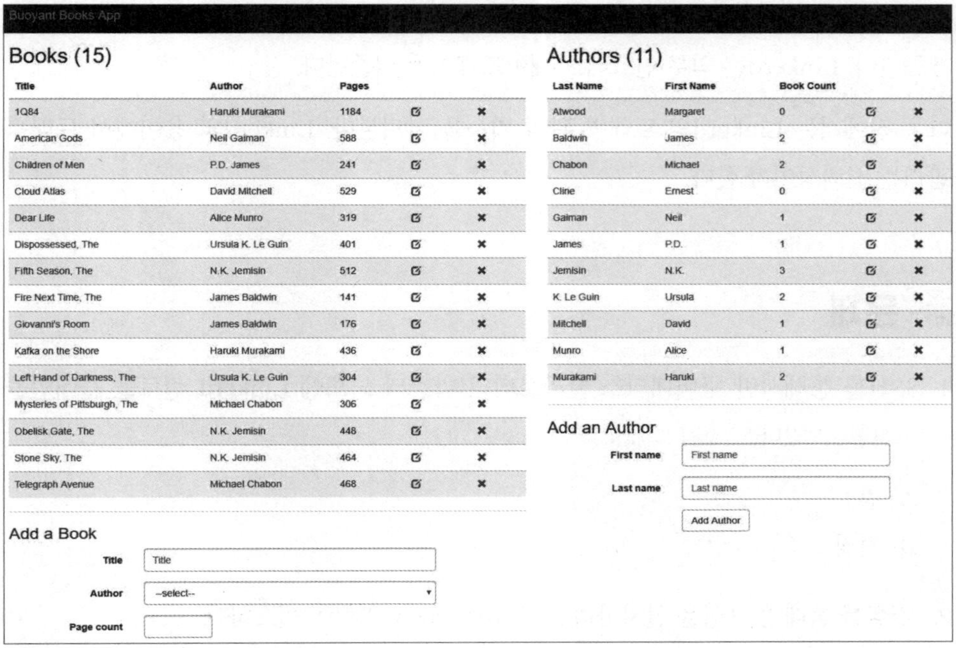

이것이 Linkerd가 인그레스 컨트롤러를 통해 마이크로서비스에 대한 접근을 허용하는 방법이다. 서비스 이름과 포트를 정의하면 YAML 배포를 통해 이러한 규칙을 쉽게 정의할 수 있다.

요약

이 장에서는 매우 유연하고 쉬운 설치 프로세스를 제공하는 Linkerd를 살펴봤다. Linkerd는 서비스 메시로서 특정 환경에서는 매력적인 옵션이다. Linkerd는 원격 쿠버네티스 클러스터에 대한 `kubectl` 접근 권한만 있는 경우에 컨트롤 플레인을 설치할 수 있는 쉬운 방법을 제공하기 위해 Linux, Windows 또는 MacBook에서 실행되는 Linkerd CLI를 제공한다.

어드미션 웹훅 컨트롤러를 통한 자동 사이드카 주입은 이미 배포한 모든 애플리케이션을 서비스 메시 데이터 플레인에 쉽게 배치할 수 있도록 한다.

Linkerd의 웹 대시보드는 컨트롤 플레인과 데이터 플레인에 대한 즉각적인 통찰력을 제공한다. Linkerd는 외부 인그레스 게이트웨이에 의존한다.

다음 장에서는 Linkerd의 트래픽 관리 기능을 살펴본다. Linkerd의 용어에서 트래픽 관리는 신뢰성이라 한다.

문제

1. SSH를 통해서만 쿠버네티스 클러스터의 마스터 노드에 Linkerd 컨트롤 플레인을 설치할 수 있다.

   A) 참

   B) 거짓

2. 컨트롤 플레인 구성을 설치하려면 `cluster-admin` 역할이 필요하다.

   A) 참

   B) 거짓

3. Linkerd 컨트롤 플레인을 설치하려면 `cluster-admin` 역할이 필요하다.

   A) 참

   B) 거짓

4. Linkerd는 `linkerd.io/inject : enabled`로 네임스페이스에 레이블을 지정하면 사이드카를 자동으로 주입할 수 있다.

   A) 참

   B) 거짓

5. 자체 사이드카 프록시를 가져오도록 포드를 제외하려면 `linkerd.io/inject : disabled`로 포드에 레이블을 지정한다.

   A) 참

   B) 거짓

참고 자료

- *Getting Started*, Linkerd, available at https://linkerd.io/2/getting-started/, accessed 5 May 2019

16

Linkerd의 신뢰성 기능 살펴보기

이 장에서는 동적 요청 라우팅, 서비스 프로필profile, 재시도, 타임아웃과 사전 예방 오류 코드 헌팅을 통한 자동 로드 밸런싱과 같은 Linkerd의 신뢰성 기능을 살펴보고자 한다.

서비스 메시의 트래픽 관리 기능에 대해서도 설명한다. 마이크로서비스 전체에서 트래픽을 조정, 제한, 확장하는 네트워킹 리소스를 사용하려면 이 프레임워크를 이해해야 한다.

이 장에서는 다음 주제를 다룬다.

- booksapp 애플리케이션의 서비스 간 트래픽 로드 밸런싱
- 서비스 프로필 이해와 생성
- 새로 생성된 서비스 프로필에 대한 booksapp 애플리케이션 간 트래픽 라우팅
- 스웨거Swagger 스펙을 사용해 booksapp 애플리케이션에 대한 서비스 프로필 배포
- booksapp 애플리케이션의 집합 라우팅 이해

- 재시도, 재시도 버짓budget과 타임아웃 활성화
- emojivoto 애플리케이션의 오류 코드 트러블슈팅

기술적 요구 사항

이 장은 15장, 'Linkerd 설치'와 연계된다. 진행하려면 다음 사항을 다루는 15장의 실습을 완료한다.

- Linkerd 설정
- 컨트롤 플레인 설치
- booksapp과 emojivoto 애플리케이션 배포

이 장의 실습을 위해 ~/linkerd/scripts 디렉토리에 있는지 확인해야 한다.

```
$ cd ~/linkerd/scripts
```

이제 시작할 준비를 마쳤다!

Linkerd의 신뢰성 개요

신뢰성Reliability은 모든 엔터프라이즈 애플리케이션의 중요한 품질이다. 소프트웨어 혁신을 통해 비즈니스 요구 사항을 충족하는 변화무쌍한 환경에서 애플리케이션을 배포한다면 더욱 의미가 있다. Ibryam은 이 개념을 다음과 같이 정의한다.

- **프래질**fragile: 시스템은 스트레스 상태에서는 생존할 수 없다.
- **견고성**Robust: 시스템이 어느 정도 스트레스를 견디고 나서 파손된다.
- **탄력성**Resilient: 시스템이 한계점에 도달하기 전에 스트레스와 결함에 적응한다.

- **안티프래질**anti-fragile: 스트레스와 변화에 영향을 받으므로 만들기가 훨씬 더 어렵다.

다음 다이어그램을 통해 더 잘 이해할 수 있다.

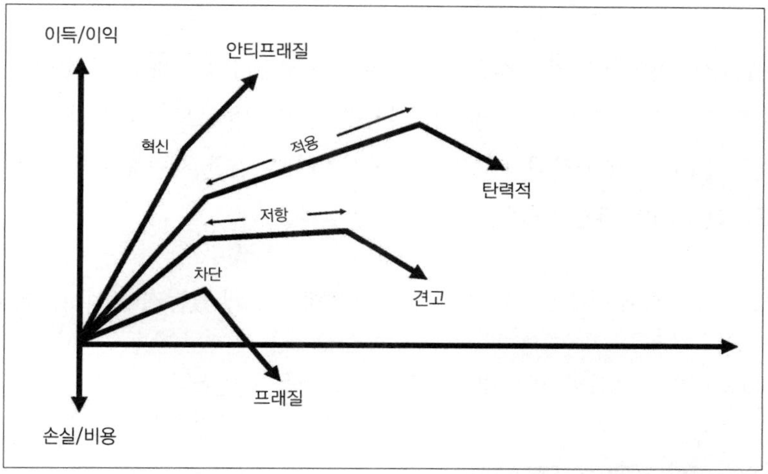

신뢰성과 병행해 서비스 메시는 사이드카 프록시의 지속적인 개선을 통해 탄력적인 시스템을 제공한다.

Twitter의 Finagle 과 넥플릭스의 Hystrix와 같은 특수화된 라이브러리를 사용하면 강력한 애플리케이션 구축에 도움이 되지만 이러한 라이브러리는 언어별로 다르다. 쿠버네티스와 같은 분산 컴퓨팅 환경에서 이러한 라이브러리는 Linkerd 또는 엔보이 프록시와 같은, 언어에 구애받지 않는 구현으로 발전했다.

요약하자면 책에서 살펴본 가장 인기 있는 사이드카 프록시 두 가지는 엔보이와 Linkerd다. 사이드카 프록시의 중요한 목적은 로드 밸런싱, 서킷 브레이킹, 이상값 감지 등을 통해 애플리케이션 탄력성을 제공하는 것이다.

Linkerd의 로드 밸런싱 기능을 이해해보자.

로드 밸런싱 구성

7장, 'Istio 서비스 메시 이해'에서 로드 밸런싱을 설명했다. Linkerd는 스마트 로드 밸런싱 메커니즘을 사용하며, 윌리엄 모건이 이를 다음과 같이 설명한다.

> "Linkerd는 자동으로 가장 빠른 포드에 요청을 전송하기 위해 응답 지연의 지수 가중exponentially weighted 이동 평균을 사용한다. 하나의 포드가 잠시라도 속도가 느려지면 Linkerd가 트래픽을 멀리 이동시킨다. 이러한 지능형 로드 밸런싱은 엔드투엔드 지연 시간을 줄일 수 있다."

emojivoto 애플리케이션에서 로드 밸런싱이 어떻게 구성돼 있는지 살펴보도록 하자.

1. emojivoto 마이크로서비스와 해당 포드의 가용성을 확인한다.

```
$ kubectl get pods -n emojivoto
NAME                         READY   STATUS    RESTARTS   AGE
emoji-697b575bd9-6487c       2/2     Running   0          29m
vote-bot-7bd97dfbdc-f8hfv    2/2     Running   0          29m
voting-6b4bf7494b-pxk5k      2/2     Running   0          29m
web-559684dbc5-9pmdf         2/2     Running   0          29m
```

2. voting과 web 배포를 1개에서 2개로 확장한다. CPU와 메모리를 충분히 사용할 수 있는 한, 원하는 수로 확장 가능하다.

```
$ kubectl -n emojivoto scale deploy voting --replicas=2
deployment.extensions/voting scaled
$ kubectl -n emojivoto scale deploy web --replicas=2
deployment.extensions/web scaled
```

요약하자면 emojivoto 애플리케이션에 지속적으로 애플리케이션에 트래픽을 보내는 emoji-bot이 있다. 도넛 이모지에는 HTTP 404 오류가 내장돼 있다. emoji-bot은 트래픽의 15%를 이 이모지로 보내고 다른 이모지를 무작위로 선택한다. 이 장 뒷부분에서 문제의 근본 원인을 디버깅하고 확인할 것이다.

3. 이제 linkerd CLI를 사용해 배포 상태를 확인한다.

```
$ linkerd -n emojivoto stat deployments
NAME       MESHED  SUCCESS     RPS  LATENCY_P50 ---
emoji      1/1     100.00%   2.0rps          1ms ---
vote-bot   1/1           -       -             - ---
voting     2/2      91.67%   1.0rps          1ms ---
web        2/2      95.76%   2.0rps          4ms ---

--- LATENCY_P95  LATENCY_P99  TCP_CONN
---         2ms          2ms         3
---           -            -         -
---         1ms          1ms         6
---        10ms         18ms         4
```

성공률, 초당 요청률(rps), 지연 시간 분포 백분위 수는 전체 배포에서 집계된 정보다. 집계된 메트릭은 Linkerd가 제공하는 값이다.

4. web과 voting 포드의 포드 레벨에서 집계된 정보를 확인한다.

```
$ linkerd -n emojivoto stat pods
NAME                          STATUS   MESHED  SUCCESS      RPS ---
emoji-697b575bd9-6487c        Running     1/1  100.00%   2.0rps ---
vote-bot-7bd97dfbdc-f8hfv     Running     1/1 - - ---
voting-6b4bf7494b-8znt2       Running     1/1   64.29%   0.5rps ---
voting-6b4bf7494b-pxk5k       Running     1/1   81.25%   0.5rps ---
web-559684dbc5-9pmdf          Running     1/1   84.13%   1.1rps ---
web-559684dbc5-l64dd          Running     1/1   90.91%   0.9rps ---

--- LATENCY_P50  LATENCY_P95  LATENCY_P99  TCP_CONN
---         1ms          1ms          1ms         3
---           -            -            -         -
---         1ms          1ms          1ms         3
---         1ms          2ms          2ms         3
---         7ms         17ms         19ms         2
---         3ms         13ms         19ms         2
```

5. VM에서 http://dashboard.linkerd.local로 이동한다.

6. **Resources › Pods › All**로 이동한다. 기본 콘솔 페이지에서 HTTP 메트릭과 TCP 메트릭을 볼 수 있다.

7. 오른쪽 상단 모서리에 있는 세 개의 세로 막대를 클릭한 후 `emojivoto`를 입력해 HTTP 메트릭을 필터링한다.

8. TCP 메트릭에도 동일한 작업을 반복한다.

처음에는 하나의 웹 서비스에서만 트래픽을 볼 수 있지만 몇 초만 기다리면 트래픽이 자동으로 밸런스를 이루게 된다.

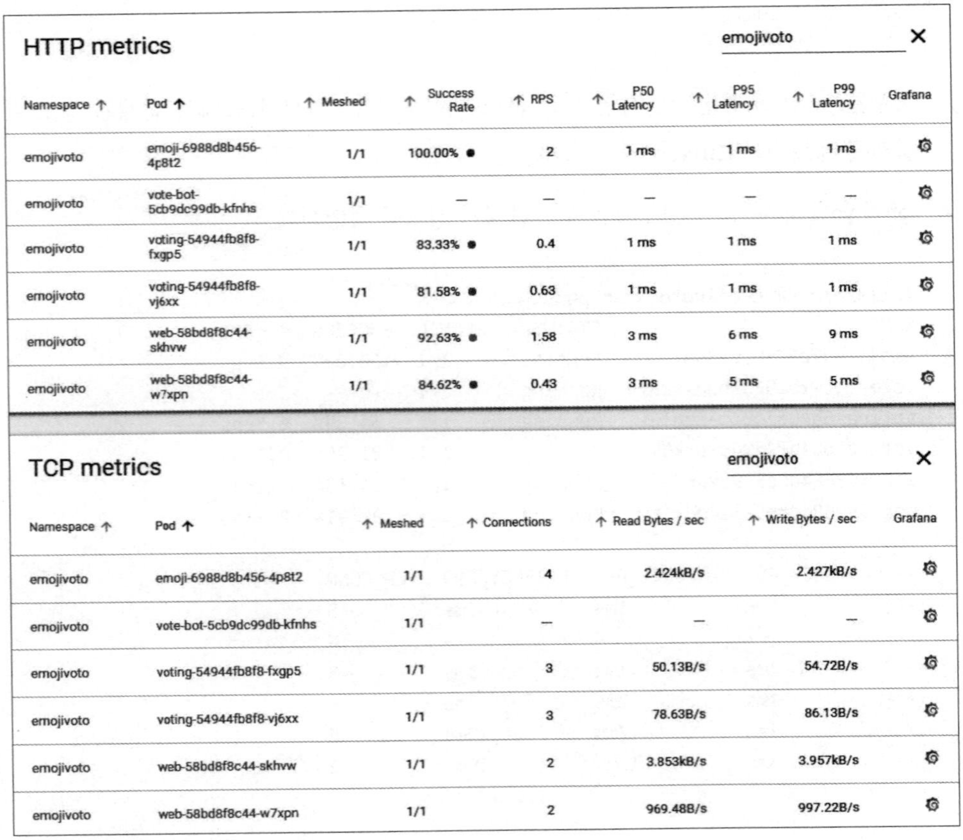

HTTP metrics (filter: emojivoto)

Namespace	Pod	Meshed	Success Rate	RPS	P50 Latency	P95 Latency	P99 Latency	Grafana
emojivoto	emoji-6988d8b456-4p8t2	1/1	100.00% ●	2	1 ms	1 ms	1 ms	
emojivoto	vote-bot-5cb9dc99db-kfnhs	1/1	–	–	–	–	–	
emojivoto	voting-54944fb8f8-fxgp5	1/1	83.33% ●	0.4	1 ms	1 ms	1 ms	
emojivoto	voting-54944fb8f8-vj6xx	1/1	81.58% ●	0.63	1 ms	1 ms	1 ms	
emojivoto	web-58bd8f8c44-skhvw	1/1	92.63% ●	1.58	3 ms	6 ms	9 ms	
emojivoto	web-58bd8f8c44-w7xpn	1/1	84.62% ●	0.43	3 ms	5 ms	5 ms	

TCP metrics (filter: emojivoto)

Namespace	Pod	Meshed	Connections	Read Bytes / sec	Write Bytes / sec	Grafana
emojivoto	emoji-6988d8b456-4p8t2	1/1	4	2.424kB/s	2.427kB/s	
emojivoto	vote-bot-5cb9dc99db-kfnhs	1/1	–	–	–	
emojivoto	voting-54944fb8f8-fxgp5	1/1	3	50.13B/s	54.72B/s	
emojivoto	voting-54944fb8f8-vj6xx	1/1	3	78.63B/s	86.13B/s	
emojivoto	web-58bd8f8c44-skhvw	1/1	2	3.853kB/s	3.957kB/s	
emojivoto	web-58bd8f8c44-w7xpn	1/1	2	969.48B/s	997.22B/s	

로드 밸런싱을 수행하기 위해 구성을 변경하지 않았다는 점에 유의한다. 이 기능은 바로 제공된다.

Linkerd는 서비스 프로필을 통해 메트릭을 집계하는 메커니즘을 제공한다. 이는 서비스 전반에 걸쳐 더 나은 트래픽 평가를 얻는 데 도움이 된다. 다음 섹션에서 더 자세히 살펴보도록 하자.

서비스 프로필 설정

Linkerd의 서비스 프로필은 라우트 정보를 집계하는 방법이다. 성공률, 지정된 소스 및 대상 서비스에 대한 응답 지연 시간과 같은 다른 차원의 라우트 메트릭을 수집한다. 서비스 프로필은 HTTP 프로토콜의 호스트 헤더에서 작동한다. Linkerd의 `:authority`는 HTTP/1.x의 Host 헤더와 동일한 HTTP/2 헤더를 의미한다. 15장, 'Linkerd 설치'에서 `booksapp` 애플리케이션에 대한 서비스 프로필을 생성해보도록 하자.

`booksapp`은 Linkerd를 만든 Buoyant.io의 데모 애플리케이션이다. 이 애플리케이션은 `webapp`, `authors`, `books`의 세 가지 마이크로서비스로 구성된다. 마이크로서비스는 Ruby로 작성됐으며 다른 서비스와 통신하기 위해 HTTP를 통해 JSON을 사용한다.

다음 예에서 Linkerd의 간단한 모니터링 유틸리티인 `linkerd top` 명령을 살펴보도록 하자. 이는 `linkerd-lab` 네임스페이스의 `webapp` 마이크로서비스까지의 트래픽에서의 메트릭을 보여준다.

```
$ linkerd top deployment/traffic --namespace linkerd-lab \
--to deployment/webapp --to-namespace linkerd-lab --path /books --hide-
sources
(press q to quit)
Destination          Method  Path                 Count Best Worst ---
webapp-57944-b2m2p   POST    /books                  12 13ms  48ms ---
webapp-57944-6mmg7   POST    /books                  12 14ms  55ms ---
webapp-57944-fwjlx   POST    /books                   9 12ms  51ms ---
webapp-57944-6mmg7   POST    /books/82489/edit        2 59ms  63ms ---
webapp-57944-6mmg7   GET     /books/82472             1 15ms  15ms ---
webapp-57944-6mmg7   GET     /books/82473             1 15ms  15ms ---
```

```
webapp-57944-b2m2p  POST    /books/82473/edit     1 57ms  57ms ---

--- Last Success Rate
--- 20ms       58.33%
--- 15ms       58.33%
--- 51ms       55.56%
--- 63ms       50.00%
--- 15ms      100.00%
--- 15ms      100.00%
--- 57ms        0.00%
...
```

각 /books 경로는 고유하며 모든 고유 경로에 대한 상위 보고서 메트릭을 확인할 수 있다. 각 경로가 개별적으로 시계열이기 때문에 이러한 많은 경로들이 Prometheus를 마비시킬 수 있다. 고유한 경로 문제는 라우트로 전달되는 파라미터로 인해 발생한다.

유사하게 보이는 고유 경로가 아닌 집계 경로에서 메트릭이 보고되면 좋을 것이다. Linkerd는 서비스 프로필을 통해 메트릭을 집계할 수 있다. 쿠버네티스의 커스텀 리소스 정의로 서비스 프로필을 구현하는 작업은 Linkerd의 컨트롤 플레인 네임스페이스에서 수행할 수 있다.

서비스 프로필로 서비스의 라우트 목록을 정의할 수 있으며, 고유 경로에 정규식을 사용할 수 있다. 메트릭을 집계하기 위해 이를 정의할 수 있다.

서비스 프로필을 통해 사용자는 다음을 수행할 수 있다.

- 집계할 경로 정의
- Prometheus에 대한 시계열 데이터를 제한하는 경로 집계
- Prometheus의 백엔드에서 기록 데이터 쿼리

이제 서비스 프로필을 설정해보자.

1. 먼저 서비스 프로필 CRD가 배포됐는지 확인한다.

```
$ kubectl -n linkerd-lab get crd | grep -i linkerd
serviceprofiles.linkerd.io   2019-08-28T01:31:15Z
```

2. booksapp 서비스를 살펴보자.

```
$ kubectl -n linkerd-lab get svc
NAME    TYPE         CLUSTER-IP  EXTERNAL-IP     PORT(S)        AGE
authors ClusterIP    None        <none>          7001/TCP       51d
books   ClusterIP    None        <none>          7002/TCP       51d
webapp  LoadBalancer 10.0.0.129  192.168.142.249 7000:30604/TCP 51d
```

3. Linkerd가 발견한 라우트를 살펴보자.

```
$ linkerd -n linkerd-lab routes services
==> service/authors <==
ROUTE        SERVICE   SUCCESS      RPS  LATENCY_P50  LATENCY_P95   ---
[DEFAULT]    authors    74.19%  6.7rps           5ms         26ms   ---

--- LATENCY_P99
---        29ms

==> service/books <==
ROUTE        SERVICE   SUCCESS      RPS  LATENCY_P50  LATENCY_P95   ---
[DEFAULT]      books    78.38%  8.2rps          10ms         77ms   ---

--- LATENCY_P99
--- 95ms

==> service/webapp <==
ROUTE        SERVICE   SUCCESS      RPS  LATENCY_P50  LATENCY_P95   ---
[DEFAULT]     webapp    76.16%  7.2rps          26ms         83ms   ---

--- LATENCY_P99
--- 97ms
```

여기서 booksapp 내 모든 서비스의 라우트 레벨에서 보고된 집계된 실시간 트래픽을 볼 수 있다.

4. 다음으로 linkerd profile 명령을 사용해 서비스 프로필 템플릿을 생성한다.

```
$ linkerd profile --template webapp -n linkerd-lab > webapp.yaml
```

5. 생성된 템플릿을 다음과 같이 편집한다.

```
# Script : 05-create-service-profile-web.yaml

apiVersion: linkerd.io/v1alpha1
kind: ServiceProfile
metadata:
  name: webapp.linkerd-lab.svc.cluster.local
spec:
  routes:
  - name: '/books'
      condition:
      pathRegex: '/books'
method: POST
  - name: '/books/{id}'
    condition:
      pathRegex: '/books/\d+'
      method: GET
```

앞의 webapp 서비스 프로필은 webapp 서비스가 응답하는 두 가지 라우트인 /books와 /books<id>를 정의한다.

6. webapp 서비스의 이전 서비스 프로필을 배포한다.

```
$ kubectl -n linkerd-lab apply -f 05-create-service-profile-
web.yaml
serviceprofile.linkerd.io/webapp.linkerd-lab.svc.cluster.local
created
```

7. 다음으로 linkerd route 명령이 새로운 추가 라우트를 선택하는지 확인해보자.

```
$ linkerd -n linkerd-lab routes services/webapp
ROUTE       SERVICE  SUCCESS      RPS  LATENCY_P50 ---
/books       webapp   40.67%   2.5rps         24ms ---
```

```
/books/{id} webapp  100.00%   1.1rps          25ms ---
[DEFAULT]    webapp   88.89%   4.7rps          28ms ---

--- LATENCY_P95 LATENCY_P99
---        46ms        86ms
---        30ms        30ms
---       108ms       182ms
```

/books와 /books/{id}에 대한 트래픽의 추가 분석을 제공하는 두 개의 추가 라우트를 확인한다.

서비스의 스웨거Swagger를 사용할 수 있는 경우에도 서비스 프로필을 설정할 수 있다.

NOTE

세 가지 마이크로서비스에 대한 스웨거(Swagger) 스펙은 다음에서 확인할 수 있다.

- https://run.linkerd.io/booksapp/webapp.swagger
- https://run.linkerd.io/booksapp/authors.swagger
- https://run.linkerd.io/booksapp/books.swagger

선택 사항: 다음 `linkerd profile` 명령으로 세 가지 서비스에서 생성된 프로필을 확인한다.

```
$ linkerd -n linkerd-lab profile --open-api webapp.swagger webapp

$ linkerd -n linkerd-lab profile --open-api authors.swagger authors

$ linkerd -n linkerd-lab profile --open-api books.swagger books
```

이전 코드의 결과는 파일로 저장할 수 있으며, 커스텀 리소스 정의를 생성하기 전에 사용자 편집을 할 수 있다.

8. 다음으로 스웨거Swagger 스펙을 사용해 webapp, books, authors 마이크로서비스에 대한 Linkerd 쿠버네티스 기본 서비스 프로필을 생성해보자.

```
$ linkerd -n linkerd-lab profile --open-api webapp.swagger webapp |
kubectl -n linkerd-lab apply -f -
serviceprofile.linkerd.io/webapp.linkerd-lab.svc.cluster.local created

$ linkerd -n linkerd-lab profile --open-api books.swagger books|
kubectl -n linkerd-lab apply -f -
serviceprofile.linkerd.io/books.linkerd-lab.svc.cluster.local created

$ linkerd -n linkerd-lab profile --open-api authors.swagger authors |
kubectl -n linkerd-lab apply -f -
serviceprofile.linkerd.io/authors.linkerd-lab.svc.cluster.local
created
```

9. linkerd-lab 네임스페이스에서 생성된 서비스 프로필 정의를 확인한다.

```
$ kubectl -n linkerd-lab get serviceprofile
NAME                                    AGE
authors.linkerd-lab.svc.cluster.local   3m57s
books.linkerd-lab.svc.cluster.local     4m2s
webapp.linkerd-lab.svc.cluster.local    6m24s
```

10. webapp 서비스에서 누적된 라우트별 메트릭을 확인해보자.

```
$ linkerd -n linkerd-lab routes deploy/webapp
ROUTE                      SERVICE  SUCCESS     RPS ---
GET /                       webapp  100.00% 0.5rps ---
GET /authors/{id}           webapp  100.00% 0.5rps ---
GET /books/{id}             webapp  100.00% 1.0rps ---
POST /authors               webapp  100.00% 0.5rps ---
POST /authors/{id}/delete   webapp  100.00% 0.5rps ---
POST /authors/{id}/edit     webapp    0.00% 0.0rps ---
POST /books                 webapp   49.18% 2.0rps ---
POST /books/{id}/delete     webapp  100.00% 0.5rps ---
POST /books/{id}/edit       webapp   41.89% 1.2rps ---
[DEFAULT] webapp 0.00% 0.0rps ---

--- LATENCY_P50 LATENCY_P95 LATENCY_P99
---        38ms        49ms        50ms
---        30ms        47ms        49ms
---        25ms        39ms        40ms
```

```
---         22ms        29ms        30ms
---         35ms        93ms        99ms
---          0ms         0ms         0ms
---         31ms        46ms        49ms
---         15ms        29ms        30ms
---         80ms       170ms       194ms
---          0ms         0ms         0ms
```

11. authors 서비스에서 누적된 라우트별 메트릭을 확인해보자.

```
$ linkerd -n linkerd-lab routes deploy/authors
ROUTE                        SERVICE  SUCCESS    RPS ---
DELETE /authors/{id}.json    authors  100.00% 0.5rps ---
GET /authors.json            authors  100.00% 0.5rps ---
GET /authors/{id}.json       authors  100.00% 1.6rps ---
HEAD /authors/{id}.json      authors   43.78% 3.6rps ---
POST /authors.json           authors  100.00% 0.5rps ---
[DEFAULT]                    authors    0.00% 0.0rps ---

--- LATENCY_P50  LATENCY_P95 LATENCY_P99
---         18ms         29ms         30ms
---         7ms          10ms         10ms
---         4ms          13ms         19ms
---         3ms           9ms         16ms
---         8ms          37ms         40ms
---         0ms           0ms          0ms
```

이전 라우트는 다른 작성자 ID에 대한 요청에 해당하는 집계된 메트릭을 보여준다.

12. 다음 예제는 webapp 서비스에서 authors 서비스로의 트래픽 집계를 보여준다. authors 서비스에는 계측 오류가 포함돼 있지 않다. 여기서 100% 성공률을 확인할 수 있다.

```
$ linkerd -n linkerd-lab routes deploy/webapp --to svc/authors
ROUTE                        SERVICE  SUCCESS      RPS ---
DELETE /authors/{id}.json    authors  100.00%   0.5rps ---
GET /authors.json            authors  100.00%   0.5rps ---
GET /authors/{id}.json       authors  100.00%   1.6rps ---
HEAD /authors/{id}.json      authors    0.00%   0.0rps ---
```

```
POST /authors.json         authors  100.00%  0.5rps ---
[DEFAULT]                  authors    0.00%  0.0rps ---

--- LATENCY_P50 LATENCY_P95 LATENCY_P99
---        25ms        37ms        39ms
---         9ms        19ms        20ms
---         4ms         9ms        10ms
---         0ms         0ms         0ms
---        12ms        19ms        20ms
---         0ms         0ms         0ms
```

13. 다음 예는 webapp에서 books로의 트래픽을 보여준다. books 서비스에 계측 오류가 있으며, 다음 코드는 POST/PUT 성공률이 100% 미만임을 보여준다.

```
$ linkerd -n linkerd-lab routes deploy/webapp --to svc/books
ROUTE                       SERVICE  SUCCESS      RPS ---
DELETE /books/{id}.json       books  100.00%  0.5rps ---
GET /books.json               books  100.00%  1.1rps ---
GET /books/{id}.json          books  100.00%  2.2rps ---
POST /books.json              books   47.14%  2.3rps ---
PUT /books/{id}.json          books   43.66%  1.2rps ---
[DEFAULT]                     books    0.00%  0.0rps ---

--- LATENCY_P50 LATENCY_P95 LATENCY_P99
--- 8ms 17ms 19ms
--- 5ms 18ms 20ms
--- 5ms 18ms 20ms
--- 16ms 30ms 38ms
--- 67ms 97ms 99ms
--- 0ms 0ms 0ms
```

서비스 프로필은 파라미터 사용 시 정규식으로 라우트별로 집계된 메트릭을 가져오고, 성공률과 다양한 지연 시간 범위를 보고하는 좋은 방법이다. 이러한 메트릭은 병목 현상과 버그에 대한 즉각적인 통찰력을 제공한다. 이는 탄력적이고 성능이 뛰어난 시스템을 제공한다는 측면에서 제품 개발에 큰 도움이 된다. Istio와 비교해볼 때 Linkerd 고유의 유용한 기능이다.

다음으로 트래픽 재시도, booksapp 마이크로서비스 버짓, 활성화된 메트릭을 집계하는 방법을 살펴보도록 하자.

실패한 트랜잭션 재시도하기

14장, 'Linkerd 서비스 메시 이해'에서 살펴봤듯 실패한 트랜잭션에 대한 블라인드 재시도는 재시도 스톰으로 이어질 수 있다. 집필 당시 Linkerd는 재시도와 재시도 버짓 구성을 도입해 이 문제를 해결하려 한다.

실패한 트랜잭션을 재시도Retrying failed transactions하기 전에 어떤 요청을 몇 번 재시도 할지 결정하는 것이 중요하다. 이를 위해 다음 단계를 수행해보도록 한다.

1. books에서 authors까지 연결되는 Linkerd 라우트를 실행하고 메트릭을 확인하자.

```
$ linkerd -n linkerd-lab routes deploy/books --to svc/authors
ROUTE                       SERVICE  SUCCESS      RPS ---
DELETE /authors/{id}.json   authors    0.00%  0.0rps ---
GET /authors.json           authors    0.00%  0.0rps ---
GET /authors/{id}.json      authors    0.00%  0.0rps ---
HEAD /authors/{id}.json     authors   53.77%  3.3rps ---
POST /authors.json          authors    0.00%  0.0rps ---
[DEFAULT]                   authors    0.00%  0.0rps ---

--- LATENCY_P50  LATENCY_P95  LATENCY_P99
---         0ms          0ms          0ms
---         0ms          0ms          0ms
---         0ms          0ms          0ms
---         5ms         10ms         17ms
---         0ms          0ms          0ms
---         0ms          0ms          0ms
```

   books에서 authors로 보내는 모든 요청은 HEAD /authors/{id}.json 라우트에 있다. 여기에서 요청의 50%가 실패하고 있음을 알 수 있다(의도적인 애플리케이션 설계). HEAD 라우트의 지연 시간을 확인하자.

재시도하면 지연 시간이 더 증가할 것을 예상할 수 있다.

HEAD /authors/{id}.json 라우트에 isRetryable: true를 추가하기 위해 authors 서비스 프로필을 수정한다.

2. 이를 수행하는 가장 간단한 방법으로, kubectl -n inkerd-lab edit sp authors.linkerd-lab.svc.cluster.local을 실행해 다음과 같이 HEAD /authors/{id}.json 라우트에 대한 행을 추가한다.

```
apiVersion: linkerd.io/v1alpha1
kind: ServiceProfile
metadata:
  name: authors.linkerd-lab.svc.cluster.local
spec:
  routes:
  - condition:
      method: GET
      pathRegex: /authors\.json
    name: GET /authors.json
  - condition:
      method: POST
      pathRegex: /authors\.json
    name: POST /authors.json
  - condition:
      method: DELETE
      pathRegex: /authors/[^/]*\.json
    name: DELETE /authors/{id}.json
  - condition:
      method: GET
      pathRegex: /authors/[^/]*\.json
    name: GET /authors/{id}.json
  - condition:
      method: HEAD
      pathRegex: /authors/[^/]*\.json
    isRetryable: true
    name: HEAD /authors/{id}.json
```

혹은 서비스 프로필을 패치할 수도 있다. 다음과 같이 HEAD 메서드의 올바른 위치(기본 0부터 시작)를 계산하고 서비스 프로필을 패치한다.

```
$ kubectl -n linkerd-lab patch sp authors.linkerd-lab.svc.cluster.local --type json --patch='[{"op": "add","path": "/spec/routes/4/isRetryable","value": true}]'
serviceprofile.linkerd.io/authors.linkerd-lab.svc.cluster.local patched
```

3. isRetryable : true를 추가한 후, Linkerd는 이 라우트에 대한 재시도 요청을 자동으로 시작할 것이다. linkerd routes 명령을 실행해 다시 확인해보자.

```
$ linkerd -n linkerd-lab routes deploy/books --to svc/authors
ROUTE                        SERVICE   SUCCESS      RPS ---
DELETE /authors/{id}.json    authors     0.00%   0.0rps ---
GET /authors.json            authors     0.00%   0.0rps ---
GET /authors/{id}.json       authors     0.00%   0.0rps ---
HEAD /authors/{id}.json      authors   100.00%   2.2rps ---
POST /authors.json           authors     0.00%   0.0rps ---
[DEFAULT]                    authors     0.00%   0.0rps ---

--- LATENCY_P50  LATENCY_P95  LATENCY_P99
---         0ms          0ms          0ms
---         0ms          0ms          0ms
---         0ms          0ms          0ms
---        12ms         25ms         29ms
---         0ms          0ms          0ms
---         0ms          0ms          0ms
```

실패한 요청을 재시도하자 100% 성공률을 보여준다. 그러나 재시도로 인해 지연 시간이 증가했다. Linkerd는 애플리케이션 로직을 변경하지 않고도 이를 가능하게 했는데, 서비스 프로필을 통해 최소한의 구성만 변경하면 된다.

애플리케이션 로직을 모르는 경우 재시도는 위험할 수 있다. 재시도 스톰의 도미노 효과는 다른 서비스로 전파될 수 있다. 다음 섹션에서 재시도 버짓retry budget을 사용해 이 문제를 처리하는 방법을 살펴보도록 한다.

재시도 버짓

Linkerd는 서비스에 대한 재시도 횟수를 백분율로 제한하는 재시도 버짓을 구현한다. 이는 재시도 로직이 시스템을 마비시키거나 지연 시간이 크게 증가하는 것을 방지한다.

다음은 서비스 프로필 레벨에서 지정할 수 있는 재시도 버짓의 예시다.

```
...
spec:
  retryBudget:
    retryRatio: 0.2
    minRetriesPerSecond: 10
    ttl: 15s
...
```

이 스펙은 재시도 버짓의 20%를 의미하며, 초당 최소 재시도는 20회다. 재시도는 15초 이상 지속되지 않을 것이다.

다음으로 서비스 기반 타임아웃과 이를 서비스 프로필에 적용하는 방법을 정의한다.

타임아웃 구현하기

Linkerd는 다른 서비스에 대한 요청 실패(또는 재라우팅) 전의 대기 시간을 정의하는 타임아웃timeouts을 정의할 수 있다. 이를 확인하기 위해 이전 섹션의 동일한 스펙 라우트에 25ms 타임아웃을 추가해보도록 하자. 이 타임아웃 제한이 소진되면 요청이 취소되고 504 HTTP 코드가 반환된다. 기본적으로 타임아웃은 10초로 설정돼 있다. 시작해보자.

1. HEAD/authors/{id}.json 라우트에 타임아웃 : 25ms를 추가해 authors.linkerd-lab.svc.cluster.local에 대한 서비스 프로필에 패치를 적용한다. 서비스 프로필을 편집하거나 패치를 적용할 수 있다.

```
$ kubectl -n linkerd-lab patch sp authors.linkerd-
lab.svc.cluster.local \
--type json --patch='[{"op": "add","path":
"/spec/routes/4/timeout","value": 25ms}]'
```

```
serviceprofile.linkerd.io/authors.linkerd-lab.svc.cluster.local
patched
```

2. 이제 linkerd route 명령을 실행해 타임아웃의 효과를 확인한다.

```
$ linkerd -n linkerd-lab routes deploy/books --to svc/authors
ROUTE                       SERVICE   SUCCESS     RPS ---
DELETE /authors/{id}.json   authors    0.00%  0.0rps ---
GET /authors.json           authors    0.00%  0.0rps ---
GET /authors/{id}.json      authors    0.00%  0.0rps ---
HEAD /authors/{id}.json     authors   98.50%  2.2rps ---
POST /authors.json          authors    0.00%  0.0rps ---
[DEFAULT]                   authors    0.00%  0.0rps ---

--- LATENCY_P50  LATENCY_P95  LATENCY_P99
---         0ms          0ms          0ms
---         0ms          0ms          0ms
---         0ms          0ms          0ms
---         8ms         24ms         29ms
---         0ms          0ms          0ms
---         0ms          0ms          0ms
```

타임아웃을 구현하자 성공률이 100% 미만임을 알 수 있다.

다음으로 emojivoto 애플리케이션에서 donut 오류를 디버깅해보자.

오류 코드 트러블슈팅하기

이 섹션에서는 donut 이모지에 존재하는 오류 코드의 문제를 해결한다(자세한 내용은 15장 참조). 마이크로서비스가 오류를 발생시키므로, Linkerd의 대시보드를 사용해 이 문제를 디버깅하기 위해 서비스, 배포, 포드 전체의 HTTP 트래픽 라우트를 조사한다.

http://emojivoto.linkerd.local로 이동해 브라우저에서 emojivoto 애플리케이션으로 전환한다. 도넛 이모지(맨 위 행의 세 번째)를 채택하고 HTTP 404 오류를 확인한다. 이제 다음 단계를 따라 해보자.

1. `http://dashboard.linkerd.local`의 **Resources > Namespaces > All**로 이동한다. 도넛 이모지 오류로 인한 `emojivoto` 네임스페이스의 성공률이 100% 미만임을 알 수 있다.

HTTP metrics

Namespace ↑	↑ Meshed	↑ Success Rate	↑ RPS	↑ P50 Latency	↑ P95 Latency	↑ P99 Latency	Grafana
cert-manager	0/1	–	–	–	–	–	
default	0/0	–	–	–	–	–	
emojivoto	6/6	94.61% ●	4.95	1 ms	5 ms	9 ms	
istio-lab	0/6	–	–	–	–	–	
istio-system	0/12	–	–	–	–	–	
keepalived	0/2	–	–		–	–	
kube-public	0/0	–	–	–	–	–	
kube-system	0/37	–	–	–	–	–	
linkerd	7/7	100.00% ●	6.9	5 ms	87 ms	97 ms	
linkerd-lab	6/6	76.22% ●	23.13	10 ms	83 ms	99 ms	
platform	0/0	–	–	–	–	–	
services	0/0	–	–	–	–	–	
test-lab	1/1	–	–	–	–	–	

2. 서비스 디스커버리 그래프를 보려면 HTTP 메트릭 섹션에서 emojivoto 링크를 클릭한다. 이는 emojivoto 마이크로서비스 애플리케이션의 종속성 정보를 보여준다.

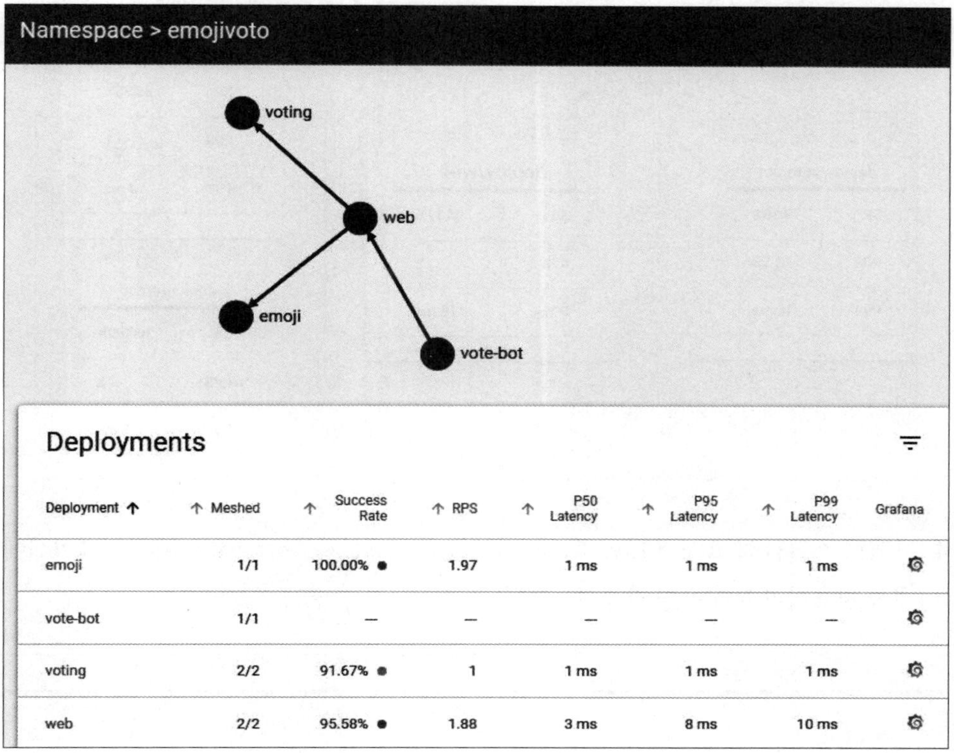

Deployment	Meshed	Success Rate	RPS	P50 Latency	P95 Latency	P99 Latency	Grafana
emoji	1/1	100.00%	1.97	1 ms	1 ms	1 ms	
vote-bot	1/1	—	—	—	—	—	
voting	2/2	91.67%	1	1 ms	1 ms	1 ms	
web	2/2	95.58%	1.88	3 ms	8 ms	10 ms	

스크린샷에서 `emoji` 배포는 보팅하는 동안 100% 성공률을 보여주지만 web은 그렇지 않음을 알 수 있다.

3. web 배포를 클릭한다. 종속 관계가 있는 각 마이크로서비스에 대한 성공률(SR), P99 지연 시간, 초당 요청(RPS)과 같은 지표가 포함된 실시간 트래픽 메트릭 시각화를 볼 수 있다.

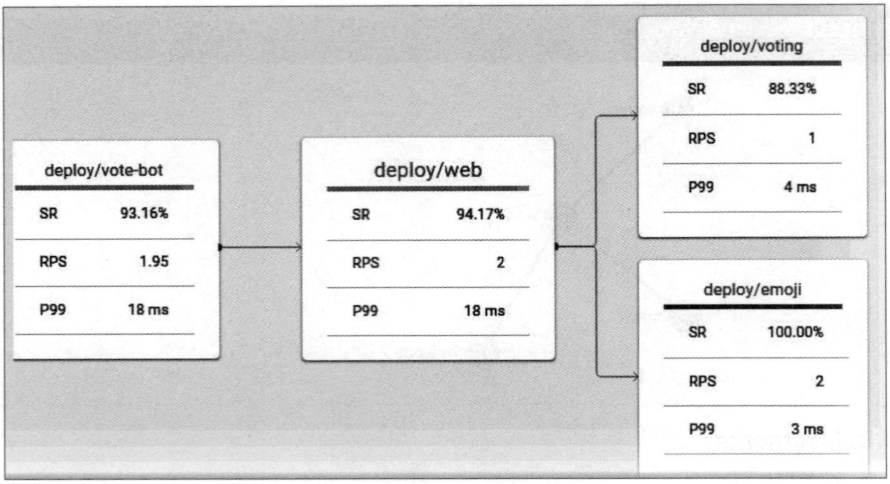

4. 아래로 스크롤해 요청의 Live Calls 피드를 확인해보자. `vote-bot`은 애플리케이션에 대한 지속적인 트래픽을 발생시킨다.

LIVE CALLS ROUTE METRICS

	Name	Method ↑	Path ↑	↓ Count	↑ Best	↓ Worst	↑ Last	↑ Success Rate	Tap
FROM	deploy/vote-bot	GET	/api/list	178	3 ms	16 ms	6 ms	100.00%	
TO	deploy/emoji	POST	/emojivoto.v1.EmojiService/ListAll	170	1 ms	9 ms	3 ms	100.00%	
FROM	deploy/vote-bot	GET	/api/vote	169	5 ms	33 ms	18 ms	78.70%	
TO	deploy/emoji	POST	/emojivoto.v1.EmojiService/FindByShortcode	168	1 ms	16 ms	9 ms	100.00%	
TO	deploy/voting	POST	/emojivoto.v1.VotingService/VoteDoughnut	36	1 ms	5 ms	2 ms	0.00%	
TO	deploy/voting	POST	/emojivoto.v1.VotingService/VoteOkWoman	6	2 ms	4 ms	2 ms	100.00%	
TO	deploy/voting	POST	/emojivoto.v1.VotingService/VoteBeer	4	2 ms	4 ms	2 ms	100.00%	
TO	deploy/voting	POST	/emojivoto.v1.VotingService/VoteGolfingMan	4	2 ms	3 ms	2 ms	100.00%	
TO	deploy/voting	POST	/emojivoto.v1.VotingService/VoteCloudWithRain	3	2 ms	4 ms	2 ms	100.00%	
TO	deploy/voting	POST	/emojivoto.v1.VotingService/VoteMoneyMouthFace	2	2 ms	3 ms	3 ms	100.00%	

`/emojivoto.v1.VotingService/VoteDoughnut` 경로를 호출하면 성공률이 0%가 됨을 알 수 있다. Linkerd를 통해 데이터의 실시간 피드를 확인하면 이제 어떤 REST API 엔드포인트가 실패하는지 알 수 있다.

5. 이전 스크린샷에서 이 줄 맨 끝에 있는 탭 아이콘을 클릭하면 엔드포인트의 실시간 요청 목록만 표시된다.

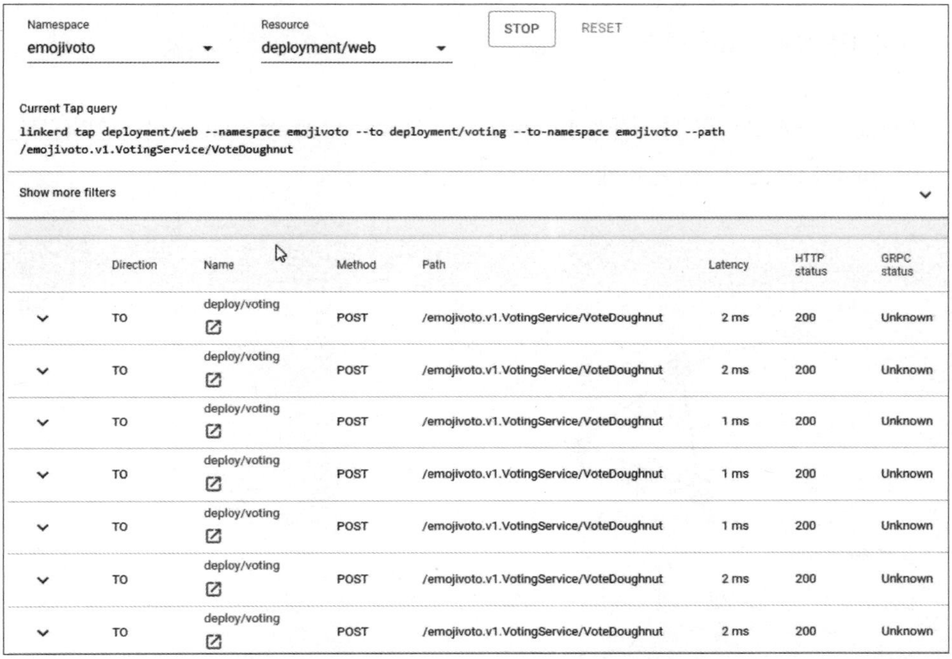

gRPC 상태는 Unknown임을 알 수 있다. 이를 통해 실패한 정확한 REST API 호출로 드릴 다운했다.

6. Linkerd는 인수와 함께 `tap` 커맨드 라인을 보여주는데 UI를 사용하지 않고도 보기에 매우 좋다.

```
$ linkerd tap deployment/web --namespace emojivoto \
--to deployment/voting --to-namespace emojivoto \
--path /emojivoto.v1.VotingService/VoteDoughnut
```

앞의 명령을 실행한 후 몇 줄이 출력되면 **Ctrl + C**를 누른다.

이제 `http://booksapp.linkerd.local`이라는 booksapp 애플리케이션으로 전환해보도록 하자. booksapp에는 서비스 디스커버리 기능을 탐색하기 위해 애플리케이션으로 트래픽을 계속 보내는 트래픽 생성기가 함께 제공된다. Linkerd의 대시보드를 통해 서비스 디스커버리를 살펴보도록 하자.

1. Linkerd 대시보드로 돌아가서 **Resources › Namespaced › All**를 클릭한다. 오른쪽 창에서 `linkerd-lab` 클릭해 네임스페이스를 열어보자.

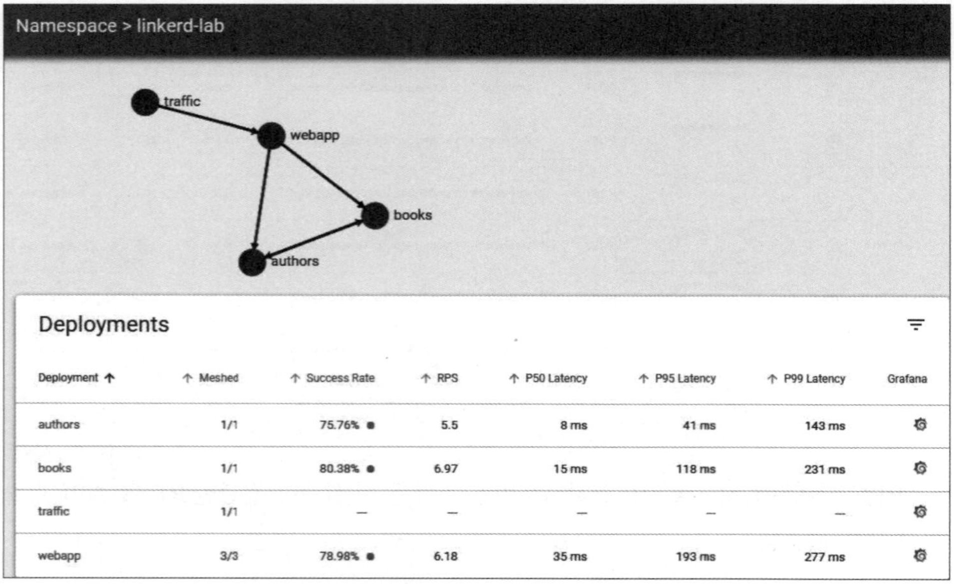

서비스 디스커버리 트래픽 서비스는 books와 authors 모두에게 트래픽을 전송하는 webapp 서비스로 트래픽을 전송하는 것을 알 수 있다. books 서비스는 authors 서비스와 통신한다.

배포와 성공률이 100%가 아님을 알 수 있고, 이는 문제가 있음을 나타낸다. 이것은 Linkerd의 기본 제공 문제 해결 기능을 보여주기 위해 애플리케이션 작성자가 의도적으로 설계한 것이다.

2. `http://booksapp.linkerd.local`을 실행하는 탭으로 전환하고 Add a Book 섹션까지 스크롤한다. 여기에 제목을 입력하고 저자와 페이지 수를 선택한 다음 Add a Book을 누른다.

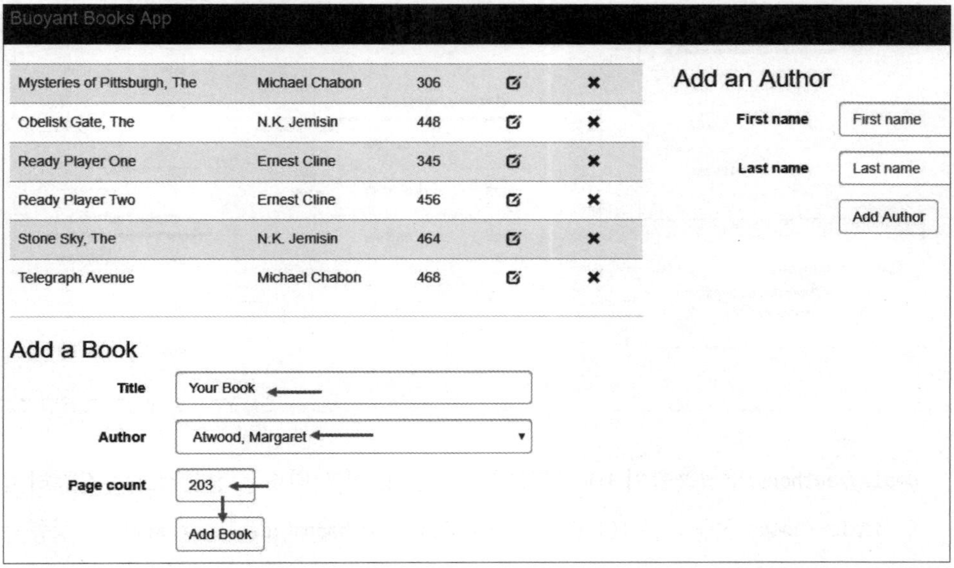

책이 추가되거나 내부 서버 오류가 발생할 수 있다. 책을 추가하기 위해서는 몇 번 시도해야 할 것이다. 몇 번의 시도 후에도 책을 추가하지 못한 경우 트러블슈팅을 위한 다음 단계를 진행한다.

이제 대시보드로 돌아가 문제의 원인을 찾을 수 있는지 확인해보도록 하자.

3. 자세한 내용을 보려면 `webapp` 배포를 클릭한다.

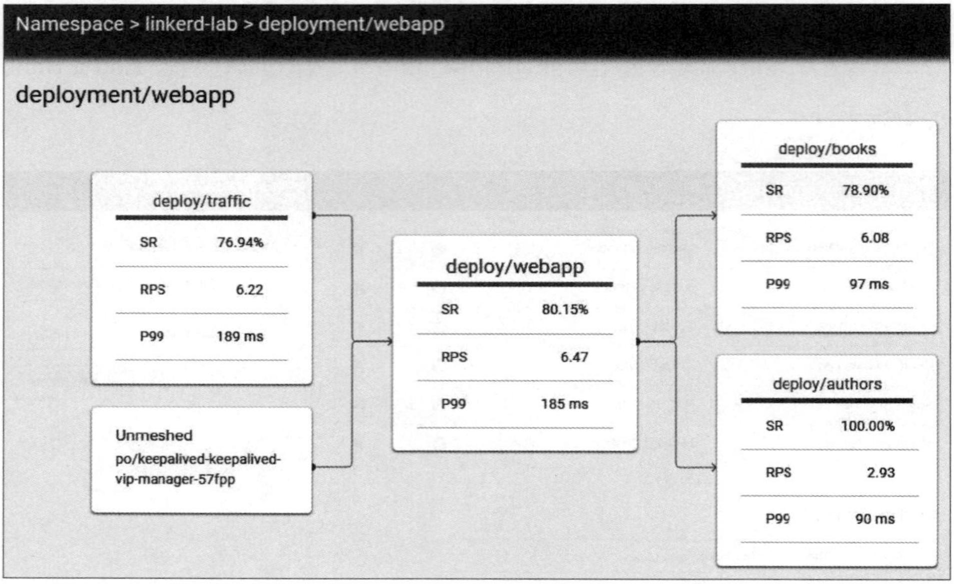

deploy/authors의 성공률이 100%임을 알 수 있다. 이 서비스는 정상적으로 작동하지만 deploy/books 성공률은 100% 미만이며 deploy/webapp과 deploy/traffic의 성공률도 100%에 미치지 못한다.

4. 더 아래로 스크롤해 webapp에 대한 실시간 트래픽 피드를 확인해보자.

	Name	Method ↑	Path ↑	↓ Count	↑ Best	↓ Worst	↑ Last	↑ Success Rate	Tap
FROM	deploy/traffic	POST	/books	529	18 ms	356 ms	90 ms	50.66%	
TO	deploy/books	POST	/books.json	511	11 ms	127 ms	43 ms	50.88%	
TO	deploy/books	GET	/books.json	263	6 ms	107 ms	8 ms	100.00%	
FROM	deploy/traffic	POST	/authors	134	16 ms	144 ms	19 ms	100.00%	
FROM	deploy/traffic	GET	/	134	27 ms	279 ms	31 ms	100.00%	

여기서 deploy/traffic(생성기)가 /books에 POST 요청을 보내고 있음을 알 수 있다.

5. deploy/traffic 옆에 있는 팝업 화살표를 클릭하고 deploy/traffic에서 deploy/webapp으로 연결되는 소스와 대상 배포 마이크로서비스의 이름을 확인한다.

   마찬가지로 deploy/webapp에서 deploy/books로 연결되는 deploy/books를 확인한다. 운영을 위해 이 정보는 매우 중요하며 개발자에게 전달해야 한다.

6. /books.json이 표시된 줄에서 탭 아이콘을 클릭해 details/book으로 들어오는 라이브 요청만 드릴 다운하고 확인한다.

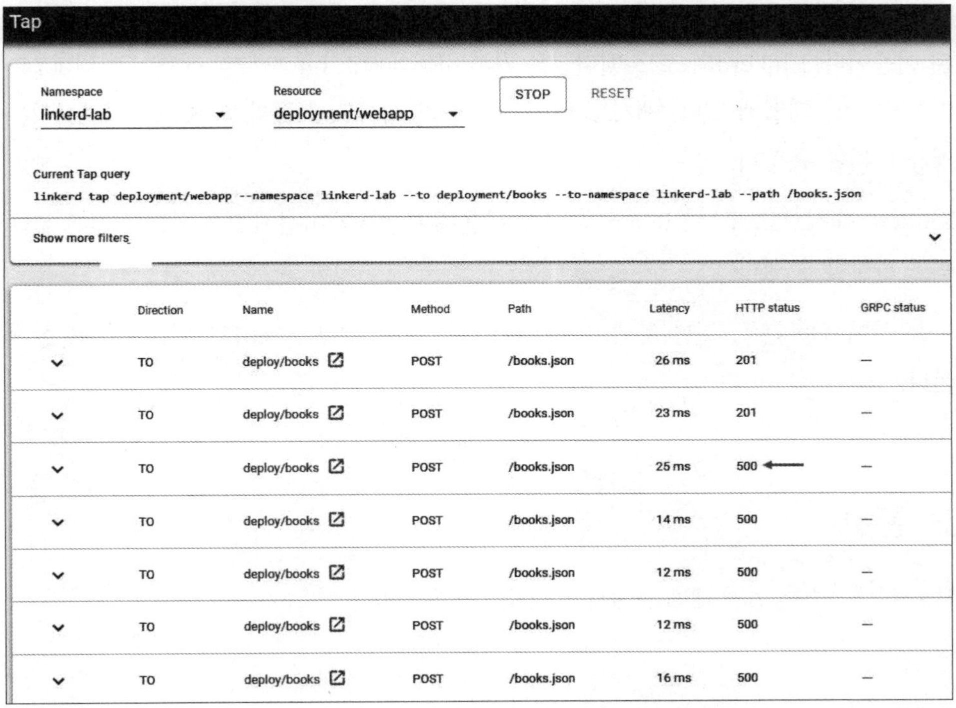

NOTE

주의 : POST HTTP 상태 중 일부는 내부 서버 오류로 500이, 일부는 성공으로 201이 표시된다. Linkerd 대시보드를 사용해 이 문제를 쉽게 리포트할 수 있다.

요약

애플리케이션은 적응형 로드 밸런싱, 이해하기 쉬운 디버깅 기능, 타임아웃, 재시도를 제공하는 Linkerd의 사이드카 프록시를 사용해 견고함robust에서 탄력적resilient으로 전환할 수 있다. 이 장에서는 이러한 각 기능을 살펴봤다.

쿠버네티스의 커스텀 리소스 정의를 통한 서비스 프로필의 도움으로, 정의된 패턴을 기반으로 고유한 요청에 대해 집계된 메트릭을 보고하는 라우트를 정의할 수 있다. 서비스 프로필 이름은 HTTP/2:authority 또는 HTTP1.X 호스트와 일치할 수 있는 정규화된 이름이다. Linkerd의 로드 밸런싱은 기본 쿠버네티스 L4 (TCP 연결) 레벨이 아닌 L7 (애플리케이션 스트림) 레벨에 있다. 재시도 버짓을 구현해 재시도 스톰이 백엔드를 마비시키는 것을 방지할 수 있다.

Linkerd 대시보드 또는 Linkerd CLI를 사용해 애플리케이션에 도착하는 실시간 트래픽을 관찰할 수 있다.

다음 장에서는 인증, 권한 부여, 역할, 접근 제어와 같은 Linkerd의 보안 기능을 살펴본다.

문제

1. 쿠버네티스는 연결 레벨(L4)에서 로드 밸런싱을 한다.

   A) 참

   B) 거짓

2. Linkerd는 애플리케이션 레벨(L7)에서 로드 밸런싱을 한다.

   A) 참

   B) 거짓

3. Linkerd 로드 밸런싱은 즉시 사용할 수 있으며, 특별한 구성이 필요하지 않다.

A) 참

B) 거짓

4. Linkerd 재시도에는 구성이 필요하다.

A) 참

B) 거짓

5. 서비스에 스웨거 API를 사용할 수 없는 경우에도 Linkerd의 서비스 프로필이 자동으로 생성될 수 있다.

A) 참

B) 거짓

6. 재시도 버짓은 정해진 재시도 횟수가 아닌 적응형 재시도로 수행된다.

A) 참

B) 거짓

7. 서비스 프로필은 집계된 라우트 메트릭을 제공하기 위해 필요하며, 특히 파라미터가 라우트의 일부인 경우 라우트 경로를 그룹화하기 어렵다.

A) 참

B) 거짓

참고 자료

- *From Fragile To Antifragile Software – Red Hat Developer Blog*, Ibryam, Bilgin, Red Hat Developer Blog, 2019: https://developers.redhat.com/blog/2016/07/20/from-fragile-to-antifragile-software/
- *Linkerd v2: How Lessons from Production Adoption Resulted in a Rewrite of the Service Mesh*, Morgan, W. (2019), InfoQ, available at https://www.infoq.com/articles/ linkerd-v2-production-adoption, accessed 5 May 2019

- *gRPC Load Balancing on Kubernetes without Tears*, Morgan, W. (2018), Linkerd.io, available at https://linkerd.io/2018/11/14/grpc-load-balancing-onkubernetes-without-tears/, accessed 5 May 2019
- *What is L4-L7 Network Services? Definition and Related FAQs | Avi Network*s, Avi Networks, (2019), available at https://avinetworks.com/glossary/l4-l7- network-services/, accessed 6 May 2019
- *Linkerd 2.x With Network Policy*, Sim, I. (2019), available at https://medium.com/@ihcsim/linkerd-2-x-with-network-policy-2657103333ca, accessed 6 May 2019
- *Service Profiles for Per-Route Metrics - blog.linkerd*, Leong, A. (2018), blog.linkerd, available at https://blog.linkerd.io/2018/12/07/service-profiles-forper-route-metrics/, accessed 7 May 2019
- *Retries and Timeout*s, Linkerd.io. (2018), available at https://linkerd.io/2/ features/retries-and-timeouts/, accessed 7 May 2019

17

Linkerd의 보안 기능 살펴보기

Linkerd는 서비스 간 통신을 위해 상호 TLS를 제공한다. 서비스 간 통신 보안은 기본 제공 기능이며 기본적으로 활성화돼 있다. 이 장에서는 사이드카 프록시를 통한 TLS 통신의 Linkerd 자동 암호화를 살펴보도록 한다. 애플리케이션에서 코드를 작성할 필요 없는 중요한 기능을 보여준다. 쿠버네티스에서 실행 중이므로 인그레스 컨트롤러를 선택하는 옵션이 있다. nginx 컨트롤러는 설치가 간편하고 통신 보안이 유지되며 인증서 순환이 가능하기 때문에 이 컨트롤러에 집중할 것이다.

이 장에서는 다음 내용을 다룬다.

- 프록시 간 통신을 위한 mTLS 트래픽 검사 이해
- 리프 인증서와 주요 권한을 위한 스몰스텝Smallstep 설치와 배포
- 루트와 중간 인증 권한 설정
- 신뢰할 수 있는 인증서를 사용한 Linkerd 컨트롤 플레인 재배포
- 인그레스 활성화와 TLS 상태에 대한 유효성 검사

- 리프 인증서 유효성 재생성과 증가
- 새 리프 인증서로 booksapp에 대한 인그레스 설정
- TLS로 인그레스 정의 수정, 트래픽 라우팅 확인

기술적 요구 사항

이 장은 15장, 'Linkerd 설치'와 연계된다. 다음 사항을 다루는 15장의 실습을 완료해야 한다.

- Linkerd 설정
- 컨트롤 플레인 설치
- booksapp, emojivoto 애플리케이션 배포

적절한 Linkerd 스크립트 디렉토리에 있는지 확인한다.

```
$ cd ~/ # Switch to home directory
$ cd linkerd/scripts
```

Linkerd를 완전히 이해하려면 16장의 실습을 완료할 것을 권장한다.

Linkerd의 mTLS를 마이크로서비스에 대한 통신을 인증하고 권한을 부여하는 데 어떻게 사용할 수 있는지 살펴보자.

Linkerd에서 mTLS 설정

mTLS에 대한 자세한 내용은 11장, 'Istio 보안기능 살펴보기'의 메시 내 상호 TLS 활성화 섹션을 참조한다.

Linkerd는 임시(단기) 리프 인증서로 사이드카 프록시를 통해 mTLS에 간단히 접근하도록 했다. 호스트 경계를 넘어 mTLS를 자동으로 사용해 Linkerd를 사이드카 프록시로 사용하는 마이크로서비스 간의 HTTP와 gRPC 통신을 암호화한다. Linkerd 컨트롤 플레인이 자동으로 TLS 통신을 처리하므로 TLS 통신을 처리하기 위해 마이크로서비스 레벨의 어떤 코드도 필요하지 않다. Linkerd는 마이크로서비스 간의 보안 통신이 필요가 없는 개발자의 시간을 확보한다.

Linkerd 사이드카 프록시가 동일한 포드 내의 컨테이너에 연결돼 있기에 기존 마이크로서비스는 암호화되지 않은(HTTP) 통신을 할 수 있다. 서비스, 사이드카 프록시, Linkerd 간에 포드 경계를 넘어 상호 TLS를 제공한다. Linkerd는 사전 서비스 인증서 설정을 허용하고 루트 CA 인증서를 생성하며, 이를 사용해 애플리케이션의 각 서비스에 대한 리프 인증서(X.509 v3)를 생성하고 서명한다.

Linkerd는 기본적으로 mTLS를 활성화한다. 이 장에서 이를 검증하고 CA를 사용해 Linkerd와 통합하는 방법을 살펴보도록 한다.

Linkerd에서의 mTLS 유효성 검사

먼저 ID 로그를 검사해 Linkerd에서 mTLS가 설정 및 활성화됐는지 확인한다. 이 프로세스는 프록시 간 통신을 확인하는 데 사용된다.

1. 먼저 트래픽의 TLS 상태를 확인한다.

```
$ linkerd tap deploy -n linkerd-lab
```

   모든 기존 배포의 실시간 트래픽이 표시된다.

2. 출력을 중단하려면 **Ctrl + C**를 누른다.

```
rsp id=3:9 proxy=in src=10.1.230.253:39874 dst=10.1.230.238:7001
tls=true :status=503 latency=3077µs
```

```
end id=3:9 proxy=in src=10.1.230.253:39874 dst=10.1.230.238:7001
tls=true duration=20µs response-length=0B
req id=3:10 proxy=in src=10.1.230.253:39874 dst=10.1.230.238:7001
tls=true :method=HEAD :authority=authors:7001
:path=/authors/23955.json
rsp id=3:10 proxy=in src=10.1.230.253:39874 dst=10.1.230.238:7001
tls=true :status=503 latency=5351µs
```

각 줄에는 `tls = true`가 있으며, 이는 프록시 간 통신이 mTLS를 사용하고 있음을 나타낸다.

3. `linkerd` ID 로그를 확인해보자.

```
$ kubectl -n linkerd -c identity -l linkerd.io/control-planecomponent
=identity logs
time="2019-08-09T16:32:19Z" level=info msg="certifying
web.emojivoto.serviceaccount.identity.linkerd.cluster.local until
2019-08-10 16:32:39 +0000 UTC
```

키의 유효성을 `<given time>`까지 인증하는 앞의 메시지에 주의한다. 내부적으로 생성된 경우 Linkerd는 24시간 내에 인증서를 자동으로 재프로비저닝한다. CA를 사용하는 경우 교체 시간rotation time은 1년이다. 키는 각 포드(프록시를 통해)에서 로컬로 생성된 다음 인증서를 재검증하기 위해 포드의 서비스 계정과 함께 인증서 서명 요청Certificate Signing Request, CSR을 제출한다. 서비스 계정이 유효하면 포드는 자동으로 새 인증서를 받는다.

다음으로 Linkerd의 인증서 권한을 살펴본다.

컨트롤 플레인에 신뢰할 수 있는 인증서 사용

Linkerd는 자체 CA를 가지며, 컨트롤 플레인 ID 포드에 자체 서명된 루트 인증서를 생성한다. 그런 다음 ID 포드는 이 인증서를 사용해 Linkerd 프록시를 실행 중인 서비스에 짧은(24시간) 인증서를 발급한다. Linkerd 컨트롤 플레인을 설치하기 전에 CA 프로바이더가 서명한 신뢰할 수 있는 인증서를 사용할 수 있다. 루트 인증서와 중간 인증서를 만들어 신뢰할 수 있는 소스에서 가져온 것으로 가정해 Linkerd 설치에 제공한다. 이를 위해 오픈 소스 프로젝트인 스몰스텝smallstep (https://github.com/smallstep)을 사용한다. 인증서 생성 프로세스의 복잡성을 덜어주므로 사용이 간편하다. 예제를 통해 이해해보자.

스텝 인증서 설치

요약하자면 키와 인증서를 생성하기 위해 스몰스텝 공개 키 기반 구조Public Key Infrastructure, PKI를 사용한다. CLI 단계에서는 인증서 생성을 위한 Helm 차트를 제공한다.

1. 먼저 Helm 리포지터리를 추가해 차트를 가져오자.

```
$ helm repo add smallstep https://smallstep.github.io/helm-charts/
"smallstep" has been added to your repositories
```

2. 이제 모든 최근 차트를 보기 위해 Helm 리포지터리 목록을 확인한다.

```
$ helm repo list
NAME          URL
stable        https://kubernetes-charts.storage.googleapis.com
local         http://127.0.0.1:8879/charts
smallstep     https://smallstep.github.io/helm-charts/
nginx-stable  https://helm.nginx.com/stable
kaal          https://servicemeshbook.github.io/keepalived
```

3. 스몰스텝 차트로 Helm 리포지터리를 업데이트한다.

```
$ helm repo update
Hang tight while we grab the latest from your chart repositories...
...Skip local chart repository
...Successfully got an update from the "smallstep" chart repository
...Successfully got an update from the "kaal" chart repository
...Successfully got an update from the "nginx-stable" chart repository
...Successfully got an update from the "stable" chart repository
Update Complete.
```

4. 새로 추가된 Helm 차트를 통해 스몰스텝 인증서를 설치한다.

```
$ helm install --name step --namespace step smallstep/
stepcertificates \
--set fullnameOverride="step" --set ca.db.enabled=false
```

5. 마지막으로, 스텝 포드의 상태를 확인한다.

```
$ kubectl -n step get pods
NAME        READY  STATUS     RESTARTS  AGE
step-0      1/1    Running    0         2m17s
step-bdszd  0/1    Completed  0         2m17s
```

이제 스몰스텝 인증서를 사용할 수 있다.

스텝 루트와 중간 인증서 생성

이제 루트 키와 인증서를 생성하고 중간 인증 권한을 설정한 후 그 기간을 확인해본다.

1. 루트 인증서를 생성한다.

```
$ kubectl -n step exec -t step-0 -- step certificate create --
profile root-ca "My Root CA" root-ca.crt root-ca.key --no-password
--insecure --force
Your certificate has been saved in root-ca.crt.
Your private key has been saved in root-ca.key.
```

NOTE

요약하자면 키를 암호화하기 위한 암호를 제공하지 않는다. 실제로는 암호를 사용하거나 단계를 통해 암호를 생성해야 한다. 루트 인증서와 중간 인증서의 경우 개인 키를 보호하는 것이 매우 중요하다.

2. 중간 CA를 생성한다.

```
$ kubectl -n step exec -t step-0 -- step certificate create
identity.linkerd.cluster.local identity.crt identity.key --profile
intermediate-ca --ca ./root-ca.crt --ca-key ./root-ca.key
--nopassword --insecure --force
Your certificate has been saved in identity.crt.
Your private key has been saved in identity.key.
```

3. 중간 인증서의 만료 날짜를 확인한다.

```
$ kubectl -n step exec -t step-0 -- step certificate inspect
identity.crt --short
X.509v3 Intermediate CA Certificate (ECDSA P-256) [Serial: 7456...1790]
  Subject:     identity.linkerd.cluster.local
  Issuer:      My Root CA
  Valid from: 2019-08-11T14:27:14Z
          to: 2029-08-08T14:27:14Z
```

앞의 인증서는 기본값인 10년 동안 유효하다는 점에 유의한다. 신뢰할 수 있는 CA에서 중간 인증서를 발급받으려면 비용이 많이 들 수 있으며, 일반적으로 CA는 수명이 훨씬 짧은 리프 X.509 인증서를 발급한다.

4. 스텝 Helm 차트를 생성할 때 퍼시스턴트 볼륨을 사용하지 않았으므로 포드에서 인증서를 복사한다.

```
$ kubectl -n step cp step-0:root-ca.crt /tmp/root-ca.crt

$ kubectl -n step cp step-0:identity.crt /tmp/identity.crt

$ kubectl -n step cp step-0:identity.key /tmp/identity.key
```

인증서 생성을 위해 스몰스텝을 사용하는 앞의 방법은 간단하고 쉽다. 혹은 상업용 프로바이더에서도 신뢰할 수 있는 인증서를 얻을 수 있다.

인증서를 사용한 컨트롤 플레인 재배포

스몰스텝을 사용해 방금 생성한 루트 인증서와 중간 인증서를 사용하려면 Linkerd 컨트롤 플레인을 다시 설치해야 한다.

1. 현재 설치된 Linkerd 컨트롤 플레인을 삭제한다.

```
$ linkerd install --ignore-cluster | kubectl delete -f -
```

NOTE

> Linkerd 컨트롤 플레인은 스몰스텝과 같은 서드 파티(third-party) 프로바이더를 통해 리프 인증서를 제공/교체하기 위해 프록시와 상호 작용한다. 현재 서비스 메시에는 재설치 없이 리프 인증서를 프로비저닝/교체할 수 있는 심층 기능이 없다.

2. 신뢰할 수 있는 인증서를 사용해 새 Linkerd 를 설치한다.

```
$ linkerd install \
--identity-trust-anchors-file /tmp/root-ca.crt \
--identity-issuer-key-file /tmp/identity.key \
--identity-issuer-certificate-file /tmp/identity.crt \
--ignore-cluster | kubectl apply -f -
```

3. Linkerd 검사를 수행한다.

```
$ linkerd check
```

   설치한 Linkerd를 삭제하고 다시 생성했으므로 대시보드에 접근하려면 인그레스 정의를 생성해야 한다.

4. 다음 명령을 다시 실행한다.

```
$ cd ~/linkerd/scripts
$ kubectl -n linkerd apply -f 01-create-linkerd-ingress.yaml
ingress.extensions/linkerd created
```

5. 트래픽의 TLS 상태를 확인한다.

```
$ linkerd tap deploy -n linkerd-lab
...
rsp id=5:24 proxy=out src=192.168.230.238:43774
dst=192.168.230.206:7000 tls=true :status=303 latency=10830µs
end id=5:24 proxy=out src=192.168.230.238:43774
dst=192.168.230.206:7000 tls=true duration=26µs response-length=0B
...
```

실시간 트래픽의 `tls = true`를 확인한다.

6. **Ctrl + C**를 눌러 출력을 중단한다.

이 경우, 모든 마이크로서비스 옆에서 실행되는 Linkerd 프록시에 Linkerd ID CA가 생성한 리프 인증서 만료 시간은 24시간이다.

7. Linkerd ID 로그에서 다음을 확인한다.

```
$ kubectl -n linkerd -c identity -l linkerd.io/control-
planecomponent=identity logs
time="2019-08-10T15:35:45Z" level=info msg="certifying
linkerdproxyinjector.linkerd.serviceaccount.identity.linkerd.cluster.local
until 2019-08-11 15:36:05 +0000 UTC"
```

로그 출력에 리프 인증서가 만료되는 시기인 24시간이 표시된다.

8. 다음으로 리프 인증서의 유효성을 검사하고, `linkerd-identity-issuer` 시크릿은 `linkerd` 네임스페이스에 키를 저장한다.

```
$ kubectl -n linkerd get secret linkerd-identity-issuer -o
jsonpath='{.data.crt\.pem}' | base64 -d
```

9. 앞의 출력은 `/tmp/identity.crt`와 일치한다.

```
$ kubectl -n linkerd get secret linkerd-identity-issuer -o
jsonpath='{.data.key\.pem}' | base64 -d
```

앞의 출력은 /tmp/identity.key와 일치할 것이다. 이 linkerd-identity-issuer 시크릿을 인증서가 만료되기 전에 업데이트해야 한다.

마이크로서비스에 대한 ID 인증서 재생성과 교체

여기서는 ID 인증서를 재생성하고 교체하는 데 필요한 단계를 보여준다. 이 프로세스는 이전에 생성된 것과 동일한 루트 인증서를 사용한다. 루트 인증서를 업데이트하려면 Linkerd 컨트롤 플레인을 다시 설치해야 함에 유의하자.

1. 인증서를 다시 생성한다.

```
$ kubectl -n step exec -t step-0 -- step certificate create
identity.linkerd.cluster.local identity.crt identity.key --profile
intermediate-ca --ca ./root-ca.crt --ca-key ./root-ca.key --nopassword
--insecure --force

$ kubectl -n step cp step-0:identity.crt /tmp/identity.crt

$ kubectl -n step cp step-0:identity.key /tmp/identity.key
```

2. 암호를 삭제한다.

```
$ kubectl -n linkerd delete secret linkerd-identity-issuer
```

3. 새 인증서로 암호를 다시 생성한다.

```
$ kubectl -n linkerd create secret generic \ linkerd-identity-issuer \
--from-file=crt.pem=/tmp/identity.crt \
--from-file=key.pem=/tmp/identity.key
```

4. ID 컨트롤 플레인 배포를 다시 시작해 새 인증서를 가져온다.

```
$ kubectl -n linkerd rollout restart deploy linkerd-identity
```

5. Linkerd를 확인한다.

```
$ linkerd check
```

6. Linkerd에서 컨트롤 플레인 컴포넌트에 발급한 리프 인증서를 확인한다.

```
$ kubectl -n linkerd -c identity -l linkerd.io/control
-planecomponent=identity logs
```

앞의 프로세스는 인증서가 만료되기 전에 인증서를 교체하는 구식 방법이다. 이를 자동화할 수 있다면 이상적일 것이다. 이 향상된 기능은 서비스 메시의 채택이 증가함에 따라 Linkerd뿐만 아니라 Istio에도 나타나겠지만 step autocert(https://github.com/smallstep/autocert) 또는 cert-manager(https://github.com/jetstack/cert-manager)와 같은 오픈 소스 솔루션이 있어 인증서가 만료되기 전에 인증서를 자동으로 교체할 수 있다. Cert-manager는 특히 인그레스 컨트롤러를 사용할 때 유용하다. 마지막으로, let's encrypt(https://letsencrypt.org)는 애플리케이션 도메인 이름에 신뢰할 수 있는 인증서를 무료로 제공한다.

다음으로, 안전하게 인그레스 규칙을 구성하는 방법을 살펴보도록 한다.

인그레스 게이트웨이 보안

Linkerd는 별도의 설치나 구성이 필요 없는 인그레스 게이트웨이를 제공하지 않는다. Istio는 인그레스와 이그레스 게이트웨이 리소스와 함께 제공된다. Linkerd는 다음의 인그레스 게이트웨이와 쿠버네티스 프로바이더를 기반으로 하는 다른 게이트웨이에 의존한다. 예를 들어 OpenShift에는 라우터가 있다. 다음은 쿠버네티스에서 많이 사용하는 몇 가지 인그레스 컨트롤러의 목록이다.

- **nginx 인그레스 컨트롤러**: https://github.com/kubernetes/ingress-nginx (community)와 https://github.com/nginxinc/kubernetes-ingress (nginx)
- **Traefik**: https://github.com/containous/traefik

- **HAProxy**: https://github.com/helm/charts/tree/master/incubator/haproxy-ingress
- **Ambassador**: https://github.com/datawire/ambassador
- **GLOO**: https://gloo.solo.io/installation/ingress/

앞 장에서 nginx 인그레스 컨트롤러를 설정했다. `booksapp.linkerd.local` 호스트를 `booksapp` 마이크로서비스 애플리케이션으로 라우팅하는 인그레스 규칙을 생성했다.

TLS 종료

nginx 게이트웨이에서 TLS 종료termination를 통해 `booksapp.linkerd.local`을 보호하자.

1. `booksapp.linkerd.local`에 대한 리프 인증서를 생성한다.

```
$ kubectl -n step exec -t step-0 --
\ step certificate create booksapp.linkerd.local
booksapp.crt booksapp.key \
--profile leaf --ca identity.crt --ca-key identity.key \
--no-password --insecure --force --kty=RSA --not-after=2160h
Your certificate has been saved in booksapp.crt.
Your private key has been saved in booksapp.key.

$ kubectl -n step cp step-0:booksapp.crt booksapp.crt

$ kubectl -n step cp step-0:booksapp.key booksapp.key
```

클라이언트에 보안 TLS 연결을 제공할 수 있도록 리프 인증서 개인 키와 함께 인증서 체인을 nginx 인그레스 컨트롤러에 전달해야 한다.

2. 리프 인증서 체인과 중간 인증서 체인을 생성한다.

```
$ cat booksapp.crt /tmp/identity.crt > ca-bundle.crt
```

3. 컴퓨터 이름Computer Name, CN을 booksapp.linkerd.local로, 개인 키를 booksapp.key로 하는 리프 인증서에 인증서 체인인 cabundle.crt를 사용해 쿠버네티스 TLS 암호인 booksapp-keys를 생성한다.

```
$ kubectl -n linkerd-lab create secret tls booksapp-keys --key
booksapp.key --cert ca-bundle.crt
secret/booksapp-keys created
```

4. nginx 컨트롤러는 외부 도메인 이름을 내부 마이크로서비스 이름과 연결하기 위한 인그레스 규칙을 생성할 때 쿠버네티스 TLS 암호인 booksappkeys를 선택할 것이다. 다음은 TLS 암호를 포함하기 위해 이전에 생성한 수정된 인그레스 정의를 보여준다.

```
# Script : 07-create-booksapp-ingress-tls.yaml

apiVersion: extensions/v1beta1
kind: Ingress
...
spec:
  rules:
  - host: booksapp.linkerd.local
    http:
      paths:
      - backend:
          serviceName: webapp
          servicePort: 7000
        path: /
  tls:
  - hosts:
    - booksapp.linkerd.local
    secretName: booksapp-keys
```

5. 인그레스를 수정한다.

```
$ kubectl -n linkerd-lab apply -f 07-create-booksapp-ingress-tls.yaml
ingress.extensions/booksapp created
```

6. nginx는 모든 네임스페이스에서 생성된 모든 엔드포인트를 감시한다. 엔드포인트가 생성되거나 업데이트되는 즉시 nginx는 이를 갖고 온다. nginx 포드 이름을 확인한다.

```
$ NGINX_POD=$(kubectl -n kube-system get pod -l app=nginxcontroller -o
jsonpath='{.items..metadata.name}') ; echo $NGINX_POD
nginx-controller-5dbfd77f4d-2plhd
```

7. 푸시된 구성을 리스트한다.

```
$ kubectl -n kube-system exec -it $NGINX_POD -- ls -l
/etc/nginx/conf.d
```

8. 새로 업데이트된 구성을 확인한다.

```
$ kubectl -n kube-system exec -it $NGINX_POD -- cat
/etc/nginx/conf.d/linkerd-lab-booksapp.conf
```

9. TLS 암호를 리스트한다.

```
$ kubectl -n kube-system exec -it $NGINX_POD -- ls -l
/etc/nginx/secrets
```

10. 인증서 체인과 개인 키를 사용해 업데이트된 암호를 확인한다.

```
$ kubectl -n kube-system exec -it $NGINX_POD -- cat
/etc/nginx/secrets/linkerd-lab-booksapp-keys
```

인그레스 게이트웨이에서 TLS 종료 후, VM의 브라우저로 다시 전환해 테스트해본다.

브라우저에서 애플리케이션 테스트

애플리케이션을 테스트하기 위해 다음 두 가지 간단한 단계를 따라해보자.

1. 새 탭에서 `http://booksapp.linkerd.local` URL을 연다.

   URL이 HTTP에서 HTTPS 프로토콜로 자동으로 재작성됨을 알 수 있다.

   Chrome에서는 '연결이 비공개로 설정돼 있지 않습니다'라는 경고 메시지가 표시되며, 이는 자체 서명된 루트 인증서를 사용했기 때문에 정상적인 현상이다.

2. 고급을 클릭한 다음 booksapp.linkerd.local(안전하지 않음)로 진행을 클릭한다.

curl을 통한 애플리케이션 테스트

인증서를 제공해 curl을 통해 동일하게 확인해보자. 다음 curl을 실행해 nginx 컨트롤러가 트래픽을 라우팅하고 있는지 확인한다.

```
$ export INGRESS_PORT=$(kubectl -n kube-system get service nginx-controller
-o jsonpath='{.spec.ports[?(@.name=="https")].port}') ; echo $INGRESS_PORT
443

$ export INGRESS_HOST=$(kubectl -n kube-system get service nginx-controller
-o jsonpath='{.status.loadBalancer.ingress..ip}') ; echo $INGRESS_HOST
192.168.142.249

$ curl -Ls -HHost:booksapp.linkerd.local \
--resolve booksapp.linkerd.local:$INGRESS_HOST:$INGRESS_PORT \
--cacert root-ca.crt https://booksapp.linkerd.local
```

인그레스 게이트웨이의 IP 주소는 경우에 따라 변경될 수 있다. curl 명령의 리프 인증서가 아닌 `--cacert` 플래그에 루트 인증서를 전달한다는 점에 주의한다. 서버에는 리프 인증서와 중간 인증서로 구성된 인증서 체인이 있다.

booksapp은 HTTPS 프로토콜을 사용해 열린다. 따라서, nginx 인그레스 게이트웨이에서 TLS 종료를 통해 애플리케이션을 보호했다.

Linkerd는 mTLS를 사용해 마이크로서비스 간 통신을 자동으로 암호화할 수 있도록 한다.

요약

이 장에서 살펴본 바와 같이, Linkerd 컨트롤 플레인은 ID와 사이드카 프록시라는 인증 기관Certificate Authority, CA과 함께 제공된다. 사이드카는 각 마이크로서비스와 함께 실행되며 쿠버네티스 서비스 계정에 연결된 ID CA로부터 인증서를 받는다. 사이드카 프록시는 메시 엣지 간의 모든 통신을 암호화된 TLS 연결로 자동 업그레이드한다.

Linkerd는 쿠버네티스 클러스터에 있는 애플리케이션의 엣지 서비스에 대한 통신을 암호화하기 위해 인그레스 게이트웨이를 구성하도록 사용자에게 맡긴다. 사용할 수 있는 인그레스 컨트롤러를 선택한다. 예시에서는 nginx 인그레스 게이트웨이를 사용해 통신을 암호화하고 인증서를 교체하는 단계를 수행했다.

다음 장에서는 Linkerd의 관찰성을 살펴보기로 한다. 사이드카 프록시를 통한 메트릭 수집 프로세스와 텔레메트리 데이터를 시각화, 쿼리, 분석하는 다양한 방법을 설명한다.

문제

1. 서비스 간 통신 사이의 TLS는 Linkerd에서 완전히 자동화된다.

   A) 참

   B) 거짓

2. 애플리케이션의 인그레스 게이트웨이와 엣지 서비스 간의 TLS는 Linkerd에서 완전히 자동화된다.

   A) 참

   B) 거짓

3. Linkerd 컨트롤 플레인의 `linkerd-identity` 컴포넌트는 데이터 플레인 프록시에 대한 인증 기관Certificate Authority, CA이다.

A) 참

B) 거짓

4. `linkerd-identity`는 데이터 플레인에서 `linkerd-proxy`에 대한 인증서를 자동으로 교체한다.

A) 참

B) 거짓

5. `linkerd-identity`는 자체 CA의 인증서를 자동으로 교체한다.

A) 참

B) 거짓

6. 설치 시에만 `linkerd-identity`에 자체 CA의 신뢰할 수 있는 인증서를 사용할 수 있다.

A) 참

B) 거짓

7. 언제든지 컨트롤 플레인의 신뢰할 수 있는 인증서를 변경할 수 있지만 이를 위해서는 컨트롤 플레인을 다시 설치해야 한다.

A) 참

B) 거짓

참고 자료

- Smallstep, GitHub, (2018), available at https://github.com/smallstep, accessed May 9, 2019

- Features, Linkerd.io, (2019), available at https://linkerd.io/2/features/, accessed May 9, 2019
- Automatic TLS, Linkerd.io, (2019), available at https://linkerd.io/2/ features/automatic-tls/, accessed May 9, 2019
- Smallstep/autocert, Cano, Mariano, GitHub, 2019, available at https://github.com/smallstep/autocert/tree/master/examples/hello-mtls

18

Linkerd의 관찰성 기능 살펴보기

관찰성은 모든 서비스 메시에 중요하다. Linkerd의 관찰성 기능은 간단하고 사용하기 쉽다. Linkerd의 서비스 메시는 주로 사이트 신뢰성 엔지니어링Site Reliability Engineering, SRE 팀 또는 기업 고객의 운영자를 대상으로 한다.

이 장에서는 Linkerd 서비스 메시에 대한 심층적인 통찰력을 얻을 것이다. 이를 위해 CLI, GUI 대시보드, Prometheus/ Grafana 대시보드를 포함한 세 가지 방법을 사용한다. 이러한 대시보드는 이해하기 쉽고 통합된 데이터의 시각적 표현 외에도 이슈/문제와 잠재적인 병목 현상을 확인할 수 있는 기능을 제공하는 핵심 성과 지표Key Performance Indicators, KPI를 보여준다.

이 장에서는 다음 주제를 다룬다.

- 서비스 메시에 대한 통찰력 확보
- 외부 Prometheus 통합
- 클린 업Clean up

기술적 요구 사항

이 장을 완료하려면 다음 주제를 다루는 15장의 실습을 완료해야 한다.

- Linkerd 설정
- 컨트롤 플레인 설치
- booksapp과 emojivoto 애플리케이션 배포

Linkerd를 완전히 이해하려면 16장과 17장의 실습을 완료하기를 권장한다.

실습을 위해 적절한 스크립트 디렉토리에 있는지 확인해야 한다.

```
$ cd ~/ # Switch to home directory
$ cd linkerd/scripts
```

서비스 메시에 대한 통찰력 확보

문제를 신속하게 해결하려면 적절한 도구를 통해 서비스 메시에 대한 관찰성이 필요하다. 적절한 도구가 없다면 문제의 원인을 찾는 데 많은 시간과 비용이 소요된다. 16장, 'Linkerd의 신뢰성 기능 살펴보기'에서 Linkerd 대시보드를 사용해 100% 미만의 성공률을 보인 특정 라우트를 디버깅했다. 특정 경로에 대한 이러한 정보는 큰 도움이 되며 개발자가 문제를 해결할 수 있도록 피드백 루프 역할을 한다.

서비스 메시에 대한 통찰력을 얻으려면 Linkerd 대시보드(GUI)와 Linkerd CLI(커맨드 라인)의 두 가지가 필수 도구다. 이러한 도구는 실시간 트래픽, 성공률, 라우트, 지연 시간과 같은 주요 지표와, 개별 소스에서 다른 대상으로의 트래픽 흐름 개요를 보여준다. 이는 HTTP 또는 gRPC 프로토콜 관점에서 애플리케이션의 상태와 성능에 중요하다. 다른 컨테이너의 로그를 살펴보는 것보다 훨씬 더 빠르게 문제를 찾아내는 데 도움이 된다.

Linkerd의 두드러진 특징 중 하나는 16장에서 살펴봤듯 P50, P95, P99 지연 시간을 보여주는 것이다. 프록시 수준에서 수행되는 집계로 인해 이러한 유형의 메트릭을 보고할 수 있다.

Linkerd는 Prometheus를 통해 스크랩된 메트릭에도 사전 구축된 Grafana 대시보드를 제공하며, 이 대시보드는 서비스 메시에 대한 빠른 통찰력을 제공하기 위해 최대 6시간 동안 데이터를 저장한다. 장기간의 히스토리 수집을 위해서는 외부 Prometheus 백엔드에 데이터를 저장해야 한다.

다음 섹션에서는 서비스 메시에 대한 통찰력을 얻기 위해 앞서 언급한 방법을 더 자세히 살펴보도록 한다. Linkerd 커맨드 라인 인터페이스Command-line Interface, CLI부터 살펴보자.

CLI를 사용한 통찰력

Linkerd CLI에는 `top` 명령과 유사하게 작동하는 top 기능이 있다. 실행 횟수, 지연 시간, 성공률에 대한 현재 최상위 쿼리를 보여준다. 이를 더 잘 이해하기 위해 `emojivoto` 네임스페이스의 배포로부터 발생하는 모든 쿼리의 예를 살펴보도록 하자.

```
$ linkerd top deployment --namespace emojivoto --hide-sources
```

결과는 다음과 같다.

Destination	Method	Path	Count	Best	Worst	Last	Success Rate
emoji-6988d8b456-4p8t2	POST	/emojivoto.v1.EmojiService/ListAll	206	651µs	38ms	798µs	100.00%
emoji-6988d8b456-4p8t2	POST	/emojivoto.v1.EmojiService/FindByShortcode	193	630µs	37ms	2ms	100.00%
web-58bd8f8c44-w7xpn	GET	/api/list	134	4ms	58ms	4ms	100.00%
web-58bd8f8c44-w7xpn	GET	/api/vote	126	6ms	44ms	9ms	89.68%
web-58bd8f8c44-skhvw	GET	/api/list	72	4ms	58ms	5ms	100.00%
web-58bd8f8c44-skhvw	GET	/api/vote	65	6ms	88ms	15ms	87.69%
voting-54944fb8f8-vj6xx	POST	/emojivoto.v1.VotingService/VoteDoughnut	14	679µs	5ms	991µs	0.00%
voting-54944fb8f8-vj6xx	POST	/emojivoto.v1.VotingService/VotePrincess	8	829µs	2ms	2ms	100.00%
voting-54944fb8f8-fxgp5	POST	/emojivoto.v1.VotingService/VoteDoughnut	7	890µs	14ms	14ms	0.00%
voting-54944fb8f8-vj6xx	POST	/emojivoto.v1.VotingService/VotePoliceman	5	842µs	10ms	2ms	100.00%
voting-54944fb8f8-vj6xx	POST	/emojivoto.v1.VotingService/VoteFlightDeparture	4	829µs	5ms	5ms	100.00%
voting-54944fb8f8-vj6xx	POST	/emojivoto.v1.VotingService/VoteDog	4	1ms	4ms	2ms	100.00%
voting-54944fb8f8-fxgp5	POST	/emojivoto.v1.VotingService/VoteConstructionWorkerMan	4	2ms	6ms	6ms	100.00%
voting-54944fb8f8-vj6xx	POST	/emojivoto.v1.VotingService/VoteJackOLantern	4	784µs	3ms	2ms	100.00%
voting-54944fb8f8-vj6xx	POST	/emojivoto.v1.VotingService/VoteChampagne	4	906µs	7ms	2ms	100.00%
voting-54944fb8f8-fxgp5	POST	/emojivoto.v1.VotingService/VoteMan	4	1ms	5ms	1ms	100.00%
voting-54944fb8f8-fxgp5	POST	/emojivoto.v1.VotingService/VoteCloudWithRain	4	883µs	3ms	2ms	100.00%
voting-54944fb8f8-fxgp5	POST	/emojivoto.v1.VotingService/VoteJackOLantern	4	1ms	11ms	2ms	100.00%
voting-54944fb8f8-vj6xx	POST	/emojivoto.v1.VotingService/VoteGirl	4	882µs	3ms	882µs	100.00%
voting-54944fb8f8-vj6xx	POST	/emojivoto.v1.VotingService/VoteConstructionWorkerMan	4	996µs	6ms	2ms	100.00%
voting-54944fb8f8-vj6xx	POST	/emojivoto.v1.VotingService/VoteMan	4	697µs	2ms	2ms	100.00%
voting-54944fb8f8-vj6xx	POST	/emojivoto.v1.VotingService/VoteWoman	3	2ms	3ms	2ms	100.00%
voting-54944fb8f8-fxgp5	POST	/emojivoto.v1.VotingService/VoteTaco	2	1ms	2ms	2ms	100.00%
voting-54944fb8f8-vj6xx	POST	/emojivoto.v1.VotingService/VoteHeartEyesCat	2	933µs	2ms	2ms	100.00%
voting-54944fb8f8-fxgp5	POST	/emojivoto.v1.VotingService/VoteClap	2	823µs	2ms	823µs	100.00%
voting-54944fb8f8-fxgp5	POST	/emojivoto.v1.VotingService/VoteBurrito	2	4ms	5ms	5ms	100.00%
voting-54944fb8f8-vj6xx	POST	/emojivoto.v1.VotingService/VoteVulcanSalute	2	934µs	2ms	2ms	100.00%
voting-54944fb8f8-fxgp5	POST	/emojivoto.v1.VotingService/VoteRamen	2	910µs	2ms	910µs	100.00%
voting-54944fb8f8-fxgp5	POST	/emojivoto.v1.VotingService/VoteRocket	2	1ms	3ms	3ms	100.00%
voting-54944fb8f8-fxgp5	POST	/emojivoto.v1.VotingService/VoteMask	2	930µs	3ms	930µs	100.00%
voting-54944fb8f8-fxgp5	POST	/emojivoto.v1.VotingService/VoteCrystalBall	2	914µs	2ms	2ms	100.00%
voting-54944fb8f8-fxgp5	POST	/emojivoto.v1.VotingService/VoteCamping	2	924µs	2ms	2ms	100.00%
voting-54944fb8f8-fxgp5	POST	/emojivoto.v1.VotingService/VoteDancer	2	1ms	4ms	4ms	100.00%
voting-54944fb8f8-vj6xx	POST	/emojivoto.v1.VotingService/VoteBurrito	2	6ms	8ms	8ms	100.00%
voting-54944fb8f8-vj6xx	POST	/emojivoto.v1.VotingService/VoteRainbow	2	1ms	5ms	1ms	100.00%
voting-54944fb8f8-vj6xx	POST	/emojivoto.v1.VotingService/VoteInterrobang	2	915µs	2ms	2ms	100.00%

앞의 CLI는 애플리케이션에 대한 즉각적인 통찰력을 제공한다. 이제 성공률이 100% 미만인 라우트에 집중할 수 있다. 가장 많은 수의 실행과 결합된 50, 90, 99 백분위 수에 대한 지연 시간은 애플리케이션에서 최적화를 고려하는 데 도움이 된다.

앞의 결과에서 더 자세히 보고 싶은 라우트를 선택할 수 있다. `web-svc.emojivoto` 권한에 필터링된 요청에 대한 `GET` 방법만 보여주는 /api 경로를 살펴보자.

다음 `tap` 명령을 실행한다.

```
$ linkerd tap deployment/vote-bot -n emojivoto --path /api --method=GET --
authority web-svc.emojivoto:80
req id=144:1 proxy=out src=10.1.230.223:52372 dst=10.1.230.213:80
tls=true :method=GET rsp id=144:1 proxy=out src=10.1.230.223:52372
dst=10.1.230.213:80 tls=true :status=200 latency=3382µs
...
end id=144:7 proxy=out src=10.1.230.223:52556 dst=10.1.230.213:80 tls=true
duration=52µs
req id=144:8 proxy=out src=10.1.230.223:52556 dst=10.1.230.213:80
tls=true :method=GET rsp id=144:8 proxy=out src=10.1.230.223:52556
dst=10.1.230.213:80 tls=true :status=500 latency=9922µs
end id=144:8 proxy=out src=10.1.230.223:52556 dst=10.1.230.213:80 tls=true
duration=22µs
```

tap 명령에서 몇 가지 유의해야 할 사항이 있다.

- 서비스 엣지 간의 mTLS는 `tls = true`가 표시될 때 적용된다.
- 각 요청과 응답의 상태 코드다.
- 기간을 기준으로 한 엔드투엔드 응답이다.
- 각 요청과 응답의 지연 시간이다.

앞서 살펴봤듯, `tap` 명령은 이해하기 쉬운 자연스러운 형태로 시스템에서 라이브 피드를 가져올 수 있게 해준다. 이제 Linkerd 데이터 수집을 위해 Prometheus의 UI 기능을 사용해보자.

Prometheus를 사용한 통찰력

Prometheus는 Linkerd에서 기본적으로 구성되는 백엔드 시계열 데이터 수집 서비스다. Linkerd 텔레메트리 풋프린트를 성능에 부정적인 영향을 주지 않고 허용 가능한 범위로 제한하기 위해 6시간 동안만 데이터를 보관한다. 살펴볼 Grafana는 프론트엔드로서 Linkerd 사전 구축 대시보드를 포함한다.

Prometheus에 대한 인그레스 규칙을 정의한 경우, VM 내부 또는 외부에서 Prometheus에 접근할 수 있다. 시뮬레이션된 로드 밸런서를 통해 VM의 내부 IP 주소로 확인되는 `prometheus.linkerd.io` 호스트 이름을 사용해 Prometheus에 대한 인그레스를 정의해보자.

1. 외부 트래픽을 Linkerd-Prometheus 서비스로 보낼 수 있도록 Prometheus에 대한 인그레스를 정의해보자.

```
# Script : 06-create-prometheus-ingress.yaml

apiVersion: extensions/v1beta1
kind: Ingress
```

```
metadata:
  name: prometheus
  annotations:
    nginx.org/websocket-services: "linkerd-prometheus"
    ingress.kubernetes.io/rewrite-target: /
    nginx.ingress.kubernetes.io/configuration-snippet: |
      proxy_set_header l5d-dst-override
$service_name.$namespace.svc.cluster.local:9090;
      proxy_hide_header l5d-remote-ip;
      proxy_hide_header l5d-server-id;
spec:
  rules:
  - host: prometheus.linkerd.local
    http:
      paths:
      - backend:
          serviceName: linkerd-prometheus
          servicePort: 9090
        path: /
```

2. 다음으로, Prometheus 인그레스를 생성해야 한다.

```
$ kubectl -n linkerd apply -f 06-create-prometheus-ingress.yaml
ingress.extensions/prometheus created
```

3. 이제 `prometheus.linkerd.local` 호스트에 대한 `/etc/hosts` 항목을 생성한다.

```
$ export INGRESS_HOST=$(kubectl -n kube-system get service
nginxcontroller -o jsonpath='{.status.loadBalancer.ingress..ip}') ; echo
$INGRESS_HOST
192.168.142.249

$ sudo sed -i '/prometheus.linkerd.local/d' /etc/hosts

$ echo "$INGRESS_HOST prometheus.linkerd.local" | sudo tee
-a /etc/hosts
```

4. 브라우저에서 `http://prometheus.linkerd.local`을 실행한다. **Status > Targets**를 선택한다.

Endpoint	State	Labels	Last Scrape
http://10.1.230.214:3000/metrics	UP	instance="10.1.230.214:3000" job="grafana"	4.763s ago

Endpoint	State	Labels	Last Scrape
http://10.1.230.231:9994/metrics	UP	component="web" instance="10.1.230.231:9994" job="linkerd-controller"	7.499s ago
http://10.1.230.235:9090/metrics	UP	component="prometheus" instance="10.1.230.235:9090" job="linkerd-controller"	3.001s ago
http://10.1.230.249:9995/metrics	UP	component="public-api" instance="10.1.230.249:9995" job="linkerd-controller"	1.727s ago
http://10.1.230.249:9996/metrics	UP	component="destination" instance="10.1.230.249:9996" job="linkerd-controller"	4.424s ago
http://10.1.230.249:9998/metrics	UP	component="tap" instance="10.1.230.249:9998" job="linkerd-controller"	3.003s ago
http://10.1.230.250:9990/metrics	UP	component="identity" instance="10.1.230.250:9990" job="linkerd-controller"	1.183s ago

여기서 Grafana, Linkerd 컨트롤러, Linkerd 프록시, Prometheus, 상태, 마지막으로 스크랩된 메트릭의 엔드포인트에 대한 메트릭을 볼 수 있다.

Status > Configuration를 클릭해 Prometheus 구성을 확인할 수 있다. Linkerd에 대한 사용자 서비스 디스커버리 통합은 **Status > Service Discovery**에서 확인할 수 있다.

5. Prometheus를 클릭하고 드롭다운 메뉴에서 `process_cpu_seconds_total.`을 입력하거나 선택한다.

6. **Execute**을 클릭하고 **Graph** 탭을 선택해 시계열 그래프를 확인한다.

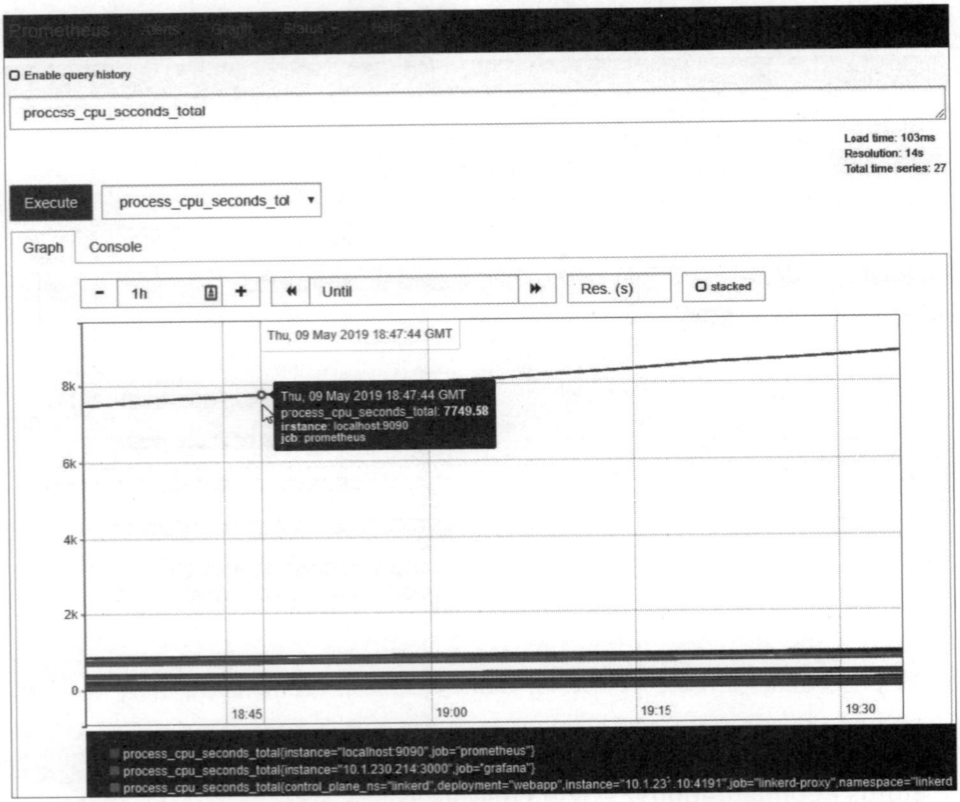

Prometheus에는 몇 가지 필수적인 내장 그래프 기능이 있지만 Grafana는 Prometheus 풀 모델에서 수집된 데이터에 더 나은 프론트엔드 GUI를 제공한다.

Prometheus는 데이터 수집기로 Linkerd 데이터 수집에서 살펴봤듯 기본적인 GUI 기능을 포함하고 있다. 다음으로 Grafana 웹 UI를 통해 수집된 데이터를 살펴보도록 한다.

Grafana를 사용한 통찰력

Grafana에 직접 접근하거나 Grafana 아이콘을 클릭해 Linkerd 대시보드에서 컨텍스트 기반 접근으로 이동할 수 있다. Linkerd 대시보드로 다시 전환하고 다음 단계를 따른다.

1. **Resources > Namespaces > Linkerd-Lab**로 이동한다.

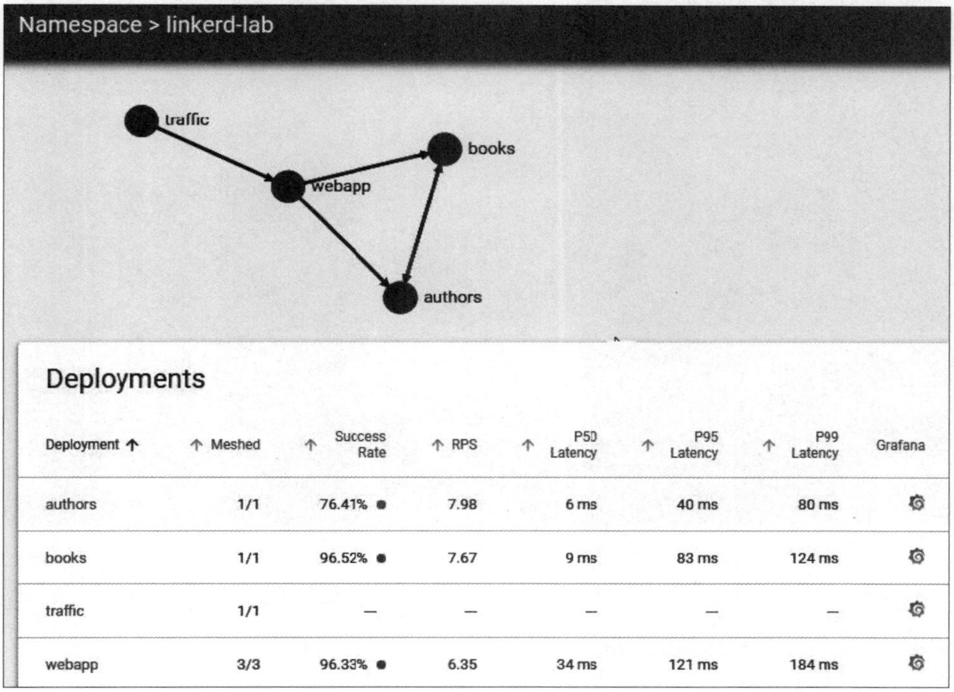

Deployment	Meshed	Success Rate	RPS	P50 Latency	P95 Latency	P99 Latency	Grafana
authors	1/1	76.41%	7.98	6 ms	40 ms	80 ms	
books	1/1	96.52%	7.67	9 ms	83 ms	124 ms	
traffic	1/1	–	–	–	–	–	
webapp	3/3	96.33%	6.35	34 ms	121 ms	184 ms	

네임스페이스에 대한 Linkerd 대시보드는 서비스 종속성 다이어그램과 배포, 포드, 권한, TCP를 기반으로 하는 메트릭을 보여준다.

2. Deployment/Authors 아래에서 Grafana 아이콘을 클릭한다.

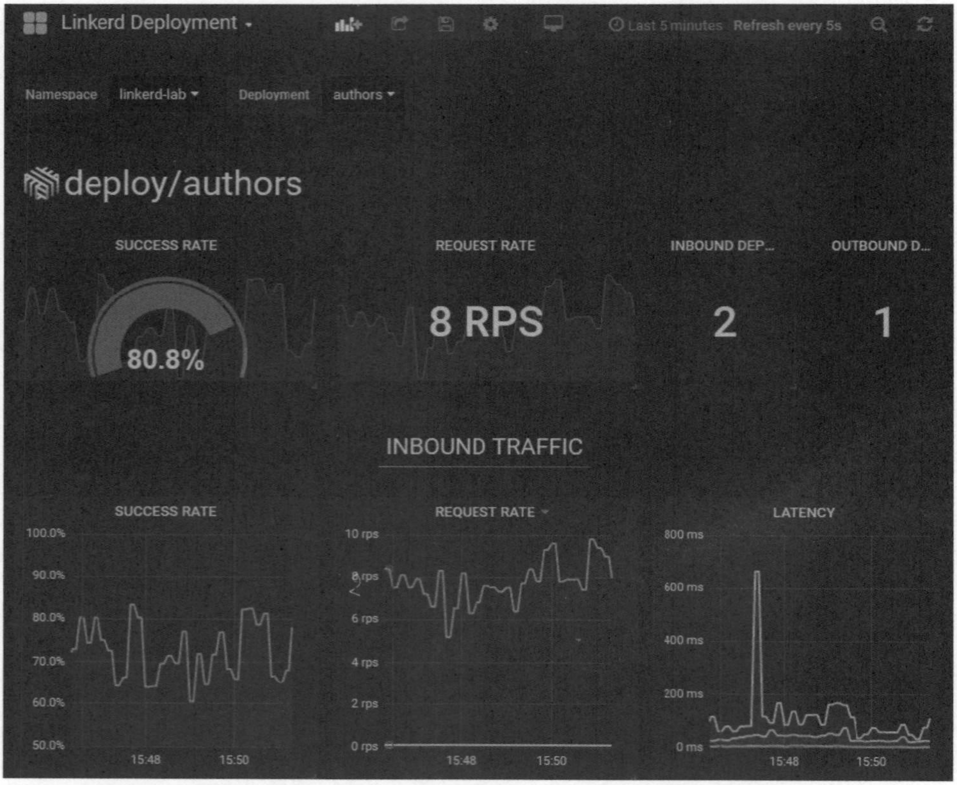

성공률, 초당 요청률Request rate Per Second, RPS, 인바운드와 아웃바운드 배포, 지연 시간 등의 그래픽 뷰를 확인한다.

3. Grafana 대시보드에서 deploy/books을 보려면 아래로 스크롤한다. 또는 Linkerd의 대시보드 드롭다운에서 선택할 수 있다.

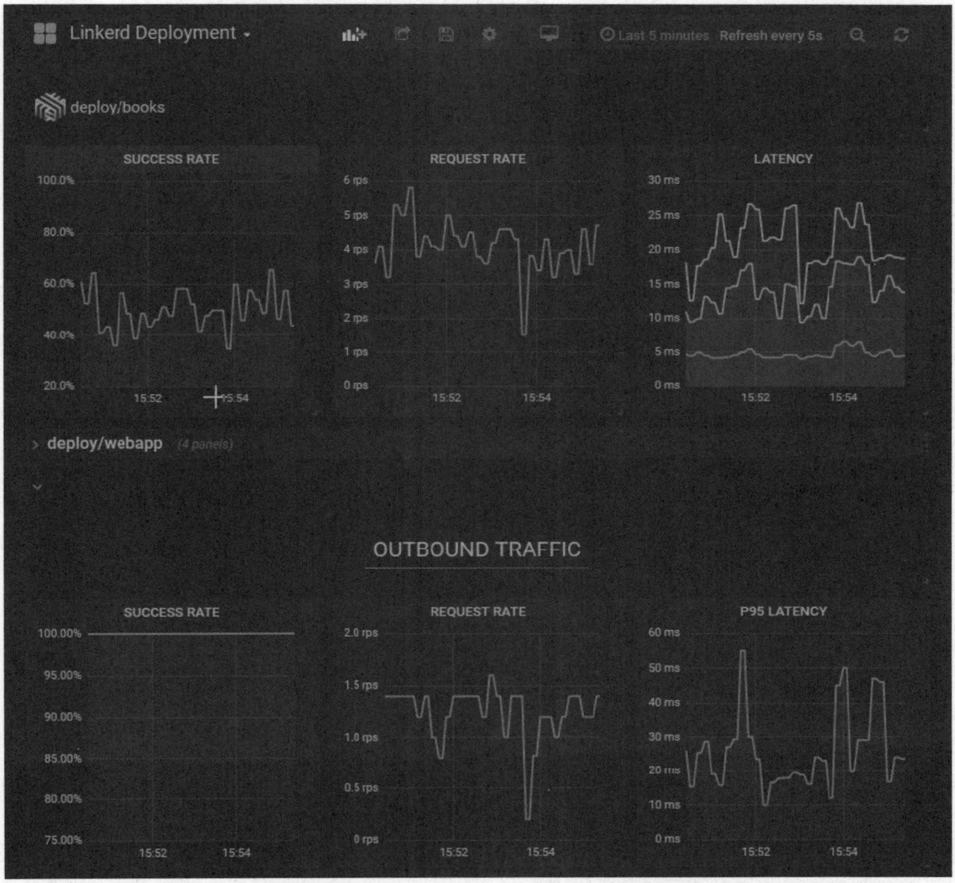

4. 왼쪽 사이드바에서 대시보드(사각형 아이콘)를 클릭한 후 홈을 클릭한다.

이 패널은 총 배포 수, 전체 성공률과 함께 Linkerd가 관리 중인 여러 네임스페이스에 대한 메트릭을 보여준다. 글로벌 지연 시간 메트릭은 다운스트림 지연 시간 문제를 드릴 다운하는 데 유용하다.

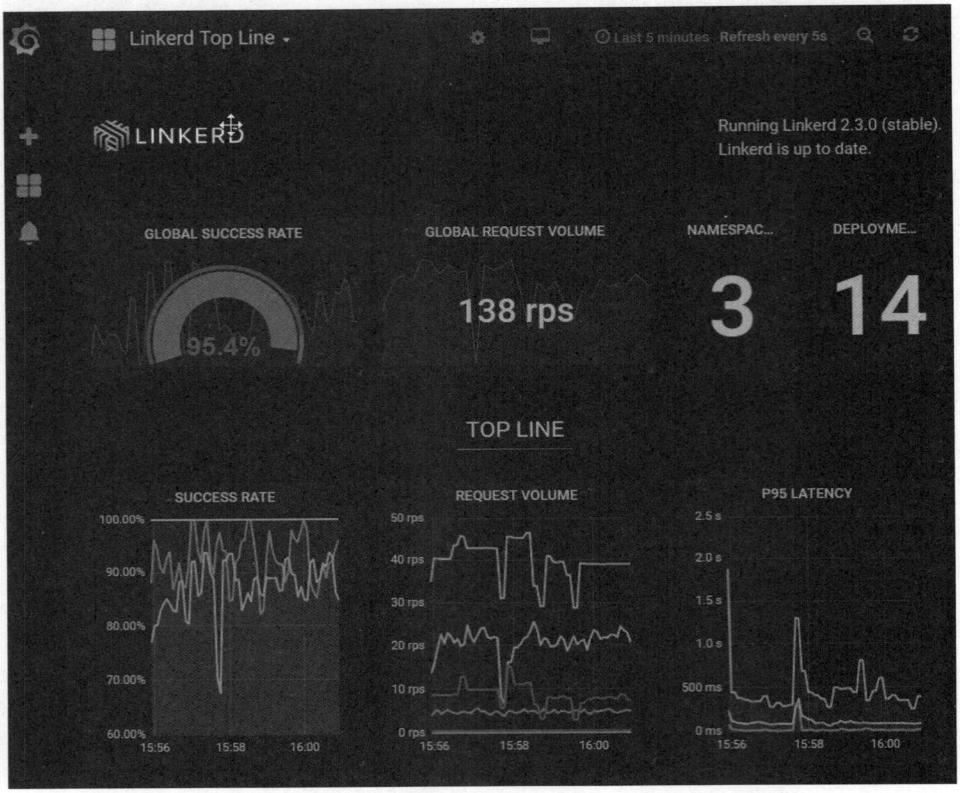

4. 아래로 스크롤해 네임스페이스 수준에서 `emojivoto`와 Linkerd 컨트롤 플레인을 확인한다.

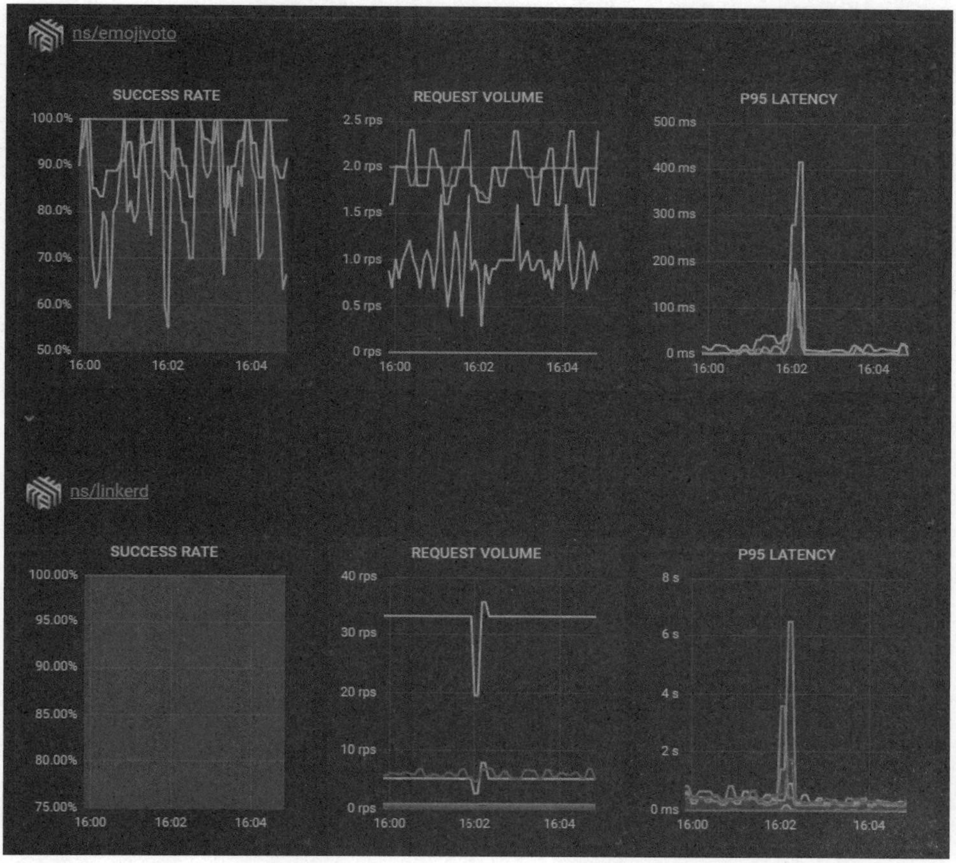

5. 아래로 스크롤해 `linkerd-lab booksapp` 네임스페이스로 이동한다. 이는 네임스페이스 수준의 전체 메트릭을 보여준다.

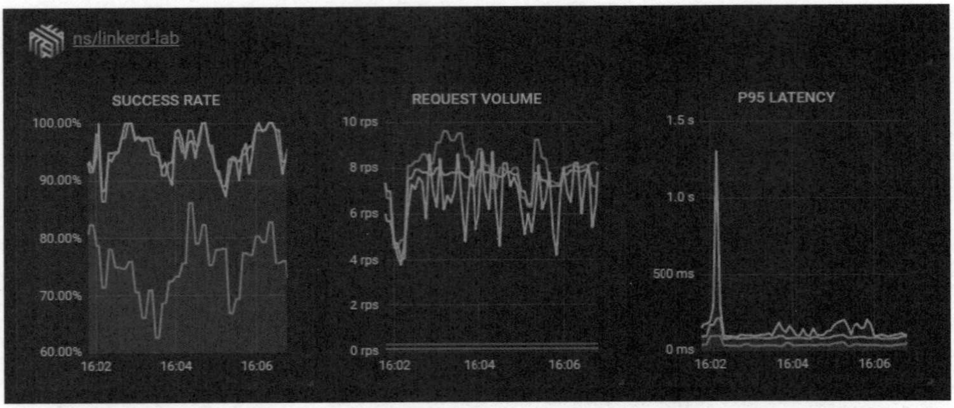

`ns/linkerd-lab`을 클릭하면 배포와 포드 수준으로 드릴 다운해 메트릭을 확인할 수 있다. Grafana의 메트릭 시각화는 Prometheus를 통해 수집되는데, 이를 통해 서비스 메시에 관찰성을 부여하고 운영 목적 측면에서 작업을 더 용이하게 한다. 성공률을 시각적으로 표현하면 개발 팀과의 피드백 루프를 닫아 관찰성을 통해 탐지된 문제를 개선할 수 있다.

Linkerd는 설치 공간을 작게 유지하기 위해 6시간의 수집 데이터만 제공한다. 데이터의 장기 저장을 유지하려면 외부 Prometheus 통합을 살펴봐야 한다. 다음 섹션에서 이 작업을 수행한다.

외부 Prometheus 통합

Prometheus에서 다른 자격을 갖춘 메트릭 백엔드로 데이터를 내보내려면 Linkerd 프록시에서 직접 데이터를 가져오거나 데이터를 전용 Prometheus 클러스터로 페더레이션할 수 있다. Prometheus API를 사용해 로컬 Prometheus 저장소에서 전용 Prometheus 데이터 저장소로 데이터를 추출할 수도 있다. 시작해보자.

1. 예를 들어 페더레이션 API를 직접 호출한다.

```
$ curl -G --data-urlencode 'match[]={job="linkerd-proxy"}' --data-urlencode
'match[]={job="linkerd-controller"}'
http://prometheus.linkerd.local/federate

response_latency_ms_bucket{authority="webapp.linkerd-lab.svc.cluster.
local:7000",control_plane_ns="linkerd",deployment="traffic",direction=
"outbound",dst_control_plane_ns="linkerd",dst_deployment="webapp",dst_
namespace="linkerd-lab",dst_pod="webapp-64668f866c-
qhnmz",dst_pod_template_hash="64668f866c",dst_service="webapp",dst_service
account="default",instance="10.1.230.199:4191",job="linkerd-proxy",le="20",
namespace="linkerd-lab",pod="traffic-f5b9987bd-9jjrk",server_id="default.
linkerd-lab.serviceaccount.identity.linkerd.cluster.local",status_
code="500",tls="true"} 0 1557454168022
```

2. Linkerd 프록시에서 직접 데이터를 수집한다.

```
$ export AUTHORS_PODIP=$(kubectl -n linkerd-lab get pods -l app=authors -o
jsonpath='{.items[0].status.podIP}') ; echo $AUTHORS_PODIP
192.168.230.238

$ curl -s http://$AUTHORS_PODIP:4191/metrics

# HELP request_total Total count of HTTP requests.
# TYPE request_total counter request_total{direction="inbound",
tls="no_identity",no_tls_reason="not_prov ided_by_remote"}
10559 request_total{authority="authors.linkerdlab.svc.cluster.
local:7001",direction="inbound",tls="true",client_id="defau
lt.linkerd-lab.serviceaccount.identity.linkerd.cluster.local"}
 911614
```

Linkerd에서 Prometheus는 6시간의 데이터만 저장해 리소스 소비를 최소화한다. 데이터를 장기간 보관하기 위해 전용 백엔드 서버에 공급할 수 있는 Prometheus 메트릭 컬렉션을 사용할 수 있다.

Prometheus 페더레이션 API 또는 ServiceMonitors는 Linkerd Prometheus에서 전용 Prometheus 저장소로 `/federate` 경로를 사용해 데이터를 복사할 수 있다.

또는 페더레이션 API를 직접 호출해 카프카Kafka 스트림에서 수집할 수 있으며, 이 API를 ELK 스택에 덤프할 수 있다.

```
$ curl -G \
  --data-urlencode 'match[]={job="linkerd-proxy"}' \
  --data-urlencode 'match[]={job="linkerd-controller"}' \
  http://linkerd-prometheus.linkerd.svc.cluster.local:9090/federate
```

이제 다음 장에서 Consul 서비스 메시를 배울 수 있도록 정리해보고자 한다.

정리

다음 명령을 실행해보자.

1. Linkerd 컨트롤 플레인을 제거한다.

```
$ linkerd install --ignore-cluster | kubectl delete -f -
```

2. booksapp과 emojivoto 애플리케이션을 제거한다.

```
$ kubectl delete ns linkerd-lab
namespace "linkerd-lab" deleted

$ kubectl delete ns emojivoto
namespace "emojivoto" deleted
```

책을 읽을 때쯤이면 새로운 특징과 기능을 가진 새로운 버전의 Linkerd를 사용할 수 있다. 업데이트된 Linkerd 스크립트는 https://github.com/servicemeshbook/linkerd 에서 확인할 수 있다.

요약

이 장에서 살펴본 바와 같이, Linkerd 관찰성 기능은 간단하며 즉시 사용할 수 있으므로 특별한 구성이 필요하지 않다. CLI와 대시보드를 통해 배포, 포드, 라우트 수준에 대한 KPI를 제공한다. Grafana용 내장 패널을 통해 Prometheus와 통합하면 실습에서 살펴봤듯 상위 수준에서 하위 수준으로 쉽게 드릴 다운할 수 있다.

흥미롭고 유용한 Linkerd의 특징 중 하나로 RPS, P50, P95, P99, 성공률Success Rate, SR과 같은 KPI를 집계하고 보여줄 수 있다. 이러한 KPI는 SRE 팀원들이 문제를 조사할 때 매우 유용할 수 있다.

이 장에서는 Linkerd 서비스 메시의 다양한 특징을 살펴봤다. 다음 장에서는 독특하고 유용한 특징을 가진 세 번째 서비스 메시인 Consul을 살펴보기로 한다.

문제

1. Linkerd는 6시간 동안만 데이터를 저장하고, 시간 제한을 늘리거나 줄일 수 있도록 구성할 수 있다.

   A) 참

   B) 거짓

2. Linkerd는 대시보드와 CLI의 `tap` 명령을 통해 볼 수 있는 분산 추적을 제공한다.

   A) 참

   B) 거짓

3. 외부 Prometheus와 Linkerd 통합은 사용자의 책임이다.

   A) 참

   B) 거짓

4. Linkerd Prometheus는 Pull 모델을 사용해 서비스 프록시에서 데이터를 수집한다.

A) 참

B) 거짓

참고 자료

- *Dashboard and Grafana*, Linkerd.io, (2018), available at https://linkerd.io/2/features/dashboard/, accessed May 9, 2019
- *Exporting Metrics*, Linkerd.io, (2018), available at https://linkerd.io/2/tasks/exporting-metrics/, accessed May 9, 2019
- *Now with Extra Prometheus*, Andrew Seigner, Buoyant and Frederic Branczyk, CoreOS, Seigner, A., and Branczyk, F. (2019), Linkerd 2.0, YouTube, available at https://www.youtube.com/watch?v=bnDWApsH36Yt=954s, accessed May 10, 2019

6부

예제를 통한 Consul 학습

이 섹션에서는 실습을 통해 Consul 서비스 메시를 학습한다. Consul은 쿠버네티스, VM, 베어 메탈 환경에서 실행할 수 있다는 점에서 독특하다.

이 섹션은 다음과 같은 장으로 구성된다.

19

Consul 서비스 메시 이해

이전 섹션에서는 Istio와 Linkerd을 살펴봤다. 이제 또 다른 서비스 메시인 Consul을 알아보기로 한다. 오픈 소스 프로젝트인 Consul은 HashiCorp(https://github.com/hashicorp/consul)에서 시작했으며, 작성 당시에는 17,000개 이상의 스타와 약 30,000개의 포크를 보유했다. 이는 관련 커뮤니티가 활발하다는 증거다.

Consul은 VM과 쿠버네티스를 모두 지원한다. 이 장에서는 대부분 쿠버네티스 환경의 Consul 서비스 메시 구현인 Consul Connect를 다룬다. 먼저 Consul 아키텍처와 컨트롤 플레인, 데이터 플레인의 개념을 이해한다. 그런 다음 Consul Connect의 트래픽 관리 기능, 모니터링, 시각화를 살펴보도록 한다.

이 장에서는 다음 주제를 다룬다.

- Consul 서비스 메시 소개
- Consul 아키텍처
- Consul의 컨트롤 플레인과 데이터 플레인

- 모니터링과 시각화
- 트래픽 관리

기술적 요구 사항

Linkerd을 학습하는 데 사용한 VM이 필요하다. 동일한 VM과 쿠버네티스 환경으로 Consul 서비스 메시를 사용해볼 수 있도록 이전 장 끝의 정리 절차를 수행해 리소스를 확보하도록 한다.

Consul의 코드 파일은 https://github.com/servicemeshbook/consul에서 찾을 수 있다.

Consul 서비스 메시 소개

Consul은 쿠버네티스가 시장에 진출한 2014년에 시작됐다. 서비스를 구성하고 발굴하는 뛰어난 서비스로서 특히 인프라(컴퓨팅, 스토리지, 네트워크)가 동적일 때 여러 데이터 센터의 쿠버네티스 클러스터와 VM이 결합돼 있다.

다음 표는 전통적인 인프라와 동적 인프라에 대한 명확한 설명을 제공한다.

	전통적인 인프라	동적 인프라
무엇인가?	전통적인 인프라에서는 방화벽 규칙으로 보호되는 안전하지 않은 플랫 네트워크에 정적 연결이 있다.	동적 인프라에서 동적 IP 주소가 있는 임시 워크로드는 제로 트러스트 네트워크의 모든 시스템에서 실행할 수 있다.
네트워크 트래픽을 어떻게 처리하는가?	트래픽이 하드웨어 또는 소프트웨어 로드밸런서를 통해 여러 애플리케이션(수평적 확장 성)에서 라우팅되기 때문에 남북 트래픽(North-South traffic)이라고도 한다.	로드 밸런서가 인그레스 게이트웨이 바로 앞에 위치하며, 트래픽은 다른 서비스 엔드포인트에 동적으로 분산된다. 이것이 동서 트래픽(East-West traffic)으로 알려진 이유다.
예제	여러 페더레이션된 쿠버네티스 클러스터는 남북 트래픽을 지원하는 것으로 볼 수 있다.	단일 쿠버네티스 클러스터는 동서 트래픽을 지원하는 것으로 볼 수 있다.

Consul은 남북 트래픽(WAN 가십 프로토콜)과 동서 트래픽(LAN 가십 프로토콜)을 모두 제공하는 것으로 볼 수 있다.

- **남북 트래픽**North-South traffic: 트래픽은 k8s 클러스터의 외부와 내부 사이를 이동한다. 즉, 트래픽이 인그레스 컨트롤러를 통과한다.
- **동서 트래픽**East-West traffic: 트래픽은 k8s 클러스터 내부의 서비스 사이를 이동한다.

Consul의 이점 중 하나는 쿠버네티스, VM과 같은 이기종 환경에서 실행하거나 베어 메탈 머신에서 직접 실행할 수 있다는 점이다. 서비스 카탈로그, 구성, TLS 인증서, 권한 부여 등에 대한 기능을 제공한다.

Consul은 클러스터의 각 노드에서 에이전트로 실행되는 단일 Go 바이너리로, 해당 노드의 모든 서비스를 관리/모니터링한다. Consul 에이전트(클라이언트)는 서비스 등록과 상태 점검 데이터를 보유한다.

Consul 클러스터는 구성원, Consul 에이전트, Consul 서버로 구성된다. 일반적인 생산 환경은 장애가 발생했을 때 쿼럼의 과반수를 충족시키기 위해 홀수 서버(최대 3개와 5개)로 구성된다.

Consul은 에이전트 노드가 서버 노드와 통신하는 분산 시스템이다.

- Consul 서버는 클러스터의 상태를 유지하는 역할을 한다.
- Consul Client(에이전트)는 노드와 해당 노드에서 실행 중인 서비스의 상태 확인을 수행할 책임이 있다.

Consul은 다음과 같은 기능을 제공한다.

- **다중 데이터 센터 배포**: Consul의 주요 기능 중 하나는 가십 프로토콜을 사용하는 다중 데이터 센터를 지원해 클러스터를 떠나고 가입하는 구성원을 등록하고 구성원과 서비스의 상태를 확인하는 것이다.

- **서비스 디스커버리**: 애플리케이션을 마이크로서비스로 세분화하면 더 이상 공용 함수에 대한 메모리 호출을 통해 사용할 수 없다. 그러나 이러한 마이크로서비스는 데이터 센터의 모든 시스템에 존재할 수 있으며 네트워크를 통해 호출된다. IP 주소는 포드의 스케줄을 변경할 때마다 변경될 수 있다. 서비스 등록은 쿠버네티스 환경에서 자동으로 이루어진다. VM 또는 베어 메탈 환경에서 애플리케이션은 키-값 저장소로 유지되는 중앙 집중식 Consul 서비스 디스커버리에 등록할 수 있다.
- **구성**: 단일 애플리케이션에는 중앙 집중식 구성이 있지만 마이크로서비스를 구축하면 모든 서비스를 일관되게 볼 수 있는 중앙 집중식 구성이 필요하다. Consul은 키-값 저장소를 통해 구성을 이름/값 쌍으로 저장할 수 있는 중앙 공간을 제공하고, 이는 마이크로서비스로 동적으로 푸시 다운할 수 있다.
- **키-값 저장소** : 구성 데이터를 위한 계층적 키-값 저장소다.
- **네트워크 세그멘테이션**: 마이크로서비스의 경우, Consul은 서비스가 플랫 제로 트러스트 네트워크에서 안전하게 통신할 수 있도록 네트워크 세그멘테이션을 제공한다.

Consul 서비스 메시는 서비스 디스커버리, 보안 통신, 네트워크 세그멘테이션, 다중 데이터 센터 접근 방식을 통해 전통적인 인프라와 동적 인프라를 매우 잘 통합한다.

다음으로, Consul 아키텍처를 통해 구현 관점에서 Consul을 사용하는 데 도움이 되는 핵심 컴포넌트를 이해하고자 한다.

Consul 아키텍처

클라우드 네이티브 애플리케이션은 워크로드를 동적으로 프로비저닝해야 하므로 하나의 서비스(예: 프론트엔드)가 다른 서비스(예: 백엔드)에 연결하기 위해 네트워크를 수동으로 수정할 수 없다. Consul 아키텍처는 쿠버네티스 서비스 디스커버리와 다르게 진화했다. 쿠버네티스는 iptables를 사용해 서비스 IP 주소를 포드의 동적 IP 주소로 지정하는 반면 Consul은 서비스 디스커버리를 위해 DNS를 사용한다. Consul의 서비스 디스커버리는 쿠버네티스 DNS에 업스트림 서버로서의 DNS를 주입해 쿠버네티스와 함께 작동할 수 있다. 이 아키텍처는 주로 다중 데이터 센터에서 작동하는 최신 가십 프로토콜의 영향을 받는다.

Consul의 아키텍처는 데이터 센터의 연결 장애가 다른 데이터 센터의 Consul 가용성에 영향을 미치지 않도록 데이터 센터의 느슨한 결합을 지원한다. 전용 서버 그룹을 통해 각 데이터 센터는 전용 LAN 가십 풀을 사용해 독립적으로 실행된다. WAN 가십 풀을 사용해 다중 데이터 센터가 다른 데이터 센터와 연결된다. 이는 다음 다이어그램에서 확인할 수 있다.

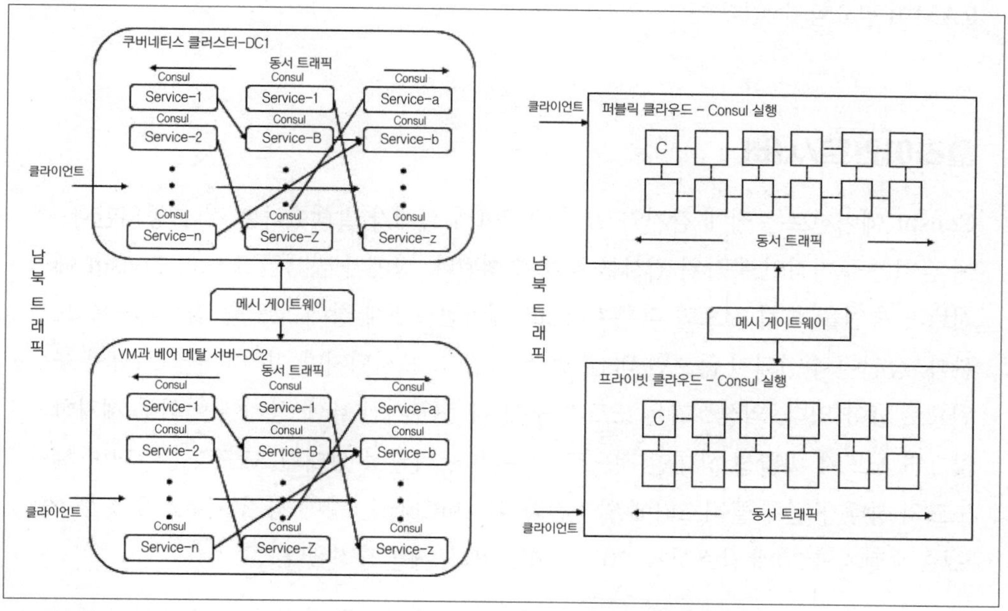

Consul의 아키텍처를 정의하는 주요 컴포넌트는 다음과 같다.

- 데이터 센터
- 클라이언트/서버
- 프로토콜 관리

다음 섹션에서 각 항목을 개별적으로 살펴보도록 한다.

데이터 센터

데이터 센터Data center의 각 머신에서는 클라이언트와 서버 역할을 하는 단일 Go 프로그램인 Consul 에이전트를 실행해야 한다. 각 데이터 센터에는 이상적으로 3개 또는 5개의 Consul 서버가 있어야 하지만 클라이언트는 수만 개가 될 수 있다. Consul 서버는 합의 프로토콜을 사용해 읽기와 쓰기 작업에 참여하므로 크기 조정이 매우 중요하다. 읽기 작업은 코어 수에 따라 제한되며 쓰기 작업은 스토리지의 IOPS에 따라 제한된다. 예를 들어 수행하려는 읽기와 쓰기 작업 수에 따라 서버당 2~8개의 코어와 8~64GB의 RAM이 필요할 수 있다.

클라이언트/서버

Consul 에이전트는 장애 감지와 합의에 참여해 장애가 발생했다는 것에 동의한다. 장애 감지는 주기적인 무작위 검사를 통해 수행된다. 장애가 발생한 노드의 Consul 에이전트가 승인을 하지 않으면 다른 Consul 에이전트에게 장애 노드를 검사하도록 요청한다. 승인이 수신되지 않으면 의심스러운 노드로 표시되지만 여전히 클러스터의 구성원으로 남아 있다. 의심스러운 노드가 구성 가능한 기간 내에 상태에 이의를 제기하지 않으면 노드가 비활성 상태인 것으로 간주된다. 비활성 상태인 노드로 간주되면 해당 노드의 상태가 전체 클러스터에 알려진다. HashiCorp는 장애 감지 프로토콜을 수정했으며, 오탐지를 20배 감소시켜, 20% 더 빠르게 장애를 감지했다.

Consul 서버는 분산 키-값 저장소를 통해 클러스터 상태를 유지한다. 각 데이터 센터에는 RAFT 피어 집합을 구성하는 최소 3개의 서버가 있다. 서버 중 하나가 리더로 선택돼 키-값 저장소에 기록된다. 다른 서버는 읽기만 가능하며 리더에게 쓰기 작업을 위임한다. 트랜잭션은 다른 피어 서버에도 복제된다. 모든 에이전트는 데이터 센터 내의 LAN 가십 풀에 참여한다.

Consul 서버는 여러 데이터 센터에서 WAN 가십 풀에 참여하는 유일한 클러스터 상태를 유지하는 서버다. WAN 가십 프로토콜은 대기 시간이 긴 환경에서 작동하도록 설계됐다. 데이터 센터의 임의의 서버는 다른 데이터 센터로부터 요청을 수신할 수 있지만, 이러한 요청을 로컬 리더에게 전달한다. Consul 데이터 센터 간 데이터는 복제되지 않지만 데이터 센터에서 Consul 서버 간의 요청/응답을 통해 정보를 교환한다.

프로토콜

Consul은 최신 프로토콜을 사용해 장애를 신속하게 감지하고 오탐지를 크게 줄인다. 이러한 목표를 달성하기 위해 다음 프로토콜을 사용한다.

- 리더 선출을 위한 RAFT 프로토콜
- 리더 서버에서 해당 피어로 데이터를 복제하기 위한 합의 프로토콜
- 장애 감지를 위한 가십 프로토콜

Consul 클러스터의 작동 방식을 이해하기 위해 이러한 프로토콜을 살펴보도록 하자.

RAFT

RAFT 프로토콜은 2014년 스탠포드 대학의 디에고 온가로Diego Ongaro와 존 아우스터하우트John Ousterhout가 설계했다. 이해할 수 있는 합의 알고리즘에 대한 연구로, 상당히 새로운 프로토콜이다. 쿠버네티스와 CockroachDB(https://github.com/cockroachdb)에서 사용하는 etcd(https://etcd.io) 프로토콜은 HashiCorp의 Consul과 함께 RAFT를 구현하는 좋은 예다.

Consul의 RAFT 프로토콜은 데이터 센터에서 실행되는 3~5개의 서버에서 리더를 선출하는 데 사용된다. RAFT를 사용하는 모든 노드는 리더, 팔로워, 후보의 세 가지 상태를 가질 수 있다. 여기서 다음 단계를 수행한다.

1. 각 노드는 리더가 없는 팔로워 상태로 시작한다.
2. 타임아웃 기간이 지나면 노드가 후보 상태로 승격돼 투표를 요청한다.

3. 과반수 표를 얻은 노드는 다른 모든 노드에 메시지를 보낸 후 자신을 리더로 승격한다.

4. 리더가 선출되면 클러스터 상태에 대한 모든 변경 사항은 상태 관리를 담당하는 리더를 통한다.

데이터 센터의 Consul 서버만 RAFT에 참여하고 이는 피어 집합의 일부다. 커밋된 상태에 동의하려면 피어 집합 내의 과반수 정족수가 필요하다. Consul 서버의 이상적인 수는 3개 또는 5개다. 새 서버를 피어 집합에 추가해 정족수 크기를 늘릴 수 있다. 서버를 처음 시작할 때 Consul은 첫 번째 서버가 자신을 리더로 선택하는 부트스트랩 모드라는 방식을 채택한다. 다른 서버는 피어 집합에 추가된다.

합의 프로토콜

Consul은 CAP(Consistency, Availability, and Partition) 정리로 정의한 트랜잭션의 일관성을 제공하기 위해 합의 프로토콜Consensus protocol을 사용한다. CAP 정리는 분산 시스템에서 다음 특성 중 두 가지를 달성할 수 있지만, 세 가지 특성 모두를 달성할 수는 없다고 명시한다.

- **일관성**Consistency, C: 데이터의 단일 최신 사본 제공
- **가용성**Availability, A: 업데이트를 위한 데이터의 고가용성
- **파티션**Partition, P: 네트워크 파티션에 대한 허용 오차

NOTE

캘리포니아 대학의 에릭 브루어(Eric Brewer)는 2000년에 CAP을 이론으로 발표했으며, 2002년 MIT의 세스 길버트(Seth Gilber)와 낸시 린치(Nancy Lynch)가 증명했다.

Consul은 CP 허용 오차를 제공한다. 자세한 내용은 https://www.consul.io/intro/vs/serf.html을 참조한다.

CAP를 이용한 트랜잭션 처리와 관련된 기본 단계는 다음과 같다.

1. 리더가 읽기 쿼리 유형의 원격 프로시저 호출Remote Procedure Call, RPC을 반환한다.
2. 리더가 로그 항목(또는 이벤트)을 수신하면 로그 항목을 팔로워에게 보낸다(각 서버는 리더, 팔로워, 후보의 세 가지 상태 중 하나를 가짐).
3. 팔로워는 성공적인 쓰기에 대한 승인으로 OK 메시지를 보낸다.
4. 리더는 엔트리를 작성하고 팔로워에게 커밋 상태를 보내는 동시에 커밋 상태를 변경하도록 요청한다.
5. 팔로워로부터 OK 메시지를 받으면 리더는 자신의 상태를 커밋 상태로 변경한다.

합의를 통해 로그 항목이 커밋되고 CAP 정리의 일관성이 달성된다. 합의는 쿼럼을 사용할 수 있는 한 내결함성이 존재한다.

Consul은 네트워크 지연 시간을 줄이기 위해 각 데이터 센터의 부트스트랩을 따른다. 로컬 데이터 센터 서버 리더는 데이터 센터에서 데이터를 분할할 수 있도록 별도의 피어 세트를 관리한다. 이러한 방식으로 데이터 센터의 모든 서버 리더는 자체 데이터 센터의 상태를 관리할 책임이 있다. 원격 데이터 센터에 대한 요청이 수신되면 해당 요청은 올바른 리더에게 전달된다. 이 프레임워크는 고성능, 낮은 지연 시간 트랜잭션, 서버의 고가용성을 위해 설계됐다.

가십 프로토콜

Consul에서 가십 프로토콜Gossip protocol은 여러 데이터 센터 간, 그리고 동일한 데이터 센터 내에서 메시지 브로드캐스팅을 통해 클라이언트와 서버 통신을 관리하는 데 사용된다.

Consul의 가십 프로토콜은 코넬 대학에서 개발한 SWIMScalable Weakly-consistent Infection-style Process Group Membership 프로토콜을 기반으로 한다. 구현은 Hashicorp이 개선 및 수정한 SWIM 프로토콜을 기반으로 하는 Serf(https://www.serf.io/docs/internals/gossip.html)라는 도

구를 통해 이루어진다. 이 프로토콜은 통신 멤버십, 장애 감지, 이벤트 브로드캐스팅을 제공하는 데 사용된다.

가십 프로토콜은 UDP를 통해 통신해 멤버십 목록을 작성하고 가능한 한 빨리 통합한다. TCP는 노드에 대한 전체 세부 정보를 교환하는 데 사용된다.

Consul은 두 가지 가십 프로토콜을 사용한다.

- LAN 가십 프로토콜
- WAN 가십 프로토콜

데이터 센터 내에서 Consul 에이전트는 모든 서버와 클라이언트에서 LAN 가십 프로토콜을 활성화한다. 주요 기능은 다음과 같다.

- 클라이언트가 서버를 자동으로 검색하도록 허용한다.
- 전체 클러스터에 장애 감지 통신을 배포한다.
- 새로운 리더 선출과 같은 이벤트에 안정적이고 빠른 방송을 지원한다.

WAN 가십 프로토콜은 모든 데이터 센터에 배포된다. 구성된 데이터 센터에 관계없이 서버만 WAN 가십에 참여할 수 있다. 모든 서버가 식별되면 WAN 가십 프로토콜은 다음을 수행한다.

- 서버가 다른 데이터 센터의 다른 서버와 통신하도록 한다.
- 장애 감지 기능을 통합해 Consul 에이전트가 서버를 폐기하거나 데이터 센터를 분리할 수 있도록 한다.
- Consul에 포함된 라이브러리를 사용한다.

NOTE

> 책의 목적은 RAFT, CAP, 가십 프로토콜의 복잡한 작업을 연구하는 것이 아니다. 자세한 내용은 추가 정보 섹션을 참조하도록 한다.

이 섹션에서는 데이터 센터와 클라이언트/서버의 Consul 테넌트와 Consul에서 사용하는 프로토콜을 살펴봤다. 다음 섹션에서는 Consul이 서비스 메시를 구현하는 방법을 보여주기 위해 컨트롤 플레인과 데이터 플레인 개념을 살펴보도록 한다.

Consul의 컨트롤 플레인과 데이터 플레인

Consul은 간단하며 사용하기 쉽다. 가용성이 높고 동적으로 배포된다. 이 섹션에서는 Consul이 컨트롤 플레인과 데이터 플레인에 대한 서비스 메시와 아키텍처 컴포넌트로 작동하는 방법을 자세히 설명한다.

Consul은 서비스 디스커버리, 보안 통신, 리소스 구성, 네트워크 세그멘테이션의 네 가지 주요 기능을 제공하는 컨트롤 플레인으로 구성된다. 이러한 컴포넌트는 클러스터 관리자(Consul 서버)가 관리해 강력한 서비스 메시를 제공한다.

Consul은 프록시와 마이크로서비스와의 네이티브 인터그레이션 모델native integration model을 사용해 데이터 플레인을 제공한다. 이는 일반적인 사이드카 엔보이(Lyft에서 제작) 프록시와 함께 제공된다. 다음 다이어그램에서 확인할 수 있다.

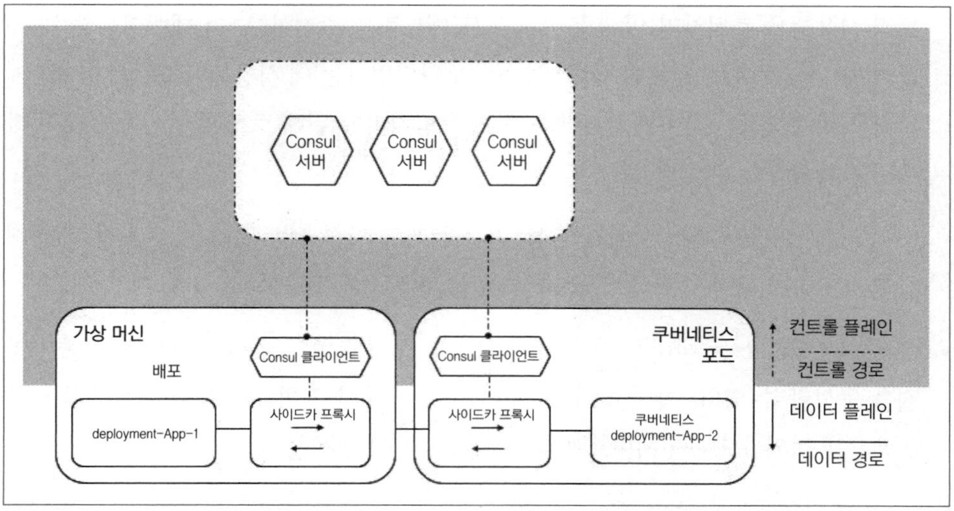

이 다이어그램은 Consul 컨트롤 플레인과 데이터 플레인을 보여준다. Consul 컨트롤 플레인의 주요 기능은 다음과 같다.

- Consul은 API 또는 데이터베이스 호출을 통해 서비스 디스커버리를 활성화해 서비스를 검색하고 등록할 수 있다. 또한, Consul은 DNS 또는 HTTP 프로토콜을 통한 서비스 추적을 활성화해 애플리케이션 종속성을 식별한다. 또한 사용자는 Consul을 활용해 마이크로서비스 프로바이더와 해당 엔드투엔드 배포 정의를 발견할 수 있다.
- Consul 서버(리더)는 키-값 저장소에 서비스, 에이전트, 클라이언트, 서버의 상태를 기록한다. 또한, 이름-값 쌍을 사용해 개별 서비스에 대한 구성 파라미터를 보유할 수 있다. 중앙 구성을 서비스에 동적으로 푸시해, 각 서비스의 개별 구성이 아닌 모든 서비스에 대한 일관성 보기를 제공할 수 있다.
- Consul은 네트워크 세그멘테이션을 제공해 특정 서비스가 플랫 네트워크에서 안전하게 통신할 수 있도록 한다.
- Consul은 실행 중인 서비스에 대한 상태 점검을 수행하고, 서비스 측의 서버 또는 클라이언트가 트래픽을 라우팅하고 있는지 확인하며, 얼마나 많은 네트워크 요청이 송수신되고 있는지 확인할 수 있다. Consul은 다른 모니터링 데이터와 함께 CPU와 메모리 사용률을 추적하기 위해 물리적 노드 메트릭을 수집한다. 이 데이터는 전체 애플리케이션, 플랫폼, 인프라 상태, 성능을 모니터링하는 데 사용된다. 또한 이러한 메트릭은 비정상적인 서비스 컨테이너/포드를 방지하기 위해 로드 밸런싱과 트래픽 라우팅을 활성화할 수 있다.
- 마이크로서비스는 동적 서비스 구성, 기능 플래그 지정, 네트워크 요청 조정 등에 대한 REST API 호출을 통해 Consul의 키-값 저장소에 접근할 수 있다.
- Consul Connect는 서비스 간 통신에 TLS 인증서를 할당해 서비스에 대한 보안 연결을 구성할 수 있다. 이는 사이드카 프록시를 할당하고 이 통신을 활성화하기 위한 인텐션을 정의함으로써 서비스에 대한 mTLS를 설정한다.
- Consul 인텐션은 Consul Connect를 통해 접근 제어를 정의하는 서비스다. 인텐션은 인바운드 연결에 대한 서비스 통합 사이드카 프록시에 따라 적용된다. 또한 네트

워크 세그멘테이션을 관리하고 서비스에 실시간 변경 사항을 적용할 수 있다.

- 다중 데이터 센터는 즉시 제공되는 기능으로, Consul은 다중 데이터 센터를 지원한다. 이 기능을 사용하면 네트워크에서 추가 추상화 레이어를 정의하지 않고도 서비스와 Consul 메시를 확장할 수 있다.

동적 인프라 환경에서 IP 주소가 변경되면 DNS 또는 iptables를 사용해 엔드포인트를 동적으로 업데이트하지 않는 한 해당 IP 주소를 통해 서비스에 연결하는 것은 더 이상 신뢰할 수 있는 방법이 아니다. Consul은 애플리케이션이 노드에서 실행되는 Consul 에이전트를 통해 사용 가능한 서비스를 검색할 수 있는 인프라 내에서 서비스 디스커버리를 제공하며, 이를 통해 쿼리를 데이터 센터의 Consul 서버로 전달한다. 한 데이터 센터의 Consul 서버는 WAN 가십 프로토콜을 통해 다른 모든 데이터 센터의 Consul 서버에 연결되므로 로컬 Consul 서버는 디스커버리 요청을 적절한 원격 데이터 센터로 전달할 수 있다.

이제 Consul의 에이전트 구성을 살펴보도록 하자.

에이전트 구성

Consul을 설치하면 가장 먼저 Consul 에이전트를 구성해야 한다. 컨테이너화된 서비스를 가진 쿠버네티스 클러스터 관리자 내의 모든 노드가 Consul 에이전트를 배포한다. 에이전트는 상태 점검을 수행하고 쿠버네티스 내에서 실행되는 인프라, 플랫폼, 전체 서비스에 대한 메트릭을 수집한다. Consul 에이전트는 서비스 디스커버리 또는 키-값 데이터 수집에 사용되지 않는다.

여러 쿠버네티스 클러스터가 있는 경우, 에이전트가 모든 쿠버네티스 클러스터에 설치돼 있는 한 여러 Consul 서버와 통신하도록 Consul 에이전트를 활성화할 수 있다. Consul 서버는 모든 데이터가 저장되는 곳이며, 주 서버는 마스터 서버로 작동하도록 정의된다.

Consul 에이전트는 Consul의 핵심 기능이며 서버/클라이언트 멤버십, 서비스 레지스트리, 상태 점검, 주소 쿼리, 기타 기능을 유지하는 데 사용된다. Consul 에이전트는 모든 서버와 클라이언트에 대해 클러스터 또는 데이터 센터 내의 모든 노드에 설치된다. 이러한 노드는 RAFT와 Serf 프로토콜에 참여한다.

긴 대기 시간과 느려지는 응답 시간을 방지하려면 전용 컴퓨터에 서버 노드를 배포하는 것이 좋다. 서버의 리소스 워크로드가 클라이언트 노드보다 높기 때문이다. 앞서 언급했듯 클라이언트 노드는 가볍고 서버와만 상호 작용하기 때문에 서버보다 클라이언트 노드가 더 많다.

HCL[HashiCorp Configuration Language] 또는 JSON[JavaScript Object Notation] 형식의 구성 파일을 사용해 Consul CLI 명령을 사용해 서버 또는 클라이언트 노드를 스핀 업할 수 있다.

https://www.consul.io/docs/agent/options.html#configuration-files에서 가져온 Consul 구성 파일의 다음 예제를 살펴보자.

```
{
 "datacenter": "remote-location",
 "data_dir": "/opt/consul",
 "log_level": "INFO",
 "node_name": "server1",
 "addresses": {
 "https": "0.0.0.0"
 },
 "ports": {
 "https": 8501
 },
 "key_file": "/etc/pki/tls/private/my.key",
 "cert_file": "/etc/pki/tls/certs/my.crt",
 "ca_file": "/etc/pki/tls/certs/ca-bundle.crt"
}
```

앞의 JSON에서 TLS, 주소, 포트, 키 인증서 파일을 사용해 Consul 서버가 정의됐음을 알 수 있다.

consul 에이전트 명령은 노드 관리, 서버 검사 실행, 서비스 알림, 쿼리 적용 등에 사용된다.

다음은 consul 에이전트를 실행한 후의 일부 샘플 출력이다.

```
$ consul agent -data-dir=/opt/consul
==> Starting Consul agent...
==> Consul agent running!
 Node name: 'MyLaptop'
 Datacenter: 'dc1'
 Server: false (bootstrap: false)
 Client Addr: 127.0.0.1 (HTTP: 8500, DNS: 8600)
 Cluster Addr: 192.168.108.141 (LAN: 8301, WAN: 8302)
==> Log data will now stream in as it occurs:
 [INFO] serf: EventMemberJoin: MyLaptop.local 192.168.108.141
...
```

이전 Consul 에이전트 명령이 표시하는 5가지 주요 메시지는 다음과 같다.

- **Node name**: Consul 에이전트가 실행된 시스템의 호스트 이름이다.
- **Datacenter**: Consul 에이전트가 실행되도록 구성된 태그다. Consul은 여러 데이터 센터를 지원할 수 있지만 각 노드는 특정 데이터 센터로 구성돼 있다. 데이터 센터 파라미터는 해당 값을 정의하는 데 사용된다. 앞의 예에서 Consul 에이전트는 단일 노드 환경에서 실행 중이므로, 기본적으로 dc1을 데이터 센터로 할당한다.
- **Server**: 값은 Consul 에이전트가 클라이언트 또는 서버 모드에서 실행 중인지 여부를 결정한다. 값이 true면 서버 모드에서 실행된다. false면 클라이언트 모드에서 실행된다. 서버는 부트스트랩 모드에서 실행될 수 있다. 클라이언트 노드는 상태 정보를 저장하지 않고 서버 노드에 의존하기에 부트스트랩 프로세스를 통해 초기 서버 노드를 클러스터에 연결할 수 있다.
- **Client Addr**: 클라이언트 인터페이스에 대한 Consul 에이전트에서 사용하는 로컬 호스트 주소다. 여기에는 -http-addr 속성이 정의된 주소와 포트를 변경할 수 있는 HTTP와 DNS 포트가 포함된다.

- **Cluster Addr**: 이는 클러스터 IP 주소로 다른 Consul 에이전트 간의 통신을 활성화하기 위해 LAN과 WAN 프로토콜에 대해 정의된 포트 목록을 제공한다. 모든 Consul 에이전트에 고유한 포트를 정의하는 것이 좋다.

클러스터에서 Consul 에이전트를 실행하면 노드 간의 인터랙션 주기가 제공된다. 클러스터가 노드를 관리하는 방법을 확인하려면 이러한 인터랙션을 이해하는 것이 중요하다. Consul 에이전트를 처음 활성화하면 해당 에이전트는 클러스터 내의 다른 노드와 인터랙션을 인식하지 못한다. 노드 디스커버리, join 명령을 통한 클러스터 추가 또는 auto-join 구성을 활성화하면 이러한 인터랙션이 활성화된다. 첫 번째 인터랙션은 gossip으로, 클러스터 내의 모든 노드에 새 노드가 추가됐음을 알린다.

클러스터에서 노드가 제거되면 클러스터는 해당 노드를 left로 정의하고 이에 따라 등록되지 않은 서비스 카탈로그를 업데이트한다. Consul 에이전트가 서버인 경우 모든 복제를 중지한다. Consul 서비스 카탈로그를 활성화해 실행 중인 노드로만 최신 상태로 유지하며, 실패하고 남은 노드를 모두 제거하는 프로세스를 리핑reaping이라 한다. 리핑 프로세스는 72시간으로 클러스터 중단, 다운 타임 등을 고려하는 것이 좋다.

이제 Consul 에이전트(클라이언트/서버)를 CLI 옵션 또는 JSON 구성 파일을 통해 구성했으므로, 서비스 디스커버리 프로세스와 서비스 카탈로그를 살펴볼 수 있다.

서비스 디스커버리와 정의

서비스 카탈로그에는 클러스터에서 실행 중인 모든 사용 가능한 노드와 해당 서비스를 포함한다. Consul 에이전트는 카탈로그를 사용해 서비스 정의 세부 정보, 가용성, 상태 메트릭을 등록한다.

서비스 구성 정의는 Consul 에이전트에 대한 `-config-file` 옵션을 HCL 또는 JSON 확장자로 설정해 사용할 수 있다. 에이전트를 통해 정의를 업데이트할 수 있으며, REST API 호출을 통해 동적 서비스 등록이 이루어진다.

다음 구성 예제는 상위 수준 필드를 강조하는 서비스 정의다.

```
{
  "service": {
    "id": "redisuniquevalue",
    "name": "redis",
    "tags": ["primary"],
    "address": "",
    "meta": {
      "meta": "for my service"
    },
    "port": 8000,
    "enable_tag_override": false,
    "checks": [
      {
        "args": ["/usr/local/bin/check_redis.py"],
        "interval": "10s"
      }
    ],
   "kind": "connect-proxy",
...
```

서비스 정의 config에는 name과 다음의 속성을 포함해야 한다.

- **id**: name이 제공되지 않은 경우 id가 name으로 설정된다. 노드 내의 모든 서비스에 고유한 ID를 정의하는 것이 좋다. 이렇게 하면 name이 다른 서비스와 충돌하는 경우, 고유한 ID가 해당 서비스에만 적용된다.
- **tags**: 주요(primary) 또는 보조secondary, 노드 버전, 서비스 레이블, 기타 여러 속성을 포함해 노드 세부 사항을 정의하는 데 사용되는 값이다.
- **address**: 서비스 정의를 생성하는 Consul 에이전트 IP 주소다. 이 속성은 선택 사항이며 지정할 필요가 없다.
- **meta**: 특수문자 없이 최대 64개의 키 또는 값 문자를 포함할 수 있는 ASCII 시맨틱semantic이다. 보안 또는 성능이 활성화된 경우 키는 128자, 값은 최대 512자까지 가능하다.

- **port**: IP 주소와 함께 서비스를 쉽게 검색할 수 있다.
- **enable_tag_override**: 서비스 카탈로그와 정의 tag를 업데이트하기 위해 서비스 외부의 다른 Consul 에이전트를 활성화 또는 비활성화하는 데 사용할 수 있는 선택적 속성이다. 속성이 `false`면 재정의[override]가 비활성화된다.
- **checks**: 실패하거나 left 노드를 식별하는 데 사용되는 상태 점검 속성이다. 이 속성의 사용을 적극 권장하며 상태 점검 스크립트를 사용해 활성화해야 한다.
- **kind**: 이 속성은 선택 사항이며 해당 값은 연결 프록시가 된다. 서비스 인스턴스가 프록시가 아닌 경우 이 필드는 모두 제거된다.
- **connect**: 이 속성은 서비스에 연결된 기능을 활성화한다.
- **native**: 연결 파라미터가 네이티브인지 여부를 `true` 또는 `false`로 나타낸다.
- **sidecar_service**: 사이드카 프록시 서비스 정의와 등록 서비스다. `native`가 `true`인 경우 이 속성을 정의하면 안 된다.
- **weights**: DNS 응답에 대한 서비스 가중치에만 해당되는 선택적 속성이다. 정의된 값이 없는 경우 passing 기본값은 1이고, 서비스 정의가 중요하거나 경고 점검이 있는 경우 warning이 1이다.

HashiCorp를 사용하면 Consul을 쿠버네티스와 통합할 수도 있다. 다음 섹션에서 이를 살펴보고자 한다.

Consul 통합

Terraform(프로비저닝), Vault(보안), Consul(네트워킹), Nomad(개발)와 같은 Hashicorp의 도구 모음은 쿠버네티스 오케스트레이션의 대안이다. Consul은 기본적으로 이러한 Hashicorp 도구를 사용해 작업할 수 있다.

Consul은 크로스 플랫폼 서비스 디스커버리를 제공하기 위해 2018년 9월부터 쿠버네티스 서비스 카탈로그와 Consul 간의 서비스 동기화를 제공했다. 또한 Consul을 사용해 쿠버네티스 내외부의 서비스 워크로드를 마이그레이션한다. 서비스 동기화 기능은 구성 파일을 통해 또는 쿠버네티스 환경에서 Consul 설치를 위한 Helm 차트로 활성화할 수 있다. 일단 활성화하면 Consul 카탈로그가 쿠버네티스에 배포한 마이크로서비스와 동기화되며 리소스 정의를 변경할 필요가 없다. 이 프로세스를 통해 Consul 카탈로그가 서비스 정의에 대한 쿠버네티스 클러스터가 최신 상태인지 확인할 수 있다.

이로써 Consul 컨트롤 플레인과 데이터 플레인에 대한 간략한 소개를 마치도록 한다. 최신 정보와 자세한 내용은 https://consul.io/docs를 참조한다.

관찰성 기능이 없는 서비스 메시는 불완전하다. 분산 마이크로서비스 아키텍처, 특히 테스트와 디버깅의 문제로 인해 이러한 기능이 필요하다. 다음으로, Consul의 모니터링과 시각화 지원을 알아보도록 한다.

모니터링과 시각화

Consul에서는 다양한 파일 형식으로 메트릭 수집을 제공한다. 이러한 메트릭은 모든 클러스터와 지정된 노드에 데이터 센터 내 서비스, 서버, 클라이언트, 통신 프로토콜의 상태와 안정성을 모니터링하고 시각화하는 데 사용된다.

이 섹션에서는 Telegraf를 사용한 모니터링과 로그 수집 방법을 살펴본 다음 Grafana를 사용해 데이터를 시각화한다.

Telegraf

StatsD 프로토콜을 사용하는 Telegraf라는 플러그인은 Consul에서 모니터링과 메트릭 수집을 가능하게 한다. StatsD(https://github.com/statsd/statsd)는 주요 애플리케이션 메트릭을 요약하고 집계하는 데몬이다.

Telegraf는 Consul 에이전트가 배포되고 실행되는 특정 호스트에 대한 메트릭을 수집한다. 수집할 주요 속성은 CPU, 메모리, 디스크 I/O, 네트워킹, 프로세스 상태다.

Telegraf의 메트릭 수집을 활성화하려면 Consul 에이전트 구성 파일 내에서 다음 코드를 추가하고 활성화해야 한다.

```
{
  "telemetry": {
    "dogstatsd_addr": "localhost:8125",
    "disable_hostname": true
  }
}
```

Consul이 쿠버네티스 환경에서 Helm 차트를 사용해 배포하면 다음 코드대로 Consul 연결 섹션의 values.yaml에서 동일한 기능을 사용할 수 있다.

```
connectInject:
enabled: true
default: true
centralConfig:
enabled: true
defaultProtocol: "http"
proxyDefaults: |
{
"envoy_dogstatsd_url": "udp://127.0.0.1:9125"
}
```

dogstatsd_addr 또는 envoy_dogstatsd_url은 statsd 데몬의 호스트 IP 주소와 포트 이름이다. 이 속성은 Grafana가 대시보드에서 데이터 인사이트를 시각화, 필터링, 도출하기 위해 활용할 수 있는 각 메트릭에 대한 태그를 보낸다.

Grafana

데이터를 시각화하기 위해 Grafana를 사용할 수 있다. https://grafana.com/grafana/dashboards/2351로 이동해 Consul을 위한 Grafana 대시보드를 만든다.

Consul의 시각화와 모니터링 기능을 살펴봤으므로 이제 쿠버네티스 환경에서 엔보이 프록시를 통해 실행할 수 있는 대역 외 중앙 관리 구성을 제공하기 위해 Consul에서 구현된 기본 트래픽 관리 기능을 살펴보고자 한다.

트래픽 관리

Consul은 트래픽 관리Traffic management 기능을 2019년 8월 Consul 1.6.x를 공개하며 소개했다. 이 기능은 완전히 새로운 기능으로 빠르게 발전하고 있다. Consul Connect 1.6 버전 이상은 L7 글로벌 구성을 통해 트래픽 관리 기능을 제공한다.

트래픽 관리의 기본 컴포넌트는 다음과 같다.

- **트래픽 라우팅**Traffic Routing: service-router를 통해 달성
- **트래픽 시프팅**Traffic Shifting: service-splitter와 service-resolver를 통해 달성

VM(전통적인) 환경과 쿠버네티스(최신 클라우드 네이티브) 환경 간의 원활한 트래픽 관리 조정을 제공하기 위해, Consul은 쿠버네티스 커스텀 리소스 정의Kubernetes Custom Resource Definitions, CRD와 유사한 다음 네 가지 기본 요소를 소개했다.

- `service-defaults`와 `proxy-defaults`
- `service-router`
- `service-splitter`
- `service-resolver`

Service defaults

기존 서비스에 대한 프로토콜과 게이트웨이 기본값을 정의하는 데 사용하는 다음 구성을 살펴보도록 한다. 이는 `Name`을 통해 식별된다.

```
Kind = "service-defaults"
Name = "web"

Protocol = "http"

MeshGateway = {
  mode = "local"
}
```

앞의 구성은 쿠버네티스와 비쿠버네티스 환경에 모두 유효하다. 배포가 생성될 때 Consul 사이드카 엔보이 프록시가 주입되면 init-container의 consul-connect-inject-init을 통해 자동으로 생성된다. 다음은 이에 대한 예다.

```
Init Containers:
  consul-connect-inject-init:

...
      # Create the central config's service registration
      cat </consul/connect-inject/central-config.hcl
      kind = "service-defaults"
      name = "web"
      protocol = "http"
      MeshGateway = {
        mode = "local"
      }
      EOF
      /bin/consul config write -cas -modify-index 0 \
        /consul/connect-inject/central-config.hcl || true
...
```

그러나 비쿠버네티스 환경에서 실행되는 서비스라면 service-defaults를 수동으로 생성하거나 자동화의 일부가 돼야 한다. service-defaults의 흥미로운 기능 중 하나는 메시 게이트웨이 사용인데, 이는 한 데이터 센터에서 다른 데이터 센터로 개별 서비스를 페일오버failover할 수 있는 구성을 제공하거나, 상호 TLS를 통해 함께 작동하는 분산 서비스를 제공해 여러 영역/지역과 하이브리드 구성에 걸쳐 서비스 메시를 제공한다.

`proxy-defaults`는 모든 Consul 서비스에 대한 게이트웨이를 활성화하기 위해 글로벌 수준에서 기본값을 제공하는 데 사용된다. 이는 다음 코드에서 확인할 수 있다.

```
Kind = "proxy-defaults"
Name = "global"
MeshGateway {
    Mode = "local"
}
```

service defaults는 사이드카 프록시를 배포하는 동안 `init-container`를 통해 표시되는 것처럼 쿠버네티스 환경에서 자동으로 구성된다. 그러나 VM 환경의 서비스에는 `service-defaults`를 수동으로 생성해야 한다.

트래픽 라우팅

다음 다이어그램은 Consul에서 트래픽 라우팅Traffic routing이 작동하는 방식을 보여준다.

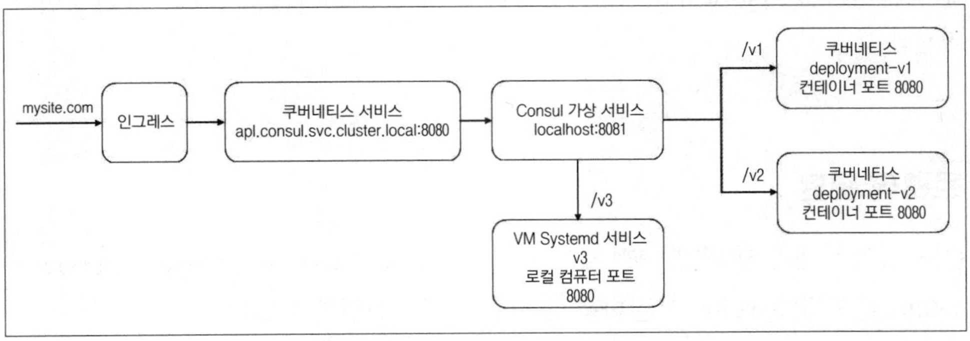

mysite.com이 외부에서 인그레스 컨트롤러에 도달하고 인그레스 규칙이 이 트래픽을 컨테이너 포트 8080의 쿠버네티스 `api.consul.svc.cluster.local` 서비스로 전달한다고 가정해보자. 쿠버네티스 배포 수준에서 Consul에 대한 적절한 어노테이션을 사용해, 경로를 기반으로 트래픽을 라우팅하는 가상 Consul 서비스가 생성된다. 경로가 /v1로 시작하는 경우 트래픽은 deployment-v1로 라우팅되고, /v2 경로는 트래픽을 deployment

-v2로 보낸다. 그러나 경로가 /v3으로 시작하는 경우, 외부 서비스를 실행하는 VM에서 실행되며 트래픽을 수신할 수 있는 Linux systemd 서비스를 가리키는 Consul 서비스가 생성된다.

service-router를 사용하는 경로 /v1에 대한 트래픽 라우팅의 예는 다음과 같다.

```
kind = "service-router"
name = "api"
routes = [
{
match {
http {
path_prefix = "/v1"
}
}
destination {
service = "api-v1"
}
},
```

service-routing의 구현 세부 사항은 22장에서 다루고자 한다. 이제 트래픽 분할로 넘어가보자.

트래픽 분할

Consul의 트래픽 분할Traffic split 또는 트래픽 시프팅은 service-resolver와 service-splitter를 통해 수행된다. 이는 다음 다이어그램에서 확인할 수 있다.

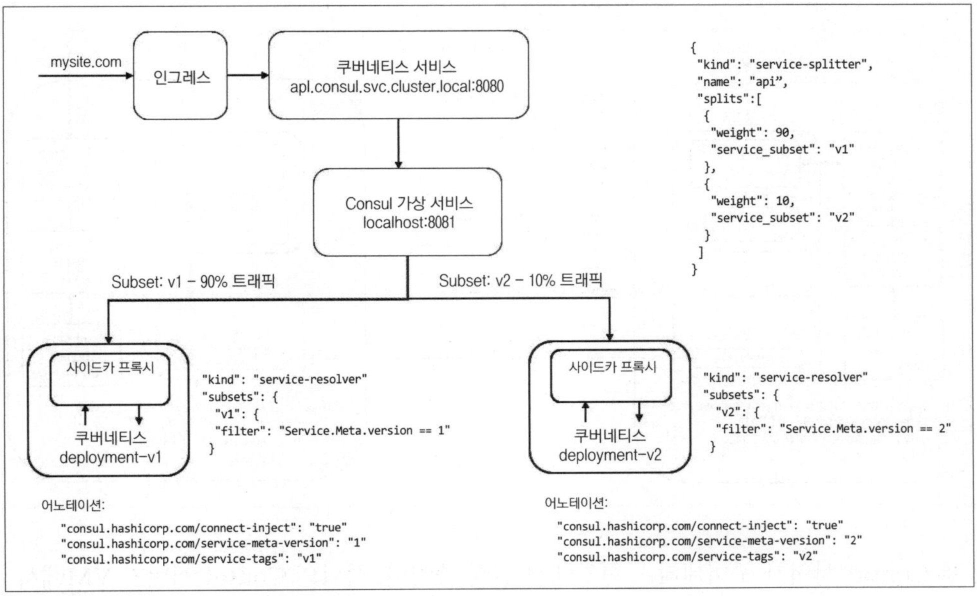

service-resolver는 어노테이션 사용을 통해 쿠버네티스 배포에 정의된 메타데이터 필터를 기반으로 서브셋을 정의한다. service-splitter는 Consul 가상 서비스에서 실제 배포(이 경우 v1와 v2)로 트래픽을 이동하기 위해 가중치 기반 구성을 제공한다.

이러한 구현은 22장에서 자세히 다룬다. 이제 메시 게이트웨이를 살펴보자.

메시 게이트웨이

메시 게이트웨이Mesh gateway 또는 크로스-클러스터 게이트웨이의 역할은 상호 TLS를 통해 제로 트러스트 네트워크 환경에서 위치에 관계없이 여러 Consul 클러스터를 연결하는 데 사용할 수 있는 플랫 네트워크를 제공하므로 매우 중요하다.

이는 다음 다이어그램에서 확인할 수 있다.

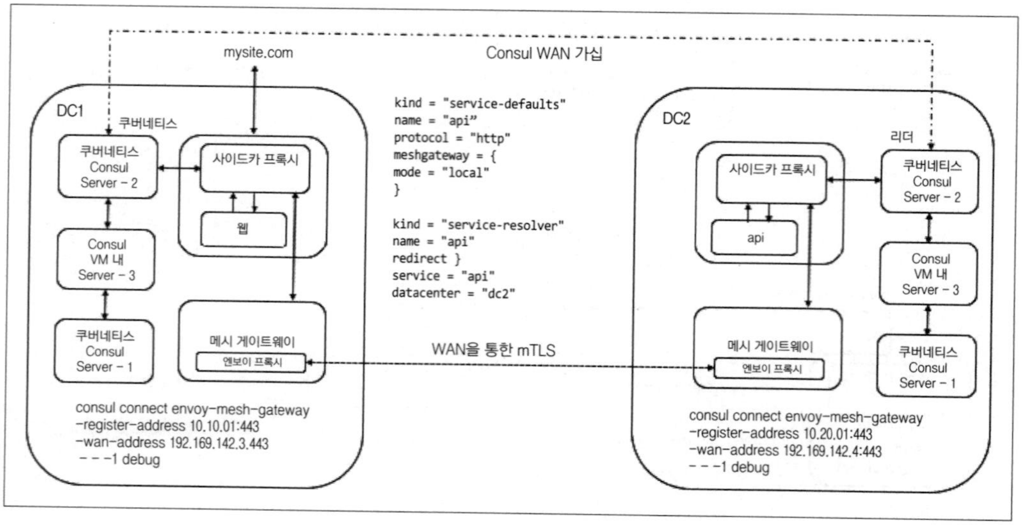

두 Consul 서버가 쿠버네티스 환경에서 실행 중이며, 하나의 Consul 서버가 VM에서 실행된다. server-2는 두 데이터 센터의 리더다.

메시 게이트웨이는 다음과 같이 작동한다.

1. Consul 웹 서비스는 인터넷에서 인그레스 게이트웨이를 통해 트래픽을 수신한다.
2. api Consul 서비스(DC2에 상주)에 대한 service-defaults는 메시 게이트웨이의 로컬 모드를 사용해 정의된다.
3. api용 service-resolver가 트래픽을 DC2로 리디렉션한다.
4. 웹 애플리케이션이 api 서비스를 호출하면, DC1의 메시 게이트웨이를 통과하고, 서비스는 DC2의 api 서비스로 리졸브된다.
5. 트래픽은 구성된 두 게이트웨이 간, 그리고 서비스와 메시 게이트웨이 간 mTLS다.
6. 메시 게이트웨이는 네트워크 트래픽을 암호화 해제하지 않는다.

이로써 Consul 클러스터를 안전하게 연결하는 데 사용하는 메시 게이트웨이를 살펴봤다.

요약

이 장은 Consul 아키텍처와 데이터 센터 간, 그리고 데이터 센터 내에서 WAN과 LAN 프로토콜을 사용해 작동하는 방식을 이해하는 것으로 시작했다. Consul의 컨트롤 플레인은 Consul 서버와 클라이언트로 구성된다. 그런 다음, 서비스 디스커버리와 서비스 간 암호화된 통신을 위한 자동 mTLS를 설명했다.

다음으로, 엔보이 사이드카 프록시를 사용하는 Consul 데이터 플레인을 살펴봤다. 트래픽 라우팅과 시프팅의 개념을 배웠다. Consul 데이터 플레인은 컨트롤 플레인과 함께 Consul 서비스 메시를 정의한다.

Consul의 기본 사항을 살펴봤으므로 다음 장에서는 Consul을 설치해 몇 가지 실습을 수행해보도록 한다.

문제

1. Consul은 중앙 집중식 컨트롤 플레인을 갖고 있지 않다.

   A) 참

   B) 거짓

2. Consul 에이전트는 모든 쿠버네티스 노드에서 실행해야 한다.

   A) 참

   B) 거짓

3. Consul 서비스는 남북 네트워크 트래픽으로 볼 수 있는 반면, 여러 쿠버네티스 클러스터에 대한 인그레스 게이트웨이는 동서 네트워크 트래픽으로 간주할 수 있다.

   A) 참

   B) 거짓

4. 메시 게이트웨이는 두 게이트웨이 간의 네트워크 트래픽을 암호화 해제해 대상 서비스를 결정한다.

A) 참

B) 거짓

5. Consul 서비스 디스커버리는 쿠버네티스 환경에서 자동으로 이루어진다.

A) 참

B) 거짓

6. Consul은 여러 데이터 센터를 즉시 지원한다.

A) 참

B) 거짓

참고 자료

- Hashicorp/Consul, GitHub, 2019: https://github.com/hashicorp/consul
- Gossip Protocol – Serf By Hashicorp, 2019: https://www.serf.io/docs/ internals/gossip.html
- *Consul Architecture - Consul By Hashicorp*, Consul By Hashicorp, 2019: https://www.consul.io/docs/internals/architecture.html
- *Consul Reference Architecture | Consul - Hashicorp Learn*, Hashicorp Learn, 2019: https://learn.hashicorp.com/consul/datacenter-deploy/referencearchitecture
- *Consensus Protocol - Consul By Hashicorp*, Consul By Hashicorp, 2019: https://www.consul.io/docs/internals/consensus.html
- *Gossip Protocol - Consul By Hashicorp*, Consul By Hashicorp, 2019: https://www.consul.io/docs/internals/gossip.html

- Cs.Cornell.Edu, Das Abhinandan et al. 2019: https://www.cs.cornell.edu/projects/Quicksilver/public_pdfs/SWIM.pdf
- Web.Stanford.Edu, Ongaro Diego, and John Ousterhout, 2019: https://web.stanford.edu/~ouster/cgi-bin/papers/raft-atc14, accessed 19 Aug 2019
- *Perspectives on the CAP Theorem*, Gilbert Seth, and Lynch Nancy: https://groups.csail.mit.edu/tds/papers/Gilbert/Brewer2.pdf, accessed 3 Oct 2019
- *Monitoring Consul With Telegraf | Consul - Hashicorp Learn*, Hashicorp Learn, 2019: https://learn.hashicorp.com/consul/integrations/telegraf

20

Consul 설치

Consul은 설치가 매우 간단하다. 클라이언트와 서버 역할을 하는 하나의 Go 바이너리다. VM 또는 베어 메탈 서버를 프로비저닝해 Consul을 포함할 수 있다. 쿠버네티스 환경에서 설치 프로세스를 보기 위해 Consul Helm 차트를 사용해본다.

이 장에서는 VM에 Consul 에이전트를 설치하는 방법을 배우고, 쿠버네티스 클러스터에서 Consul 설치 과정을 살펴본다. Consul 서비스 메시는 기존, 신규 애플리케이션에 사이드카 프록시를 자동으로 주입할 수 있는 Consul Connect 기능을 사용해 쿠버네티스 환경에서 매우 쉽게 만들 수 있다. 그러나 Consul을 위한 VM이나 베어 메탈 환경에서 서비스 메시를 구축하는 방법은 약간 더 복잡하다.

이 장에서는 다음 주제를 다룬다.

- VM에 Consul 설치
- 쿠버네티스에 Consul 설치

기술적 요구 사항

이 장의 예제를 완료하기 위해서는 VM과 쿠버네티스 환경이 필요하다. Istio와 Linkerd를 배울 때 사용했던 동일한 환경을 계속 사용한다.

keepalived 포드가 READY 1/1로 표시되는지, STATUS가 Running인지 확인한다.

```
$ kubectl -n keepalived get pod
```

NOTE

> keepalived 로드 밸런서를 9장, 'Istio 설치'에서 설치했다.

이 장의 예제를 따라 하려면 GitHub에서 스크립트를 복제해야 한다.

```
$ cd ~/ # Switch to home directory
$ git clone https://github.com/servicemeshbook/consul.git
$ cd consul
$ git checkout 1.6.1
$ cd scripts
```

TIP

> Consul은 오픈 소스이며 https://github.com/hashicorp/consul에서 유지 관리한다. 홈페이지는 https://www.consul.io이며 Hashicorp에서 지원한다.

VM에 Consul 설치

먼저 VM에 Consul을 다운로드해 설치한 다음 쿠버네티스에 설치한다. VM에 Consul을 설치하려면 다음 단계를 수행한다.

1. Consul 다운로드 사이트(https://www.consul.io/downloads.html)를 방문한다.
2. 이 책의 실습을 위해 Linux AMD64용 패키지 v1.6.1을 다운로드한다.

```
$ wget
https://releases.hashicorp.com/consul/1.6.1/consul_1.6.1_linux_amd64.zip
```

TIP

> 참고 : Consul은 https://releases.hashicorp.com/consul에서 릴리즈를 관리하며, 링크에서 특정 버전을 선택할 수 있다. 책에서는 버전 1.6.1을 사용한다.

3. zip 아카이브에서 consul을 추출해 PATH에 있는 디렉토리로 옮긴다.

```
$ unzip consul_1.6.1_linux_amd64.zip
$ sudo mv consul /bin
```

이로써 설치는 끝난다.

4. 설치한 Consul의 버전을 체크한다.

```
$ consul version
Consul v1.6.1
Protocol 2 spoken by default, understands 2 to 3 (agent will
automatically use protocol >2 when speaking to compatible agents)
```

Consul의 장점 중 하나는 여러 데이터 센터에 걸쳐 있는 이기종 환경에서 실행할 수 있다는 것이다. 예를 들어 서비스 레거시 애플리케이션이 있는 수백 개의 VM을 실행하는 데이터 센터의 경우, Consul은 각 VM에서 에이전트로 실행돼 노드에서 실행되는 서비스와 상태를 모니터링할 수 있다.

NOTE

> Consul은 쿠버네티스 환경뿐만 아니라 VM에서도 사용할 수 있다. 실습에서 사용하는 Consul 버전은 1.6.1이다. 동일한 버전의 Consul을 쿠버네티스 환경에서 사용할 수 있지만 버전이 다르다. 예를 들어 Consul Helm 차트 0.9.1은 Consul 1.6.1과 동일하다. Hashicorp는 향후 단일 릴리즈로 통합하겠지만 지금은 별도로 릴리즈되며 서로 독립적으로 업데이트할 수 있다.

이제 VM에 Consul을 설치했다. 동일한 VM에 쿠버네티스가 실행되고 있으므로, 쿠버네티스에 Consul을 설치해본다.

쿠버네티스에 Consul 설치

Consul은 각 쿠버네티스 클러스터에서 서버, 클라이언트 또는 둘 다 실행할 수 있다. 데이터 센터에 VM과 쿠버네티스에서 애플리케이션 조합이 있는 경우에는 쿠버네티스 환경뿐 아니라 VM에도 Consul 서버를 배치할 수 있다. 마찬가지로 Consul 에이전트는 모든 VM과 각 쿠버네티스 노드에서 데몬 세트로 실행돼야 한다. Consul은 베어 메탈 머신, VM, 쿠버네티스로 구성된 이기종 환경에서 자동으로 클러스터를 구성한다.

쿠버네티스에 Consul을 설치하려면 Consul이 키/값 저장소에 클러스터 데이터를 저장하도록 퍼시스턴트 볼륨이 필요하다. 먼저 만들어보자.

퍼시스턴트 볼륨 생성

다음 단계는 수동으로 퍼시스턴트 볼륨을 만들기 위한 필수 사전작업이다. 이는 퍼시스턴트 볼륨이 필요할 때 퍼시스턴트 볼륨을 자동으로 생성하는 IBM Spectrum Scale, NetApp, Dell EMC, 레드햇 Ceph 또는 Portworx와 같은 엔터프라이즈 스토리지 프로비저닝 도구를 사용하지 않기 때문이다. 퍼시스턴트 볼륨을 생성하려면 다음 단계를 수행한다.

1. Consul 퍼시스턴트 볼륨을 생성한다.

```
$ sudo mkdir -p /var/lib/consul{0,1,2}
```

2. consul 네임스페이스를 생성한다.

```
$ kubectl create ns consul
namespace/consul created
```

3. consul 네임스페이스에 cluster_admin을 부여한다.

```
$ kubectl create clusterrolebinding consul-role-binding --
clusterrole=cluster-admin --group=system:serviceaccounts:consul
clusterrolebinding.rbac.authorization.k8s.io/consul-role-binding
created
```

다음은 no-provisioner 스토리지 클래스와 01-create-pv-consul.yaml 스크립트에서 제공하는 퍼시스턴트 볼륨의 정의다.

```
apiVersion: storage.k8s.io/v1
kind: StorageClass
metadata:
  name: consul-storage
provisioner: kubernetes.io/no-provisioner
reclaimPolicy: Delete
volumeBindingMode: WaitForFirstConsumer
```

4. 첫 번째 물리 볼륨을 정의한다.

```
apiVersion: v1
kind: PersistentVolume
metadata:
  name: consul-data-0
spec:
  accessModes:
  - ReadWriteOnce
  capacity:
  storage: 2Gi
  claimRef:
  apiVersion: v1
  kind: PersistentVolumeClaim
  name: data-consul-consul-consul-server-0
  namespace: consul
    local:
      path: /var/lib/consul0
```

01-create-pv-consul.yaml 스크립트의 다음 부분에 퍼시스턴트 볼륨이 생성될 노드를 지정한다.

```
nodeAffinity:
  required:
    nodeSelectorTerms:
      - matchExpressions:
      - key: kubernetes.io/hostname
        operator: In
        values:
        - osc01.servicemesh.local
  persistentVolumeReclaimPolicy: Retain
  storageClassName: consul-storage
---
```

이는 퍼시스턴트 볼륨 클레임의 예다. 동일한 스크립트, 즉 01-create-pv-consul.yaml 에서 두 번째, 세 번째 항목에도 동일한 작업을 수행한다.

5. 스토리지 클래스와 세 개의 퍼시스턴트 볼륨을 만든다.

```
$ kubectl -n consul apply -f 01-create-pv-consul.yaml
storageclass.storage.k8s.io/consul-storage created
persistentvolume/consul-data-0 created
persistentvolume/consul-data-1 created
persistentvolume/consul-data-2 created
```

이제 퍼시스턴트 볼륨을 만들었으므로 Consul 설치를 위한 Consul Helm 차트를 다운로드한다. 다음 섹션에서 이를 수행하는 방법을 배운다.

Consul Helm 차트 다운로드

Hashicorp는 Helm 차트를 통해 쿠버네티스에 Consul을 설치할 것을 권장한다. 이는 쿠버네티스 오퍼레이터Kubernetes Operators가 쿠버네티스 리소스의 수명 주기를 설치하고 유지하는 데 사용함에 따라 향후 변경될 수 있다는 점에 유의한다. 쿠버네티스 Consul Helm을 설치하려면 다음 단계를 따른다.

1. 쿠버네티스를 위한 Consul Helm의 사용 가능한 버전을 찾는다.

```
$ curl -L -s
https://api.github.com/repos/hashicorp/consul-helm/tags | grep
"name"
```

2. 여기서는 버전 0.11.0을 사용한다. 이 장의 실습과 일치하도록 이 버전을 다운로드 한다.

```
$ cd # switch to home dir
$ export CONSUL_HELM_VERSION=0.11.0
$ curl -LOs
https://github.com/hashicorp/consul-helm/archive/v${CONSUL_HELM_VER
SION}.tar.gz
$ tar xfz v${CONSUL_HELM_VERSION}.tar.gz
```

3. Consul을 위한 Helm 차트에서 `failureThreshold`와 `initialDelaySeconds` 파라미터를 수정해야 한다. 기본값 2초와 5초를 각각 30초와 60초로 변경한다. 이는 리소스가 제한된 환경이기 때문이다.

```
$ sed -i 's/failureThreshold:.*/failureThreshold: 30/g' \
~/consul-helm-${CONSUL_HELM_VERSION}/templates/server-statefulset.yaml

$ sed -i 's/initialDelaySeconds:.*/initialDelaySeconds: 60/g' \
~/consul-helm-${CONSUL_HELM_VERSION}/templates/serve-statefulset.yaml
```

변경을 마치면 쿠버네티스에 Consul을 위한 Helm을 설치한다.

Consul 설치

Consul을 설치하기 위해 다음 단계를 수행한다.

1. 이 장의 스크립트 디렉토리로 전환한다.

```
$ cd ~/consul/scripts # Switch to scripts for this exercise
```

2. 새로운 Consul 클러스터를 생성한다.

노드는 하나지만 쿠버네티스 환경에서 3개의 Consul 서버를 실행할 것이다. 단일 노드를 사용해 세 개의 서버를 실행할 수 있도록 Consul Helm 차트에 대한 입력 파라미터를 정의한다.

```
# Script : 02-consul-values.yaml

global:
  datacenter: dc1
  image: "consul:1.6.1"
  imageK8S: "hashicorp/consul-k8s:0.9.1"

server:
  enabled: true
  replicas: 3
  bootstrapExpect: 0
  affinity: ''
  storage: 2Gi
  disruptionBudget:
    enabled: true
    maxUnavailable: 0

client:
  enabled: true
  grpc: true

dns:
  enabled: true

ui:
 enabled: true
```

`02-consul-values.yaml` 스크립트의 다음 부분에 Consul Connect 사이드카 프록시 설치를 위한 파라미터를 지정한다.

```
connectInject:
 enabled: true
 imageEnvoy: "envoyproxy/envoy:v1.10.0"
 default: true
 centralConfig:
 enabled: true
 defaultProtocol: "http"
 proxyDefaults: |
 {
 "envoy_dogstatsd_url": "udp://127.0.0.1:9125"
 }
```

NOTE

쿠버네티스와 Consul 간에 서비스를 동기화하려면 이전 values.yaml 파일에 추가 파라미터인 syncCatalog를 정의하면 된다.

```
# Sync Kubernetes and Consul services
syncCatalog:
  enabled: true
```

데이터 센터에는 3개 또는 5개의 Consul 서버만 있어야 하지만 Consul 에이전트는 수백 개일 수 있다. 앞의 `values.yaml` 파일을 사용해 세 개의 Consul 서버를 정의한다. 실제 쿠버네티스 환경에는 수백 개의 노드가 있을 수 있지만 그중 3개 또는 5개만 Consul 서버를 호스팅하며 다른 노드는 Consul 클라이언트를 실행한다.

엔보이 프록시 사이드카가 생성될 때 각 서비스에 주입되도록 `connectInject.enabled`를 `true`로 설정한다.

3. 다음 `helm install` 명령을 실행해 Consul 서버, 클라이언트, Consul Connect 인젝터 서비스를 설치해 Consul 클러스터를 만든다. Consul 인젝터는 사이드카 프록시를 포드에 주입하는 데 사용된다.

```
$ helm install ~/consul-helm-${CONSUL_HELM_VERSION}/
--name consul \
--namespace consul --set fullnameOverride=consul -f ./02-consul-
```

```
values.yaml
```

4. 퍼시스턴트 볼륨 클레임이 이전에 만든 퍼시스턴트 볼륨에 바인딩돼 있는지 확인한다.

```
$ kubectl -n consul get pvc
NAME                          STATUS   VOLUME         ---
data-consul-consul-server-0   Bound    consul-data-0 ---
data-consul-consul-server-1   Bound    consul-data-1 ---
data-consul-consul-server-2   Bound    consul-data-2 ---

--- CAPACITY   ACCESS MODES   STORAGECLASS   AGE
--- 2Gi        RWO                           105s
--- 2Gi        RWO                           104s
--- 2Gi        RWO                           103s
```

NOTE

단일 노드 VM을 실행 중이므로 쿠버네티스 StatefulSet의 세 개의 레플리카(replica)를 실행하기는 어렵다. 프로덕션에서의 쿠버네티스 클러스터에서 각 레플리카는 별도의 노드에서 실행된다. 실습에서는 helm의 values.yaml 파일에서 affinity 변수를 null로 설정해 단일 VM에서 세 개의 레플리카를 실행해 동일한 레플리카를 시뮬레이션했다. 쿠버네티스 1.14에 도입된 no provisioner 스토리지 클래스를 통한 파일 시스템을 사용해 미리 세 개의 퍼시스턴트 볼륨을 만들었다. 실제 프로덕션에서의 쿠버네티스 환경에서는 스토리지 프로바이더에 portworx.io, robin.io 또는 rook.io와 같은 클라우드 네이티브 스토리지나 전용 스토리지에 연결 가능한 컨테이너 스토리지 인터페이스(CSI) 지원 드라이버를 사용할 수 있는 다른 스토리지 벤더의 스토리지를 사용한다.

5. 또한 모든 Consul 서버가 `READY 1/1` 상태이고 `Running` 상태인지 확인한다.

```
$ kubectl -n consul get pods
NAME                                                        READY ---
consul-6frhx                                                1/1   ---
consul-connect-injector-webhook-deployment-699976587d-wrzcw 1/1   ---
consul-server-0                                             1/1   ---
consul-server-1                                             1/1   ---
consul-server-2                                             1/1   ---
--- STATUS    RESTARTS   AGE
--- Running   0          19m
```

```
--- Running  0        19m
--- Running  0        19m
--- Running  0        19m
--- Running  0        19m
```

이제 단일 VM에서 세 개의 Consul 서버를 시뮬레이션하는 쿠버네티스 환경에 Consul을 배포했다.

Consul 서버와 클라이언트를 쿠버네티스 환경에 설치했다. 배포를 확인해보자. Consul 서버는 다음과 같이 `StatefulSet`을 통해 배포된다.

```
$ kubectl -n consul get sts
NAME           READY   AGE
consul-server  3/3     4h43m
```

NOTE

> Consul 서버 레플리카는 values.yaml에 세 개로 설정됐기 때문에, 세 개의 Consul 서버가 실행 중이라는 점에 유의한다. 퍼시스턴트 볼륨은 설치 프로세스 시작 시 생성됐다.

각 Consul 서버에서 생성된 데이터를 확인하기 위해 `ls -l /var/lib/consul?`을 체크한다.

각 Consul 서버 노드 ID는 `node-id` 파일에 저장된다. 해당 서버가 다른 노드에서 다시 스케줄되고 새 IP 주소를 가져오더라도 문제가 발생하지 않는다. Consul 서버는 일반적으로 안티-어피니티anti-affinity 규칙을 사용해 생성되므로 서로 다른 노드에 배치된다. 그러나 이 데모 VM 환경의 경우 동일한 쿠버네티스 노드에서 세 개의 Consul 서버를 모두 만들 수 있도록 `values.yaml`에서 `server.affinity`를 null로 설정해 안티-어피니티 규칙을 비활성화했다.

1. 쿠버네티스에서 실행 중인 Consul의 버전을 다음과 같이 확인한다.

```
$ kubectl -n consul exec -it consul-server-0 -- consul version
Consul v1.6.1
Protocol 2 spoken by default, understands 2 to 3 (agent will
automatically use protocol >2 when speaking to compatible agents)
```

2. 3개의 Consul 서버 중 하나의 서버 로그를 검토해 리더 서버를 확인한다.

```
$ kubectl -n consul logs consul-server-0 | grep -i leader
2019/08/26 15:50:52 [INFO] raft: Node at 192.168.230.233:8300
[Follower] entering Follower state (Leader: "")
2019/08/26 15:51:00 [ERR] agent: failed to sync remote state: No
cluster leader
2019/08/26 15:51:09 [INFO] consul: New leader elected: consul-
server-1
```

3. Consul 클라이언트는 다음과 같이 모든 쿠버네티스 노드에서 실행되도록 `DaemonSet`으로 설치된다.

```
$ kubectl -n consul get ds
NAME    DESIRED  CURRENT  READY  UP-TO-DATE  AVAILABLE  NODE SELECTOR  AGE
consul  1        1        1      1           1          <none>         4h59m
```

이는 데모 환경의 유일한 노드에 있는 Consul 클라이언트를 보여준다.

NOTE

앞의 values.yaml 파일에서 global.enabled를 false로 설정하고 client.enabled를 true로 설정하면 클라이언트 컴포넌트만 쿠버네티스에 설치된다. join 속성을 설정해 기존 클러스터에 조인한다. 이를 설치하면서 기존 Consul 클러스터에 참여할 수도 있다. 그런 다음 다음과 같이 value.yaml 파일을 생성해 기존 Consul 클러스터에 조인하도록 각 쿠버네티스 노드를 확장할 수 있다.

```
global:
enabled: false
client:
enabled: true
join:
- "provider=my-cloud config=val ..."
```

이제 Consul DNS 서버를 쿠버네티스에 연결해보자.

쿠버네티스에 Consul DNS 연결

Consul은 자체 DNS를 사용하므로 Consul DNS 서버를 업스트림upstream 서버로 쿠버네티스 coredns 서버에 연결한다. 다음과 같이 수행한다.

1. Consul은 서비스 디스커버리를 위해 자체 DNS를 실행한다. 확인해보자.

```
$ kubectl -n consul get svc
NAME                         TYPE       CLUSTER-IP      ---
consul-connect-injector-svc  ClusterIP  10.111.4.98     ---
consul-dns                   ClusterIP  10.99.221.20    ---
consul-server                ClusterIP  None            ---
consul-ui                    ClusterIP  10.110.177.68 ---

--- EXTERNAL-IP PORT(S)                                       AGE
--- <none>      443/TCP                                       22m
--- <none>      53/TCP,53/UDP                                 22m
--- <none>      8500/TCP,8301/TCP,8301/UDP,8302/TCP,8302/UDP,
                    8300/TCP,8600/TCP,8600/UDP                22m
--- <none>      80/TCP                                        22m
```

consul-dns 서비스를 쿠버네티스 DNS에 연결해야 한다.

03-create-coredns-configmap.sh 스크립트를 살펴보자. 이 스크립트에는 consul-dns의 IP 주소를 역방향 프록시로 추가해 쿠버네티스가 되도록 기존의 coredns 구성 맵을 수정한다. coredns 서버는 Consul DNS 서버를 구성에 추가한다.

```
#!/bin/bash

echo create coredns config map to integrate consul dns with ICP
coredns

cat << EOF | kubectl apply -f -
apiVersion: v1
kind: ConfigMap
metadata:
  labels:
    addonmanager.kubernetes.io/mode: EnsureExists
  name: coredns
```

```
  namespace: kube-system
data:
  Corefile: |
...

    consul {
      errors
      cache 30
      proxy . $(kubectl -n consul get svc consul-dns -o
jsonpath='{.spec.clusterIP}')
    }
EOF
```

NOTE

> 자체 DNS 서버를 통해 Consul 디스커버리를 사용하면 쿠버네티스 환경도 Consul DNS 서버를 사용하도록 수정된다. 이는 쿠버네티스가 Consul 서비스 디스커버리를 통해 자체 클러스터 외부에서 실행되는 서비스에 대한 가시성(visibility)을 갖는 통합 지점이다.

2. `03-create-coredns-configmap.sh` 스크립트를 실행한다.

```
$ chmod +x 03-create-coredns-configmap.sh

$ ./03-create-coredns-configmap.sh
create coredns config map to integrate consul dns with ICP coredns
configmap/coredns created
```

서비스 디스커버리를 위해 Consul DNS를 포함하도록 앞의 스크립트를 실행해 쿠버네티스의 `coredns`를 수정했다. `kubectl -n kube-system get cm coredns -o yaml`을 실행해 `coredns` 구성 맵에 추가한 Consul DNS 서버를 확인할 수 있다.

VM의 Consul 서버

Consul의 유용한 기능 중 하나는 여러 데이터 센터, 쿠버네티스 클러스터, VM 또는 베어 메탈 서버에 걸쳐 있는 하이브리드 서비스 메시를 구성할 수 있다는 것이다.

단일 노드에서는 유용하게 사용되지는 않지만 VM 수준에서 Consul을 사용한다. 그리고 서비스 디스커버리와 여러 이기종 환경에 걸친 Consul 방법을 보여주는 데모처럼, 세 개의 서버를 실행하는 쿠버네티스 클러스터에 참여한다. 단일 VM 노드에서 실행되는 데모 환경에서는 세 개의 Consul 서버를 실행하는 VM과 쿠버네티스 클러스터를 시뮬레이션한다. 시작해보자.

1. consul-server의 엔드포인트를 찾는다.

```
$ kubectl -n consul get ep
NAME                          ENDPOINTS                                AGE
consul-connect-injector-svc   192.168.230.218:8080                     47m
consul-dns                    192.168.230.219:8600,
                              192.168.230.237:8600,
                              192.168.230.245:8600 + 5 more...         47m
consul-server                 192.168.230.219:8301,
                              192.168.230.237:8301,
                              192.168.230.245:8301 + 21 more...        47m
consul-ui                     192.168.230.219:8500,
                              192.168.230.237:8500,
                              192.168.230.245:8500                     47m
```

NOTE

앞의 출력에서 + 5 more 또는 21 more는 kubectl –n consul describe ep consul–server 명령을 사용해 볼 수 있다는 점에 유의한다. 경우에 따라 엔드포인트 IP 주소가 다를 수 있다.

쿠버네티스 consul-server 서비스는 세 개의 Consul 포드를 가리킨다. 쿠버네티스는 로드 밸런싱을 수행한다. 이 서비스 이름의 전체 주소 도메인 네임은 consul-server.consul.svc.cluster.local이다. 앞의 서비스 이름은 라운드 로빈 방식으로 클러스터 포드 주소로 확인돼야 한다.

Consul 서버에 대한 읽기, 쓰기 요청은 라운드 로빈 방식으로 모든 서버로 라우팅될 수 있다. AnyConsul 서버는 읽기 작업을 수행할 수 있지만 모든 쓰기는 리더 서버로 전달된다. 리더는 클러스터 상태를 유지하기 위해 분산 키-값 저장소에 그 정보를 기록한다.

다른 머신에서 실행 중인 VM이 있으며, 해당 VM을 Consul 클러스터에 조인한다고 가정해보자. 이를 위해서는 외부 도메인 이름(예 : consul.example.com)을 consul-server.consul.svc.cluster.local 서비스로 전달하는 인그레스 규칙을 만들어야 한다. VM 수준에서, consul join <name of the consul server>과 같은 명령을 실행할 수 있다. Consul 서버는 VM, 베어 메탈 서버 또는 예제와 같이 쿠버네티스 클러스터에서 실행할 수 있다.

2. 이제 REST API를 사용해 노드 이름을 쿼리한다.

```
$ curl -s localhost:8500/v1/catalog/nodes | json_reformat
[
 {
 "ID": "1a36a121-9810-887f-78e0-30721fab90c5",
 "Node": "consul-server-0",
 "Address": "192.168.230.219",
 "Datacenter": "dc1",
 "TaggedAddresses": {
 "lan": "192.168.230.219",
 "wan": "192.168.230.219"
 },
 "Meta": {
 "consul-network-segment": ""
 },
 "CreateIndex": 12,
 "ModifyIndex": 14
 },
...
```

3. 쿠버네티스 Consul 포드 중 하나에서 Consul 클러스터의 멤버를 확인한다.

```
$ kubectl -n consul exec -it consul-server-0 -- consul members
Node                        Address              Status Type   ---
consul-server-0             192.168.230.219:8301 alive  server ---
consul-server-1             192.168.230.245:8301 alive  server ---
consul-server-2             192.168.230.237:8301 alive  server ---
osc01.servicemesh.local     192.168.230.249:8301 alive  client ---
--- Build  Protocol DC   Segment
--- 1.6.1  2        dc1  <all>
--- 1.6.1  2        dc1  <all>
```

```
--- 1.6.1  2        dc1  <all>
--- 1.6.1  2        dc1  <default>
```

4. VM에서도 동일하게 체크한다.

```
$ consul members
Node                        Address              Status  Type   ---
consul-server-0             192.168.230.219:8301 alive   server ---
consul-server-1             192.168.230.245:8301 alive   server ---
consul-server-2             192.168.230.237:8301 alive   server ---
osc01.servicemesh.local     192.168.230.249:8301 alive   client ---
--- Build Protocol DC  Segment
--- 1.6.1  2        dc1  <all>
--- 1.6.1  2        dc1  <all>
--- 1.6.1  2        dc1  <all>
--- 1.6.1  2        dc1  <default>
```

Consul 멤버 목록에는 쿠버네티스 노드와 Consul 에이전트를 실행하는 VM을 포함한다는 점에 유의한다.

5. `consul info` 명령으로 쿠버네티스 환경의 Consul 서버 중 하나에서 Consul 클러스터의 구성 정보를 찾는다.

```
$ kubectl -n consul exec -it consul-server-0 -- consul info
agent:
        check_monitors = 0
         check_ttls = 0
         checks = 0
         services = 0
build:
         prerelease =
         revision = 34eff659
         version = 1.6.1
consul:
         acl = disabled
         bootstrap = false
         known_datacenters = 1
         leader = false
         leader_addr = 10.1.230.238:8300
         server = true
```

```
raft:
        applied_index = 8267
        commit_index = 8267
        fsm_pending = 0
        last_contact = 85.424007ms
        last_log_index = 8267
        last_log_term = 403
        last_snapshot_index = 0
...
```

앞의 출력은 LAN, WAN 가십, RAFT 프로토콜과 같은 다양한 Consul 서버 컴포넌트와 해당 메트릭에 대한 정보를 보여준다. `consul info` 명령은 VM에서도 실행할 수 있으며 동일한 출력을 보여준다.

TIP

Consul은 consul info 명령과 기타 명령에 대한 HTTP API를 제공한다. HTTP API에 대한 자세한 내용은 https://www.consul.io/api를 참조한다.

요약

이 장에서는 VM(또는 베어 메탈), 쿠버네티스 클러스터와 같은 이기종 환경에 Consul을 설치하는 방법을 살펴봤다. 또한 VM 용 GitHub에서 Consul을 설치할 수 있고 쿠버네티스용 Helm 차트를 사용할 수 있음을 알아냈다. VM과 레거시 시스템에 Consul을 통합해 여러 쿠버네티스 클러스터, VM, 베어 메탈 머신, 데이터 센터에 걸친 하이브리드 서비스 메시를 쉽게 만들 수 있다.

쿠버네티스 클러스터뿐만 아니라 다른 이기종 환경에서도 서비스를 검색하는 Consul의 방식은 쿠버네티스 클러스터 외부에서 서비스를 검색하기 위해 쿠버네티스 CoreDNS에 서버 중 하나로 Consul DNS 서버를 등록해 통합했다. 이제 이기종 환경으로 구성된 Consul 클러스터를 구축하기 위해 이 장에서 배운 지식을 적용하는 데 익숙해져야 한다. 이를 사용해 신규, 기존 쿠버네티스 클라우드 네이티브 애플리케이션을 위한 Consul 서비스 메시를 구축할 수 있다.

다음 장에서는 서비스 디스커버리 프로세스를 통해 Consul 서비스 메시의 기능을 살펴본다.

문제

1. Consul 서비스 메시는 서로 다른 지역의 이기종 환경과 데이터 센터에서 작동한다.

   A) 참

   B) 거짓

2. Consul 클러스터에서, Consul 서버는 쿠버네티스 또는 VM에 있을 수 있다.

   A) 참

   B) 거짓

3. Consul 멤버는 VM 또는 쿠버네티스에서 기존 Consul 클러스터에 조인할 수 없다.

   A) 참

   B) 거짓

4. Consul 서버는 여러 데이터 센터에 걸쳐 있을 수 있다.

   A) 참

   B) 거짓

5. 쿠버네티스는 모든 Consul 서버에 쓰기 요청을 보낼 수 있지만 리드 Consul 서버만 해당 정보를 분산 키-값 저장소에 기록한다.

   A) 참

   B) 거짓

6. Consul은 쿠버네티스의 키-값 데이터베이스 저장소, etcd를 확장해 Consul 클러스터의 상태를 유지한다.

   A) 참

   B) 거짓

참고 자료

- *Consul Curriculum – HashiCorp Learn*, HashiCorp Learn, (2018), https://learn.hashicorp.com/consul/
- *Introduction to HashiCorp Consul Connect with Kubernetes*, Huysmans, C. (2019), https://medium.com/hashicorp-engineering/introduction-to-hashicorp-consul-connect-with-kubernetes-d7393f798e9d

21

Consul의 서비스 디스커버리 기능 살펴보기

Consul의 가장 강력한 기능 중 하나로, 여러 데이터 센터에 걸쳐 있는 이기종 환경을 사용해 서비스 메시를 구축할 수 있다. 이 장에서는 Consul Connect를 다루며 쿠버네티스 환경에서 사이드카 프록시 주입을 통한 서비스 등록 프로세스를 구성해본다. Consul을 사용하면 VM에서 실행되는 워크로드와 같은 비쿠버네티스 환경에서도 이 작업을 수행할 수 있다. 그러나 쿠버네티스 환경의 클라우드 네이티브 워크로드에만 초점을 맞추고 있기에 레거시 워크로드에 대한 Consul의 서비스 메시 확장은 이 책의 범위를 벗어난다.

먼저 서비스 디스커버리 관점에서 Consul Connect의 기능을 살펴보기 위해 데모 애플리케이션을 설치한 다음 몇 가지 실습을 수행하고자 한다.

Consul의 서비스 디스커버리 기능을 이해하기 위해 이 장에서는 다음 주제에 초점을 맞춘다.

- Consul 데모 애플리케이션 설치
- 네이티브 Consul 대시보드 알아보기

- 서비스 디스커버리와 서비스 인텐션에 대한 학습
- 상호 TLS 구현
- Consul 키-값 저장소 살펴보기
- ACL을 통한 Consul 보안
- 모니터링과 메트릭
- 외부 서비스 등록

기술적 요구 사항

이 장의 실습을 완료하려면 이전 장에서 살펴본 대로 VM과 쿠버네티스 환경에 Consul을 설치해야 한다. Consul을 설치한 후 이 장의 실습을 수행할 수 있다.

NOTE

책에서는 쿠버네티스 환경에서 Consul을 실행하는 데만 초점을 맞추고 있다. 비쿠버네티스 워크로드를 사용하는 동안 Consul Connect를 사용하려면 https://github.com/hashicorp/demo-consul-101을 참조하도록 한다.

Consul 데모 애플리케이션 설치

쿠버네티스 환경을 통해 Consul의 서비스 메시 기능을 살펴보기 위해 Hashicorp에서 사용할 수 있는 데모 애플리케이션을 설치한다. 이 데모는 카운팅 서비스와 프론트엔드 웹 UI 서비스(결과를 표시하기 위해 카운트 서비스에 연결)라는 두 가지 간단한 서비스를 사용한다. 시작해보자.

1. `counting`과 `counting-init` 컨테이너를 보여주는 카운팅 포드 정의를 살펴보도록 한다.

```
# Counting pod

apiVersion: v1
kind: Pod
metadata:
  name: counting
  annotations:
    "consul.hashicorp.com/connect-inject": "true"
spec:
  containers:
  - name: counting
    image: hashicorp/counting-service:0.0.2
    ports:
  - containerPort: 9001
    name: http
initContainers:
- name: counting-init
  image: hashicorp/counting-init:0.0.9
  env:
  - name: POD_IP
    valueFrom:
      fieldRef:
        fieldPath: status.podIP
  - name: HOST_IP
    valueFrom:
      fieldRef:
        fieldPath: status.hostIP
```

consul.hashicorp.com/connect-inject 어노테이션을 true로 설정하면 어드미션 웹훅 컨트롤러를 통해 사이드카 프록시를 포드에 주입한다. 카운트 서비스 엔드포인트의 REST URL은 9001 포트에 있다.

2. 이제 대시보드 컨테이너와 해당 init 컨테이너를 사용하는 프론트엔드 대시보드 서비스를 살펴보도록 하자.

```
# Dashboard pod

apiVersion: v1
kind: Pod
metadata:
```

```
  name: dashboard
  labels:
    app: dashboard
  annotations:
    "consul.hashicorp.com/connect-inject": "true"
    "consul.hashicorp.com/connect-service-upstreams":
"counting:9001"
spec:
  containers:
  - name: dashboard
    image: hashicorp/dashboard-service:0.0.4
    ports:
  - containerPort: 9002
    name: http
  env:
  - name: COUNTING_SERVICE_URL
    value: "http://localhost:9001"
```

앞의 코드는 프론트엔드 대시보드 포드에 대한 것이다. 다음 스니펫은 init 컨테이너를 보여준다.

```
initContainers:
- name: dashboard-init
  image: hashicorp/dashboard-init:0.0.4
  env:
  - name: POD_IP
    valueFrom:
      fieldRef:
        fieldPath: status.podIP
  - name: HOST_IP
    valueFrom:
      fieldRef:
        fieldPath: status.hostIP
```

consul.hashicorp.com/connect-inject 어노테이션을 true로 설정하면 이 프론트엔드 GUI에 사이드카 프록시를 주입한다. 대시보드 포드의 새 어노테이션인 consul.hashicorp.com/connect-service-upstreams는 9001포트에서 REST API 엔드포인트를 제공하는 업스트림 카운팅 마이크로서비스를 정의한다. 대시보드 서비스를 counting

에 연결하려면 Consul DNS를 쿠버네티스 DNS에 연결해야 한다.

대시보드 서비스는 COUNTING_SERVICE_URL 환경 변수를 통해 카운팅 서비스에 대한 후크를 제공한다. 대시보드 서비스 웹 UI는 9002 포트에서 보인다.

3. 다음 쿠버네티스 서비스는 내부 포트인 9002 포트에서 대시보드 마이크로서비스에 엔드포인트를 제공한다.

```
# Define service

apiVersion: v1
kind: Service
metadata:
  name: dashboard-service
  labels:
    app: dashboard
spec:
  ports:
  - protocol: "TCP"
    port: 80
    targetPort: 9002
  selector:
    app: dashboard
  type: NodePort
```

4. 백엔드 카운팅과 프론트엔드 대시보드 서비스를 만들어보자.

```
$ kubectl -n consul apply -f 04-counting-demo.yaml
pod/counting created
pod/dashboard created
service/dashboard-service created
```

5. counting과 대시보드 포드를 확인하고, 주입된 사이드카 프록시를 살펴본다.

```
$ kubectl -n consul get pods
NAME                                                       READY ---
consul-9tkg9                                               1/1   ---
consul-connect-injector-webhook-deployment-699976587d-n9qmp 1/1   ---
consul-server-0                                            1/1   ---
```

```
consul-server-1                                                  1/1   ---
consul-server-2                                                  1/1   ---
consul-sync-catalog-8444f97fc6-ptfwg                             1/1   ---
counting                                                         2/2   ---
dashboard                                                        2/2   ---

--- STATUS    RESTARTS   AGE
--- Running   1          19m
--- Running   0          19m
--- Running   0          19m
--- Running   0          19m
--- Running   0          19m
--- Running   1          19m
--- Running   0          10s
--- Running   0          10s
```

6. 마이크로서비스 중 하나에 주입된 사이드카 프록시를 확인한다.

```
$ kubectl -n consul describe pod counting
  ...
Containers:
  counting:
    ...
    Image:          hashicorp/counting-service:0.0.2
    ...
    Port:           9001/TCP
    Host Port:      0/TCP
    State:          Running
      Started:      Mon, 26 Aug 2019 10:21:40 -0400
    Ready: True
    Restart Count: 0
    Environment:
    Mounts:
      /var/run/secrets/kubernetes.io/serviceaccount from default-
token-bq5xd (ro)
  consul-connect-envoy-sidecar:
    ...
    Image:          envoyproxy/envoy-alpine:v1.9.1
    ...
    Port:           <none>
    Host Port:      <none>
    Command:
```

```
    envoy
    --config-path
    /consul/connect-inject/envoy-bootstrap.yaml
  State:          Running
    Started:      Mon, 26 Aug 2019 10:21:40 -0400
  Ready:          True
  Restart Count: 0
  Environment:
    HOST_IP: (v1:status.hostIP)
...
```

이로써 Consul의 서비스 디스커버리 기능을 설명하기 위해 HashiCorp의 counting과 dashboard 서비스를 구현했다. 다음으로, Consul 대시보드에 접근할 수 있도록 인그레스 항목을 생성하고자 한다.

Consul 대시보드에 대한 인그레스 정의

인그레스를 사용하지 않아도 NodePort를 사용해 VM 내에서 대시보드에 접근할 수 있다. 그러나 쿠버네티스 클러스터 외부에서 접근할 수 있도록 Consul 대시보드에 대한 선택적 인그레스 항목을 생성하고자 한다. 다음 과정을 따라 해보자.

1. Nginx 인그레스 컨트롤러를 가리키는 webconsole.consul.local이라는 Consul 웹 UI VM의 /etc/hosts에 항목을 추가한다.

```
$ export INGRESS_HOST=$(kubectl -n kube-system get service
nginxcontroller \
-o jsonpath='{.status.loadBalancer.ingress..ip}') ; echo $INGRESS_HOST
192.168.142.249

$ sudo sed -i '/webconsole.consul.local/d' /etc/hosts

$ echo "$INGRESS_HOST webconsole.consul.local" | sudo tee -a /etc/hosts
```

다음은 consul-ui를 가리키는 webconsole.consul.local 호스트명에 대한 인그레스 항목 정의다.

```
# Script : 05-create-ingress.yaml

apiVersion: extensions/v1beta1
kind: Ingress
metadata:
  name: webconsole
  namespace: consul
  annotations:
    ingress.kubernetes.io/rewrite-target: /
spec:
  rules:
  - host: webconsole.consul.local
    http:
      paths:
      - backend:
          serviceName: consul-ui
          servicePort: 80
        path: /
```

2. 서비스에 대한 인그레스 정의를 생성한다.

```
$ kubectl apply -f 05-create-ingress.yaml
ingress.extensions/webconsole created
```

앞의 인그레스 정의는 Consul 컨트롤 플레인 웹 UI에 대한 접근을 제공하기 위해 외부 webconsole.consul.local 호스트에서 들어오는 트래픽을 Consul 네임스페이스에서 실행되는 내부 consul-ui서비스의 80포트로 라우팅한다.

지금까지 카운팅과 대시보드의 두 가지 서비스로 구성된 데모 애플리케이션을 설치했다. 그다음 외부 트래픽이 데모 애플리케이션으로 라우팅되도록 허용하기 위해 인그레스를 사용했다. 다음으로, Consul의 서비스 디스커버리 기능을 살펴보도록 한다.

서비스 디스커버리

Consul의 서비스 디스커버리Service discovery 프로세스는 상태 점검, DNS, HTTP 인터페이스와 통합된다. Consul 에이전트는 키-값 저장소에 항목을 추가해 서비스를 등록한다. Consul 키-값 저장소에서 서비스 디스커버리 정보를 사용할 수 있는 경우, 다른 서비스에서 해당 서비스를 검색할 수 있다.

Consul에서 서비스 디스커버리 프로세스는 레지스트리를 사용해 서비스, 상태, 위치 정보의 실시간 목록을 유지한다. 업스트림 서비스의 위치를 찾을 수 있어 외부 로드밸런서가 없어도 이 서비스를 연결 가능하다. 그러나 외부에서 서비스 메시로 들어오는 인그레스 트래픽에는 로드밸런서가 필요할 수 있다.

Consul에는 다음과 같은 두 가지 서비스 디스커버리 방식이 있다.

- **사이드카 프록시**: Consul은 인바운드와 아웃바운드 연결을 위한 TLS를 자동으로 설정해 서비스 메시를 구성하고자 사이드카 프록시를 사용해 서비스를 서로 연결한다. 서비스를 서로 연결할 수 있기에 Consul Connect라고도 한다. 엔보이 사이드카 프록시를 사용하면 이 기능은 언어에 구애받지 않는다.
- **네이티브 통합**: Consul은 사이드카 프록시의 오버헤드 없이 인바운드와 아웃바운드 연결을 위한 TLS를 설정하기 위해 Connect API의 도움으로 비 쿠버네티스 애플리케이션을 통합할 수 있도록 한다. 이 프로세스에는 적절한 TLS 인증서를 획득하고 Consul HTTP API를 사용해 인바운드 연결을 승인하는 작업을 포함하며, 이를 통해 적절한 인증서를 가져오고 연결을 확인할 수 있다.

집필 당시 네이티브 통합 기능은 Go 프로그래밍 언어에서만 사용할 수 있다(자세한 내용은 https://www.consul.io/api 참조). 이제 사이드카 프록시 접근 방식을 살펴보고자 한다.

1. 데모 애플리케이션의 `dashboard-service`에 대한 노드 포트를 찾는다.

```
$ kubectl -n consul get svc dashboard-service
NAME               TYPE      CLUSTER-IP      EXTERNAL-IP  PORT(S)       AGE
dashboard-service  NodePort  10.111.225.214               80:30144/TCP  5h28m
```

2. 이전 명령의 노드 포트 번호를 기록해둔다. 이는 `30144`로, 이를 사용해 브라우저의 첫 번째 탭에서 `http://192.168.142.101:30144`를 오픈한다. `dashboard-service`의 포트 번호는 VM 환경마다 다를 수 있다.

3. 카운팅 대시보드에는 백엔드 카운팅 서비스에서 반환되는 카운터 증가가 표시된다. 백엔드 서비스가 연결 해제된 상태면 -1이 표시된다.

방금 업스트림 서비스를 성공적으로 호출하는 간단한 웹 애플리케이션을 시연해봤다. 다음으로, Consul 웹 콘솔에서 Consul 서비스의 다양한 측면을 살펴보고자 한다.

Consul 웹 콘솔 사용

Consul 웹 콘솔Web console은 서비스, 노드, 인텐션과 같은 Consul 기본 요소primitives의 GUI 표현이다. 한번 살펴보도록 하자.

1. 브라우저 탭에서 `http://webconsole.consul.local`을 열어 Consul이 검색한 서비스를 확인한다. 검색된 총 서비스 수와 해당 서비스의 상태를 확인할 수 있다.

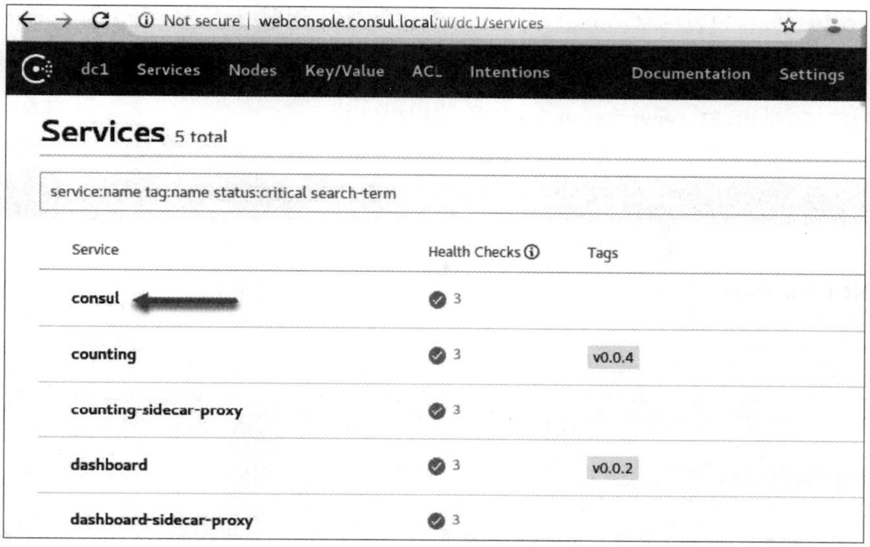

NOTE

Consul 대시보드는 쿠버네티스 환경에서도 사이드카 프록시를 별도의 서비스로 표시한다.

2. consul 서비스를 클릭한다. Consul 대시보드에는 쿠버네티스 클러스터에서 실행 중인 3개의 Consul 서버의 상태가 표시된다.

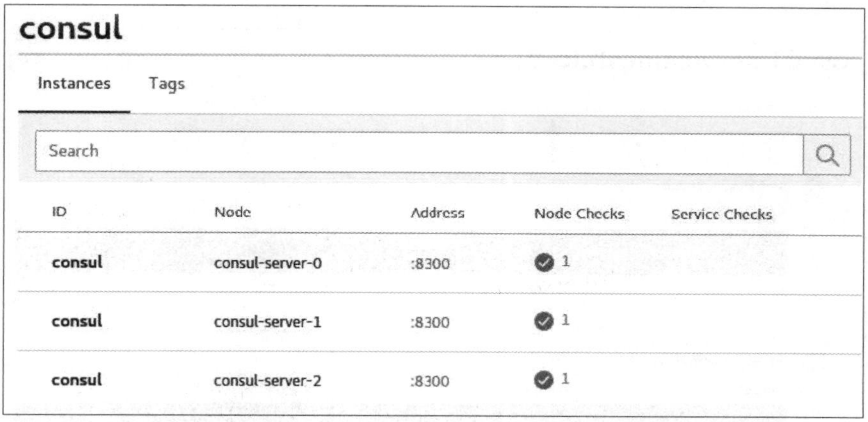

3. Nodes를 클릭한다. Consul 대시보드에는 4개의 정상 노드가 표시된다. consul-server-0 | 1 | 2는 쿠버네티스의 Consul 서버고, osc01.servicemesh.local은 VM이다. 이제 osc01.servicemesh.local을 클릭해보자.

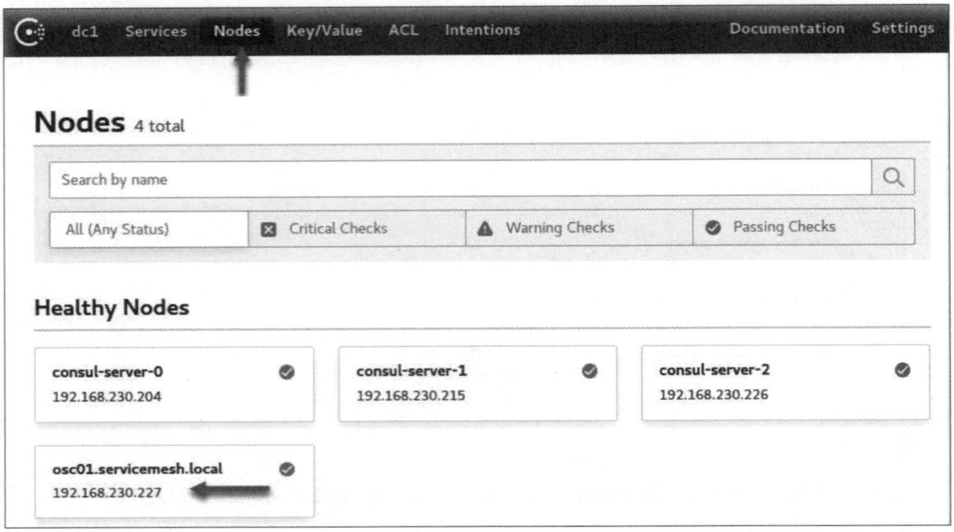

여기서 서비스 상태에 대한 REST 엔드포인트 결과를 볼 수 있다.

4. Round Trip Time을 클릭한다.

5. 전체 서비스에 대한 최소, 중앙값, 최대 RTTRound Trip Time를 확인한다. 이러한 메트릭은 Consul이 캡처한다.

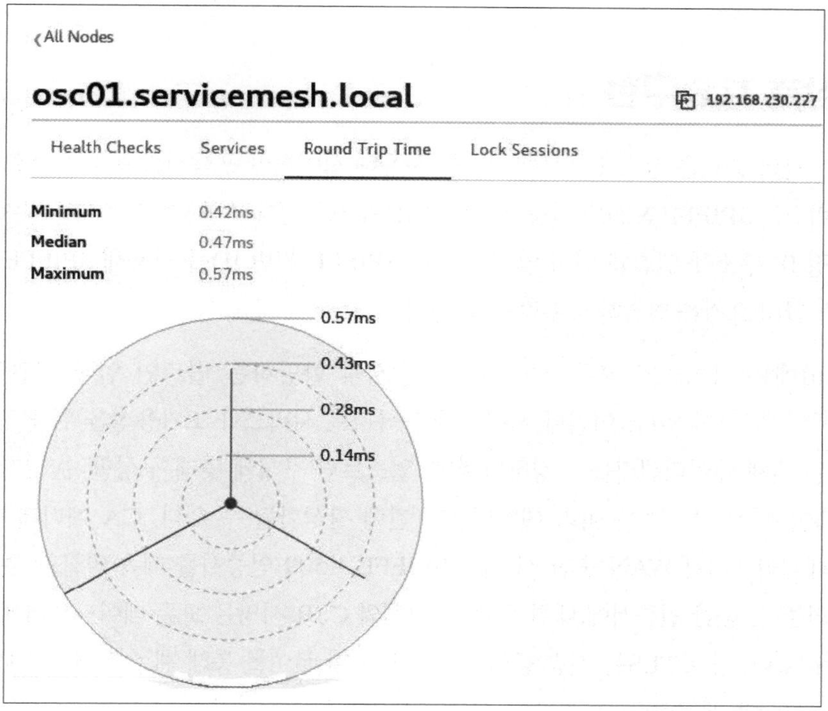

Consul 대시보드는 쿠버네티스 환경의 서비스, 노드의 상태, 노드에서 실행 중인 서비스 등을 살펴보는 데 사용할 수 있는 간단한 GUI다.

검색된 서비스와 등록된 서비스는 커맨드 라인을 통해서도 쿼리할 수 있다. 예를 들어 Consul에 등록된 서비스 목록을 보기 위해 다음 명령을 실행한다.

```
$ consul config list -kind service-defaults
counting
dashboard
```

지금까지 이 장에서는 Consul 웹 대시보드와 커맨드 라인을 사용해 쿠버네티스 클러스터에서 실행 중인 서비스를 확인했다. 카운팅과 대시보드의 두 가지 서비스로 구성된 데모 애플리케이션을 설치했기에 Consul 대시보드를 통해 상태와 세부 정보를 볼 수 있었다. 다음으로 서비스 간 상호 TLS 구현을 살펴보도록 한다.

상호 TLS 구현

서비스 간의 통신은 상호 TLS^mutual TLS^를 사용해 사이드카 프록시를 통해 암호화된다. 각 서비스는 SPIFFE X.509 인증서를 통해 ID가 제공된다(SPIFFE에 대한 설명은 5장 참조). 서비스가 고정 IP 주소에 연결돼 있지 않기 때문에 SPIFFE 기반 ID를 사용해 SPIFFE 호환 서비스 간의 요청을 연결하고 수락할 수 있다.

Consul에는 사이드카 프록시에 리프 인증서를 할당하는 빌트인 인증 기관built-in Certificate Authority이 있다. 이러한 사이드카 프록시는 서비스가 고가용성을 위해 접근할 수 있는 대체 데이터센터를 지정하기 위한 업스트림 구성에 맞게 구성할 수 있다. CA 페더레이션CA Federation은 여러 데이터센터 간에 활성화될 수 있다. CA 페더레이션은 대체 데이터센터가 WAN 중단 시 리프 SPIFFE X509 인증서를 계속 발급할 수 있도록 도와준다. 중간 인증서에 대한 루트 키 교체와 CSR 서명은 모든 데이터센터에서 수행할 수 있다. 상호 TLS는 전송 중인 암호화와 권한 부여를 통해 제로 트러스트 네트워크에서 보안을 제공한다.

이 섹션에서는 Consul Connect 서비스 메시를 통해 자동으로 발생하는 상호 TLS 구현을 살펴본다. 개발자는 서비스 간에 암호화된 통신을 위해 코드를 작성할 필요가 없다. 전용 VPN을 사용하지 않고도 제로 트러스트 네트워크 환경에서 서비스를 안전하게 실행할 수 있다. mTLS를 구현하려면 다음 단계를 수행한다.

1. TLS에 대한 사이드카 프록시의 로그를 확인한다. 모든 통신에 표시되는 tls를 볼 수 있다.

```
$ kubectl -n consul logs counting -c consul-connect-envoy-sidecar |
grep tls
[2019-12-23 16:29:53.442][1][info][main]
[source/server/server.cc:215] filters.listener:
```

```
envoy.listener.original_dst,envoy.listener.original_src,envoy.liste
ner.proxy_protocol,envoy.listener.tls_inspector
[2019-12-23 16:29:53.442][1][info][main]
[source/server/server.cc:225] transport_sockets.downstream:
envoy.transport_sockets.alts,envoy.transport_sockets.tap,raw_buffer,tls
[2019-12-23 16:29:53.442][1][info][main]
[source/server/server.cc:228] transport_sockets.upstream:
envoy.transport_sockets.alts,envoy.transport_sockets.tap,raw_buffer,tls
```

2. 기본적으로 리프 인증서의 활성 시간은 72시간이다.

```
$ curl -s
http://consul-server.consul.svc.cluster.local:8500/v1/connect/ca/
configuration | json_reformat
{
    "Config": {
      "LeafCertTTL": "72h",
      "RotationPeriod": "2160h"
    },
    "CreateIndex": 6,
    "ModifyIndex": 6,
    "Provider": "consul"
}
```

Consul은 루트 인증서를 자동으로 교체한다. 루트 인증서 교체에 대한 자세한 내용은 https://www.consul.io/docs/connect/ca.html을 참조하길 바란다. `/connect/ca` REST API 엔드포인트를 사용해 CA 구성 업데이트, CA 프로바이더 변경, 키와 루트 인증서에 대한 자체 사설 CA로의 부트스트랩과 같은 Consul Connect 인증 기관을 관리할 수 있다.

3. 루트 인증서는 다음 REST API 호출을 사용해 볼 수 있다.

```
$ curl -s
http://consul-server.consul.svc.cluster.local:8500/v1/connect/ca/
roots | json_reformat
{
    "ActiveRootID":
"1f:9a:35:33:2f:c0:fe:d3:c1:10:f0:16:2d:88:b6:69:2d:33:9d:4a",
```

```
    "Roots": [
      {
          "Active": true,
          "CreateIndex": 9,
          "ExternalTrustDomain": "2e672591-
fd0d-2538-9eb5-13763ebaf74a",
          "ID":
"1f:9a:35:33:2f:c0:fe:d3:c1:10:f0:16:2d:88:b6:69:2d:33:9d:4a",
          "IntermediateCerts": null,
          "ModifyIndex": 9,
          "Name": "Consul CA Root Cert",
          "NotAfter": "2029-08-27T01:00:28Z",
          "NotBefore": "2019-08-27T01:00:28Z",
          "PrivateKeyBits": 0,
          "PrivateKeyType": "",
...
```

이 과정에서 프로세스가 완전히 자동화돼 있기 때문에 Consul의 서비스 간 상호 TLS를 활성화하기 위한 작업이 아무것도 없음을 분명히 해야 한다. Consul은 SPIFFE 기반 X.509 리프 인증서를 사용해 강력한 ID를 통해 원격 서비스에 간단하게 연결할 수 있다. 그러나 인그레스 컨트롤러(서비스 메시의 엣지에 있음)에서 다른 서비스에 연결된 첫 번째 서비스로 암호화를 활성화하는 것과 외부 트래픽에 대한 인그레스 게이트웨이에서 TLS 터미네이션을 활성화하는 것은 사용자의 책임이다. 앞의 논의에서는 엔보이 사이드카 프록시를 사용해 폴리글랏 마이크로서비스에 mTLS를 활성화하는 Consul Connect 서비스 메시의 기능을 설명했다.

엔보이 사이드카 프록시 구성은 간단하지 않다. Istio와 Consul과 같은 서비스 메시는 이러한 복잡성을 숨기고 쿠버네티스 환경에 대한 사이드카 프록시를 자동으로 구성한다. Consul은 비쿠버네티스 워크로드에도 동일한 작업을 허용한다는 점에 유의한다. 이 기능은 집필 시점에서는 Go 애플리케이션에서만 사용할 수 있다.

다음으로, Consul의 권한 부여 기능과 서비스 접근을 제어하기 위해 구현하는 방법을 살펴보고자 한다.

인텐션 살펴보기

인텐션Intentions은 다양한 서비스에 대한 접근성을 정의하는 데 사용되는 Consul의 접근 제어다. 인텐션은 UI, CLI 또는 REST API 호출을 통해 정의할 수 있다. 인텐션을 정의하면 사이드카 프록시가 서비스 간의 연결을 허용하거나 허용하지 않도록 강제한다. 예를 들어 적정한legitimate 접근 요구 사항이 있는 서비스에만 데이터베이스 백엔드 서비스에 대한 접근을 제한할 수 있다. 이렇게 하면 서비스에 대한 무단 접근을 방지할 수 있다.

인텐션을 정의하면 데이터센터 간에 복제가 가능하며, Consul 서비스에 도달하지 못하는 서비스에 장애가 발생할 경우 인바운드 연결이 허용될 수 있도록 로컬에 캐시된다.

대시보드에서 카운팅 서비스로의 연결을 허용할 수 있도록 인텐션을 생성하는 방법을 알아보도록 하자.

1. Consul 대시보드의 상단 메뉴 모음에서 **Intentions**를 클릭한다. 연결에 대한 규칙을 정의하려면 **Create**를 클릭한다.

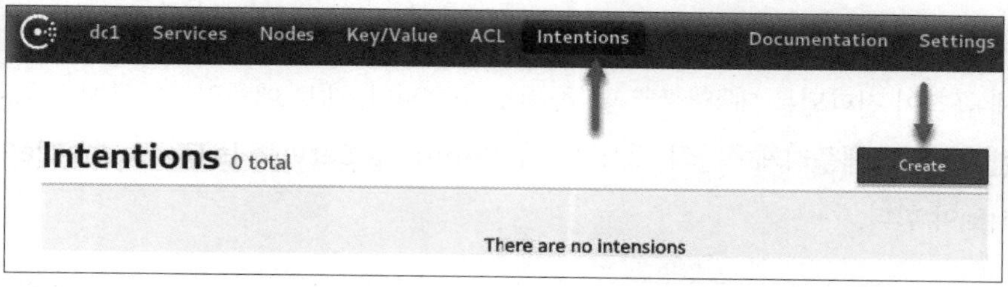

2. 모든 소스 서비스와 대상 서비스에 대한 거부 규칙을 생성한다. 소스 서비스와 대상 서비스에 **All Services**를 선택하고 **Deny**를 선택한 다음 **Save**를 클릭한다.

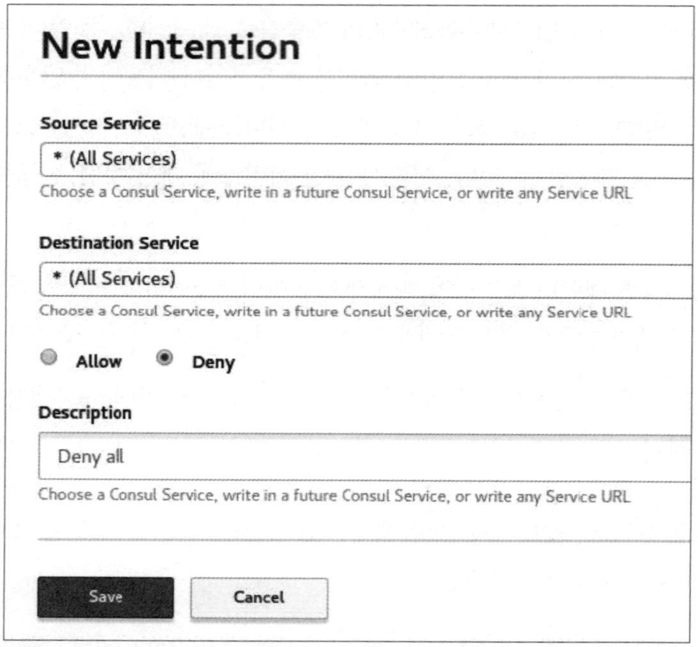

3. 새 규칙이 전파되는 데propagate 몇 초 정도 소요된다. 데모 애플리케이션 탭으로 전환한다. 데모 애플리케이션의 대시보드에 **Counting Service is Unreachable**이 표시돼야 한다.

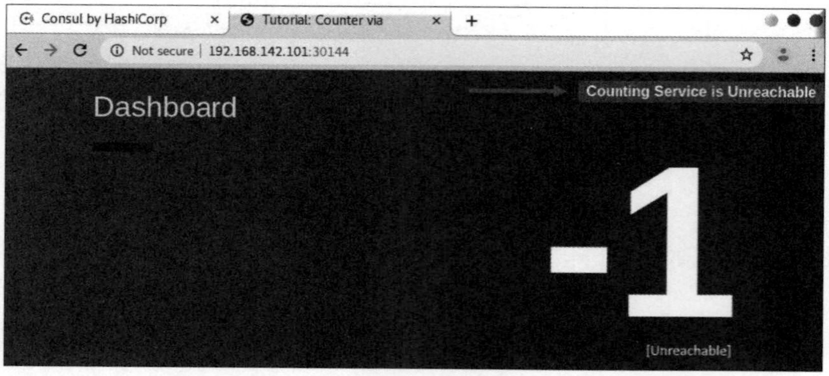

4. Consul 대시보드 탭으로 전환한 후, 다음 스크린샷과 같이 대시보드 서비스가 카운팅 서비스에 연결할 수 있도록 하는 허용 규칙에 대해 **Create**를 클릭한다.

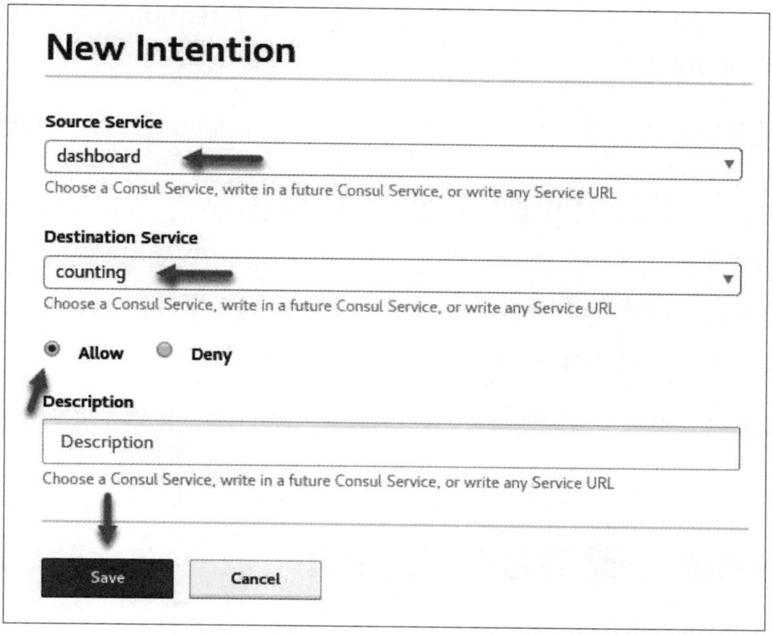

5. 데모 애플리케이션 탭의 대시보드로 전환한다. 이제 카운팅 서비스를 대시보드에서 사용할 수 있지만 다른 서비스에서는 사용할 수 없는 상태로 남아 있어야 한다. 이 작업은 코드를 작성하지 않고도 수행 가능하다.

서비스에 대한 접근 제어를 제공하기 위해 인텐션을 사용했다. 이제 이전에 만든 인텐션 규칙을 삭제하고자 한다.

6. Consul 대시보드(webconsole.consul.local)로 다시 전환한다. **Intentions**로 이동해 두 규칙을 모두 삭제한다.
7. 각 인텐션에 세 개의 가로 점horizontal dots을 클릭하고 두 서비스를 모두 삭제한다.

인텐션의 목적은 서비스의 블랙리스트와 화이트리스트를 만드는 것이다. 이 섹션에 표시된 것처럼 모든 사용자의 접근을 거부한 다음 필수 서비스를 화이트리스트에 등록해 접근을 허용하는 것이 좋다. 보안 측면에서, 이 기능은 사용자가 합법적으로 접근할 필요가 없는 서비스에 대한 접근을 차단하는 중요한 기능이다.

다음으로 서비스 메시 구성을 저장하는 Consul의 키/값 저장소를 알아보도록 한다.

Consul 키-값 저장소 살펴보기

Consul의 키-값 저장소key-value store는 사용자가 데이터센터 내에 구성 파라미터와 서비스의 메타데이터를 저장할 수 있는 퍼시스턴스 레이어Persistence Layer다. Consul Replicate(https://github.com/hashicorp/consul-replicate) 도구를 사용해 데이터센터 간 K/V 비동기 복제를 수행할 수 있다.

Consul의 kv 명령은 커맨드 라인을 통해 Consul K/V 저장소와 상호 작용해 작업을 삽입, 업데이트, 삭제하는 데 사용된다. K/V 저장소는 HTTP API를 통해서도 접근할 수 있다. 키-값은 특정 작업을 수행하기 위해 핸들러를 호출할 수 있는 watches를 통해 모니터링할 수 있다.

키-값을 저장하는 방법의 예제를 살펴보도록 하자.

1. 키-값 저장소에 값을 저장하려면 커맨드 라인 도구를 사용해야 한다. 키는 경로 컴포넌트를 슬래시(/)로 구분해 저장된다. 이는 REST API를 사용해 쿼리할 수 있는 트리 구조를 보여준다.

```
$ consul kv put redis/config/minconns 1
Success! Data written to: redis/config/minconns

$ consul kv put redis/config/maxconns 25
Success! Data written to: redis/config/maxconns

$ consul kv put redis/config/users/admin password
Success! Data written to: redis/config/users/admin
```

2. 저장소에서 다른 메타데이터와 함께 키를 추출한다.

```
$ consul kv get --detailed redis/config/minconns
CreateIndex  7904
Flags        0
Key          redis/config/minconns
LockIndex    0
ModifyIndex  7904
Session      -
Value        1
```

3. 키-값 저장소에서 모든 값을 반복적으로 가져온다.

```
$ consul kv get -recurse
redis/config/maxconns:25
redis/config/minconns:1
redis/config/users/admin:password
```

4. REST API를 사용해 키를 얻을 수도 있다. 이 값은 base64로 인코딩돼 있다.

```
$ curl -s http://localhost:8500/v1/kv/redis/config/minconns |
json_reformat
[
    {
      "LockIndex": 0,
      "Key": "redis/config/minconns",
      "Flags": 0,
      "Value": "MQ==",
      "CreateIndex": 1923,
```

```
        "ModifyIndex": 1923
    }
]
```

Consul은 체크인 세트 작업과 기타 여러 기능을 사용해 원자 키 업데이트도 제공한다. 자세한 내용은 Consul 문서(https://www.consul.io/api/kv.html)를 참조하길 바란다.

키-값 저장소는 Consul이 쿠버네티스, VM, 베어 메탈 서버에서 실행되는 서비스에 대한 서비스 메시 구성을 저장하기 위해 내부적으로 사용하는 중앙 집중식 데이터베이스다. CLI, 유틸리티, REST API와 같은 다양한 방법을 통해 접근할 수 있다. 키-값 저장소의 다른 중요한 기능은 값이 JSON 객체일 수 있으며, JSON 객체가 삽입되기 전에 Consul에서 유효성을 검사한다는 것이다.

다음으로 Consul이 서비스 수준에서 ACL을 적용해 이를 보호하는 방법을 살펴보고자 한다.

ACL을 사용한 Consul 서비스 보안

기본적으로 접근 제어 목록Access Controls Lists, ACL은 쿠버네티스 Helm 차트에서 비활성화되며, 명시적으로 사용하도록 설정해야 한다. ACL을 활성화하는 방법을 알아보려면 https://learn.hashicorp.com/consul/security-networking/production-acls를 참조하길 바란다. ACL은 서버, 클라이언트, 서비스, DNS, Consul 키-값, UI의 보안을 위해 사용된다.

ACL은 규칙을 정책으로 그룹화한 다음, 하나 이상의 정책을 토큰과 연결하는 방식으로 작동한다. ACL을 관리하려면 `consul acl` 명령을 사용할 수 있다. 또는 HTTP API를 통해 ACL을 관리할 수 있다. 자세한 내용은 https://www.consul.io/api/acl/acl.html을 참조하길 바란다.

다음으로 Consul을 모니터링하고 메트릭을 수집하는 방법을 알아보도록 한다.

모니터링과 메트릭

모니터링과 수집 메트릭은 시스템을 정상 상태로 유지하고 실행하는 데 매우 중요한 역할을 한다. Consul은 consul monitor 명령을 사용해 모니터링할 수 있다. 한번 살펴보자.

1. `consul monitor` 명령을 실행한다.

```
$ consul monitor
2019/08/27 02:24:12 [INFO] agent: Synced service "countingcounting-
sidecar-proxy"
2019/08/27 02:24:12 [INFO] agent: Synced service "dashboarddashboard-
sidecar-proxy"
2019/08/27 02:25:24 [INFO] agent: Synced service "countingcounting-
sidecar-proxy"
2019/08/27 02:25:24 [INFO] agent: Synced service "dashboarddashboard-
sidecar-proxy"
2019/08/27 02:26:29 [INFO] agent: Synced service "countingcounting-
sidecar-proxy"
2019/08/27 02:26:29 [INFO] agent: Synced service "dashboarddashboard-
sidecar-proxy"
```

2. **Ctrl + C**를 눌러 이전 `consul monitor` 명령을 종료한다.

3. `consul watch` 명령을 사용해 노드와 서비스 같은 데이터 보기에 대한 변경 사항을 확인할 수 있다.

```
$ consul watch -type=service -service=consul
[
    {
        "Node": {
            "ID": "081722b1-4d2d-479e-1f5b-daf6c22dcfb7",
            "Node": "consul-consul-server-0",
            "Address": "10.1.230.253",
            "Datacenter": "dc1",
            "TaggedAddresses": {
                "lan": "10.1.230.253",
                "wan": "10.1.230.253"
            },
```

```
...
        "Checks": [
            {
                "Node": "consul-consul-server-2",
                "CheckID": "serfHealth",
                "Name": "Serf Health Status",
                "Status": "passing",
                "Notes": "",
                "Output": "Agent alive and reachable",
...
            }
        ]
    }
]
```

모니터링 기능은 Consul 대시보드 웹 UI에서도 사용할 수 있다.

이제 Consul 메트릭 수집으로 넘어가보도록 하자. Prometheus에 대한 Consul 서버 메트릭은 Consul exporter(https://github.com/prometheus/consul_exporter)를 사용해 내보낼 수 있다. Consul 서버 메트릭은 Prometheus 수집기가 스크랩할 수 있는 Prometheus 지원 포맷의 REST API를 통해 수집할 수 있다.

```
$ curl -s http://localhost:8500/v1/agent/metrics | json_reformat
{
    "Counters": [
        {
            "Count": 25,
            "Labels": {},
            "Max": 152,
            "Mean": 93.72,
            "Min": 39,
            "Name": "consul.memberlist.udp.received",
            "Rate": 234.3,
            "Stddev": 57.16170046455931,
            "Sum": 2343
        },
        {
...
        }
}
```

Consul은 원격 모니터링 시스템에 텔레메트리 데이터를 전송해 시간 경과에 따른 시스템 상태, 추세 파악 등을 모니터링하도록 구성할 수 있다. 집필 당시 Consul은 `Circonus`, `DataDog`, `StasD`를 지원한다.

예를 들어 Consul을 배포하는 데 사용한 Helm 차트에서, 엔보이 사이드카 프록시는 `DataDog`에 `udp://127.0.0.1:9125`로 메트릭을 전송하도록 구성돼 있다. `DataDog`를 배포하면 다음과 같이 각 사이드카 프록시에서 메트릭을 수신할 수 있다.

```
connectInject:
  enabled: true
  default: true
  centralConfig:
    enabled: true
    defaultProtocol: "http"
    proxyDefaults: |
      {
        "envoy_dogstatsd_url": "udp://127.0.0.1:9125"
      }
```

다음으로, Consul에 외부 서비스를 등록하는 방법에 대해 알아보자.

외부 서비스 등록하기

기본으로 제공하는 `/health` REST 엔드포인트를 사용해 외부 서비스를 등록할 수 있다. Consul 대시보드 또는 `Consul monitor` 명령은 `/health` 엔드포인트를 호출해 외부 서비스의 상태를 모니터링할 수 있다. 이 기능은 통합 목적으로 Consul을 유용하게 한다.

예제를 통해 이해해보자.

이 섹션에서는 카운팅 마이크로서비스에서 Go 바이너리를 추출해 VM 호스트에서 `systemd` 서비스로 실행해본다. `counting-service` Go 바이너리를 카운팅 포드의 `/app` 디렉토리에서 호스트의 홈 디렉토리로 복사한 다음 실행할 수 있도록 한다. 이제 다음 단계를 수행한다.

1. 카운팅 서비스 바이너리를 추출해 VM에 복사한다.

```
$ kubectl -n consul -c counting cp counting:counting-service
~/counting-service
$ chmod +x ~/counting-service
$ sudo cp ~/counting-service /bin
```

2. 카운팅 서비스를 실행하기 위해 로컬 VM에서 systemd 서비스를 정의한다.

```
# Script : 06-create-systemd-service.sh

#!/bin/bash

# Use absolute path for the go bonary
cat << EOF | tee /etc/systemd/system/external-counting.service
  [Unit]
  Description = "External Counting Service"
  [Service]
  KillSignal=INT
  Environment="PORT=10001"
  ExecStart=/bin/counting-service
  Restart=always
  [Install]
  WantedBy=multi-user.target
EOF
```

3. 외부 카운팅 서비스에 대한 systemd 서비스를 생성한다.

```
$ chmod +x 06-create-systemd-service.sh
$ sudo ./06-create-systemd-service.sh
```

4. external-counting 서비스를 활성화하고 시작한다.

```
$ sudo systemctl enable external-counting
$ sudo systemctl start external-counting
$ sudo systemctl status external-counting

● external-counting.service - "External Counting Service"
```

```
   Loaded: loaded (/etc/systemd/system/external-counting.service;
enabled;
           vendor preset: disabled)
   Active: active (running) since Mon 2019-08-26 22:52:38 EDT; 4s
ago
  Main PID: 12283 (counting-servic)
     Tasks: 5
    Memory: 844.0K
    CGroup: /system.slice/external-counting.service
            └─12283 /bin/counting-service
  Aug 26 22:52:38 osc01.servicemesh.local systemd[1]: Started
  "External Counting Service".
  Aug 26 22:52:38 osc01.servicemesh.local counting-service[12283]:
  Serving at http://localhost:10001
  Aug 26 22:52:38 osc01.servicemesh.local counting-service[12283]:
   (Pass as PORT environment variable)
```

5. external-counting 서비스를 테스트한다.

```
$ curl http://localhost:10001/health
Hello, you've hit /health
```

external-counting 서비스를 설정하고 실행했으므로 이제 서비스를 Consul 에이전트에 등록해보도록 한다. 이를 위해 다음 단계를 수행한다.

1. 외부 서비스를 등록할 JSON 파일을 생성한다.

```
# Script : 07-define-external-service-json.sh

cat <<EOF > external-counting.json
{
  "Name": "external-counting",
  "Tags": [
    "v0.0.4"
  ],
  "Address": "$(hostname -i)",
  "Port": 10001,
  "Check": {
    "Method": "GET",
```

```
    "HTTP": "http://$(hostname -i):10001/health",
    "Interval": "1s"
  }
}
EOF
```

2. 서비스의 JSON 정의를 생성한다.

```
$ chmod +x 07-define-external-service-json.sh
$ ./07-define-external-service-json.sh
{
  "Name": "external-counting",
  "Tags": [
  "v0.0.4"
  ],
  "Address": "192.168.142.101",
  "Port": 10001,
  "Check": {
  "Method": "GET",
  "HTTP": "http://192.168.142.101:10001/health",
  "Interval": "1s"
  }
}
```

3. Consul 에이전트에 external-counting 서비스를 등록한다.

```
$ curl -X PUT -d @external-counting.json
http://localhost:8500/v1/agent/service/register
```

NOTE

서비스 등록을 취소하려면 curl -X PUT http://localhost:8500/v1/agent/service/deregister/external-counting을 사용하면 된다.

4. 다음 스크린샷과 같이 Consul 웹 대시보드에 `external-counting` 서비스가 나타난다.

Services 6 total

service:name tag:name status:critical search-term

Service	Health Checks	Tags
consul	3	
counting	3	v0.0.4
counting-sidecar-proxy	3	
dashboard	3	v0.0.2
dashboard-sidecar-proxy	3	
external-counting	2	v0.0.4

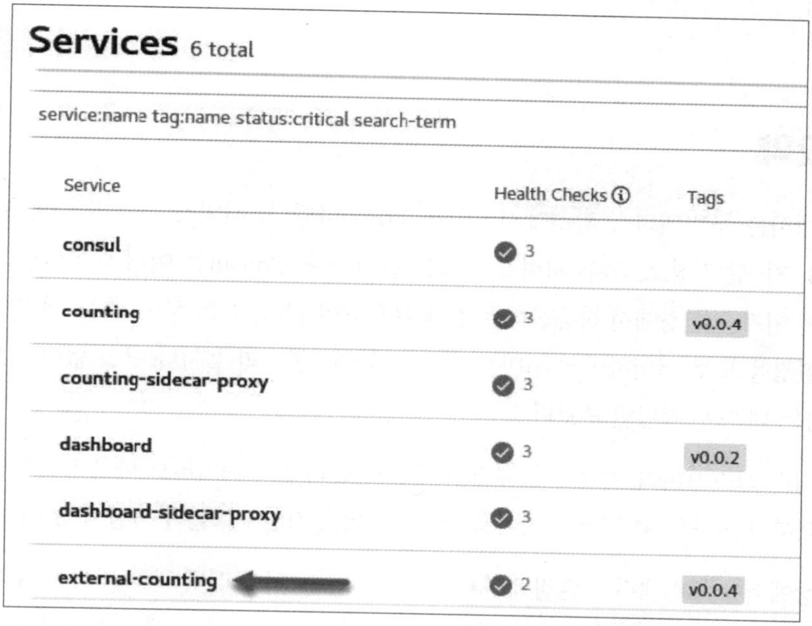

5. `external-counting`을 클릭하고 다음 페이지에서 동일하게 다시 클릭해 서비스 상태를 확인한다.

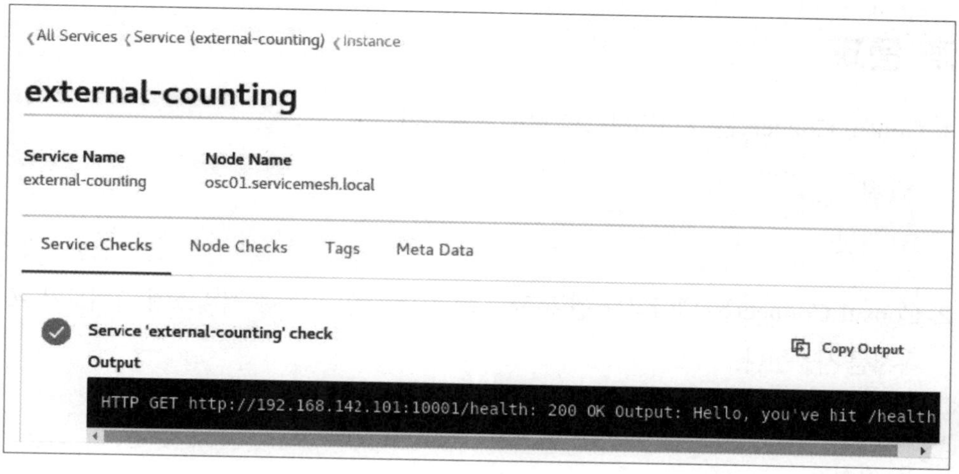

이를 통해 외부 서비스를 보거나 모니터링할 수 있도록 Consul에 등록하는 방법을 알게 됐다.

요약

이 장에서는 쿠버네티스 환경에서의 Consul을 다뤘다. 서비스 디스커버리, 인텐션, mTLS, 키-값 저장소, 외부 서비스 등록을 살펴봤다. Consul은 여러 데이터센터에 걸쳐 있는 이기종 환경에서 작동한다는 점에 유의해야 한다. 이는 쿠버네티스와 비쿠버네티스 환경을 모두 커버하면서 서비스 디스커버리와 별도의 설치나 구성 없이 mTLS를 제공하는 데 매우 적합한 후보다.

이 서비스 디스커버리 지식 프로세스를 사용해 클라우드 네이티브 애플리케이션이 이를 검색하고 사용할 수 있도록 엔터프라이즈 서비스 카탈로그를 구축할 수 있다.

다음 장에서는 쿠버네티스 환경에서 Consul Connect의 트래픽 관리 기능에 대해 살펴본다. 동일한 서비스의 서로 다른 버전 간에 트래픽을 얼마나 쉽게 이동하고 라우팅할 수 있는지 알 수 있다.

문제

1. Consul Connect는 쿠버네티스의 서비스 메시다.

   A) 참

   B) 거짓

2. Consul Connect는 네이티브 앱 통합 또는 자동 주입을 통해 서비스에 사이드카 프록시를 사용한다.

   A) 참

   B) 거짓

3. Consul 인텐션은 서비스에 대한 허용이다.

A) 참

B) 거짓

4. Consul의 키-값 저장소는 데이터 센터에 자동으로 복제된다.

A) 참

B) 거짓

5. 사이드카 프록시에서 다른 사이드카 프록시로의 Consul mTLS는 완전 자동이다.

A) 참

B) 거짓

6. Consul은 사이드카 프록시에 인증서를 발급할 수 있도록 자체 인증 기관과 함께 제공된다.

A) 참

B) 거짓

7. 서비스 디스커버리를 위한 쿠버네티스와의 Consul 통합은 쿠버네티스 CoreDNS 구성에서 Consul DNS 서버를 업스트림 DNS로 정의해 수행된다.

A) 참

B) 거짓

참고 자료

- *Hashicorp/Demo-Consul-101*. GitHub, 2019: https://github.com/hashicorp/demo-consul-101/tree/master/k8s
- *Introduction to HashiCorp Consul Connect with Kubernetes*, Huysmans, C. (2019), available at https:/ / medium. com/ hashicorp- engineering/ introduction-

tohashicorp- consul- connect- with- kubernetes- d7393f798e9d, accessed 12 May 2019

- *Nicholasjackson/Demo-Consul-Service-Mesh*, GitHub, 2019: https:/ / github. com/ nicholasjackson/ demo- consul- service- mesh
- *Hashicorp/Consul-Demo-Traffic-Splitting*, GitHub, 2019: https:/ / github. com/ hashicorp/ consul- demo- traffic- splitting

22

Consul의 트래픽 관리 기능 살펴보기

마지막 장에서는 쿠버네티스 환경에서 Consul의 기본 트래픽 관리 기능을 살펴본다. Consul을 통해 애플리케이션 코드를 변경하지 않고도 구성 기반 트래픽 관리를 구현할 수 있다. Istio와 Linkerd와 마찬가지로 구성 기반 트래픽 관리도 사이드카 프록시로 수행된다.

Consul의 다양한 트래픽 관리 기능을 시연하기 위해, 데모 애플리케이션을 설치한 다음 6장, '나만의 쿠버네티스 환경 만들기'에서 구축한 쿠버네티스 환경에서 실행하고 실습할 수 있는 몇 가지 샘플 코드를 사용한다.

이 장에서는 다음 주제를 다룬다.

- 쿠버네티스 환경에서 트래픽 관리 구현
- 트래픽 관리를 보여주는 데모 애플리케이션 설치
- 카나리아 배포와 트래픽 시프팅 시연
- 경로 기반 트래픽 라우팅
- 메시 게이트웨이

기술적 요구 사항

이 장은 실습으로 구성되며 이전 장과 종속적인 관계에 있다. 이전 장을 살펴보고 다음 예제를 완료해야 한다.

- 데모 애플리케이션 설치
- Consul 대시보드

~/consul/scripts 디렉토리에 사용할 스크립트가 있는지 확인한다.

```
$ cd ~/consul/scripts
```

이제 쿠버네티스를 통한 트래픽 관리의 기본 통합을 살펴본다.

Consul에서의 트래픽 관리 개요

쿠버네티스와 Consul의 통합은 https://github.com/hashicorp/consul-k8s에서 유지 관리되는 consul-k8s라는 별도의 프로젝트를 통해 수행된다.

20장, 'Consul 설치'에서 VM에 Consul CLI(서버와 클라이언트 역할을 하는 Go 바이너리)를 설치했다. 또한 Consul과 쿠버네티스를 통합하기 위해 consulk8s 프로젝트를 위한 Helm 차트를 설치했다.

이전에는 Consul이 네트워크 트래픽의 레이어 3과 4에서 작동했다. 그러나 Consul 버전 1.6.0+는 OSI 레이어 7(애플리케이션 레이어) 트래픽 관리 기능을 지원하므로 사이드카 프록시를 사용해 서로 다른 서비스 서브셋 간에 트래픽을 나눌 수 있다. Consul 서비스 메시는 이제 HTTP 트래픽 라우팅, 트래픽 셰이핑shaping, 장애 조치, 리라우팅rerouting 기능을 제공할 수 있다. 다음은 다양한 배포 전략을 지원하는 애플리케이션 레이어의 주요 동적 라우팅 기능이다.

- **트래픽 시프팅**: Consul 구성을 통한 카나리아 테스트, 라운드 로빈 테스트, 영구permanent 트래픽 시프팅을 위한 가중치 기반 라우팅. 이 모든 기능을 사이드카 프록시를 통해 구현 및 실현할 수 있다.
- **HTTP 경로 기반 라우팅**: HTTP 요청 경로를 기반으로 다른 업스트림 서비스로 트래픽 라우팅
- **메시 게이트웨이**: 메시 게이트웨이를 사용해 다양한 네트워크 환경에서 안전하게 트래픽 라우팅

Consul의 트래픽 관리는 라우팅, 분할splitting, 그리고 해결resolution의 세 단계로 수행된다. 이는 업스트림 연결 프록시를 관리하기 위해 수행된다. 애플리케이션 레이어의 L7 트래픽 관리는 애플리케이션 코드 외부에 있으며 모든 단계에서 Consul이 관리하므로 다음과 같은 Consul 기본 요소를 사용해 동적으로 구성할 수 있다.

- **service-router**: HTTP 경로를 기반으로 L7 트래픽을 라우팅한다.
- **service-splitter**: 정의된 백분율에 따라 트래픽을 분할한다(카나리아 테스트 등).
- **service-resolver**: 서비스 카탈로그 메타 데이터에 정의된 서브셋을 기반으로 옵션을 필터링한다.
- **service-defaults**: 모든 서비스 인스턴스에 대한 기본값을 구성한다.
- **proxy-defaults**: 프록시 구성 기본값을 수정한다.

앞서 언급한 Consul의 기본 요소를 쿠버네티스 커스텀 리소서 정의와 같은 것으로 고려한다. 이는 쿠버네티스 잡job을 통해서 구성 맵을 사용해 쿠버네티스에 Consul Connect로 확장을 제공한다. Consul CLI를 통하거나 JSON 파일을 사용하는 API에 대한 PUT 요청을 통해 로드할 수 있는 JSON 형식 파일을 사용해 기본 요소를 VM에 대해 정의할 수도 있다.

이전 Consul 기본 요소의 구현은 L7 네트워크 트래픽 레이어에서 수행된다. 이제 기본 요소를 사용할 수 있도록 Consul의 구성 구현을 살펴본다.

L7 구성 구현하기

Consul Connect의 핵심 강점은 쿠버네티스와 VM을 모두 포괄하는 서비스 메시다. Consul 트래픽 관리는 VM 그리고/또는 쿠버네티스 환경에서 실행할 수 있는 서비스에 사용할 수 있다. Consul 구성은 Consul CLI 또는 API를 통해, 또는 쿠버네티스 작업을 통해 푸시할 수 있다. 한번 살펴보도록 하자.

1. http 프로토콜을 사용할 웹 서비스의 `service-defaults` 인스턴스를 정의한다.

```
# Script: 08-service-defaults-web.hcl

kind = "service-defaults"
name = "web"
protocol = "http"
```

   여기서 Consul CLI의 예는 웹 서비스의 Consul 기본 요소 service-defaults 를 생성하는 방법을 보여준다. 웹 서비스는 아직 존재하지 않는다(나중에 생성할 것이다).

   다음 세 가지 방법 중 하나를 사용해 L7 구성을 로드할 수 있다.

- Consul CLI를 통해, HCL(Hashicorp Command Language) 또는 JSON 파일에 대한 consul config write 사용하기
- JSON 파일의 API에 대한 PUT 요청을 통해
- 쿠버네티스 작업을 통해

   단순화를 위해 Consul CLI를 사용해 HCL 또는 JSON 파일을 사용한다.

2. Consul CLI는 다음과 같이 이전의 정의를 적용할 수 있다.

```
$ consul config write 08-service-defaults-web.hcl
```

3. 이제 Consul에 등록된 모든 `service-defaults`을 나열한다.

```
$ consul config list -kind service-defaults
counting
dashboard
web
```

4. 다음으로 방금 생성한 web service-defaults 구성 항목을 읽어온다[read].

```
$ consul config read -kind service-defaults -name web
{
    "Kind": "service-defaults",
    "Name": "web",
    "Protocol": "http",
    "MeshGateway": {},
    "CreateIndex": 5384,
    "ModifyIndex": 5384
}
```

다음으로 API를 사용해 service-defaults 구성을 생성한다. API를 사용해 Consul을 관리하고 구성하는 방법에 대한 자세한 내용은 https://www.consul.io/api/를 참조한다. /config 경로를 사용해 api 서비스에 대한 service-defaults를 생성한다.

5. JSON 구성을 정의해 웹 서비스의 http 프로토콜을 설정한다.

```
# Script: 09-service-defaults-api.json

{
  "Kind": "service-defaults",
  "Name": "api",
  "Protocol": "http"
}
```

6. Consul REST API를 사용해 http 프로토콜을 사용할 수 있도록 웹 서비스의 service-defaults를 생성한다.

```
$ curl -XPUT --data @09-service-defaults-api.json
http://localhost:8500/v1/config ; echo
true
```

7. 방금 생성한 웹 service-defaults를 나열한다.

```
$ curl -s http://localhost:8500/v1/config/service-defaults/api |
json_reformat
{
    "Kind": "service-defaults",
    "Name": "api",
    "Protocol": "http",
    "MeshGateway": {
    },
    "CreateIndex": 5616,
    "ModifyIndex": 5619
}
```

앞의 예제는 Consul CLI와 Consul REST API를 사용해 service-defaults를 정의하는 방법을 보여준다. 동일한 접근 방식으로, 모든 리전의 모든 데이터 센터에 있는 모든 VM에서 실행 중인 서비스에 대한 Consul L7 트래픽 관리의 세 단계를 살펴본다. 이 세 단계는 다음과 같다.

1. 라우팅service-router
2. 분할service-splitter
3. 해결service-resolver

service-resolver라는 Consul 기본 요소가 v1과 v2의 두 서브셋을 사용해 정의된 두 가지 버전의 서비스 API가 있다고 가정해보자. 이러한 서브셋은 쿠버네티스 서비스에 정의된 어노테이션을 기반으로 각 API 서비스 버전으로 확인된다. 이 장의 뒷부분에서 이를 생성해본다.

8. 다음은 서비스 카탈로그 메타데이터를 기반으로 하는 서브셋에 대한 service-resolver의 예시다.

```
# Script : 10-service-resolver-api.hcl

kind = "service-resolver"
name = "api"
```

```
default_subset = "v1"

subsets = {
  v1 = {
    filter = "Service.Meta.version == 1"
  }
  v2 = {
    filter = "Service.Meta.version == 2"
  }
}
```

9. v1과 v2 서브셋을 정의하기 위해 api 서비스에 대한 service-resolver라는 Consul 기본 요소를 생성한다.

```
$ consul config write 10-service-resolver-api.hcl

$ consul config list -kind service-resolver
api
```

10. sevice-resolver API가 생성됐음을 확인한다.

이제 Consul이 L7 구성의 지원을 통해 제공하는 이점을 명확하게 파악할 수 있을 것이다. 다음으로 Consul의 트래픽 분할과 시프팅 기능을 보여주는 데모 애플리케이션을 배포해본다.

데모 애플리케이션 배포하기

web과 api 배포에 대한 샘플 마이크로서비스는 https://github.com/servicemeshbook/hello-echo에 있으며, main.go는 UPSTREAM_SERVICE 환경 변수를 사용해 업스트림 API 마이크로서비스를 호출하는 웹 마이크로서비스다.

11-web-deployment.yaml 스크립트에서 포드와 서비스 정의를 검토한다.

```
...
  template:
    metadata:
      labels:
        app: web
      annotations:
        "consul.hashicorp.com/connect-inject": "true"
        "consul.hashicorp.com/connect-service-upstreams": "api:8081"
...
        env:
...
        - name: UPSTREAM_SERVICE
      value: "http://localhost:8081"
```

이전 정의에서 consul.hashicorp.com/connect-service-upstreams 어노테이션을 확인한다. 이 어노테이션은 이전에 생성한 8081 포트를 사용해 http 프로토콜과 함께 Consul service-defaults 기본 요소 API를 가리킨다. 웹 마이크로서비스는 로컬 호스트의 동일한 8081 포트를 가리키는 UPSTREAM_SERVICE 환경 변수를 사용해 업스트림 마이크로서비스를 호출한다. Consul 에이전트는 8081 포트의 웹 마이크로서비스를 Consul service-defaults API에 연결하는 역할을 하며, 이는 이전 단계에서 생성한 Consul service-resolver 기본 요소를 통해 정의된 서브셋에 연결된다. 나중에 api 배포를 정의할 때 서브셋을 적절한 API 포드에 어떻게 연결하는지 살펴본다.

먼저 web 마이크로서비스를 배포한다. 이를 위해 다음 단계를 수행한다.

1. web의 쿠버네티스 배포와 서비스를 생성한다.

```
$ kubectl -n consul apply -f 11-web-deployment.yaml
service/web created
deployment.apps/web created
```

   쿠버네티스 서비스 web 엔드포인트는 web 포드다.

2. 이제 web 포드와 web 서비스를 확인한다.

```
$ kubectl -n consul get pods -l app=web
NAME                     EADY  STATUS    RESTARTS  AGE
web-7dc47f6678-fcnzv     2/2   Running   0         40s

$ kubectl -n consul get svc web
NAME   TYPE       CLUSTER-IP      EXTERNAL-IP  PORT(S)          AGE
web    NodePort   10.111.32.161   <none>       8080:30145/TCP   43s
```

쿠버네티스에서는 web 서비스를 web 포드에 연결한다. web의 업스트림 서비스인 api 배포에 대해, Consul 에이전트는 UPSTREAM_SERVICE 환경 변수를 사용해 api 서비스를 호출한다.

다음으로 두 가지 버전의 api 마이크로서비스를 배포한다. 두 버전 모두 동일하다는 점에 주목한다. 여기서의 목적은 Consul의 트래픽 시프팅 개념 설명이다.

3. Consul api 서비스를 쿠버네티스 api-deployment에 연결하는 어노테이션 디스크립션에 대한 12-api-v1-deployment.yaml 스크립트를 검토한다.

```
# Script: 12-api-v1-deployment.yaml

...
template:
  metadata:
    labels:
      app: api-v1
    annotations:
      "consul.hashicorp.com/connect-inject": "true"
      "consul.hashicorp.com/service-meta-version": "1"
      "consul.hashicorp.com/service-tags": "v1”
...
```

4. 13-api-v2-deployment.yaml 스크립트를 검토해 Consul api 서비스를 쿠버네티스 api-deployment에 연결한다.

```
# Script: 13-api-v2-deployment.yaml

...
```

```
template:
    metadata:
      labels:
        app: api-v1
      annotations:
        "consul.hashicorp.com/connect-inject": "true"
        "consul.hashicorp.com/service-meta-version": "2"
        "consul.hashicorp.com/service-tags": "v2"
...
```

5. 3단계와 4단계의 스크립트를 비교한다.

   consul.hashicorp.com/service-meta-version 어노테이션은 1과 2로 설정되고, consul.hashicorp.com/service-tags는 각각 v1과 v2로 설정된다. 이전 단계에서 생성한 Consul 기본 요소 service-resolver API를 참조한다(10-service-resolver-api.hcl).

```
subsets = {
  v1 = {
    filter = "Service.Meta.version == 1"
  }
  v2 = {
    filter = "Service.Meta.version == 2"
  }
}
```

   v1 서브셋이 API 배포에서 정의한 consul.hashicorp.com/service-tags 어노테이션에 연결돼 있음을 알 수 있다. Service-Meta-version은 consul.hashicorp.com/service-meta-version 어노테이션에 연결된다.

6. api-v1와 api-v2 서비스와 배포를 생성한다.

```
$ kubectl -n consul apply -f 12-api-v1-deployment.yaml
service/api-v1 created
deployment.apps/api-v1 created

$ kubectl -n consul apply -f 13-api-v2-deployment.yaml
service/api-v2 created
deployment.apps/api-v2 created
```

이를 통해 api-v1와 api-v2 쿠버네티스 배포를 생성했다.

7. 노드 포트 30146에서 api-v1 서비스를 확인한다.

```
$ curl http://localhost:30146
================================================
Request time : 2019-09-23 14:33:12.92445239 +0000 UTC
Requested path : /
Host IP : 192.168.142.101
Pod IP : 192.168.230.246
Pod Name : api-v1-7fcf5d98d4-tgqrk
Pod Namespace : consul
Host : localhost:30146
RemoteAddr : 192.168.142.101:44900
================================================
```

8. 마찬가지로 노드 포트 30147에서 api-v2 서비스를 확인한다.

```
$ curl http://localhost:30147
================================================
Request time : 2019-09-23 14:33:15.979164994 +0000 UTC
Requested path : /
Host IP : 192.168.142.101
Pod IP : 192.168.230.205
Pod Name : api-v2-5d64d5f8ff-zlcp6
Pod Namespace : consul
Host : localhost:30147
RemoteAddr : 192.168.142.101:40690
================================================
```

api-v1와 api-v2 쿠버네티스 서비스는 트래픽 관리를 위해 Consul에서 사용되지 않는다. 실제로 Consul 서비스 api는 이러한 목적으로 사용된다. 자세한 내용은 11-webdeployment.yaml에 정의된 consul.hashicorp.com/connect-service-upstreams 어노테이션을 참조한다.

배포한 샘플 마이크로서비스는 Consul의 다양한 트래픽 관리 기능을 이해하는 데 도움이 될 것이다. 다음 섹션에서 이러한 기능을 하나씩 살펴본다.

Consul의 트래픽 관리

Consul의 네이티브 트래픽 관리 기능은 클라우드 네이티브와 기존 VM 애플리케이션 모두에 구현됐다. 이 섹션에서는 트래픽 시프팅과 트래픽 라우팅의 기능을 살펴본다.

기본 서브셋으로 트래픽 전송하기

Consul의 트래픽 시프팅 기능을 사용해 트래픽을 기본 서브셋으로 보낼 수 있다. 이를 위해 다음 단계를 수행한다.

1. web 노드 포트는 `30145`다. `curl -s http://localhost:30145`를 실행하고 출력을 확인한다.

```
$ curl -s http://localhost:30145
==================================================
Request time   : 2019-09-21 01:25:29.844609478 +0000 UTC
Requested path : /
Host IP        : 192.168.142.101
Pod IP         : 192.168.230.202
Pod Name       : web-7dc47f6678-fcnzv
Pod Namespace  : consul
Host           : localhost:30145
RemoteAddr     : 192.168.142.101:47332
.. continued ...
```

노드 포트 30145에서 서비스 웹을 호출하면 익숙한 쿠버네티스 원칙을 사용해 웹 마이크로서비스를 호출한다.

2. `8081` 포트의 업스트림 Consul 서비스 `api`는 다음과 같이 Consul이 호출한다.

```
==================================================
Request time   : 2019-09-23 14:11:06.091295669 +0000 UTC
Requested path : /
Host IP        : 192.168.142.101
Pod IP         : 192.168.230.205
```

```
Pod Name        : api-v1-5d64d5f8ff-zlcp6
Pod Namespace   : consul
Host            : localhost:8081
RemoteAddr      : 127.0.0.1:57152
===============================================
```

3. 동일한 curl 명령을 10회 반복한다. 트래픽은 항상 api-deployment-v1 포드로 이동함을 알 수 있다.

```
$ curl -s http://localhost:30145?[1-10] | grep "Pod Name.*api"
Pod Name : api-v1-5d64d5f8ff-zlcp6
Pod Name : api-v1-5d64d5f8ff-zlcp6
Pod Name : api-v1-5d64d5f8ff-zlcp6
Pod Name : api-v1-5d64d5f8ff-zlcp6
Pod Name : api-v1-5d64d5f8ff-zlcp6
Pod Name : api-v1-5d64d5f8ff-zlcp6
Pod Name : api-v1-5d64d5f8ff-zlcp6
Pod Name : api-v1-5d64d5f8ff-zlcp6
Pod Name : api-v1-5d64d5f8ff-zlcp6
Pod Name : api-v1-5d64d5f8ff-zlcp6
```

이는 트래픽 분할 기준을 아직 정의하지 않았기 때문이다. 기본 서브셋이 v1로 설정된 service-resolver API를 참조하기 바란다(10-service-resolverapi.hcl).

이제 이 트래픽 시프팅 개념을 카나리아 배포에 적용해본다.

카나리아 배포

카나리아 배포Canary deployment는 다크 론칭dart launches 또는 프렌즈 앤 패밀리 테스트friends-and-family testing와 관련이 있는데, 소수의 사람들만 자신도 모르는 사이 새로운 기능에 접근할 수 있다. 카나리아 배포에 트래픽 시프팅 원칙을 적용해보도록 하자.

1. Consul의 service-splitter 기본 요소를 사용해 각 서브셋에 대한 트래픽 비율을 구성할 수 있다. service-splitter의 예시는 다음 코드에서 볼 수 있다. 트래픽의 99%는 서브셋 v1로 라우팅되고 나머지 1%는 서브셋 v2로 라우팅된다.

```
# Script: 14-service-splitter-canary.hcl

kind = "service-splitter",
name = "api"
splits = [
  {
    weight = 99,
    service_subset = "v1"
  },
  {
    weight = 1,
    service_subset = "v2"
  }
]
```

2. Consul CLI를 사용해 Consul 서비스 api에 대한 service-splitter를 생성한다.

```
$ consul config write 14-service-splitter-canary.hcl

$ consul config list -kind service-splitter
api
```

3. 동일한 curl 명령을 200회 반복한다. api-v2가 1%만 호출됨을 알 수 있다.

```
$ curl -s http://localhost:30145?[1-200] | grep "Pod Name.*api-v1"
$ curl -s http://localhost:30145?[1-200] | grep "Pod Name.*api-v2"
...

Pod Name : api-v1-7fcf5d98d4-tgqrk
Pod Name : api-v1-7fcf5d98d4-tgqrk
Pod Name : api-v2-5d64d5f8ff-zlcp6
Pod Name : api-v1-7fcf5d98d4-tgqrk

...
```

앞의 코드는 매우 적은 비율의 트래픽이 서비스의 v2로 이동하는 카나리아 배포의 예시다. 다음으로, 라운드 로빈round-robin 방식으로 트래픽을 분할하는 방법을 알아본다.

라운드 로빈 트래픽

다음과 같이 두 서비스에 50-50 가중치를 지정해 트래픽을 라운드 로빈 방식으로 분할할 수 있다.

```
# Script: 15-service-splitter-round-robin.hcl
...

splits = [
  {
    weight = 50,
    service_subset = "v1"
  },
  {
    weight = 50
    service_subset = "v2"
  }
]
```

1. 15-service-splitter-round-robin.hcl을 사용해 각 서브셋에 50-50 가중치를 할당해 api용 service-splitter를 생성한다.

```
$ consul config write 15-service-splitter-round-robin.hcl

$ consul config list -kind service-splitter
api
```

2. 동일한 curl 명령을 10회 반복한다. 트래픽이 api-v1와 api-v2 포드 간에 동일하게 분할됨을 알 수 있다.

```
$ curl -s http://localhost:30145?[1-10] | grep "Pod Name.*api"
Pod Name : api-v1-7fcf5d98d4-tgqrk
Pod Name : api-v1-7fcf5d98d4-tgqrk
Pod Name : api-v2-5d64d5f8ff-zlcp6
Pod Name : api-v1-7fcf5d98d4-tgqrk
Pod Name : api-v1-7fcf5d98d4-tgqrk
```

```
Pod Name : api-v2-5d64d5f8ff-zlcp6
Pod Name : api-v2-5d64d5f8ff-zlcp6
Pod Name : api-v1-7fcf5d98d4-tgqrk
Pod Name : api-v1-7fcf5d98d4-tgqrk
Pod Name : api-v2-5d64d5f8ff-zlcp6
```

여기서 트래픽이 두 서비스 간에 동일하게 분할돼 있음을 알 수 있다. 다음으로, 전체 트래픽을 서브셋 v2로 전환하는 방법을 살펴본다.

영구적으로 트래픽 시프팅하기(Shifting traffic permanently)

성공적으로 테스트한 후 이제 트래픽의 100%를 api의 v2로 이동해야 한다고 판단되면 서브셋 v2의 가중치를 100%로 정의할 수 있다. 다음 코드로 수행할 수 있다.

```
# Script: 16-service-splitter-100-shift.hcl

...
splits = [
  {
    weight = 0,
    service_subset = "v1"
  },
  {
    weight = 100
    service_subset = "v2"
  }
]
```

1. 16-service-splitter-100-shift.hcl에 Consul CLI를 사용해 Consul 서비스 api의 service-splitter를 생성한다.

```
$ consul config write 16-service-splitter-100-shift.hcl

$ consul config list -kind service-splitter
api
```

2. 다음과 같이 동일한 curl 명령을 10회 반복한다.

```
$ curl -s http://localhost:30145?[1-10] | grep "Pod Name.*api"
Pod Name : api-v2-5d64d5f8ff-zlcp6
Pod Name : api-v2-5d64d5f8ff-zlcp6
Pod Name : api-v2-5d64d5f8ff-zlcp6
Pod Name : api-v2-5d64d5f8ff-zlcp6
Pod Name : api-v2-5d64d5f8ff-zlcp6
Pod Name : api-v2-5d64d5f8ff-zlcp6
Pod Name : api-v2-5d64d5f8ff-zlcp6
Pod Name : api-v2-5d64d5f8ff-zlcp6
Pod Name : api-v2-5d64d5f8ff-zlcp6
Pod Name : api-v2-5d64d5f8ff-zlcp6
```

앞의 명령에서 전체 트래픽이 api-v2 포드로 영구적으로 이동됐음을 확인할 수 있다.

TIP

트래픽 관리 사용에 대한 Nick Jackson의 다음 기조 연설을 참조한다. 비 쿠버네티스 환경을 다룬다. https://www.hashicorp.com/resources/consul-1-6-layer-7-traffic-management-mesh-gateways.

다음으로, 쿠버네티스 환경에서 경로 기반 트래픽 라우팅을 살펴본다.

경로 기반 트래픽 라우팅

다음 예에서는 HTTP 경로 기반 라우팅을 사용해 두 버전의 서비스 간에 어떻게 트래픽을 전달하는지 보여준다. 예를 들어 /v1은 트래픽을 A 서비스로 라우팅하고 /v2는 트래픽을 B 서비스로 라우팅한다. 시작해보자.

1. web과 api의 이전 배포를 삭제한다.

```
$ kubectl -n consul delete -f 11-web-deployment.yaml

$ kubectl -n consul delete -f 12-api-v1-deployment.yaml
```

```
$ kubectl -n consul delete -f 13-api-v2-deployment.yaml
```

2. "L7 구성 구현하기" 섹션에서 web과 api에 대한 service-defaults를 생성했다. service-defaults 리스트를 확인한다.

```
$ consul config list -kind service-defaults
api
counting
dashboard
web
```

3. web 구성을 읽어온다.

```
$ consul config read -kind service-defaults -name web
{
    "Kind": "service-defaults",
    "Name": "web",
    "Protocol": "http",
    "MeshGateway": {
        "Mode": "local"
    },
    "CreateIndex": 186,
    "ModifyIndex": 1750
}
```

4. api 구성을 읽어온다.

```
$ consul config read -kind service-defaults -name api
{
      "Kind": "service-defaults",
      "Name": "api",
      "Protocol": "http",
      "MeshGateway": {
          "Mode": "local"
      },
      "CreateIndex": 218,
      "ModifyIndex": 218
}
```

5. 특정 서비스에 경로 기반 라우팅을 수행할 수 있도록 api에 대한 service-router를 정의한다.

```
# Script: 17-service-router.hcl

...
  match {
    http {
      path_prefix="/v1"
    }
  }
  destination {
    service = "api"
    service_subset = "v1"
  }
...
```

6. service-router라는 api를 생성한다.

```
$ consul config write 17-service-router.hcl
```

7. 쿠버네티스 web 서비스와 배포를 생성한다.

```
$ kubectl apply -f 18-web-deployment.yaml
service/web created
deployment.apps/web created
```

8. api-v1 서비스와 배포를 생성한다.

```
$ kubectl apply -f 19-api-v1-deployment.yaml
service/api-v1 created
deployment.apps/api-v1 created
```

9. 마찬가지로 api-v2 서비스와 배포를 생성한다.

```
$ kubectl apply -f 20-api-v2-deployment.yaml
```

```
service/api-v2 created
deployment.apps/api-v2 created

# Check status of pods. Must show Ready 2/2
$ kubectl -n consul get pods -l 'app in (web, api-v1, api-v2)'
```

Hashicorp의 Nicholas Jackson은 경로 기반 예제를 공식화했다. https://github.com/nicholasjackson/demo-consul-service-mesh/tree/master/kubernetes/traffic_routing에서 자세한 내용을 확인할 수 있다.

예제에서 인그레스 정의를 통해 인터넷에서 트래픽을 수신하는 프론트엔드 웹 서비스를 생성했다. 다음 코드와 같이 18-web-deployment.yaml 웹 개발 스크립트에 정의된 가상 업스트림 서비스를 통해 호출하는 api-v1와 api-v2라는 두 가지의 업스트림 배포가 있다.

```
annotations:
  "consul.hashicorp.com/connect-inject": "true"
  "consul.hashicorp.com/connect-service-upstreams": "api:8081"
...
  - name: "LISTEN_ADDR"
    value: "0.0.0.0:8080"
  - name: "UPSTREAM_URIS"
    value: "http://localhost:8091"
```

10. 경로 없이 노드 포트 30145에서 curl을 사용해 웹 서비스를 실행할 수 있다. "영구적으로 트래픽 시프팅하기" 섹션에서 이 서비스로 100% 트래픽을 이동했기 때문에 항상 api-v2 업스트림 서비스를 호출한다.

```
$ curl -s http://localhost:30145
{
  "name": "web",
...
  "body": "Hello World",
  "upstream_calls": [
    {
      "name": "api-v2",
```

```
      "uri": "http://localhost:8081",
...
      "body": "Response from API v2",
      "code": 200
    }
  ],
  "code": 200
}
```

11. /v1 경로를 사용해 동일한 curl 명령을 실행한다. service-router 구현으로 트래픽이 api-v1 서비스로 이동한다.

```
$ curl -s http://localhost:30145/v1
{
  "name": "web",
...
  "body": "Hello World",
  "upstream_calls": [
    {
      "name": "api-v1",
      "uri": "http://localhost:8081",
...
      "body": "Response from API v1",
      "code": 200
    }
  ],
  "code": 200
}
```

코드에는 표시하지 않았지만 트래픽 라우팅은 헤더, 쿼리 파라미터 등을 기반으로 할 수도 있다. 다음 예제는 x-debug 헤더가 1로 설정된 경우 트래픽이 service-resolver 카나리아를 사용해 다른 서비스 웹으로 라우팅됨을 보여준다.

```
match {
  http {
    header = [
      {
        name = "x-debug"
        exact = "1"
```

```
            },
          ]
        }
    }
    destination {
        service = "web"
        service_subset = "canary"
    }
```

다음으로, Consul 대시보드를 사용해 서비스와 탐색, 사이드카 프록시와 업스트림 서비스를 확인해본다.

Consul 서비스 확인하기

Consul이 제공하는 대시보드를 사용해 서비스, 노드, 기타 기능을 모니터링해본다. 한번 살펴보자.

1. Consul 대시보드의 브라우저 탭으로 돌아가서(http://webconsole.consul.local) Consul에 등록된 서비스를 확인한다. 앞의 트래픽 관리 예제에서 api와 웹 서비스를 생성했다.

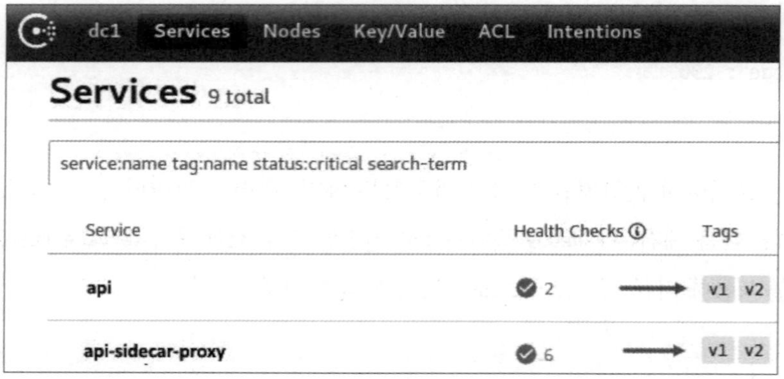

api와 api-sidecar-proxy에 대한 v1, v2 태그를 v1, v2 서브셋에 대한 Consul service-resolver 기본 요소를 사용해 정의했다. Consul의 v1, v2 태그와 api 배포 간의 연결은

어노테이션을 통해 이루어졌다. 이는 다음과 같으며, `12-api-v1-deployment.yaml` 스크립트에서 가져왔다.

```
template:
  metadata:
    labels:
      app: api-v1
    annotations:
      "consul.hashicorp.com/connect-inject": "true"
      "consul.hashicorp.com/service-meta-version": "1"
      "consul.hashicorp.com/service-tags": "v1”
```

2. Consul 서비스 `api`를 클릭한다. 여기에는 `api-v1`와 `api-v2`의 두 인스턴스가 있다. **Tags**를 클릭하면 다음의 `v1`, `v2` 태그가 표시된다.

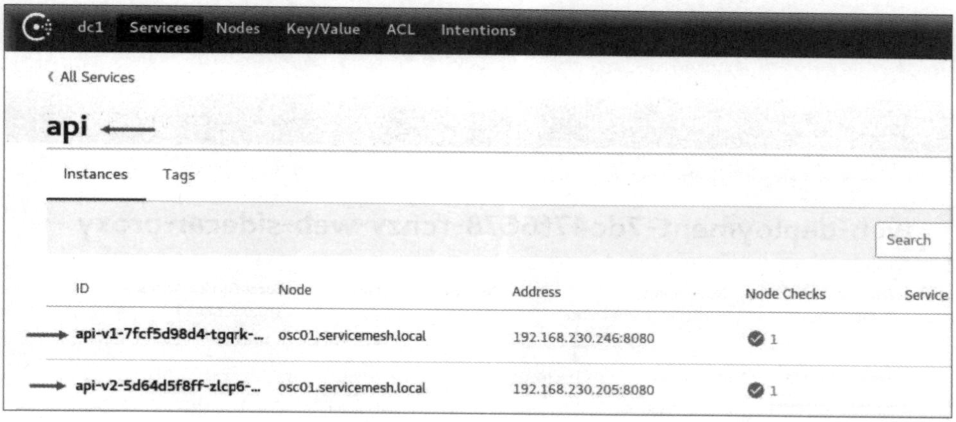

3. Services를 클릭하고 `web-sidecar-proxy`를 클릭한다. 그런 다음 `web-xxx-xxx`를 클릭한다.

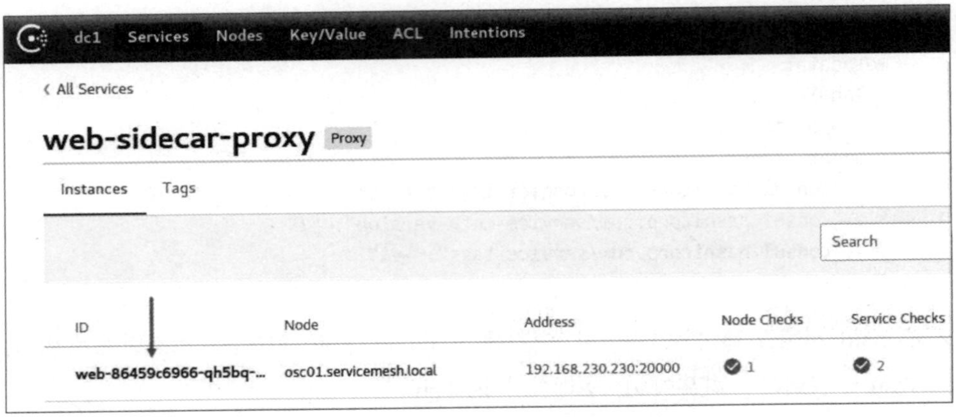

4. Upstreams를 클릭한다.

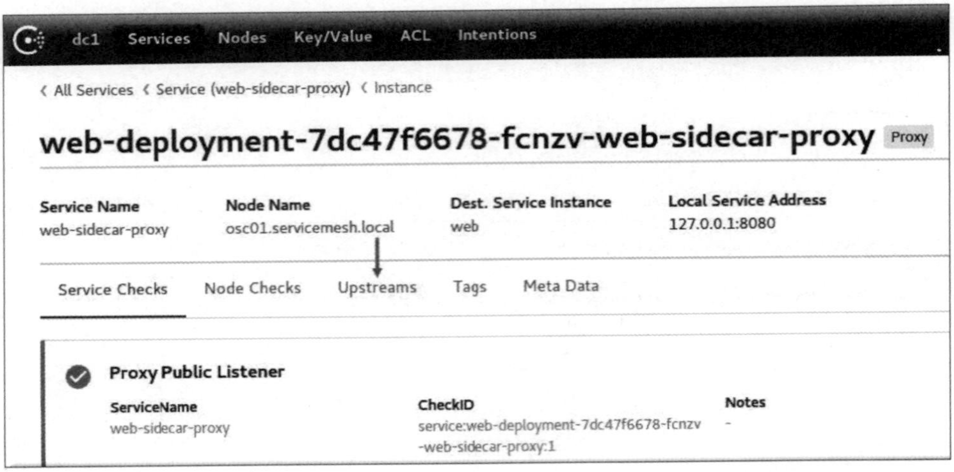

5. 업스트림 서비스 `api`가 `8081` 포트에서 실행 중이며 `web-sidecar-proxy`로 호출된다.

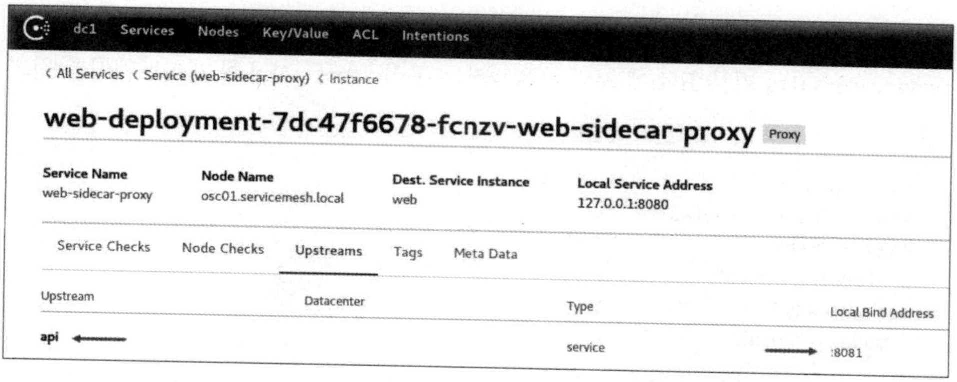

업스트림 api 서비스는 웹 서비스를 배포할 때 어노테이션을 통해 정의됐다. 자세한 내용은 `11-web-deployment.yaml` 스크립트에 정의된 `"consul.hashicorp.com/connect-service-upstreams":"api:8081"` 어노테이션을 참조하기 바란다.

Consul에 기본적으로 내장된 트래픽 관리 기능에 대해 알아봤으므로, 이기종 환경에서 실행되는 여러 Consul 클러스터 간의 원활한 통합을 가능하게 하는 매우 중요한 Consul의 기능인 메시 게이트웨이를 살펴본다.

메시 게이트웨이

메시 게이트웨이Mesh gateway 또는 다중 클러스터 게이트웨이는 두 개 이상의 완전히 분리된 Consul 서비스 메시 사이의 트래픽을 서로 다른 네트워크 환경에서 안전하고 투명하게 연결할 수 있는 Consul 기본 요소다. 서비스 메시에 대한 구성은 한 로케이션에서만 작성돼야 하고, 자동으로 다른 로케이션에 통합되고 복사된다.

게이트웨이는 두 로케이션 간의 브리지 역할을 한다. 한 서비스가 다른 로케이션에 있는 다른 서비스와 통신하려는 경우 경량 엔보이 프록시를 통해 통신한다. 이러한 프록시는 트래픽을 해독할 방법이 없으므로 두 로케이션의 서비스 간 트래픽은 두 게이트웨이를 통해 흐르는 mTLS를 통해 수행된다. Consul은 게이트웨이가 트래픽을 보낼 위치를 결정할 수 있도록 HTTPS 요청 내부의 SNI 헤더를 사용한다.

메시 게이트웨이를 사용할 수 있도록 서비스를 활성화하기 위해, 다음 코드와 같이 service-defaults 기본 요소에 meshgateway라는 구절stanza를 사용해 게이트웨이를 정의한다.

```
kind = "service-defaults"
name = "web"
protocol = "http"
meshgateway = {
  mode = "local"
}
```

mode에는 local, remote, none의 세 가지 값이 있다.

- local 모드에서는 서비스가 먼저 로컬 게이트웨이와 통신하고, 로컬 게이트웨이는 다른 클러스터 게이트웨이와 통신한 다음 업스트림 서비스와 통신한다.
- remote 모드에서는 로컬 게이트웨이가 바이패스된다. 이는 원격 클러스터 게이트웨이와 직접 통신한 다음 트래픽을 대상 서비스로 전달할 수 있는 이그레스와 같다.
- none 모드에서는 게이트웨이가 사용되지 않으며, 아웃바운드 연결이 대상 서비스에 직접 설정된다.

이 장에서는 Consul web과 api 서비스를 사용해 트래픽 분할과 라우팅이 작동하는 방식을 살펴봤다. Consul 서비스 web이 하나의 데이터센터(dc1)에서 실행 중이고 api 서비스가 다른 데이터센터(dc2)에서 실행되고 있다고 가정해보자. Consul service-resolver 기본 요소를 사용해 다음과 같이 가상 리졸버를 통해 웹과 api 간에 트래픽을 라우팅할 수 있다.

```
kind = "service-resolver"
name = "api"

redirect {
  service = "api"
  datacenter = "dc2"
}
```

이를 정의하면 트래픽이 두 데이터센터 간의 게이트웨이를 통해 흐르게 된다.

Consul service-resolver 기본 요소를 사용하면 데이터센터 간에 서비스 페일오버failover를 원활하게 수행할 수 있다. 메시 게이트웨이는 사용자가 네트워크 라우팅 규칙에 대해 걱정할 필요 없이 플랫 네트워크를 제공한다. 엔보이 프록시는 게이트웨이 역할을 하므로 SNI 헤더를 사용해 데이터센터 간에 Consul Connect 트래픽을 라우팅할 수 있다.

예를 들어 dc1 데이터센터에 web과 api 서비스가 있지만 dc2 데이터센터에는 api 서비스만 있다고 가정해보자. service-resolver를 통해 크로스-클러스터와 크로스-클라우드 서비스 페일오버를 제공할 수 있다. dc1에서 api 서비스를 사용할 수 없는 경우, 페일오버는 dc2 데이터센터의 api 서비스에서 원활하게 자동으로 수행된다.

```
kind = "service-resolver"
name = "api"

failover = {
  "*"= {
    datacenter = ["dc2"]
  }
}
```

api 서비스의 service-resolver에서 원하는 서비스에 대한 고가용성을 제공하기 위해 페일오버 구절stanza의 datacenter 필드에 여러 데이터센터를 정의할 수도 있다.

요약

이 장에서는 애플리케이션 레이어에서 구성되는 Consul Connect의 트래픽 관리 기능을 살펴봤다. L7 구성은 다른 데이터센터에 복제할 수 있는 중앙 관리 Consul 기본 요소를 통해 이뤄지므로, 메시 게이트웨이를 통해 서비스 탄력성과 이중화를 제공한다.

카나리아 배포와 트래픽 시프팅을 위해 service-splitter를 통해 트래픽을 분할하는 데 사용할 수 있는 서비스의 서브셋을 정의해 service-resolver를 설명했다. 또한 경로 기반 라우팅을 사용해 트래픽을 다른 서비스로 이동하는 방법도 설명했다.

이로써 오늘날 업계에서 널리 사용 중인 세 가지 서비스 메시에 대한 연구와 실습이 끝났다. 2015년에 시작된 서비스 메시는 상당히 새로운 기술이며 계속 발전하고 있다. 그것이 현재의 형태로 계속 이어지는지 여부는 알 수 없다. 서비스 메시 인터페이스 스펙과 서로 다른 서비스 메시 아키텍처 간의 기능과 기능 통합을 통해 상호 운용성을 기대해본다.

문제

1. Consul 트래픽 관리는 OSI Open System Interconnection의 L7에서 수행된다.

   A) 참

   B) 거짓

2. `service-resolver` 정의는 서비스의 메타데이터에 대한 필터를 기반으로 서브셋을 선언하는 데 사용된다. 쿠버네티스 배포에서, 이러한 메타데이터는 Consul과의 통합을 통해 쿠버네티스가 자동으로 선택한다.

   A) 참

   B) 거짓

3. 메시 게이트웨이의 remote 모드는 이그레스 게이트웨이와 유사하다.

   A) 참

   B) 거짓

4. `service-defaults`가 메시 게이트웨이 모드를 local로 정의하는 경우, 메시 게이트웨이를 호출할 때마다 업스트림 서비스를 결정한다.

   A) 참

   B) 거짓

5. `service-router`를 사용한 트래픽 라우팅은 경로 기반 라우팅에만 사용할 수 있다.

A) 참

B) 거짓

6. `service-resolver`를 사용해 데이터센터 간에 서비스 페일오버를 제공할 수 있다.

A) 참

B) 거짓

참고 자료

- *Consul Curriculum – HashiCorp Learn*, HashiCorp Learn (2018), available at https://learn.hashicorp.com/consul/, accessed 11 May 2019
- *Datawire – Resilient Microservices on Kubernetes*, Datawire.io (2019), available at https://www.datawire.io, accessed 13 May 2019
- *Introduction to HashiCorp Consul Connect with Kubernetes*, Huysmans, C. (2019), available at https://medium. com/ hashicorp- engineering/introduction-to-hashicorp-consul-connect-with-kubernetes-d7393f798e9d, accessed 12 May 2019
- *Layer 7 Traffic Management and Mesh Gateways*, Jackson, N. (2019), Hashicorp, available at https://www.hashicorp.com/resources/consul-1-6-layer-7-traffic-management- mesh-gateways

부록

정답

1장: 모놀리식 vs 마이크로서비스

1. 참 – 마이크로서비스는 분산된 특성으로 인해 테스트하기 어렵다.
2. 거짓 – 모놀리식 애플리케이션은 정적 인프라에 속하고 마이크로서비스는 동적 인프라에 속한다.
3. 참 – 모놀리식 애플리케이션이 너무 커지면 이점이 사라지기 시작한다.
4. 참 – 분산된 특성으로 인해 디버깅이 어려워진다.
5. 참 – 긴밀한 상호 의존성으로 인해 모놀리식 애플리케이션은 장기적으로 유지 관리하고 패치하기가 어렵다.

2장: 클라우드 네이티브 애플리케이션

1. 참 – 쿠버네티스는 컨테이너에 다양한 런타임을 허용한다.
2. 거짓 – 마이크로서비스의 독립적인 크기로 인해 클라우드 네이티브 애플리케이션은 모놀리식 애플리케이션보다 간단하지만 테스트하기는 어렵다.
3. 참 – 툴이 없으면 클라우드 네이티브 애플리케이션을 진단하기가 어렵다.

4. 참 - 아파치 메소스는 쿠버네티스보다 훨씬 더 많은 작업을 수행하지만 쿠버네티스는 메소스에 비해 컨테이너 오케스트레이션에서 탁월하다.

5. 참 - 대규모 커뮤니티와 다양한 기능 지원으로 인해 쿠버네티스는 사실상 컨테이너 오케스트레이션 시스템이 됐다.

3장: 서비스 메시 아키텍처

1. 참 - 서비스 메시는 애플리케이션 최상위에 있는 추상화 레이어다.

2. 거짓 - 사이드카 프록시는 주로 데이터 플레인에서 마이크로서비스 옆에 있으나 컨트롤 플레인의 시스템 구성 요소에 관련 사이드카가 있을 수도 있다.

3. 참 - 서비스 메시는 애플리케이션 스택 최상위의 추상화 애플리케이션 레이어와 유사하며 L7 트래픽 관리, 보안, 관찰성을 제공한다.

4장: 서비스 메시 프로바이더

1. 참 - 집필 당시, Istio와 Linkerd는 쿠버네티스에서 사용할 수 있다. Istioctl은 통합을 위해 VM 환경에서 실행할 수 있지만 잘 사용하지 않는다.

2. 거짓 - Linkerd는 Rust로 작성된 자체 사이드카 프록시를 개발했지만 Istio와 Consul은 Lyft에서 개발한 엔보이 사이드카를 사용한다.

3. 거짓 - 일부 기능을 사용하지 못할 수 있지만 컨트롤 플레인을 사용할 수 없다 해서 사이드카 지원 마이크로서비스의 작동이 중지되지는 않는다.

5장: 서비스 메시 인터페이스와 SPIFFE

1. 참 - SPIFFE는 쿠버네티스의 CNI[Container Network Interface], CSI[Container Storage Interface], CRI[Container Runtime Interface]와 유사한 스펙이며 툴셋이 아니다.

2. 거짓 - 서비스 메시 인터페이스는 서비스 메시 프로바이더가 상호 운용성을 제공하는 데 사용할 수 있는 스펙이다.

3. 참 - 집필 당시 Istio와 Consul은 SPIFFE를 사용한다.

4. 참 - Istio 개발자는 SPIRE를 사용하는 대신 자체 SPIFFE 구현체를 구현했다.

6장: 나만의 쿠버네티스 환경 만들기

1. A - 아파치 메소스는 쿠버네티스 플랫폼이 아니다.
2. 거짓 - 쿠버네티스는 간단한 VM을 포함한 여러 환경에 배포할 수 있다.
3. 참 - 쿠버네티스 클러스터는 컨테이너 기반 애플리케이션을 위한 것이다.
4. 참 - 쿠버네티스 서비스는 모놀리식 애플리케이션을 등록해 쿠버네티스에서 호스팅되는 클라우드 네이티브 애플리케이션과 쿠버네티스 외부의 모놀리식 애플리케이션 간의 통합을 제공하는 데 사용할 수 있다.
5. 거짓 - 자체 쿠버네티스 클러스터 구축은 간단하다.

7장: Istio 서비스 메시 이해

1. A - 서비스 메시가 작동하는 네트워크 레이어다.
2. D
3. 거짓 - Istio 컨트롤 플레인은 애플리케이션이 컨트롤 플레인 없이 계속 실행될 수 있으므로 단일 장애 지점이 아니다.
4. 참 - 진정한 서비스 메시는 각 마이크로서비스 옆에 엔보이 사이드카 프록시가 있는 데이터 플레인을 통해 형성되며, 서비스 메시 기능을 달성하는 데 도움이 된다.
5. 거짓 - Istio는 복제된 컨트롤 플레인, 단일 네트워크를 사용하는 공유 컨트롤 플레인, 다중 네트워크를 사용하는 공유 컨트롤 플레인을 통해 여러 쿠버네티스 클러스터에 걸쳐 있을 수 있다.

6. 참 – 집필 시점에서 Istio 서비스 디스커버리와의 통합은 Consul과 알파 단계에 있다.
7. 거짓 – 반대 방향이어야 한다. 파일럿은 트래픽을 관리하는 엔보이에 구성을 푸시한다.
8. 거짓 – Istio 기본 요소는 CRDCustom Resource Definitions이며 `kubectl`과 `istioctl`에서 관리한다.
9. 참 – Istio의 mTLS 구현은 즉시 사용 가능하고 파라미터를 통해 제어되기 때문에 셀프 서비스 모델로 제공된다.
10. 참 – Kiali(원래 RedHat에서 개발)는 연결과 트래픽 패턴에 대한 서비스 메시를 관찰하는 데 사용된다.

8장: 데모 애플리케이션 설치

1. 참 – 쿠버네티스는 자체 DNS 서버를 제공한다.
2. B – 폴리글랏 애플리케이션 – 각 마이크로서비스는 자체 언어를 사용할 수 있다.
3. 참 – 서비스 메시 아키텍처는 마이크로서비스 애플리케이션만을 위한 것이다.
4. 거짓 – 포드의 IP 주소는 재배포/재예약될 때 변경 가능하다.
5. 참 – 서비스 기간 동안 해당 IP 주소는 변경 불가능하다.
6. 참 – 서비스의 IP 주소가 쿠버네티스 엔드포인트를 통해 포드의 IP 주소에 연결된다.

9장: Istio 설치

1. 참 – 집필 당시 Istio는 쿠버네티스 환경에서만 사용할 수 있지만 VM과의 통합을 계획하고 있다.

2. 거짓 – 네임스페이스에 `istio-injection = enabled` 레이블로 어노테이션이 있는 경우 새로운 애플리케이션에 대해 Istio 사이드카를 활성화할 수 있다. 사이드카는 `istioctl` 명령을 통해 활성화할 수 있다.

3. 참 – Istio에는 57개 이상의 CRD가 있다.

4. 참 – Istio의 기능을 사용할 수 있도록 쿠버네티스를 확장하려면 CRD를 설치해야 한다.

5. 참 – 기존 애플리케이션을 먼저 삭제한 다음 네임스페이스에 레이블을 어노테이션해 추가하거나 `istioctl kube-inject`를 사용해 기존 애플리케이션 매니패스트를 수정해 사이드카 프록시 주입을 활성화해야 한다.

6. 거짓 – `istio-injection = enabled` 레이블로 네임스페이스에 이미 어노테이션된 경우에도 포드 어노테이션을 `sidecar.istio.io/inject : "false"`로 설정해 마이크로서비스에 대한 사이드카를 비활성화할 수 있다.

7. 거짓 – Istio 커스텀 리소스는 `istioctl` 명령과 `kubectl` 명령을 통해 관리할 수 있다.

10장: Istio 트래픽 관리 살펴보기

1. 참 – 트래픽 라우팅은 파일럿에서 구성을 받는 엔보이의 기능이다.

2. 참 – Istio는 제로 트러스트 네트워크에서 작동하고 엔터프라이즈급 보안을 제공할 수 있다.

3. 참 – 마이크로서비스의 아웃바운드 접근을 차단하는 이그레스 게이트웨이를 통해 Istio에서 리버스 방화벽을 활성화할 수 있다.

4. 참 – 다크 런칭/프랜즈 앤 패밀리 테스트는 사용자 모르게 선택한 사용자 그룹으로 트래픽을 라우팅하는 데 사용된다.

5. 참 – Istio 게이트웨이에는 여러 애플리케이션 소유자가 사용할 수 있는 여러 가상 서비스가 있을 수 있다.

6. 참 – Istio의 가상 서비스는 기본 서비스보다 더 많은 기능을 제공하므로 쿠버네티스 서비스의 수퍼셋이다.
7. 참 – 대상 규칙이 구성을 정의하지만 정의하는 서브셋이 가상 서비스에서 사용되기 때문에 트래픽 라우팅에서 역할이 없다.
8. 참 – 엔보이 수준의 로드 밸런싱은 L3/L4가 아닌 L7 네트워킹 레이어에서 수행된다.
9. 참 – 미러링된 서비스에서 응답을 받지 못한다.

11장: Istio 보안 기능 살펴보기

1. 참 – 외부 클라이언트의 트래픽을 보호하고 이를 엣지 마이크로서비스로 보내기 위해 인그레스 게이트웨이에 대해 정의된 인증서와 키를 교체하는 것은 최종 사용자의 책임이다. Istio의 시타델은 마이크로서비스에 대한 인증서를 교체한다.
2. 참 – mTLS 메시 전체에 적용할 `MeshPolicy`(기본값은 이름 포함)는 하나만 있을 수 있다.
3. 참 – 상호 TLS는 정책을 정의해 네임스페이스 수준에서 서비스 수준까지 가능한 세분화할 수 있다.
4. 참 – 대상 규칙을 통해 또는 MeshPolicy를 사용해 상호 TLS를 활성화할 수 있다.
5. 참 – Istio는 애플리케이션 코드를 변경하지 않고도 제로 트러스트 네트워크에서 실행되는 최신 마이크로서비스 애플리케이션을 보호할 수 있다.
6. 참 – Istio는 보안을 제대로 구현한 경우 VPN과 방화벽을 이중화한다.
7. 참 – 권한 부여를 위해 JWT를 관리하는 것은 엣지 마이크로서비스의 책임이다.
8. 참 – Istio의 Secret Discovery Service는 자동으로 포드에 시크릿을 마운트한다.
9. 참 – Istio의 시타델은 기본적으로 90일마다 인증서와 키를 교체한다.
10. 참 – 엔보이 사이드카가 인증서의 TTL을 확인한다. Istio 노드 에이전트가 활성화된 경우, 시타델에서 새 인증서를 요청할 수 있다. 인증서를 푸시하는 것은 노드 에이전트가 아닌 시타델이다.

12장: Istio 정책 제어 활성화

1. 거짓 – 서비스에 대한 쿼터 할당은 믹서를 통해 적용된다.
2. 참 – 서비스에 대한 속도 제한은 믹서를 통해 엔보이 프록시로 푸시된다.
3. 참 – 리스트 체커 핸들러에 리스트를 생성하기 위해 소스 IP 리스트가 할당된다. 인그레스 게이트웨이에서 발견되는 IP 주소를 확인하기 위해 소스 IP 인스턴스 리스트 항목이 생성된다. 서비스에 연결할 수 있는 IP 주소의 블랙리스트나 화이트리스트를 적용하는 규칙을 만들 수 있다.
4. 참 – 정책 실행을 활성화하기 위해, Istio 구성 맵을 편집해 `disablePolicyChecks=true`를 설정할 수 있다.

13장: Istio 텔레메트리 기능 살펴보기

1. 참 – 사이드카 프록시가 비동기 텔레메트리 데이터를 백엔드 서비스로 보낸다.
2. 거짓 – 관찰성과 시스템 모니터링은 서로 다르다.
3. 참 – Istio의 모니터링과 관찰성에 권장되는 웹 UI는 Grafana, Prometheus, Kiali 및 Jaegar이다.
4. 거짓 – 포트 포워딩이 다른 웹 UI 구성 요소에 접근하는 유일한 방법은 아니다. 인그레스 규칙과 노드 포트 메커니즘을 사용해 웹 UI에 접근할 수도 있다.
5. 참 – Istio는 마이크로서비스 체인 내에서 여러 스팬을 레포트한다.
6. 참 – Prometheus는 수집된 데이터나 메트릭을 시각화할 수 있는 웹 UI 도구다.
7. 참 – Grafana의 사용자 지정 대시보드는 인바운드와 아웃바운드 워크로드에 대한 세부 정보를 제공한다.
8. 참 – 모든 잘못된 구성은 Kiali의 YAML 뷰어 아래 빨간색으로 강조 표시된다.

14장: Linkerd 서비스 메시 이해

1. 참 - Linkerd에는 자동 프로토콜과 TCP 연결 감지 기능이 있다.
2. 거짓 - Linkerd는 자체 인그레스 컨트롤러를 제공하지 않는다.
3. 거짓 - Linkerd 프록시는 Rust로 작성되고, 컨트롤 플레인 컴포넌트는 Go로 작성된다.
4. 참 - 원하는 경우 컨트롤과 데이터 플레인이 하나의 네임스페이스에 있을 수 있다. CRD를 생성하려면 관리자admin 권한이 필요하다.
5. 참 - linkerd inject 명령을 사용해 Linkerd 프록시를 실행 중인 포드에 주입하면 포드가 자동으로 다시 시작된다.
6. 거짓 - 디버그 사이드카를 추가하면 포드가 다시 생성된다.
7. 참 - 재시도 버짓은 무제한 재시도을 피하는 데 도움이 된다. 이를 위해 Linkerd를 구성할 필요는 없다.
8. 참 - 자동 사이드카 주입의 경우, Istio는 `istio-injection=enabled`로 레이블이 지정된 네임스페이스와 `linkerd.io/inject:Enabled`로 어노테이션된 네임스페이스가 필요하다.

15장: Linkerd 설치

1. 거짓 - Linkerd 컨트롤 플레인을 생성하기 위해 마스터 노드에 대한 SSH 접근이 필요하지 않다.
2. 참 - 컨트롤 플레인 구성을 설치하려면 `cluster-admin` 역할이 필요하다.
3. 거짓 - 컨트롤 플레인을 설치하는 데 `cluster-admin` 역할이 필요하지 않다.
4. 거짓 - 네임스페이스에 `linkerd.io/inject:enabled`로 레이블이 아닌, 어노테이션을 해야 한다.

5. 거짓– 사이드카 프록시를 가져오기에서 제외하려면 `linkerd.io/inject:disabled`로 포드에 어노테이션해야 한다.

16장: Linkerd의 신뢰성 기능 살펴보기

1. 참 – 쿠버네티스는 전송 레이어(L4)에서 로드 밸런싱을 한다.
2. 참 – Linkerd는 애플리케이션 레이어(L7)에서 로드 밸런싱을 한다.
3. 참 – Linkerd의 로드 밸런싱은 즉시 사용할 수 있으며 구성이 필요하지 않다.
4. 참 – Linkerd를 재시도하려면 `isRetryable:true`가 포함된 `configuration-patch` 서비스 프로필이 필요하다.
5. 참 – Linkerd 프로필 명령을 통해 서비스에 스웨거 API를 사용할 수 없는 경우에도 Linkerd 서비스 프로필을 자동으로 생성할 수 있다.
6. 참 – 재시도 버짓은 고정된 재시도 횟수가 아닌 적응형 재시도다.
7. 참 – 집계된 경로 메트릭을 제공하려면 서비스 프로필이 필요하다.

17장: Linkerd의 보안 기능 살펴보기

1. 참 – 서비스 간 통신 사이의 TLS는 Linkerd에서 완전히 자동이다.
2. 거짓 – 인그레스 게이트웨이와 애플리케이션의 엣지 서비스 간의 TLS는 애플리케이션 사용자의 책임이다.
3. 참 – Linkerd 컨트롤 플레인의 `linkerd-identity` 컴포넌트는 데이터 플레인 프록시에 대한 인증 기관(CA)이다.
4. 참 – `linkerd-identity` 컴포넌트는 데이터 플레인에서 `linkerd-proxy`에 대한 인증서를 자동으로 교체한다.

5. 거짓 - `linkerd-identity` 컴포넌트가 자체 CA에 대한 인증서를 자동으로 교체하지 않는다.
6. 참 - `linkerd-identity`에 대해 자체 CA의 신뢰할 수 있는 인증서를 사용할 수 있지만 이는 설치 시에만 사용할 수 있다.
7. 참 - 언제든지 컨트롤 플레인의 신뢰할 수 있는 인증서를 변경할 수 있지만, 이를 위해서는 컨트롤 플레인을 다시 설치해야 한다.

18장: Linkerd의 관찰성 기능 살펴보기

1. 참 - Linkerd는 6시간 동안만 데이터를 저장한다. 시간 제한을 늘리거나 줄일 수 있도록 구성할 수 있다.
2. 참 - Linkerd는 대시보드와 CLI `tap` 명령을 통해 볼 수 있는 분산 추적을 제공한다.
3. 참 - 외부 Prometheus와 Linkerd 통합은 사용자의 책임이다.
4. 참 - Linkerd의 Prometheus는 Pull 모델을 사용해 서비스 프록시에서 데이터를 수집한다.

19장: Consul 서비스 메시 이해

1. 거짓 - Consul은 분산된 컨트롤 플레인이다.
2. 참 - Consul 에이전트는 모든 쿠버네티스 노드에서 실행돼야 한다.
3. 참 - Consul 서비스는 남북 네트워크 트래픽으로 볼 수 있는 반면, 여러 쿠버네티스 클러스터에 대한 인그레스 게이트웨이는 동서 네트워크 트래픽으로 처리할 수 있다.
4. 거짓 - 메시 게이트웨이는 대상 서비스를 결정하기 위해 두 게이트웨이 사이의 네트워크 트래픽을 암호화 해제하지 않는다.
5. 참 - Consul 서비스 디스커버리는 쿠버네티스 환경에서 자동으로 이루어진다.

6. 참 – Consul은 여러 데이터 센터를 즉시 지원한다.

20장: Consul 설치

1. 참 – Consul의 서비스 메시는 서로 다른 지역의 이기종 환경과 데이터 센터에서 작동한다.
2. 참 – Consul 클러스터에서, Consul 서버는 쿠버네티스 또는 VM에 있을 수 있다.
3. 거짓 – Consul 멤버는 VM 또는 쿠버네티스에서 기존 Consul 클러스터에 조인할 수 있다.
4. 거짓 – Consul 서버는 동일한 데이터 센터 내에 있지만 다른 데이터 센터와 통신할 수 있다. Consul 서버는 WAN 프로토콜을 사용한다.
5. 참 – 쿠버네티스는 모든 Consul 서버에 쓰기 요청을 보낼 수 있지만 리드 Consul 서버만 해당 정보를 분산 키-값 저장소에 기록한다.
6. 거짓 – Consul은 자체 키-값 데이터베이스 저장소를 사용해 Consul 클러스터의 상태를 유지한다. 쿠버네티스 etcd를 사용하지 않는다.

21장: Consul의 서비스 디스커버리 기능 살펴보기

1. 거짓 – Consul Connect는 쿠버네티스와 VM의 서비스 메시다.
2. 거짓 – Consul Connect는 쿠버네티스 환경의 서비스에 사이드카 프록시를 사용한다.
3. 참 – Consul 인텐션은 서비스에 대한 허용이다.
4. 참 – Consul의 키-값 저장소는 데이터 센터에 자동으로 복제된다.
5. 참 – 사이드카 프록시에서 다른 사이드카 프록시로의 Consul mTLS는 완전 자동이다.

6. 참 - Consul은 사이드카 프록시에 인증서를 발급할 수 있도록 자체 인증 기관과 함께 제공된다.
7. 참 - 서비스 디스커버리를 위한 쿠버네티스와의 Consul 통합은 쿠버네티스 CoreDNS 구성에서 Consul DNS 서버를 업스트림 DNS로 정의해 수행된다.

22장: Consul의 트래픽 관리 기능 살펴보기

1. 참 - Consul 트래픽 관리는 OSI(Open System Interconnection)의 L7에서 수행된다.
2. 참 - service-resolver 정의는 서비스의 메타데이터에 대한 필터를 기반으로 서브셋을 선언하는 데 사용된다. 쿠버네티스 배포에서, 이러한 메타데이터는 Consul과의 통합을 통해 쿠버네티스가 자동으로 선택한다.
3. 참 - 메시 게이트웨이 모드는 이그레스 게이트웨이와 유사하다.
4. 참 - service-defaults가 메시 게이트웨이 모드를 local로 정의하는 경우, 메시 게이트웨이를 호출할 때마다 업스트림 서비스를 결정한다.
5. 참 - service-router를 사용한 트래픽 라우팅은 경로 기반 라우팅에만 사용할 수 있다.
6. 참 - service-resolver를 사용해 데이터센터 간에 서비스 페일오버를 제공할 수 있다.

찾아보기

B

C

D

E

F

G

H

서비스 메시 마스터

발 행 | 2022년 6월 24일

지은이 | 안잘리 카트리 · 비크람 카트리
옮긴이 | 양 준 기 · 지 은 정

펴낸이 | 권 성 준
편집장 | 황 영 주
편 집 | 조 유 나
김 다 예
디자인 | 윤 서 빈

에이콘출판주식회사
서울특별시 양천구 국회대로 287 (목동)
전화 02-2653-7600, 팩스 02-2653-0433
www.acornpub.co.kr / editor@acornpub.co.kr

ISBN 979-11-6175-656-1
http://www.acornpub.co.kr/book/mastering-service-mesh

책값은 뒤표지에 있습니다.